메이지유신과 사대부적 정치문화

서울대학교 아시아연구소총서 기초연구시리즈 16

메이지유신과 사대부적 정치문화

초판 1쇄 발행 2019년 12월 30일
초판 3쇄 발행 2021년 5월 15일

지은이 박 훈
펴낸이 오세정

펴낸곳 서울대학교출판문화원
주소 08826 서울 관악구 관악로 1
도서주문 02-889-4424, 02-880-7995
홈페이지 www.snupress.com
페이스북 @snupress1947
인스타그램 @snupress
출판등록 제15-3호

ISBN 978-89-521-2883-6 94910
978-89-521-1475-4 (세트)

이 연구는 2013년도 서울대학교 아시아연구소 아시아기초연구사업의 지원을 받아 수행되었음.

서울대학교 아시아연구소총서
기초연구시리즈 16

메이지유신과 사대부적 정치문화

박훈 지음

서울대학교출판문화원

The Meiji Revolution and the Emergence of the Political Culture of the Literati

Hun, Park

Seoul National University Press

머리말

현재의 개념과 가치를 잣대로 과거를 설명하려는 접근 태도, 즉 회고적 사고는 과거를 제대로 인식하는 데 가장 큰 장애물 중 하나다. 적어도 '서양의 충격'에 직면하기까지 일본인 혹은 동아시아인이 지향한 것이 '근대화'였다고 볼 근거는 없다. 이것은 근대화 시대에 살고 있는 우리들의 회고적 사고 습관에서 발생한 오류라고 해야 할 것이다.[1] 본서는 전근대 시기의 역사 현상을 '근대'라는 잣대로 설명하려는 회고적 사고, 즉 근대주의적 연구 태도를 경계한다.

물론 그런 방법에 의거한 연구로 지금까지 많은 역사적 사실과 지견이 개척된 것도 사실이다. 그러나 이런 일방적 연구 태도가, 마땅히 조명받아야 할 많은 역사적 현상들을 관심 밖으로 밀어내고, 편중된 역사상을 초래한 것도 부인할 수 없다. 특히 현재적 관심과 문제의식이 과도하게 투영된 탓에 연구 대상 시기 사회의 내재적 맥락을 무시하며 연구가 진행된 것은 치명적이라고 하지 않을 수 없다. 본서는 이른바 '근대'에 이르는 일본사의 경험을, 서양 근대의 모델을 전제하지 않고,

1 이것은 근대화에 대한 정치적 찬반 여부와는 아무런 상관이 없다. 근대주의자라 할지라도, 적어도 학문적 주장을 하기 위해서는 위 견해에 동의하지 않으면 안 될 것이다. 그런 면에서 비서구 지역에서 '근대성의 맹아'를 찾아내려는 방법적 태도는 적어도 학술상으로는 생산적이라고 할 수 없을 것이다.

허심하게 일차 사료에 밀착하여 가능한 한 내재적으로 설명하려고 한 시도다. 이른바 '근대성의 맹아'까지도 스스로의 체제에 포섭하여 여전히 건재를 과시했던 전근대 사회의 실체와 역사적 맥락을 복원 혹은 재현해내는 것이, '근대'를 둘러싼 논의에서조차도 훨씬 생산적이라고 생각하기 때문이다. 본서는 이런 문제의식에서 막말기(幕末期) 일본 정치사를 관찰, 설명한 것이다.

메이지유신사를 회고주의적·근대주의적 연구 태도에서 구출하려고 시도해 왔고, 지금도 활발한 작업을 벌이고 있는 분야는 사상사 분야다. 그러나 그런 노력은 메이지유신 이후 시기에 집중되어 있고, 19세기 전반, 막말기의 사상사적 동향을 이런 시각에서 명쾌히 설명한 저작은 드문 것 같다.[2] 하물며 본서와 같이 정치사 분야에서의 시도는 과문한 탓인지 들어 보지 못했다. 그런 면에서 본서도 작은 의의는 있지 않을까 생각한다.

본서의 마무리 작업이 한창일 무렵, 필자는 메이지유신 150주년을 기념하는 국제학술대회에 참석했다. 일본의 국제일본문화연구센터(니치분켄)가 2018년 12월 14일부터 16일까지 주최한 「Meiji Japan in World History/Meiji Japan and World History」라는 제하의 심포지엄이었다. 10여 개국 20여 명에 이르는 연구자들의 발표가 있었는데, 이들의 발표는 거의 메이지유신에 대한 근대주의적 해석이었다. 지난 한 세기 동안 반복되었던 연구 방법의 생명력은 여전했다.

2　이런 점에서 최근 간행된 苅部直의 『「維新革命」への道: 「文明」を求めた十九世紀日本』(新潮社, 2017)과 島田英明의 『歴史と永遠: 江戸後期の思想水脈』(岩波書店, 2018)은 주목할 만한 업적이다. 이에 대한 소개는 이새봄, 「포스트-소라이학(徂徠学)의 맥락으로 읽는 도쿠가와 후기 사상사의 논점」, 서울학교 일본연구소 편, 『일본비평』 19호 특집(메이지유신에 '동아시아 근대(성)'를 묻는다), 2018 참조.

이는 필자가 근래 일본에서 열린 학회에서 수차례 발표하고, 논문을 게재하면서 받은 느낌과는 사뭇 다른 것이었다. 필자는 2013년 일본 역사학연구회 주최 심포지엄에서 논문을 발표한 바 있다.[3] 서구화 이전에 동아시아의 정치문화 전통이 메이지유신 과정에 큰 영향을 미쳤다는 논지였기에 애초에는 상당한 반발을 예상했으나, 반응은 의외로 호의적이었다. 근래 10여 년간 이런 연구 경향은 크게 확산되고 있지만, 근대주의적 연구 태도는 여전히 견고하게 세를 유지하고 있는 듯하다. 그러나 최근 한국학계에서도 근대주의적 방법론에 대한 반성을 토대로 한 연구 경향이 확대되고 있는 점은 바람직하다고 생각한다. 본서는 이런 학계 흐름에서 이뤄진 작은 성과라고 할 수 있을 것이다.

역사를 설명하는 데에는 여러 가지 방법론이 있을 수 있다. 지난 세기를 석권했던 근대주의적 방법론도 그중 하나이지 절대적인 기준이 될 수는 없다. 그것으로 대부분 역사 현상들이 깨끗하게 설명된다면 모를까, 그렇지 않다면 다양한 방법론을 시도해 보는 것은 지적으로 정당한 자세일 것이다. 실제로 필자는 이런 방법론을 취한 이후, 그간 미처 알지 못했던 메이지유신의 새로운 면모와 흥미롭게 대면할 수 있었다. 본서는 그런 지견을 독자와 공유하기 위한 것이다.[4]

3 심포지엄의 제목은 「‘근세화론’과 일본: ‘동아시아’의 파악방식을 둘러싸고(「近世化論」と日本: 「東アジア」の捉え方をめぐって)」였고, 필자가 발표한 논문은 「막말정치사를 어떻게 이해할 것인가: ‘유교적 정치문화’의 시각에서(幕末政治史の捉え方: ‘儒教的政治文化の視界から’)」이며, 이후 한국어와 일본어로 각각 출판된 바 있다(「明治維新과 ‘士大夫的 정치문화’의 도전: ‘近世’ 동아시아 정치사의 모색」, 『역사학보』 218, 2013; 「東アジア政治史における幕末維新政治史と‘士大夫的政治文化’の挑戦: サムライの‘士化’」, 清水光明 編, 『「近世化」論と日本: 「東アジア」の捉え方をめぐって』, 勉誠出版, 2015. 본서 서론과 제1부 1장 수록).

4 필자는 이미 본서의 개략적인 내용과 논지를 일반 독자를 염두에 두면서 평이

본서가 나오기까지 많은 분의 은혜를 입었다. 20대 끝 무렵 뒤늦게 일본사 공부를 하겠다며 무작정 김용덕 선생님을 찾아뵈었다. 감히 공부할 수 있을까 걱정하던 필자를 선생님은 반기며 크게 격려해 주셨다. 그리고 일본사를 다룬 최근의 국내 서적들을 조사해 오라고 하셨다. 인터넷이 없던 시절, 도서관으로 대형서점으로 돌아다니며 한 권도 빠트리지 않으려고 열심히 목록을 작성하던 그 팽팽한 긴장감이 지금도 생생하다. 그 후로 지금에 이르기까지 선생님은 늘 든든한 버팀목이 되어 주셨다.

서울대학교 동양사학과의 다른 선생님들께도 큰 감사를 드리고 싶다. 지금은 돌아가시거나 은퇴하신 선생님들부터 현재 같이 근무하고 있는 선생님들에 이르기까지 알게 모르게 수많은 지도편달을 받았다. 이렇게 훌륭한 학자들과 함께했던 시간은 고되었지만 값진 것이었다.

박사학위 논문을 지도해 주신 도쿄대학 미타니 히로시(三谷博) 선생님께 입은 학은(學恩)에 특별히 감사드리고 싶다. 일본학계가 축적해 온 메이지유신사의 높은 벽에 숨 막혀 하던 필자를, 선생님은 일본인답지 않은(?) 격한 언어로 격려해 주셨다. 필자의 박사학위 논문 원고를 빈틈이 없을 정도로 꽉 메웠던 빨간색의 코멘트 문자들이 지금도 눈에 선하다.

본서의 간행에는 서울대학교 아시아연구소의 지원(2013년도 아시아기초연구사업)이 큰 힘이 되었다. 감사드린다. 본서의 마무리 과정에서 서울대학교 동양사학과에서 일본사를 공부하는 대학원생 황수경, 김민,

하게 서술한 바 있다(『메이지 유신은 어떻게 가능했는가』, 민음사, 2014, 4장, 5장). 본서는 이것을 상세하게 부연하고 실증 과정을 제시한 것이라고 할 수 있을 것이다. 미리 필자의 문제의식과 논지를 파악하고 싶은 독자들은 위 책의 해당 부분을 먼저 읽어도 좋을 것이다.

강민주, 손장희, 이소현과 국어국문학과 대학원생 손혜경이 교정을 도와주었다. 이들뿐 아니라 동양사학과의 대학원생들은 수업 시간을 통해 필자에게 많은 지식과 영감을 주었다. 출판을 맡아 주신 서울대학교 출판문화원에도 깊이 감사를 드린다.

끝으로 지금까지 필자를 지켜 주시고 격려해 주신 부모님과 가족들께도 깊은 감사의 마음을 전하고 싶다.

2019년 12월

박 훈

차례

일러두기

1. 일본어 표기는 한국 독자들이 읽기에 편하고 용어를 이해하는 데 도움이 되는 것을 기본 원칙으로 했다.
2. 일본어 발음은 국립국어원의 외래어 표기법 규정에 따라 표기했다.
3. 일본의 인명과 지명은 일본어 발음으로 표기했다.
4. 인명과 지명 외의 일본어 단어는 기본적으로 일본어 발음 표기를 원칙으로 하되(예: 쇼군, 사무라이), 한국어에서 우리말 한자음으로 사용되는 경우가 많거나(예: 천황(天皇), 막부(幕府), 번(藩), 촌(村)), 일본어 발음으로 표기할 경우 지나치게 생경해져 한자음으로 읽는 것이 뜻을 이해하기 쉽다고 판단되는 경우(예: 군봉행(郡奉行), 자유당(自由黨), 명륜관(明倫館), 홍도관(弘道館))에는 한자음으로 표기했다.
5. 한자음으로 표기하는 명사(혹은 그 일부)에 다른 한자어가 붙어 한 단어가 된 경우, 한자 발음으로 표기했다. (예: 막정(幕政), 번주(藩主), 막말(幕末))
6. 일본어 발음으로 표기하는 명사에 한국 독자에게 익숙한 일반명사나 접사가 붙어 한 단어가 된 경우, 붙은 한자어는 한자음으로 표기했다. (예: 메이지유신(明治維新), 도쿠가와가(德川家), 미토학(水戸學), 고다이사(高臺寺))
7. 연도 표기에서 '년'은 서양력(일본 연호)으로, '월일'은 음력으로 표기했다. (예: 1853년(嘉永6) 7월 1일)
8. 본문 중 한자나 일본어는 ( ) 안에, 용어 설명이나 부연 설명일 경우는 [ ] 안에 표기했다. 다만 한자나 일본어 표기 후 용어 설명이 이어질 경우는 ( ) 안에 쉼표를 넣었다. (예: 천주(天誅), 타인(よその人), 강호[혹은 산림], 정사봉사(丁巳封事, 1797년))
9. 각주에 일본어 문헌의 서지 사항을 표기할 때는 일본식 한자를 사용했다.

서론

'이쿠사(戰)'가 아니라 정치

19세기 전반에서 중반, 즉 메이지유신 전의 약 50~60년간은 일본 역사상, 일반 사무라이들[1]이 가장 정치화된 시기였다. '정치화된 시기'라는 말은 이전 시대에 비해 가장 많은 수의 사무라이들이 정치에 관심을 갖고, 논의하며, 정치적으로 행동한 시기라는 의미다.

사무라이란 원래 전사이므로 자신의 주장을 '정치적으로' 해결하기보다는 '군사적'으로 해결하는 집단이다. 정치질서의 재편은 주로 '이쿠사(戰)'에 의해 이뤄졌다. 최초의 막부인 가마쿠라 막부(鎌倉幕府)가 탄생하는 12세기 내내 전쟁이 이어졌고, 가마쿠라 막부에서 무로마치 막부(室町幕府)로 정권이 교체되는 과정에서도 크고 작은 전투가 형세를 결정지었다. 도쿠가와 막부(德川幕府)의 탄생에 이르는 전국시대는 더 말할 필요가 없을 것이다.

그렇다면 도쿠가와 막부가 동요하고 새로운 정치질서가 수립된 메이지유신 과정은 어떠한가. 300년 가까이 지속되어 온 앙시앵 레짐이 붕괴하고 이전의 막부 교체와는 비교할 수 없을 정도로 거대한 변

1 여기서 일반 사무라이란 종래 정치적 사안에 대한 발언권이 없거나 미미했던 사무라이 대중을 지칭한다. 도쿠가와 시대의 권력구조는 전국시대의 군사체제가 그대로 전환된 것이었다. 정치적 결정은 일부 상급 가신과 고위 역인(役人) 사이에서 이뤄져, 일반 사무라이들은 이로부터 소외되어 있었다. 장기간 전쟁이 없는 상황에서 본래 전사였던 그들은 행정 말단의 실무를 가업으로 계승하는 '이(吏)'가 되어 갔다. 19세기 전반 유학의 학습 붐과 사회위기 그리고 대외위기는 이들을 점점 정치적인 '사(士)'로 만들어 갔다고 할 수 있다.

혁이 일어났음에도 불구하고, 이전 시기의 '이쿠사(戰)'에 비견할 만한 대규모이며 지속적인 전투나 폭력사태는 발생하지 않았다.[2] '이쿠사(戰)'를 대신한 것은 활발하고 치열하면서도 한편으론 타협적인 정치투쟁이었다. 일반 사무라이들은 이런 정치투쟁에 참여하거나 동원되었다. 아마도 일본 역사상 이렇게 많은 수의 사무라이들이 장기간에 걸쳐 지속적으로 정치투쟁을 한 예는 달리 없을 것이다.

왜 19세기 전반~중반 일반 사무라이들은 '이쿠사(戰)'에 뛰어들지 않았던 것일까. 하나의 해답으로는 '대외적 위기감'을 들 수 있을 것이다. 서양 열강이 코앞에 진출해 있는 상황에서 내전이 자칫 군사적 개입을 부를지도 모른다는 인식이 군사적 해결 충동을 억눌렀다는 것이다. 그러나 19세기 전반에 그럴 만한 '대외적 위기감'이 광범하게 존재했었는가는 논쟁적이다. 일부에서 위기적 상황임을 호소하는 주장은 있었지만, 그것이 사회 전체에 지배적이었다고 보는 데는 주저가 따른다. 아편전쟁으로 대외적 위기감은 한층 높아졌지만, 그것이 지배적인 흐름이 되는 것은 역시 페리 내항(1853년) 이후 또는 애로우호 사건과 미일통상조약 체결(1858년) 이후라고 봐야 할 것이다. 아편전쟁 이후에도 20년 가까이 양이운동이 발생하지 않은 것은 이를 말해 준다.

그렇다면 이 시기 일반 사무라이들을 정치적으로 활성화시키고, 자신들의 목표를 실현하기 위해 정치투쟁에 뛰어들게 한 것은 무엇일까. 필자는 유학 학습과 그에 따른 '사대부적 정치문화'의 급격한 확산이라고 본다. 이런 과정에서 사무라이는 더 이상 단순한 군인이 아니

2 가장 큰 규모의 전투라 할 서남전쟁(西南戰爭)도 왕정복고 쿠데타 발발 10년 후에 일어났고, 기간도 짧았다. 전사자 수도 다른 국가의 혁명에 비하면 상대적으로 적었다. 메이지유신 과정에서 발생한 희생자 수가 현저히 적다는 점에 대해서는 三谷博, 『明治維新とナショナリズム: 幕末の外交と政治変動』, 山川出版社, 1997 참고.

라, 학문을 배우고 정치에 뛰어들어 천하대사를 담당하려는 '사(士)'로 변화해 갔다[사무라이의 '사화(士化)']. 물론 당시 사무라이들이 몰두했던 학문에는 유학만 있었던 것은 아니고, 난학(蘭學)이나 병학(兵學), 의학 등 다양한 분야가 존재했다. 이들 모두 사무라이들이 '이쿠사(戰)' 대신 학문을 하게 되었다는 점에서는 마찬가지로 중요한 의미가 있다. 그러나 압도적인 것은 유학 학습이었고, 사무라이들에 끼친 영향이라는 점에서도 비교할 수 없을 정도로 강했다.[3]

그렇다면 먼저 '사대부적(士大夫的) 정치문화'의 확산과 그에 따른 사무라이[武士]의 '사화(士化)'에 대한 필자의 견해를 제시해 보고자 한다.

3 그간의 연구에서 도쿠가와 시대 난학, 국학의 역할이 과도하게 강조되어 온 것은 전형적인 근대주의적 연구 태도라고 할 수 있다. 즉 서양화와 민족주의 형성이라는 목적론적 전제로부터 역투영되어 각각 난학과 국학이 그 기원으로 지나친 각광을 받게 되었던 것이다. 난학과 국학의 실태와 의의는 그것들이 존재했던 시기와 사회의 내재적 맥락에서 검토되어야지, 연구자들이 속한 시기와 사회의 맥락에 포획되어 관찰되어서는 그 역사적 자리매김에 착오가 발생할 수 있다.

제1장
메이지유신(明治維新)을 보는 관점과 '사대부적(士大夫的) 정치문화'*

제1절 본서의 문제의식

역사학자들은 오랫동안 유럽의 근대를 가치 기준으로 전제하고 전근대를 연구해 왔다. 특히 '근세'[1]나 '근세'에서 근대로의 이행기를 연구하는 연구자들에게 이런 연구 태도는 피하기 어려운 것이었다. 유럽 근대의 역사적 경험에서 추출된 이론이나 모델에 어긋나거나 맞지 않는 것은 보편에 어긋나는 특수한 것 또는 후진적인 것으로 치부되었다. 그리하여 유럽 이외 지역의 역사학자들은 자신들의 역사가 특수한 것이 아니고 보편적일 수 있다는 것 또는 후진적인 것만은 아니고 선진적인

* 본 장의 개략적 내용은 박훈, 『메이지 유신은 어떻게 가능했는가』, 민음사, 2014(4장, 5장)에 서술한 바 있다.

1 동아시아사를 포괄하는, 널리 공유된 시대 구분은 아직 합의되어 있지 않은 상태다. 본고에서는 우선 일본학계에서 널리 쓰이고 있는 시대 구분법에 따라 '근세'라는 용어를 사용한다(물론 이것도 일본학계 전체가 합의하고 있는 것은 아니다). 이 경우 '근세'는 대체로 중국은 송대 이후, 조선은 조선 초 이후, 일본은 전국시대 이후로 볼 수 있다. 그러나 이는 아직 편의적 용법에 지나지 않으므로 본고에서는 따옴표를 사용하여 '근세'로 표기하기로 한다.

점도 있다는 것을 '증명'하기 위해, 자신의 연구 분야에서 '근대적[유럽적] 요소'를 찾기 위해 정열을 쏟아부었다.

예를 들어 보자. 해방 후 한국사 연구자들은 유럽의 요먼(yeoman)에 해당하는[해당한다고 보았던] '경영형 부농'이라는 계층을 발굴, 설정하여 자본주의의 자생적 발생 가능성을 변증하려 했다. 유명한 내재적 발전론이다. 이 같은 태도는 중국사 연구의 자본주의 맹아론, 일본사 연구의 매뉴팩처 논쟁도 공유하고 있다고 할 수 있다.

사상사 분야에서도 마찬가지다. 마루야마 마사오(丸山眞男)는 도쿠가와 시대에서 근대적[유럽적] 요소를 찾기 위해 격투한 끝에, 오규 소라이(荻生徂徠)에서 '사상의 작위(作爲)'라는 근대성을 찾아내고 주자학을 일거에 질서옹호사상으로 만들어, 어떤 의미에서는 더 이상의 탐구의 전망을 봉쇄해 버렸다.[2] 한국사에서도 실학 연구가 그토록 성행했던 이유는 마루야마의 문제의식과 비슷할 것이다. 중국사상사에서 양명좌파(陽明左派), 이탁오(李卓吾) 등이 집중 조명을 받은 것도 마찬가지다.

그러나 근대를 '근세' 동아시아가 도달해야 할 역사 단계[목표]로 미리 상정해 놓고, 마치 출구를 앞에 두고 미로를 헤매는 대상을 다루듯 하는 연구 태도는 타당한가? 17~18세기, 심지어는 19세기 동아시아 사회가 근대로 수렴되어야 할 '필연성'은 과연 존재했을까? 유럽 근대가 도래하기 이전의 역사를, '근세에서 근대로' 또는 '근대로의 도정(道程)' 등으로 설정하는 것은 역사연구자들의 프레임일 뿐 과연 '역사적 실태'를 반영한 것일까? 유럽 근대가 도래하지 않았다면 동아시아 사회가 어떤 모습으로 전개되었을는지는 추측하기 어렵다. 그러나 반

2 丸山真男, 『日本政治思想史研究』, 東京大学出版会, 1983(1952년 初刊).

드시 유럽 근대의 모습을 띠었으리라 단정하기보다는 그 이외의 다른 모습을 하고 있었을 가능성도 상상해 볼 수 있을 것이다.[3]

'근세' 동아시아와 '근세' 유럽은[또 여타 사회는] 각각 자기 체제를 발전시켜 나가고 있었다. 그러나 18세기 말경 유럽에서 근대화라는 사상 유례가 없는 역사의 비약이 발생했다. 그것은 폭력, 재력, 매력이라는 면에서 다른 문명들을 압도해 나갔다. 그러나 근대가 이제는 우월한 보편적인 길이 되었을지는 몰라도, '근세'의 동아시아인들에게는 그것이 자명한 길은 아니었을 것이다. 따라서 근대 이후의 역사 전개를 보편적인 것, 기준적인 것, 우월한 것으로 상정해 놓고, 근대 이전의 역사에까지 소급 적용하는 것은 문제가 있다. 동아시아 '근세사' 연구는 유럽 근대의 역사적 경험에 입각하여 추출된 개념 · 모델을 가능한 한 억누르면서 수행할 필요가 있다.[4]

3 이런 논점을 포함하여 근래에 전개된 근대성 · 근대화에 관한 논의, 그리고 '복수의 근대(multiple modernities)', '대안적 근대(alternative modernities)'를 제안한 연구들을 잘 정리한 글이 김영민, 「근대성과 한국학: 한국 사상사를 중심으로」, 『오늘의 동양사상』 13, 2005.

4 필자가 이런 문제의식을 처음 발표한 것은 2009년 『講座明治維新』 집필자 회의(東京大學)와 2011년 日本 明治維新史學會 정기발표회(明治大學)에서였고, 그 발표들은 각각 「十九世紀日本における'議論政治'の形成とその意義」, 『講座明治維新 I: 世界のなかの明治維新』(有志舍, 2010)과 「幕末政治變革と'儒教的政治文化'」, 『明治維新史研究』(日本明治維新史学会, 2012)에 수록, 간행되었다. 필자와 입장을 같이하는 것은 아니지만, 그 시기를 전후하여 국내외 학자 중에서도 이런 문제의식을 갖고 자기 분야의 연구를 진행하는 사람들이 나타났다. 국내에서는 특히 한국사의 미야지마 히로시, 배항섭, 중국사상사의 김영민, 민병희의 작업이 주목된다(뒤에 소개). 최근에 이런 문제의식을 공유한 역사학자들이 연구 성과를 속속 간행하고 있다(宮嶋博史 · 배항섭, 『동아시아는 몇 시인가』, 너머북스, 2015; 宮嶋博史 · 배항섭 · 이경구 편, 『19세기 동아시아를 읽는 눈: 지속과 변화, 관계와 비교』, 너머북스, 2017; 宮嶋博史 · 배항섭 편, 『동아시아에서 세계를 보면?: 역사의 길목에 선 동아시아 지식인들』, 너머북스, 2017).

오해를 피하기 위해 강조해 두고 싶은 것은 필자는 유럽 근대의 성취와 그 획기적 의의를 부정하거나 과소평가하는 입장이 아니다. 오히려 유럽 근대는 그 이전의 어떤 시대 구분의 시기보다도 획기적인 변화를 인류사에 가져왔다고 생각한다. 그런 의미에서 최근 동아시아의 '근세'를 '초기 근대', '유교적 근대'라고 하여 유럽 근대와 병렬적으로 놓거나 촌락, 가족제도 등 19세기 말에서 20세기에 이르기까지 강인하게 잔존했던 '근세적' 요소를 들어 '근세화'가 근대화보다 더 큰 변혁이었다고 지적하는 견해에 의문을 품고 있다.[5] 필자에게 근대란 어디까지나 특정 시기 유럽에서 우연적 요소 및 유럽인의 치열한 주체적 노력까지 포함하는 여러 요인에 의해 비약적으로 발생한 특수현상을 가리키는, 제한적으로 규정되는 개념이기 때문이다.

그러나 근대의 획기적 의의를 인정하는 것과 근대 이전의 동아시아사를 근대화라는 가치 기준하에서 연구하는 연구방법론에 찬성하는 것은 별개의 문제다. 요컨대 필자는 유럽 근대의 역사적 성취와 획기성을 높게 평가한다는 점에서는 '근대주의자'라는 평가를 감수하겠지만, 전근대 역사에 대한 '근대주의적' 연구 태도는 지양해야 한다고 생각한다.

이상에서 서술한 연구사적 상황에서 '근세' 정치사는 약간 독특한 위치에 있다. '근세' 정치사에서 경제사의 자본주의 맹아, 사상사의 '사상의 작위성'에 해당하는 근대적 요소는 의회주의, 민주주의, 입헌주의 등이 될 텐데, 이것들은 동아시아 정치사와 너무나도 인연이 먼 것이었기에 그 맹아를 찾으려는 노력조차 제대로 행해지지 않았다. 즉 정치사에서는 근대주의적 해석을 할 여지 자체가 다른 분야에 비해 상

5 宮嶋博史, 「儒教的近代としての東アジア"近世"」, 『東アジア近現代通史 I 東アジア世界の近代』, 2011, 岩波書店.

대적으로 적었다고 할 수 있다. 조선시대에서 정당정치, 시민사회와 유사한 것을 찾으려는 시도나[6] 중국에서 시민사회의 형성을 검출해내려는 시도가 부분적으로 행해지기는 했으나, 자본주의 맹아론이나 오규 소라이(荻生徂徠)와 실학 연구가 맹위를 떨치던 시절에도 이 연구들의 영향력은 제한되어 있었다. 그 결과 근대주의적 해석의 폐해는 약한 반면, '근세' 동아시아 정치사를 관통하여 포괄적인 역사상을 제시하는 작업은 가장 뒤처져 있다고 할 수 있다. 즉 정치사 연구는 파편적으로 자기 전공의 연구에만 매몰되어, 특정 시대를 넘어서거나 한 국가를 넘어서면 공통적으로 대화할 수 있는 언어를 찾기 힘든 상황이 가장 두드러지게 지속되어 왔다고 할 수 있다.

이런 상황을 극복하기 위해서는 유럽의 근대화 과정에 기반을 둔 설명틀이 아니라 '근세' 동아시아 정치사의 전개 과정에 대한 면밀한 검토 위에서 만들어진 설명틀을 바탕으로 '근세' 동아시아 정치사를 포괄적으로 구축할 필요가 있을 것이다. 물론 역사학 자체가 근대적 개념과 언어에 기반을 두고 있다는 점을 생각하면 이는 불가능에 가까운 작업일지 모른다. 그러나 그 작업에 작은 실마리라도 제공할 수 있을지 모른다는 기대로 필자의 능력을 훨씬 벗어나는 구상에 도전해 보았다.

그렇다면 막말(幕末) 정치사와 메이지유신 과정에 대해서 이상과

6 Hein Cho, "The Historical Origin of Civil Society in Korea", *Korea Journal* 37. No. 2, 1997; 조혜인, 『동에서 서로 퍼진 근대 공민사회』, 집문당, 2012; 『공민사회의 동과 서: 개념의 뿌리』, 나남, 2009; David Steinberg, "Civil Society and Human Rights in Korea", *Korea Journal* 37, No. 3, 1997; John Duncan, "The Problematic Modernity of Confucianism: The Question of 'Civil Society' in Choson Dynasty Korea", *Korean Society: Civil Society, Democracy and the State*, London: Routledge, 2006. 이런 논의에 대한 국내외의 연구 성과를 검토, 분석한 것으로는 김영민, 「조선시대 시민사회론의 재검토」, 『한국정치연구』 제21집 3, 2012가 좋은 길잡이가 된다.

같은 방법론을 도입하면 어떻게 될까? 지금까지 메이지유신 정치사에 대해서는 '서구의 충격(Western Impact)'의 영향을 일방적으로 강조하는, 위에서 지적한 '근대주의적' 설명 방법이 주로 채용되어 왔다. 그러나 19세기 전반~중반 사무라이들의 모습을 사료를 통해 관찰해 볼 때 두드러진 것은 어떤 종류의 '근대성'의 출현이 아니라, 이들이 현저하게 '유교화'[7]되어 가고 있었다는 점이다. 사료상에 나타난 19세기 일본은 유교(유학), 그중에서도 특히 '주자학의 전성시대'였다. 즉 본래 유교에 적합하지 않은 병영국가적 성격[8]을 갖고 있던 도쿠가와 체제는 '서구의 충격' 이전에 이미 '유교적 영향(Confucian Influence)'으로 인해 특히 정치 분야에서 동요, 변질되고 있었다는 것이다.

7 물론 이 시기 사무라이의 '유교화'란 이하 본서에서 서술하는 대로 조선이나 중국에 비하면 매우 제한적인 것이었다. 즉 도이힐러(이훈상 역, 『한국의 유교화 과정: 신유학은 한국 사회를 어떻게 바꾸었나』, 너머북스, 2013)나 이영훈(『한국경제사 1: 한국인의 역사적 전개』, 일조각, 2016)이 조선사를 거대한 유교적 전환으로 볼 때의 유교화는 정치, 사회, 경제, 문화, 외교, 사상 등 사회의 거의 모든 면에서 일어난 변화를 가리키는 것이나, 본서에서 지적하는 유교화란 거의 정치적인 면에 국한된다(그마저도 예제(禮制)의 미실현, 과거제의 미수용 등 조선, 중국의 정치제도, 정치상황에 비하면 역시 제한적인 것이다). 미야지마 히로시가 동아시아의 '유교적 근대'를 얘기하면서도 도쿠가와 일본이 주자학을 수용하지 않은 것을 크게 문제 삼은 것은 아마도 이런 이유에서일 것이다. 따라서 본서에서 사용하는 '유교화'라는 표현은 매우 제한적인 의미로 쓰인 것이다.

8 도쿠가와 일본을 병영국가로 파악하는 연구들에 대해서는 마에다 쓰토무가 상세히 소개한 바 있다(前田勉, 『近世日本の儒学と兵学』, ぺりかん社, 1996, 19-40쪽). 요약하면 도쿠가와 체제의 권력은 전국시대의 군단체제가 동결된 것이고(丸山真男, 「開国」, 『現代倫理』 巻11, 1959), 비전투원인 민중까지도 역(役) 부담을 짐으로써 병참으로 위치 지워진, 말하자면 전 국토가 거대한 병영이었다는 것이다(高木昭作, 『日本近世国家史の研究』, 岩波書店, 1990, 1쪽), 이런 사회체제를 사상적으로 뒷받침하여 그 같은 국가 지배를 이론화하고, 정당화한 것이 병학이었다(前田勉, 『近世日本の儒学と兵学』, 35쪽).

유학이 도쿠가와 사회에 확산될 때 그것을 가장 많이 접한 계층은 사무라이였다. 도쿠가와 이전 시기는 말할 것도 없고 도쿠가와 초기, 어쩌면 중기까지도 대다수 사무라이에게 유학은 익숙한 존재는 아니었다[물론 교육기관도 많지 않았고 그만큼 학습기회도 적었다]. 무사가 연마해야 할 것은 유학 등의 학문이 아니라 궁마지술(弓馬之術), 즉 무예라는 생각이 여전히 강했다.

수백 년간 전사로서의 존재의의를 유지해 오던 사무라이 계층은 17세기 이후 미증유의 장기 평화시대가 계속되자 전사로서의 사회적 역할을 할 기회가 거의 없어졌다. 대외전쟁은 물론이고, 이렇다 할 내전조차도 없었다. 농민들의 소요인 잇키(一揆)도 대부분 대규모 무력동원 없이 진압 또는 해결되었다. 이런 평화 시대에 도시는 비대해지고 인구는 폭발적으로 늘어났다. 이에 따라 행정 업무는 비약적으로 증대하고 관료제는 촘촘하게 발달했다. 사무라이 인구의 대부분을 차지하는 하급 사무라이들 또는 일부 중급 사무라이들은 점점 이 방대한 관료행정을 떠받치는 행정실무를 담당하는 서리가 되어 갔다. 전사의 '이화(吏化)'가 전개된 것이다.

그러나 18세기 후반 이후 유학이 사무라이 계층에 급속히 확산되면서 이들은 점점 국가대사[藩의 정치: 도쿠가와 시대에 국가는 주로 번을 가리켰다], 나아가 천하대사[일본 전체의 정치]에 관심을 갖게 되었다. 물론 유학의 확산뿐 아니라 대외위기, 재정위기[그에 따른 사무라이 경제 상황의 악화] 등도 이들의 정치적 관심을 재촉했다. 이들 중 일부는 더 이상 이무(吏務)에 만족하지 않고, 그동안 소수 상급 사무라이들에게 과점되어 있던 정치권력에 도전하기 시작했다. 이(吏)였던 사무라이의 '사화(士化)'가 시작된 것이다.[9]

본서는 막번체제의 동요와 막말 정치변혁을 이처럼 '사대부적 정치문화'의 확산과 사무라이의 '사화'라는 관점에서 재해석해 보고자 하는 것이다. 그럼 먼저 사대부적 정치문화라는 개념에 대해서 검토해 보자.

제2절 '근세' 동아시아 정치사 이해를 위한 개념: '사대부적 정치문화'

1. '사대부적 정치문화'의 역사적 위치

동아시아에 역사적으로 존재했던 정치문화 · 정치체제는 몇 가지로 구분할 수 있다. 가설적이기는 하지만 넓게는 유교적 정치문화, 법가적 정치문화, 불교적 정치문화, 유목적 정치문화, 무사적 정치문화로 나눌 수 있을 것이다. 이들은 서로 영향을 주고받기도 했고, 많은 경우 하나의 정치체제는 복수의 정치문화를 교묘하게 혼합 · 이용하여 유지되었다. 물론 이들 중 유교적 정치문화가 단연 압도적이었다.

필자는 이전에 이 '유교적 정치문화'에 대해서 유교 고전이나 현실의 유학자, 정치가들이 이상으로 삼는 정치사상, 정치구조, 정치행태 등이라고 규정한 바 있다. 단 이런 이상적 정치상태를 저해하는 것으로 끊임없이 존재해 왔고, 따라서 지탄의 대상이 되어 왔던 당파 · 당쟁도

9 춘추전국시대에 사대부는 군대의 중하급 지휘관과 직접적인 참전자들을 가리키는 말이었고, 따라서 이들은 전쟁에서 중추적인 역할을 담당했다고 하며(凌文超, 「진한시기의 '사대부'」, 『대동문화연구』 80, 2012, 51-52쪽), 진과 한초까지도 사대부는 군리(軍吏)와 같은 집단을 가리켰다고 한다(같은 글, 59쪽). 즉 사대부의 원의를 생각한다면 일본의 사무라이들이야말로 사대부라고 할 수 있을 것이다(물론 주대에는 문무직능을 겸비한 자를 사대부로 칭했다고 한다. 같은 글, 57쪽). 그러나 본고에서 사대부라는 용어는 뒤에서 언급할 송대에 출현한 계층으로서의 사대부라는 의미로 사용한다.

유교적 정치문화의 주요한 특징이라고 볼 수 있다.[10] 그러나 잘 생각해 보면 무엇이 '유교적'인가 하는 것은 해석하기에 따라 훨씬 광범한 영역을 포함할 수 있을 것이다. 예를 들면 군주권이 강하여 상서, 당파 등을 좀처럼 허용하지 않는 정치체제[예를 들면 청조] 역시 유교적이지 않다고 하기는 어려울 것이다. 필자가 '유교적 정치문화'에서 지칭했던 정치현상들[상서의 활성화, 언관의 활약, 학파와 붕당정치 · 당쟁의 관련 등등]이 동결되거나 약화된 정치체제 역시 얼마든지 '유교적'으로 정당화될 수 있는 것이다.

다시 말해 필자가 말하는 '유교적 정치문화'는 실은 '유교적 정치문화'에 속하는 한 하위 유형에 불과할 수 있다는 것이다. 따라서 필자는 역사상 존재했던 동아시아의 정치문화 · 정치체제를 보다 효과적으로 파악하기 위해서는 이 유교적 정치문화를 다시 몇 가지 하위 유형으로 구분할 필요가 있다고 생각하기에 이르렀다. 가설적인 수준이지만 우선 그것을 군주독재적 정치문화, 군주-귀족연합적 정치문화, 실권자적 정치문화, 그리고 '사대부적 정치문화'로 설정해 보기로 한다.[11]

이들은 어느 하나가 우월적 위치를 점하던 시대에도 다른 것과의 긴장, 갈등이 상존했고, 그 역관계에 따라 시대마다 다양한 존재 양태, 결합 형태가 존재해 왔다. 그러나 그중에서 적어도 대다수 유교 지식인이 바람직한 것으로 여겼던 것은 '사대부적 정치문화'다. '사대부적 정치문화'의 요소들은, 특히 중국에서는 고대 이래 단편적으로 있어 왔다고 할 수 있으나, 이것이 지속적으로 한 사회에 작용하고 이에 기반을

10 朴薰,「幕末政治変革と'儒教的政治文化'」.

11 이런 유형 구분에 따르면 예를 들어 청 옹정제 치하의 정치문화는 유교적 정치문화 중의 군주 독재적 정치문화와, 유목적 정치문화의 혼합형으로 파악할 수 있을 것이다.

둔 정치체제가 현실화되기 위해서는 아래에서 서술할 조건들이 필요했다. 그리고 그것이 가능하게 되었던 것은 대체로 송대 이후라고 생각한다.

2. '사대부적 정치문화'의 내용과 성격

먼저 필자가 생각하는 '사대부적 정치문화'의 내용과 성격을 제시하면 다음과 같다.

첫째, 유교적 소양을 갖춘[기본적으로 '學'을 정치자산으로 삼는] 사대부들이 군주와 함께 자신들을 천하공치(天下共治)의 담당자로 자부하여 정치에 적극적으로 관여하거나 발언한다.[12] 이들을 '공정하게' 등용(recruit)하는 제도가 과거제이며, 이들이 정치발언을 할 수 있는 주요 수단은 상서(上書), 강학(講學)이다. 이들이 어떤 직무를 담당하고 있든 간에 이들에게 '천하대사', '국가대사'는 중요한 관심사다. 이들이 서리가 아니라 사대부인 이상 자신의 직무를 넘어서 정치 전반에 관심을 갖고 발언하는 것은 당연한 의무이자 권리이며 권장되는 일이었다. 후

12 송대 이후 중국의 사대부나 조선조의 양반이라는 계층이 유럽의 귀족층에 비해 신분으로서의 의미가 현저히 약했고, 토지 지배라는 측면에서도 국가에 크게 기대고 있었다는 점은 널리 알려진 대로다. 이들이 정치적, 사회적으로 지배층일 수 있는 가장 큰 힘은 학적(學的) 권위에서 온 것이었다. 도쿠가와 시대 사무라이 계층은 신분으로서의 성격은 강했지만, 병농분리(兵農分離)가 보여 주듯 토지 지배로부터는 격리된 사회계층이었다(宮嶋博史, 「東アジア小農社会の形成」, 溝口雄三 ほか 編, 『アジアから考える6, 長期社会変動』, 東京大学出版会, 1994; 「조선시대의 신분, 신분제도에 대하여」, 『대동문화연구』 42, 2003; 「토지대장의 비교사: 量案 · 檢地帳 · 魚鱗圖冊」, 한국고문서학회 편, 『동아시아근세사회의 비교: 신분 · 촌락 · 토지제도』, 혜안, 2006). 이들이 지배층일 수 있는 것은 '무적(武的)인 힘', 즉 무력, 폭력 때문이었다.

술할 바와 같이 이 점이 도쿠가와 시대 서리의 역할밖에 주어지지 않았던 대다수 사무라이와 결정적으로 다른 점이었다. 사무라이가 서리의 역할을 거부하고 사(士)가 되려고 했을 때, 일본에 새로운 정치주체가 형성되었던 것이다.

둘째, 군신 관계는 기본적으로 군신의합(君臣義合)으로 신(臣)은 군주에 맹목적으로 충성하는 것이 아니라 의(義)의 실현을 위해 군주를 적극적으로 보좌 · 계도하고 견제한다[이런 의미에서 '사대부적 정치문화'에서의 군주는 전제군주도 절대군주도 아니다. 적절한 비유가 아닐지도 모르나 입헌군주가 헌법 규정 내에서만 권력 행사가 가능한 것처럼, 이상적으로는 군주는 의(義)와 이(理)의 규범을 넘어서까지 자의성을 발휘할 수 없다. 의(義), 이(理)에 대한 군주권의 열위성(劣位性)을 극단적으로 표현한 것이 방벌론(放伐論)이고, 반정(反正) 행위다. 물론 이는 '사대부적 정치문화'에서도 극단적 · 예외적 경우다].

셋째, 사대부들은 정치 주장을 펴는 유력한 수단으로 간언[특히 언관], 상서, 학교에서의 강학 등을 이용한다. 효과적인 상서가 되기 위해서는 내용의 적실성뿐 아니라 해박한 고전 이용, 유려한 문체 등이 필요하다. 따라서 상서를 통한 정치 주장에는 학문적 실력이 중요하다. 상서가 정치적 힘을 발휘하기 위해서는 '공론(公論)'과 연결될 필요가 있다. 즉 상서는 공론의 반영이라는 자기 정당화를 통해 정치적 파괴력을 갖게 되는 것이다. 물론 이 공론에는 정론(正論)이라는 의미도 있지만, 곧잘 중론(衆論)의 의미로 쓰였다. 따라서 이 공론정치는 여론정치로서의 성격이 상당히 강했고, 상서는 그것을 반영하는 형태로 표출되었던 것이다.

넷째, 사대부는 생득적(生得的) 지위가 아니라 기본적으로 학(學)의 습득에 따라 주어지는 지위이니만큼 학문을 매개로 관계, 네트워크, 조직을 형성하는 경우가 일반적이다. 여기에는 학문적 영수(領袖)를 중심으로 방대한 학파를 형성하는 경우[이것은 조선의 예처럼 누대에 걸친 학문적 사승(師承) 관계가 형성되어 있고, 타 학파에 대해 배타적인 경우가 많다], 학교 등 교육기관[수도의 공립학교, 지방향교 또는 사립인 서원]을 중심으로 연결되는 경우, 단순한 연구회를 중심으로 느슨한 네트워크를 형성하는 경우[막말(幕末) 일본]도 있다. 이 모두를 포괄하여 '학적(學的) 네트워크'로 부르기로 한다.[13] 다시 말하면 사대부들의 정치활동 기반은 바로 이 '학적 네트워크'이며, 공론도 이를 기반으로 형성되는 경우가 많다. 이것은 '사대부적 정치문화'의 가장 큰 특징이며, 다른 문명권과 구별되는 동아시아 정치의 특징이기도 할 것이다.

다섯째, 이 '학적 네트워크'에 기반을 둔 복수의 정치세력[당파]이 지속적으로 경쟁하는 것이 '붕당정치'다. 그리고 그들 간의 정치투쟁이 당쟁이다. '군자부당(君子不黨)'[『논어(論語)』, 「술이편(述而篇)」] 이래 당은 비판의 대상이었다. 그러나 '근세'에 들어와 '사대부적 정치문화'가 형성되면서 사대부들이 활발한 정치활동을 하게 되자 자연히 당파가 생겨나는 경우가 발생했다. 이에 따라 당에 정당성을 부여하려는 언설도 나타났다. 구양수(歐陽修)의 「붕당론(朋黨論)」은 비록 복수 당파의 당쟁을 긍정한 것은 아니고, 올바른 유일당파(唯一黨派, 君子黨)의 정당

13 朴薫, 「幕末政治変革と '儒教的政治文化'」, 31-32쪽. 일본의 경우에 대해서 미리 설명하자면 18세기 말부터 19세기 전반에 걸쳐 도쿠가와 사회에는 급속하게 학교[藩校, 郷校], 사숙(私塾), 학습회 등이 증가한다. 이로써 일반 사무라이들에게까지 교육 기회는 증대했으며, 대부분 사무라이에게 '문(文)'의 중요성은 점점 커져 갔다. 사무라이들은 본래 군사조직인 반(番)-구미(組)에 소속되어 있었으나, 학교 등에 다니게 되면서 학문적인 사제, 동문 등의 관계가 형성되기 시작했다. 그 인적 관계는 번교, 향교, 사숙, 학습회 등 다양한 학습 · 교육기관에 중첩적으로 형성되는 경우가 많았다. 필자는 이를 포괄적으로 '학적(學的) 네트워크'라고 칭한다. 물론 이전 시기에도 유명 사숙들은 전국적으로 존재했고, 이들은 각지의 지식인들을 이어주는 네트워크 역할을 했다. 그러나 이는 일부 우수하거나 특혜를 받은 사람들에 한한 것이지, 많은 일반 사무라이들에 해당되는 것은 아니었다.

성을 변증한 것이었지만, 어쨌든 사대부의 당파에 정당성을 부여했다는 점은 주목할 만하다. 실제 조선 정치에서는 당쟁이 만연했다. 17세기 조선에서는 한때 복수당파의 공존까지 실현되고 사상적으로도 정당화되는 상황까지 생겼다.[14]

그러나 역시 옹정제(雍正帝)의 「어제붕당론(御製朋黨論)」으로 대표되듯 당파·당쟁에 대한 부정적(否定的)·경계적(警戒的) 견해가 언설의 세계에서는 압도적이었다. 사대부들은 언설에서는 당쟁을 비난하면서도 실제로 자신들의 정치활동에서는 자연스레 당파를 형성하지 않을 수 없는 딜레마에 처했던 것이다(막말기의 요시다 쇼인(吉田松陰)도, 요코이 쇼난(横井小楠)도 당쟁을 비판하면서도 당쟁의 한쪽 당사자가 되어 버렸다[15]). 이 딜레마를 모면하기 위해 때로는 군주의 파당론(破黨論)에 굴복해야 했고, 때로는 유일당파(唯一黨派, 君子黨)론으로 자신의 정치행위를 변호하려 했다. 그러나 끝내 복수당파의 평화적 공존이라는 언설을 창출해내는 데까지는 이르지 못했다.[16]

14 오수창, 「仁祖代政治勢力의 動向」, 李泰鎭 編, 『朝鮮時代政治史의 再照明』, 태학사, 1985.

15 朴薰, 「幕末政治変革と'儒教的政治文化'」, 32쪽.

16 이는 아마도 이(理)의 유일진리성이라는 주자학의 사상에서 오는 것인지도 모르겠다. 어쨌든 이런 영향하에서 메이지유신 초기에도 자유당(自由黨)은 자신을 군자당이라고 칭하고 '위당박멸(僞黨撲滅)'을 주장했다. 입헌개진당(立憲改進黨)도 정강에서 유일 정당을 목표로 내걸었다. 이 유일 정당에 대한 친화성은 다이쇼(大正) 정당정치에 대한 반감과 대정익찬회(大政翼贊會)로의 전환, 전후(戰後) 완전한 민주적 선택에 의한 자민당(自民黨) 일당 장기 지배의 실현, 현재 한국, 일본에서의 정당 혐오 그리고 중국에서 볼 수 있는 손문(孫文)의 군정(軍政), 훈정(訓政) 이념, 중국공산당 지배의 견고함 등 '현인지배(賢人支配)의 善政主義'(横山宏章, 박종현 역, 『중화민국사』, 신서원, 2000)에 대한 광범한 동의 형성 등을 볼 때, 현재도 동아시아 정치 문화 · 체제를 규정짓는 중요한 요소 중 하나가 아닐까 생각한다.

여섯째, 붕당정치는 보다 많은 수의 사회구성원을 정치에 참가시키고, 정치의제를 상호 견제와 경쟁 속에 공개화시킨다는 점에서 정치과정의 공공적 성격을 제고하는 데 큰 역할을 했고, 이것은 다른 문명권의 정치와 비교해도 큰 역사적 의의를 부여할 수 있을 것이다. 그러나 복수당파의 평화적 공존이라는 시스템을 끝내 만들어 내지 못한 탓에 이 경쟁은 곧잘 과열되어 당쟁으로 발전했고, 집권 후 폭력적 보복이라는 악습으로 이어졌다[조선에서의 '환국정치(換局政治)'가 대표적. 막말 미토번(水戶藩)의 당쟁도 한 예]. '사대부적 정치문화'를 배척하려는 세력은 하나같이 이 당쟁의 폭력적 성격과 당의 사물화(私物化)를 그 구실로 삼았다.

일곱째, '사대부적 정치문화'가 치열한 권력투쟁, 대외위기 등을 만났을 때, 사(士)의 급속한 확산이 이뤄진다['士化']. '사화(士化)'는 신분이동의 현상을 말하는 것이 아니다. 정치의식면에서 또는 정치행동면에서 지금까지 정치적으로 비활성화되어 있던 기존의 사(士)들[특히 지방의 士까지]이 정치화될 뿐 아니라, 정치와 무관해야 할 이(吏)나 심지어 민(民)의 일부도 사를 자임하고, 사와 같은 행동을 하는 자들이 나타나게 되는 것을 지칭한다. 따라서 조선 후기 사회의 '온 나라 양반되기'[17]와는 차이가 있다. 이것은 당시 조선 백성이 정치화되는 현상을 지적한 것이 아니라, 양반 신분의 확장적 성격에 의해 많은 민이 '유학(幼學)' 등의 직역을 획득하거나 예제 등 양반의 풍습을 모방함으로써 양반화 또는 양반 행세를 하는 것을 주로 가리킨 것이다. 필자가 말하는 '사화(士化)'는 그에 비하면 주로 정치사적 개념이다.[18]

17 김상준, 『맹자의 땀, 성왕의 피: 중층근대와 동아시아 유교문명』, 아카넷, 2011의 제12장 참조.

18 조경달은 19세기 조선정치와 민중운동을 '사의식(士意識)'의 확산이라는 관

이 '사화(士化)' 현상은 곧잘 전국적으로 일어난다[전국정치(national politics)의 형성].[19] 명말청초의 동림당(東林黨), 복사(復社) 운동, 민변(民變), 17세기 조선의 정계를 달구었던 예송논쟁(禮訟論爭)이 그 예이나, 막말기(幕末期) 일본도 그 선명한 예 중 하나일 것이다.

여덟째, '사대부적 정치문화'는 적어도 공식적으로는 군주친정을 바람직하게 여긴다. 그들의 정치적 이상, 즉 의(義)는 군주를 통해서만 실현될 수 있기 때문이다. 이런 사상적 원리 이외에도 군주친정이 행해

점에서 파악하여, 계급투쟁적인 시각만으로는 포착할 수 없는 많은 측면을 지적해내고 있다. 필자가 주로 하급 사무라이들의 '사화(士化)'에 초점을 맞추고 있는 것과 달리[부분적으로는 '초망(草莽)'의식 등 민중의 '사화(士化)'도 고려하고 있지만], 그는 민중의 '사(士)의식' 확산에 주목하고 있다. 그러나 필자는 정치에 대한 관심 · 참여 의지와, 양반으로의 신분 상승의 열망 또는 양반 행세의 움직임은 구별할 필요가 있다고 본다. 이 시기 조선 민중의 동향에는 후자의 움직임도 강하게 있었으며, 이런 움직임은 필자가 말하는 '사화(士化)'에는 해당되지 않는다. 또한 조경달은 동학지도부들의 '사(士)의식'을 중시하고 있는데(조경달, 허영란 역, 『민중과 유토피아』, 역사비평사, 2009, 제4장 참조), 이들이 대개 향반 출신이었다는 점에서 이들이 '사(士)의식'을 갖고 있었다는 것은 새삼스러운 일은 아닐 것이다. 필자가 말하는 '사화(士化)'는 '사의식'이 없거나 미약했던 '이(吏)'[사무라이]나 민중이 '사의식'을 갖게 되는 것을 말하므로, 필자는 이를 '사화(士化)'로 보지는 않는다. 다시 말하면 전봉준 등 몰락 양반들은 비록 몰락은 했지만, 주관적으로나 객관적으로 여전히 '사(士)'였으므로 새삼스레 그들의 '사(士)의식'을 새로운 것으로 평가할 수는 없을 것이다. 그들에게 '사대부적 정치문화'는 새로운 것이 아니었고 익숙한 것이었다. 이 점이 사무라이의 '사화(士化)'와는 다른 것이다.

19 김상준, 『맹자의 땀, 성왕의 피: 중층근대와 동아시아 유교문명』, 제10장 참조. 김상준은 유교적 전국정치가 근대적 민주정치로 연결될 가능성이 있었다는 관점을 취하고 있으나, 필자는 이에 동의하지 않는다. '사화(士化)'라는 표현에서도 알 수 있듯이, 정치에 참여하는 것은 어디까지나 사(士)이지 민은 아니다. '사화(士化)' 현상을 갖고 민주주의 이외의 정치체제 중 가장 광범한 층의 정치참여를 가설적으로 논할 수는 있겠지만, 이것과 '민주(民主)' 사이에는 엄연한 단절이 있으므로, 좀 더 신중한 검토가 필요하다.

지지 않을 경우, 그들이 경계하는 '기형적' 권력구조가 발생할 가능성이 크기 때문이다. 환관정치, 외척정치, 실권자 정치 등이 그것이다. 물론 현실에서는 무능한 군주, 게으른 군주 등이 친정을 행하지 않는 경우가 비일비재했지만, 적어도 '사대부적 정치문화'의 이상은 군주친정이며, '기형적' 권력구조에 맞서 '사대부적 정치문화'를 회복하려는 권력투쟁에서 군주친정은 중요한 명분이 되었다.

아홉째, 군주친정을 위해서는 군주가 현군(賢君)이어야 필요가 있다. 이 때문에 군주의 학문 연마가 강조된다. 이 역시 다른 문명권에서는 드문 현상일 것이다. 조선의 예에서 보듯, 심한 경우에는 신하를 스승으로 모시고 자주 경연에 참석해야 했으며, 군주즉위 전부터 시강(侍講, 侍讀)이 학문 연마를 재촉했다.[20] 그런데 '현군(賢君)의 친정'이라는 요구는 '사화'와 밀접하게 관련되어 있다. '사화'가 민주(民主)가 아닌 이상, '사화'된 정치주체들의 충성 대상은 어디까지나 지금은 여러 요인에 의해 본래 모습이 가려져 있는 현군(賢君), 바로 그 사람이었다. 많은 '사화' 현상들이 '군측(君側)의 간(奸)'을 제거한다는 명분하에 진행된 것은 이를 잘 보여 준다. 다시 말하면 '사화'된 광범한 정치주체들에게 정치적 정당성을 부여하는 계기 중의 하나가 바로 군주친정인 것이다. 군주친정과 '사화'가 이런 관계라면 '사화(士化)'가 아무리 활성화되어도 여기서 곧바로 '민주주의의 맹아'를 읽어 내려는 것은 신중을 기하지 않으면 안 될 것이다.

이상 '사대부적 정치문화'의 내용과 성격을 서술해 보았다. 물론 현실에서 '사대부적 정치문화'가 제대로 구현된 시기는 그리 많지 않

20 막말기 일본에서는 시강(侍講), 시독(侍讀)들이 정치적 발언권을 행사하는 경우가 자주 보인다. 아마도 그 극점(極點)은 메이지기 천황친정을 주장한 주자학자 모토다 나가자네(元田永孚) 등의 궁중 그룹일 것이다.

았다. 그러나 '사대부적 정치문화'는 다른 정치문화와 길항, 경쟁, 보완하면서, 정치의 공공성 확보 또는 정치참여를 원하는 광범한 사층(士層)에 의해 끊임없이 그 구현이 주장되어 왔고, 다른 정치유형에 대한 강력한 안티테제로 지속되어 왔다.

동아시아에 존재했던 정치유형 중 '사대부적 정치문화'는 가장 광범한 범위의 정치참여를 허용하는 유형일 것이다. 사(士)의 말단까지, 때로는 이(吏), 민(民)의 '사화(士化)'에 의해 정치참여 범위가 확장될 수 있었다. 이것은 동아시아에서뿐 아니라 세계사적으로도, 민의 정치참여를 전면적으로 용인한 민주주의[물론 보통선거 이후의] 이외의 정치형태가 도달할 수 있는, 가장 다수가 정치에 참여할 수 있는 정치 문화·체제였는지도 모른다.

제3절 중국·조선에서 '사대부적 정치문화'의 행방

이상 '사대부적 정치문화'라는 개념의 함의에 대해 서술해 보았다. 이 같은 '사대부적 정치문화'의 단편들은 특히 중국에서는 고대, 중세시대에도 존재했다. 그러나 이것이 사상적으로나 현실적으로 체계성을 가진 하나의 정치 모델로 형성되기 시작하는 것은 역시 송대 이후라고 봐야 할 것이다. 흔히 당송변혁의 하나로 송대에 들어 귀족정치가 사라지고 황제독재권이 확립된 현상을 들곤 하는데, 그것은 '사대부적 정치문화'와 한 세트로 등장한 것이다.

'사대부적 정치문화'의 형성이 가능했던 조건들을 가설적으로 제시해 보면 다음과 같다. 당대(唐代) 불교 성행에 대한 반발로 송대 이후 유교의 부흥과 주자학의 탄생, 토지 지배로부터 유리된, 학(學)을 정치, 문화, 권위의 궁극적 자산으로 삼는 사대부 계층의 광범한 형성, 과거제의 확립, 그들의 학습과 교육을 가능케 한 서적과 학교의 보급[이를 가능케 한 인쇄술의 발달, 지방 경제의 발달], 전국정치를 가능케 한 정치 유통망의 형성[이는 상업 유통망이나 역참(驛站) 네트워크에 기반을 둔다], 일정 정도 이상의 사대부층 인구의 형성과 그 인구의 전국적 분포 등이다.

물론 '사대부적 정치문화'가 형성된 이후 동아시아 정치를 줄곧 장악한 것은 물론 아니었다. 일본의 무가(武家) 사회는 이를 좀처럼 수용하지 않았고 중국, 조선에서도 그 행방은 다양했다. '사대부적 정치문화'가 중국사에서 가장 성행했던 것은 명대일 것이다. 정부의 과도관(科道官)은 언관으로서 기능을 발휘했고, 사대부들의 '학적 네트워크'도 활발했으며, 갖가지 규제에도 불구하고 상서도 정치적 역할을 했다. 환관정치에 반대하는 명말 동림당(東林黨), 복사(復社) 운동은 이 '사대부적 정치문화'의 존재감을 여실히 보여 줬다고 할 수 있다.

현실적으로 중국사의 경우 강력한 황제권의 존재, 또 정복왕조의 통치 등의 이유 때문에 이런 '사대부적 정치문화'가 위축되는 경우도 많았다. 특히 청대에 들어 한족 지역인 내성(內省) 18성을 제외한 광범한 지역은 말할 것도 없고, 내성 18성에서도 강력한 황제권 때문에 '사대부적 정치문화'의 활성화는 이뤄지지 않았다. 명말의 '사대부적 정치문화'의 활력은 정복왕조의 문자옥(文字獄)으로 짓눌렸다. 청조는 필자의 구분에 따르면 유교적 정치문화 중의 군주독재형 문화와, 유목적 정치문화의 혼합이라고 해야 할 것이다.

조정 내의 정책 결정은 초기에는 만주인 황족과 팔기왕공(八旗王公)으로 구성된 의정왕대신(議政王大臣)의 회의체에서 이뤄졌으나, 이들은 사대부도 아니었고, 오히려 만주족 고유의 의사 결정 구조를 계승한 것이었다.[21] 이것이 사라지고 군기처가 생겼으나, 이것도 황제의 자의로 임명된 멤버가 황제를 보좌하는 자문 스태프(staff) 기구에 가까웠지, 사대부의 의정(議政) 기구라고 보기는 어려웠다. 청 조정은 제대로

된 의정 기구 없이 황제와 각부 장관이 수직적으로 협의해 정책을 결정·집행하는 구조였다.[22] 이런 구조에서 황제권은 견제되기 힘들었다. 언관(言官)인 도찰원(都察院)의 간언 기능도 거의 동결되다시피 했다. 청대에는 황제와 조정에 대한 언관의 유의미한 비판은 찾아보기 힘들었다.[23]

사대부[紳士]에 의한 상서도 거의 행해지지 않았다. 조선의 성균관 생과는 달리 베이징의 국자감생들은 상서를 통한 정치 주장을 거의 하지 않았고, 지방 사대부들이 황제나 중앙조정은 물론 지방장관인 총독이나 순무에게 상서하는 일도 흔하지 않았다. 그 대신 성행한 것이 주접(奏摺) 제도다. 그러나 이것은 특정 사안에 대해 그 담당자와 황제가 일대일로 의견을 나누는 폐쇄적인 의사소통 방식으로, 상서와는 성격이 크게 다른 것이었고, 언관은 주접제도에서 배제되었다.[24] 사대부들 간의 당파도 결성되지 않았다. 옹정제(雍正帝)의 『어제붕당론(御製朋黨論)』에 대한 의미 있는 반론은 찾아보기 힘들었다. 물론 과거제가 중요한 기능을 유지했고, 지방에서 신사층의 활동이 성행했던 것처럼 '사대부적 정치문화'가 부분적으로 작동하고 있었던 것은 사실이지만 대체로 청대에 그것은 크게 위축되었고, 이런 상태는 19세기 후반 강유위(康有爲)를 비롯한 청말 개혁가들이 등장할 때까지 계속되었다고 볼 수 있다.

21 杉山清彦,「大清帝国と江戸幕府: 東アジアの二つの新興軍事政権」, 懐徳堂記念会 編,『世界史を書き直す 日本史を書き直す: 阪大史学の挑戦』, 懐徳堂ライブラリー8, 和泉書院, 2008.

22 서울대 구범진 교수의 조언에 따름.

23 차혜원,「18세기 청조의 언론통제와 관료사회: 언관 謝濟世사건의 의미」,『동방학지』125, 2004.

24 차혜원,「18세기 청조의 언론통제와 관료사회」.

'사대부적 정치문화'가 가장 활성화된 곳은 조선이었다. 흔히 사림(士林)이라고 불리는 계층은 '사대부적 정치문화'의 담지자였다. 16세기 '사대부적 정치문화'의 도전에 대해 기성체제는 사화(士禍)라는 혹독한 대응을 했다. '사대부적 정치문화'의 확립 과정은 유혈이 낭자한 과정이었다. 그러나 조선의 '사대부적 정치문화'는 사화(士禍)를 뚫고 17~18세기에는 조선정치에 확고하게 자리 잡았다. 물론 '사대부적 정치문화'의 과잉에 대한 견제도 존재했다. 공론(公論)이 왕에 있으면 나라가 편안해지고, 시정(市井)에 있으면 나라가 어지러워진다는 경고는 이런 맥락에서 나온 것이었다. 18세기 왕권에 의해 시도된 탕평정치는 그 예다.

그러나 17~18세기 조선정치의 주역은 단연 '사대부적 정치문화'였다. 정연한 학문 이론 체계로 이뤄진 사승(師承) 관계를 기반으로 하는 학파와 그에 기반을 둔 당파는 항상적으로 존재했고, 당쟁은 지속되었다. 서울에 있는 양반, 학생들과 전국에 분포되어 있는 유생들은 서원에서 정치에 대해 담론하고 상서를 통해 중앙정치에 대해 적극적으로 발언했다. 이 의견들은 '사림의 공론'으로 대단한 영향력을 행사했다. 이들을 배경으로 하여 삼사(三司)에 포진한 언관(言官)들은 지금 봐도 놀랄 정도로 왕과 그의 조정을 신랄하게 비판했다.

특히 17세기 복상(服喪)의 예(禮)를 둘러싸고 전개된 예송(禮訟) 논쟁은 수년간 전국을 하나의 정치공론의 장으로 만들어 버렸다. 중앙정계의 핫이슈를 둘러싸고 지방 곳곳을 포함하여 전국적인 논쟁이 벌어졌고, 수만 통의 상서가 서울로 쇄도했다. 이슈 발생과 논쟁, 그것이 상서라는 형태로 서울로 피드백되는 데에는 한 달 정도밖에 걸리지 않았다고 한다. 이른바 전국정치의 실현이다.[25] 이 예송논쟁을 통해 정치논의는 전국의 구석구석까지 미쳤으며, 사(士)의 말단까지, 때로는 '사화(士化)'된 민(民)의 정치참여까지도 촉진했다.[26] 이런 정도의 정치현상은 명말청초의 동림당(東林黨), 복사(復社) 운동, 그리고 후술할 막말기 일본의 정치운동에 비견될 수 있을 것이다.

그러나 '사대부적 정치문화'의 과도한 활성화는 격렬한 당쟁[환국(換局) 정치]을 만성화시켰다. 복수당파의 공존이라는 '사대부적 정치문화'의 지속을 위한 정치관습은 17세기에 일시적으로 형성되는 듯이 보였으나, 곧 상대 당을 절멸하려는 시도로 무너져 버렸다. 영·정조의 탕평은 이를 견제하려는 것이었다. 그러나 정조 사후 조선에서 '사대부적 정치문화'를 대체한 것은 소수 벌열 가문에 의한 독재정치, 즉 세도정치였다. 세도정치하에서 '사대부적 정치문화'는 크게 위축되었다. 상서는 제한되었고 올라온 상서도 제대로 처리되지 않았다. 당파는 위축되고 몇몇 거대 가문에 의한 정권의 과점이 상시화되었다. 언관도 크게 위축되었고 서울 성균관생들의 정치참여도 시들해졌다.

중요한 것은 이런 움직임이 전국정치를 형해화시켰다는 점이다. 세도정치의 주역 가문들은 대체로 서울, 경기 일원에 근거지를 가진 가문들이었다. 서울, 경기 이외 다른 지역은 거의 정치에 참여할 기회를 잃거나 참여하려고도 하지 않았다.[27] 흔히 조선은 당쟁으로 망했다고 말하곤 하지만 조선이 무기력해진 19세기는 상서, 붕당정치, 당쟁 등이 크게 위축되었던 시기였다. 필자의 용어로 말하자면 '사대부적 정치문화'가 크게 위축 또는 실종된 시기에 조선은 쇠퇴했던 것이다.

25 김상준, 『맹자의 땀, 성왕의 피』, 438-439쪽.

26 김상준에 따르면 조선에서는 16세기에 수백 명 단위의 연명상소가 나타나기 시작해 17세기에는 천 명 단위, 18, 19세기에는 만 명 단위의 연명상소가 행해졌다(김상준, 『맹자의 땀, 성왕의 피』, 438쪽).

27 朴薰, 「十九世紀前半日本における「議論政治」の形成とその意味: 東アジア政治史の視点から」, 明治維新史学会 編, 『講座明治維新 I: 世界のなかの明治維新』, 有志舎, 2010; 남지대, 「중앙 정치세력의 구조」, 한국사연구회19세기연구반 편, 『조선시대 정치사의 재조명』, 태학사, 1985.

그리고 이렇게 중국에서는 물론이고 조선에서조차 '사대부적 정치문화'가 위축되어 가던 19세기에 뜻밖에 '무인의 나라' 도쿠가와 일본에서 '사대부적 정치문화'가 출현했고, 이것이 전에 없던 정치적 활력을 가져와 막번체제(幕藩體制)의 동요와 새로운 정치질서의 형성을 이끌었던 것이다.

제4절 '사대부적 정치문화'의 의외의 출현, 막말일본(幕末日本)

1. 유학 · 교육의 확산과 사무라이 사회의 변화

일본 전후역사학의 막말정치사 연구는 강좌파(講座派) 이래 부르주아 혁명, 절대주의, 계급동맹 등 유럽사의 특수한 경험에서 추출된 개념을 무차별적으로 적용하여 진행되어 왔다. 그 연구 방법은 앞서 말한 것처럼 경제사에서 자본주의 맹아를 찾거나 사상사에서 '작위적(作爲的) 요소'를 찾아내려는 시도와 동일하다. 이런 연구 태도와 설명 방식이 많은 문제점을 안고 있으며, 한계에 부딪혔다는 것은 주지의 사실이다. 그러나 1980년대 강좌파 이론이 동요하기 시작한 이후 현재까지 막말정치사에 대한 새로운 포괄적 설명틀은 아직 제시되고 있지 않다.

사무라이 사회에서 '사대부적 정치문화'를 찾으려는 시도 자체가 약간 의외일 수도 있겠다. 그러나 적어도 18세기 말 이후 사무라이의 활동을 전해 주는 사료들을 접하게 되면 이들에게 유학의 영향력이 얼마나 두드러진 것이었는가를 쉽게 알 수 있다. 번은 번교(藩校)를 세워 학문을 장려했고, 각지에 생긴 사숙(私塾)은 젊은 사무라이들을 끌어들였다. 무도장(武道場)에서의 무술 연마는 여전히 이들에게 중요했지만, 세계사적으로도 드물게 수백 년간 전쟁과 국내 소요가 없었던 이 엄격한 신분제 사회에서 학문은 신분 상승을 위해서도 점차 무술보다 효과적인 것이 되어 갔다. "학문을 게을리하지 말라"는 말은 이 시기 사료 도처에서 볼 수 있다. 이 시기 사무라이는, 신분은 여전히 사무라이이지만, 그 존재 양태에서 보면 가마쿠라 막부 이래 존재했던 사무라이와는 다른 새로운 유형의 사무라이라고 할 수 있다. 필자는 이를 '독서하는 사무라이' 또는 '칼 찬 사대부'라고 명명한 바 있다.[28]

도쿠가와 시대의 가신단 조직은 대체로 전국시대의 군사조직이 잔존한 것이었다. 따라서 강력한 군사 우위의 전통이 유지되었다. 실권은 야쿠가타(役方, 행정 분야)에 있더라도 사회통념상 권위는 여전히 반가타(番方, 군사 분야)에 있었다. 이런 성격의 조직이었기에 의사 결정은 소수의 상급자 사이에서 이뤄졌다. 막부든 번이든 로쥬(老中)를 비롯한 소수의 상급 역인(上級役人)이 상호 간의 담합에 의해 의사 결정을 하는 것이 상례였고, 치열한 토론을 벌이는 회의나, 하물며 정부 내외의 여론을 광범하게 수렴하는 일은 거의 없었다. '정치의 동결(凍結)'이다. 각 역인(役人)들도 자신이 맡은 역직(役職)에 관계되는 일 이외의 일에 신경 쓰거나 관심을 두는 것은 경계되었다. 역인들은 역직을 맡을 때 역직에 관련된 정보는 다른 역직의 역인에게는 물론 가족이나 친척에게까지도 누설해서는 안 된다는 서약을 해야 했다. 이들은 '천하대사', '국가대사'와는 거리가 먼 존재들이었다. 다시 말해 이들은 '사(士)'가 아니라 '이(吏)'였던 것이다. 물론 전쟁 없는 사회에서 '무사'로서의 성격도 희미해졌다.

특히 사무라이 인구의 80~90%를 차지하는 100석 미만의 하급 사무라이들은 주로 성문 경비, 다다미 조달, 장부 정리 등 이무(吏務)에 종

28 朴薫,「幕末政治変革と'儒教的政治文化'」, 24쪽.

사했다. 이런 일들은 가업이기 때문에 자신의 능력이나 노력으로 지위 상승을 기대하는 것은 어려웠다. 전쟁이 없어 무사로서 공을 세울 기회가 없어진 이들이 이무(吏務)에서 벗어날 출구는 별로 보이지 않았다. 무사로서의 자부심과 이무에 종사해야 하는 현실 사이에서 이들의 불안과 불만도 쌓여 갔다. 18세기 말부터 이뤄진 유학과 교육의 급속한 확산은 이런 이들에게 중요한 돌파구가 되었다.

사무라이의 유학 학습은 학교의 증가와 깊은 관계가 있다. 1750년대를 기점으로 번이 설립한 공립학교, 즉 번교(藩校)가 급격하게 늘어나기 시작해 18세기 말에서 19세기 초에 걸쳐 정점에 달했다. 그 이후에도 메이지유신에 이르기까지 번교 설립의 열기는 이어졌다. 사숙(私塾)이나 향교 등의 설립 추세도 번교에 못지않았다.

사무라이들과 그 자제들은 번교, 사숙, 스터디 그룹[勉强會] 등 각종 교육·학습 기관에 다니면서 학문을 익히고, 인맥을 만들어 나갔다.[29] 이런 학습의 장에서 주요 텍스트는 유학, 그중에서도 주자학 관련 서적이었으며, 자연스럽게 시무(時務)와 시정(時政)에 관련된 토론이 광범하게 행해졌다. 당국은 이런 동향을 제어하고자 시도하기도 했으나, 내외 위기가 점증함에 따라 그런 흐름은 오히려 점점 강해졌다. 이(吏)에 불과했던 사무라이들이 학습의 장을 발판으로 국가대사[즉 藩政], 나아가 천하대사[일본 전체]를 논의하며 점점 사(士)가 되어 갔던 것이다.

29 농촌에서도 상층농민, 향의(鄕醫), 신관(神官) 등을 중심으로 향교 출석자가 점점 늘어났다. 향교가 민(民)의 '사화(士化)'의 근거지였음은 물론이다(瀨谷義彦, 『水戸藩鄕校の史的硏究』, 山川出版社, 1976). 그러나 본서에서는 민의 '사화(士化)'를 주요 분석대상으로 삼지 않고 있기 때문에 본격적인 언급은 하지 않는다. 다만 본서 제2부의 3장에서 그 일부를 엿볼 수 있다.

2. '사대부적 정치문화'의 확산과 일반 사무라이의 정치참여

이런 흐름은 결국 사무라이의 정치화를 촉진시켰다. 유학을 배우고 학습의 장을 통해 인적 네트워크를 갖게 된 일반 사무라이들은 정치문제에 대해 발언하고, 정치투쟁에 관여하기 시작했다. '정치의 동결'이 해빙되기 시작한 것이다. 그들이 폭발적으로 정치적 행동에 나서게 된 것은 대외위기의식이 고조되었을 때였지만, 그 전에도 이전에 없던 정치갈등이 각 번에서 벌어졌다. 그리고 일반 사무라이들이 정치에 뛰어들었을 때 이용한 정치수단이 바로 '사대부적 정치문화'에서 형성된 것들이었다.

막말기에는 '사대부적 정치문화'의 주요 지표인 '학적(學的) 네트워크'의 활성화, 그에 기반을 둔 당파, 당쟁의 빈발과 학당의 출현(제1부), 상서의 활성화와 정치화(제2부), 군주친정의 요구와 당파 투쟁에서 군주의 정치적 역할(제3부) 등이 두드러지게 나타났는데, 본서는 이를 구체적인 사례에 기반하여 검토할 것이다. 이하 그 요지를 간단히 서술해 둔다.

먼저 제1부에서 다루는 '학적 네트워크'의 활성화와 '학당'의 출현이다. 위에서 언급한 대로 일반 사무라이들이 번교, 사숙, 스터디 그룹 등 학습 기관에 다니게 되면서 그에 기반을 둔 새로운 인적 네트워크가 형성되었다. 원래 사무라이들은 군대 조직에서 유래한 반(番), 구미(組) 등에 속해서 직속 상관의 명령에 복종해야 하는 존재였다. 반, 구미를 벗어나 횡적인 연대를 해서도 안 되었고[결당(結黨)의 금(禁)], 직속 상관을 뛰어넘어 자신의 의견을 주장하는 것도 엄격히 금지되었다[월소(越訴)의 금(禁)]. 그러나 학습 기관에서의 활동이 활발해지자 사무라이들은 상관 대신 학문적 스승에 복종하게 되었고, 그를 중심으로 학습을 같이하는 사람들끼리 횡적인 네트워크가 생기기 시작했다. '학적 네트워크'다. 반, 구미 등의 가신단 조직에서는 신분 구별이 엄격했으나 이 '학적 네트워크'의 공간에서는 신분 서열이 상대적으로 완화되었고, 학문적 실력과 리더십이 중시되는 경향이 있었다.

이 학습의 장은 곧잘 정치토론의 장이 되기도 했다. 특히 광범하게 퍼져 있던 회독(會讀)이라는 학습 방법은 이런 경향을 더욱 촉진시켰다.[30] 회독이라는 것은 텍스트를 놓고 돌아가면서 해석을 하는 것인데, 한 사람의 해석이 끝나면 그에 대해 서로 간의 견해를 밝히고 치열하게 토론하는 학습 방법이다. 이 회독의 장에서는 신분 서열을 떠난 상호 대등성이 상당 부분 보장되었고, 정치문제에 관한 논의도 비교적 자유로웠다. 이 회독을 통해 학습의 장은 점점 정치성을 강화해 나가게 되었고, '학적 네트워크' 역시 정치조직화되어 '학당(學黨)'이 출현하게 되는 것이다.

제1부에서 살펴보는 것처럼 물론 이 '학당'은 강고한 결합 원리나 단일한 정치이념을 갖고 있었던 것은 아니다. 그저 '학을 매개로 한 인

30 필자는 미토번(水戸藩) 정치운동에서 회독(會讀)의 중요성을 지적하면서(「德川末期 水戸藩의 南上운동과 정치공간」, 『역사학보』 173, 2002, 227-234쪽, 본서 제2부의 3장), 이런 '학적 네트워크'를 통해 형성된 정치세력이 미토번 내에 '토의(討議, 議論) 정치'를 발전시켜 갔고, 이것이 막말유신기 공론정치의 형성에 큰 역할을 했음을 지적한 바 있다(「幕末水戸藩에서 封書의 정치적 등장과 그 역할: '討議정치'의 형성과 관련하여」, 『동양사학연구』 77, 2002). 최근 회독에 관한 연구서를 출간한 前田勉은 미토번의 회독에 대해 언급하면서, 필자의 연구를 인용하여 '토의[議論] 정치'가 갖는 의의를 강조했다(『江戸の読書会: 会読の思想史』, 平凡社, 2012, 248-263쪽). 前田勉의 회독에 대한 연구는 다음을 참조. 「近世日本の公共空間の成立: 「会読」の場に着目して」, 『愛知教育大学研究報告』 55(人文 · 社会科学 編), 2006; 「金沢藩明倫堂の学制改革: 会読に着目して」, 『愛知教育大学研究報告』 58(人文 · 社会科学 編), 2009; 「吉田松陰における読書と政治」, 『愛知教育大学研究報告』 60(人文 · 社会科学 編), 2011; 「江戸後期の読書と政治」, 『日本文化論叢』 19, 2011; 「明治前期の '学制' と会読」, 『愛知教育大学研究報告』 61(人文 · 社会科学 編), 2012.

적 관계나 정치행동을 같이하는 그룹' 정도에 불과하다. 그러나 사무라이 역사상 이런 성격의 정치 그룹이 광범하게 형성된 것은 주목할 만하며, 그 이후 막말의 정치변혁 과정에서 이는 매우 중요한 역할을 하는 것이다. 막말기에는 각 번에서 '~~당(黨)'이 족생(簇生)하는데, 그 '당(黨)'의 대부분은 '학적 네트워크'에 기반을 둔 것이었다. 그리고 그 '당'들 간에 정치투쟁, 즉 당쟁이 빈발했고, 이에 대한 우려의 목소리도 고조되었다. 막말기의 정치소요는 '학적 네트워크'에 기반을 둔 '학당'의 정치투쟁이라는 측면이 강했던 것이다. 본서에서는 주로 사쓰마번(薩摩藩)의 근사록당(近思錄黨)과 구마모토번(熊本藩)의 실학당(實學黨)을 중심으로 검토해 보았다.

그러나 이 시기 당쟁은 조선의 그것과 성격이 사뭇 다른 것이었다. '학적 네트워크'는 조선의 학파보다 덜 배타적이고 상호 침투적이었다. 필자가 학파라는 말을 피하고 굳이 '학적 네트워크'라는 말을 사용한 것도 이런 까닭에서다. 예를 들면 덴포기(天保期, 1829~1844) 죠슈번(長州藩)의 쓰보이파(坪井派)와 스후파(周布派)처럼 멤버 다수가 서로 중복되는, 어떻게 보면 '당'이라고 할 수 없는 그룹 간의 '당쟁'도 있었고, 스후파와 요시다 쇼인(吉田松陰)의 그룹도 상호 배타적이지만은 않았다. 따라서 막말 정치사를 파당의 대립으로 보려는 다나카 아키라(田中彰) 이래의 시각에 비판적인 우에다 준코(上田純子)의 견해는 경청할 가치가 있다.[31] 그러나 전형적인 당파 투쟁과는 성격을 달리한다 하더

31 上田純子 씨의 조언에 따름. 자세한 사항은 다음을 참조(「幕末期萩藩の政治構造」, 2008, http://www.pref.yamaguchi.lg.jp/gyosei/bunka-s/ishin/ishinshidayori/dayori-9.pdf; 「文久職制改革とその意義」, 2010, http://www.pref.yamaguchi.lg.jp/gyosei/bunka-s/ishin/ishinshidayori/dayori-13.pdf 2017년 6월 22일 검색). 한편 上田은 막말변혁의 주체를 하급 사무라이로 보는 전통적 견해에 대해 중급, 때로는 상급 사무라이의 활약을 들어 반론을 제기하

라도 막말 정치사에 그 이전에는 볼 수 없었던 사무라이들의 조직화가 광범하게 이뤄진 것은 사실이며, 이것은 새로운 정치현상으로 여전히 중요한 의미를 갖는다고 하겠다. 그리고 그들은 천하·국가대사를 우려하는 사대부적인 의식을 갖고, 예를 들면 스스로의 정치 그룹을 '정의당(正義黨)' 그리고 상대방의 그룹을 '속론당(俗論黨)' 등으로 불러 마지않았던 것이다.

이처럼 수많은 당파가 전국 각지에 산재하여 번정 또는 중앙정치에 대해 고민하고 발언, 행동하는 상황이 수십 년간 계속되었다. 동 시기 조선과 청의 지방 정치 엘리트들이 크게 위축되어 있을 때, 오히려 중앙 정치참여가 금지되어 있었던 일본의 지방 사무라이들은 적극적으로 정치에 참여하기 시작한 것이다. 도자마 다이묘들의 막정(幕政)과 교토 정치참여도 이렇게 해석할 수 있지만, 더욱 극적인 것은 지방의 일반 사무라이들이 우선은 번정에 참여하더니, 마침내 막정, 교토정치, 외교 문제 등 중앙정치, 즉 천하대사에까지 참여하기 시작한 점이다. '막말지사', '존양파'들이 바로 그들이다. 이를 통해 막말기 일본에서는 전국정치가 형성되어 상당한 비율의 인구의 정치적 에너지를 표출시키고 결집할 수 있었던 것이다. 메이지유신 직후 수많은 정치결사, 정당이 생기고, 자유민권운동이 그토록 쉽게, 또 활발히 일어날 수 있었던 것도 장기간에 걸친 막말기의 정치현상을 고려할 때 비로소 이해될 수 있을 것이다.

고 있는데. 필자의 '사대부화되어 가는 사무라이'론은 이 논쟁의 쟁점 자체를 해소할 수 있는 이점이 있다. 즉 죠슈의 마쓰다 우에몬노스케(益田右衛門介)나 미토의 야마노베 요시미(山野辺義観) 등과 같이 최상층 사무라이이면서 개혁파나 존양파에 가담한 사람들은 '大夫化된 사무라이'인 것이다. 또 유신변혁에 대한 민중 상층부의 광범한 참여, 즉 초망(草莽)의 정치참여도 '사화(士化)'된 민중 또는 민중의 외신화(外臣化)라는 관점에서 설명할 수 있다.

다음으로 제2부에서는 이 시기 사무라이들이 정치투쟁에서 주로 이용한 수단인 상서(上書)와 회의(會議)에 대해서 살펴보고자 한다. 유학적 지식을 바탕으로 일반 사무라이의 리더들은 유려한 문장과 해박한 지식을 구사하며, 정치문제에 대해 빈번히 상서를 올렸다. 중요한 것은 그 대상이 주로 번주(藩主)였다는 사실이다. 도쿠가와 체제에서 일반 사무라이가 번주에게 자기 의견을 표명하는 것은 거의 불가능에 가까웠던 점을 상기하면, 이는 획기적 변화라고 할 만하다. '월소(越訴)의 금(禁)'이 형해화한 것이다. 이는 후술하는 대로 그간 정치적으로 활성화되어 있지 않던 번주(藩主)의 정치화를 촉진시키는 것이기도 했다.

한편 정책 결정의 장에서 회의의 중요성도 점점 커져 갔다. 종래 가로(家老) 합의체제하에서는 가로(家老), 로쥬(老中)와 몇몇 관계 역인 간의 협의, 담합에 의해 정책이 결정되었으나, 이제 보다 많은 수의 역인(役人)이 참가하는 회의에서 토론을 거쳐야 하는 경우가 늘어났다. 중대사일 경우는 번주 임석하에 어전회의를 개최하여 많은 수의 역인이 치열한 토론을 거쳐 정책을 결정하는 일도 많아졌다.[32] 이런 회의 석상에서는 신분이나 역직(役職)의 고하(高下)도 물론 중요하지만, 전문적인 지식과 언변, 회의 운영 능력 등이 힘을 발휘하는 경우가 많았다. 막말기에 신분이 낮으면서도 유력한 정치지도자들로 성장한 사람들은 상서나 회의에서 두각을 나타낸 사람들이었다.

다음으로 흥미로운 것은 언로(言路)의 활성화를 위해 언관(言官)의 설치를 주장하는 목소리가 높아졌다는 사실이다. 도쿠가와 정치체

32 井上勝生,「幕末における御前会議と「有司」」,『史林』66-5, 1983(『幕末維新政治史の研究』, 塙書房, 1994에 수록); 上田純子,「安政五年萩藩における「会議」と政治機構」,『史学雑誌』107-6, 1998;「幕末の言路洞開と御前会議: 萩藩における新たな政治回路創出の試み」,『論集きんせい』21, 1999.

제에는 조선의 삼사(三司)나 명대의 과도관(科道官) 같은 언관은 없었다. 메쓰케(目付)라는 직책이 있었지만, 이것은 그 명칭에서도 알 수 있듯이 감찰이나 군주의 명령을 하달하는 일이 주 업무였다. 번에 따라서는 이들이 시중의 여론을 전하는 역할을 부분적으로 수행한 경우도 있으나 드물었다. 하물며 이들이 번주나 정부를 비판하는 역할을 한 경우는 거의 없다. 그런데 19세기 들어 요시다 쇼인이나 후지타 도코(藤田東湖) 같은 강력한 영향력을 가진 개혁가들이 메쓰케의 언관화를 요구했다. 메쓰케가 시중의 여론을 수합하여 번주나 정부에 전달해야 하며, 그들을 비판할 수 있어야 한다는 것이다. 이런 주장을 하기 위해 고대 중국의 언관제도가 인용되기도 했다. 이처럼 상서+언관이라는, 흡사 17~18세기 조선을 연상시키는 새로운 정치제도가 강력하게 요구되었던 것이다.

제3부에서 검토할 것은 군주친정(君主親政)과 당파 투쟁에서 군주의 정치적 위치와 역할 문제다. 앞에서 언급했듯이 상서는 정부고위자에게 올리는 경우도 있지만, 주로는 번주가 그 대상이었다. 도쿠가와 시대에, 특히 중기 이후 번주는 일반적인 정사(政事)에 잘 개입하지 않았다. 어전회의는 드물었고, 번주가 정책 결정 과정에 일상적으로 개입하는 일은 별로 없었다. 본래 군 지휘관인 번주에게 정치나 행정은 반드시 해야 하는 것으로 요구되지는 않았다.

정무는 주로 가로(家老)나 로쥬(老中)들이 전담했고[가로합의체제], 번주는 에도에 있을 때는 에도성 등성과 다른 다이묘(大名)와의 교제, 그리고 번(藩)에 있을 때도 의례적인 활동이 주 업무였다.[33] 그러나 '사대부적 정치문화'가 나타나기 시작하는 18세기 말부터 군주친정의 요

33 笠谷和比古, 『近世武家社会の政治構造』, 吉川弘文館, 1993.

구가 활발해지면서, 이른바 '명군(名君)'들이 등장하게 된다. 군주친정은 일본의 경우 현실적인 권력의 역관계에서 비롯된 측면이 강했다. 즉 정치참여를 노리는 일반 사무라이들은 군주친정을 요구하며 번주의 정치개입을 촉구했다. 일반 사무라이가 정치에 개입하기 위해서는 가로합의체제를 극복해야 했고, 군주친정이야말로 이를 위한 가장 효과적인 방법이었던 것이다. 군주친정의 요구는 이런 '사대부적 정치문화' 세력의 주장을 실현시키기 위해서 필요한 권력 확보를 위한 것이었다.

군주와 사(士) 사이의 거리를 가능한 한 좁히고, 그 사이의 서열장치들을 가능한 한 무력화시키려는 이 시도는 가히 '일군만사(一君萬士)'의 요구라고 할 것이다. 이 시기에 대해 '일군만민(一君萬民)'이라는 용어가 곧잘 사용되었으나 그 실상은 '일군만사(一君萬士)'의 요구라고 보는 것이 실태에 더 가까울 것이다. 필자는 이런 군주친정의 흐름 속에서 천황의 정치적 등장[왕정복고, 천황친정]이나 영명한 쇼군의 친정[히토쓰바시파(一橋派)의 히토쓰바시 요시노부(一橋慶喜) 옹립]을 요구하는 주장도 나왔다고 생각한다.

3. 사무라이의 '사화(士化)'

이런 과정을 통해 광범한 인구의 이(吏)의 '사화(士化)'가 진행되었다. 실제로 대다수 중하급 사무라이들이 담당하던 업무는 조선과 중국에서는 아전의 서리들이 했으며, 서리들은 사대부라고 할 수 없었고, 그들 자신도 사대부 의식을 갖고 있지 않았다.[34] 사대부들은 이들을 경멸해 마지않았다. 따라서 흔히 하급 사무라이의 대두라고 칭하는 정치현상은 달리 보면 이(吏)에 불과했던 사무라이들이 대거 '사화(士化)'되는 과정이었던 것이다. 전 인구의 약 5%에 해당하는 이(吏)가 더 이상 이

(吏)이기를 포기하고 그중 많은 수가 사(士)로 자임하는 현상, 이미 막말기의 '정치열(政治熱)'은 예비되어 있었다고 할 수 있을 것이다.

더구나 이들은 크고 작은 도시에 집주해 있었다. 도시에서도 동일 지역에 함께 거주하며 함께 학습하고, 함께 무술을 연마했다. 그냥 '사화(士化)'된 게 아니라 집단적, 단체적으로 '사화'된 것이고, 이것이 이(吏)의 '사화'를 더욱 촉진했을 것이다. 막말의 정치소요는 결국 이 이(吏)의 대규모적이며 집단적인 '사화'가 촉발한 것이었다. 이(吏)만이 '사화'되었던 것이 아니다. 또 하나의 중요한 움직임은 민(民)의 '사화'이다. 즉 초망(草莽)의 정치참여다. 이처럼 이민(吏民) 양측에서 공급된 다량의 사(士)의 출현이야말로 막말 정치격동의 핵심이라고 할 수 있다.

이들의 사(士)의식이 강렬해지면 질수록 사무라이 사회의 복잡한 서열과 신분제와 갈등을 일으키게 된다. 사(士)와 대부(大夫) 사이에도 위계가 있고 사(士)에도 상하가 없는 것은 아니나, 천하국가를 우려한다는 점에서 그 차이는 축소, 해소될 가능성이 상존했다. 막말 정치사는 사(士)의식의 일반화와 기존 신분, 서열 질서와의 갈등·충돌의 역사이기도 하다.

이상 살펴본 것처럼 '사대부적 정치문화'의 확산은 본래 '병영국가(兵營國家)'적 요소를 가진 막번체제(幕藩體制)를 동요시켰다. 막번체제의 근간은 월소(越訴)와 도당(徒黨)의 금지다. 상서는 월소의 금지를, 당파는 도당의 금지를 무력화시켰다. 이(吏)의 '사화(士化)'는 가신단 내의 엄격한 서열을 뒤흔들었다. 상·하급 사무라이의 구분은 그에 대신한 사대부라는 인식의 확산 앞에 과거와 같은 준별 기능이 약화되어

34 渡辺浩는 중국의 사대부와 비교하여 일본 사무라이의 대다수는 사적(士的)인 업무보다는 이무(吏務)를 담당하고 있었다고 했다(『近世日本社会と宋学』, 東京大学出版会, 1985, 104쪽).

갔던 것이다.

지금까지 일본에 등장한 '사대부적 정치문화'의 의의를 강조해 왔지만, 그렇다고 해서 필자가 이 시기 일본에 조선이나 명과 같은 수준의 '사대부적 정치문화'가 존재했다고 주장하는 것은 아니다. 이 시기 일본의 정치사회 및 사무라이와 조선, 명의 정치사회 및 사대부 사이에는 여전히 큰 차이가 존재했다는 것은 새삼 말할 필요도 없다. 어떤 점에서 막말기 일본 사회는 최후까지 막번체제였으며, 지배층은 여전히 사무라이로서의 정체성을 유지하고 있었다. 필자가 그것을 부정하려는 것은 아니다.

가장 큰 차이는 역시 무에 대한 태도였다. '칼 찬 사대부'들은 문을 숭상하고 열정적으로 학습했으나 그렇다고 무를 경시하거나 배척하지 않았다. '문무양도(文武兩道)'라는 말에서 보이듯 무는 여전히 이들에게 중요한 축이었다. 학습 기관이 중요해지긴 했지만, 무도장(武道場)은 여전히 이들의 네트워크를 만드는 중요한 장이었고, 대표적 사대부들이 동시에 뛰어난 검객인 경우는 부지기수였다. 할복은 여전히 명예로운 행위였고, 대표적 유학자이자 정치가였던 요코이 쇼난(横井小楠)은 칼을 놓고 도주했다는 이유로 큰 정치적 상처를 입고 실각하지 않을 수 없었다[이른바 '사도망각사건(士道忘却事件)']. 대외적 태도에서도 무(武)는 제일 순위였다. 서양의 위협은 무엇보다도 국방의 위기로 받아들여졌다. 따라서 그 대책도 해방(海防)이 제일 중요했다.

또한 이 '칼 찬 사대부'들이 '사대부적 정치문화'를 광범하게 수용하고 실현했다는 것이 곧 이들이 유학을 내면화했다는 것을 의미하지 않는다. 이들은 철학, 심리학, 인간학, 경세학 등 유교의 다양한 측면 중 주로 경세학으로서 유교를 받아들였다. 따라서 이들에게 유학이란 정치적 상황의 변화에 따라서 얼마든지 포기 또는 변용 가능한 하나의 도구에 불과했던 것이다. 정치적 과제의 수행을 위한 주체의 단련을 위해서만 유학은 필요했다. 한 사람이 주자학, 양명학, 미토학, 난학 등을 전진하거나, 또 겸비하는 경우가 많은 것은 이 때문이다.[35]

이처럼 19세기 전반에 등장하여 정계를 석권한 이 '칼 찬 사대부'들은 여러 가지 점에서 명대나 조선의 그것과는 성격이 달랐다. 필자는 막말의 사무라이가 조선이나 중국의 사대부 같은 존재가 되었다고 주장하려는 것이 아니다. 다만 원래 사대부와는 인연이 먼 군인이어야 할 사무라이가 부분적이기는 할지언정 사대부화되어 가고 있었다는 점, 그리고 그것이 병영국가인 막번체제에 가한 동요·변화에 주목하고자 하는 것이다.

'사대부적 정치문화'에 대해서도 마찬가지다. 필자의 주장은 이 시기 일본에 '사대부적 정치문화'가 확립되었다는 것이 아니라, 그것과 거리가 멀었던 막번체제 및 사무라이에 그것이 급격히 침투하여 커다란 동요와 변용이 생기기 시작하는 지점과 과정이 중요하다는 것이다. 이 시기 '사대부적 정치문화'는 어디까지나 신흥세력이었고 도전자였다.

이 '사대부적 정치문화'의 전국적 확산 속에서 메이지유신은 이뤄졌다. 그에 따라 만들어진 메이지국가의 정치체제는 병영국가적 요소를 다분히 남기면서도 '사대부적 정치문화'가 활발해진 상황 속에서 서양 정치문화와 맞닥뜨렸다. 서양 정치문화는 주로 '사대부적 정치문화'를 매개로, 그 맥락 속에서 수용, 변용, 왜곡, 길항의 복잡한 과정을 거치며 받아들여졌다. 그 과정을 주도한 것은 막말기 수십 년간의 격동을 거치면서 광범하게 형성된 '사대부'들이었다. 건백서나 상서는 난

35 따라서 필자가 사용하는 막말기의 '사대부'라는 용어는 경제적·신분제적 존재 양태 등 사무라이 계층의 다양한 측면을 포괄하는 개념이 아니라, 순전히 막말기 정치사적 관점에서 사용하는 것일 뿐이다.

무했다. 당시 폭발적 확장을 보였던 신문도 이 상서의 열기에 뒷받침된 측면이 강하다.[36] 정치투쟁도 건백(建白)을 통해 주로 이뤄졌다. 전국은 당파로 뒤덮였다. 이 당파의 열기 속에서 민(民)의 '사화(士化)'는 급속도로 진전되었다. 민권지사, 우국지사에 광범한 규모의 민(民)이 가담했다. 사이고 다카모리(西鄕隆盛)의 사학교(私學校), 도사(土佐)의 입지사(立志社)와 같은 각종 민권결사의 부속학교 등, '학적 네트워크'는 이 과정에서 여전히 중요한 역할을 했다.[37]

그러나 이 '사대부적 정치문화'의 확산 속에서도 끝내 민주주의는 그 선상에서 탄생하지 않았다. 민주주의는 어디까지나 서양정치사상의 수입을 통해 이뤄졌다. 동아시아에서는 민(民)과 이(吏)의 '사화(士化)'를 통해 정치적 확대가 이뤄졌을 뿐 민에게 정치적 권리를 부여하려는 발상은 좀처럼 나타나지 않았다. '민은 따르게 해야지 알게 해서는 안 된다('民可使由之, 不可使知之', 『論語』)'라는 사상은 19세기 말까지 많은 지식인에게 여전히 설득력이 있는 것이었다. 일본의 자유민권운동이나 조선의 동학운동, 만민공동회 같은 정치현상은 '민주'라는 프레임 이전에 우선 '사화(士化)'라는 각도에서 접근할 필요가 있는 것이다. 이 운동들이 대부분 군주와 왕정을 인정했다는 점도 이와 관련되어 있다.

이상이 본서의 요지다. 서두에서 말한 것처럼 '근세' 정치사의 여러 현상 그리고 근대의 수용 과정을 '실태적으로' 이해하기 위해서는 '근대적 잣대', '근대적 가치 기준'을 가능한 한 벗어나 당시인들이 남긴 일차 사료에 밀착해 그들의 생각과 행동의 '독자적 맥락'을 복원할 필

36 박훈, 「근대초기 일본의 공공권 형성과 공론정치」, 『국제 · 지역연구』 12-4, 2003.

37 升味準之輔, 『日本政党史論』 1, 東京大学出版会, 1965.

요가 있다. 근대적 언어와 개념밖에 갖고 있지 않은 '근대에 사는 연구자'에게 이것은 성공하기 매우 어려운 작업이다. 본서는 일본의 막말유신 정치사를 소재로 이런 작업을 과감하게 시도해 본 것이다.

보론 1
막말유신기 유교의 위치에 대한 기존의 시각과 그 비판

이상과 같은 본서의 문제의식이 갖는 의미와 독자성을 기존 연구사 속에 위치 짓기 위해서는 도쿠가와 시대 유학의 존재 형태와 사회적 의의, 그리고 막말 유신기의 유학적 영향에 대한 연구 성과를 비판적으로 되돌아볼 필요가 있다.[1] 도쿠가와 사회와 유교의 관계에 대해서는 먼저 도쿠가와 초기부터 유교가 막부의 교학이었다는 입장이 있다. 마루야마 마사오(丸山眞男)가 대표적인데, 그는 도쿠가와 초기부터 막부의 이데올로기였던 주자학이 중기 이후 고학 등의 도전을 받아 점점 쇠퇴

1 앞에서도 언급했지만, 이하 소개하는 연구들 외에도 이 문제와 관련하여, 메이지유신을 단순히 문명개화 과정으로만 보려는 관점을 벗어나 도쿠가와 사상사로부터 전개되는 내재적인 맥락에서 파악하려는 苅部直의 저서들(『日本思想史への道案内』, NTT出版, 2017; 『「維新革命」への道: 「文明」を求めた十九世紀日本』, 新潮社, 2017)도 주목된다. 또 도쿠가와 후기 문예발전의 연장선상에서 막말기를 '문사(文士)'의 시대로 파악한 연구도 본서의 문제의식과 맞닿아 있다(島田英明, 『歴史と永遠: 江戸後期の思想水脈』, 岩波書店, 2018). 국내에서도 최근 이 문제에 관한 좋은 논고가 나왔다(이새봄, 「포스트-소라이학(徂徠学)의 맥락으로 읽는 도쿠가와 후기 사상사의 논점」, 『일본비평』 19호 특집(메이지유신에 '동아시아 근대(성)'를 묻는다), 2018).

해 갔다는 관점을 제시하면서, 오규 소라이(荻生徂徠)의 주자학 전복을 '발견'했다.[2] 주지하는 대로 마루야마의 설은 전후 오랫동안 일본학계의 통설이었다.

그러나 이런 입장은 그 후의 연구에 의해 현재는 거의 부정되고 있다. 와타나베 히로시(渡邊浩)는 주자학을 비롯한 송학(宋學)과 도쿠가와 사회의 근본적인 차이 때문에 송학이 도쿠가와 사회에 침투하는 데 큰 어려움이 생겨 교학이 되지 못했다고 지적했고,[3] 구로즈미 마코토(黑住眞)도 도쿠가와 일본에서 유자(儒者)가 지닌 사회적 지위의 열악함과 유교가 끝내 국가의례 체계로서 확립되지 못한 점 등을 들어 도쿠가와 사회와 유교의 '거리'를 강조했다.[4]

그러나 적어도 정치 분야에서 이 '거리'가 급속히 좁혀지기 시작하는 것이 18세기 말이다. 근래 연구들은 유학 보급에서 '18세기 말'의 획기성을 강조하는 데에 대체로 일치하고 있는 듯하다.[5] 이 연구들은 18세기 말경부터 유교가 급속히 확산되기 시작했다는 점을 지적하고, 마루야마 마사오와는 반대로 유학, 그중에서도 주자학이 막말기로 갈

2 丸山真男,『日本政治思想史研究』. 메이지유신 직후 유교 공격에 열심이었던 福澤諭吉도 기본적으로 이 같은 입장에 서서 유교를 도쿠가와 체제의 정통 이데올로기로 간주했다. 마루야마 마사오가 평생 후쿠자와를 높이 평가한 것도 이해할 만하다.

3 渡辺浩,『近世日本社会と宋学』, 東京大学出版会, 1985.

4 黑住真,『近世日本社会と儒教』, ぺりかん社, 2003. 사실 이미 오래전에 비토 마사히데(尾藤正英)가 이런 입장에 서서 연구를 공간한 바 있다(『日本封建思想史研究: 幕藩体制の原理と朱子学的思惟』, 青木書店, 1961). 어떤 면에서는 마루야마의 명성에 가려 그 연구 의의가 오랫동안 제대로 평가받지 못한 경우라고 할 수 있다.

5 宮城公子,「幕末儒学史の視点」,『日本史研究』232, 1981; 宇野田尙哉,「18世紀中後期における儒家的知の位相」,『ヒストリア』153, 1996; 辻本雅史,「学問と教育の發展」,『近代の胎動: 日本の時代史 17』, 吉川弘文館, 2003.

수록 더욱 번성해 갔다는 점을 밝혀내고 있다. 필자는 대체로 이 견해에 동조하는 편이다. 그러나 이 연구들은 사상사, 교육사 분야에서 유교의 확산을 지적할 뿐, '정치학'으로서의 유교의 확산이 정치현장에서 어떤 영향을 끼쳤는가에 대한 관심은 희박한 편이었다.

다만 최근 몇몇 논자들이 유교가 도쿠가와 사회, 그리고 막말기에 수행한 정치적 역할에 대해 큰 틀에서 견해를 제시한 바 있다. 이하 그 견해들에 대해 개략적으로 소개하고 그에 대한 필자의 견해를 밝히고자 한다.

먼저 후카야 가쓰미(深谷克己)의 '유교핵(儒教核) 정치문화론'이다.[6] 후카야는 근대적 개념을 가지고 근세 일본에 접근하는 태도에 대해 비판적인 입장에 서서 조선, 중국, 일본, 베트남, 류큐 등 동아시아를 비교하고 포괄하려는 작업을 정력적으로 수행해 왔다. 그는 정치사뿐 아니라 촌락사, 농민운동사에 이르기까지 많은 업적을 내 왔으나, 본서에서

6 이와 관련한 深谷克己의 논저는 다음과 같다. 深谷克己, 『東アジアの法文明圏の中の日本史』, 岩波書店, 2012; 「近世における教諭支配: 東アジア史像への可能性を探る」, 岡山藩研究会, 『藩世界の意識と関係』, 岩田書院, 2000; 「政治文化論の視座: 東アジア史像への可能性を探る」, 深谷克己 編, 『東アジアの政治文化と近代』, 有志舎, 2009; 「近世日本と東アジア: 「東アジア法文明圏」の視界」, 『思想』 1029, 2010; 「東アジア法文明圏と政治文化: 「百姓成立」論の視界」, 久留島浩 · 趙景達 編, 『国民国家の比較史』, 有志舎, 2010; 「脱アジアという日本異質論の克復」, 『歴史評論』 729, 2011; 「東アジア世界の再序列化と近世日本」, 趙景達 · 須田努 編, 『比較史的にみた近世日本: 「東アジア化」をめぐって』, 東京堂出版, 2011; 「イベリア · インパクトと壬辰戰爭」, 国立歴史民俗博物館 編, 『「韓国併合」100年を問う』, 岩波書店, 2011; 「東アジアの政治文化: 身分論をひろげるために」, 大橋幸泰 · 深谷克己 編, 『江戸の人と身分6 身分論をひろげる』, 吉川弘文館, 2011; 「東アジアにおける近代移行期の君主 · 神観念: 救済と平等への待望シンボル」, 深谷克己 編, 『東アジアの政治文化と近代』, 有志舎, 2009(趙景達 · 須田努 編, 『比較史的にみた近世日本: 「東アジア化」をめぐって』, 東京堂出版, 2011에 재수록).

는 주로 그의 정치문화론에 관련된 부분을 검토의 대상으로 삼는다. 후카야의 논지를 간단히 소개하면 다음과 같다.

전국시대의 긴 전쟁 상태가 끝나고 들어선 도쿠가와 막부의 지배자들은 안정적인 통치를 위해 유교 정치사상의 핵심인 '민본'과 '인정'을 내세웠고, 이를 실현하는 것을 통치자의 최대 책무로 여겼다. 이 때문에 각 다이묘는 명군(名君)을 향한 노력을 경주하게 되고, 이를 실현하기 위해 교유(教諭, 教令) 정치를 행하게 되었다[교유국가론(教諭國家論)]는 것이다.[7]

한편 민에 대해서도 일방적 수탈의 대상이라는 기존의 관점을 비판했다. 당시 농촌사회에서는 획기적인 생산력 발전과 사회조직 재편에 기반을 둔 '소농경영'이 형성되고 있었는데, 이 소농들은 지배자들의 이런 통치 이념에 기대어 안정적인 재생산체제를 유지하고 조세를 납부했다. 후카야에 따르면 이 소농들은 근면한 노동과 조세 납부의 의무를 이행하는 한 '민본'과 '인정'이라는 통치 방침에 의해 보호받을 수 있는, 아니 보호를 요구할 수 있는 '공민(公民)'이라는 것이다. 이 같은

7 深谷克己, 「近世における教諭支配: 東アジア史像への可能性を探る」. 그는 역사학자들이 정치지배를 다루는 경우, 통치 행위에 대해 일방적으로 부정적인 입장에서 임하는 것을 비판했다. 즉 민이 정치참여를 할 수 없는 시대의 정치지배는 민권이나 인권에 대해 철저하게 적대적인 것이고, 지배자에게 민부(民富)는 수탈의 대상일 뿐이라는, 역사학자들이 흔히 취하는 입장에 대해 의문을 표하고 있는 것이다(深谷克己, 「名君とはなにか: 特集 世界史のなかの近世武士」, 『歴史評論』 581, 1998). 이 같은 견해는 기존의 전후 역사학자들의 안이한 태도를 비판하는 것으로는 경청할 만하다. 그러나 深谷은 정반대로 유교 정치문화가 지배하는 사회를 지나치게 이상화하고 있다. 유교 정치문화가 일정 부분 민의 협력과 동의를 이끌어 내기 위해 지배자의 양보와 베풂['仁政', 'お救い']을 요구하는 측면이 있는 것은 사실이나, 그렇다고 해도 유교 정치문화하의 사회가 민에게 현저하게 불리하며, 수많은 고통을 강요한 사실은 여전히 부정할 수 없다.

상태를 그는 지배자와 피지배자 간의 '상호약정(相互約定)'이라고 부른다. 이것을 일방이 어겼을 경우에는 그 시정을 요구할 수 있는 사회적 분위기, 곧 '정치문화'가 도쿠가와 시대에는 존재했다. 그래서 지배자가 무리한 수탈을 강행할 경우, 피지배자들은 '민본'과 '인정'이라는 통치이념 또는 상호약정을 앞세워 당당히 그에 항의할 수 있는 명분을 얻을 수 있었다. 그리고 이런 정치문화의 내용을 근저에서 규정한 것은 유교를 핵으로 하는 '동아시아 정치문화'였고, 이런 점에서 도쿠가와 시대의 일본은 중국·조선 등 동아시아 국가와 두드러지게 동질화되어 갔다는 것이다.

후카야의 논의는 도쿠가와 시대의 정치상황을 '정치문화'라는 개념을 도입하여 장기적·포괄적 시각에서 파악하려는 흔치 않은 시도였다는 점,[8] 그리고 마르크스주의 역사학자들이 만들어 놓은 지배자의 일방적 민중 수탈과 그에 대한 민중의 격렬한 저항이라는 역사상을 크게 수정했다는 점 등에서 흥미로운 연구임이 틀림없다. 여기서는 필자의 문제의식과 관련하여 몇 가지 점을 지적하고자 한다.

먼저 그가 사용하는 '정치문화'와 필자가 이전 논문에서 사용했던 '정치문화'의 개념은 포괄하는 내용에 작지 않은 차이가 있다.[9] 그가 말하는 정치문화는 인정 덕치, 민본주의, 안민론, 민에 대한 공민 지위의 부여, 천(天)의 초월 관념으로서의 우월적 지위 등 왕조의 통치를 떠받치고 있는 거대통치이념을 주목한다는 점, 그리고 그에 대한 민(民)의 반응, 지배자와 피지배자의 관계[상호약정] 등을 중시하여 기본적으

8 '정치문화'라는 개념을 이용하여 조선정치사를 파악하려고 한 연구에는 조경달, 박맹수 역, 『이단의 민중반란』, 역사비평사, 2008; 허영란 역, 『민중과 유토피아』; 배항섭, 「19세기 지배질서의 변화와 정치문화의 변용: 仁政願望의 향방을 중심으로」, 『한국사학보』 39, 2010 등이 있다.

9 朴薰, 「幕末政治変革と'儒教的政治文化'」.

로 군(君)-민(民) 관계에 주목하고 있다는 점에서 필자의 개념과 다르다. 필자가 말하는 정치문화는 정책 결정의 프로세스, 권력투쟁의 방식, 정치조직의 원리, 정치적 의사 표현[정치적 설득]의 방식 등 구체적인 정치행위의 장에서 벌어지는 각종 현상을 근저에서 규정하고 있는 정치규범, 정치관습, 정치활동의 수단 등을 주로 가리킨다. 후카야의 개념보다 훨씬 제한적인 범위만을 가리키며, 기본적으로 군-민보다는 군(君)-신(臣) 또는 군(君)-사(士) 관계, 그중에서도 신(臣)·사(士)의 정치행위가 주 대상이 된다. 물론 후술하듯 사(士)의 범위는 유동적이어서 이(吏) 그리고 민(民)의 일부가 '사화(士化)'되는 경우도 변혁기에는 볼 수 있다. 막말기가 그 대표적인 예다.[10]

후카야의 정치문화론은 폭넓은 시각에서 다른 문명권과 '동아시아 법문명권(法文明圈)'[11]의 기본적인 차이와 동아시아 정치문화의 기본적인 특성을 규정했다는 점에서 유효하다. 그러나 그의 정의에는 몇 가지 난점이 있다. 첫째, 그의 동아시아 정치문화론을 따를 경우 '근세기'가 도쿠가와 초기부터 막말에 이르기까지 줄곧 '유교핵 정치문화'에 의해 규정된 것이 되어 '근세기'에 일어난 변화상을 놓치게 된다는 점이다.[12] 즉 '근세' 초와 '근세' 말이 지나치게 일률적으로 파악된다는 것이다. 필자는 도쿠가와 시대의 유교의 확산을 생각할 때 막부 초기보다는 18세기 후반 또는 18세기 말이 더 중요한 획기였다고 본다. 특히

10 深谷이 말하는 '교유지배(教諭支配)'는 필자가 말하는 '유교적 정치문화'의 범주에 들어갈 수 있을 것이다(深谷克己, 「近世における教諭支配: 東アジア史像への可能性を探る」).

11 '동아시아 정치문화'가 유포되어 통용되는 지역 범위라는 의미로 쓰고 있다.

12 최근의 저서에서 그는 고대, 중세사도 '유교핵 정치문화'로 설명하려는 시도를 하는 것으로 보인다(深谷克己, 『東アジアの法文明圏の中の日本史』). 이렇게 될 경우 '유교핵 정치문화'는 거의 초역사적인 개념이 되어 버려 분석 개념으로서의 유용성이 크게 손상될 것이다.

사무라이의 정치사회를 관찰할 때 18세기 말에서 19세기 초의 세기 전환기에 커다란 변화가 있었다. 필자가 제시하고자 하는 '사대부적 정치문화' 개념은 동아시아 차원에서 이를 포착하기 위한 것이다. 따라서 '사대부적 정치문화' 개념은 도쿠가와 초기와 막말의 변화, 격차를 설명하는 데 유효하다. 후카야의 개념을 따를 경우 예컨대 중국사에 대해서도, 명조와 청조의 차이를 드러낼 수 있는 방법이 없게 되어, 명과 청이 지나치게 일관되게, 계승적인 것으로 파악된다.[13]

둘째, 공간적으로도 조선, 중국, 일본, 베트남 등의 차별성이 과소평가된다. '원기(源基)'[동아시아 정치문화의 기본적 요소]의 공통성만 강조한 나머지 그 '원기(源基)'와의 영향 관계의 강약과 원근에 따라, 심지어는 그 '원기(源基)'에 대한 거부, 저항, 이탈에 따라 다양하게 펼쳐지는 각 국가·지역 정치사의 다이너미즘을 포착할 수 없게 된다. 즉 동아시아에 존재했던 다양한 정치문화의 공존, 경쟁, 그에 따른 서로 다른 정치체제의 존재, 그들 사이의 교체·변전을 설명할 수 없게 되는 것이다. 이것은 그의 작업이 애초에 동아시아사와의 공통성을 강조하려는 의도하에서 도쿠가와 시대사를 재구축하려고 했기 때문에 초래된 결과인데, 공통성의 일방적인 강조는 논지의 설득력을 떨어뜨린다.

13 이 난점은 미야지마 히로시의 '유교 국가 모델'론에도 해당된다. 근래 중국사 학계에서 통설적 지위를 점해 가고 있는 신청사(新清史)의 성과에 따르면, 청을 '유교 국가' 또는 그 정치문화를 유교적인 것으로 보는 데 주저하지 않을 수 없다. 최근에는 미야지마가 그 이질성을 지적하는 청의 지배체제와 도쿠가와 일본의 막번체제 지배구조 간의 유사성을 설득력 있게 지적한 논문도 있다(杉山清彦, 「大清帝国と江戸幕府: 東アジアの二つの新興軍事政権」). 이 점은 후카야, 미야지마 양씨가 '유교의 탁월성'을 강조한 나머지 동아시아사에서의 북방민족의 영향을 중시하지 않고 있는 데서 비롯된 문제라고 할 수 있다(岸本美緒, 「東アジア史の『パラダム転換』をめぐって」, 国立歴史民俗博物館 編, 『「韓国併合」100年を問う』, 岩波書店, 2011, 236쪽).

셋째, 후카야의 정치문화론은 군-민 관계를 주축으로 삼고 있기 때문에 정치에서 사(士: 사대부, 무사)의 주도성을 정당하게 위치 짓지 못하고 있다. 이것은 그가 사무라이 사회나 정치사 연구자라기보다는 백성잇키(百姓一揆)와 촌락을 주로 연구해 왔기 때문인 것으로 보이는데, '정치'를 논하는 이상 주요 분석 대상은 정치 담당 층인 사무라이들의 정치활동과 그들과 군주의 관계가 중심이 되지 않으면 안 될 것이다. 필자의 정치문화 개념은 주로 여기에 적용되는 것이다.

다음으로 미야지마 히로시(宮嶋博史)는 한국사와 일본사를 넘나들며 '유교적 근대'론을 중심축으로 하여 동아시아 '근세'를 새롭게 해석하려는 과감한 시도를 하고 있다.[14] 이는 이런 경향의 연구 중에서도 가장 극단적이라고 할 만한데, 그의 논의의 요지를 일본사 해석에 국한해 요약하면, 유교 모델 국가는 유교적 근대성이라고 부를 만한 제 요소들[신분제, 토지소유 형태, 과거제, 주자학]을 이미 갖추고 있었는데, 근세 일본은 이를 수용하지 않았다, 메이지유신은 뒤늦게 일본이 유교 모델을 차용하려고 했던 것이라는 것이다.

이 같은 견해는 언뜻 보기에 필자의 견해와 맥락을 같이하는 것으로 보이기 쉬우나 그렇지 않다. 우선 필자는 유교적 근대성이라는 개념 자체에 동의하지 않으며, 유교, 특히 주자학은 근대성과 양립하기 힘든 사상 체계임을 부정할 수 없다고 본다. 메이지유신 과정에 일반적으로 생각하는 것보다 유교적 영향이 컸다는 것은 본서에서 지적하는 대로이나, 그것이 유교가 곧 근대성을 담지하고 있다는 것을 의미하지는 않는다. 필자가 지적하고 싶은 것은 19세기 일본에서 유교적 정치문화의

14 미야지마 히로시, 「유교적 근대에 대하여」, 『일본학보』 84, 2010; 「東アジア世界における日本の「近世化」」, 『歴史学研究』 821, 2006; 「日本史認識のパラダイム転換のために」, 『思想』 1029, 2010.

역할은 정치 분야에 한정해서 말하자면, 후쿠자와 유키치(福澤諭吉)나 마루야마 마사오의 지적처럼 보수적 기능을 한 것이 아니라 오히려 막번체제를 동요시키고 해체하는 데 촉발적인 기능을 했고, 그에 따라 이후의 정치문화에도 큰 흔적을 남겼다는 것이지, 유교가 서양적 근대성을 대체할 만한 새로운 가능성을 갖고 있었다는 점을 주장하려는 것이 아니다. 필자는 유교에서 근대적 의의를 찾으려는 시도에는 부정적이다.[15]

그러나 그것이 곧 유교가 어떤 장소, 어떤 시기에도 정치변혁에 아무런 촉발적 역할을 하지 못한다는 견해에 동의한다는 것을 의미하는 것은 아니다. 유교라는 방대한 사상 체계와 정치문화가 가진 것 중 어떤 요소는 '시대의 맥락(context)'과 이용하는 주체의 성격, 그리고 이용 수준에 따라 변혁 촉발적인 기능을 수행할 수 있는 것이다. 19세기 일본 정치사가 바로 그 좋은 예라고 생각한다.

한편 도쿠가와 시대 사상사가인 와타나베 히로시(渡邊浩)에 따르면 메이지유신은 왕정복고 혁명임과 동시에 유교적 서양화의 혁명이기도 한데, 그에 따라 유학적 제 이념은 서양사상에 흡수되어 가고, 상대적으로 신속하게 독자적 체계로서의 사상적 생명을 잃어 갔다. 즉 일본에서 유학은 서양에서 발생한 근대를 도입하는 선도 역할을 한 다음 자살했다고 볼 수 있다는 흥미로운 지적을 하고 있다.[16] 메이지유신은 서양화의 시작인 동시에 에도시대 이래 중국화의 완성이며, 지식인의 언설 차원에 축적되어 있던 다양한 유학적인 것, 중국적인 것이 전

15 1990년대 이후 한국에서 전개된 동아시아 담론과 유교에서 모종의 '근대성'을 찾고자 하는 시도에 대한 통렬한 반박으로는 이성규, 「무엇을 위한 '동아시아'인가?」, 『인문학연구』 36, 2006 참조.

16 渡辺浩, 『東アジアの王権と思想』, 東京大学出版会, 1997, 209쪽.

통적인 무사의 제도와 관습에 억제되어 있던 실무 차원에서도 분출한 것이 메이지유신의 여러 개혁이라는 것이다.[17] 그래서 그는 메이지 정부하에서 이뤄진 공무원시험은 과거제도의 채용이며 병원, 유치원 등에 대한 관심은 인정사상에서 비롯된 것이라고 보고, 메이지 정부가 중국법에 따라 새 형법[新律綱領, 改定律例]을 제정한 점, 불교를 탄압한 것, 공용문을 소로분(候文)에서 한문 요미구다시체(讀み下だし體)로 바꾼 것 등도 이런 맥락에서 파악하고 있다. 그러면서 와타나베는 메이지유신은 어떤 면에서는 도쿠가와 시대 최고의 유학자 아라이 하쿠세키(新井白石)의 꿈이 실현된 것이라고 주장했다.[18]

와타나베 히로시의 주장은 유교가 메이지유신의 달성에 미친 강한 영향을 지적한 점에서는 미야지마 히로시와 비슷하나, 그럼에도 불구하고 유교가 서양에서 발생한 근대를 도입하는 선도 역할을 하는 데 그쳤다며, 그 이상의 확대해석을 자제하고 있다는 점에서 유교적 근대성을 주장하는 미야지마와는 차이가 있다고 생각된다. 필자의 견해는 비교적 와타나베의 것과 비슷하다고 할 수 있다. 그러나 그는 사상사 분석에만 편중하고 있는데, 사상 분야에서 이 정도로 유교화가 진전되었다면 당연히 정치문화의 변화도 있었을 것이며, 필자는 그 점을 주목한 것이다.

17 渡辺浩, 『東アジアの王権と思想』, 255쪽.

18 渡辺浩, 『東アジアの王権と思想』, 255-256쪽.

제2장
'연속하면서 혁신':
막말 정치사와 메이지유신 연구사

제1절 막말유신사 연구의 현황: '개별 실증' 연구의 심화, 그리고 매몰

지금까지 서술한 메이지유신에 대한 필자의 문제의식은 당연히 전후 일본 역사학의 메이지유신 연구사, 짧게는 근래 20~30년에 걸쳐 진행되어 온 연구사에 대한 비판적인 의식에서 촉발된 것이다. 본 장에서는 전후 메이지유신 연구사의 개략적인 흐름과 그 한계를 검토해 보겠다. 앞서 제1장에서 서술한 본서의 문제의식이 그간의 메이지유신 연구사에서 어떤 위치와 의미를 갖는지를 좀 더 큰 틀에서 이해하는 데 도움이 될 것이다.

한때 일본사 연구의 '총아'였던 막말유신사(幕末維新史) 연구는 근래 침체를 면치 못하고 있다. 여기서 침체라고 한 것은 연구 성과가 적다는 의미는 아니다. 여전히 논문은 한우충동(汗牛充棟)으로 나오고 있고, 과거에는 가능하지 않았던 미세한 부분까지 연구자의 손길이 미치고 있는 것은 사실이다. 그러나 이 분야에서 새로운 논리적 틀과 그에 기반을 둔 역사상이 제시되지 못한 지 이미 오래되었다. 개별 연구는 심화되고 있으나 새로운 '유신론(維新論)'이 좀처럼 나오지 못하고 있는 것이다.[1] 그동안 막말유신사 연구를 추동(推動)한 정치적으로 정반대의 두 진영, 즉 사회변혁론[강좌파(講座派) 중심]과 근대화론이 현실적으로 매력을 잃었다는 것이 큰 원인일 것이다.

개별 실증 연구는 심화되어도 그 연구가 어떤 문제의식에서 왜 탐구되어야 하는지, 또 그 연구 결과는 전체적 맥락에서 어떻게 위치 지을 수 있는지 오리무중인 경우가 다반사다. 아마도 국민국가론을 제외하고는 이 분야의 연구가 학계 전체의 관심을 끌거나 화제가 된 경우가 거의 없는 것도 이런 데서 연유할 것이다. 막말유신사 연구는 대중은 고사하고 학계에 대한 발신력을 상실했다고 해도 과언은 아닌 것 같다. 막말유신사 연구는 이미 사양산업이 된 것인가?

본고는 막말 정치사와 메이지유신사에 대한 연구 성과를 나열적으로 소개하려는 것은 아니다. 그런 성격의 글은 일본의 사학회(史學會)가 발간하는 『사학잡지(史學雜誌)』의 「회고와 전망(回顧と展望)」에 연차적으로 소개되고 있을 뿐 아니라 최근 몇몇 연구자가 이미 정리한 바 있기 때문이다.[2] 그보다는 미궁에 빠진 지 오래인 막말 정치사와 메이지

1 일본사의 모든 분야가 그러한 것은 아니다. 예를 들면 가마쿠라 막부와 중세 국가 그리고 전국시대에 대해서는 흥미로운 역사상이 다수 제출되었고, 그를 둘러싼 논쟁이 전개되어 왔다(남기학, 「鎌倉幕府論의 전개와 현상」, 『동양사학연구』 126, 2014; 박수철, 「일본 중세 국가론의 현황과 과제」, 『일본비평』 11, 2014).

2 友田昌弘, 「幕末政治史研究の現状と課題」, 『歴史評論』 691, 2007, 16-20쪽; 鵜飼政志, 「明治維新史研究と国際関係の視点」, 『明治維新史研究の今を問う: 新たな歴史像を求めて』, 有志舎, 2011; 青山忠正, 「明治維新の史学史: 「絶対主義」と「変革主体」」, 『明治維新と国家形成』(1章 1節), 吉川弘文館, 2000; 高木不二, 「幕末政治史の研究史から」, 『明治維新史研究の今を問う: 新たな歴史像を求めて』(1部 1章), 有志舎, 2011.

유신사의 최근 상황에 대한 평가와 그 전망에 대해, 조금 넓은 시각에서 필자의 견해를 과감히 서술해 보았다. 본서의 문제의식도 사실, 이런 연구 상황에 대한 하나의 돌파구로서 기획, 전개된 것이라고 할 수 있다.

본고는 주로 정치사를 중심으로 서술했기 때문에 민중사, 사회경제사 등에서 이뤄진 굵직한 작업들은 언급하지 않았다. 또한 그동안 국내 연구자들도 이 분야에서 훌륭한 연구를 내고 있지만,[3] 여기서는 일본학계의 동향에 초점을 맞췄으므로 따로 언급하지 않았다. 한국학계의 연구에 대해서는 필자가 부분적으로 소개한 바 있으므로 그것을 참조해 주기 바란다.[4] 몇 년 전 일본의 메이지유신사학회가 최근의 연구를 총괄한 기획에서[5] 막말유신 정치사 분야를 담당한 한 집필자는 다음과 같이 토로했다.

> 둘째는 세계사적 시점의 결여다. 세계를 일원적으로 또는 전체적으로 포착하려고 했던 마르크스주의의 붕괴로 역사연구에서 세계적 시야에 대한 관심이 없어져, 어떤 의미에서 일국주의로의 매몰을 정당화했

3 박진우, 『근대 일본 형성기의 국가와 민중: 근대 천황상의 형성과 민중』, J&C, 2004; 방광석, 『근대일본의 국가체제 확립과정: 이토 히로부미와 '제국헌법체제'』, 혜안, 2008; 李元雨, 『幕末の公家社会』, 吉川弘文館, 2005; 박삼헌, 『근대 일본 형성기의 국가체제: 지방관회의 · 태정관 · 천황』, 소명, 2012; 朴羊信 『陸羯南: 政治認識と対外論』, 岩波書店, 2008; 박훈, 『메이지 유신은 어떻게 가능했는가』, 민음사, 2014.

4 박훈, 「일본사연구의 새로운 동향과 논점」, 『한국의 학술연구(역사학)』 제2부 5장, 대한민국학술원, 2006; 「일본근현대사 연구동향(2010-2011)」, 『역사학보』 215, 2012; 이형식, 「일본근현대사 연구동향(2012-2013)」, 『역사학보』 223, 2014 등.

5 明治維新史学会 編, 『明治維新史研究の今を問う: 新たな歴史像を求めて』, 有志舎, 2011.

다. 셋째는 일본사 가운데 메이지유신 위치부여의 결여다. 실증 연구로의 침잠에 대한 비판이 행해지지 않게 됨에 따라 세계사뿐 아니라 일본사 전반과의 관계에 대한 관심이 없어져 메이지유신 연구의 의미조차 묻지 않게 되는 상황이 일상화되고 있다.[6]

다른 연구자는 이를 두고 현재의 유신사 연구가 이론은 제쳐 둔[理論棚上げ] 실증 일변도라고 야유를 받는 상태라고까지 표현하고 있다.[7] 최근에 한 젊은 연구자는 이런 상황을 "그러한 [실증] 작업을 아무리 축적해도 그것만으로 메이지유신론의 재편이 이뤄질 수 없다. 가장 중요한 전체적인 상이나 총체로서의 의미를 질문하지 않은 채, 시기와 대상을 세세히 잘라 무한히 세분화된 '실태' 분석이 자기 증식을 반복하며, 인플레이션을 가속할 뿐"[8]이라며 연구 경향의 시정을 강하게 촉구하고 있다. 그들의 지적대로 1990년대 초반 사회주의권 붕괴를 전후하여 전후역사학의 퇴조가 분명해진 이래 일본 역사학, 그중에서도 특히 막말유신사 연구는 개별 실증적 연구는 심화된 반면,[9] 전체 연구사

6 高木不二, 「幕末政治史の研究史から」, 39쪽.

7 鵜飼政志, 「明治維新史研究と国際関係の視点」, 137쪽.

8 奈良勝司, 『明治維新をとらえ直す: 非「国民」アプローチから再考する変革の姿』, 有志舎, 2018.

9 이 기간에 개별 실증 연구의 진전에 대해서는 友田昌弘, 「幕末政治史研究の現状と課題」, 16-20쪽. 특히 주목하고 싶은 것은 막부에 대한 본격적인 연구이다(奈良勝司, 『明治維新と世界認識体系: 幕末の徳川政権 信義と征夷のあいだ』, 有志舎, 2010; 久住真也, 『幕末の将軍』, 講談社, 2009; 『長州戦争と徳川将軍: 幕末期畿内の政治空間』, 岩田書院, 2005). 필자는 혁명사를 결과론적으로 해석하는 것을 피하기 위해서는 이른바 혁명 세력에 대한 과도한 연구 편중을 지양하고, 당시의 현실에서는 혁명 세력과는 비교할 수 없을 정도의 영향력을 갖고 있었던 구체제의 정권 핵심에 대한 연구의 중요성을 지적한 바 있는데(박훈, 『메이지 유신은 어떻게 가능했는가』, 3장), 이런 관점에서 오랫

의 흐름을 정리하기 힘들 정도로 포괄적인 막말유신상을 제시하는 작품이 나오지 못하고 있다. 전후 10여 년 만에 그간의 연구사를 큰 틀에서 정리한 『메이지유신사연구강좌(明治維新史研究講座)』(平凡社)가 1950년대 후반부터 출판된 데 비해,[10] 최근 거의 30년간 막말유신사 연구를 학설사적으로 제대로 정리한 글이 나오지 못하고 있는 것도 이런 이유 때문일 것이다.[11]

물론 이 기간에 실증적 연구에 기반을 두면서도 그것을 뛰어넘어 새로운 유신상을 제시하려는 작업들이 전혀 없었던 것은 아니다. 필자가 보기에는 국민국가론, 공의정체론(公議政體論)과 공론(公論) 연구, 동아시아적 관점의 도입 등 대체로 세 가지 정도의 흐름이 있었던 것으로 보인다.

먼저 국민국가론으로 메이지유신과 근대 일본국가의 성립을 포착하려는 시도는 1990년대 이후 10여 년간 많은 지적 자극을 주어 왔다.[12]

동안 부진을 면치 못하던 막부 내부의 권력 동향에 대한 연구들이 나오기 시작한 것은 환영할 만하다. 이것은 신해혁명사에서 청 조정의 신정(新政)이나 만주 귀족 지배층에 대한 연구, 20세기 중국 혁명사에서 국민당과 남경 정부에 대한 연구, 19세기 조선사에서 대원군 정권이나 심지어 세도 정권에 대한 관심이 높아지고 있는 것과 맥을 같이한다고 할 수 있다.

10 高木不二,「幕末政治史の研究史から」, 30쪽.

11 위에서 소개한 友田昌弘의 글은 각 논문을 『史学雑誌』의 「回顧と展望」식으로 나열 · 소개하는 데 그치고 있고, 高木不二도 무자각적인 개별 실증 연구로의 매몰을 비판하고는 있으나, 그 자신도 의미 있는 전망을 제시하고 있다고는 보기 어렵다.

12 대표적으로는 西川長夫 編, 『幕末 · 明治期の国民国家形成と文化変容』, 新曜社, 1995; 牧原憲夫, 『客分と国民のあいだ: 近代民衆の政治意識』, 吉川弘文館, 1998; 歴史学研究会 編, 『国民国家を問う』, 青木書店, 1994. 국민국가론을 리드한 西川長夫가 역사학자가 아니라 프랑스 문학 전공의 비교문화학자임에 유의하고 싶다. 뒤에서 소개하는, 전후역사학의 막말유신 해석과 다른 유신상을 제시하려고 한 桑原武夫 역시 프랑스 문학 전공자다.

그러나 국민국가론은 국가의 주도적인 '창출' 기능을 지나치게 강조한 나머지 민중-국민 측의 대응과 작용을 과소평가하여, 본의와는 다르게 결과적으로 민중-국민의 주체성에 대한 평가가 제대로 이뤄지지 못했다는 점, '전통의 재발명'에 주의하는 등 전근대와의 연속적인 측면을 전혀 무시하는 것은 아니지만, 그럼에도 불구하고 전근대-근대 사이의 단절성, 근대는 '창출'된 것이라는 측면이 지나치게 강조되어, 유럽사에는 잘 들어맞을지 모르나 동아시아사, 특히 언어, 문화, 영토, 인종 등이 균일하고 연속적으로 계승된 일본사[한국사도 마찬가지]에 적용하기에는 무리가 많다는 점 등을 문제점으로 들 수 있다.

그런데 흥미로운 것은 국민국가론이 국민국가의 국민에 대한 억압적 성격, 국민의 피구속성(被拘束性)을 지나치게 강조한 측면이 있지만, 오히려 그것 때문에 메이지유신을 절대주의 체제의 성립으로 보고 메이지 정부의 억압적 성격을 강조해 온 전후역사학과 암합(暗合)한 측면이 있었다는 점이다. 필자는 이 때문에 국민국가론이 강좌파적 유신상을 대체할 새로운 이론틀로 각광을 받았던 것이고, 강좌파 계보에 속하는 많은 역사학자가 이렇다 할 설명 없이 그것을 수용했던 것이라 판단한다.

그러나 막말유신의 정치 과정을 천황제 정부로 수렴되는 억압적 과정으로만 포착해서는 막말기의 정치적 활력, 자유민권운동의 폭발적 분출, 비서구세계 최초의 의회설립 등을 설명하기 곤란해진다. 이런 문제의식에서 등장한 것이 공의정체론과 공론 연구다. 공론 연구자들이 반드시 국민국가론 비판을 염두에 둔 것은 아니었지만, 공의여론 혹은 공론의 확산과 그에 기반을 둔 혹은 그것을 무시할 수 없게 된 체제의 건설 과정으로 막말유신의 정치사를 설명하려는 시도는 이런 의문에 해답을 줄 수 있는 것이었다.[13] 전후역사학의 막말 정치사가 정치 과정의 성격을 절대주의 체제의 성립 과정, 변혁 주체는 하급 무사와 상층 민중의 연대라는 관점을 세우고 그를 뒷받침하는 작업을 수행하는 틀에서 좀처럼 벗어나지 못한 데 비해, 이 연구 경향은 그러한 한계를 벗어난 새로운 접근 방법이었다. 이를 통해 절대주의 체제의 성립 과정이라는 종래의 시각에서는 좀처럼 이해하기 어려웠던 막말 정치사의 보기 드문 활력과 메이지 정부의 부정하기 힘든 정치적 유연성, 그리고 비록 한계는 있더라도 비서구 세계에서 유일하게 성공적으로 진행된 입헌과 의회 설립 과정이 한층 잘 이해되게 되었다.

다만 이 연구 분야에서 해결해야 할 문제점은 공론, 공의여론의 존중이라는 정치관습의 확산과 정착을 과연 데모크라시의 기원으로 볼 것이냐, 아니면 데모크라시를 순전하게 서양에서 수입된 것으로 보고 자유민권운동 이래의 정치 과정을 공론, 공의여론을 극복하는 과정으로 볼 것이냐, 즉 공론, 공의여론 문제와 데모크라시의 관계를 어떻게 볼 것이냐 하는 점이다. 여기에는 공론, 공의여론 정치가 광범한 의사 수렴은 행하나 최종적 의사 결정은 결국 '상(上)의 재단(裁斷)'에 의한 것이 아닌가 하는 문제의식이 깔려 있다.[14] 이 문제는 다음에 서술할 '근세'와 서양 근대의 접점을 어떻게 포착하여 위치 지을 것인가 하는 문제와 같은 종류의 것이다.

13 井上勲,『王政復古: 慶応3年12月9日の政変』, 中央公論社, 1991; 宮地正人,『幕末維新期の社会的政治史研究』, 岩派書店, 1999; 高橋秀直,『幕末維新の政治と天皇』, 吉川弘文館, 2007; 三谷博,『明治維新とナショナリズム: 幕末の外交と政治変動』, 山川出版社, 1997; 同編,『東アジアの公論形成』, 東京大学出版会, 2004; 朴薫,「十九世紀前半日本における「議論政治」の形成とその意味: 東アジア政治史の視点から」.

14 山崎有恒,「公議所 · 集議院の設立と「公議」思想」,『講座明治維新 3: 維新政権の創設』, 有志舍, 2011; 池田勇太,『維新変革と儒教的理想主義』, 山川出版社, 2013; 奈良勝司,「近代日本形成期における意思決定の位相と「公議」: 衆論 · 至当性 · 対外膨張」,『日本史研究』618, 2014.

한편 막말유신사에 대해서는 오랫동안 서구와의 비교, 서구의 충격(Western Impact)의 중시라는 시각이 견지되어 왔으나 최근에는 동아시아사라는 틀에서 19세기 일본사의 전개를 재해석하려는 흐름도 나타나고 있다. 이미 근세사에서는 에도시대의 이른바 쇄국체제를 동아시아사와의 관련 속에서 고찰하려는 연구들이 80년대 등장한 이래 한 시기를 풍미한 바 있고,[15] 또 앞의 제1장에서 상세히 소개·비판한 대로, 에도시대를 동아시아 법문명권(法文明圈)의 한 '후진' 지역으로 포착하여, 도쿠가와 일본의 동아시아화의 진행 양상에 주목한 연구도 있다.[16]

19세기 또는 막말유신기와 관련하여 이런 시각을 앞장서 제창한 것은 사상사 분야다. 종래 일본사상사연구의 핵심축은 중국이나 조선에는 없는 소라이학(徂徠學)이라는 '근대성을 가진 학문'이, 주자학이라는 전근대를 대표하는 학문을 타파했기 때문에 일본은 조선, 중국과는 다른 길을 갈 수 있었다는 점에 있었다. 그러나 실상은 소라이학은 18세기 한 세기를 풍미하다 19세기에 들어서면 급격히 쇠퇴했고, 그에 대신해 놀랍게도 유학, 그중에서도 주자학이 최전성기를 구가했다는 것이 그간의 연구로 명확해졌다.[17] 사상사에 국한해서 말하면 일본은 동아시아화의 극점(極點)에서 서양화로 전화(轉化)했던 것이다. 필자는 이런 관점을 사상사만이 아니라 정치사의 영역에 도입하여 막말 정치사를 '사대부적 정치문화'의 확산과 사무라이의 '사화(士化)' 과정에

15 荒野泰典, 『近世日本と東アジア』, 東京大学出版会, 1988 등.

16 이런 논의와 관련한 深谷克己의 주요 논저를 추가로 소개한다. 「近世日本における政治習俗と信仰習俗」, 『アジア地域文化エンハンシング研究センター報告集 III』, 2004; 「東アジア法文明と教諭支配: 近世日本を中心に」, 『アジア地域文化学の發展』, 雄山閣, 2006.

17 渡辺浩, 『近世日本社会と宋学』; 『東アジアの王権と思想』; 尾藤正英, 『日本封建思想史研究: 幕藩体制の原理と朱子学的思惟』, 青木書店, 1961.

의한 것으로 설명하려고 하는 것이다.

이런 관점은 유신 과정에서 근대적[서양적] 특성이나 조선, 중국과는 다른 일본 고유의 성격을 찾아내려고만 했던 기존의 접근 방법과는 다른 참신한 시도인 것은 분명하나 해결해야 할 문제도 많다. 그중에서 가장 중요한 것은 동아시아화와 서양화의 접점의 문제다.[18] 이미 언급한 대로 와타나베 히로시는 이 문제와 관련하여 주자학적인 여러 개념과 정치사상이 서양 근대의 여러 가치와 제도를 수용할 때 매개 역할을 했다고 지적했다.[19] 이럴 경우 조선, 중국에서는 근대적 제(諸) 가치를 강인하게 거부했던 주자학이 일본에서는 다른 역할을 했다는 논의가 된다. 필자가 주장하는 막말기(幕末期)의 '사대부적 정치문화'의 확산과 사무라이의 '사화(士化)'도 자유민권운동과 정당의 등장, 그리고 의회제의 성립이라는 메이지기의 정치 전개와 어떻게 연결시킬 수 있는지가 앞으로의 큰 과제라고 하지 않을 수 없다.

이 문제와 관련하여 마에다 쓰토무(前田勉)의 사상사 해석도 많은 생각할 거리를 제공해 준다. 그는 에도시대 지배 이데올로기는 주자학이 아니라 병학(兵學)[단순한 군사학의 의미가 아니라 전투와 병영생활, 군대경영에서 유래한 제반 이념, 가치, 언설 등에 기초하여 '병영국가'인 근세사회를 다스리기 위해 확립된 통치학]이었으며, 주자학은 어디까지나 소외된 마이너

18 이 문제야말로 '복수의 근대'나 '대안적 근대성' 논의를 포함하여 앞으로 본격적으로 추진되어야 할 장대한 프로젝트다. 일례로 김영민이 언급한 대로 토마스 메쯔거의 성리학연구(Thomas A. Metzger, *Escape from Predicament: Neo-Confucianism and China's Evolving Political Culture*, Columbia University Press, 1977)를 참조할 수 있다(김영민, 「근대성과 한국학: 한국 사상사를 중심으로」, 128쪽). 동아시아에서 전통(이른바 '근세성')과 근대성의 접촉, 수용, 변용, 길항, 재창조 과정을 어떻게 위치 짓고 평가할 것인가는 앞으로의 중요하고도 거대한 과제라 아니할 수 없다.

19 渡辺浩, 『東アジアの王権と思想』.

리티였다고 지적한다. 그에 따르면 19세기는 병학에 대한 주자학의 거센 도전이 전개된 시기였다.[20] 그는 메이지유신에 대해서는 본격적인 언급은 하고 있지 않으나 그의 논의를 빌려 필자식으로 말한다면 19세기 후반 이후 일본 정치사에서는 주자학[물론 양명학 등 다른 유학 포함], 서양사상, 병학의 치열한 경합이 전개되었다고 볼 수 있다.

이런 연구 경향이 압도적으로 사상사에 집중되어 있는 것은 아쉽다. 그것은 사상사가 상대적으로 각국의 비교연구가 용이하기 때문일 텐데 정치사 등 다른 분야에서도 이를 뒷받침할 만한 연구가 절실하다고 하겠다.

이상 개별 실증적 연구가 심화되는 가운데서도 하나의 역사상을 제시하고자 하는 몇몇 연구 흐름을 필자 나름대로 거칠게 정리해 보았다. 그러나 이런 연구들에도 불구하고 최근 20, 30년간 막말유신 정치사는 일본사 전체에서 보아도 가장 파편적으로 연구가 진행되는 상황이라고 할 수 있을 것이다. 최근 의욕적으로 간행된 『강좌 메이지유신(講座明治維新)』(全12巻, 明治維新史学会 編, 有志舎, 2010~2018)에서도 이런 문제는 여전히 해결되지 않은 것 같다. 각 분야의 미세한 영역에 이르기까지 치밀한 논문들이 실려 있는 것은 높게 평가할 만하나, 편집자의 글도, 각 논문도 포괄적인 문제의식과 전망이 부족한 것 같다. 이런 점에서는 10여 년 전에 간행된 『막말유신론집(幕末維新論集)』(全12巻, 吉川弘文館, 2000~2001)보다도 오히려 후퇴하고 있는 듯한 인상마저 든다.

앞서 인용한 다카키 후지(高木不二)는 도야마 시게키(遠山茂樹)의

20 前田勉, 『近世日本の儒学と兵学』. 그런 점에서 메이지 초기 헌법 초안을 연구하는 많은 모임이 여전히 주자학 텍스트를 공부하던 '회독(會讀)'이라는 방법하에서 이뤄졌다는 지적은 흥미롭다(前田勉, 『江戸の読書会: 会読の思想史』, 平凡社, 2012).

『메이지유신(明治維新)』(岩波書店, 1951)이 가진 시대적 제약에도 불구하고, 지금 그 정도로 메이지유신의 전체상을 정연하게 말할 수 있는 연구자가 몇이나 될지 묻는다. 세세한 개별적 역사사상(歷史事象)을 말하는 것이 역사학의 목적은 아니며, 그 축적을 토대로 하여 메이지유신을 말하고 나아가 좀 더 나은 미래를 향하여 현재를 말하는 것이 역사가의 사명이라며, 그럴 때 전체상 파악을 위한 노력은 불가결하다는 것이다. 전후역사학의 호기(豪氣)를 체험한 마지막 세대의 체취가 묻어나는 다소 과감한 발언이기는 하나 현재의 폐색(閉塞)된 연구 상황을 타개하기 위한 고언으로 경청할 만하다.[21]

21 高木不二, 「幕末政治史の研究史から」, 40쪽. 이런 점에서 三谷博의 작업은 주목할 만하다. 그는 물리학의 복잡계 이론을 원용하여 '사건의 인과관계'를 중시하는 역사학의 정통적인 수법을 비판하고, 메이지유신이 심한 파괴와 유혈 없이 점진적으로 진행되면서도 큰 변혁을 수행한 과정을 경로의존이라는 분석틀로 해명하려고 했다(『明治維新を考える』, 有志舍, 2006). 이어 그는 애국, 혁명, 민주라는 키워드로 자칫하면 일본의 특수성을 강조하기 쉬운 메이지유신을 보편사의 차원에서 파악하는 시도를 했다(『愛国 · 革命 · 民主: 日本史から世界を考える』, 筑摩書房, 2013). 역사학과 정치학의 수법을 적절히 구사하며, 막말 정치사의 전개 과정, 메이지유신의 세계사적 의의와 특성, 그것이 보편사에 시사하는 함의 등에 대해 체계적이고 포괄적인 견해를 제시했다. 역사가의 최종 의무가 자기 나름의 내러티브를 구축해 자신의 연구 대상에 대한 설명책임(說明責任)을 져야 하는 것이라고 할 때 이 저작들은 하나의 모범이 될 수 있을 것이다. 三谷博, 『維新史の再考: 公議 · 王政から集権 · 脱身分化へ 』, NHKブックス 1248, 2017도 참조 바람.

제2절 전후역사학(戰後歷史學)과 막말유신사(幕末維新史) 연구: 이데올로기 과잉

이상 최근의 막말유신 정치사 연구가 이론탈색(理論離れ), 즉 이데올로기에 대한 알레르기 반응을 보이며[22] 개별 실증 일변도의 연구가 지배적이 되었다는 점을 지적했지만, 애초에 막말유신사 연구의 출발은 매우 이론적이며 이데올로기적이었다. 어떤 면에서는 지나칠 정도로 그러했다. 주지하듯이 메이지유신에 관한 최초의 '과학적' 연구라고 하는 『일본자본주의발달사강좌(日本資本主義發達史講座)』에 집결한 사람들은 연구자이자 동시에 운동가들이었다. 리더 격인 노로 에이타로(野呂榮太郎)가 투옥되어 1933년 옥사한 것은 그것을 상징적으로 보여 준다.

이들의 메이지유신 연구 목적은 타도해야 할 현 일본 사회체제의 성격을 구명하고, 다가올 혁명의 전략을 세우기 위한 것이었다. 사료적 환경으로도 그들의 의도로도, 실증적 연구를 기대하기란 어려웠다. 메이지유신 연구는 이론에, 정치에 완전히 종속되었다.

이 강좌파[23]의 대척점에 선 것이 유신사료편찬회(維新史料編纂會, 1911년 설립)에 집결한 연구자들이며 그들이 추진한 유신 사료 편찬사업과 유신사 서술이었다.[24] 이들의 목적은 강좌파와는 정반대로 황국

22 高木不二, 「幕末政治史の研究史から」, 40쪽.

23 전전(戰前) 강좌파 연구사에 대해서는 青山忠正, 「明治維新の史学史: 「絶対主義」と「変革主体」」, 10-15쪽.

24 維新史料編纂事務局에 의한 『大日本維新史料』 편찬사업 과정에서 『維新史料綱要』 全10巻, 目黒書院, 1937-1943; 『維新史』 全6巻, 明治書院, 1939-1941; 『概観維新史』, 明治書院, 1940 등의 작업이 이뤄졌고, 이것은 지금도 메이지유신 연구의 기초 자료로 이용되고 있다.

사관을 현창하고 '황국 일본'의 기원이 메이지유신에 있었음을 밝히려는 것이었다. 그런 의미에서 이들 역시 지극히 정치적이며 이데올로기적이었다. 다만 이들은 『유신사(維新史)』를 서술하면서 유신사료편찬회가 수집한 방대한 양의 유신사 관련 사료를 풍부하게 게재, 소개했다. '실증적 수법에 의한 황국사관의 저작'이었던 셈이다.

이들이 수집, 정리, 편찬한 유신 관련 사료와 실증적 수법은 전후 역사학에 계승되었다. 과감히 말하자면 전후 메이지유신사 연구는 강좌파의 문제의식과 『유신사(維新史)』의 실증적 수법을 함께 계승했다고도 할 수 있을 것이다. 도야마 시게키(遠山茂樹)가 전전(戰前)에 문부성 유신사료편찬소와 동경제국대학 사료편찬소에 근무했고, 그 사료를 대량으로 활용하여 『메이지유신(明治維新)』을 집필했다는 것은 그런 면에서 의미심장하다.[25]

이후 막말유신 정치사는 핫토리 시소(服部之總), 하니 고로(羽仁五郎) 등 전전(戰前) 강좌파의 관점을 계승했는데, 그중에서도 특히 정치사에서는 메이지 정부의 절대주의적 성격과 변혁 주체의 성격 규명을 중심으로 연구가 진행되었다.[26] 이 연구들은 강렬한 문제의식과 제한된 사료의 범위 내에서이기는 하지만 치밀한 실증을 병행한, 방법적으로는 이상적인 역사학 연구였다고도 할 수 있다. 가설-실증-가설수정-재실증 ……의 영원 반복이라는 점에서 그렇다. 그러나 여기에는 커다란 문제점이 있었다. 전후역사학은 대담한 가설을 허용했지만 그것은 어떤 정치적 편향의 범위 내에서였다. 즉 전전(戰前) 강좌파가 제시해 놓은 메이지유신 이해의 큰 틀을 넘어서는 것은 음으로 양으로 제한되었다. 그런 의미에서 이데올로기적이었다.

25 遠山茂樹, 『明治維新』, 岩波書店, 1951.

26 青山忠正, 「明治維新の史学史: 「絶対主義」と「変革主体」」, 16-24쪽.

그런 학문 외적인 제약이 한몫해서인지, 핫토리 시소 등이 제시한 절대주의 성립과 하급 무사-상층 민중 동맹이라는 메이지유신 이해의 기본틀은 놀랍게도 근 50년간 유지되었다.[27] 그렇다면 기본틀이 탁월했다는 것만이 그토록 긴 생명력의 이유인가? 전후역사학계에서 연구자들이 자유로운 발상으로 자유롭게 연구 대상을 선택하는 분위기는 제한되어 있었던 것은 아닌가? 전후역사학의 리더들은 그런 발상들에 좀 더 너그러운 태도를 취하거나 오히려 권장해야 했으나 아쉽게도 그런 자세는 충분하지 않았다. 1990년대 이후 유물사관이라는 거대한 중석(重石)에서 해방된 연구자들은 다양한 연구 테마에 안심하고 몰두할 수 있었고, 사회사는 무엇을 연구해도 좋다는 풍조의 대명사[28]가 되었다는 고백 아닌 고백은 무엇을 의미하는가.

전후역사학의 메이지유신사 연구에 대한 강력한 비판은 영어권 학계에서 나왔다. 1960년을 전후로 유행한 근대화론에 기초한 이들은 메이지유신을 각종 근대화 지표들을 놀라운 속도로 달성한 근대화 변혁으로 규정하고 일본인 역사학자들의 인색한 평가에 이의를 제기했다.[29] 이들은 일본의 근대화 성공 요인이 에도시대의 봉건제, 경제발전, 높은 교육 수준과 도시화 수준 등에 있다고 하며 에도시대에 대해서도 전후역사학과 사뭇 다른 태도를 보였다. 그 배경에 냉전 시기 미국의 대외 전략과 그 기반이 된 로스토우(W. W. Rostow) 등의 근대화 이론이 있

27 2000년에 와서야 青山忠正이 앞의 저서에서 이 기본틀 중 하나인 하급 무사와 상층 농민의 동맹에 의문을 제기하는 설을 발표했다. 치밀한 논증에 입각한 탁월한 업적이나 거꾸로 보면 그때까지도 이 논의의 틀이 생명력을 유지하고 있었다는 반증이기도 하다.

28 高木不二, 「幕末政治史の研究史から」, 42쪽.

29 Marius B. Jansen, ed., *Changing Japanese Attitudes Toward Modernization*, Princeton University Press, 1965(일본어 번역은 『日本における近代化の問題』, 岩派書店, 1968).

었음은 널리 알려진 사실이다.

그러나 이 양 진영은 날카로운 논쟁점을 공유하고 있으면서도 충분한 학문적 대화를 나누지 못했다. 전후역사학은 영어권[특히 미국]의 연구를 거의 외면한 채 생산적 논의의 파트너로 인정하지 않았다. 하버드 대학의 일본사 교수 크레이그(Albert M. Craig)가 죠슈번(長州藩)을 소재로 하여 일본인 메이지유신 연구자들의 핵심 논의에 대해 일일이 문제를 제기했으나,[30] 이 책의 일본어 번역도, 이 책에 대한 성실한 답변도 이뤄지지 않은 것이 한 예다.

한편 영어권의 근대화론적 메이지유신 연구에 공명(共鳴)하면서 전후역사학의 메이지유신 해석에 이의를 제기하려는 일본인 논자는 역사학이 아닌 다른 분야에서 주로 나왔다. 그 연구들은 1983년 국제연합대학에서 열린 '메이지유신 국제학술회의'에서 발표되었고, 후에 간행되었다.[31] 교육사회학자 나가이 미치오(永井道雄), 프랑스 문학자 구와바라 다케오(桑原武夫)가 주도한 이 연구들은 메이지유신의 변혁적 · 민족주의적 요소를 강조했다. 학계 밖에서는 시바 료타로(司馬遼太郎)의 소설과 NHK 대하드라마가 이런 시각을 대중적으로 유포하는 데 큰 역할을 했다. 반대로 전후역사학은 도도한 논리적 구성과 치열한 문제의식에도 불구하고 그 메이지유신관이 일본 국민을 사로잡았다고 할 수는 없을 것이다.

이상 전후역사학의 메이지유신 연구와 그에 비판적인 몇몇 연구

30 Albert M. Craig, *Choshu in the Meiji Restoration*, Harvard University Press, 1961.

31 永井道雄, M. Urrutia가 편자가 되어 영어본은 *Meiji Ishin; Restoration and Revolution*, United Nations University Press, 1985. 일어본은 『明治維新』, 東京大学出版会, 1986으로 각각 간행되었다. 한국어 번역은 서병국 역, 『세계사의 흐름으로 본 명치유신』, 교문사, 1994. 이 학술대회와 책에 대한 상세한 소개는 김용덕, 『일본근대사를 보는 눈』, 지식산업사, 1991, 68-76쪽 참조.

들을 소개했다. 이 시기 메이지유신사 연구는 어떤 의미에서 지나치게 정치적이었다. 그것은 전후역사학 진영도 근대화론 진영도 마찬가지였는데, 1990년대 이후 장기화되고 있는 '이데올로기 알레르기', 개별 실증 연구로의 매몰 등도 어찌 보면 이에 대한 반작용일지도 모른다.

제3절 '연속하면서 혁신': 메이지유신 연구의 현재적 의미

이상에서 본 것처럼 1990년대 이전까지 막말 정치사와 메이지유신 연구는 강렬한 현실적 문제의식하에서 진행되어 왔다. 강좌파-전후역사학은 현 체제에 대한 강한 비판의식을 배경으로 혁명 또는 사회변혁의 전략과 방향성을 의식하면서 연구를 수행했고, 대척점에 있는 근대화론에 입각한 연구 역시 일본의 특이한 근대화 성공 배경을 해명하여 근대화의 보편성과 당위성을 주장하려는 문제의식이 짙게 깔려 있었다.

한국의 메이지유신 연구도 마찬가지였다. '조국 근대화'를 목표로 매진한 20세기 후반의 한국인들에게 일본의 근대화 성공 경험은 관심을 끌기에 충분했다. 반대로 다른 한편에서 한국 연구자들에게 메이지유신은 일본 제국주의, 나아가서는 일본 근대사 전체를 비판하기 위한 침략적 근대 일본의 출발점으로 위치 지어지기도 했다.

그러나 일본 사회에 혁명의 가능성이 희박해진 지는 이미 오래되었고, 일본뿐 아니라 한국도 이미 '선진국 진입' 운운하는 현실에서 근대화도 더 이상 절박한 현실 문제는 아니게 되어, 성공적인 근대화 모델로서의 메이지유신이 지닌 매력도 약해졌다. 이런 상황에서 오랫동안 개별 실증 연구의 심화 혹은 매몰이 지속되고 있는 것이다. 그렇다면 막말 정치사와 메이지유신은 더 이상 큰 문제의식과 현실적 함의를 제공해 줄 수 없는 연구 영역이 된 것인가?

그런데 최근 메이지유신의 역사적 의의에 큰 논쟁을 불러일으킬 가능성이 있는 움직임이 의외의 곳에서 싹트고 있다. 주로 일본사 이외의 역사학계에서 일고 있는 '근세화론(近世化論)'이 그것이다.[32] 일견 '근세화론'은 근세 성립에 관한 논의이고 메이지유신 혹은 근대화와는 별 관계가 없는 논의처럼 보이며, 이 때문인지 이를 메이지유신의 의의와 연결시켜 생각하려는 논자는 그리 많은 것 같지 않다.[33]

'근세화론'은 단일한 연구 그룹이 있는 것도 아니고 또 논자에 따라 그 용어 사용에도 차이가 있어 내용을 정확하게 요약하기는 어렵다. 여기서는 대표 논자 중 한 명인 조선사 연구자 미야지마 히로시(宮嶋博史)의 견해를 중심으로 소개해 보기로 한다. 그에 따르면 근세는 소농경영에 기초한 소농사회의 성립, 중간지배자 없이 국가가 그 소농과 토지를 직접 파악하는 체제, 새로운 지역 질서인 촌락과 새로운 가족제도

32 『歴史学研究』 821特集, 「近世化」を考える(1), 2006. 11의 주요 논문들(池上裕子, 「日本における近世社会の形成」; 宮嶋博史, 「東アジア世界における日本の「近世化」」; 岸本美緒, 「中国史における「近世」の概念」).
『歴史学研究』 822特集 「近世化」を考える(2), 2006. 12의 주요 논문들(三森のぞみ, 「フィレンツェにおける近世的政治秩序の形成」; 堀井優, 「エジプト社会のオスマン化: 体制と貿易の変容をめぐって」).
이런 연구 성과에 촉발되어 2013년 1월 도쿄대(東京大)에서 열린 '歴史学研究会シンポジウム, 「近世化」論と日本: 「東アジア」の捉え方をめぐって'에서 발표된 논문들은 다음과 같다. 牧原成征, 「日本の近世化をめぐって」; 清水有子, 「イベリア・インパクト論再考: 日本・ルソン関係を中心に」; 井上智勝 「中華帝国の東縁と南縁から「近世化」を考える: 日本とベトナムの国家祭祀を中心に」; 朴薫, 「幕末政治史の捉え方: '士大夫的政治文化'の視界から」.

33 다만 고급 교양서이면서도 '근세화론'에 주목하면서 일본의 근세-근대-현재를 관통하는 새로운 역사해석을 제시하여 베스트셀러가 된 저작이 있다. 與那覇潤, 『中国化する日本: 日中, 「文明の衝突」一千年史』, 文藝春秋, 2011(최종길 역, 『중국화하는 일본: 동아시아 '문명의 충돌' 1천년사』, 페이퍼로드, 2013).

의 형성 등의 거대한 변화가 발생한 시기다. 그리고 근세사회가 만들어낸 체제의 기본적인 속성이 근대 이후에도 지속되고 있다고 본다. 즉 근세와 근대의 연속성을 강하게 주장하고 있으며, 근대화보다 '근세화'의 획기성을 더 높게 평가한다.

그는 이런 근세사회가 중국에서는 송대 이후, 한반도에서는 조선 초기 이후, 일본에서는 전국시대 이후 형성되어 가고 있었다고 보는데, 일본은 근세의 이데올로기인 주자학이 덜 수용되었고 중국, 조선과는 달리 신분제가 강고하게 유지되었다는 점에서 '후진적'이다. 이런 입장에 서게 되면 중국, 조선은 중앙집권적 국가, 시험에 의한 관료 선발과 수준 높은 관료제 운영, 신분제의 해체 등 근대적 과업을 이미 선취하고 있었기 때문에 서구의 충격(Western Impact)에 둔하게 반응했던 것이 되고, 일본의 메이지유신은 후진 일본이 드디어 왕정복고, 문관 임용시험, 신분제 해체 등으로 '후진성'을 탈피한 것이 된다.[34]

'근세화론'의 이런 논의는 근세 동아시아사를 일국사적 시야를 벗어나 포괄적으로 파악하고 있다는 점, 유럽중심주의적 역사해석 틀을 벗어나 동아시아 고유의 역사 전개를 내재적으로 검토하려고 한다는 점 등 독자를 매료시킬 만한 점들이 적지 않다. 근세에 형성된 여러 제도, 관습, 가치관들이 근대 이후에까지 강한 연속성을 보이고 있는 것도 사실이다. 특히 일본의 무라(村)가 외형적으로는 여러 변화를 겪으면서도 기본적인 성격은 고도 경제성장기까지도 유지되었다고 하는 견해 등은 '근세화론'의 유용성을 뒷받침해 준다.

그러나 근대는 가족, 촌락, 토지제도만이 아니라 다른 많은 요소로도 평가되어야 한다. 산업혁명, 그에 따른 인류사상 유례가 없는 생산력

34 宮嶋博史의 앞서 소개한 논문들.

의 증대와 인구폭발, 과학기술의 혁명적 발전과 그에 따른 교통, 통신, 유통의 혁신, 인간수명의 혁명적 연장, 개인의 석출(析出), 자유주의의 대두, 그리고 무엇보다 민(民)의 정치적·사회적 대두가 그것이다[그것은 민주주의의 확대, 급기야 보통선거권의 부여라는 노선뿐 아니라 스탈린, 히틀러, 일본 군국주의 등과 같이 민주주의와는 거리가 먼 세력이 '동원'이라는 방법으로 민(民)을 정치적으로 활용한 노선까지를 포함한다].

이런 근대화의 요소들이 인류사회의 새로운 도약이고 비약이며 '근세'와의 단절이었음은 부인하기 힘들다. 필자는 '근세화'의 획기적 의의는 인정하며 흥미로운 견해라고 생각하지만, 그것에 근대화 이상의 획기성을 부여하는 것에 대해서는 회의적이다. '근세'의 어느 시점까지는 중국을 비롯한 동아시아가 유럽에 앞서 나갔을지 모르나, 18~19세기의 고투 속에서 유럽은 근대화에서 앞서 나갔던 것이며, 역사는 역전되었던 것이다. 역사 속에서 선진과 후진의 역전은 흔히 있는 일이다. 이런 점에서 메이지유신의 의의는 여전히 중대한 것이다.

다음으로 최근 메이지유신에 대한 흥미로운 해석은 앞서 소개한 요나하 쥰(與那覇潤)의 것이다. 그는 일본 역사를 중국화[정치적으로는 강력한 전제정권이 지배하나 경제, 사회적으로는 광범위한 자유와 인적·물적 이동이 보장되고, 사회적 유동성이 높아 신분제는 약하고 계층 이동이 상대적으로 활발한 체제]와 에도시대화[농촌을 기반으로 한 지역공동체의 강한 결속, 신분에 기초한 사회적 고정성, 개인은 특정 단체에 소속되어 속박을 받는 대신 생계의 안정성이 보장되는 체제]의 시도가 번갈아 등장한 것으로 보고 메이지유신을 중국화의 시도로 평가한다. 그에 따르면 메이지유신의 중국화 실험은 고다이고(後醍醐) 천황의 겐무신정(建武新政)처럼 실패했고, 쇼와 일본은 재에도시대화(再江戶時代化)한 것이다. 이것은 부분적으로 '근세화론'의 담론에 기초하고 있으나 중국화와 에도시대화라는 개념을 사용하여 근세, 근대뿐 아니라 현재 일본의 변화와 미래의 방향까지도 전망하고 있다는 점에서 지적으로 자극적이다.

그러나 그의 논점의 문제점은 에도시대에 대한 메이지유신의 혁신성은 인정하면서도 그것이 곧 원점으로 돌아가 재에도시대화되었다고 보는 데에 있다. 메이지유신 과정에서 보였던 활력과 변혁성이 약화되고 근대 일본이 천황을 중심으로 위로부터의 근대화로 질서정연하게 움직였으며 그 때문에 에도시대를 뒷받침했던 기본 요소들이 어느 정도 잔존한 것도 사실이나, 그것을 재에도시대화라는 개념으로 포착하려고 하는 것은 역시 근대 일본과 '근세' 일본의 연속성에 지나치게 무게를 두는 것이다.

메이지유신 이후 근대 일본이 근대화를 수행하면서도 서양과는 매우 다른 패턴을 보인 것은 사실이다. 헌정과 의회제도하에서도 천황은 신성불가침의 권위를 도전받은 적이 없었고, 무라(村)적인 인간관계가 자유주의적이거나 개인주의적인 관계를 압도했다. 이것을 일본적인 근대화라고 해도 좋고 후진적인 근대화라고 해도 좋을 것이다. 그러나 근대 일본은 그런 패턴으로 의회를 창설했고 헌정(憲政)은 현재에 이르기까지 한 번도 중단된 적이 없으며, 20세기 초에 세계 5대 강국에 들었고 첨단제품들을 생산해냈다. 이런 현상을 '근세화'의 연속, 재에도시대화라는 시각으로 보는 것이 과연 적절한가. 연속성에 주의하면서도 서양의 충격에 의해 일어난 부인할 수 없는 근대화의 혁신성을 종합적으로 포착하는 새로운 인식 틀이 필요한 이유가 여기에 있다.

그렇다면 우리는 메이지유신을 어떻게 바라봐야 하며 어떤 현재적 의미를 찾아낼 수 있을 것인가. 필자가 보기에 메이지유신은 근대의 여러 혁명 속에서 '연속하면서 혁신'하는 패턴을 제시한 독특한 사회변혁이다.[35] '연속하면서 혁신', 이 말은 언뜻 형용모순(形容矛盾)으로 들리지만, 메이지유신은 구체제와 연속성을 갖는 세력이 과감한 자기부정과 자기혁신을 계속한다면, 제도와 가치의 연속성을 상당 부분 유지하면서도 폭넓은 사회변혁을 추진할 수 있음을 보여 준 희귀한 사례다. 그 때문에 메이지유신 과정에서는 예를 들면 프랑스혁명이나 러시아·중국 혁명 등에 비해 희생자 수가 현격히 적었고, 민중의 대규모적·폭력적 혁명 참여도 적었으며, 계층 간의 극한적인 이념투쟁도 약했다. 이것은 질서 있는 사회변혁이기는 하나 동시에 대담한 자기부정의 회피이기도 하다. 비용은 적게 지불했으나 지배층의 교체와 극적인 변혁 에너지의 분출에 따른 새로운 문명 비전의 제시나 사회적 다이너미즘은 부족하다.[36]

문제는 메이지유신이라는 사회변혁의 이런 독특한 패턴이 그 후 근대 일본을 관통했다는 점이다. 여전히 사회변혁은 엘리트층의 선제적인 이니셔티브에 의해 수행되었고, 반체제 세력이나 민중운동의 영향력은 제한적이었다. 다이쇼유신, 쇼와유신 등의 이름으로 기도되었던 변혁의 움직임들은 이런 패턴에서 벗어난 것이 아니었다. 다만 그것들은 메이지유신만큼 성공적이지 못했다. 메이지유신의 주도 엘리트층들은 자기혁신을 계속했고, 민중의 정치적 에너지를 재빠르게 자

35 메이지유신을 인류의 보편적인 혁명사로서 서술하려고 하는 三谷博의 시도(『愛国·革命·民主: 日本史から世界を考える』)에 필자는 경의를 표하지만, 그럼에도 불구하고 메이지유신과 근대 일본의 변혁 과정은 다른 지역의 혁명들과 비교할 때 역시 독특한 면이 있다고 생각한다.

36 이런 점에서 그 변혁은 혁명보다는 역시 '유신(維新)'이라는 명칭이 어울린다. "주수구방(周雖舊邦), 기명유신(其命維新)"(「大雅」, 『詩經』). 지배층의 도도한 권위와 자기혁신에 기대는 변혁[물론 거기에는 민중에 대한 기만, 조종과 그 에너지의 흡수, 이용이 당연히 포함되어 있다]이다. 메이지유신 이후 2000년대 초반의 헤이세이유신(平成維新)에 이르기까지 '유신(維新)!'이라는 외침이 일본인의 마음을 흔들어 온 것도 우연은 아닐 것이다. 이런 평가는 결코 일본인의 '혁명적' 또는 '사회변혁적' 능력에 대한 필자의 과소평가를 의미하는 것은 아니다. 일본인이 추구해 온 혹은 앞으로 선택할 것으로 예상되는 사회변혁의 한 패턴을 지적하는 것일 뿐이다.

신의 동력으로 전환시키는 데에 탁월한 능력을 발휘했다. 또 국제정세도 정확하게 파악했고 신속, 적절하게 대응했다. 다이쇼유신, 쇼와유신은 그와는 전혀 달랐다. '연속하면서 혁신'이라는 메이지유신이 제시한 혁명의 한 패턴이 변혁 엘리트층이 무능할 때 어떤 모습이 되는가는 1930년대 후반 이후의 일본 상황이 잘 보여 준다 할 수 있을 것이다.

전후 일본은 어떠했는가. 역시 '연속하면서 혁신' 패턴은 지속되었다. 일본 사회가 언제나 안정되어 있고 극적인 변화가 없는 듯이 보이는 것은 이 때문이다. 그러나 앞에서도 언급한 것처럼 이 패턴의 사회변혁이 반드시 보수적이거나 변화의 폭이 작은 것은 아니다. 고도 경제성장이 어떤 혁명보다도 일본 사회를 심층에서부터 변혁시켜 버린 것은 이를 보여 준다.

그러나 세계사적으로 이런 사회변혁 패턴은 드문 것이다. 프랑스·러시아·중국 혁명은 말할 것도 없고, 근래 중동에서 일어났던 재스민 혁명처럼 보통 혁명은 사회체제의 파괴, 민중의 폭력적 개입, 대량의 유혈사태, 혁명 전후 사회질서의 혼돈, 구체제와 단절적인 새로운 사회의 건설 등을 특징으로 한다. 근대 일본에서[어쩌면 '근세' 일본에서도] 이런 형태의 사회변혁이 일어난 적은 거의 없다.

현재 일본의 상황은 어떠하며 미래는 어떠할 것인가. 요나하 쥰은 일본이 중국화할[될] 것이라고 주장하나,[37] 필자는 일본 사회는 여전히

37 예를 들어 與那覇潤은 최근 일본 정치에서 의회와 정당들이 수행해 온 대의민주주의의 무능함이 드러나면서 민의를 직접 정치에 반영하려고 하는 움직임이 두드러지게 나타나고 있다고 지적했다. 그는 이것이 강력한 권력자와 민의(民意) 사이에 어떤 매개물도 인정치 않으려는 송대 이후 중국 정치의 덕치주의와 닮았다고 주장하며 이를 정치면에서의 중국화라고 했다. 그러나 한국 정치에서 볼 수 있는 대규모 군중집회와 빈번한 여론조사, 수많은 시민단체의 정치적 영향력, 이것들에 기초한 민의(民意)의 직접적 표출과 그 존재감에 비하면 일본 정치에서 민의의 정치적 역할은 여전히 왜소하다고 할 수밖에 없

또 한 번 '연속하면서 혁신'의 길로 갈 것으로 생각한다.[38] 그것이 20세기 전반처럼 연속만 강하고 혁신은 약한 것이 될 것인지, 메이지유신처럼 연속을 기반으로 하면서도 광범한 혁신을 이룩하는 데 성공할 것인지는 필자가 예단할 수 있는 영역이 아니다.

일본뿐 아니라 중국, 중동, 동남아시아 등 세계 곳곳에서 여전히 사회변혁의 움직임이 감지되고 있다. 인류는 21세기에도 여전히 사회변혁의 과제와 맞닥뜨릴 것이다. 그때 '연속하면서 혁신'하는 사회변혁의 길을 갈 것인지, 전면적이며 단절적인 사회변혁을 택할 것인지는 각 사회의 역사적 배경과 구성원들의 선택에 달렸다. 그런 의미에서 메이지유신 연구는 여전히 현재적이다.

다. 여전히 '중국화'와는 한참 먼 상태에 있는 것이다.

38 물론 與那覇潤의 '중국화' 개념은 사회변혁의 패턴을 의미하는 것이 아니라 일본 사회가 맞닥뜨릴 새로운 사회현상을 지칭하는 것이다. 필자의 견해는 與那覇潤이 말하는 '중국화'가 일본 사회에 밀려들어 와도 일본은 종래의 '연속하면서 혁신'하는 사회변혁 패턴으로 이에 대응할 가능성이 크다는 것이다.

제1부

'학적(學的) 네트워크'와 '학당(學黨)'

제1부에서는 19세기 일본에서 '사대부적 정치문화'의 중요한 요소 중 하나인 '학적(學的) 네트워크'와 그에 기반을 둔 정치 그룹이라고 할 '학당(學黨)'[1]이 형성되는 모습을 미토번(水戶藩)과 구마모토번(熊本藩),

1 '학당'의 개념은 다음과 같다. 사무라이 사회에 '학적 네트워크'가 널리 형성되어 가면서, 그중 정치토의를 금지하는 번명(藩命)을 어기고 특정 선생 또는 학습의 리더를 중심으로 정치적 결사의 성격을 띠어 가는 학적 그룹이 생겨나는데 이를 '학당'이라고 칭하기로 한다. 번교(藩校) 내에 이런 그룹이 생겼다면 이도 '학당'이라고 부를 수 있겠으나, 실제로 나타난 주요 '학당'들은 대부분 번교 바깥에서 탄생했다. 그리고 이들은 주로 번교의 교육, 학문 방침에 비판적이어서 번교와 대립하는 경우가 많았다. '학당'은 주로 소규모 학습회로 시작해서 여러 학습회를 만들어 가거나, 기존의 학습회를 포섭 또는 연계해 가면서 형성되어 나간다. 이들은 특정한 학문적 리더 혹은 특정 학설과 경전을 신봉하며, 다른 학설에 대해서는 배타적 태도를 보이는 경향도 있다.

물론 이 '학당'은 조선이나 중국에서 보이는 붕당, 학파와는 많은 면에서 성격을 달리한다. '학당'에서는 여러 대에 걸친 사승(師承) 관계나 정연한 이론에 기반을 둔 정강, 정책을 찾아보기 어렵다. 또한 '학당'을 중심으로 전국적인 정치세력이 형성되지도 않았다. 단지 '학(學)'이나 '당(黨)'과는 거리가 멀었던 일반 사무라이들이 '학'을 매개로 '도당(徒黨)'을 결성하여 정치화되기 시작했다는 의미 정도로 이 용어를 사용하기로 한다.

이 '학당'은 그룹의 정체성과 유대 관계에 학문 또는 학습 행위가 중요한 역할을 한다는 점에서 종전의 사무라이 사회에서는 볼 수 없는 성격의 그룹이다. 당시의 엄격한 신분 사회와 비교한다면 학문을 하는 공간은 그로부터 조금이나마 자유로울 수 있었다는 점, 또 학습 행위가 정치에 대한 토론과 비판으로 연결되기가 비교적 쉬웠다는 점 등 기존 사무라이 사회와는 이질적인 특징을 갖고 있었다. 필자는 이 '학당'이 군인 또는 이(吏)에 머물러 있던 일반 사무라이들을 정치화시킨 중요한 매개 역할을 했다고 본다. 물론 '학당'을 사쓰마번(薩摩藩)의 사례를 통해 살펴보고자 한다. 서론에서 설명한 대로 '사대부적 정치문화'에는 상서의 정치적 활성화, 군주친정의 요구 등 여러 가지 요소가 있으나 '학적 네트워크', '학당'이 형성되는 과정이야말로 본래 군인 또는 서리에 불과했던 사무라이들이 '지사(志士)'를 자처하며 정치행동에 나서게 되는 배경을 가장 잘 보여 준다는 점에서 먼저 검토의 대상으로 삼고자 하는 것이다.[2]

과도하게 강조할 생각은 없다. '학당' 이외에도 검술의 세계를 배경으로 한 사무라이 간의 정치적 네트워킹도 활발했고 지연, 신분, 혈연을 기반으로 한 관계망 역시 여전히 강고했다. 그러나 19세기에, 이전 시기와는 비교하기 힘들 정도로 일반 사무라이들의 정치활동이 활발해지고 그로 인한 정치변동이 발생한 데에는 '학당'의 형성과 대두가 적지 않은 역할을 했다는 것을 지적하고 싶은 것이다.

필자는 '학당'이라는 용어를 생각해낸 후에 『文化朋党実録』 3巻, 1819年(文化3) 12月 26日條에 '근사록당(近思錄黨)'이 득세하자 사쓰마번 번교(藩校) 조사관 교수(造士館教授) 야마모토 덴조(山本傳藏)가 『척비론(斥非論)』을 써서 "그 학당(學黨)을 위실학배(僞實學輩)라고 배척"했다는 기사를 발견했다. 또한 구마모토번(熊本藩)에서도 실학당의 반대파가 그들을 가리켜 '학당(學黨)'이라고 한 예도 있다(『肥後中村恕斎日録』 第1巻 弘化 3年 6月 17日條, 熊本出版文化会館, 2002, 119쪽). 이를 보면 당시인들도 이런 그룹을 '학당'으로 칭하는 경우가 있었음을 알 수 있다.

2 이와 관련하여 주자학을 정치사회사적 관점에서 새롭게 해석하고자 하는 민병희의 연구가 주목된다. 민병희는 주자학을 정치에 참여하고자 하는 지방학인 · 사인(士人)들을 위한 이데올로기로 파악하고, 사대부들이 일정한 커리큘럼과 학습 프로그램을 통해 학을 실천하는 과정이 위정(爲政)의 출발이자 프로세스의 일부였다고 주장한다. 그리고 이들에 의한 '학인 네트워크', '사대부 네트워크'가 송대 이후 중국 사회에서 지니는 의미를 중시했다. 필자의 문제의식과 통하는 바가 있다(민병희, 「주희의 사회 · 정치적 구상으로서의 "學": "功利之學", "空虛之學"과의 대조를 중심으로」, 『동양사학연구』 104, 2008; 「주희의 "대학"과 사대부의 사회 · 정치적 권력: 제도에서 심의 "학"으로」, 『중국사연구』 55, 2008; 「성리학과 동아시아 사회: 그 새로운 설명 틀을 찾아서」, 『사림』 32, 2009).

이 시기 일본도 크게 보아서 학습 과정을 통해 사무라이 사회에 변화가 생각해 보면 수십만의 무사가 엄연히 존재하는 막말기 일본에서 대규모 질서재편이 '전투'가 아니라 '정치'로 결정된 것은 흥미로운 일이다. 가마쿠라 막부의 멸망, 남북조 동란에 이어 전국시대에는 대규모의 노골적 폭력이 정국의 향배를 결정했다. 물론 막말기에도 전투는 있었다. 그러나 당시 사무라이들은 전투보다는 정치투쟁과 '공의여론(公議輿論)'의 획득에 열심이었고, 실제로 그것의 성패가 사태 전개에 결정적 영향을 미쳤다. 이 시기 많은 사무라이는 단순한 군인이 아니라 정치행위에 능란한 사람들이었다. 그들은 상서를 써 여론을 자기편으로 만들거나 당파를 만들어 권력투쟁에 나서는 등 시종 정치행위에 열중했다. 이처럼 수많은 사무라이의 정치행위 과정에서 '학적 네트워크'와 '학당'은 매우 중요한 의미가 있다는 것이 필자의 생각이다.

이런 '학적 네트워크'는 18세기 말에서 19세기에 걸쳐 정치화되기 시작하는데 과연 그 배경은 어떤 것이었을까. 첫째, 번교의 급증이 말해 주듯 이 시기에 이르러 학습이 적어도 사무라이 사회에는 대중적으로 확산되었다는 점이다. 학문 학습이 일부 관심 있는 사람들이나 모이는 동호회 같은 것이 아니라 사무라이 인구의 많은 부분이 어떤 식으로든 관심을 갖거나 연계되지 않을 수 없는 영역이 되어 버린 것이다. 특히 그 주된 내용이 다분히 정치색을 띤 유학이어서 그간 정치와 거리

발생했다는 점에서 흥미로운 비교 대상이다. 그러나 그것은 후술하는 대로, 중국에서처럼 엄정하고 고매한 과정이라기보다는 서툰 '학'에 기반을 두고 정치참여를 급히 서두른 것이었다. 정치에 실제로 참여하지 않아도 학을 한다는 것 자체가 위정의 의식을 학의 주체들에게 부여한다는, 그런 심오한 사태는 사무라이 사회에서는 찾기 힘들다. 또한 민병희가 구축하고 있는 남송대의 '학' 개념으로 보면 막말기의 그것은 '학'이라고 부를 수도 없는 수준의 것으로, 말류(末流) 중의 말류일 것이다. 그러나 말류가 역사를 움직이는 경우는 드물지 않다. 이 문제와 관련하여 다음의 저서도 큰 시사점을 준다(피터 볼, 김영민 옮김, 『역사 속의 성리학』, 예문서원, 2010(원저는 2008)).

가 멀었던 사무라이들, 특히 광범한 인구의 하급 사무라이 혹은 졸분(卒分)의 가신들에게 정치에 대한 관심과 자신들의 처지에 대한 자각을 촉진했다. 둘째, 대내외적 위기의식이다. 재정난에 시달리던 번이 사무라이의 봉록을 삭감하는 상지령(上知令)을 실시하기 시작하는 것이 일반 사무라이들이 정치화하기 시작하는 시기와 겹친다는 것은 시사하는 바가 크다. 상지령은 애초 약속과 달리 장기적으로 계속되었으며, 가장 심각하게 타격을 받은 것은 빈곤한 하급 사무라이들이었다. 이와는 대조적으로 사회 깊숙이 침투한 화폐경제를 주도하는 상인 세력의 존재감은 나날이 커져 갔다. 상인의 '발호'에 대한 사무라이들의 질시와 분노는 당시 사료 도처에서 쉽게 발견할 수 있다. 19세기에 들어서서는 대외적 위기감이 이들의 정치화를 부추겼을 수도 있다. 단, 사료상에서 보는 한 적어도 아편전쟁 이전에는 대외적 위기감이 학습회의 정치화를 두드러지게 촉진했다고 보기에는 좀 더 신중한 검토가 필요하다.

여기서는 미토번, 사쓰마번, 구마모토번을 장을 나눠 차례로 검토한다. 널리 알려진 것처럼 미토번은 고산케(御三家)의 하나로 원래는 막부를 보위해야 하는 위치에 있었으나 존왕(尊王) 사상을 주창하여 막부와 갈등을 빚으면서 막말기 정치운동의 중심이 된 번이다. 사쓰마번과 구마모토번은 도자마(外様)의 웅번(雄藩)으로, 죠슈번(長州藩)과 더불어 이 시기 정치운동을 이끈 번들이며 다른 번들에도 큰 영향을 끼쳤다. 간토(關東)와 서남(西南) 지역을 대표하는 이 번들의 사례연구를 통해 사무라이 사회에서 '학적 네트워크'의 형성과 그에 기반한 사무라이들의 정치화 과정을 살펴보고자 하는 것이다. 아울러 이 번들을 주요 대상으로 하면서도 논의 과정에서 참고가 되는 다른 번들의 사례도 가능한 범위 내에서 언급하겠다.

제1장
미토번(水戶藩)의 번교와 '학적 네트워크'

먼저 대표적인 번교라 할 수 있는 미토번의 홍도관(弘道館)을 소재로 하여 번교 설립이라는 사태가 사무라이 사회에 준 의미를 넓은 시야에서 살펴본다. 그를 위해 번교 출석자의 실태, 번교 내 신분제의 행방, 교원들의 위치와 '학적(學的) 네트워크'의 관련성 등을 검토할 것이다. 제2장이 구마모토번을 소재로 '학적 네트워크'의 실례를 제시한 것이라면, 제1장은 그런 '학적 네트워크' 형성의 배경이 되는 번교의 제반 요소들을 검토했다고 할 수 있겠다. 사료로는 근래 간행된 『이바라키현립역사관사료총서(茨城縣立歷史館史料叢書) 3 홍도관사료(弘道館史料) I』(茨城縣立歷史館, 2000), 『이바라키현립역사관사료총서(茨城縣立歷史館史料叢書) 6 홍도관사료(弘道館史料) II』(茨城縣立歷史館, 2013)를 주로 이용할 것이다.

제1절 번교 홍도관(弘道館)과 신분제

1. 번교의 설립과 가신단

홍도관에 대해 서술하기 전에 먼저 도쿠가와 시대의 번교 설립 상황과 그 의의를 언급하고자 한다. 지금까지 번교에 대한 연구는 주로 학교사 혹은 교육사 분야에서 이뤄져 왔다.[1] 그러나 장기적인 안목에서 볼 때, 대다수 사무라이가 번교라는 학교에 다니게[혹은 다니지 않으면 안 되게] 된 것은 19세기 사무라이 사회에 일어난 큰 변화의 하나로 주목해야 할 것이다. 그것은 사무라이들에게 새로운 교제의 장을 제공했고, 그들은 이전과는 다른 형태의 인적 네트워크를 형성하게 되었다.

장기간에 걸친 태평 시대이기는 했지만, 여전히 허리춤에 칼을 차고 있는 사무라이들에게 학교라는 것이 꼭 반가운 것만은 아니었을 것이다. 그러나 흥미롭게도 번교 설치라는 거대한 '사회개혁정책'에 사무라이들은 이렇다 할 저항을 하지 않았다. 만약에 조선의 양반이나 청의 신사(紳士)들을 강제로 무도장(武道場)에 다니게 했다면 어떤 결과가 빚어졌을까.

번교에서 배우는 학문, 특히 유학은 무술 · 불교 · 신도 · 난학 그 어느 것보다 사무라이들에게 정치적 관심을 환기하는 것이었다. 번교를

1 교육사회사라는 관점에서 교육과 사회적 변화의 관계에 주목하는 시도도 있으나(辻本雅史 · 沖田行司 編, 『教育社会史: 新体系日本史 16』, 山川出版社, 2002; 辻本雅史, 『思想と教育のメディア史: 近世日本の知の伝達』, ぺりかん社, 2011), 정치와의 관련성을 본격적으로 다루지는 않았다. 단 海原徹, 『明治維新と教育: 長州藩倒幕派の形成過程』, ミネルヴァ書房, 1972는 사숙과 정치의 관련성을 논한 독보적인 연구이며, 최근 前田勉, 『江戸の読書会: 会読の思想史』, 平凡社, 2012도 필자의 연구에 큰 참고가 되었다.

만든 번 당국의 거듭된 금지령에도 번교는 당국의 예상을 넘어 사무라이가 정치화되는 계기를 만들어 주었다. 우리는 18세기 후반부터 전국적으로 번교가 설립되었다는 사실의 정치적 의미에 한층 더 주목할 필요가 있을 것이다.

번교는 단순히 번정(藩政)의 장식물만은 아니었다. 번 당국은 번교를 통한 가신단 교육에 매우 적극적이었다. 번이 번사들의 취학을 강제하고 출석을 점검하는 일도 드물지 않았다. 출석일은 연령과 신분에 따라 차이가 있었고, 경우에 따라서는 기숙을 강제하기도 했다. 주목할 것은 청소년만 번교에 출석해야 하는 것은 아니었다는 점이다. 많은 번에서는 40세 이하의 자들에게도 출석을 강제 또는 권장했고, 역직(役職)을 맡고 있는 자들도 예외는 아니었다. 덴포기(天保期, 1829~1844)에 전국의 번교 243개교 중에 가신 전원의 출석을 강제한 곳은 76개교[31.3%], 사무라이 신분(士分)에는 강제했지만 졸 신분(卒分)은 자유의사에 맡긴(勝手次第) 곳이 89개교[36.6%], 의무 출석이 원칙이지만 사숙이나 데라코야(寺子屋)에서의 수학을 인정한 곳이 25개교[10.3%], 학생의 자유의사에 맡긴 곳이 47개교[19.3%]였다[나머지는 미상].[2]

이것은 거꾸로 보면, 강제하지 않으면 안 될 정도로 사무라이들이 번교에 다니려고 하지 않았다는 반증일 수도 있고, 강제취학 조치가 어느 정도 효과가 있었는지에 대해서도 좀 더 검토가 필요할 것이다. 그러나 적어도 사무라이들의 인생에 학교는 이제 더는 피해 갈 수 없는 곳이 되었다는 점만은 분명하다고 할 수 있을 것이다. 더욱 중요한 것은 번교에 다니고 주어진 출석 일수를 채우는 것만으로 모든 것이 끝나는 게 아니었다는 점이다. 거의 모든 번교에서는 시험을 빈번하게 시

2 海原徹, 『近世の学校と教育』, 思文閣出版, 1988, 9쪽. 번교의 정확한 숫자는 연구자마다 조금씩 다르나 큰 차이는 없다.

행해 학생들의 면학 상황을 엄밀하게 점검했다. 막부의 쇼헤이자카 학문소(昌平坂學問所)가 학문음미[시험]와 역인(役人) 등용을 연계한 것은 잘 알려져 있는데,[3] 미토번과 구마모토번도 마찬가지였고 사가번(佐賀藩)처럼 번주가 공식적으로 학업 성적과 역직을 연결하겠다는 의지를 표명하는 번도 있었다.[4] 조선 · 중국 · 베트남 등 다른 동아시아 국가와 달리 끝내 과거제를 도입하지 않은 일본에서, 많은 사무라이가 무술이 아니라 학문에 관한 시험을 대규모로 경험하는 일본 역사상 최초의 사태가 이 시기에 벌어진 것이다.

2. 홍도관과 가신단의 신분제

홍도관은 1841년(天保12) 가개관(假開館)한 데 이어 1857년(安政4) 본개관(本開館)에 이르렀다. 다른 번보다 일찍 유학이 발달한 미토번에서 번교가 다른 번들에 비해 늦게 설립된 것은 의외이나, 이것은 미토번 내에 『대일본사(大日本史)』를 편찬하는 창고관(彰考館)이 있어, 역사 편찬뿐 아니라 번사의 교육도 담당해 왔기 때문이다. 번 재정이 좋지 않은 상황에서 홍도관 설립을 강행하려는 번주 도쿠가와 나리아키(德川齊昭, 1800~1860)와 번 중신의 대립에 대해서는 잘 알려져 있지만, 어쨌든 홍도관은 미토성 산노마루(三の丸)에 있던 번 가로 야마노베(山野邊) 가문의 택지를 수공(收公)하여 약 17만 8,512m^2(5만 4천 평)의 광대한 부지에 건설되었다. 이것은 전국 최대의 규모로 그다음이 죠슈번 명륜관(明倫

3 眞壁仁, 『徳川後期の学問と政治』, 名古屋大学出版会, 2007; 황수경, 「幕末의 정치적 변동과 幕府目付의 동향: 幕末 幕府目付의 정치적 성격과 관련하여」, 서울대학교 동양사학과 석사학위 논문, 2014. 물론 고위직은 해당되지 않았고, 그 범위도 제한적이었다.

4 前田勉, 『江戸の読書会: 会読の思想史』, 214쪽.

館)의 4만 6,512㎡(1만 4,070여 평)이니,[5] 그 압도적인 크기를 짐작할 수 있다.

이 홍도관에 대해서는 이미 기초 연구가 이뤄져 있다.[6] 그리고 이를 중심으로 벌어진 미토번의 유명한 내분에 대해서도 많은 사실이 알려져 있다.[7] 여기서는 한 걸음 더 나아가 앞에서 서술한 필자의 문제의식과 관련하여 몇 가지 중요한 문제를 살펴보고자 한다. 먼저 번교와 신분제 간의 관계 문제다.

그간의 번교 연구에서는 번교와 신분제의 관계에 관하여 번교 내에서는 신분제가 상대적으로 완화되었다는 취지의 언급만 있었을 뿐 이에 대한 본격적인 분석은 찾아보기 힘들다. 이는 번교 연구가 교육사적 측면에서 주로 이뤄졌기 때문이기도 하지만, 더 중요한 이유는 사무라이층 내부의 계층구조에 대한 연구가 제대로 되어 있지 않았기 때문이다. 그러나 번교를 단순히 교육사적 측면뿐 아니라 정치사적 맥락에서 파악하려고 한다면, 사무라이 내부의 다양한 계층이 번교라는 새로운 공간에서 어떤 관계로 존재하는지 살피는 일은 중요할 것이다.

먼저 번 당국이 번교의 설립과 운영을 주도한 만큼 기존의 계층 서열을 번교 내에서도 유지하려고 노력했다는 점을 지적해 두고 싶다. 번교 내에서도 어디까지나 기존 신분제의 축은 기본적으로 유지되었던 것이다. 출석 의무 일수[日割]를 정할 때도 가신단 내 계층이 기준이 되었고, 이어서 적자인가 차남, 삼남 이하인가 하는 전통적 구분이 그대로 적용되었다. 또 가개관 후 포의(布衣) 이상 당주(當主)에 한해 홍도관

5 笠井助治, 『近世藩校の総合的研究』, 吉川弘文館, 1960, 65쪽, 266쪽.

6 名越漠然, 『水戸弘道館大観』, 茨城出版社, 1944; 鈴木暎一, 『水戸藩学問・教育史の研究』, 吉川弘文館, 1987.

7 水戸市史編纂委員会 編, 『水戸市史』 中巻 4, 1982, 제21장.

문관(文館)에 나올 때 어느 료(寮)에 몇 시부터 몇 시까지 있었는지 메쓰케(目付)에 신고하도록[8] 했다는 기사에서 엿볼 수 있듯이, 출석 점검 역시 신분계층별로 했다.

그러나 그럼에도 한편에서는 사무라이층(侍層)과 아시가루층(足輕層)의 가운데 위치하는 가치층(徒士層, 하사(下士))의 활약에 주목해야 한다는 점을 강조하고 싶다. 흔히 하급 사무라이(下士)가 메이지유신을 주도했다고 말한다. 물론 최근에는 상급 · 중급 사무라이의 역할에도 주목해야 한다는 주장이 제기되기도 하지만 하급 사무라이가 적극적으로 참여한 것은 부정할 수 없을 것이다. 문제는 이때 하급 사무라이는 어떤 계층을 가리키느냐는 것이다. 좀 더 직접적으로 말하자면 가치층인가, 아시가루층 이하인가 하는 것이다. 이 중요한 문제가 지금까지 제대로 궁구되지 않은 채로 있다는 것 자체가 매우 의아스러운 일이다. 본고에서 이 큰 문제를 본격적으로 다룰 수는 없으나 홍도관과 가치층의 관계를 통해 이 문제에 대한 일말의 실마리를 얻고자 한다.

이 문제를 심도 있게 살펴보려면 먼저 가신단 내부의 계층구조를 검토해야만 한다. 최근 일본 근세사의 신분제 연구는 활발히 이뤄져 왔으나 그것은 주로 햐쿠쇼층(百姓層), 쵸닌층(町人層)과 그 밖의 천민, 특수집단에 대한 연구와 그들 사이의 관계에 대한 연구가 주를 이뤄 왔다. 즉 지배층인 가신단에 대해서는 의외로 신분제적 연구가 많지 않다. 가신단 내부에 두드러진 계층 차가 존재했는데도 각 계층의 성격과 그 관계 등은 알려진 바가 많지 않은 것이다. 다만 무가봉공인(武家奉公人) 같은 무사와 평민의 중간적 존재에 대한 연구가 진척되고 있을 뿐이다.[9]

8 『茨城県立歴史館史料叢書 3 弘道館史料 I』, 茨城県立歴史館, 2000, 72쪽(이하 『弘道館史料 I』로 약칭).

〈표 1-1-1〉 다이묘 가신단의 내부 계층

<table>
<tr><th>분류 A</th><th>분류 B</th><th>분류 C</th></tr>
<tr><td rowspan="2">시(侍)</td><td>급인(給人, 우마마와리(馬廻) 이상)</td><td>급인(馬廻 이상)</td></tr>
<tr><td>나카고쇼(中小姓)</td><td>나카고쇼</td></tr>
<tr><td>가치(徒士)</td><td>가치</td><td>가치</td></tr>
<tr><td rowspan="2">아시가루(足輕)</td><td rowspan="2">아시가루</td><td>아시가루</td></tr>
<tr><td>쥬겐(中間) · 고모노(小者)</td></tr>
</table>

이런 상황에서 최근 가신단 내부의 다양한 계층을 포괄적으로 검토한 연구들이 나오는 것은 매우 고무적인 일이다.[10] 여기서는 먼저 이 연구들에 기초하여 가신단 신분의 내부 계층에 대해서 대략적으로 서술한다.[11] 이것은 번교와 가신단의 신분 관계를 살피기 위한 것이다. 다이묘의 가신단 내부에는 분명한 계층 차가 존재했는데, 그 계층은 몇 가지로 구분해 볼 수 있다. 이를 선행 연구에 기초하여 알기 쉽게 제시한다 [〈표 1-1-1〉 참고].

〈표 1-1-1〉은 A→B→C로 갈수록 더 세분하여 분류한 것이다. 먼저 시(侍)[12]는 흔히 우리가 사무라이라고 부르는 사람들이다. 지교(知行)와 기마(騎馬)가 허락되었으며, 이에(家)도 유서 깊은 경우가 많다. 이

9 久留島浩 編, 『支配をささえる人々』, 吉川弘文館, 2000(シリーズ近世の身分的周縁 5).

10 森下徹, 『武士という身分: 城下町萩の大名家臣団』, 吉川弘文館, 2012; 磯田道史, 『近世大名家臣団の社会構造』, 東京大学出版会, 2003(같은 제목으로 2013년에 文藝春秋社에서 재간(再刊). 본고에서 인용한 것은 2013년 판). 오래된 연구로는 新見吉治, 『改訂增補下級士族の研究』, 日本学術振興会, 1965.

11 이하의 서술은 위의 연구 성과, 특히 磯田道史의 연구에 주로 의거한 것으로 일일이 주를 달지 않았다.

12 가신단 계층을 가리키는 말은 번마다 상이하여 다양한 호칭이 있으나, 여기서는 일단 磯田道史의 용어로 통일한다.

들의 가역(家役)과 가록(家祿)은 대대로 세습되는 게 일반적이다. 이는 다시 우마마와리(馬廻) 이상의 급인(給人)과 나카고쇼(中小姓)로 구분된다. 흔히 상급 사무라이(上士)·중급 사무라이(中士)·하급 사무라이(下士)라는 구분이 사용되는데, 지역이나 시기에 따라 편차는 있지만 대체로 우마마와리 이상이 상사, 나카고쇼층이 중사라고 할 수 있다. 그러나 우마마와리층의 위치는 좀 애매해서 중사로 구분되는 경우도 있다. 하사는 가치층이며 아시가루(足輕)·쥬겐(中間)·고모노층(小者層)은 졸(卒)이라고 할 수 있을 것이다.

가치(徒士)는 보병으로, 기리마이토리(切米取)로 봉록을 받는 경우가 일반적이었다. 사무라이층과 달리 배신(陪臣), 무가봉공인(武家奉公人) 등 메시쓰레(召連)가 없는 단신(單身)이었다. 가치의 이에(家)는 막부 초기에는 잘 세습되지 않았으며, 세습하려면 무예, 달필, 계산 능력, 신체적 강건함 등 능력을 증명할 필요가 있었다. 이들이 담당한 업무는 주로 이무(吏務)에 해당하는 것들이었기 때문에 실무 능력이 중요했던 것이다. 평화가 장기화됨에 따라 민정 업무 등을 위해 번 기구가 비대해지면서 가치의 숫자도 점점 늘어났다. 또 19세기에 들어서면 가치도 이에의 유서(由緖)나 부조(父祖)의 근공(勤功) 평가에 따라 세습되는 경우가 늘어났다.

아시가루(足輕), 쥬겐(中間), 고모노(小者) 등은 흔히 경배(輕輩)라고 불리는데 원래는 군속의 업무를 담당하던 층이었다. 이 계층은 후다이아시가루(譜代足輕) 등 극히 일부를 제외하고는 이치다이가카에(一代抱)로 거의 세습되지 않았으나, 가신단에서 차지하는 인구 비중은 가장 컸다. 이들은 죠카마치(城下町) 주변 농촌의 농민층이나 쵸닌층(町人層)에서 능력을 인정받아 발탁되는 경우가 많았고, 직을 그만두고 다시 농민이나 쵸닌으로 돌아가는 경우도 많았다. 즉 이들과 평민층 간에는 신분적 구분이 엄격하지 않았다고 할 수 있다.

시층(侍層)과 가치층 사이에는 엄격한 신분 구별이 있었으나 흔히 사분(士分), 제사(諸士)라고 할 때는 이 두 계층을 다 포함하고, 아시가루(足輕) 이하는 포함하지 않았다. 그러나 가신단(家臣團), 가중(家中)이라고 할 때는 아시가루 이하까지 포함되었다. 제사층(諸士層) 이상과 아시가루 이하는 매우 엄격히 구별되었다. 아시가루 이하는 하카마를 입을 수 없었고, 양도(兩刀)를 차는 제사층과 달리 칼도 한 자루밖에 찰 수 없었다. 대면이나 동간(同間, 한 방에 있게 되는 것), 길에서 조우할 때 등의 경우에 제사층에 해야 할 경례의 내용도 조목조목 엄격히 규정되어 있는 경우가 많았다.

따라서 가신단 내부 계층을 생각할 때 우선 가치와 아시가루 사이가 가장 명확한 구분선이었다. 이어서 시층과 가치의 구분선도 중요했다. 물론 시층 내부에서도 일문(一門), 가로급(家老級) 등 최상층 사무라이와 다른 사무라이는 계층 차가 뚜렷했다.

이제 이런 상황을 염두에 두면서 미토번 홍도관의 상황을 신분제적으로 검토해 보자. 미토번의 가신단 신분에 대해서는 『미토시사(水戶市史)』 중권 1의 제2장 제3절에 언급되어 있으나 피상적 서술에 머물러 이 문제를 궁구하는 데 큰 도움이 되지 않는다. 먼저 홍도관의 총책임자라고 할 수 있는 학교총사(學校總司)는 국로(國老)나 반가시라급(番頭級)이 담당했으나 상치직(常置職)은 아니었으므로, 학교봉행(學校奉行)이 실질적인 책임자였다. 이 학교봉행에는 소바요닌(側用人)을 임명했다. 번교가 번의 일대 사업이었던 만큼 그 총책임자의 지위에 상사(上士)의 지위에 있는 자가 취임하는 것은 당연한 일일 것이다.

중요한 것은 그 밑에서 실질적으로 번교의 교육 업무를 담당하는 교직이다. 홍도관의 경우 교직은 교수도도리(教授頭取), 조교(助教), 훈도(訓導), 사장(舍長)으로 구성되어 있다. 이 중 교수도도리[2명, 役料 200石]는 고쇼가시라(小姓頭)나 고쇼도도리(小姓頭取)에서 임명되었고, 조교[3명,

그중 1명은 에도 藩邸 근무, 役料 5石]는 고난도야쿠(小納戸役)나 쓰기반구미(次番組) 등에서 발탁했다. 이들은 모두 평사(平士) 이상이다.[13] 그 밑의 훈도[10여 명, 그중 3명은 에도 번저 근무, 1명은 歌道局 근무]와 사장[9명, 그중 3명은 에도 번저 근무]도 평사 이상에서 임명하도록 했다고 한다.[14]

『미토시사』 중권 1(193~195쪽)은 가신단의 사분(士分)을 상사·중사·평사·하사 네 계층으로 구분했는데,[15] 그렇다면 하사=가치(徒士)는 교직에 임명될 수 없게 되지만, 실제 사료에서는 가치 출신이 많이 보인다. 이에 대해서는 뒤에서 다시 서술하기로 한다. 어쨌든 훈도, 사장같이 일선에서 학생과 늘 접촉하면서 교육에 임하는 교직에는 평사 혹은 하사라는 비교적 격식이 낮은 계층이 임명된 것에 주목해 두자. 그러나 그렇다 하더라도 전체적으로 보면 홍도관의 운영 책임자나 교직을 임명하는 데에도 신분제 서열이 여전히 적용되었음을 볼 수 있다. 등교자의 출석 일수가 신분별로 정해진 것과 마찬가지로, 교직 임명도

13 鈴木暎一, 『水戸藩学問·教育史の研究』, 265쪽.

14 笠井助治, 『近世藩校の総合的研究』, 吉川弘文館, 1960, 165-166쪽; 鈴木暎一, 『水戸藩学問·教育史の研究』, 268-269쪽.

15 櫻井明는 미토번의 신분 구성에 대해 다음과 같이 서술했다. 『水戸市史』는 상사층=1,000석 정도, 가로·모노가시라 등 중사층=500석 정도, 제봉행급(諸奉行級) 등 평사층=200석 정도, 번사(番士) 등 하사층=기리마이도리(切米取)라 하고 있고, 『茨城県史料: 近世政治篇 I 解說』에서는 상사층=1,000석 이상, 중사층=500석 이상, 평사층=100석 이상, 그 이하는 하사층이라고 하고 있으나, 사실은 상사층=포의 이상 300석 이상, 중사층=모노가시라 이상, 본록 100석 전후, 그 이하 제사(諸士) 이상(諸規式 이상)=평사층, 그 이하는 하사층으로 보는 게 맞다고 주장했다. 깃푸를 받는[賜切符] 계층 이상이 제사인데, 주로 가치(徒士)가 이에 해당되고, 깃푸를 못 받으면 후지가타(扶持方)에 머문다. 후지 200석이라도 격식은 제사 이하, 즉 오메미에 이하에 해당된다(櫻井明, 「幕末水藩「下士」登用探索: 党争解明への一視点」, 『茨城県立歴史館報』 38, 2011, 43-44쪽). 이처럼 아직 학계에서 상사·중사·평사·하사 개념에 대해 의견일치가 이뤄지지 않고 있음을 알 수 있다.

기본적으로는 신분제에 따라 규정되었던 것이다.

한편 교직과 본무(本務)의 관계도 적어도 공식적으로는 전통적인 선에서 크게 벗어나지 못한 듯하다. 여기서 본무라는 것은 가신단이 맡고 있던 반가타(番方, 군사 계통)와 야쿠가타(役方, 행정 계통)의 일을 말한다. 반가타는 군역으로 가신단의 기본 임무였다.[16] 야쿠가타는 행정 업무를 담당하는 쪽으로 평화가 계속되면서 관료기구가 방대해지자 이와 관련된 업무도 팽창해 갔다. 가신단은 이 양쪽 어딘가에 배치되어 가신으로서 임무를 수행해야만 했다.

이런 구조에서 홍도관과 관련된 업무나 학업 활동은 어떻게 위치지어졌을까? 이는 사무라이 사회에서 학교의 위치와 관련해서도 중요한 지점이다. 가개관(假開館)을 한 1841년(天保12) 교수도도리는 가개관 이래 학생 교육에 매진해 온 사장 7명에게 급여를 주기를 신청하면서, 그중 급분(給分)이 있는 2명에게도 사장 근무는 '본무가 아닌 일(余計之勤方)'이므로 따로 급료를 줄 것을 요청했다.[17] 본무가 있는 2명에게 사장의 일은 어디까지나 가욋일이었던 것이다. 사장의 업무는 격무였던 것 같다. 1842년(天保13) 7월에 번청(藩廳)은 지금까지는 본무가 있는 자들을 사장에 임명해 왔으나, 앞으로는 본무가 있으면 역(役)에 따라 그것을 면제해 주든가, 아니면 고부신구미(小譜請組, 無役의 자들이 속해 있는 구미)나 헤야즈미(部屋住, 次三男 등 家督을 잇지 못한 자), 즉 본무가 없는 자 중에서 임명하겠다는 방침을 밝혔다.[18]

이에 따라 이후에는 가와노 도노스케(河野東之助)의 경우처럼 본무

16 원래는 전투 임무였으나 도쿠가와 시대에는 장기간 평화가 계속되었기 때문에 실제로는 성 경비, 주군 경호, 소방, 참근교대 등이 그 업무였다.

17 「口上書」, 『別録』(茨城県立歴史館所藏), 鈴木暎一, 『水戸藩学問・教育史の研究』, 304쪽.

18 『弘道館史料 I』, 75쪽.

인 가치를 아예 면제받고 어법첩어용(御法帖御用)으로 홍도관에 와서 일하다가 일이 끝난 후 본무로 돌아가는 것이 가능해졌다.[19] 또 기숙료의 「온사다메(御定)」를 보면 기숙생들은 기숙하는 기간에는 본무를 면제해 주고, 또 교직과 사장이 철야근무를 했을 때는 본무를 쉬게 해 주도록 되어 있다.[20] 이처럼 학교 근무는 처음에는 본무로 인정되지 않았으나, 점차 본무를 면제받고 학교 업무에 전념할 수 있는 방향으로 나아갔던 것으로 보인다. 그러나 학교 근무가 끝내 정식 본무로 공식적인 인정을 받은 것 같지는 않다.

이상에서 본 것처럼 홍도관 내에서는 기본적으로 가신단의 신분서열이 적용되었고, 본무와의 관계에서도 교직은 공식적인 봉공(奉公)이라기보다는 어디까지나 임시직 같은 취급을 받았다.[21] 그러나 신분제의 서열이 지켜진 것은 사실이라 하더라도, 주의해야 할 것은 학교의 실무를 관장하거나 학생들과 자주 대면하는 교직은 대체로 낮은 격식의 신분에서 임명되었다는 점이다. 예를 들어 1840년(天保11) 4월 9일 고쇼도도리(小姓頭取) 아오야마 료스케(青山量介), 아이자와 야스시(會澤安)를 고쇼가시라(小姓頭)로 삼고 교수도도리로 임명했다. 이때 역료를 100석으로 하려는 논의가 있었으나, 번주 나리아키가 학재지자(學才之者)는 타번에서도 데려갈 수 있으므로 본록(本祿)에 관계없이 200석으로 하도록 분부하여 200석으로 낙착되었다.[22] 아오야마나 아이자

19 『弘道館史料 I』, 98쪽.

20 鈴木暎一, 『水戸藩学問・教育史の研究』, 361쪽.

21 막말기 일본에서 '학적 네트워크'가 확산되었는데도 그것이 공식적으로는 어디까지나 정규 가신단 조직의 보조물에 불과했다는 것은, 민병희와 피터 볼이 관찰한 중국의 '학인 네트워크'와 크게 다른 점 중 하나일 것이다. 막말기 '학적 네트워크'는 군사적 조직을 흔드는 역할은 훌륭히 수행했으나, 그에 기반을 둔 새로운 사회 편제는 이뤄지지 않았다.

22 『弘道館史料 I』, 21쪽.

와는 모두 미토번의 대표적인 학자이기는 했으나 신분으로 말하면 평사에 불과했다. 비록 형식적으로는 가로나 반가시라(番頭), 소바요닌(側用人)급이 번교 총책임자였으나 실질적으로는 교수도도리가 실권을 갖고 있었음을 생각한다면 신분에 비해 상당히 큰 권한이 이들에게 주어졌고, 그에 따라 상당한 액수의 역료가 지급되었다고 볼 수 있다. 그 밑의 조교는 주로 고난도(小納戸)나 쓰기반구미(次番組)에서 배출되었는데 이 역시 평사급이었다.

그런데 여기서 주목해야 할 것은 훈도와 사장이다. 앞에서 본 대로 기존 연구에서는 훈도와 사장은 평사 이상 계층에서 임명되었다고 했는데,[23] 『미토시사(水戸市史)』에 따르면 평사층은 가치보다 상위 신분을 말한다.[24] 그렇다면 가치는 교직에 임명될 수 없어야 하는데, 『홍도관사료(弘道館史料)』에 나와 있는 훈도와 사장 임명 사례를 보면 실제로는 가치가 많이 임명되었음을 알 수 있다.

먼저 훈도를 살펴보면 1842년(天保13) 12월 번청은 번사(藩士) 스즈키 쇼조(鈴木庄藏)에게 "동생 고노키치(子之吉)를 이번에 가치로 등용하여 훈도에 임명하고 부지(扶持)를 지급하며 역료는 동렬(同列)대로 해 줄 것이니 더욱 열심히 일하도록"이라고 명했다.[25] 또 1843년(天保14) 10월에는 번사 아오야마 료타로(青山量太郎)에게 "동생 료시로(量四郎)를 이번에 가치에 발탁하여 홍도관 훈도로 임명하며 깃푸킹(切符金) 10냥, 3인부지(3人扶持) 및 역료 쌀 3석을 줄 것을" 명했다.[26] 스즈키와 아오야마는 이 시기 미토번의 분겐초(分限帳)인 「미토번어규식장(水戸

23 笠井助治, 『近世藩校の総合的研究』, 165-166쪽.

24 『水戸市史』 中巻 1, 193-195쪽.

25 『弘道館史料 I』, 91쪽.

26 『弘道館史料 I』, 101쪽.

藩御規式帳)」에 따르면 모두 오반구미(大番組)에 속한 평사들인데,[27] 그 동생들, 즉 야카이모노(厄介者, 가독을 잇지 못한 자)를 가치로 등용하여 훈도의 직을 주고 있는 것이 공통적이다.[28] 이는 비록 평사의 동생이긴 하지만 공식적으로는 가치라는 하사 신분인 자들이 훈도에 취임했음을 보여 준다.[29]

1845년(弘化2) 6월 26일에는 오우치 요치로(大內與一郎)에게 "그대를 이번에 가치격(御徒格)에 등용하고 홍도관 훈도에 임명하여 깃푸마이(切符米) 10석, 3인부지(3人扶持), 역료 쌀 3석을 주실 것"이라고 알렸는데,[30] 이를 통해서도 가치에도 미치지 못하는 가치격 신분인 자가 훈도직을 맡았음을 알 수 있다. 한편 이시가와 덴조(石川傳藏)에게 "그대를 이번에 고주닌구미(小從人組)에 임명하고 홍도관 근무를 분부하셨다. 훈도는 종전대로"[31]라고 한 것을 보면, 역시 하사급인 고쥬닌구미에서도[32] 훈도가 배출되었다. 이 밖에 사사키 헤시로(佐佐木平四郎)의 아들 데쓰자부로(銕三郎)도 고쥬닌구미에 발탁된 후 훈도에 임명되었

27 「水戸藩御規式帳」, 『茨城県史料: 近世政治編 I』, 1970, 95쪽, 97쪽.

28 같은 무렵 이시카와 도쿠고로(石河德五郎)의 차남 이시카와 데쓰지로(石河銕次郎)도 가치로 등용된 후 훈도에 임명되었다(『弘道館史料 I』, 101쪽).

29 이 같은 가치 등용은 1669년(寬文9) 8월에 가치(步行士)는 외부 사람을 등용하지 말고 본 번의 차 · 삼남(次三男) 중에서 발탁하라고 한 번의 방침에도 부합하는 것이다(『水戸市史』 中巻 1, 176쪽).

30 『弘道館史料 I』, 117쪽.

31 『弘道館史料 I』, 101쪽. 이시가와 덴조는 이때(1843년, 天保14) 고쥬닌구미였으나, 1860년(萬延1)에 작성된 「水戸藩御規式帳」에는 고난도(小納戸)로 나온다. 만일 이 두 인물이 동명이인이 아니라면 이 사이에 그는 평사 신분으로 상승한 것으로 봐야 할 것이다.

32 『水戸市史』 中巻 1, 195쪽에 고쥬닌구미(小十人組)=하사(下士)로 되어 있는데 고쥬닌구미(小十人組)=고쥬닌구미(小從人組)로 봐도 대과는 없을 것이다.

다.[33]

여기서 또 주목해야 하는 것은 적자(嫡子)가 아닌 자를 훈도에 임명할 때 많은 경우 먼저 가치에 편입시킨다는 점이다. 다시 말하면 훈도 임명에는 최소한 가치[혹은 가치격]의 격식이 필요했다고 할 수 있다. 관견에 한에서는 미토번에서 가치격 이하의 자가 훈도에 임명되지는 않았던 것 같다.[34] 이상을 종합해 보면 홍도관의 훈도는 평사층 이상이라는 종전의 설과는 달리 가치, 즉 하사층에서 많이 임명되었고, 특히 적자 이외의 차·삼남이 가치 신분을 얻은 후 임명되는 경우가 많았음을 알 수 있다.

다음으로 사장(舍長)을 살펴보면, 사장은 거학생(居學生) 중에 우수한 자를 뽑아 교원을 도와서 학생교육을 지도하게 한 직책이다. 정식 교원은 아니었지만 번에서 역료를 지급받는 준교원이고,[35] 학생들과 제일선에서 접촉하는 위치에 있었다. 또 번교에 온 공자(公子, 번주의 아들)들이 사장의 강의를 듣는 등 그 대우도 결코 가볍지 않은 존재였다. 1842년(天保13) 번 당국은 "사장에 지금까지는 본무가 있는 자를 임명해 왔으나 앞으로는 역에 따라 본무를 빼주든가(引拔), 아니면 고부신구미나 헤야즈미의 자제들 가운데에서 임명"하도록 했다.[36] 이는 1841년(天保12)에 홍도관 가개관 시 교수도도리 스기야마 후쿠도(杉山復堂),

33 『弘道館史料 I』, 126쪽.

34 물론 하사에서만 훈도가 나온 것은 아니다. 1843년(天保14) 정월 17일 번 당국은 훈도 구메 히코스케(久米彦助), 하마노 구마고로(浜野熊五郎)를 우마마와리(馬廻)로 등용했다(『弘道館史料 I』, 91쪽). 우마마와리는 중사층 이상이 오를 수 있는 계층이다.

35 『茨城県立歴史館史料叢書 6 弘道館史料 II』, 茨城県立歴史館, 2013, 25쪽(이하 『弘道館史料 II』로 약칭).

36 "教職中舍長并諸師範"이라는 표현은 사장의 위치를 잘 말해 준다(『弘道館史料 I』, 75쪽).

가 낸 제안서에 사장에는 "헤야즈미 가운데 호학지자(好學之者)를 선발할 것"이라고 되어 있는 것과도 부합한다.[37]

1842년(天保13) 7월 번은 가치 이시가와 요시다유(石川嘉大夫)에게 "그대는 이번에 은거를 명받았으므로 …… 아들 슈타로(秀太郎[사장])를 대신에 가치로 등용하여 부지를 지급하고 [역료는: 인용자. 이하 인용문 중 [ ] 안은 인용자에 의한 것] 동역(同役)과 마찬가지로 줄 것이다"[38]라는 분부를 내렸다. 사장인 슈타로를 가치에 등용한 것이다. 또 번사 센가 마사노인(千賀政之允)은 사장을 지내던 중 가치로 등용되었다.[39]

이를 보면 사장은 별다른 역이 없는 고부신구미(小譜請組)나 헤야즈미에서 주로 임명되었고, 이들이 사장으로 임명된 이후 가치로 등용된 것으로 보아 가치가 되기 전에도 사장을 담당할 수 있었음을 알 수 있다. 이는 가치나 고쥬닌구미로 등용됨과 동시에 임명되던 훈도와 차이가 나는 부분이다. 그리고 이들은 많은 경우 헤야즈미였던 것으로 보인다. 앞에서 본무의 부담이 문제가 된 것은 사장 7명 중 2명이었는데, 나머지 5명은 헤야즈미였을 것이다. 이처럼 훈도나 사장의 경우 당주의 동생이나 차·삼남 등 헤야즈미가 큰 역할을 한 것을 알 수 있는데, 이에 대해서는 뒤에서 상세히 다룬다.

지금까지 논의한 것을 정리하면, 비록 홍도관 체제가 기존 신분 서열에 기본적으로는 의존했지만, 훈도와 사장에 가치층 혹은 가치 이하 헤야즈미 등 비교적 낮은 서열의 자들이 다수 임명되었다는 점은 주목할 가치가 있다. 그들은 일선에서 학생들을 직접 교육, 지도했기 때문

37 鈴木暎一, 『水戸藩学問・教育史の研究』, 282쪽.

38 『弘道館史料 I』, 75쪽.

39 『弘道館史料 I』, 24쪽. 센가 마사노인은 나중에 우마마와리구미(馬廻組)가 된다(「水戸藩御規式帳」, 『茨城県史料: 近世政治編 I』, 99쪽).

에 그 인품과 능력에 따라서는 학생들에게 큰 영향력을 지닐 수 있었다. 정규 가신단 조직에서는 얻을 수 없는 지위를 홍도관 내에서 획득할 수 있었던 것이다. 이것이 그들이 번교 안팎에서 형성되어 가는 '학적 네트워크'의 중심 역할을 하게 되는 배경인 것이다.

3. 홍도관과 '야카이모노(厄介者)'

번교 문제를 생각할 때 다음으로 주목해야 하는 것이 차·삼남 이하의 사람들이다. 도쿠가와 사회는 원칙적으로 장자단독상속제였다. 따라서 이에를 계승하는 적자(嫡子) 이외의 차·삼남 이하는 다른 가문에 양자로 가거나 번 당국에 특출한 재능을 인정받아 역직을 받지 않는 이상 이에(家)에 얹혀사는 야카이모노(厄介者) 신세를 면할 수 없었다. 미토번도 예외는 아니었다. 특히 미토번은 만일의 사태에 대비한 예비군으로 차·삼남을 확보해 두기 위해 그들에게 1년에 은 10매(枚)를 지급하는 대신, 다른 번의 양자로 가는 것을 금지했기 때문에 상황은 더 심각했다고 할 수 있다. 이들은 번 내에 "적당한 양자 자리가 없으면 일생 집안의 식객으로 지내며 빌붙을 수밖에 없는 신세였다. 마치 하인과 같이 잡일을 맡아 하다가 조카가 당주 자리에라도 오르면 '귀찮은 숙부'라는 명예롭지 못한 호칭으로 불릴 수밖에 없"는[40] 사람들이었다.

번교 홍도관은 이들에게 문호를 개방했다.[41] 별달리 할 일이 없었던 이들에게 번교는 어떤 의미에서는 삶의 의미를 제공해 주는 곳이었

40 山川菊英, 『覚書幕末の水戸藩』, 岩波書店, 1974, 177-178쪽.

41 다른 번의 경우도 마찬가지다. 아이즈번의 번교 일신관(日新館)도 21세 이하의 차남에게 번교 출석을 명했다(笠井助治, 『近世藩校の総合的研究』, 吉川弘文館, 1960, 202쪽).

으며, 번 당국으로서도 부담스러운 존재인 이들을 번교에서 흡수하는 것은 바람직스러운 일이었으므로 입교를 적극 권장했다. 1841년(天保12) 5월에야 번교가 가개설된 미토번에서는 그 이전에는 사서 편찬 기관이었던 창고관(彰考館)이 학문 연마와 교육의 장이었다. 여기서는 시험[吟味]도 행해졌는데, 1803년(享和3)경 포의(布衣) 이상의 장자, 차남, 삼남에게 창고관에서 강석(講釋)과 소독(素讀)의 시험에 응하라는 명령이 내려진 것으로 보아[42] 이미 창고관의 학문 교육에 차 · 삼남 이하들도 참가할 수 있었던 것으로 보인다. 홍도관 가개관을 앞두고는 가신단에게 홍도관이 개관하면 "가중(家中) 연령 40세 이하의 적자와 차 · 삼남은 물론 당주도 40세 연령 이하는 각각 등교 일수[日割]를 정해 등교[詰]하도록 분부"[43]했다. 이 포달(布達)은 당주로 역직을 가진 자들도 번교에 나와야 한다는 것을 강조한 것이지만, 당주와 적자뿐 아니라 40세 이하의 차 · 삼남도 번교 등교의 대상자임을 명확히 했다.[44]

실제로 가개관 시의 등교 일수는 포의나미(布衣並) 300석 이상의 당주와 적자는 한 달에 15일, 동 차남 이하와 제(弟) 및 모노가시라나미(物頭並) 150석 이상의 당주, 적자는 12일, 모노가시라나미(物頭並) 150석 이상의 차남 이하 제(弟) 및 평사의 당주, 적자는 10일, 평사차남 이하와 제(弟)는 8일간으로 규정되었다. 즉 신분이 높을수록 의무 출석 일수가 많았다. 단 30세 이상 및 직무가 있는 자는 반감했고, 40세 이상은 면제되었다.[45] 이를 보면 차 · 삼남과 당주의 제(弟)는 한 단계 아래 신분의 당주, 적자와 같은 정도의 출석 일수를 요구받았음을 알 수 있

42 「水戸紀年」 亨和 3年 11月 24日條, 『茨城県史料 近世政治篇 I』.

43 『弘道館史料 I』, 41쪽.

44 참고로 40세 이상에게도 될 수 있는 대로 학문과 검술에 힘쓸 것을 덧붙였다(『弘道館史料 I』, 41쪽).

45 鈴木暎一, 『水戸藩学問 · 教育史の研究』, 272쪽.

다. 게다가 직무, 즉 역직이 있는 자는 출석을 반으로 줄여 줬는데, 그 대부분이 당주나 적자였을 것이므로 홍도관 등관자(登館者) 중에서 차·삼남 및 제(弟) 등 '야카이모노'가 차지하는 비율은 꽤 높았을 것이다. 태어나면서부터 가업을 승계할 것이 정해져 있는 적자와는 달리 이들은 홍도관에서 두각을 나타내는 것이 출세할 수 있는 거의 유일한 길이었고, 차·삼남 이하도 문무발군의 자는 특별히 발탁하여 봉록을 지급하겠다는 번의 방침은[46] 이들에게 큰 동기를 부여했을 것이다.

이 같은 방침은 본개관 때까지 이어졌다. 홍도관은 1857년(安政4)에 본개관을 맞이하는데 그 전해에 전 번주 도쿠가와 나리아키는 학제 전반에 대해 의견을 낼 것을 요구했다. 이때 나리아키가 의견제시를 요구한 23개 세목[賞罰, 席順, 文武見分, 입학식, 他藩人 입학 등] 중 하나에 차·삼남 항목도 들어 있다.[47]

1843년(天保14) 12월에는 번주 나리아키의 아들들[公子]인 고로마로(五郎麻呂, 5남, 天保 8년생), 시치로마로(七郎麻呂, 7남, 天保 8년생)가 매월 3지일(三之日)에 홍도관에서 석서(席書)를 하므로 포의 이상의 총령(惣領), 차·삼남, 제(弟) 중 11세부터 14세까지는 같이 석서하도록 분부했다.[48] 고로마로는 나리아키의 제5남으로 나중에 돗토리(鳥取) 번주가 되는 이케다 요시노리(池田慶德)이며, 시치마로는 제7남으로 훗날 마지막 쇼군이 되는 도쿠가와 요시노부(德川慶喜)다. 이들은 모두 1837년생으로 이해에는 만 6세가 되어 있었다. 홍도관의 석서를 통해 차·삼남들도 번주의 '공자'들과 어려서부터 대면하여 친분을 쌓는 기회가 주어졌던 것이다.

46 鈴木暎一,『水戸藩学問・教育史の研究』, 278쪽.
47 鈴木暎一,『水戸藩学問・教育史の研究』, 343쪽.
48 『弘道館史料 I』, 103쪽.

제2절 홍도관과 '학적 네트워크'

1. 교원과 번 실력자들 간의 '학적 네트워크'

학문은 일반 사무라이들뿐 아니라 번의 최고 상층부, 나아가 번주와 그 자제들에게도 필수 사항이 되어 갔다. 이 과정에서 신분이 낮은 교원과 번 최고위급 인사가 학문 학습을 매개로 대면하는 일이 빈번해졌다. 종전의 가신단 조직에서라면 드문 일이었다. 여기서는 홍도관에서의 그러한 실태를 살펴보겠다.

로쥬(老中), 와카토시요리(若年寄) 등 번정(藩政) 수뇌부는 정기적으로 홍도관을 시찰했다. 그런데 단지 시찰하는 데 그치는 것이 아니라 정기적으로 교원들에게서 강의를 들어야 했다. 이를 표강석(表講釋)이라고 하는데, 예를 들어 1849년(嘉永2) 2월 20일 다카네 센조(高根千藏)가 강번(講番)이 되어 행한 표강석에는 스즈키 이와미노가미(鈴木石見守), 도야마 류스케(遠山龍介), 오쿠보 진고자에몬(大久保甚五左衛門), 곤도 기다유(近藤義大夫), 마쓰다이라 겐조(松平權藏) 등 번의 쟁쟁한 고관들이 참석했다.[49] 표강석 강번에는 다카네 센조(高根千藏), 스즈키 후미마로(鈴木文麿), 오우치 요이치로(大內與一郎, 御徒格), 다카쿠라 헤이사부로(高倉平三郎), 도야마 구마노스케(遠山熊之介), 니가미 규사부로(仁上久三郎), 사사키 데쓰사부로(佐佐木鐵三郎), 도모베 하치고로(友部八五郎), 아오야마 료타로, 스즈키 스케에몬(鈴木祐衛門), 지노네 이요노스케(茅根伊予介), 이시카와 간지로(石河幹次郎), 아이자와 야스시, 사노 쥰지로(佐野順次郎), 스즈키 고노키치(鈴木子之吉) 등의 이름이 보이는데,[50] 훈

49 『弘道館史料 II』, 47쪽.

50 『弘道館史料 II』, 54쪽.

도들이 다수 들어가 있는 것이 주목된다. 훈도는 앞에서도 말한 바와 같이 하사인 가치나, 평사 중에서도 주로 하층에 속하는 자들이었는데, 이들이 최고위직들을 대면하고 게다가 그들을 상대로 강의까지 하게 된 것이다.

그뿐만이 아니다. 『홍도관사료(弘道館史料) II』를 읽다 보면 곳곳에서 '공자(公子)', 즉 번주의 아들들이 강의를 듣는 장면이 나온다. 우선 교수도도리(教授頭取)는 여러 공자의 시독(侍讀)이었다.[51] 1843년(天保14) 12월 번청은 번주 나리아키의 아들들인 고로마로(五郎磨麿), 시치로마로(七郎磨麿)가 매월 13일에 홍도관에서 회독할 것이니 강의진을 구성하라고 지시했고,[52] 이듬해 3월에는 3일, 13일 월 2회로 늘렸다.[53] 1843년(天保14) 12월에는 그간 공자 교육의 공헌에 대해 번청이 포상을 행했는데, 여기에는 아이자와 야스시, 아오야마 료타로 등 교수도도리뿐 아니라 훈도 등도 포함되어 있었다.[54]

특히 1847년(弘化4)부터는 '삼공자 좌전 윤강(三公子左傳輪講)'과 같이 공자들의 독서, 회독 기사가 자주 나온다. 여기에는 물론 교수도도리, 훈도 등 홍도관 교원들이 참여했는데, 많을 때는 이틀에 한 번씩 행하기도 했다.[55] 더욱이 공자들이 강습료에 와서 강습생에게 강석토록 하거나 사장이 기거하는 방에 와서 그들의 강석을 듣기도 했다.[56]

이상에서 본 것처럼 번 고위직은 물론이고 심지어 번주의 아들들

51 笠井助治, 『近世藩校の総合的研究』, 165쪽.

52 『弘道館史料 I』, 103쪽. 앞에서 언급한 대로 이외에 공자들은 매월 23일에 등관하여 포의 이상 적자, 차 · 삼남, 제(弟)들 중 11세에서 14세에 해당하는 자들과 석서(席書)를 하도록 되어 있었다.

53 『弘道館史料 I』, 108쪽.

54 『弘道館史料 I』, 104-105쪽.

55 『弘道館史料 II』, 15-16쪽.

56 『弘道館史料 II』, 28쪽.

도 홍도관에 자주 나와 교원들의 강의를 듣거나 회독에 참여해야 했다. 월 2~3회의 강의와 회독은 적지 않은 횟수이며 그보다 더할 때도 있었으니, 공자들의 학문 학습이 시늉만 낸 것이 아님을 짐작할 수 있다. 훗날 마지막 쇼군이 된 후 영명한 군주로 이름을 날려 기도 다카요시(木戶孝允)가 도쇼구(東照宮)의 재림이라며 두려워했을 정도로 탁월한 능력을 보인 도쿠가와 요시노부(德川慶喜)도 이런 과정을 거쳐 단련되었을 것이다. 어쨌든 가치급에 불과한 훈도들이 번 고위직과 공자들을 직접 대면하는 것도 어려운 일인데, 하물며 이들에게 정기적으로 강의했다는 것은 이들의 지위와 권위를 향상시키는 데 크게 기여했을 것이다. 실제로 번청은 공자들이 홍도관에 출입할 때 교수도도리들은 송영하지 않아도 된다고 명령하여 스승으로서의 권위를 인정해 주었다.[57]

교원과 학생들 간의 '학적 네트워크'뿐 아니라, 위와 같이 교원들이 표강석(表講釋)과 공자들과의 수업을 통해 번정의 실력자 혹은 장래의 권력자들과 친분을 형성할 가능성도 생기게 된 것이다. 더욱이 강습생, 사장조차 강의를 매개로 그들과 접촉했다면 그 과정에서 신분이 낮은 이들 젊은 가신들과 번 상층부 인물들이 가까워질 가능성도 예상할 수 있을 것이다.

2. 홍도관과 사숙(私塾) 간의 '학적 네트워크'

위에서는 번 상층부와 교원들 간의 관계를 살펴보았고, 다음 장에서는 교원과 번교 내 일반 사무라이 학생들 간의 네트워크를 검토한다면, 여기서는 번교와 죠카마치(城下町)에 산재한 사숙(私塾) 간의 관계를 살펴

57 『弘道館史料 I』, 50쪽.

보겠다. 사숙은 간세이기(寬政期, 1789~1791) 이후 급증했는데, 삼도(三都: 에도, 오사카, 교토)와 각 번의 죠카마치에 주로 있었지만, 점점 향촌에도 다수 생기기 시작했다.[58] 죠슈번의 경우 막말기에 번 전체 사숙은 105개교였는데, 이 중 죠카마치에 있는 것은 39개교였다.[59] 그 분포는 번의 전 영역에 펴져 있었다. 다른 번에서도 사숙은 죠카마치뿐 아니라 지방 도시 혹은 농촌에도 많이 생겨났다. 사숙은 번교보다는 입학이 훨씬 자유로웠기 때문에 가신단은 물론, 그 외 신분의 자들도 대거 참여했다. 전국적인 지명도를 갖는 사숙들도 생겨나 규슈 히타(日田)의 간기엔(咸宜園)이 배출한 숙생(塾生)은 4,000명을 헤아릴 정도였다.

미토번에서도 간세이기 이후 창고관에서의 학습과 시험뿐 아니라 죠카마치를 중심으로 사숙이 번성했다. 1809년(文化6) 죠카마치의 사숙 현황을 보면 번청이 파악한 것만 해도 42개 숙이 있었다.[60] 숙생은 10명 이내인 경우가 많았으나 곳에 따라서는 30명이 넘는 곳도 8개 숙 정도 있었으며, 아키야마 도요노스케(秋山豊之助)의 사숙에는 100명 가까운 숙생이 있었다. 이 시기 숙생 숫자를 최대치로 잡으면 790명 정도다.[61] 분카·분세이기(文化·文政期, 1804~1830)에 창고관 시험 응시자가 300명 정도인 것을 고려하면,[62] 이 숫자는 신빙성이 있다고 할 수 있다.

사숙과 숙생 숫자는 그 후 점점 증가한 것으로 보인다. 가에이기

58 사숙에 대해서는 海原徹, 『近世私塾の研究』, 思文閣出版, 1983; Richard Rubinger, *Private Academies of Tokugawa Japan*, Princeton University Press, 1982.

59 海原徹, 『明治維新と教育: 長州藩討幕派の形成過程』, ミネルヴァ書房, 1972, 91쪽, 125쪽.

60 비슷한 시기 구마모토번 죠카마치에는 사숙이 30개 정도 있었다고 한다(山崎正董, 「長岡監物伝(遺稿)」(1), 『日本談義』 146号, 日本談義社, 1963, 21쪽).

61 鈴木暎一, 『水戸藩学問 · 教育史の研究』, 245-246쪽.

62 鈴木暎一, 『水戸藩学問 · 教育史の研究』, 252쪽.

(嘉永期, 1848~1854)의 기록에 따르면 미토번 가숙(家塾, 사숙) 문무지남(文武指南, 문무선생)의 총수는 169명이므로 사숙 숫자가 증가한 것을 미뤄 짐작할 수 있다. 이렇게 숙생 숫자가 증가한 배경에는 학문이 점점 중요해지는 시대 상황에다 번 당국의 적극적인 사숙 장려와 사숙의 '공교육화' 정책이 있었다. 홍도관이 가개관한 1841년 번청은 가중(家中) 자제 중 10세 이상은 가숙에 입문하도록 했으며, 누가 몇 세에 누구에게 입문했는지를 홍도관 교수도도리에게 보고하도록 했다.[63] 그리고 15세가 되면 각 숙의 선생들이 홍도관의 교수도도리에게 신고하여 입학 수속을 하도록 했다.[64] 입학 절차는 문관(文館), 무관(武館)으로 나뉘어 문관에는 『효경』과 『논어』 시험에 합격한 자가 강습생으로 입학했고, 무관은 시험 없이 15세 이상은 모두 입학했다.[65] 불합격한 사람은 가숙에 남아 가숙교사가 매월 출결정태(出缺精怠) 상황을 메쓰케(目付)에게 보고하도록 했다.[66] 이는 번이 사숙을 홍도관의 하부 기관, 초등교육기관으로 위치 지은 것으로 이런 사숙을 가숙(家塾)이라고 한 것이다.

번청은 가숙교사의 통제에 힘을 기울였다. 지노네 이요노스케(茅根伊與之介)가 독서수습(讀書手習) 지남(指南)을 시작할 때의 예에서 보듯, 가숙을 개설할 때는 번청에 신고해야 했으며,[67] 가숙 지남들을 번청이 포상하는 일도 빈번했다.[68] 가숙교사에게는 번청이 번사 자제의 입숙(入塾) 인원수에 따라 후지(扶持)를 지불했다.[69] 이 정도라면 사숙의

63 鈴木暎一, 『水戸藩学問 · 教育史の研究』, 358쪽.
64 鈴木暎一, 『水戸藩学問 · 教育史の研究』, 454쪽.
65 笠井助治, 『近世藩校の総合的研究』, 201쪽.
66 鈴木暎一, 『水戸藩学問 · 教育史の研究』, 271쪽.
67 『弘道館史料 I』, 112쪽.
68 『弘道館史料 I』, 105쪽.
69 鈴木暎一, 『水戸藩学問 · 教育史の研究』, 271쪽.

공교육화라고 해도 좋을 것이다.[70]

한편 가숙의 숙생들은 정기적으로 홍도관의 시험에 응시했고, 가숙교사들은 자기 학생들의 합격률을 높이기 위해 경쟁했다. 시험 응시 시, 숙생 중 지배가시라(支配頭, 정식 가신단 조직의 상급자)가 있는 자는 지남명(指南名)을 지배가시라에게 제출해야 했고, 시험 순서는 지남의 신분격식 순으로 행해졌다.[71] '학적 네트워크'가 형성되어 가는 중에도 반가타(番方) 상사(上士)의 권위는 여전히 유지되었고, 신분제는 여전히 중요했던 것을 여기서도 확인할 수 있다.

번청이 가숙을 홍도관의 하부 교육기관으로 공교육화하려는 정책은 홍도관과 가숙의 인맥이 분리되지 않고 긴밀한 '학적 네트워크'를 형성하는 데 도움이 되었다. 가숙의 선생은 숙생들에게 음식을 대접하거나 봄에는 함께 하나미(花見, 꽃놀이)를 하는 등 친밀한 사제 관계를 형성하곤 했다. 가숙의 숙생들은 15세 이하의 어린 사람들이었지만, 가숙을 졸업하고 홍도관에 들어간 자들도 밤이나 비등교일에는 가숙에 나와 공부하는 등,[72] 가숙에서 맺어진 관계는 졸업 후 성인이 되어서도 이어졌다. 홍도관이 개관하기 전까지는 가숙의 선배들이 후배를 지도하는 일이 많았는데, 그들이 홍도관에 입학하여 강습생, 거학생(居學生)으로 등교 일수를 의무적으로 채워야 하는 상황이 되자 가숙교사들의 교육 부담이 커졌다. 이에 가숙교사들은 홍도관에 입학한 자 중 가숙에 나와 교육을 도와준 사람들에게는 등교 일수를 감면해 주도록 홍도관

70 참고로 에치젠번에서도 번교 명도관(明道館)에 출석을 강제했고, 죠카마치의 사숙을 외숙(外塾)으로 장악했다고 한다(高木不二, 『横井小楠と松平春嶽』, 吉川弘文館, 2005, 32쪽).

71 鈴木暎一, 『水戸藩学問・教育史の研究』, 248-249쪽.

72 鈴木暎一, 『水戸藩学問・教育史の研究』, 458쪽.

의 교수도도리에게 요청하기도 했다.[73]

이처럼 번교가 생긴 후에도 기존 사숙을 기반으로 한 '학적 네트워크'는 여전히 유지되었는데, 더 나아가 번청은 홍도관이 정식으로 개관한 1857년(安政4)에 홍도관 교직 중에서 선임된 자가 가숙교사를 겸임하여 월 6회 숙생을 지도하도록 했다.[74] 그 후 홍도관 교원들인 도모베 하치고로(友部八五郎), 다카네 센조(高根千藏), 스즈키 후미마로(鈴木文麿)의 가숙 문제(門弟)들이 홍도관 시험을 본 기록들이 속출한다.[75] 이처럼 홍도관의 교원이 홍도관 내뿐 아니라 가숙에까지도 제자를 두게 되니, 이들을 중심으로 한 '학적 네트워크'는 더 확대되게 된 것이다.

이상으로 홍도관과 가숙 간에는 번청이 제도화한 학제적(學制的) 서열 관계가 있었을 뿐 아니라, 인적인 면에서도 긴밀한 '학적 네트워크'가 존재했음을 살펴보았다. 한편으로는 가숙을 졸업하고 홍도관에 입학한 학생과 현재의 숙생 간에 여전히 선배-후배 관계가 유지되었고, 다른 한편으로는 홍도관의 교원이 동시에 가숙교사를 겸함으로써 가숙의 초등교육에서부터 홍도관의 고등교육에 이르기까지 긴 세월에 걸쳐 교사와 학생 사이에 밀접한 관계가 형성될 수 있었다. 이처럼 교수, 조교 등 평사 신분의 자들뿐 아니라 가치도 다수 포함된 훈도, 사장 그룹에 속한 자들이 홍도관 교내뿐 아니라 번 내 사숙의 학생들과도 '학적 네트워크'로 연결되는 현상이 나타났다. 학생들에 대한 이들의 영향력은 상당했을 것이며, 정치문제가 발생했을 때 이것이 정치적 영향력으로 연결될 가능성이 상존하고 있었던 것이다.

73 『弘道館史料 I』, 93쪽.

74 鈴木暎一, 『水戸藩学問・教育史の研究』, 454쪽.

75 『弘道館史料 II』, 58쪽, 65쪽, 83쪽.

소결

본 장에서는 사무라이 사회에서의 '사대부적 정치문화', 그중에서도 '학적 네트워크'의 형성을 미토번의 사례를 들어 살펴보았다. 번교에서는 신분적 규제가 엄존했으나 그 강도는 상대적으로 약했다. 신분이 낮더라도 학문적 실력이 있으면 그에 상응하는 지위를 획득할 수 있었으며, 학문적 활동을 매개로 신분 규제로부터 상대적으로 자유로운 인적 교류가 가능했다. 그리고 미토번 번교 홍도관 교원의 출신 성분을 검토하여 '학적 네트워크'의 핵심이라고 할 수 있는 그들이 주로 평사(平士)와 가치(徒士)라는 비교적 낮은 신분 출신자들임을 밝혔다. 특히 가치 출신자들이 적지 않았는데, '가치(徒士)'라는 명칭에서 알 수 있듯이 이들은 엄밀히 말하면 사(士)와 졸(卒)의 중간층이었다. 이들이 번교의 교원으로 많은 학생과 관계를 맺으며 '학적 네트워크'의 일익을 담당함과 동시에 강의를 매개로 번주의 공자들, 번의 실력자들과 관계를 맺어 나간 양상에 주목했다. 또 다양한 조치에 의해 번교와 가숙 사이에도 긴밀한 '학적 네트워크'가 형성되었음을 확인했다.

제2장
구마모토번(熊本藩)의 '학적 네트워크'와 '학당'의 형성

본 장에서는 구마모토번(熊本藩)의 사례를 검토해 보자. 제1절에서는 번교(藩校) 시습관(時習館)에서 교원들의 주도하에 상당수의 사무라이 자제들이 학습을 매개로 횡적 연결을 맺고, 학습 과정을 통해 '학적(學的) 네트워크'가 형성되고 있는 상황을, 시습관(時習館) 훈도(訓導) 나카무라 죠사이(中村恕齋)의 일기를 통해 검토해 본다. 그러나 번교의 학습회 등은 번 당국의 통제하에 있어서 쉽사리 정치화될 수 없었기 때문에 번교 교육의 보수성과 비정치성에 불만을 품은 자들이 번교 밖에서 사숙을 중심으로 결집하여 '학당'을 형성해 나가는데, 제2절에서는 이를 다뤘다. 제3절에서는 구마모토번 '학당' 형성 과정에서 '학정일치(學政一致)' 주장의 실태를 살펴보고, 그 붕당적 요소를 검토해 보겠다.

구마모토번은 도쿠가와 시대 번 중에서도 미토번과 더불어 일찍부터 유학이 발달한 곳 중 하나였다. '명군'으로 유명한 호소카와 시게카타(細川重賢)가 번교 시습관(時習館)을 설립한 것이 1755년(寶曆5)으로, 유력한 번 중에서는 이른 편에 속하는 것이었다. 설립 당초 시습관에서는 소라이학(徂徠學)이 우세했으나 점차 주자학이 대세를 점하게 되었다. 그러나 그 학문 방법은 송유(宋儒)의 주석에 대한 훈고학적인 탐색과 사장적(詞章的)인 취미를 주로 하는 것이었고, 학문을 정치 혹은 시사 문제에 연결시켜 접근하는 경향은 매우 약했다.

그러나 본 장에서 서술하게 될 과정을 거쳐 막말기에는 '실학당(實學黨)'으로 알려진 정치세력이 등장했다. 그 명칭에서 알 수 있듯이 '학을 매개로 한 정치결사'가 일찍부터 주목받아 온 것이다. 이 점 위에서 살펴본 미토번의 상황과 비슷하다고 할 수 있다. 실학당은 1840년대 전반(天保 말기~弘化期)에 학습회를 매개로 형성되었는데, '학적 네트워크'의 급격한 증가 속에서 '학당'이 발생한 좋은 사례로 생각된다. 물론 유신 직전의 시기와 달리 이 시기의 실학당은 정치화의 조짐을 보이면서도 번 당국의 견제를 받아 곧바로 잠복기에 들어갔기 때문에 본격적인 정치운동이나 권력투쟁을 벌이지는 못했다. 그러나 학습회를 기반으로 정치화되어 갔다는 점, 그리고 막말유신기에 이를 기반으로 붕당 간의 권력투쟁이 발생했다는 점에서 '학당' 형성의 초기 형태를 살펴보는 데 좋은 소재라고 생각한다.

제1절 번교 시습관에서의 '학적 네트워크' 형성: 『히고 나카무라 죠사이일록(肥後中村恕齋日錄)』을 중심으로

이 시기 '학적 네트워크'의 중심지 중 하나는 역시 번교였다. 앞에서 서술한 대로 그간 번교에 대해서는 주로 교육사 분야에서 연구가 이뤄져 왔으나, 번교의 설립과 전개는 정치사적으로 매우 중요한 연구 주제이며 일반 사무라이의 일상생활은 물론이고 장기적으로는 그 정치적 위치까지 변화시켰다고 볼 수 있다. 비록 번 당국의 경계로 번교 자체가 정치화되거나 번 정치를 비판하는 장으로 변하는 일은 거의 없었지만,[1] 일반 사무라이들의 생활 속에 학을 일상적인 것으로 만들고, 그들이 학을 매개로 스승, 동료들과의 인적 관계, 즉 '학적 네트워크'를 갖게 되는 데에 큰 역할을 했다.

근래 간행된 시습관 훈도 나카무라 죠사이(中村恕齋)의 일기 『히고 나카무라 죠사이일록(肥後中村恕齋日錄)』[2]은 번교 교원을 중심으로 지속적인 학습을 통해 '학적 네트워크'가 형성되는 모습을 볼 수 있는 좋은 사료다. 현재까지 그 해설서[3] 외에 이 『죠사이일록(恕齋日錄)』을 본격적으로 분석한 연구는 아직 없는 듯하다.

나카무라 죠사이(中村恕齋, 1804~1870)는 중급 사무라이의 가문[知行高 150石]에서 태어나 40대 전반까지 주로 시습관에서 일하다가 군봉행(郡奉行)으로 나아간 인물이다. 그의 아버지 세이이(正彝)도 오랫동안 지방 역직을 역임한 바 있다. 죠사이는 11세에 시습관에 입학하여 특대생격인 거료생(居寮生)을 거쳐 1828년(文政11) 24세로 시습관 학생의 총지휘자격인 강당세와야꾸(講堂世話役)가 되었다.[4] 이어 1841년(天保12) 38세 때 훈도조근(訓導助勤)[5]에 임명되어 시습관(時習館)의 교원이 되었다.[6] 훈도는 서물(書物)의 소독(素讀) 등 기본 소양을 익히고 올라온

1 미토번의 저 격렬한 내홍 속에서도 번교 홍도관(弘道館)은 번청(藩廳) 반대파인 천구당(天狗黨)에서 맞선 제생당(諸生黨)의 아성이었다.

2 『肥後中村恕斎日録』 1, 2002; 『肥後中村恕斎日録』 2, 2009. 모두 熊本出版文化会館에서 간행(이하 『恕斎日録』으로 약칭함). 야마구치 대학(山口大學) 역사학과 池田勇太 교수에 따르면 3권부터의 간행은 중단된 듯하다.

3 吉村豊雄, 『幕末武家の時代相: 熊本藩郡代中村恕斎日録抄』 上下, 清文堂, 2007.

4 1835년 가독(家督) 문제로 사임.

5 훈도조근(訓導助勤)에 임명된 것은 그가 아직 가독을 상속하지 못했기 때문으로 정식 훈도와 큰 차이가 없었다. 상속 후인 1849년(嘉永2) 정식 훈도가 되었다.

6 시습관은 학교총교(學校總教), 학교봉행(學校奉行)이 행정 책임자이고, 교원으로는 위로부터 교수(教授), 조교(助教), 훈도(訓導), 구두사(句讀師), 서습

생도들을 대상으로 경전, 사서(史書) 등을 가르치는 번교의 중견 교원으로, 20세 전후의 생도들을 주로 담당했다. 그는 1850년(嘉永3) 지방관인 군다이(郡代)로 부임할 때까지 시습관에서 교육을 맡았다.[7]

죠사이는 1845년(弘化2)부터 1870년(明治3)까지 일기를 남겼는데, 이 중 1845년(弘化2)부터 1850년(嘉永3)까지의 일기가 두 권으로 간행되었다. 여기서는 이 『히고 나카무라 죠사이일록(肥後中村恕齋日錄)』 1권, 2권을 통해 시습관 교원을 중심으로 형성된 '학적 네트워크'의 실태와 그 성격을 밝히고자 한다.

1. 시습관 훈도 나카무라 죠사이의 회독 현황

훈도 나카무라 죠사이(中村恕齋)는 시습관에 매일 출근하여 존명각(尊明閣) 설강(設講), 강석(講釋) 등을 행했고, 번주나 일문(一門) 또는 중신들이 번교에 올 때 지정된 강의를 하기도 했다.[8] 그러나 여기서 주목하

사(書習師) 등 30여 명이 있었고, 무예 쪽으로는 사범 70여 명이 있었다(山崎正董, 「長岡監物伝(遺稿)」(1), 『日本談義』 146号, 日本談義社, 1963, 19쪽). 입학한 학생은 구두재(句讀齋), 습서재(習書齋)에서 소독(素讀)과 습자를 배우는데, 이외에 각자 거주하는 지역에서 번이 지정한 구두사(句讀師), 습서사(習書師) 자택에서 『효경』, 『사서오경』, 『좌전』 등을 배웠다. 그 후에 몽양재(蒙養齋)에 진학하고, 나아가 강당에 전승(轉昇)했다. 이 강당에 진학한 자 중 성적 우수자와 문벌 자제 25명 정도를 선발하여 거료생(居寮生)으로 삼아 번비(藩費)로 청아재(菁莪齋)에 기숙시키며 교육시켰다. 거료생(居寮生)으로 선발되는 자는 대체로 25세 이상이었다(山崎正董, 「長岡監物伝(遺稿)」(1), 20쪽).

7 吉村豊雄, 『幕末武家の時代相』 上, 3-4쪽.

8 번주는 번교의 강당(講堂)에 와서 훈도강석(訓導講釋)을 분부하고 제생(諸生)들의 회독을 보았으며(「勤録」, 『恕斎日録』 1巻, 159쪽), 정기 강석에서 『소학』을 강의하기도 했다(「勤録」, 『恕斎日録』 1巻, 174쪽). 번주가 번교에 임석하거나 교육 과정에 직접 참가하는 것은 당시 여러 번에서도 보이는 현상이었

는 '학적 네트워크'와 관련해서는 그가 주재 또는 참가한 회독(會讀)이 중요하다. 『죠사이일록』에는 회독을 했다는 기사가 다수 나온다. 회독은 고급단계에 진학한 생도들이 텍스트를 읽고 한 사람씩 돌아가며 해석하는 학습 방법을 말한다.[9] 해석이 끝나면 그에 대한 질문과 논박, 대답 등이 활발하게, 때로는 격하게 일어나는 것이 보통이었다. 회독의 주재자인 회두(會頭)가 있긴 하지만, 기본적으로 회독 참가자는 상호 대등한 입장에서 토론할 수 있었다.

죠사이는 다수의 회독을 주재하거나 혹은 타인의 회독에 참가했다. 그가 주재하는 회독은 시습관 내에서 행해지는 것과 그의 자택에서 행해지는 것으로 크게 나눌 수 있는데[이외에도 타인 저택에서의 회독에 참가하는 경우도 있고, 회독은 아니지만 문회(文會)[10] 등에도 자주 참가했다], 그가 참가한 회독모임 수는 『죠사이일록』에 나와 있는 것만도 10개를 훌쩍 넘는다.

그를 중심으로 전개된 회독의 상황을 파악하기 위해 『죠사이일록』에 나오는 회독기사를 모아 정리한 것이 〈표 1-2-1〉이다. 이 표를 보면 죠사이가 실로 분주하게 각종 학습회를 주도하고 있음을 알 수 있다. 이 표에서 먼저 회독팀의 종류에 대해 살펴보자. 죠사이가 주재

다. 뒤에서 보는 것처럼 번주의 일문(一門)이나 가로급 고위가신도 마찬가지였다.

9 에도시대에 학습 방법에는 소독(素讀), 강석(講釋), 회독(會讀)의 세 가지가 있었다. 소독은 학습의 첫 단계에서 교재 내용을 무조건 암송하는 것이며, 강석은 그 암송한 내용을 선생이 해설하며 의미 등을 강의하는 것이다. 어느 쪽이나 학생이 자기 생각을 표명할 기회는 그다지 주어지지 않는다. 소독이나 강석에 의해서도 물론 '학적 네트워크'는 형성되나, 사무라이의 정치화와 관련해서는 회독이 중요하므로(前田勉, 『江戸の読書会: 会読の思想史』, 제5장) 여기서는 주로 회독에 초점을 맞추기로 한다.

10 특히 교외에서 문회좌독회(文會座督會), 아회(雅會) 등이 자주 열렸다.

혹은 참가한 회독은 담당회독(受持會讀), ~~열(列) 회독, 전승생(轉昇生) 회독, 타번에서 온 유학생 회독, 그리고 타인 주재 회독과 유력자와의 회독이다. 이들 각 회독의 성격과 '학적 네트워크'로서의 의미에 대해 검토해 보자.

〈표 1-2-1〉 시습관 훈도 나카무라 죠사이의 회독 현황

날짜	회독팀	교재	장소	비고
弘化 2년				
날짜 미상	肥前藩士(肥前生)		자택	
2월 28일	담당회독팀(受持會連)	『大學』終講	자택	이후 『孟子』 회독 약속
3월 8일 낮		『大學』終講	時習館	이후 『論語』 회독 약속
3월 8일 밤	담당회독팀(受持連中)	『孟子』初講	자택	2월 28일에 『大學』 종강한 팀
7월 22일	松原末松列	『論語』終講	자택	이후 『中庸』 회독 약속
8월 7일	松原末松列	『中庸』開卷		
9월 8일	柳川藩士 2명	『中庸』		
9월 10일	永屋猪兵衛	『近思錄』 開卷		타인 회독(?)
9월 30일	肥前藩士 6명			
10월 11일	新轉昇連 16명	『小學』卒業		이후 『論語』 회독 약속
10월 16일	6일, 10일 아침팀	『論語』開卷		
10월 21일	友岡列	『孟子』卒業		
11월 21일	牧多門助(番頭)列			肥前生들이 참석 원하여 3, 4회 함께 회독
12월 23일	宇土小路會連 藤崎又次郎列	『小學』卒業		
弘化 3년				
1월 27일	肥前藩士(肥前生)			新入 2명
4월 2일	堀田甚右衛門列	『論語』卒業		10년 동안 해 옴
5월 20일	濱治清次郎 · 松本彦作列	『大學』開卷		

5월 30일	七之夕			타인 회독(?)
6월 11, 12, 13일	各列 회독팀			3일 연속으로 各列 회독팀에 참석
7월 8일	壺町連受持中	『孟子』		
7월 11일	京町新轉昇受持連中			
	磯谷 · 寺本管列	『論語』		
9월 6일	篠原已三郎	『中庸』		타인 회독(?)
10월 8일	有吉賴母 회독 시작	『論語』		家老 有吉大藏의 양자 등 3명 참석. 이후 약 3년간 계속
弘化 4년				
6월 26일	藤掛 · 芦村列	『孟子』卒業		天保 11년부터 계속해 옴
6월 27일	藤崎又次郎列			
	新轉昇	『小學』		11명 참석
	藤掛列, 須佐美半之助列	『大學』開卷		이때까지는『孟子』
8월 29일	新轉昇	『小學』卒業		
9월 4일	新轉昇	『大學』開卷		
9월 17일	中村恕齋까지 13명	『大學』		생도가 아닌 학자들 회독(?)
10월 20일	新轉昇生	『大學』卒業		
10월 21일	新轉昇生	『孟子』開卷		
嘉永 원년				
4월 7일	肥前, 周防藩士	『大學』開卷		
8월 28일	溝口藏人 등		時習館	
10월 30일	6일, 10일 아침『論語』회독팀	『論語』卒業		14명, 弘化 2년 10월 16일 시작한 팀
12월 22일	有吉賴母 회독			
嘉永 2년				
윤4월 17일	藤崎列	『詩經』		

2. 담당회독과 성인(成人) 학습회

먼저 담당회독(受持會讀)은 시습관 훈도로서 자기가 맡은 생도들과 진행하는 것이다. 훈도들은 죠카마치(城下町)의 몇몇 지역 출신의 생도들을 분담하여 교육하게 되어 있었다. 죠카마치의 각 구역에 분거(分居)하던 번사의 자제들은 청소년기가 되면 각기 자기 지역에서 강한 결속력을 지닌 모임을 만들었는데, 이를 향당(鄕黨)이라고 한다.[11] 시습관의

11 향당[혹은 鄕黨連]은 죠카마치(城下町)의 번사 자제들이 지역을 정해 교육·친교 단체를 만든 것으로 문무예를 수련하는 모임이었다. 그런데 향당련 사이에 경쟁과 반목이 심해져 서로를 마치 적국(敵國)처럼 여기며, 길에서 만나면 곧잘 다툼이 일어났고, 심지어는 칼부림까지 벌어졌다. 그러나 성인이 되어 가독을 상속하고 봉직하게 되면 그런 대립은 사라졌다고 한다[熊本藩의 향당에 대해서는 宇野東風, 『我観熊本教育の変遷』, 大館書店, 1931, 72쪽, 89-92쪽; 熊本県教育会, 『熊本県教育史』 上, 臨川書店, 1975(복각), 315-321쪽].

이것은 어린 사무라이들 사이에 배타적인 조직이 생긴 것을 의미하는데, 번교 교원이 이 향당 교육을 맡은 것과 뒤에서 살피는 바처럼 실학당(實學黨)의 사숙(私塾)들에 이들이 포섭되게 되는 것은 이 향당련이 '학적 네트워크'에 편입되어 가는 것을 의미한다고 볼 수 있다. 그러나 이 향당련의 조직의식은 막말유신기까지 여전히 강력하게 남아 있어, 이것이 일방적으로 '학적 네트워크'에 편입되어 갔다기보다는 상호 길항, 상승작용이 있었다고 봐야 할 것이다.

한편 이런 향당 조직은 사쓰마번(薩摩藩)에서도 볼 수 있다. 사쓰마번의 죠카마치에서도 청소년 사무라이들은 지지(稚児)·니세(二才)로 나뉘어 향중(鄕中)의 교육을 받고, 함부로 다른 지역 사람들과 교류하는 것을 금지했다고 한다(圭室諦成, 『西郷隆盛』, 岩波書店. 1960, 5쪽). 흔히 사이고 다카모리, 오쿠보 도시미치 등 사쓰마번 정치운동의 주역들이 같은 동네 출신이었다는 점을 흥미 위주로 얘기하는데, 이러한 사실은 이 시기 나타난 향당 조직의 출현이라는 흐름에서 검토할 필요가 있다고 보인다. 이는 '학적 네트워크' 말고도 사무라이를 정치적으로 이어주는 또 다른 네트워크의 존재를 예상케 한다. 물론 지연이라는 네트워크는 보편적인 것이어서 별도로 주목할 필요가 있는가 하는 의문도 생기지만, 단순한 지연이 아니라 이처럼 어려서부터 배타적으로 자신의 지역을 규정하는 강력한 아이덴티티 형성 과정이 있었다는 점은 유

교원들은 이 향당의 청소년들을 각각 분담하여 교육했다. 죠사이가 맡은 향당은 쓰보이쵸(坪井町, 壺井町), 교마치 아카오구치(京町赤尾口), 우토코지(宇土小路) 등이었다. 그러나 담당 지역 이외의 생도들이 전혀 없었던 것은 아니다. 1847년(弘化4) 6월 2일 강당에 승진한 신전생(新轉生) 가운데 죠사이는 자신이 담당한 학생 7명을 집으로 초대하여 학업에 관련한 조언을 했다. 그런데 이 명단을 보면 대체로 위의 향당 출신자들이 많기는 하나 다른 지역 출신자들도 섞여 있었다.[12] 즉 시습관 교원은 기본적으로 관할구역을 나누어 학생 교육을 담당했으나 예외적인 경우도 있었다고 할 수 있다.

어쨌든 『죠사이일록』에 나타나는 담당회독팀(受持會連)은 대부분 위의 특정 지역 출신자들로 강당(講堂)에 진학하여 죠사이가 담당한 자들로 봐도 무방할 것이다. 『죠사이일록』에 "우토코지(宇土小路)의 가사키자에몬(笠喜左衛門)이 방문"했다거나, "쓰보이쵸 회련(坪町會連)의 도모오카(友岡)가 방문하여 문안 인사를 했다"[13]는 것은 이 향당련과 죠사이의 친근한 관계를 보여 준다고 할 수 있다.

그럼 회독의 모습을 구체적으로 살펴보자. 1845년(弘化2) 초의 기사를 보면, 이해 2월 28일 그가 담당하고 있는 회독팀(受持會連)은 『대학』 회독을 모두 끝내고 술을 마시면서 다음에는 『맹자』를 읽기로 약속했다.[14] 뒤이은 3월 8일에는 다음과 같은 기사가 보인다.

(八의 日)저녁. 집에서[지난 2월 28일에] 『대학』을 끝낸 [회독모임의] 『맹

의해 둘 필요가 있을 것이다.

12 『恕斎日録』 2巻, 44쪽.

13 『恕斎日録』 1巻(弘化 2年 2月 1日, 2日), 13쪽.

14 『恕斎日録』 1巻(弘化 2年 2月 28日), 15쪽.

자』 회독을 오늘부터 개권(開巻)했다(受持連中). (八의 書) 시습관에서 『대학』 회독을 마치고 오늘 저녁에 집에서 졸업했기에 회독 사람들에게 술과 식사를 대접했다(앞으로 『논어』를 읽을 약속을 했다).[15]

이를 보면 죠사이는 시습관과 자택을 오가며 『대학』, 『맹자』 등의 회독을 진행했다. 또 회독모임은 곧잘 식사와 주연으로까지 연결된 것도 알 수 있다.[16]

그다음 ~~열(列)이라는 회독모임이 자주 등장한다. ~~열 회독은 시간순으로 열거하면 松原末松列, 友岡列, 牧多門助(番頭)列, 宇土小路會連 藤崎又次郎列, 堀田甚右衛門列, 濱治清次郎 · 松本彦作列, 磯谷 · 寺本管列, 藤掛 · 芦村列, 須佐美半之助列이 『죠사이일록』에 보인다.[17] 이들 전원의 신원에 대해서 확인하는 것은 현재로서는 어렵다. 필자는 ~~열에 대해 시습관생도와의 회독인 경우도 있었을지 모르나 많은 경우 ~~를 중심으로 한 성인 레벨 학습회의 한 단위를 가리킨다고 본다. 그렇게 추정하는 것은 다음과 같은 이유에서다. 예를 들어 마키 다몬스케(牧多門助)는 당시 반가시라(番頭)의 지위에 있었던 자로[18] 생도가 아니다. 게다가 마키 다몬스케열(牧多門助列) 회독의 모습을 기록한 1845년(弘化2) 12월 4일 일기의 내용을 보면, 회독 참가자들[죠사이까지 5명]이

15 『恕斎日録』 1巻(弘化 2年 3月 8日), 16쪽.

16 『恕斎日録』을 일별해 보면 선생과 생도들 간의 술자리가 매우 빈번했음을 알 수 있는데, 이는 회독에 참석한 사람들의 인적 관계를 긴밀히 하는 데 큰 역할을 했을 것이다.

17 이 列이란 무엇인가. 이 말은 구마모토번에서 특히 자주 쓰이는 듯한데, 야마구치 대학의 구마모토번 전문가 池田勇太 교수는 필자와의 대화에서 단순한 복수형 어미가 아닐까 추정했다. 그러나 필자는 ~~를 중심으로 한 학습회의 한 단위를 가리키는 것이라고 생각한다.

18 『恕斎日録』 1巻, 67쪽.

죠사이가 자신의 생각을 확실히 얘기하지 않고 너무 신중하다는 등 죠사이의 성격과 회독 태도에 대해 충고를 하고 있다.[19] 이는 생도가 선생에 대해 할 수 있는 말은 아닐 것이다. 회독 장소도 "마키 다몬스케측(牧多門助方)에 회련중(會連中)이 모였다"[20]고 한 것으로 봐서 시습관이나 죠사이 자택이 아니라 회독 참가자의 자택 혹은 그가 마련한 곳에서 열린 경우가 있었던 것 같다. 또 1846년(弘化3) 4월 2일 자 일기에서는 "10년 정도 계속해 온 홋타 진에몬열(堀田甚右衛門列) 『논어』 회독이 졸업하게 되었기에 술과 안주를 내어 심경(深更)까지 한담을 나눴다"[21]고 하고 있다. 생도와의 회독이었다면 10년 동안 계속할 수는 없을 것이다. 이처럼 ~~열이라는 것은 시습관 생도와의 회독이라기보다는 상당한 연령과 학습 수준을 갖고 있는 자들끼리의 학습회를 지칭하는 경우가 많았다고 봐야 할 것이다. 이 학습회의 사람들은 번교의 방침이나 번교 내의 여론에도 영향을 미치는 사람들이었다. 그리고 이들 중에는 마키 다몬스케처럼 가격(家格)이 높은 번사도 있었다.

이처럼 수많은 학습회 구성원 간의 상호 관계 또는 사제 관계에 기반을 두어 '학적 네트워크'가 형성되어 가는데, 죠사이는 번교 교원이라는 신분, 그리고 자신의 주장을 적극적으로 표명하지 않는 개인적 성격 등의 이유로 그의 '학적 네트워크'가 정치화되는 일은 거의 없었다.[22] 그러나 회독 멤버인 도모오카(友岡)는 실학련 문제에 대해 죠사이와 긴

19 『恕斎日録』 1巻, 58쪽.

20 『恕斎日録』 1巻, 58쪽.

21 『恕斎日録』 1巻, 101쪽.

22 죠사이는 자신이 요코이 쇼난(横井小楠)을 싫어한다는 소문에 대해 적극 부인했고(『恕斎日録』 1巻(弘化 3年 8月 15日), 126쪽), 그의 부친도 실학련(實學連)에 대해서는 입 밖에 내지 말도록 당부하는 등(『恕斎日録』 1巻, 146쪽) 정치적 분쟁에 말려들지 않으려는 태도를 고수했다.

밀히 상의하고 있고, 실학당과 번교 교원의 대립이 한창이던 고카기(弘化期)에 이를 탐색하던 번 오메쓰케쓰키오요코메(御目附付御横目) 후지모토 쥬지로(藤本忠次郎)는 과거 회독 멤버였던 죠사이,[23] 가사 기자에몬(笠喜左衛門), 요시다 규타로(吉田鳩太郎)[24]를 찾아와 번교와 실학당의 상황을 탐문하고 있다. 이를 보면 실학당과 같이 중대한 문제에 대처할 때 회독을 통해 형성된 인맥이 중요한 역할을 하고 있음을 엿볼 수 있다.

한편 죠사이가 참석한 회독 중에는 '열(列)'자 없이 단지 이름만 기록된 사람들과의 회독이 있다. 표에서는 나가야 이베에(永屋猪兵衛), 시노하라 기사부로(篠原已三郎)와의 회독이 그것이다. 나가야 이베에는 가록 200석으로 봉행(奉行) 겸 요닌(用人)을 역임하는 인물이다.[25] 따라서 이런 종류의 회독도 상당한 수준의 연령과 학식을 갖춘 사람들끼리 모인 학습회였을 것이다. 여기에 '열(列)'자가 붙지 않은 것은 많은 사람이 참가하지 않아서인지, 아니면 죠사이가 주도하는 것이 아니라 이들이 주도하는 학습회에 죠사이가 참가했기 때문인지 분명치 않다. 한편 "칠지석(七之夕) 회독에 오늘부터 출석했다"[26]라는 기록도 보이는데 이것도 유사한 학습회 중 하나일 것이다.

3. 타번(他藩) 유학생과 번내 유력자와의 회독

다음으로 죠사이(恕齋)의 회독에서 주의를 끄는 것은 다른 번에서 온 학

23 『恕斎日録』 1巻(弘化 3年 閏5月 7日), 115쪽, 『恕斎日録』 1巻(弘化 3年 6月 16日), 119쪽.
24 『恕斎日録』 1巻(弘化 3年 8月 15日), 126쪽.
25 角田政治, 『肥後人名辞書』(복각판), 青潮社, 1973, 77쪽.
26 『恕斎日録』 1巻(弘化 3年 5月 30日), 113쪽.

생들과의 회독이다. 앞의 〈표 1-2-1〉을 보면 히젠번(肥前藩, 佐賀藩), 야나가와번(柳川藩), 스오번(周防藩) 등 3개 번에서 유학 온 번사들이 죠사이와 회독을 했음을 알 수 있다. 그러나 이외에도 1845년(弘化2) 11월 7일 자 일기에서는 교수 곤도 에이스케(近藤英助)의 학생인 규마번사(久摩藩士)가 죠사이가 주재하는 히젠번사(肥前藩士)와의 회독에 출석하고 싶다고 하여 오늘부터 참가했다고 한 것으로 보아서, 규마번사도 한 명 있었던 것을 알 수 있고,[27] 또 1849년(嘉永2) 7월 9일에는 구루메번사(久留米藩士)도 입문했다.[28] 『죠사이일록』에 나타난 것만 해도 죠사이 회독에는 규슈 지역을 중심으로 5개 번에서 유학생이 온 셈이다.

이들은 구마모토번의 학문 수준 그리고 죠사이의 학문적 명성을 듣고 찾아왔다. 특히 죠사이는 히젠번주 나베시마 간소(鍋島閑叟)가 주자학도 죠사이처럼 하면 아주 좋다고 말할 정도로 히젠번에 이름이 꽤 알려져 있었던 것 같다.[29] 이 때문인지 그의 문하의 유학생 중에는 히젠번 출신이 압도적으로 많았다. 필자는 이전에 미토번 아이자와 야스시(會澤安)의 사숙(私塾) 등에 타번(他藩) 유학생들이 거쳐 가며 형성된 인적 네트워크가 막말정치운동에 활용되는 양상을 지적한 바 있는데,[30]

27 『恕斎日録』 1巻(弘化 2年 11月 7日), 52쪽.

28 『恕斎日録』 2巻, 220쪽.

29 죠사이는 1848년(弘化5) 그를 찾아온 히젠번사 요코오 류자에몬(横尾龍左衛門)의 말을 인용해 "히젠후(肥前侯)께서는 오로지 학문을 권장하셔서 회독 등에 자신이 몸소 회두(會頭)가 되시어 근신(近臣)을 비롯해 여러 생도와 회독을 하셨다. 논쟁을 열심히 하셔서 양명학의 학의(學意)로 정주(程朱)도 기탄없이 비난하셨지만, 그 가운데 소자(小子)의 이름도 언급하시며, 정주학(程朱學)도 加善[恕齋]처럼 하면 아주 좋다고 말씀"하셨다고 기록하고 있다(『恕斎日録』 2巻(弘化 5年 4月 2日), 109쪽).

30 박훈, 「德川末期 水戶藩의 南上운동과 정치공간」, 『역사학보』 173, 2002(본서 제2부 3장 참조).

여기서도 죠사이의 학습회를 중심으로 규슈의 일부 지역에 '학적 네트워크'가 형성되었을 가능성을 엿볼 수 있다.

이들은 장기간 구마모토에 체재하며 학문을 연마했고, 학업을 마치고 돌아갈 즈음에는 자연스레 선생이나 동료 간에 깊은 인적 관계가 형성되어 있었다.[31] 이들은 자번(自藩)에 돌아가서도 죠사이와 편지 왕래를 하는 등 관계를 유지했다.[32] 위에서 언급한 곤도 에이스케(近藤英助)의 경우처럼 죠사이만이 타번 유학생을 갖고 있었던 것은 아니었을 것이므로, 이런 관계는 그의 학습회 이외에도 더 있었을 것으로 봐야 할 것이다. 이 히젠생(肥前生)들 중 일부는 나아가 게이슈(藝州, 히로시마번)에 유학하기도 했다.[33] 이처럼 유학생들을 통해 각지의 번교나 유명 선생의 학습회를 중심으로 타번사들 간의 인적 유대가 형성되어 가고 있었다는 점은 주목할 만하다.

다음으로 유의해야 할 것은 번 유력자와의 회독이다. 1848년(嘉永 1) 8월 28일 일기에는 미조구치 구로도(溝口藏人)가 강의 후 강당(講堂)에 남아 회독에 참여했다는 구절이 있다.[34] 그는 가록 3,000석으로 중로(中老)를 거쳐 가로(家老)로 승진하고 대봉행(大奉行)을 겸한 최상층

31 히젠생(肥前生) 중 만기가 되어 돌아가는 장현일(張玄一), 다카기 겐스케(高木源助) 두 사람을 위해 "심야까지 속 깊은 얘기를 나누며, 술을 내어 이별연을 베풀었다"(『恕斎日録』 1巻(弘化 2年 11月 21日), 56쪽). 이어 30일에도 귀번(歸藩)하는 히젠번(肥前藩)과 야나가와번(柳川藩) 유학생을 위해 "이배(離杯)"를 나누었다(같은 쪽).

32 『恕斎日録』 1巻(弘化 3年 4月 7日), 102쪽.

33 『恕斎日録』 1巻, 90쪽. 물론 학문의 중심지였던 에도나 오사카로 유학한 경우는 부지기수였다.

34 『恕斎日録』 2巻, 150쪽.

사무라이로[35] 실학당에 매우 비판적인 인물이었다.[36] 『죠사이일록』에서 가로급의 회독참석 기사는 이것이 유일한 예이나, 뒤에서 소개하는 대로 미조구치는 가로인 나가오카 겐모쓰(長岡監物)와 회독을 열어 논전을 벌였고, 겐모쓰는 자신이 직접 회독을 주재하기도 했으며, 시습관 교수 곤도 에이스케(近藤英助)[37]와도 회독모임을 갖고 있었다. 이를 보면 죠사이가 미조구치와 한 회독도 이러한 가로급 인사들과의 회독 중 하나일 것이다. 이처럼 번 상층부 인사들의 회독참석도 드물지 않았다.[38]

『죠사이일록』에 자주 등장하는 것은 번 가로 아리요시가(有吉家)의 적자(嫡子)인 아리요시 다노모(賴母)와의 회독이다. 이것은 아리요시가

35 角田政治, 『肥後人名辞書』(복각판), 青潮社, 1973.

36 에치젠번(越前藩)의 나카네 유키에(中根雪江)가 요코이 쇼난(横井小楠)을 초빙하려고 했을 때 미조구치는 이를 거절했다. 이 과정에서 그는 쇼난에 대해 매우 비판적인 견해를 피력했다(山崎正董, 『横井小楠(伝記篇)』, 明治書院, 1938).

37 곤도 에이스케는 시습관 창설 이래 여섯 번째 교수였다. 교수 수가 이렇게 적은 것은 교수를 한 명만 뽑았고, 적절한 인물이 없을 때는 비워 두는 궐관(闕官)이었기 때문이다.

38 구마모토번(熊本藩) 번주의 회독참석은 아직 확인되지 않으나, 당시 번주 자신이 회독에 참가하는 경우가 사가번(佐賀藩)이나 미토번(水戸藩)에서는 보인다(前田勉, 『江戸の読書会』). 한편 19세기에 들어오면 조정의 천황과 공경들 사이에서 회독이 매우 활발하게 벌어진다(김형진, 「寶曆事件과 학문이 촉발한 정치적 '자각': '近世性'과 '幕末性'이 교차하는 朝廷」, 『서울大東洋史學科論集』 36, 2012; 「幕末 조정의 學習院과 公家사회의 '정치화'」, 『일본비평』 9, 2013; 佐竹朋子, 「学習院学問所設立の歴史的意義」, 『京都女子大学大学院文学研究科研究紀要: 史学編』(2), 2003; 「三条実万の思想形成について」, 『京都女子大学大学院文学研究科研究紀要: 史学編』(4), 2005; 「幕末公家社会における三条実万の役割」, 『新しい歴史のために』, 2006年度(3), 2007; 「学習院学問所の果たした役割」, 『近世の天皇・朝廷研究: 大会成果報告集2』, 学習院大学 人文科学研究所, 2009).

(有吉家)가 다노모의 교육을 위해 쿄사이에게 부탁하여 이뤄진 것으로 다노모 외에 가로(家老), 중로(中老)의 적자(嫡子) 3명이 함께했으나[39] 실질적으로는 다노모의 개인교습이라고 해도 좋을 것이다. 다노모가 학업에 흥미가 없었든지 아니면 몸이 허약했든지 회독은 휴강하는 날이 많았으나, 그래도 1846년(弘化3) 10월 8일 시작한 이래로 1850년(嘉永3) 쿄사이가 군다이(郡代)로 전근할 때까지 약 3년간 간헐적으로나마 계속되었다. 쿄사이가 일기에 다노모와 회독한 날은 물론이고, 수업이 자주 취소될 때마다 그 사실까지도 일일이 기록한 것을 보면 그가 이 회독을 중시하고 있었던 것을 알 수 있다.

여기서 우리는 몇 가지 점을 알 수 있는데, 우선 번 최고의 가로 가문에서도 자제, 특히 적자에게 유학 교육을 시키려고 애쓰고 있다는 점이다. 회독 상황을 보면 다노모는 아무래도 학업에 별 흥미나 재능이 없었던 듯한데 그럼에도 불구하고 아리요시가(有吉家)는 끈질기게 회독을 지속하려고 했다. 다노모의 병으로 휴강해야 할 것을 쿄사이에게 미처 전하지 못해, 쿄사이가 다노모 집에 헛걸음한 적이 있었는데, 이에 대해 아리요시가는 예를 다해 쿄사이에게 사과하고, 쿄사이는 다노모 회독의 의의와 위정자에게 있어 학문이 갖는 의의에 대해 '훈계'하고 있다.[40] 번 교원에 불과한 쿄사이가 번 최고 가문인 아리요시가(有吉家)에게 이런 태도를 보이는 것은 원래의 가신단 분위기에서는 있기 힘든 일이다. 그만큼 시습관 교원의 권위가 높아진 것을 엿볼 수 있다.[41]

흔히 막말기 정치운동은 중하급 사무라이가 주도했다고 하지만,

39 『恕斎日録』 1巻(弘化 3年 10月 8日), 138쪽.

40 『恕斎日録』 2巻, 60-62쪽.

41 쿄사이의 어머니가 아들이 시습관 훈도에 임명되자 춤을 추며 기뻐했다는 에피소드도 당시의 분위기를 짐작케 한다(「勤録」, 『恕斎日録』 1巻, 168쪽).

많은 번에 이들을 리드하거나 지원했던 가로급(家老級)의 인물이 있었던 경우가 드물지 않다. 그 배경에는 이들이 아리요시 다노모처럼[42] 어려서부터 회독 등 학습회에 참여하고, 나가오카 겐모쓰나 미조구치 구로도처럼 성인이 된 후에도 이를 지속하면서 '학적 네트워크'의 일원으로 속해 있던 상황이 있었다고 볼 수 있다.

이상 죠사이를 둘러싼 회독의 현황을 살펴보았다. 이처럼 열 개가 넘는 각종 회독팀에 참가한 인원수는 그가 일기에 남긴 명단에 따르면 1845년 1년 동안 약 150명,[43] 1846년 약 127명,[44] 1847년 약 123명,[45] 1849년 약 132명[46]이었다. 1848년은 회독 생도 수에 관한 기록이 없다. 물론 여기에는 일기에 적지 않은 회독팀의 숫자는 포함되어 있지 않다.

지금까지 나카무라 죠사이를 중심으로 살펴본 대로 당시 많은 사무라이는 수없이 존재하는 학습회 중 어딘가에 속하여 학문, 특히 유학을 공부했고, 또 해야만 했다. 그 과정에서 번교의 동년배, 선후배 또는 사숙, 학습회의 동료 간에 인적 관계가 생겼고, 각자의 선생과 긴밀한 관계를 맺어 갔다. 이처럼 학(學)을 매개로 한 관계에서는 기존의 반(番)·구미(組)로 이뤄진 군사 조직이나 역직(役職) 조직보다 가격(家格)이나 신분을 상대화할 여지가 많았고, 학문 실력이 관계의 성격을 결정

42 물론 아리요시 다노모는 이후 구마모토 번정(藩政)에서 중요한 역할을 하지는 않는다. 그러나 이런 수많은 실패작 중에 몇몇 성공작이 나와 막말 정치사에 큰 영향을 끼쳤던 것이다.

43 『恕斎日録』 1巻, 67쪽.

44 『恕斎日録』 1巻(弘化 3年 12月 20日), 147-149쪽. "오늘 시습관 조물(調物)이 끝나고 저녁 무렵에 니시무라 쥰지로(西村順次郎) 집에 동료 및 두 세와야쿠(世話役)가 모였다. 나도 이른 저녁부터 만나 회독 명부를 고과(考課)했다(時習館과 자택 모두)"라고 되어 있다.

45 『恕斎日録』 2巻, 83-84쪽.

46 『恕斎日録』 2巻, 253쪽.

하는 데 중요했다. 이런 성격의 '학적 네트워크'가 19세기 전반 구마모토번에 광범하게 형성되어 있었던 것이다.

그러나 쵸사이가 그랬듯이 번의 방침에 충실히 따라 학문을 하되 스스로의 도덕을 함양하고 선유(先儒)들의 주석을 훈고적으로 천착하거나 문장을 즐기는 정도였다면, 적어도 단기적으로는 이것이 사무라이 사회를 급격히 정치화시키기는 어려웠을 것이다. 그러나 이 광범하게 형성된 '학적 네트워크'의 일부에서 '학정일치(學政一致)'를 주장하면서, 학문의 요체는 훈고나 사장(詞章)에 있는 것이 아니라 경국(經國)에 있다며 정치에 개입하려는 세력이 나타났을 때 우리는 사무라이 사회에서 '학당'의 출현을 보게 되는 것이다.

제2절 '학당'의 형성: 나가오카 겐모쓰·요코이 쇼난의 사숙·학습회를 중심으로

1. '학적 네트워크'와 '학당'의 형성에서 나가오카 겐모쓰의 역할

사무라이 사회에 '학적 네트워크'가 형성되었다는 것은 본래 군인 신분인 그들에게 큰 변화였음이 틀림없다. '학적 네트워크'에 들어간 사무라이들은 일상생활, 인맥, 가치관, 사회적 진출 등 많은 면에서 이전과는 다른 변화를 보였다. 그러나 그렇다고 해서 '학적 네트워크'가 쉽게 정치화되는 것은 아니다. 아마 그랬다면 권력에 의해 형성 초기에 탄압되어 더 이상 확산되지 못했을지도 모른다. 번 당국은 학문 교육을 통해 가신단의 규율과 질서를 바로잡으려고 했지만, 학문을 통해 사무라이들이 정치화되는 것에는 큰 경계심을 갖고 있었다. 번 당국이 번교에서 정치토의의 금지 방침을 표명하는 것은 어느 번교에서나 쉽게 볼 수 있었다. 이런 번 당국의 방침에 맞추어 대부분 번교들은 젊은 사무라이들의 혈기와 무례를 다스리기 위한 효제(孝悌) 등의 인성 교육이나 도시와 상업 발달로 인한 사치풍조를 교정하기 위한 절검 강조에 교육 방침을 두었다. 학문적으로는 훈고학적인 고색(考索)을 주로 하거나 사장적(詞章的) 분위기가 지배적이었다.

그러나 학문의 세계를 접한 사무라이들이 번 내외의 사회문제와 위기에 직면했을 때, 정치에 관심을 갖게 되고 정치적 발언을 하려는 것은 자연스러운 추세였다. 다만 번 당국이 번교의 정치화를 강하게 견제했기 때문에 번교 내에서 직접 '학당'이 발생하는 것은 용이하지 않았다. '학당'은 주로 번교 바깥의 사숙·학습회를 기반으로 발생했지만, 번교 내의 인맥이 번교 바깥에서 학당을 만드는 데 기여하는 경우도 있었다. 그러나 어쨌든 번교 바깥에서 '학당'이 발생했기 때문에 흔히 '학당'과 번교의 주류 세력들은 학문적·정치적으로 대립되는 경우가 많았다. 이 경우 번교를 중심으로 한 '학적 네트워크'는 '학당'의 개혁 요구에 대항하는 중심 역할을 하기도 했다.

구마모토번의 죠카마치에는 많은 사숙이 있었다. 이 중 필자가 주목하는 것은 일반적인 사숙이 아니라 18세기 말부터 족생(簇生)하기 시작한 정치화된 사숙이다.[47] 18세기 후반 이전에도 일본 각지에는 사숙뿐 아니라 시회, 가회(歌會) 등의 문화 살롱이 광범하게 형성되어 있었다.[48] 이토 진사이(伊藤仁齋)의 동지회, 모토오리 노리나가(本居宣長)의 사숙, 오규 소라이(荻生徂徠)의 사숙과 학습회, 그리고 그의 사후 광범

47 海原徹는 이를 일찍이 '정치결사적 사숙'이라고 불렀고(『明治維新と教育: 長州藩倒幕派の形成過程』, 第2章), 前田勉은 '회독의 변모'로 표현한 바 있다(『江戸の読書会: 会読の思想史』, 第5章).

48 揖斐高, 『江戸の文人サロン: 知識人と芸術家たち』, 吉川弘文館, 2009.

하게 확산된 고문사학파(古文辭學派)의 시회, 문회(文會) 등등이 그에 속한다. 그러나 이들은 대부분 정치화와는 거리가 먼 것이므로 본서의 관심과는 거리가 있다.

사숙 이외에 학습회도 있다. 학습회는 뜻이 맞는 사람들 몇몇이 모여서 텍스트를 읽고 토론하는 모임을 말한다. 물론 이러한 것이 사숙이라는 공간에서 선생을 중심으로 이뤄지기도 하나, 선생이 따로 없는 경우도 있다는 점과 학생을 교육한다기보다는 성인들이 모여 대등하게 학습, 토론한다는 점에서 사숙과 다르다. 이 학습회들은 한학, 유학이라는 학문의 성격상 정치문제가 주요 주제가 되어 단순히 학습에 그치는 것이 아니라, 시정에 대한 토론과 비판으로 이어지는 경우가 많았다. 이 과정에서 번교의 학문 내용과 방식 등에 불만을 표하는 경우도 적지 않았다. 본 장에서는 주로 이런 학습회에 초점을 맞추기로 한다.[49]

49 그간 구마모토번의 연구에서는 '실학당'이라는 용어에서 알 수 있듯이, 미토번과 더불어, 번정(藩政)과 번내 정치투쟁에서 학문적 대립이 행한 역할이 비교적 중시되어 왔다. 그러나 그런 사태가 자명한 것이 아니라, 기존의 사무라이 사회의 성격과는 크게 이질적인 새로운 사태 전개라는 점이 충분히 자각되지 않은 채로 연구가 진행되어 왔고, 그런 사태 전개를 가능케 한 학적 기반에 대한 분석적 검토가 부족했다. 최근 구마모토번에 대한 연구는 주로 18세기 후반의 번정개혁에서 근대적 요소를 찾아내어 높이 평가하고, 다른 번의 번정개혁에 대한 영향을 강조하는 것들이 많다(磯田道史, 「近世中後期藩政改革と「プロト近代行政」: 熊本藩宝暦改革の伝播をめぐって」, 『史学』 80(1), 2011; 「藩政改革の伝播: 熊本藩宝暦改革と水戸藩寛政改革」, 『日本研究』 40, 2009; 吉村豊雄, 「近代への行政的基点としての宝暦: 安永期: 熊本藩を中心に」, 『文学部論叢』 101, 2010; 「藩政改革像の再構築: 熊本藩宝暦改革を中心に」, 『歴史評論』 717(特集 幕政改革の思想), 2010). 덴포(天保) · 고카기(弘化期) 실학당의 움직임을 상세히 검토한 것으로는 堤克彦, 『肥後藩における「実学」の形成と展開: とくに藩主細川斎護 · 長岡監物 · 横井平四郎を通して』, 熊本大学博士学位論文(후에 『横井小楠の実学思想: 基盤 · 形成 · 転回の軌跡』, ぺりかん社, 2011로 출판됨)의 연구가 있으나, 이는 실학사상의 형성에 대한 검토라는 사상사적인 관점을 취하고 있다. 鎌田浩의 연구(『熊本藩の法と政治: 近代

구마모토번의 대표적인 학습회로 들 수 있는 것은 나가오카 겐모쓰(長岡監物)와 요코이 쇼난(横井小楠)의 학습회다. 이들은 주로 시습관의 훈고학적인 학습 방침에 반발하여, 『근사록(近思錄)』 등 특정 텍스트를 집중적으로 읽으며 시사 문제 등을 토론의 주제로 삼았다. 이런 학습회들의 활성화는 번교의 위기감을 증폭시켰고, 이들 사이의 대립도 심각해졌다. 이런 과정에서 이 학습회들은 스스로를 '오당(吾黨)', '아당(我黨)'이라고 칭하며 당파적인 색채를 띠어 갔고, 주변에서도 이들의 '결당(結黨)'을 우려하기 시작했다. 이런 구마모토번(熊本藩)의 '학당'은 나가오카 겐모쓰의 실각과 함께 잠복해 들어가지만, 막말기의 정치투쟁에 큰 기반을 제공하기에 이른다.

구마모토번에서의 '학당' 형성을 생각할 때 가장 주목해야 하는 인물은 가로(家老) 나가오카 겐모쓰(長岡監物, 米田是容, 1813~1859)다. 흔히 구마모토번에서는 요코이 쇼난이 연구자들의 주목을 받아왔으나,[50] 적어도 덴포(天保), 고카기(弘化期) 구마모토번의 '학적 네트워크'와 '학당'의 성격을 고찰할 때 겐모쓰의 역할을 주목하지 않을 수 없다.[51] 나가오카가(長岡家)는 구마모토번 3대 가로집안[松井家 · 長岡家 · 有吉家]

的統治への胎動』, 創文社, 1998)는 특히 아베 센고(阿部仙吾) 소동을 상세하게 소개했다. 한편 실학당의 '유교적 이상주의'가 메이지 초기 급진적인 번정개혁을 가능케 한 점을 검토한 연구(池田勇太, 『維新変革と儒教的理想主義』, 山川出版社, 2013)도 있으나, 이는 시기가 메이지 초기에 한정되어 있는데다 유학의 사상적 영향을 강조한다는 점에서, 학을 행하는 행위 자체가 정치인프라 형성에 끼친 영향을 중시하는 본고와는 접근 방법이 다르다고 할 수 있다.

50 쇼난(小楠)에 대해서는 山崎正董의 고전적 연구(『横井小楠(伝記篇 · 遺稿篇)』, 明治書院, 1938) 이래 많은 연구가 축적되어 있다.

51 겐모쓰(監物)에 대해서는 山崎正董의 전기류의 업적과 최근 위에서 소개한 堤克彦이 그의 시습관 개혁을 주목한 것 외에는 본격적인 연구가 드물다.

중 하나로 대대로 번정의 중추를 담당해 온 집안이다.[52] 이와 함께 번정을 주도한 것이 마쓰이가(松井家)인데, 이 두 가문은 협력과 경쟁을 반복해 온 사이였다. 후에 마쓰이가가 이른바 학교파의 영수로, 나가오카가가 실학당의 수령으로 갈리게 되는 데에도 이런 배경이 있었다.

겐모쓰는 무예상전(武藝相傳)을 다섯 개나 취득할 정도로 뛰어난 무사임과 동시에 유학[그의 경우는 주자학]을 맹렬히 공부한, '문무 겸비'의 전형적인 인물이었다. 그는 가로이면서도 학문에 몰두하고, 이를 일상생활에까지 실천하려고 했다.[53] 가록 1만 5천 석의 다이묘급(大名級) 가로 신분인 사람이 유학을 열심히 공부하고, 실천궁행을 통해 군자의 길을 가려고 노력하는 모습을 통해 이 시기 상하를 불문한 사무라이 사회의 변화된 분위기를 감지할 수 있다. 겐모쓰는 학을 중시했기 때문에 신분을 넘어선 교제 범위를 가졌고, 파격적인 행동을 취했다. 각종 '학적 네트워크'를 주도하고 그 성원들과 격의 없이 어울렸으며, 결국에는 정치화된 '학적 네트워크', 즉 '학당'을 만드는 데 큰 역할을 하게 된 것이다.

이처럼 '학적 네트워크', 나아가 '학당'에 가로급 인물 또는 그 자제들이 참여하는 경우는 이 시기 주목할 만한 특징 중 하나다.[54] 막말 정치변혁은 하급 사무라이들이 번 질서를 정면으로 뒤집지 않고 번 권력을 자기편으로 끌어들여 이용하는 형태를 취해 격렬한 소요나 많은

52 구마모토번의 직제에 따르면 종실(宗室)이 맡는 죠다이(城代)가 2명 있고, 가로가 5명 있는데, 그중 3명이 세관(世官), 즉 세습가로이고 2명은 일대가로(一代家老)다(山崎正董, 「長岡監物伝(遺稿)」(1), 『日本談義』 146号, 日本談義社, 1963, 17쪽).

53 뒤에 나오는 대로 그는 일과표와 한 달 일정표를 만들어 엄격하게 자신을 통제하며 학문에 매진했다. 또 가문 대대로 내려오는 음화(淫畵)를 인격 수양에 방해가 된다며 소각해 버렸다.

54 미토번의 야마노베 요시미(山野辺義観), 사쓰마번의 가바야마 히사코토(樺山久言) 등이 그 좋은 예가 될 것이다.

희생자를 내지 않고 진행되었는데, 이런 과정이 가능하게 된 배경으로 겐모쓰를 비롯한 가로급 인물들의 정치적 태도에 주목할 필요가 있다. '학적 네트워크', '학당'을 매개로 적잖은 상층 사무라이들이 중하층 사무라이들의 정치운동에 동조했기 때문에 막말 정치변혁의 계층투쟁적인 성격을 상당히 완화시켰던 것이다.

당시 번의 최상층부 인사들이 학문에 큰 관심을 갖고 있었고, 학문이 그들의 생활에 깊이 관련되어 있었던 것은 다음과 같은 사실에서도 알 수 있다. 1843년(天保14) 11월 작성된 것으로 추측되는 서한에서 겐모쓰는 번 중신인 미조구치 구로도(溝口藏人)에게 어제 "학술에 관한 회독(學術之御講習)"을 하게 되어 기뻤다면서 다음과 같이 말했다.

> 존형(尊兄)과 서로 학설이 맞지 않은 게 재미있었습니다. 평생 동안 맞지 않아도 제 일신(一身)을 위해서는 그야말로 다행이니 강습(講習)하는 가운데 서로 답을 찾을 수 있을 것입니다. 그러나 방가(邦家[藩])를 위해서는 존형이 [제 학설에] 항복하신다면 큰 도움이 될 것입니다. …… 저도 조금도 사심을 품지 않고 만약 제가 틀렸다고 생각하는 날에는 곧바로 항복하겠습니다. 여기에 이르러 지금 제 마음은 청천백일과 같고 졸렬한 마음은 옛날에 버렸습니다. 그렇지만 저의 견해는 천지신명을 향해 틀린 바가 없어 성인이 다시 나시더라도 같은 생각이실 것이므로, [존형이] 수만의 대군을 이끌고, 철옹성에서 농성하신다 해도 두세 차례 강습한다면 반드시 낙성(落城)할 수 있습니다. 한번 잘 방어해 보십시오. 존형께서도 만약 틀렸다고 생각되시는 날에는 단연코 구견(舊見)을 버리고 항복하실 것을 바랍니다.[55]

55 『密書輯録(人)』 232-2(熊本市歴史文書資料室 紙燒本, 1373冊).

우선 번 가로인 겐모쓰와 중신인 미조구치가 회독[講習]을 한 사실에 주목하고 싶다. 본고에서 중시하는 회독 또는 학습회는 단지 일반 사무라이들이나 젊은 자제들 사이에서만 행해진 것이 아니라, 번 상층부, 심지어 번주와 그 친족들까지도 행하고 있었던 것이다.[56] 이 사료에서는 학문적 토론을 대단히 전투적인 관점에서 보고 있다는 것 역시 알 수 있다. 전투의 비유를 사용한 것은 사무라이 간의 상투적 어법이라 하더라도 학술적 논쟁의 승패에 크게 무게를 두고 있었던 것이다. 이것은 회독이라는 학습 방법 자체가 논쟁 · 논전을 야기하고 참가자의 호승심(好勝心)을 자극하는 것이었기 때문이기도 하나, 번의 앞날을 위해서 항복하라고 한 데서 알 수 있듯이 학술 논쟁이 정치투쟁과 연결되어 있었기 때문이다. 학문 능력이 사무라이 정치사회에서 점점 중요해져 가는 당시의 상황을 짐작할 수 있다.[57]

나가오카 겐모쓰는 1832년(天保3) 19세의 나이로 가독을 이어받아 본격적으로 번정에 참가했다. 이후 1835년(天保6) 마쓰이 아키유키(松井章之)와 함께 문무예창방역(文武藝倡方役)에 임명되었다. 상술한 대로 나가오카가는 마쓰이가(松井家), 아리요시가(有吉家)와 함께 구마모토번 3대 가문 중의 하나이고, 번정의 필두는 마쓰이가이긴 했지만 그에 맞설 만한 위치의 가문이었다. 이런 가문의 당주(當主)가 각종 '학적 네트워크'를 만들고 참여하며, '학당'의 주역이 된 것은 19세기 이전까지는 보기 힘든 일이었을 것이다.

그는 1834년(天保5) 나가오카가의 가숙(家塾) 청청사(菁菁舍)를 필

56 앞에서 언급한 대로 회독은 김형진과 佐竹朋子의 연구에 따르면 천황과 공가 사이에서도 상당히 유행했다.

57 이를 극명하게 잘 보여 주는 것이 사쓰마번 '근사록당(近思錄黨)'의 활동이다. 그들은 정적을 어전에 불러 '태극도설(太極圖說)' 강의를 하게 하고 그를 논파하는 행위를 권력투쟁에 활용하는데, 이에 대해서는 다음 장에서 서술한다.

유당(必由堂)으로 재편하여 자신의 가신들 교육에 힘썼다.[58] 필유당의 교육 과정은 하루 가운데 반은 문예, 반은 무예를 가르쳤고, 문은 매일, 무는 제 유파(諸流派)가 날을 정해 교대로 행했으며, 밤에는 회독을 행했다. 독서(讀書), 습서(習書)를 배우는 학생은 "상하 구별 없이 종일 연습, 종야(終夜) 독서 등을 빈번히 행했다"[59]고 한다. 필유당에는 다른 가문의 번사나 시습관의 거료생(居寮生)이 참여하는 경우도 있었다.[60] 겐모쓰는 필유당에서 스스로 회독을 주재하기도 했고, 학업 결과를 점검하기도 했으며, 때때로 생도들에게 교유(教諭)를 발표해 학문의 방침을 천명하기도 했다.

나가오카가에는 류 하야타(笠隼太)라는 학자가 고용되어 있었는데 그가 필유당 교육에 중심적인 역할을 했다. 류 하야타는 야마자키 안사이(山崎暗齋) 계통의 주자학자인데 그의 영향으로 겐모쓰는 점차 주자학에 경도되었다. 자신의 회독에서도 『근사록(近思錄)』이나 『대학(大學)』 등 구마모토번 출신 주자학자들의 텍스트만을 고집했고, 이윽고 1840년(天保11)경이 되면 주자학에 대한 강한 신념을 갖기에 이른다. 그리고 1843년(天保14)경에는 대표적인 주자학자들의 어록을 모아 『치경록(治鏡錄)』을 스스로 편찬하기도 했다.

필유당은 겐모쓰 집안 가신들의 교육기관이므로 이를 기반으로 겐모쓰의 새로운 인적 네트워크가 형성되었다고는 할 수 없겠으나, 학

58 나가오카가는 구마모토번 내에 독자의 영지와 가신[번주에 대해서는 陪臣]을 갖고 있었다. 필유당(必由堂)의 위치는 현재 구마모토시 기타쓰보이쵸(北坪井町)의 구마모토시립고교 자리다. 한편 나가오카가 외에 아리요시가(有吉家)의 학문소, 사와무라가(澤村家)의 청아당(菁莪堂) 등 다른 대신가(大臣家)에도 가숙이 있었다(山崎正董, 「長岡監物伝」(1), 『日本談義』 146号, 日本談義社, 1963, 21쪽).

59 「長岡監物伝」(2), 『日本談義』 148号, 1963, 21쪽.

60 「長岡監物伝」(2), 『日本談義』 148号, 1963, 20-23쪽.

문 활동을 통해 종래의 주군-가신 관계와는 성격이 다른 상호 관계가 생겨날 가능성이 생겼다고 할 수 있겠다. 또 가신단 내부에서도 기존의 서열 관계는 엄연히 유지되었으나, 그것을 부분적으로 상대화할 수 있는 공간이 형성되었다고 할 수 있다. 게다가 류 하야타(笠隼太)와 같은 외부 출신의 학자를 중심으로 새로운 인맥이 형성된 것도 추측해 볼 수 있다.[61]

겐모쓰의 '학적 네트워크'는 그가 시습관에 관여하면서 본격적으로 형성되었다. 그는 가로이자 학교총교(學校總教)의 신분임에도 불구하고 시습관에서 회독에 열심히 참여했고, 생도들과 친목회를 여는 등 활발한 활동을 벌였다. 이 과정에서 후일 실학당의 중심이 되는 인물들과 친교를 맺었다. 겐모쓰는 1830년(文政13) 4월 시습관에서 처음 회독을 시작했고, 이어서 1832년 가로가 되어 번교에 관여하기 시작했다. 1833년(天保4) 6월에 쇼난이 거료생(居寮生)이 되었으므로 겐모쓰가 1835년(天保6) 3월 에도에 출부(出府)하기 전까지의 기간에 두 사람이 친해졌을 가능성을 생각해 볼 수 있다.[62]

겐모쓰는 1836년(天保7) 귀번(歸藩)하자마자 단독으로 학교총교가 되었고, 이듬해 쇼난이 거료장(居寮長)이 되었다. 이때 오기 가쿠베에(荻角兵衛), 모토다 나가자네(元田永孚) 등도 거료생이 되었다. 후일 실학당의 중심인물들이 같은 시기 같은 장소에서 만나게 된 것이다. 앞에서 본 나카무라 죠사이처럼 이들도 회독을 활발히 행했다. 모토다 나가자네는 이때 이뤄진 회독의 모습을 "요코이(橫井) 선생이 숙장(塾長)으로

61 류 하야타(笠隼太)를 중심으로 한 새로운 세력의 형성을 보여 주는 사료는 아직 발견하지 못했으나, 겐모쓰 사임 후 나가오카가의 중신들이 류 하야타를 주로 공격하고 있는 점을 보면 그가 단순한 학자가 아니라 모종의 정치적 존재감을 갖고 있던 사람이었음을 짐작할 수 있다.

62 「長岡監物伝」(10), 『日本談義』 157号, 1963, 77쪽.

서 생도를 지휘하는 데 큰 힘을 발휘했다. 나가오카 겐모쓰는 국로(國老)로 문무총교(文武總教)를 겸했는데, 거료생들을 이끌고 친히 회독을 하시니 일시에 성해졌다. 생도들 모두 분발하여 뜻을 모아 서로 친목하여 틀어지는 일이 없었다. 한 달에 한 번 친목회를 열어 술 마시고 즐기면서 마음(心肝)을 터놓아 숨기는 일이 없었다"라고 회고했다.[63] 젊은 쇼난과 겐모쓰가 중심이 되어 시습관 내에 왕성한 학습과 농밀한 인간관계가 형성되고 있었음을 알 수 있다.

모토다 나가자네는 또 "회독을 하는데 요코이 선생이 회두(會頭)가 되어 오기(荻[角兵衛]), 가타야마(片山[喜三郎]), 가마타(鎌田[一之助]), 이구치(井口[呈助]) 등이 『팔대가독본(八大家讀本)』을 읽고 그 문장의 이치와 학견(學見)을 토론했다. 또 『통감강목』을 읽고 치란흥폐를 논의했다. 기노시타 신타로(木下眞太郎) 등 훈도들도 때때로 회독에 참여했다"[64]고 하고 있는데, 이를 보면 거료장인 쇼난을 중심으로 거료생들이 회독을 했고, 이에 훈도들이 때때로 참석한 것을 알 수 있다.

그런데 여기서 주의해야 할 것은 이 기록을 제외하면 시습관의 핵심 세력이라 할 훈도들이 겐모쓰나 쇼난의 학습회와 깊은 관계를 가진 흔적이 별로 보이지 않는다는 점이다. 더구나 시습관 교수인 곤도 에이스케(近藤英助)와 겐모쓰와의 관계도 반드시 양호하다고만 할 수는 없었다. 다시 말하면 겐모쓰 주도하에 거료생들을 중심으로 새로운 분위기가 형성되려고 하자 시습관의 중심 세력들은 이에 대해 거리를 두며 경계하고 있었다고 봐야 할 것이다. 이는 겐모쓰와 쇼난 주도의 학습회에서 거료생들이 하나둘 이탈하는 데서도 짐작할 수 있다.

이렇게 된 데에는 겐모쓰와 쇼난이 시습관의 종래 학풍에 강한 비

63 元田永孚, 「還曆之記」, 元田竹彦, 海後宗臣 編, 『元田永孚文書』 1, 1969, 22쪽.
64 元田永孚, 「還曆之記」, 22쪽.

판을 가한 게 큰 원인 중 하나였다. 모토다 나가자네가 거료생에 선발되어 처음으로 쇼난을 만난 자리에서 쇼난은 다음과 같이 시습관을 비판했다.

> 번교가 세워진 것은 호레키(寶曆, 1750~1763)의 성시(盛時) 때인데 그것은 물론 훌륭한 일이지만 학문이 정대(正大)하지 않았다. 아키야마 교쿠잔(秋山玉山)은 오규 소라이(荻生徂徠)를 받들어 오로지 문사(文辭)의 학(學)만을 중시했다. 야부 고잔(藪孤山)은 가학(家學)으로 인해 정주학(程朱學)을 제창하여 정사(政事)에 보탬이 되었다. [그러나] 다카모토(高本 [紫明]) 이후로는 다시 보잘 것이 없어졌다. 야스노(安野[南岳])의 학문은 이재(吏才)만을 귀히 여겨 겨우 『송명신언행록(宋名臣言行錄)』 한 부를 숙독했을 뿐이다. 무릇 학문은 고금치란흥폐를 통견(洞見)하여 자신의 지식을 통달케 해야 한다. 모름지기 널리 화한(和漢)의 역사를 섭렵하여 지엽적인 것에 구애되지 말아야 하며 『이십이사(二十二史)』 등을 일독해야 한다. 그렇지 않으면 경국(經國)하는 데 부족하게 된다.[65]

이 같은 쇼난의 학문관은 '학당'의 형성과 관련이 있는데, 이에 대해서는 뒤에서 상세히 설명하기로 한다. 이런 가운데 시습관 주류에서는 이들의 움직임에 대한 경계와 비판의 목소리가 높아지고 있었다. 겐모쓰가 가로 신분에도 불구하고 신분이 낮은 자들과 허물없이 어울리는 것을 못마땅해하는 자들이 있었고, 파격적인 행동과 거침없는 언설을 일삼는 쇼난에 대한 비판도 높아 갔다. 더구나 쇼난은 악명 높은 주벽이 있어 이것이 인간관계를 해치고 주위에 적을 양산하는 원인이 되

65 元田永孚, 「還曆之記」, 21쪽.

었다. 결국 겐모쓰는 1839년(天保10) 3월 학교총교를 사임하고 한 달 후에 쇼난은 에도 유학을 명받아 구마모토를 떠나게 되었다. 그 후 거료장은 가시와기 분에몬(柏木文右衛門), 부거료장은 오기 가쿠베에(荻角兵衛)가 맡게 되었는데, 모토다 나가자네는 이를 "거료(居寮)의 일변(一變)"[66]이라고 표현했다. 그는 가시와기(柏木)가 거료장이 되고 나서는 『논어(論語)』를 같이 회독할 때, 경서장구(經書章句)와 이론고색(理論考索)을 위주로 하여 흥미가 없어졌다고 했다.[67] 이를 보면 겐모쓰와 쇼난이 시습관을 떠난 후 정치논쟁이나 역사서 학습보다는 훈고학적인 학습 방법으로 돌아간 것으로 보인다.

이렇게 해서 시습관은 점차 본래의 주류파들이 장악하게 되었고, 이런 흐름 속에서 위에서 소개한 나카무라 죠사이도 훈도에 임명되었다. 한편 1839년(天保10) 3월 학교총교를 그만둔 겐모쓰는 같은 해 6월 에도에 유학 간 쇼난에게 서한을 보내 시습관의 상황을 우려하면서도 "졸택(拙宅)에서의 회독은 계속되고 있습니다"라고 하고 있다.[68] 이 회독의 상세한 상황은 알 수 없으나 이로부터 약 1년 후 쇼난이 귀번(歸藩)하고 실학당의 남상(濫觴)으로 일컬어지는 5인 회독이 곧바로 개시된 것을 보면 이 "졸택에서의 회독"이 그 기반이 되었다고 볼 수 있다.

1840년(天保11) 쇼난은 1년 만에 귀번했다. 이때도 역시 술에 취해

66 元田永孚,「還曆之記」, 22쪽.

67 元田永孚,「還曆之記」, 23쪽.

68 「長岡監物伝」(10), 『日本談義』, 157号, 1963, 77쪽. 이 서한의 모두에서 겐모쓰는 "지금쯤은 벌써 이곳저곳 방문하셨겠지요. 사토 잇사이(佐藤一齋)와 마쓰자키 고도(松崎慊堂)는 만나보셨는지요. 또 미토(水戶)의 후지타 도코(藤田東湖) 같은 영명가(令名家)는 들던 바와 같던지요. 뭔가 흔치않은 얘기들도 있었겠지요. 정말 부럽습니다"(같은 글, 77쪽)라고 했다. 일번(一藩)의 가로가 에도의 학자들의 이름을 대며 이들과 만나는 걸 부러워하는 데서 당시의 분위기를 엿볼 수 있다.

일으킨 사건이 원인이 되었다. 그는 귀번한 후 근신 처분을 받았지만, 곧 겐모쓰 자택에서의 회독에 참가했다. 이때부터 겐모쓰가 실각하고 쇼난이 죠카마치(城下町)를 떠나는 1846년(弘化3)까지 약 6년간 학습회는 매우 성행했다. 제1장에서 본 대로 훈도 중심의 시습관 내외에서 회독이 성행했지만, 시습관에 비판적인 시습관 밖의 학습회도 성행하여 시습관과 대립했던 것이다.

이 무렵 겐모쓰는 학교총교로 재임명되었지만 시습관 밖의 학습회를 후원하여 시습관 교원들의 비판의 표적이 되었다. 쇼난도 시습관에 돌아오지 않고 죠카마치에 사숙을 열었다. 이런 가운데 겐모쓰와 쇼난을 중심으로 연결된 많은 학습회의 인물들은 점점 정치문제를 논하면서 결속을 강화해 나가게 되었고, 자연히 반대 세력으로부터 결당(結黨)한다는 비판을 받기 시작했다. 학습회를 기반으로 한 '학적 네트워크'가 점점 '학당'으로 변모해 간 것이다. 다음 장에서 서술할 분카기(文化期, 1804~1818)의 사쓰마번과 비교해 볼 때 이 시기 구마모토번에서는 이들 '학당'이 본격적으로 권력투쟁을 벌이기도 전에 와해되었으나, 가에이기(嘉永期, 1848~1854)에 이르러 뚜렷해지는 '학당' 대두의 기반이 이 시기에 만들어진 것으로 봐도 무방할 것이다. 그럼 당시 시습관 밖의 학습회 상황을 상세히 검토해 보자.

2. 시습관 밖의 학습회와 '학당(學黨)'의 형성

1840년(天保11)을 전후하여 겐모쓰와 번교, 학습회의 동태를 감시하고 있던 번청(藩廳) 요코메(横目, 目付 · 十監이라고도 한다)의 보고서가 다수 작성된다. 이는 번청이 겐모쓰 그룹의 움직임을 심각하게 여기고 있었다는 것을 보여 주는데, 당시 학습회의 동향은 요코메의 보고서를 통해 엿볼 수 있다.

쇼난이 귀번한 직후 한 요코메는 "지난해(天保 10년 2월) 시모쓰 규마(下津久馬)가 봉행직(奉行職)을 사직하고, 요코이 헤이시로(横井平四郎[小楠])가 유학 갔다 돌아온 후(天保 11년 4월), 이 두 사람이 비분강개하고 있을 것이라고 관중(館中[時習館])에서 추측하는 사람도 있었다. 이 두 사람이 어떻게 상의했는지는 모르지만, 겐모쓰 자택에 빈번히 출입하며 실학 연구를 하고 있다"[69]라고 보고했다. 즉 쇼난이 귀번하자마자 겐모쓰와 동시에 학교봉행에서 해임된 시모쓰 규마와 함께 겐모쓰 자택에서 회독을 시작했다는 것이다. 이어 보고서는 이때부터 겐모쓰가 시습관의 강당 출석과 곤도(近藤) 교수와의 회독 출석도 점점 게을리하고 있으며, 겐모쓰와 곤도 교수가 불화하고 있다고 지적했다.[70]

여기서 주목할 것은 겐모쓰가 쇼난 등과의 자택 회독을 시작하자마자 시습관을 멀리하기 시작했다는 점이다. 더욱이 시습관 교수인 곤도 에이스케와 심상치 않은 다툼이 있었던 것도 알 수 있다. 이것은 1830년대 후반 겐모쓰 등의 활동이 시습관을 기반으로 이뤄진 데 비해 이 시기에는 시습관에 나가지 않고 그 핵심 세력들과 대립하는 방향으로 나아간 것을 보여 준다. 또한 이 보고서에서 주목되는 것은 요코메가 쇼난을 "실학의 무리(実学之連中)"[71]로 표현하고 있다는 점이다. 이미 1840년경에는 겐모쓰와 쇼난을 중심으로 학습회 멤버들이 하나의 그룹으로 번 당국에 파악되고 있었던 것이다.

69 「実学ニ付聞方」, 『密書輯録(八)』 24-7(熊本市歴史文書資料室 紙焼本, 1366冊).

70 겐모쓰가 곤도 교수에게 학의(學意, 학문 방침)에 관한 지시를 했더니, 곤도는 매우 불쾌해하며, "불초이지만 저는 교관의 장(長)인데, 겐모쓰님에게 학의 등에 관해 지시받는 것은 곤란합니다"라고 말했다 한다(「実学ニ付聞方」, 堤克彦, 『肥後藩における「実学」の形成と展開』, 77쪽에서 재인용).

71 「実学ニ付聞方」, 『密書輯録(八)』 24-7.

한편 이들의 학습회는 겐모쓰의 집에서만 행해진 것이 아니었다. "겐모쓰님이 오기 가쿠베에(荻角兵衛), 요코이 헤이시로(横井平四郎) 집에 한밤중에 미복(微服) 차림으로 가신다는 소문이 있는데 어떻게 된 것인가. 사실 여부는 알 수 없으나 한밤중 사절로라도 가신 것인가. 하인에게 정관문(釘貫紋)이 찍힌 등(燈)을 밝히게 하고 칼 찬 두 사람이 오기(荻)의 문 앞에 서 있는 것을 본 사람이 있다고 한다. 이런 데서부터 여러 가지 의혹이 일어나 갖가지 소문이 나오는 것"[72]이라는 기사를 보면 겐모쓰는 학습회 멤버인 오기 가쿠베에나 요코이 쇼난의 집에도 출입했던 것으로 보인다.

한편 겐모쓰 자택에서의 회독에는 겐모쓰, 쇼난, 오기 가쿠베에, 시모쓰 규마, 그리고 모토다 나가자네 등 5명이 참석했다. 전술한 대로 겐모쓰가 1830년대 후반 문무예창방역(文武藝倡方役)을 맡았을 때 시모쓰는 학교봉행, 쇼난은 거료장, 오기와 모토다 나가자네는 거료생이었다. 그 멤버가 쇼난이 귀번한 후 학습회에서 모인 것이다. 다른 점은 그때는 시습관에서 주로 회독했으나 이제는 시습관을 떠나 있다는 사실이다.

이 학습회에서의 회독에 대해 모토다 나가자네는 다음과 같이 회고했다.

> 나가오카 대부(長岡大夫)는 사학(史學)에 뜻을 두고, 요코이, 오기 및 나를 불러 『통감강목(通鑑綱目)』(漢唐宋三記)을 회독했다. 대부는 이전에 야마자키 안사이(山崎闇齋), 아사미 게이사이(淺見絅齋) 두 선생을 신봉하여 경학에 얻은 바 있었다. …… 다만 역사를 섭렵하지 못했기에 요코이

72 「拙濟 米田列聞方」, 堤克彦, 『肥後藩における「実学」の形成と展開』, 79쪽에서 재인용.

를 불러 사학을 강의하게 한 것이다. 요코이가 나에게 말하길 대부가 사학이 부족하여 나를 불러 학우(學友)로 삼으니, 그 뜻이 훌륭하다, 나는 아직 경학에 통달하지 못했으니, 어찌 대부에게 경학을 강의하게 하지 않을 수 있겠는가. 이에 대부에게 청하여 먼저 『근사록』 회독에서 시작했다. 이것이 나가오카 대부, 시모쓰 · 요코이 두 선생, 오기, 나와의 회합의 시작으로 실학의 출발로 여긴다. 이후로 월 10회, 20회 혹은 격일 혹은 매일 모였고, 모일 때마다 강학하지 않을 때가 없었다.[73]

이를 보면 이 학습회의 텍스트는 『통감강목』, 『근사록』 등 주자학 계열의 것이었다. 멤버는 5명이었고, 횟수는 아래에서 소개하는 겐모쓰의 한 달 일정표를 감안하면, 다소 과장된 듯하나, 어쨌든 맹렬한 기세로 회독이 실시된 것만은 사실이다.

회독이 한창이었던 1843년(天保14) 3월 5일 겐모쓰는 자신의 하루 일과와 한 달 일정을 가중(家中, 가신단)에게 제시했다. 가로가 자신의 일과표를 만드는 것도 드문 일이겠지만, 이를 가중에게 공표한 것 역시 이례적이라고 할 수 있을 것이다. 그중 한 달 일과표를 살펴보자.

〈한 달간의 일정〉

3자 붙는 날 밤: 『논어』를 가사(家司)를 비롯해 제역(諸役)과 회독

4자 붙는 날 저녁: 『역정전(易程傳)』 곤도 에이스케 선생 회독

5자 붙는 날 아침: 『통감강목』 요코이 쇼난 회독

6자 붙는 날 저녁부터 밤까지: 나오사부로(直三郎, 친척 松野恒) 형제 회독

7자 붙는 날: 제역(諸役) 및 구미(組) 사람들과 이야기하는 날로 정함

73 元田永孚, 「還暦之記」, 26-27쪽.

9자 붙는 날: 『근사록』 비토 스케노조(尾藤助之丞) 회독

10자 붙는 날: 요코이 쇼난 회독[74]

이를 보면 겐모쓰는 일과가 기록되어 있지 않은 1, 2, 8자 붙는 날과 제역(諸役) 및 구미(組) 사람들과 만나는 7자 붙는 날을 제외하고 한 달에 18일간 안팎으로 회독하고 있다. 이 중 쇼난이 참석하는 회독은 최소한 5회 이상이다. 회독을 준비하는 것까지 감안하면 거의 매일 독서를 하지 않고는 소화할 수 없는 일정이다. 실제로 그의 '하루 일과' 표를 보면 아침 두 시간, 밤 두세 시간을 독서에 할애하고 있다.[75]

이 학습회는 그 이전의 회독보다 훨씬 주자학적인 분위기가 강했던 듯하다. 모토다 나가자네는 다음과 같이 말하기도 했다.

> [大道가] 한유(漢儒) 이후 잘못 전해져 그 도를 잃어버렸다. 송(宋)에 이르러 주정장주(周程張朱)가 처음으로 천재부전(千載不傳)의 학(學)을 얻었으나 이후 그 전한 바를 잘 습득한 자가 드물었다. 우리나라의 학은 옛날은 논외로 치고 게이초(慶長) 이후 유자(儒者)가 배출되었지만, 수기, 치인, 도덕, 경륜에 진실로 도를 얻은 자는 구마자와 반잔(熊澤蕃山) 선생이다. 그 후로는 우리 번의 두 선생 오쓰카 다이야(大塚退野), 히라노 신엔(平野深淵)뿐이다.[76] 그 외에는 들은 바가 없다. 금일 우리 5명이 사학(斯學)을 깨달은 것은 단지 일신의 다행일 뿐 아니라 일번(一藩)의 다행,

74 「長岡監物伝」(10), 『日本談義』 157号, 1963, 76쪽.

75 「長岡監物伝」(10), 『日本談義』 157号, 1963, 76쪽.

76 오쓰카 다이야와 히라노 신엔은 18세기 후반경의 주자학자들로 당시 전성기를 구가하던 소라이학에 밀려 시습관 창설에도 관여하지 못하고 고립되어 있던 인물들이다.

나아가 천하의 행운이다.[77]

이 학습회 멤버들은 놀랍게도 자신들이 사학(斯學)의 도통을 잇는 것으로 자부하고 있었던 것이다. 비록 이 회고가 모토다 나가자네가 주자학자로서 입지를 확고히 한 1878년(明治11)에 쓰인 것인 점을 감안하더라도 그 무렵 겐모쓰의 행동과 쇼난에 관련된 기록을 볼 때 당시 그들이 주자학에 몰두하고 있었던 것은 사실이다. 이런 이들이 "속유(俗儒)는 기송사장(記誦詞章)에 얽매여 있어 수기치인의 공부를 모르고, 위정자는 법제금령(法制禁令)의 지엽 말단을 붙잡고 치국안민의 대도를 모른다"[78]며 당시의 학풍을 격하게 비난한 것도 당연한 일일 것이다. 또한 이들이 정치화되는 것도, 이런 세력을 번 당국이 위험시하고 경계한 것도 자연스러운 일일 것이다.

이처럼 쇼난이 귀번한 이후 시습관 밖에서의 회독은 번청의 감시에도 불구하고 매우 활발하게 행해졌다. 그렇다면 이 5명의 학습회가 그 후 어떤 네트워크를 갖게 되었을까. '학당'의 성립과 관련하여 검토해야 할 대목이다. 이와 관련하여 다음의 기사를 보자.

> [5명이 시작한 회독은 弘化 4년(1847)경이 되면 번성하여] 이로부터 이후 수신, 경국의 강학이 나날이 성하게 되어 내 나이 서른이 될 때까지 그 사이에 대략 5년 동안 열린 회독의 수는 한 달에 거의 50회, 신송(晨誦)·야독(夜讀)을 하면서도 만족하지 않았다. 나가오카 대부 댁에서 회독하는데 …… 강학이 성하게 되어 한 시대를 고동(鼓動)하게 되자, 대부의 문하에 찾아오는 자가 있었다. 비토 스케노조(尾藤助之丞)·마쓰노 고(松野恒)·

77 「還曆之記」, 27쪽.

78 「還曆之記」, 27쪽.

고즈키 우노케(上月兎毛) · 야부 산자에몬(藪三左衛門) · 마기 다몬스케(牧多門助) · 시미즈 신조(志水新丞) 등은 모두 문벌이고, 그 외에 쓰보이(坪井), 교마치(京町)의 향당(鄕黨)들이 크게 분기하여 실학을 제창했다.[79]

1847년(弘化4)경이 되면 겐모쓰 자택의 학습회는 이미 죠카마치(城下町)에서 유명해져 문벌의 청년 사무라이들이 다수 참여했을 뿐 아니라, 향당(鄕黨)들도 연계되었다. "쓰보이, 교마치의 향당들이 크게 분기하여 실학을 제창했다"는 말이, 이들이 겐모쓰 자택 학습회에 참석했다는 것인지 아니면 앞에서 본 것처럼 쇼난 사숙에 참석한 것을 이렇게 표현한 것인지 분명치 않으나, 어쨌든 고카(弘化) 연간(1844~1847)이 되면 겐모쓰 자택 학습회에 동조하는 문벌, 향당 세력이 적지 않게 존재했다고 볼 수 있다.

겐모쓰 회독 이외에도 실학련(實學連) 사람들이 곳곳에서 학습회를 열었다. 원래 구마모토 성하(熊本城下)에는 30개 정도의 사숙이 있었다고 하는데,[80] 이 시기에 그 숫자는 더욱 늘어났을 것이다. 1846년(弘化3) 8월 요코메가 번청에 "겐모쓰님께서 근년 쇼난을 불러 아주 가깝게 지내자, [쇼난은] 이전의 학의를 바꾸어 오로지 실학을 장려했기 때문에 점점 실학을 믿는 자들이 많아졌다. 그중에서도 쓰보이, 교마치 방면에서는 헤이시로[小楠]의 회독을 비롯하여, 여기저기 실학의 유력한 사람(長者)들을 내세워 회독 등을 활발하게 했다[81]"고 보고한 대로 겐모쓰 세력의 사람들 중 학식이 있는 자들이 시습관 바깥에서 개인 사숙을 열었다.

79 「還曆之記」, 31쪽.

80 「長岡監物伝」(1), 『日本談義』 146号, 1963, 21쪽.

81 「扣濟」, 『密書輯録(人)』 1002-10(1371册).

그 대표적인 것이 쇼난의 사숙일 것이다. 그는 1843년(天保14) 형의 집 한 칸[六疊一室]을 빌려 사숙을 열었다. 이어 2년 후인 1845년(弘化2)에는 스이도쵸(水道町)로, 1846년(弘化3) 3월에는 스모쵸(相撲町)로 이사하여 사숙을 열었다. 여기에는 앞에서 나카무라 죠사이(中村恕齋)가 탄식한 대로 교마치, 쓰보이쵸 출신자들이 많이 참석했는데, "유치 분자에몬(湯地文左衛門) · 쓰다 야마사부로(津田山三郎) · 고타리 쥬로스케(神足十郎助) · 사와무라 죠사에몬(澤村尉左衛門) · 겐다 사쿠스케(源田作助) · 요시무라 다젠타(吉村多膳太) 등은 요코이 선생의 문하가 되어 회독, 강습했다"[82]고 한다. 그리고 시습관 개혁이 실패한 1847년(弘化4, 쇼난 39세) 이후에는 도쿠토미 가즈타카(德富一敬) 등 20여 명이 기숙하며 학습회를 계속했다. 이 사숙이 가에이기(嘉永期) 이후 실학당이 본격적으로 정치무대에 등장할 때 그 정치적 기반이 되었던 것이다.

쇼난 이외에도 실학당의 주요 멤버 중에는 회독을 여는 사람들이 많았다. 번청 정보기관의 보고에 따르면, "언제쯤인지 모르겠으나, 도모오카 야잔에몬(友岡彌三右衛門)이 자기 담당의 제생(諸生)들을 데리고 가메이(龜井)에 가서 사카이노 사몬타(境野左文太)의 별장을 빌려 밤낮으로 회독했다고 한다. 회독은 20매 정도만 하고 나머지는 모두 세상사 이야기를 했다고 한다"고 하고 있고, 또한 "유치(湯地)의 3인 회독"에 대해서도 언급하고 있다.[83]

회독을 연 이들은 시습관의 구두사(句讀師)들인데, 이들은 뒤에서 보는 것처럼 실학 반대파들이 실학당이 자기당 인사들만 구두사로 편파적으로 선발한다고 비난했을 때 거명되었던 인물들이며, 특히 도모오카(友岡)는 쇼난의 종제(從弟)로 쇼난이 그의 소독과 회독 방식은 내

82 「還曆之記」, 31쪽.

83 「実学ニ付聞方」, 『密書輯録(人)』 24-7.

방식을 따르고 있다고 일컬었던 사람이다.[84] 그는 자기 담당의 학생들을 별장으로 데리고 가 숙박하며 회독했다. 회독은 대충하고 "세상사 이야기"를 주로 했다는 것으로 봐서 텍스트의 훈고학적 해석에 구애되지 않고 자유분방하게 시사(時事)와 시정(時政)을 논의한 것으로 보인다. 자연히 정치토의로 연결되었을 것은 짐작할 수 있다. 이를 보면 겐모쓰, 쇼난 이외에도 실학당에 속한 인사들이 학습회를 열어 학정 일치의 학습 방법으로 일반 사무라이들의 정치에 대한 관심을 불러일으켰다고 볼 수 있다.

이렇게 번교 바깥의 학습회가 활성화되자 학생들은 자연히 번교 출석과 번교에서의 학습을 소홀히 하게 되었고, 이에 따라 번교 내 교원들의 불만과 반발이 생겨났다. 나카무라 죠사이는 "교마치 아카오구치렌(赤尾口連)은 내 담당인데, 요코이 헤이시로가 실학을 주장하면서, 나를 문의(文義), 장구지학(章句之學)이라고 비난하여 [그들이] 저절로 요코이에 휩쓸려 들어갔다"[85]고 한탄했고, 이어 시습관 훈도들이 죠사이 집에 몰려와 "실학련(實學連)이라고 칭하며 쓰보이·교마치 제생(諸生)이 당을 짓고 있어, 여러 가지로 교육에도 지장이 생기는 상황이므로 교수[近藤英助]께 은밀히 건의하여 총교(總教[監物])에게 말씀드리도록 해야 한다"[86]며 집단행동에 나섰다. 그러나 몇 달이 지나도 상황이 별로 달라지지 않자 훈도들은 또다시 죠사이 집에 몰려와 교육 지도도 잘 안 되고 총교인 겐모쓰도 아무런 조치를 취하고 있지 않으니 교수와 총교에게 다시 얘기해야 한다고 불만을 토로했다.[87]

84 「実学ニ付聞方」, 『密書輯録(人)』 24-7.
85 『恕斎日録』 1巻(弘化 2年 4月 28日), 26쪽.
86 『恕斎日録』 1巻(弘化 2年 11月 9日), 53쪽,
87 『恕斎日録』 1巻(弘化 3年 閏5月 18日), 116쪽.

이처럼 각종 학습회로 인해 시습관의 정규교육이 방해를 받고 있는 상황인데도 학교총교인 겐모쓰는 아무런 조치도 취하지 않았다. 지금까지 본 것처럼 그가 이런 학습회들의 중심인물이었기 때문이다. 이 때문에 시습관의 교원들은 교수 곤도 에이스케와 함께 겐모쓰에게 항의했던 것이고, 그 과정에서 앞에서 본 대로 겐모쓰와 곤도 에이스케의 사이도 악화되었다. 결국 이런 압력 속에서 번주 나리모리(齊護)의 결단으로 겐모쓰가 해임되었던 것이다.

이상 겐모쓰와 쇼난의 리더십하에 있는 사숙들이 다수 존재하면서 연계를 강화해 나가고, 이것이 번 당국과 시습관 교원들의 경계 대상이 되어 가는 상황을 살펴보았다. 그러나 이들을 '학당'이라고 부를 수 있으려면 그 학습 내용이 정치적이어야 한다. 다음에서는 이 문제를 검토해 보자.

제3절 '학당'과 학정일치·붕당

번 당국의 입장에서 보면, 사무라이 사회에서 학교, 학습회가 생기고 '학적 네트워크'가 형성되는 것은, 어떤 면에서는 장기간에 걸친 태평시대에 지배자인 사무라이들에게 일정 정도의 지식과 소양을 갖추게 하거나 가신단의 풍속과 규율을 바로잡는 역할을 할 수도 있는 것이었다. 번 당국은 학문의 장을 구실로 일반 사무라이들이 정치에 대해 토의하거나 간여하지 않는 한 그들의 학습 활동을 장려했다. 이 때문에 번 당국이 주도하는 번교는 훈고학적인 자구(字句)의 천착이나 사장적(詞章的)인 경향이 주류를 이뤘던 것이다.[88]

그러나 오랫동안 정치에서 소외되어 있던 일반 사무라이들에게 학습회 참여는 정치에 관여할 수 있는 좋은 구실이 되었다. 그 방법은 학문과 경국(經國)의 관계를 강조하는 것이었다. 야심에 찬 학문 리더들은 경국에 무관심한 채 자구 고증이나 사장적 경쟁 또는 박람강기(博覽强記)를 존중하는 풍조를 비판하면서, 그 대신 몇몇 제한된 텍스트만을 중시하고 그 속에서의 복잡한 언설 체계를 간단명료하게 제시한 후, 이를 곧바로 정치문제와 연관시키는 학습 방법을 택했다. 이는 젊은 사무라이들을 매혹시켰다. 이들이 자신들과 다른 학문 방법을[특히 번교의] 강하게 비판하고 당파성을 강화해 나가면서 정치적 발언을 하기 시작할 때 '학당'은 형성되기 시작하는 것이다. 사실 '학(學)'과 '당(黨)'은 모두 사무라이 사회에서는 이질적인 용어들이었다. 이 시기 나타나기 시작하는 '학당'이라는 용어는 그만큼 이질적이며 부정적인 의미를 띠고 있었다고 할 수 있다.

88 시습관 역대 교수들의 학풍은 다음과 같다. 초대 교수인 아키야마 교쿠잔(秋山玉山)은 소라이학의 영향을 강하게 받았으며, 묵자(墨子)를 칭양하는 등 절충 · 포용적이었고, 뒤를 이은 야부 고잔(藪孤山)은 반대로 소라이, 진사이(仁齋) 등을 배격하고 주자학에 가까운 입장을 보였다. 이어 다카모토 시메이(高本紫溟, 그의 선조는 조선국왕의 庶族 山華碧珍 장군 李聰之로 그의 후손인 경상도 仁同縣의 태수 李宗閑이 임진왜란 때 일본으로 왔다고 한다. 高本라는 성도 高麗-日本에서 취했다고 한다)-가라시마 엔세이(辛島鹽井)-곤도 단센(近藤淡泉, 英助)은 주자학 일변도의 학풍을 보였다.

곤도(近藤)의 후임 교수인 가타야마 호쇼(片山豊嶼)에 이르러 시습관은 크게 번창했지만 『혈사(血史)』의 서문에 따르면 그는 단지 한 개인의 마음가짐만을 중시하고 원대한 것은 언급하지 않으며, 자기 번 있는 것만 알고 다른 번이 있는 건 관심이 없어 전국의 정치에 이르러서는 거의 도외시하는 자세를 고수했다. 다른 사람이 천하지사를 얘기하면 분수를 넘는다고 비난했기 때문에 뜻이 있는 자들도 학교에서는 입을 다물고 말하지 않았다. 학교에서는 오직 문의(文義)의 강구, 장구(章句)의 천착만 하여 당시 속담에 "대전(大全)에 백발(白髮) 되고, 어류(語類) 읽다 죽는다(大全に白髮語類に死す)"라는 말이 나돌 정도였다. 이 때문에 준걸기발(俊傑奇拔)의 인재는 번교 입학을 잘 하지 않고, 이것이 학교 이외에 두 개의 당(실학당 · 근왕당)이 생겨난 원인이라고 한다(熊本県教育会, 『熊本県教育史』 上, 臨川書店, 1975(復刻),

구마모토번에서도 '학당'은 고증과 훈고를 주로 하는 학문을 배격하고 정치[經國]에 이용할 수 있는 학문, 즉 학정일치를 강조했다. 구마모토번에서 유행했던 실학(實學)이라는 용어는 정치적으로 활용할 수 있는, 정치적 참여가 가능한 학문이라는 의미로 주로 쓰이고 있다. 이 점은 사쓰마번과 미토번에서도 마찬가지다.

먼저 구마모토번 학습회의 중심인 겐모쓰의 학습 방법과 내용에 대해서 살펴보자. 1846년(弘化3) 겐모쓰 학습회를 감시하기 위해 찾아온 요코메(横目) 후지모토 쥬지로(藤本忠次郎)에게 죠사이는 다음과 같이 말했다.

> 겐모쓰는 스스로 학의(學意)를 만들어, 그 학의에 맞는 자를 모아 회독을 개최했다. 그 무리는 오로지 실학을 주장했는데, 요코이 헤이시로는 시습관은 속학(俗學)이라고 떠들어대면서 학생들을 출석하지 못하게 하는 상황인 것으로 알고 있다. …… [겐모쓰 주최의] 회독은 문자 · 장구를 공부하지 않고, 다만 지금의 시사 문제(今日之事)만 끌어들여 잡담을 주로 하고, 나중에는 번의 정치에 관한 얘기만 오로지 한다고 한다. …… 시습관은 오직 호레키(寶曆) 이래의 제도를 지켜 학의를 권장하고 있는데도 겐모쓰는 학의가 맞지 않는다며 따로 다이야(退野) 선생 등을 벗 삼아 '학당(學黨)'[밑줄은 인용자]을 세우고 시습관을 상대하지 않는다. 이 때문에 시습관의 출석도 점차 감소하고 있는 것 같다.[89]

여기서는 먼저 겐모쓰가 시습관과는 다른 학문 방법 · 학문 방침[學意]을 별도로 만들어 그에 맞는 자들을 따로 모아 학습했다는 점에

92-105쪽).

89 『恕斎日録』 1巻(弘化 3年 6月 17日), 119쪽.

주목하고 싶다. 그리고 그 학의는 문자·장구 공부는 대충하고 시사 문제나 정치적인 토론을 주로 하는 것이었다. 이는 번 당국이 경계하는 것이었고, 뒤에서 보는 대로 그의 학습회에는 젊은 사람, 신분이 낮은 사람도 많이 참여하고 있었기 때문에 더더욱 그러했다. 이런 겐모쓰의 행위를 죠사이는 "학당(學黨)을 세우고"라는 표현을 써 가며 비판해 마지않았다.

필자의 관견으로는 19세기 초반 사쓰마번 '근사록(近思錄) 사태' 때 역시 번교 조사관(造士館)의 교수인 야마모토 덴조(山本傳藏)가 주자학자 기토 다케키요(木藤武淸)를 중심으로 형성된 그룹을 '학당(學黨)'이라고 지칭한 사례가 있다.[90] 이 역시 번교의 훈고적인 학풍에 반발하여 오로지 『근사록』만을 읽으면서 정치토론을 일삼는 그룹을 비판적으로 지칭한 용례다. 다음의 기록은 이 학습회의 학습 방법 등에 대해 좀 더 자세한 내용을 전해 준다.

> [실학의 학의는] 실학(實學)·실행(實行)에 기초할 뿐이라며 현재 세상사의 비근한 것을 연구하면 곧바로 군자가 될 수 있다는 견해로, 박람다식을 꺼리고 시작(詩作)·문장(文章) 등을 경시하며 『사서』 및 『근사록』, 『주자가훈』 또는 근래의 선생으로는 오쓰카 다이야(大塚退野), 모리 쇼사이(森省齋)의 어록 외에는 취급하지 않는다. 회독할 때는 문의를 한 번 주욱 읽고는 …… 문의에 따라서는 번의 고금의 정치 득실, 번 역인(役人)의 잘잘못을 함부로 논하고, 관중(館中[時習館])의 학풍은 이전부터 속학(俗學), 허학(虛學)이고 모(某) 선생은 실학의 죄인이라고 말한다. 소위 자찬훼타(自讚毁他)의 얘기를 하기 때문에 깊이 실학에 들어간 자들은 강당(講堂) 출석 또는 제(諸) 선생의 회독 출석을 금기시할 정도가 되었다.

90 『文化朋党実録』 3巻, 文化 3年 12月 26日條.

…… 겐모쓰는 총교를 맡고 있는데도 관중(館中) 제 선생을 제쳐두고 따로 실학의 동지들을 불러다가 회독을 빈번하게 열어 …….[91]

이를 보면 박람다식, 시작 · 문장 등을 경시하고 제한된 특정 텍스트를 간단하게 해석한 후, 이를 현재의 일에 곧장 연결시키는 방법을 취하고 있는 것을 알 수 있다. 따라서 이 회독은 곧잘 번 정치와 번 역인에 대한 비판, 그리고 시습관에 대한 강한 비판으로 연결되었던 것이다.

당시 '학당'의 학습회 방식을 더욱 잘 전해 주는 것은 쇼난의 학습회와 관련한 사료들이다. 쇼난이 학문의 방법을 묻는 모토다 나가자네에게 시습관 초대 교수 아키야마 교쿠잔(秋山玉山) 이래 주요 학자들을 강하게 비판한 것은 앞에서 소개했다. 그는 시습관의 학풍을 비판하면서 학문이란 고금의 치란흥폐를 꿰뚫어 경국에 쓰임이 있어야 한다고 주장했다. 이를 위해 그는 경서만이 아니라 사서를 매우 중시했다.

이런 관점에서 그의 학습회는 박람강기, 이론고색(理論考索) 등을 멀리하고 텍스트를 곧장 정치적 문제와 연결시켜 토론하는 방법으로 운영되었다. 히라도 번유(平戶藩儒) 구스모토 겐스이(楠本碩水)가 "나도 쇼난의 회독의 자리에 간 적이 있다. 『논어』였는데 그 가운데 한 사람이 본문과 집주를 소독(素讀)할 뿐이고 나머지는 토론이었다"[92]라고 한 것처럼, 겐모쓰의 학습회와 마찬가지로 쇼난 학습회도 "문의(文義)를 주욱 한 번 정리한 다음 …… 문의에 따라서는 고금 정사(政事[번정])의 득실, 역인의 선악을 멋대로 논평"[93]하는 식으로 운영되었다.

그가 얼마나 시정이나 경국을 위한 학문 교육을 중시했는가는 "쇼

91 『密書輯録(人)』 1002-10(1371冊).

92 「過庭余聞」, 堤克彦, 『肥後藩における「実学」の形成と展開』, 241쪽에서 재인용.

93 「扣濟」, 堤克彦, 『肥後藩における「実学」の形成と展開』, 112쪽에서 재인용,

난은 경전에 대해서만이 아니라 시사에 대해서도 문제를 내어 제자로 하여금 구두 답변 또는 필답하게 하고서는 그것을 비평했다. 또 제명사(諸名士)와의 왕복 서한도 문제(門弟)에게 보여 주며 수양의 자료로 삼았다"[94]는 데서도 알 수 있다. 어느 날은 쇼난이 한두 명의 문제(門弟)와 화로를 둘러싸고 얘기를 나누고 있었는데, "문생 한 명이 쇼난 얘기 중 흥미 있는 것을 필기하려고 품에서 비망록을 꺼내자, 즉각 그것을 빼앗아 불 속에 던지며, 비망록에 의지하는 것의 해악"[95]에 대해 말했다. 이 정도가 되면 그의 학습회는 학문 수련이라기보다 거의 정치토론의 장이 되어 있었다고 할 수 있을 것이다.

이상을 종합해 보면 쇼난의 학습 방법은 텍스트를 읽고 자구 하나하나를 따지며 천착해 들어가거나, 시사 문제는 도외시하는 시습관의 학풍을 멀리하고, 대략적인 문의를 파악했으면 그다음에는 그 문의에 기초하여 정치, 시사 문제 등을 토론하여 그 해답을 찾아가는 지극히 '정치적'인 것이었다. 이런 학습 방법 때문에 젊고 야심 찬 생도들에게 쇼난의 학습회는 대인기였다.

한편 '학당'의 학습회에서는 신분 구분이 상대적으로 엄격하지 않았다.

> 겐모쓰께서 젊은 사람들을 불러 회독 등을 하며 실학을 주장하여, 시습관의 이전의 제(諸) 선생의 학풍을 신뢰하지 않는 자들도 나오고 있는 거 아니냐는 말씀에 대해 조사해 본바, 겐모쓰님은 학문을 시작할 때부터 가신 중에 류 하야타(笠隼太)라는 유자(儒者)에게 오로지 배웠다고

94 山崎正董, 『横井小楠』(伝記篇), 132-134쪽.

95 彌富千左衛門의 遺話, 堤克彦, 『肥後藩における「実学」の形成と展開』, 241쪽에서 재인용.

한다. 하야타(隼太)는 야마자키 안사이(山崎暗齋) 선생의 학파라고 하는데, 이 학파를 신용하셔서인지 지금껏 다루어 온 서적은 『사서』 및 『근사록』, 『주자가훈』으로 그 외에는 좀처럼 취급하지 않는다고 한다. 5, 6년 전부터 그런 것 같다. 동지를 불러 월 6회 정도 오로지 『대학』, 『근사록』을 회독하기를 게을리하지 않았다. …… 자신의 근학(勤學)이라는 점에서는 대단하신 점도 있지만, 그 가운데에는 하층 신분(無足, 無給米)의 무리들도 있어, 신분상으로 볼 때 이런 자들을 상대하여 회독하시는 것에 대한 풍문도 있다고 한다.[96][밑줄은 인용자]

번교도 종전의 엄격한 사무라이의 군사조직에 비하면 상대적으로 신분 구분이 완화된 공간이었으나, 겐모쓰의 학습회는 더더욱 신분에 구애받지 않았던 것 같다. 쇼난의 사숙도 마찬가지였는데, 그의 사숙 쇼난당(小南堂)에는 유력농민과 죠닌(町人)들도 많이 참여했다.

다음으로 살펴볼 것은 '학당'이 일반 '학적 네트워크'와는 달리 결당(結黨)의 요소를 갖고 있다는 점이다. 막번체제에서 결당이 엄격하게 금지되었던 것과 대조적으로 막말기는 당파와 당쟁의 시대라고 할 만한데, 필자가 보기에 '학당'은 그 촉진제 역할을 했다. 이 시기 실학당은 본격적으로 정치무대에 등장하지는 않았지만 스스로 결당의 움직임을 보이고 있었고, 반대파도 이를 결당으로 인식하고 비난했다. 이들은 번교와 대립하면서 학습회를 배타적으로 운영한 데 이어 일부 인사(人事)에서도 그런 경향을 보였다.

또한 재작년(天保9)부터 금년(天保11) 봄까지 사이에 구두사(句讀師) 3명 정도를 교체했는데 3명 모두 관중(館中, [時習館])에서 평가받는 인물

96 「扣濟」, 堤克彦, 『肥後藩における「実学」の形成と展開』, 110쪽에서 재인용.

은 아니고 모두 실학련(實學連) 사람들이라고 한다. 유치 분자에몬(湯地文左衛門)·도케 가쿠자에몬(道家角左衛門)이 뽑힐 때까지는 효심이 있다는 평판이 있어 필경 그 때문에 특별히 선발한 것이라고 별 말들이 없었지만, 금년 봄 도모오카 야자에몬(友岡彌三右衛門)까지 선발되기에 이르러서는 …… 유치(湯地)도 도케(道家)도 실학련(實學連)인데다가, 또 도모오카(友岡)도 헤이시로(平四郎)의 종제(從弟)로 실학의 조무래기이니, 점점 동혈지호(同穴之狐)가 관중(館中)에 침입해 들어와 관중(館中)을 실학련(實學連)의 학풍으로 만들려는 저의가 아니냐고 얘기했다.[97]

실학련이 선발한 이 구두사들이 앞에서 본 것처럼 따로 회독하는 등의 활동을 했기 때문에 죠사이도 "구두사 가운데도 실학련 측에 선자가 있어 좀 화합되지 않는 점도 있다"[98]고 시습관 내의 당파 형성을 우려했던 것이다. 쇼난 스스로도 "여러 사람을 점점 아당(我黨)에 끌어들여야만 한다. 갑자기는 되기 어렵겠지만, 점점 널리 끌어들여 50년 후에는 정부 역인(政府役人)도 모두 아당(我黨)에서 배출하도록 해야만 한다"[99]라고 하며 당파의식을 보이고 있다. 또한 그는 겐모쓰의 가로직 사임 후 1847년(弘化4) 누야마즈(沼山津)에서 사숙 쇼난당(小楠堂)을 열었을 때 문제(門弟)에게 '오당지학(吾黨之學)'이라는 말을 쓰고 있다.[100]

이들을 공격하는 세력의 비판도 주로 당파를 짓는다는 데에 집중

97 「実学ニ付聞方」, 『密書輯録(人)』 24-7.

98 『恕斎日録』 1巻(弘化 3年 6月 17日), 119쪽.

99 『恕斎日録』 1巻(弘化 3年 8月 15日), 127쪽. 쇼난의 이런 희망은 실제로 1870년(明治3) 구마모토번을 실학당이 장악함으로써 단기간이나마 실현된다.

100 堤克彦, 『肥後藩における「実学」の形成と展開』, 233쪽. 실학당의 인원수는 번사(藩士)에만 한정해도 48명 정도(鎌田浩, 『熊本藩の法と政治: 付 町方法令集』, 創文社, 1998, 523-525쪽)로 추정되며, 연구자에 따라 70명 이상까지 보는 경우도 있다.

되었다. 번주 나리모리(齊護)는 겐모쓰에게 구두(句讀)·습서(習書) 과정의 생도들은 분위기가 많이 개선되었지만, 강당(講堂)은 여전히 문제인데 "하나의 이유는 그대가 직접 강습하고 있는 말학(末學)의 자들과, 학교에 출석하는 제생(諸生)들이 학문지류의(學問之流儀)가 둘로 나뉘어 서로 학의(學意)를 다투고 당을 세우게 되어 화합하지 않는 데서부터" 나온 것이라며, "지도가 편향된 데서부터 붕당이 발생한다"[101]고 직설적으로 겐모쓰를 비난했다. 번주 나리모리는 겐모쓰의 학습회를 붕당으로 보았던 것이다. 번 당국 세력의 중심인 가로 마쓰이 사도(松井佐渡)도 번주 나리모리가 실학련을 싫어한 것은 그들이 자기편 사람들만 능력이 있다며 "다른 사람들은 상응하는 능력이 있어도 무용한 사람이라고 하면서 오직 연당(連黨)을 강고히 했기 때문이다"[102]라고 하여 이를 뒷받침하고 있다. 실학련을 감시하던 요코메(横目)도 "실학당들은 연판을 하고 은밀한 약조도 맺는 것 같다"고 했고, 번 정부도 "혹시 결당(結黨)하여 옛날 아베 센고(阿部仙吾) 선생 때의 잇키 소동처럼 되는 것이 아닌가" 하고 매우 우려했다.[103]

반대로 실학당들은 이런 비판을 받으면서도 상대방을 '결당'의 명목으로 비판하는 일은 거의 없었다. 흔히 구마모토번의 상황을 학교당과 실학당의 대립으로 보는 견해가 지배적이지만 이는 모토다 나가자네(元田永孚)의 「환력지기(還曆之記)」에서 규정한 범주가 적용된 것이고,

101 「御直書御草案 御直書写」, 堤克彦, 『肥後藩における「実学」の形成と展開』, 104쪽에서 재인용.

102 「文久二年十月『密録』」, 堤克彦, 『肥後藩における「実学」の形成と展開』, 46쪽에서 재인용.

103 『恕斎日録』 2巻(弘化 4年 2月 6日), 24쪽. "아베 센고 선생 때의 잇키 소동"이란 1836년(天保7) 번교 훈도 아베 센고의 교육 방침에 불만을 품은 자가 일당을 모아 그의 집에 방화하고 소동을 일으킨 사건을 말한다(鎌田浩, 『熊本藩の法と政治』 제4부 제1장 참조).

최근 연구서들이 지적하고 있는 것처럼[104] 당파로서의 학교당이라는 것은 그 실체를 인정하기가 어렵다. 즉 이 시기 등장하는 '학당'은 당이란 것이 존재하지 않던 정치체제에서 한쪽의 정치세력이 초기적으로 당을 형성해 나가는 성격의 것이었다고 봐야 할 것이다. 이 점은 사쓰마번에서도 근사록당(近思錄黨)은 결당의 이름으로 비판받고 있는 데 비해서, 근사록당은 타 세력을 당(黨)으로 지칭하고 있지 않은 점에서 상통한다고 할 수 있다. 1850년대 이후 정치세력들이 자신을 '정의당(正義黨)', 상대방을 '속론당(俗論黨)'으로 이름 지어 상호 비난하는 것과는 다른 상황인 것이다.

이상 주로 덴포~고카기(天保~弘化期, 1830년대~1840년대) 구마모토번의 '학적 네트워크'의 형성과 여기서 '학당'이 생겨나는 상황을 살펴보았다. 이 시기 '학당'은 분카기(文化期, 1804~1818)의 사쓰마번과는 달리 본격적으로 번정(藩政)에 개입하여 정치분쟁을 벌이는 데에는 이르지 못했다. 기성세력이 워낙 강력했고, 겐모쓰(監物)도 권력투쟁을 감행하지 않고 1846년(弘化3) 스스로 사직하여 정치에서 멀어졌기 때문이다. 따라서 이 시기 구마모토번의 '학당'은 형성되는 도중에 정치적으로 동결되었다고 할 수 있다. 그러나 페리 내항 이후 겐모쓰와 쇼난이 정치의 전면에 등장할 때 이 '학당'은 그들의 중요한 정치적 기반이 되었다.

104 대표적으로는 蓑田勝彦, 「熊本藩主=細川斎護の「実学連」排除: 「学校党」は存在したのか」, 『熊本史学』 92, 2010.

소결

구마모토번에서는 페리 내항 이후 실학당, 근왕당, 그리고 마침내 학교당까지 형성되어 격렬한 정치투쟁을 벌였는데, 이들 정치세력의 기반에 '학당'이 중요한 역할을 했다. 막말기에는 이미 일반 사무라이들이 과잉이라고까지 할 정도로 정치화되어 있었기 때문에 '학당' 이외에도 그들을 정치화시키고, 정치적으로 이어줄 매개체들은 널리 존재했다. 그러나 19세기 전반 일반 사무라이의 정치참여가 드물었을 때 이들을 정치적으로 기동시킨 중요한 기반은 '학당'이었다.

학(學)을 매개로 또는 구실로 정치토론을 하는 것은 동아시아에서 널리 정당성을 인정받는 행위였고, 또 권력 측도 '학적 네트워크'를 인정하거나 장려했기 때문에 여기서 파생된 '학당'을 초기부터 노골적으로 탄압하기는 쉽지 않았다. 이 '합법 공간'을 이용해 사무라이 사회의 정치화가 장기간에 걸쳐 비교적 폭넓고 점진적으로 이뤄졌다. 본 장에서는 구마모토번의 '학당'이 형성되는 초기 과정을 검토해 보았다. 이 시기 '학당'은 형성되자마자 정치적으로 잠복기를 갖게 되지만, 광범한 '학적 네트워크'의 존재와 거기서 '학당'이 파생되어 나오는 과정을 구마모토번의 사례는 잘 보여 주고 있다.

제3장
사쓰마번(薩摩藩)의 '학당', '근사록당(近思錄黨)'

본 장에서는 구마모토번의 '실학당'과 함께 필자가 이 시기 대표적 '학당'으로 주목하는 사쓰마번의 '근사록당'을 살펴볼 것이다. 당의 이름에 '근사록'이라는 주자학의 대표적 서명이 붙어 있는 데서도 알 수 있듯이, 이 정치 그룹의 형성 과정은 사무라이 사회에서 '학적 네트워크'를 기반으로 한 정치세력, 즉 '학당'이 형성되는 모습의 일단을 보여 줄 것이라고 생각한다. 앞의 제2장에서 구마모토번을 중심으로 사숙 혹은 학습회에 기반해 정치 그룹이 형성되는 모습을 검토해 왔는데, 본 장은 사쓰마번을 통해 또 하나의 사례를 보여 주게 될 것이다.

'근사록당'은 '근사록사태(近思錄崩れ)'라는 권력투쟁 가운데 그 모습을 선명히 드러냈다. 이것은 『근사록』 등 주자학의 주요 텍스트를 읽는 학습회에서 출발한 '근사록당'이 1804년 번정을 장악했다가 반격을 당하여 사쓰마번 정치투쟁사상 최대의 처벌자를 낳은 정변을 말한다. 우선 눈길을 끄는 것은 이 정변의 이름과 그 주도자들에게 『근사록』이라는 주자학 텍스트의 이름이 붙어 있다는 점이다. 어떤 정치세력의 명칭에 특정 서적의 이름이 붙는 경우가 또 있는지는 모르겠으나, 조선, 중국도 아닌 사무라이 사회 일본에서 이런 명칭이 생겨난 것에 필

자는 주목하고 싶다.[1]

제1절 사숙·학습회와 '근사록당'

'근사록 사태'에 대해서는 그간 몇몇 연구가 있었으나 주로 이 사태의 전개 과정에 대한 소개와 '근사록당'이 추진했던 정책에 관심을 두어 왔다.[2] 최근 회독과 관련한 연구를 정력적으로 추진하고 있는 마에다 쓰토무(前田勉)가 이 사건을 회독하는 학습회의 정치화라는 관점에서 접근해 필자의 견해와 유사한 시각을 보이나,[3] 간략하게 언급하는 데 그칠 뿐 아니라 이 사건을 분석하기 위한 기본 사료인 『문화붕당실록(文化朋黨實錄)』을 이용하지 않았다. 필자는 '사대부적 정치문화'의 확산이라는 관점에서 그 주요 요소인 '학적 네트워크'의 정치화와 그에 기반을 둔 '학당'이 출현한 하나의 실례로서, 『문화붕당실록』의 분석을 통해 이 사건을 검토하고자 한다.[4]

1 『文化朋党実錄』에는 '근사록당'이라는 명칭은 나오지 않고 대신 '태극당'이라는 명칭만 나오지만, 그것도 역시 『太極圖說』에서 나온 것이므로, 그 의의는 같다고 할 수 있다. 그 밖에도 사쓰마번에서는 '古學黨'(『文化朋党実録』 文化 4年 1月 19日條), '實學黨'(享和 2年 1月 6日條) 등 학문의 성격으로 정치 파벌을 이름 짓는 일이 자주 보인다.

2 黒田安雄, 「薩摩藩朋党事件とその歴史的背景」, 『九州文化史研究所紀要』 19, 1974; 「文化朋党事件後の薩摩藩」, 『史淵』 112, 1975; 『鹿兒島県史』 2 第3章 第2節, 仁川堂川橋印刷所, 1940.

3 前田勉, 『江戸の読書会』.

4 『文化朋党実録』(鹿兒島県歴史資料センター黎明館 編, 『鹿兒島県史料: 斉宣·斉興公史料』, 1985에 수록)은 '근사록당'에 의해 번교 교수 자리에서 쫓겨난 야마모토 덴조(山本傳藏)가 그들의 집권에서 실각, 처벌에 이르는 과정을 기록한 것이다. 따라서 '근사록당'에 부정적 시각을 보이는 것은 당연하겠

먼저 이 사건의 개요를 살펴보면 다음과 같다. 사쓰마번에서는 18세기 후반부터 번주 시마즈 시게히데(島津重豪)가 장기간 집권(1755~1787)하며 여러 가지 정책을 펼쳤는데, 그가 1787년 은거한 후 13세의 장남 나리노부(齊宣, 1774년생)가 신번주에 취임했다. 그러나 실권은 여전히 시게히데에게 있었다. 나리노부가 장성함에 따라 시게히데에 반대하는 세력들이 나리노부를 중심으로 결집하여 1804년경부터 실권을 장악하기 시작했다. 지치부 스에야스(秩父季保), 가바야마 히사코토(樺山久言) 등이 핵심 인물이었고, 그들을 따르는 인물들이 속속 번정의 중추에 진입했다. 그러나 시게히데의 반격으로 집권한 지 채 4년도 되지 않은 1808년 이 일파는 권좌에서 쫓겨나고 사쓰마번 사상 최대의 처벌자를 낳게 된 것이다. 본고에서는 강한 결속력을 과시한 이 정치세력이 형성된 과정을 검토하면서 이 세력이 그 이전의 사무라이 정치세력과는 다른 기반 위에 형성된 새로운 성격의 정치세력, 즉 '학당'의 면모를 갖추고 있었다는 점을 지적하고자 한다. 그럼 이 '근사록당'이 형성되어 가는 상황을 살펴보자.

> 지치부 스에야스(秩父季保)는 어려서부터 학문을 좋아했다. 하시구치 고렌(橋口子漣, 즉 權藏)의 문하에 출입한 지가 오래되었으나 후에 절연하고는 찾지 않았다. 혼자서 열심히 책을 읽어 주야로 게을리하지 않았다. 때때로 2, 3명의 동지와 강습 토론했다. …… 구마모토 군로쿠(隈元軍六), 가와바타케 헤이조(川畑平藏, 즉 森岡孫右衛門), 아리마 쓰기자에몬(有馬次左衛門), 나라하라 스케자에몬(奈良原助左衛門) 등의 무리가 매번 내방하

으나, '근사록당' 인물들에 대해서도 평가할 만한 부분은 적극적으로 평가하는 등 그들에게 숙청된 사람의 기술치고는 상당히 객관적인 서술이 돋보이는 사료다.

여 함께 학술을 논하고 인재를 품평했다. 이들은 일찍이 기토 다케키요(木藤武清, 즉 市左衛門) 밑에서 『태극도설(太極圖說)』을 배웠다. 따라서 그의[木藤] 사람됨을 칭찬하고 그의 학설을 선전했다. 스에야스(季保)가 흠모한 것이 오래되었다. [그의] 가르침을 알고서는 마침내 다케키요(武清)에 만나 뵐 것을 청했다. 다케키요도 원래 그의 이름을 알고 있었기에 신을 거꾸로 신고 맞아들여 관호소어(款好笑語)하는 것이 오래 알고 지낸 사이 같았다. 스에야스가 『태극도설』을 꺼내어 의심스러운 부분을 물었다. 다케키요가 변설(辨說)하여 축적해 둔 비결을 모두 가르쳐 주었다. 스에야스가 물러나 사람에게 말하길, 치체(治體)의 요(要)는 태극에 갖춰져 있다. 다케키요 선생님은 도덕의 선생이다. 도설을 꿰뚫고 있다. 나는 이분을 선생님으로 모시고자 한다고 하며 매우 기뻐했다. 마침내 동지인 가바야마 히사코토(樺山久言), 시미즈 모리유키(清水盛之), 모리야마 산조(森山三十)에게 권하여 다케키요를 만나 수업을 받게 했다. 이때부터 날을 정해 왕래하며 회집(會集)하여 함께 도설을 강론했다. 얼마 지나지 않아 스에야스, 히사고토 모두 가로가 되자, 모리유키는 고요닌(御用人)이, 산조는 고소바야쿠(御側役)가, 군로쿠는 고긴슈방(御近習番)이 되었다.[5]

이를 보면 이 그룹 형성의 중심에 기도 다케키요(木藤武清)라는 학자가 있음을 알 수 있다. 번사들인 구마모토 군로쿠(隈元軍六), 가와바타케 헤이조(川畑平藏), 아리마 쓰기자에몬(有馬次左衛門), 나라하라 스케자에몬(奈良原助左衛門) 등이 그에게서 『태극도설』을 배웠는데, 이들은 자주 지치부를 찾아와서 함께 학문을 논했고, 그 과정에서 자신들의 스승인 기도를 소개하고 칭찬했다. 이에 지치부가 기도를 찾아갔는데,

5 『文化朋党実録』2 文化 4年 12月 26日條, 827쪽.

그 견식에 반하여 이번에는 그 스스로 가바야마 히사코토(樺山久言), 시미즈 모리유키(淸水盛之), 모리야마 산조(森山三十) 등을 그 문하에 끌어들였다는 것이다. 이 기사에서는 적어도 3개의 학습회를 확인할 수 있는데, 기도 밑에서 『태극도설』을 학습하던 군로쿠 이하 사람들의 학습회, 지치부가 매번 2, 3명 동지와 강습, 토론했다는 학습회, 또 기도 문하의 사람들이 지치부에게 매번 와서 학술과 인재를 품평했다는 학습회다. 지치부가 기도를 방문한 것을 계기로 이 3개 모임이 기도의 학설을 중심으로 하나로 연결되었고, 이 학습회는 단순히 유학 학습을 넘어 점점 정치색을 띠어 갔다. '근사록당'이라는 '학당'이 형성되기 시작한 것이다.[6] 이 기사의 마지막에 보이는 것처럼 지치부가 실권을 장악했을 때, 이 멤버들은 중요 역직에 발탁되었다. 이처럼 학습회, 유명 선생, 특정 학설이라는 종전의 사무라이 사회에서는 찾아볼 수 없던 요소들이 매개되어 '학적 네트워크'가 형성되고, 이것이 정치조직화되어 '학당'이 생겨나는 현상을 이 사례는 잘 보여 주었다.

그런데 이들이 집권 후 보인 행태는 매우 흥미롭다. 1807년(文化4) 12월 24일 번교의 핵심 인물인 소바요닌격(側用人格) 교수 야마모토 덴조(山本傳藏)가 『학술(學術)』이라는 이름의 문건을 작성하여 번주에게 제출했다.[7] 이것은 야마모토가 '근사록당'의 학문을 비판한 내용이었는데, 이때는 이미 '근사록당'이 번의 요직을 장악한 뒤였다. 그런데 이에 대한 '근사록당'의 반격 양태가 주목된다. 이틀 후인 12월 26일 번주는 교수직은 오로지 제생(諸生) 교육에 힘쓰고 다른 일에 상관해서는 안 되는데도 함부로 책을 써서 정사를 논한 것은 매우 기괴한 일이라

6 실제로 번교 조사관 교수 야마모토 덴조는 기도 다케키요 그룹을 '학당'이라고 표현했다(『文化朋党実録』 文化 4年 12月 26日條, 827쪽).

7 이하 『文化朋党実録』 2 文化 4年 12月 24日條, 824쪽.

고 야마모토를 질책한 뒤, 그 책을 불태우고 초안 등도 종이 한 장 남기지 말고 제출할 것과 다시는 일절 정치에 관해 쓰지 말 것을 명령했다. 그러면서 번주에 대한 그 날의 『성리대전(性理大典)』, 『태극도(太極圖)』 강석은 야마모토가 아니라 조교에게 하도록 했다.[8] 이에 따라 미각(未刻, 오후 1~3시)에 어우필두격조교근(御右筆頭格助教勤) 하시구치 겐조(橋口權藏), 어기록방견습조교근(御記錄方見習助教勤) 미야시타 슈자에몬(宮下主左衛門)이 어전에 불려나가, 이 중 하시구치가 『태극도』의 수장(首章)을 강의했다. 이들은 모두 야마모토와 가까운 자들이었고, 당시 어전에는 가로 쇼겐(將監), 지치부, 오메쓰케(大目付) 겐모쓰(監物) 등이 함께 있었다.

> 강의가 끝나자 다로님(太郎殿[지치부])이 고성으로 "오늘 강석은 매우 소략하다. 다시 한번 반복해야 한다"고 하자, "몇 번을 읽더라도 마찬가지"라고 겐조가 사양했다. 그런데도 [다로가] 억지로 분부를 하기에 하는 수 없이 대의를 말했는데, 해설의 뜻을 그래도 알지 못하겠다며 슈자에몬(主左衛門)에게 강의하도록 분부했다. 겐조와 마찬가지라며 슈자에몬이 사양하자 [다로가] 마침내 세 가지 의문점을 지적하며 겐조를 힐문했다. 겐조가 변설했지만 여전히 의견이 일치되지 않아 대논쟁이 되어버렸다. 모리야마 산조(森山三十), 구마모토 군로쿠(隈元軍六) 등을 호출하여 각자 의견을 물어보니 모두 다로님의 의견에 찬성하고 [조교의 설이] 전혀 맞지 않는다고 말했다. 그러는 사이 대종(大鐘)이 이미 울리고 신하각(申下刻[오후 4시 30분경])까지도 논쟁이 그치지 않자 주군께서 매우 지루

8 번주가 유학고전 수업을 받는 것 자체가 매우 주목할 만한 현상이다. 『文化朋党実錄』을 보면 번주 나리노부(齊宣)가 지속적으로 학자들의 강석을 받았음을 알 수 있다. 다른 번에서도 그런 예는 많이 볼 수 있다.

해하는 기색을 보이셨다. 이에 겐모쓰(監物) 님께서 주군을 향하여 오늘은 우선 여기까지가 좋겠다고 말씀 올리고 겐조를 향해 물러가라고 하여 겐조와 슈자에몬이 어전에서 물러갔다.[9]

이를 보면 야마모토 쪽 학자들의 해석에 '근사록당'의 지치부가 먼저 반박했고, 이어 '근사록당'의 핵심 멤버들이 잇달아 들어와 재차 그 설을 반박했다. 모리야마 산조(森山三十)와 구마모토 군로쿠(隈元軍六)는 앞에서 본 대로 기도 다케키요 문하에서 오랫동안 지치부와 함께 공부했던 사람들이며, 야마모토에게 번주의 견책명령을 전달한 바로 그 사람들이다. 여기서 주목되는 것은 학술 논쟁이 권력투쟁의 수단이 되어 있다는 점이다. '근사록당'은 야마모토 쪽 학자들의 학설을 어전에서 논파함으로써 자신들의 학설이 지닌 정당성을 번주와 상대 세력에게 각인시킨 것이다. 그리고 가로인 지치부 자신이 학자들과 학술 논쟁을 감행했다는 점도 주목할 만하다. 번주 앞에서 『태극도설』에 관한 형이상학적인 학술 논쟁을 벌였다는 점, 그것이 단순한 학술 토론이 아니라 권력투쟁의 일환이었다는 점, 번의 최상층인 가로가 직접 이런 학술 논쟁에 관여했다는 점 등은 종래의 사무라이 사회와 비교한다면 실로 주목할 만한 변화라고 할 것이다.

'근사록당'은 이어 자신들의 스승인 기도 다케키요의 가격(家格)을 높여 준 다음, 야마모토를 대신해 어전강의를 담당케 했다. 즉 1808년(文化5) 정월 18일 기도가 처음으로 어전에서 『태극도설』을 강의하기 시작해 이로부터 3일 혹은 5일 간격으로 강의가 계속되었다. '근사록당'의 핵심인 구마모토도 어전에서 『태극도설』 수장을 강의했다. 그

9 『文化朋党実録』2 文化 4年 12月 26日條, 826쪽.

리고 이어 정월 21일 야마모토가 공식적으로 면직되어 번교 조사관에서 쫓겨났다.[10] 그러나 '근사록당'은 권력을 잡은 지 4년 만인 1808년 시마즈 시게히데의 반격을 받고 권력의 자리에서 일제히 쫓겨났다. 수십 명이 면직된 것은 물론 중심인물인 지치부와 가바야마는 할복했다. 이 당쟁의 격렬함을 엿볼 수 있다.

덧붙이면 막말기에 사이고 다카모리, 오쿠보 도시미치 등 하급 무사들의 정치활동이 활발해지는 데에도 학적 매개가 중요한 역할을 했다. 사이고는 청년기에 양명학자에게서 학문을 배웠다. 이때 오쿠보 도시미치, 나가누마 가헤이(長沼嘉平) 등이 함께했다. 이들은 수개월간 『전습록(傳習錄)』을 함께 읽었다.[11] 사이고와 오쿠보가 '정회(定會)'에 자꾸 결석하는 것을 이상하게 여긴 지인이 추궁하자 두 사람은 '다카사키 사태(高崎崩れ, 1850년을 전후해서 일어난 또 다른 당쟁사건)'를 얘기해 주었다고 한다.[12] 여기서 '정회', 즉 학습회의 존재를 확인할 수 있다. '다카사키 사태' 사건 이후에도 사이고 등은 동년배들과 근신을 명받은 아리마 요시나리(有馬義成), 세키 히로쿠니(關廣國)의 문(門)에 출입하며 『근사록』, 『전습록』 등을 연구했다.[13] 아리무라 슌사이(有村俊才) 역시 20세인 1852년경에 사이고와 오쿠보, 나가누마 등과 날짜를 정하여 『근사록』을 회독했다고 했다.[14] 이것들이 같은 학습회인지, 다른 학습회인지는 분명치 않으나 얼마 지나지 않아 사쓰마번의 새로운 정치세력으로 등장하는 이른바 세이추구미(精忠組)의 중심인물들이 이때

10 『文化朋党実録』 3 文化 5年 正月 21日條, 833-834쪽.
11 海江田信義, 『維新前後 実歷史伝』 1(복각판), 東京大学出版会, 1980, 11쪽.
12 海江田信義, 『維新前後 実歷史伝』 1, 12쪽.
13 『鹿兒島県史』 3, 1941, 251쪽.
14 海江田信義, 『維新前後 実歷史伝』 1, 11쪽.

이미 사숙, 학습회를 매개로 결속했다는 것을 알 수 있다.[15]

제2절 '근사록당'을 통해 본 '학당'의 특징

이 시기 나타난 '학당'의 특징으로 먼저 주목되는 것은 주자학의 영향이다. 흥미롭게도 필자가 지금까지 연구해 온 사쓰마, 구마모토, 죠슈, 미토, 에치젠번(越前藩) 5개 번에서 정치의 중심에 선 학습회 중 죠슈, 미토번을 제외한 3개 번의 학습회가 주자학을 신봉하는 그룹이었다. 죠슈와 미토번 '학당'도 주자학을 그대로 신봉하지는 않았으나 주자학의 큰 영향 아래 그것을 변형시킨 학풍이었다고 볼 수 있다. 물론 '학당'들과 주자학의 관계를 성급히 예단하는 것은 삼가야 하겠지만, 중요한 번들에서 개혁과 권력투쟁을 주도한 '학당' 중 상당수가 주자학을 신봉하거나 강한 영향을 받았던 것은 19세기 일본의 정치변혁 과정에서 주자학의 위치를 가늠할 때 주목해야만 할 사항이다.[16]

이 '학당'들은 한결같이 소라이학파와 그 영향으로 인해 주로 시

15 『鹿兒島県史』의 집필자는 사이고 다카모리 등의 정치세력은 직접적으로는 '가에이 붕당(嘉永朋黨)'의 영향을 받았고, 거슬러 올라가서는 '분카 붕당(文化朋黨)'의 계통을 계승한 것이라며, 사이고 등이 '가에이 사건' 관계자의 사면, 지치부 스에야스(秩父季保) 등의 자손들의 사면과 등용을 건의한 것을 지적했다(『鹿兒島県史』 3, 252-253쪽). 그렇다면 '분카 붕당' 이래 사쓰마번 사무라이들 사이에서는 수십 년간 당파가 존재해 왔다고 상정할 수 있는데, 상세한 것은 좀 더 검토가 필요하다고 여겨진다.

16 물론 주자학 이외의 학문을 신봉하는 '학당'들도 다수 있다. 유명한 오시오 헤이하치로(大鹽平八郎)의 세심동숙(洗心洞塾)은 양명학의 '학당'이고, 막말기에는 수많은 국학의 '학당'이 생겼다. 다만 의학, 자연과학을 주로 공부했던 난학에서 '학당'이 거의 출현하지 않은 것은 주의할 만하다.

문을 중시하는 학풍을 공격했고, 소라이학파의 영향력이 약해지고 주자학이 우위를 점한 경우에도 기성 주자학 그룹의 훈고적 경향이나 현실정치와 거리를 두는 고답적 경전연구 등을 강하게 비판했다. 그들이 공통적으로 주장하는 것은 경세, 즉 현실정치에 직접적으로 연관되는 학문이었고[學政一致], 이를 '실학(實學)'이라고 자칭했다.

사쓰마번에 대해서는 앞에서 말했듯이 '근사록당', '태극당'이라는 이름에서 이미 이들이 주자학을 신봉한다는 점을 짐작할 수 있다. 이 학습회의 스승인 기도는 "정주(程朱)를 매우 숭상하고 무로 규소(室鳩巢)를 신봉했다. 힘써 한유(漢儒)를 폐하고 소라이를 배척하여『근사록』에 힘을 들였다. 더욱이『태극도』에 정통하고 아울러『통서(通書)』,『정몽(正蒙)』도 공부했다"[17]라고 한 데서 알 수 있듯이 소라이학과 한당 훈고학을 배척하고 주자학을 숭상했다.

이 같은 학문적 경향은 '근사록당'이 집권한 후에 번의 공식 방침이 되었다. 1808년 2월 번 가로이자 '근사록당'의 핵심 인물인 가바야마 히사코토(樺山久言)는 번교 조사관을 방문한 자리에서 교수, 조교들에게 시문지예(詩文之藝)만으로는 덕행이 이뤄지기 어려우므로, 향후에는 이의지토론강학(理義之討論講學)을 중시할 것을 강조하면서 "소라이서를 학습하는 자는 없을 테지만 만일 하는 자가 있다면 못하게 해야 한다. 무엇보다도 풍속을 흐트러뜨리고 사설(邪說)을 생기게 하는 원인이 되므로 오로지 정주지서(程朱之書)를 신봉해야만 한다"라고 못박았다.[18]

급기야 1808년 사쓰마 번주는 번의 최상층 가신들을 향해 다음과 같은 방침을 천명했다.

17 『文化朋党実録』3 文化 5年 正月 15日條, 831쪽.

18 『文化朋党実録』4 文化 5年 2月 25日條, 844쪽.

> 일문독례(一門獨禮)는 물론 대신분(大身分)과 제사(諸士)에 이르기까지 지금 학문을 하지만, 필경 문예만을 즐기기 때문에 의리를 스스로 깨닫고 충효지도를 바르고 견고하게 지키는 자가 적고 …… 재주가 있어 독서를 열심히 하는 자는 있지만 정주지서(程朱之書)를 숙독하지 않기 때문에 도의 대본(大本)과 치체(治體)의 대요(大要)에 근본하지 못하고 지엽적인 학문을 하니 일신에 전혀 무익할 뿐 아니라 오히려 일신을 망치고 정도를 해하여 …… 이단고주(異端古注)를 즐기거나 소라이 같은 학문을 하는 자는 반드시 금지해야만 한다.[19]

이상과 같이 소라이학은 공식적으로 금지당하고, 정주학 이외의 '이단고주'도 배척당했다. 그리고 오로지 '정주지서를 신봉'할 것을 강제했던 것이다. '근사록당'의 이런 방침에는 10년 전 막부가 행한 '이학(異學)의 금(禁)'의 영향도 있었겠지만, 그보다 훨씬 강력한 어조로 이 같은 방침을 강제했던 것이다.[20]

한편, 에치젠번(越前藩)에서도 '학당'은 주자학과 관계가 깊었다. 거번상락(擧藩上洛)이라는 과격한 정책을 추진한 에치젠번의 정치세력은 주자학자 요코이 쇼난(横井小楠, 1809~1869) 휘하의 '학당'이었다(본서 제3부 3장). 요코이에 협력했던 번 내 중신 혼다 히다(本多飛驒), 마쓰다이라 슈메(松平主馬) 등은 모두 요시다 도코(吉田東篁)의 문하로 야마자키파(山崎派)이며 주자학을 신봉했다. 요코이의 주자학이 야마자키 안사이(山崎闇齋)에 연결되었음은 앞에서 서술한 대로다. 이에 비해 반대파 중심인물인 나카네 유키에(中根雪江)는 히라타 아쓰타네(平田篤胤)

19 『文化朋党実録』 6 文化 5年 4月 5日條, 847쪽.

20 앞에서 서술한 구마모토의 '학당'인 실학당도 소라이학과 시문지예의 학풍에 대한 반발로 시작했다고 할 수 있다.

문하였고, 전 번주 요시나가(慶永)도 분큐기(1861~1864)에는 히라타학에 관심을 보이고 있었다.[21] 이런 점에서 마쓰다이라 요시나가(松平慶永)가 후일 "야마자키파는 완고하여 시나 문장은 완물(玩物)과 같이 간주하고 시 · 문장을 짓는 것을 아무튼 싫어한다. 오로지 『대학』, 『논어』, 『맹자』, 『소학』, 『근사록』 등만을 주로 읽고 그 외의 책은 강의도 하지 않는다. 이 때문에 윤강 · 회독 등은 성하지만 문장 또는 시 등을 읽지 않는다. 완고의 학으로 실로 지금 생각하면 냉소를 금할 수 없다. …… 실로 후쿠이(福井[에치젠번])에서 이같이 문운이 성하게 된 것은 나카네 유키에옹(中根雪江翁)의 공로가 적지 않다. 사람들은 이것을 알아야만 한다"[22]고 한 것은 이 시기 사정을 단적으로 보여 주는 증언이라고 할 만하다. 이처럼 에치젠번에서도 쇼난의 지도 아래 주자학을 배운 '학당'이 과격한 정치행동을 시도했던 것이다.

유명한 미토번의 학파 간 쟁투도 이상과 같은 큰 흐름 가운데 위치 지어 볼 수 있다. 간세이기에 창고관 총재였던 다치하라 스이켄(立原翠軒)은 소라이학에 경도되어 있었고, 이에 대해 '주자학의 극단적인 일본적 변형'이라고 할 수 있는 미토학의 도전이 있었던 것이다. 미토학은 주자학의 영향을 받고 생겨나긴 했으나 더는 주자학이라고 할 수 없을 정도로 다른 사상 체계를 형성해 버렸지만, 학정 일치, 즉 학문의 즉각적 정치참여를 주장한 점에서 구마모토번의 실학당과 같은 입장이었고, 실제로 번주 도쿠가와 나리아키(德川齊昭)는 미토학을 일러 '미토실학(水戶實學)'이라고 불렀다.[23]

21 伴五十嗣郎, 「福井藩における平田学の興隆: 松平春嶽 · 中根雪江を中心として」, 『国学院雑誌』 74-11, 1973, 246쪽.

22 「真雪草紙」, 『松平春嶽全集』 1, 原書房, 1973, 35-36쪽.

23 堤克彦, 『肥後藩における「実学」の形成と展開』, 211쪽.

앞에서도 언급한 것처럼 주자학 이외의 학문을 신봉하는 '학당'도 많았고 이들에게도 충분히 주의를 기울여야만 전체상을 제대로 조감할 수 있을 것이다. 그러나 이상에서 본 것처럼 적지 않은 '학당'의 탄생과 대두에는 주자학이 깊이 관련되어 있었다. 18세기 말 이후 소라이학파의 영향력이 급속히 떨어진 후에는 주자학 세력 사이에 쟁투가 벌어지는 경우가 많았다. 따라서 적어도 19세기 전반, 중반의 일본에서 주자학이 기성세력의 이데올로기라는 이미지는 재고가 필요하다는 점은 말할 수 있을 것이다.

'학당'과 관련하여 두 번째 특징으로 지적될 수 있는 것은 '학당'은 학이라는 원리에 기반을 두고 새롭게 형성된 신흥당파[徒黨]였고, 그들이 공격했던 상대방은 그들과 같은 수준의 또 하나의 당파가 아니라, 기존의 사회체제의 조직원리에 기반하여 존재하거나 '학적 네트워크'에 기반하더라도 '학당' 수준의 당파적 성격을 띤 집단이 아닌 경우가 많았다는 점이다.[24] 다시 말하면 '학당'의 상대는 또 하나의 당파라기보다는 번의 기성체제였던 것이다. 그렇기에 '학당'은 곧잘 열세였고, 이 열세를 만회할 현실적으로 유일한 방법은 번주의 지지를 확보하는 것이었다. 그것에 가장 성공한 예는 미토번의 '학당'인 후지타파(藤田派)가 번주 도쿠가와 나리아키의 지지를 확보한 사례일 것이다.

한편 번주의 입장에서도 가로지배체제를 극복하고 자신의 정치력을 발휘하기 위해 또는 자신이 추구하고자 하는 개혁의 정치적 지지세력을 확보하기 위해 이 '학당'의 힘이 필요했다. 그러나 그것은 동시에 기존의 세력 관계와 번 질서의 커다란 동요를 각오해야 하는 위험을 수반한 정치적 선택이기도 했다. 이 때문에 한때 이 도당 세력에 관

24 이런 관점에서 구마모토번의 '실학당'을 검토한 것이 蓑田勝彦, 「熊本藩主=細川斎護の「実学連」排除: 「学校党」は存在したのか」.

심을 보이고 손잡았던 '개혁군주'는 얼마 지나지 않아 이 세력과의 연계를 철회하거나[구마모토번의 호소카와 나리모리(細川齊護), 에치젠번의 마쓰다이라 요시나가(松平慶永)], 막부나 전 번주 세력에게 권력을 빼앗기기도 했다[사쓰마번의 시마즈 나리노부(島津齊宣), 미토번의 도쿠가와 나리아키(德川齊昭)].

본고에서 검토한 사쓰마번의 경우는 후자에 해당될 것이다. 번주 나리노부(齊宣)는 전 번주 시게히데의 정책을 수정하기 위해 '근사록당'과 손잡았다. 그러나 이 '근사록당'에 맞설 만한 다른 '당'이 번에는 존재하지 않았다. 반대편에는 에도에서 은거하는 시게히데를 정점으로 하는 기성세력이 존재할 뿐이었다. 야마모토 덴조(山本傳藏)가 '근사록 사태'를 기록하여 『문화봉당실록』이라고 이름 지었을 때 '봉당'이란 오직 '근사록당'만을 가리켰을 뿐 그가 이 사태를 복수 붕당 간의 다툼, 즉 당파 투쟁 또는 당쟁으로 여긴 것은 아니었다. '근사록당'의 반대편에 서 있던 야마모토는 이 책에서 그들이 당을 만든 것을 자주 비난했지만, 한 번도 자기편을 '당'이라고 지칭한 적은 없다.

한편 번주가 개혁을 위해 '학당'과 일시적으로 손잡았다가 그들이 과격해질 기미를 보이자 연계를 철회, 즉 정치적 배신을 한 예로는 구마모토번과 에치젠번을 들 수 있다. 구마모토번에 대해서는 미노다(蓑田)의 연구를 앞에서 소개했으므로 여기서는 에치젠번의 사례를 살펴보자. 에치젠 전 번주 마쓰다이라 요시나가(松平慶永)는 1859년 구마모토번에서 요코이를 초빙했다. 1860년에 '동북행위사건(東北行違事件)'이 발생한 것으로 봐서 요코이가 오기 전에도 에치젠번 내에는 적지 않은 세력 갈등이 있었던 듯하다.[25] 그러나 요코이가 오고 나서 번 내

25 자세한 내용은 본서 제3부 3장 참조.

외 문제에 급진적 해결을 추구하던 세력이 그의 학습회를 중심으로 모여들었다. '학당'이 형성되기 시작한 것이다. 이 '학당'은 앞에서 언급한 대로 주자학 일변도로 학습하는 그룹이었다. 이들을 중심으로 1863년(文久3) 교토에서 존양파가 기염을 토하던 때에 병력을 이끌고 상경한다는 거번상락(擧藩上洛)의 움직임이 일어났다. 치열한 갈등 끝에 결국 이 노선은 실현되지 못한 채 '학당'은 분쇄되었고, 요코이도 에치젠번을 떠났다. 이후 메이지유신이 발발할 때까지 이 '학당'의 멤버들[대표적으로는 유리 기미마사(由利公正)]은 재기하지 못했다.

그간 연구자들은 이를 두고 나카네파(中根派)와 쇼난파(小楠派)의 대립이라고 설명해 왔다. 나카네는 에치젠번의 중신인 나카네 유키에(中根雪江)로 쇼난파를 반대하는 인물이었다. 그러나 에치젠 내에 쇼난파와 유사한 나카네파라는 파벌이 존재했다고는 보기 힘들며, 나카네를 중심으로 쇼난파라는 '학당'을 반대하는 기성체제 세력이 있었을 뿐이다. 거번상락의 좌절도 나카네파의 승리라기보다는, 전 번주 마쓰다이라가 쇼난파라는 '학당'과의 연계를 철회하고 기성 체제세력의 지지로 돌아선 것이 주원인이었다. 그 상황은 미노다가 분석한 구마모토번의 '학교당'처럼 나카네파의 실체도 애매하다는 것, 실학당처럼 쇼난파가 일방적으로 '학당'을 결성하여 기성체제 세력에 도전했고, 번주[또는 전 번주]가 처음에는 '학당'과 연계했다가 결국 기성체제 세력 지지로 돌아섰다는 것, 그 후 이 '학당' 세력은 유신 때까지 재기하지 못했다는 점 등에서 매우 유사하다.

세 번째로 '학당'의 특징으로 들 수 있는 것은 회독이라는 학습 방법이다. '학당'들은 학습 과정에서 한결같이 회독이라는 학습 방법을 채택했다. 전술한 대로 회독은 참가자들이 공통의 텍스트를 읽고 한 사람씩 돌아가며 해석하는 학습 방법을 말한다. 해석이 끝나면 그에 대한 질문과 논박, 대답 등이 활발하게, 때로는 격하게 일어나는 것이 보통이었다. 회독에 대해서는 일찍이 필자가 미토번 후지타파 정치활동의 기반으로 주목한 바 있으나,[26] 그 후 마에다 쓰토무가 본격적으로 연구해 많은 부분이 밝혀져 있다.[27] 이하의 서술은 그의 연구에 의존한 바가 크다. 단 그는 사상사, 교육사적 측면에서 회독을 다루었기 때문에 학습 방법에 초점을 두었으나, 필자는 그것을 통해 학습회가 '학당'으로 전환되어 가는 과정을 더욱 중시하고 싶다.

앞에서도 회독에 대해 서술한 바 있으나, 좀 더 상세하게 살펴보자. 에도시대 학습 방법에는 소독, 강석, 회독 세 가지가 있었다. 이 중에서 회독은 위에서 설명한 방식대로 진행되기 때문에 각자가 해당 구절에 대한 자기 생각을 명확히 갖고 있지 않으면 견뎌내기 힘든 학습 방법이었다.

회독은 오규 소라이 이후 널리 유행했으나 이미 이토 진사이의 학습회인 동지회에서도 회독을 행하고 있었다. 그 후 회독은 번교, 사숙, 학습회 등 데라코야(寺子屋)를 제외한 거의 모든 교육, 학습 기관에서 광범하게 행해졌다. 특히 간세이기에 쇼헤이자카 학문소에서 회독이 채용

26 박훈, 「徳川末期 水戶藩의 南上운동과 정치공간」, 『역사학보』 173, 2002, 227-234쪽(본서 제2부 3장 참조).

27 前田勉, 「近世日本の公共空間の成立: 「会読」の場に着目して」, 『愛知教育大学研究報告』(人文 · 社会科学 編) 55, 2006; 「金沢藩明倫堂の学制改革: 会読に着目して」, 『愛知教育大学研究報告』(人文 · 社会科学 編) 58, 2009; 「吉田松陰における読書と政治」, 『愛知教育大学研究報告』(人文 · 社会科学 編) 60, 2011; 「江戸後期の読書と政治」, 『日本文化論叢』 19, 2011; 「明治前期の'学制'と会読」, 『愛知教育大学研究報告』(人文 · 社会科学 編) 61, 2012. 그는 최근 이런 연구 성과를 바탕으로 회독에 대해 총괄했다(『江戸の読書会: 会読の思想史』, 平凡社, 2012). 한편 박지영은 막말기 에도에 있는 유지다이묘(有志大名)들의 네트워크를 다룬 논문에서 이들 간에 매달 회독이 실시되었음을 발견해냈다(박지영, 『伊達宗城: 「大名同志会」から「賢候クラブ」』, 東京大学博士学位論文, 2011, 20-21쪽).

된 이래 여기에 유학 온 각 번의 수재들이 그들이 배우던 서생료(書生寮)에서의 격렬한 회독 방법을 각 번에 돌아가 그대로 전파하게 되자 회독은 더욱 유행하게 되었다.

마에다는 회독의 특성을 상호 소통성, 상호 대등성, 결사성으로 지적하고, 이런 점들이 엄격한 신분 사회였던 도쿠가와 사회와 학습 공간을 구별 짓게 만들었다고 지적했다. 먼저 상호 소통성, 상호 대등성의 측면을 보면, 무위(武威)를 가지고 인민을 복종시키며, 이(理)보다 법을 우선시하는 병영국가인 도쿠가와 사회에서 이치를 따지며 토론하는 관습은 매우 희박했는데, 회독은 예외적 공간이었다. 회독에서는 발표자가 한 구절을 해독하고 자기 의견을 말하면 그에 대한 철저한 토론이 이뤄져 서로 견해를 교환했다. 회독 성적에 따라 학교 내에서 앉는 자리 등이 결정되는 경우도 있었기 때문에 이 토론은 곧잘 격렬해졌고, 어떤 경우에는 전투에 비견되기도 했다. 이런 토론은 신분, 연령 등에 관계없이 상호 대등성이 보장된 상태에서 가능한 것이었다. 회독의 장이 '차좌(車座)', '단좌(團座)'라고도 불렸던 것처럼 참가자는 누구나 동등한 처지였다. 바깥에서는 대면조차 쉽지 않을 정도로 신분 격차가 있는 사이라도 학습회의 공간에서는 대등성이 보장되었다. 이것이 가능했기에 가로 등 최상층 사무라이와 중하층 사무라이들이 같이 앉아 회독을 행할 수 있었고, 때로는 번주까지도 참석하는 일이 가능했다. 오규 소라이나 요시다 쇼인이 회독 참가자를 일률적으로 '제군(諸君)'이라고 불렀던 것은 이 같은 상황을 보여 준다.

다음으로 결사성이다. 이 부분이 필자가 제기한 '학당'이라는 개념과 유사하다. 다 그런 것은 아니었지만 흔히 회독 참가자들은 자신들을 '사중(社中)'이라고 부르며 결사성을 과시했다. 오규 소라이나 요시다 쇼인도 자신의 회독을 '오당(吾黨)'이라 불러마지 않았다. 회독의 교재로는 유교경전 또는 역사서 등이 주로 사용되었기 때문에 이를 둘러싼 토론은 곧잘 시사 문제 토론 또는 시정(時政) 비판으로 연결되었다. 이 때문에 번교 당국자들은 회독을 허용하면서도 그 과정에서 정치토의가 일어나는 것에 대해 빈번하게 금지령을 내렸다.[28] 그러나 사숙이나 학습회 등은 당국이 직접 규제할 방도가 없었다.

회독은 당시 널리 퍼져 있었지만, '학당'을 탄생시킨 학습회의 회독은 그중에서도 몇 가지 점에서 특이했다. 학습회에서는 여러 경전과 사서를 두루 박람하는 것을 오히려 경계했고, 특정 텍스트만 배타적으로 읽었다. 또 그마저도 텍스트의 원의에 정밀히 천착하기보다는 그것을 소재로 곧장 시사 담론이나 시정 비판을 활발히 행했다. 가나자와번(金澤藩)에서는 덴포기에 번교 명륜당(明倫堂)의 중심인 도시요리(年寄) 오쿠무라 에이지쓰(奧村英實)와 오시마 도넨(大島桃年)의 교육 방침을 비판하는 우에다 사쿠노조(上田作之丞)가 사숙 거유간(擄遊館)을 운영했는데, 그의 교육 방침은 책을 물리치고 시세의 옳고 그름을 토론하는 것이었다. 그는 서물의 형기문자(刑器文字)보다는 의리 연구에 중점을 두며, 단 하나의 도리를 밝히는 것이 중요하다고 주장했다. 이를 위해서는 서적을 굳이 많이 읽을 필요는 없다는 것이다. 이에 대해 번교 측의 오시마 도넨은 1837년(天保8) 상서를 올려 우에다의 무리가 학습회에 책도 지참하지 않고 정사를 논의하며 맹세문 따위를 만들고 이상한 복장으로 돌아다닌다고 규탄했다. 그러면서 이 자들에 의해 처사횡의(處士橫議)가 일어날 것을 우려했다.[29]

이런 회독 모습을 구마모토번에서도 찾아볼 수 있음은 앞 장에서

28 1793년(寬政5) 막부의 학문소가 제정한 「학규오칙(学規五則)」에는 학문소 내에서 국정을 논하는 것을 금지했다(前田勉, 『江戸の読書会: 会読の思想史』).

29 前田勉, 『江戸の読書会: 会読の思想史』, 216-234쪽.

살펴본 대로다. 구마모토번 실학당의 사숙에서는 『근사록』 등 몇몇 텍스트 이외에는 교재로 다루지 않는 편향성을 갖고 있었고, 박람다식을 권장하기는커녕 오히려 경계했다. 또 가나자와번의 우에다 그룹과 마찬가지로 문의(文義)에 대한 천착보다는 그것을 재료로 정사 비판, 나아가 역인 비판까지 활발히 행했다. 그런 입장에서 번교의 학풍을 신랄하게 비판하고 학생들의 출석까지 억눌렀던 것이다.

죠슈번 요시다 쇼인의 사숙인 쇼카손주쿠(松下村塾)에서도 자유분방한 회독 모습을 찾아볼 수 있다. 요시다는 구사카 겐즈이(久坂玄瑞)에게 보낸 편지에서 "요즘에는 큰 더위였는데 매우 장(壯)했다. 격일로 『좌전(左傳)』, 『팔가(八家)』를 회독하면서 숙에서 상거(常居)했다. 7시 지나 회독이 끝났다. 그때부터 밭에 나가거나 쌀을 빻는 데 숙생과 함께 했다. 쌀을 빻는 것은 크게 그 묘(妙)를 얻었다. 대개 2, 3명이 함께하는데 회독을 하면서 빻는다. 『사기(史記)』 등을 24~25쪽 읽는 사이에 쌀 빻는 것이 끝나니 이 또한 유쾌한 일이다"[30]라고 자신의 회독 정경을 전했다. 이는 물론 극단적인 예겠지만, 당시 '학당' 회독의 분위기를 짐작하는 데 도움이 될 것이다.[31]

이런 사정이니 번교를 중심으로 학문적 훈련을 꾸준히 깊게 쌓은 사람들은 이런 종류의 회독을 하는 사람들을 학문적으로 경멸해 마지않았다. 대표적인 사례가 앞에 나온 사쓰마번 교수 야마모토 덴조의 기

30 「久坂玄瑞宛吉田松陰書簡, 安政 5年 6月 28日」(前田勉, 『江戸の読書会: 会読の思想史』, 278쪽에서 재인용).

31 민병희는 주희의 '위기지학(爲己之學)'이 내면세계로의 후퇴가 아니고 오히려 관직 없는 사대부들이 정치에 참여하는 행위라고 그 적극적 의의를 강조했다(민병희, 「주희의 "대학"과 사대부의 사회 · 정치적 권력: 제도에서 심의 "학"으로」, 84쪽). 도당 결성에 급급한 막말기 '칼 찬 사대부'들에게 이 정도로 진지한 '위기지학'의 공부는 찾아보기 힘들다.

도 다케키요에 대한 평이다. 야마모토는 기도가 태극도에 정통했다고 평하면서도 이렇게 말했다.

> 그러나 [다케키요는] 혼자 공부해서 스승이 없고, 고루하여 들은 바가 적다. 이 때문에 생각을 많이 하고 열심히 가다듬기는 했지만 두찬억견(杜撰臆見)의 병폐가 없다고 할 수 없다. 그 학문은 박식에 힘쓰지 않아 사자육경(四子六經)도 아직 통독하지 않았다. 온공(溫公)의 『통감』, 『주자강목』은 전혀 공부하지 않았다. 항상 성명도덕(性命道德)의 이(理)를 강론하고, 일본만수(一本萬殊)의 묘를 제창하면서, 군자의 수기치인의 도에 대해서는 불급(不及)하다고 하여 묻지 않았다. 그러므로 『주례(周禮)』의 대의에 어두워 구분할 줄 모르고[할주(割註) 생략], 고금치란, 제왕의 흥폐에도 어두워 아는 것이 없다[할주 생략]. 때때로 산이나 강에 놀러가 흥에 겨워 시를 짓거나 문장을 만들지만 모두 졸렬하여 읽을 만하지 않다. 그러므로 박문다식하고 유력한 무리(博文多識有力之輩)는 모두 조롱하여 편고(偏固)의 누유(陋儒)라고 하며 따라 배우기를 원치 않았다. 천견과문하고 미력한 무리(淺見寡聞微力之徒)만 그를 흠모하여 주자(周子[주돈이])의 재래라고 서로 떠들어댔다.[32]

그러나 '박문다식유력지배(博文多識有力之輩)'가 점잖게 이들을 나무라는 동안 이 '학당'들은 간단하고 쉬운 학설과 강력한 흡인력으로 '천견과문미력지도(淺見寡聞微力之徒)'를 사로잡아 나갔다.[33]

32 『文化朋党実録』 3 文化 5年 正月 15日條, 831-832쪽.

33 주희의 구상에서 독서공부의 구체적 학습 프로그램으로서 학(學)은 핵심 중 핵심이었다. 그의 학은 갑자기 깨닫는 돈오(頓悟)의 학이 아니라 면밀한 독서와 강의 과정에 입각한 점진적 과정이었다고 한다(민병희, 「주희의 사회 · 정치적 구상으로서의 "학": "공리지학", "공허지학"과의 대조를

소결

본 장에서는 '학당' 형성의 또 다른 예로 사쓰마번의 '근사록당'을 검토했다. 『근사록』을 읽는 학습회를 중심으로 정치적 동지 관계가 형성되었고, 이것이 권력투쟁과 정변 과정에서 중요한 역할을 했다. 그리고 번교 기성세력과 '근사록당' 사이에 문건을 통한 사상투쟁이 벌어졌는데, 이것이 정치투쟁으로 연결되는 현상까지 살펴보았다. 주자학의 주요 텍스트를 둘러싼 해석논쟁이 원래 군 총사령관인 번주 앞에서 벌어졌고, 그것은 권력투쟁과 깊은 관련이 있었다. 이 같은 현상은 아마도 이전 사무라이 사회에서는 보기 어려웠을 것이다.

구마모토번 '실학당'에 이어 '근사록당'을 검토했지만, 이런 관점에서 본다면 미토번의 후지타파와 다치하라파(立原派), 죠슈번 요시다 쇼인의 쇼카손주쿠(松下村塾), 나아가 오시오 헤이하치로의 세심동숙(洗心洞塾) 등 막말 정치사에서 익숙한 집단들도 '학당'의 형성이라는 측면에서 해석될 가능성이 생기게 되는 것이다. 다만 막말 정치사와 사무라이의 정치화를 '학당' 형성이라는 관점에서 포괄하기 위해서는 좀 더 많은 사례연구가 필요하다고 생각된다.

중심으로」, 101쪽). 그에 비하면 막말기의 '학적 네트워크'와 '학당'은 오히려 그런 '성실한 학자'들에게 지탄의 대상이었다.

제2부

공론정치: 상서와 정치공간

필자가 메이지유신에 대해서 공부하기 시작할 무렵 가장 인상 깊었던 것은 그 정도로 거대한 정치사회변혁이 이뤄졌으면서도 정치세력 간의 격렬한 대립 투쟁이 비교적 적었다는 점이다. 한국, 중국 혹은 프랑스, 러시아 등 여러 국가의 역사에서 흔히 볼 수 있는 격렬한 정쟁, 폭력의 동원, 대중운동의 폭발, 내란 등을 예상하고 있던 필자에게는 조금 의외로 느껴졌다. 필자의 눈에는 도쿠가와 요시노부(德川慶喜)의 대정봉환(大政奉還), 후시미 · 도바(伏見 · 鳥羽) 전투 이후 이뤄진 요시노부의 에도(江戶)로의 후퇴, 사이고 다카모리(西鄕隆盛)와 가쓰 가이슈(勝海舟)의 담판에 의한 에도개성(江戶開城) 등 여러 사건이 잘 이해되지 않았다.

여전히 강력한 군사력과 권력 기반을 유지하고 있던 쇼군 요시노부는 왜 이백 수십 년이나 지속되어 왔던 막부권력의 포기를 결단했던 것일까, 자신의 권력에 마지막까지 집착하여 스스로 붕괴하는 것이 일반적이지 않은가, 왜 그는 그렇게 간단히 에도로 철수했던 것일까. 또 왜 그렇게 많은 막신(幕臣)들이 큰 저항감도 없이 신정부에 협력했던 것일까. 왜 유신정부는 막부세력에 대한 처벌을 최소화하고, 구 막신을 우대했던 것일까. 흔히 볼 수 있는 것은 '불사이군(不事二君)', 즉 2개의 정부에 출사하지 않고 신정권을 외면하는 것이 아닐까. 신정부도 전 왕조의 유신(遺臣)을 탄압하거나 경계를 강화하는 것이 보통이지 않은가.

메이지유신이라는 정치변혁의 과정에서 위와 같이 결정적인 대립이나 대결이 없었다는 사실 뒤에는, 여러 정치세력 사이에서 많은 논의와 의견 교환이 이뤄짐으로써 일본 사회의 장래에 대한 어느 정도의 동의가 미리 형성되어 있었던 것이 하나의 배경으로 있었을 것이다. 그렇다면 그것을 지탱했던 정치·사회적 제도, 시스템, 사회관습, 사회의식 등의 존재를 상정해 볼 수 있는 것은 아닐까. 이러한 물음에 천착하여 제2부에서는 막말기부터 메이지기에 이르는 시기 동안 비판적인 정치토의를 가능케 하는 정치관습이 형성되었고 이를 기반으로 '토의정치'[1]와 공론정치가 전개되었다는 시각에서 이를 파악하고자 하며, 그것을 가능케 했던 상서, 건백 등의 미디어와 정치공간에 초점을 맞춰 살펴보고자 한다.

18세기 말에서 19세기 초에 걸쳐 재정과 국방 문제라는 국내외의 위기가 감지되었을 때, 그 해결책으로서 일본인들이 주창한 주요한 캐치프레이즈 중 하나가 언로통개(言路洞開)였다. 즉 정부는 사회적 지위나 권력의 고하에 얽매이지 않고, 능력 있는 자의 정치적 의견 표명을 허용, 권장하고, 이에 기반을 둔 정치를 운영해야 한다는 주장이다. 언로통개의 주장은 19세기에 들어서자마자 급격히 확산되기 시작해, 점점 어떤 정치세력도 그 정당성만은 부정하기 어려울 정도가 되어 갔다. 언로통개가 정당성을 갖게 되자 그것은 상서, 회의라는 형태로 정치현장에서 실현되었다. 상서의 활성화로 정부[막부, 번 정부]는 여론의 동향에 주의하기 시작하고, 관계된 몇몇 역인만으로 정책을 결정하던 관습은 수정되어, 정책을 둘러싼 토론이 행해지는 '회의'가 정책 결정의 기구로 기능하기 시작한다.[2] 스후 마사노스케(周布政之助), 기도 다카요시

1 원래 필자는 일본어의 '議論(ぎろん)'이라는 뉘앙스의 의미를 말하고 싶었으나, 이에 정확히 들어맞는 우리말 찾기에 고심했다. 토론(討論)이라는 말이 있으나, 이는 discussion에 가까운 말로, 너무 근대적인 뉘앙스가 강하다. 이에 우선 토의(討議)라는 용어를 사용하기로 한다.

2 죠슈번의 상서 제출 경로 변경을 통한 상서의 정치적 영향력 증대에 대해서

(木戸孝允), 요시다 쇼인(吉田松陰) 등 죠슈번(長州藩)의 유명한 메이지유신 지도자들이나, 존왕양이론으로 유명한 미토번의 이데올로그들은 한결같이 이 상서와 회의라는 정치관습의 대두에 의해 정치의 중심에 등장하게 되는 인물들이다.

이처럼 토론을 통해 이뤄지는 정치적 의견 표명의 집합이 의식되기 시작하자 19세기 중엽부터 당시인들은 이것을 '공의여론(公議輿論)'이라고 불렀다. 이때부터 각 정치세력은 곧잘 이 공의여론의 이름으로 막부를 비판하거나 적대적인 번들을 공격했다. 1868년 메이지 정부가 탄생한 직후 발포한 오개조서언의 제1조에서도 "널리 회의를 열어 만기를 공론으로 결정해야 할 것"이라고 하여, 공의여론을 존중하는 정권임을 분명히 했다. 그리고 이어 정부 내에 공의소(公議所) 등의 기관을 두어 여론을 수집, 반영하려고 했다.[3] 또한 에도시대에 별로 활성화되지 못했던 메야스바코(目安箱)를 활용하려는 시도도 보였다.

공의여론을 내세우기는 메이지 정부를 반대하는 측도 마찬가지였다. 정한론 분쟁에서 패배한 메이지 정부의 6참의가 하야한 후, 1874년 정부에 보낸 유명한 민선의원설립건백서의 내용은 실로 언로통개와 공의여론을 명분으로 한 정부 공격이었다. 즉 정권을 지키려는 자나 그것을 비판하여 탈취하려는 자나 공통으로 자신들이야말로 공의여론과 천하공론을 대표하고 있다는 논리로 정당성을 확보하고자 했던 것이다. 이런 정치현상을 본서에서는 '공론정치'의 대두라고 칭하기로 하는

는 上田純子, 「幕末の言路洞開と御前会議: 萩藩における新たな政治回路創出の試み」, 『論集きんせい』 21, 1999, 33-34쪽, 회의에 대해서는 「安政五年萩藩における「会議」と政治機構: 幕末維新期政治史再考のための一試論」, 『史学雑誌』 107-6, 1998을 참조.

3 山崎有恒, 「公議所・集議院の設立と「公議」思想」, 『講座明治維新3』, 有志舍, 2011.

데, 공론정치의 개념은 대략 다음과 같다. 공론이라는 용어에는 두 가지 측면의 의미가 들어 있다고 생각된다. 하나는 정론(正論)이라는 의미, 즉 옳은 의견이라는 뜻이다. 이것은 주장자의 수의 문제로부터는 자유로우며 이런 의미로 공론이란 용어가 사용되는 예도 적지 않다. 또 하나는 중론(衆論)이라는 의미다. 즉 많은 사람이 동의, 주장하는 의견이라는 뜻이다. 19세기 일본의 경우 공의여론, 공론은 전자보다는 후자의 의미에 좀 더 중점을 두고 쓰였던 것 같고, 19세기 말 의회의 창설은 그 집대성이었다.[4]

그런데 이 공론정치가 형성되기 위해서는 각 정책 결정의 장에서 토론과 논변에 의해 의사 결정이 이뤄지는 관습이 전제되어야 할 것이다. 필자는 이를 '토의정치'라고 부르고자 한다. 이것은 여전히 구래의 정치관습[관례]이나 정치 시스템은 존재하고 있으나, 정치를 움직이는 새로운 요소로서 '토의'가 등장하고, 번주든 번 정부의 실권자든 정책의 결정이나 정치행위에서 과거에는 중요한 행위자가 아니었던 성원을 포함한 사람들과의 토의를 당연시하고, 그 과정을 무시하고는 어떠한 정책의 결정이나 정치의 행위도 무리 없이 이뤄질 수 없는 정치상황을 지칭한다. 그리고 그 토의는 주로 상서, 회의, 학교 등을 매개로 일어난

4 메이지유신 이후 헌법제정과 의회개설의 필요성은, 시기와 내용의 차이는 있었지만, 정부 원로에서부터 자유민권운동의 급진파에 이르기까지 공유하고 있었다. 이것은 동시대의 중국 · 러시아 · 터키 · 조선 등 비서유럽의 여러 나라와 비교해 볼 때 특징적인데, 여기에는 헌법제정 · 의회개설이 서양 열강과의 조약개정을 위한 필요조건이라는 압력도 있었지만, 그 저류에는 공론중시라는 상황이 있었다고 필자는 생각한다. 실제로 1889년 대일본제국헌법(통칭 메이지 헌법)이 제정 · 반포되었을 때, 제정자인 메이지 정부는 물론이고 많은 사람이 이를 언로통개의 관점에서 받아들였다는 점을 주목할 필요가 있다(박훈, 「근대초기 한중일에서의 헌정의 수용양태 비교시론」, 『일본연구논총』 25, 2007).

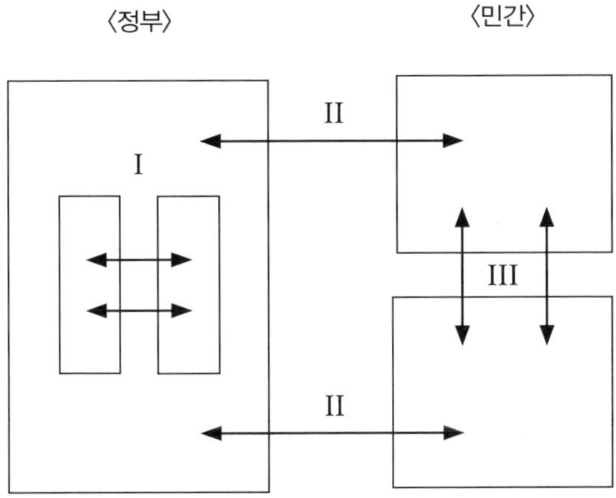

〈그림 2부-1〉 비판적 토의의 세 가지 영역

다. 이런 '토의정치'의 관습이 일상화되고 지역적으로도 계층적으로도 확산되었을 때, 전국적인 공론정치의 형성이 가능했던 것이다.

'토의정치'에는 세 가지 차원이 있다고 여겨진다.[5] 첫째는 정부 내부에서의 '토의정치'의 형성이다[〈그림 2부-1〉의 I 부분]. 하급 관리와 상급 관리 간에, 관리와 권력자 간에 논리와 지식을 무기로 토의가 이뤄지고, 그것이 정책 결정에 영향을 주는 것이다. 이때 주요한 미디어와 토의공간이 바로 위에서 언급한 상서와 회의였다. 일본을 포함한 동아시아의 경우 공론정치의 발단은 여기에서 비롯된다고 생각된다. 서양의 경우 이 부분은 그다지 중요하지 않을지 모르나 동아시아의 공론정치에서 이 점은 중시되어야 마땅하다.

둘째는 정부와 정부 바깥 사이에서 벌어지는 토의와 비판이다[〈그림 2부-1〉의 II 부분]. 상서와 건백이 그 대표적인 행위다. 막말에서 유신

5 三谷博 編, 『東アジアの公論形成』, 東京大学出版会, 2004 중 서론 부분.

에 이르는 정치변혁의 소용돌이는 바로 이 부분이 활성화된 결과다. 이전에는 정책 결정에 참여하거나 발언할 수 없었던 사람들이 대거 정부를 향해 정치적 의견을 표명하고, 정부도 이들을 무시하지 못하고 대응해야 하는 상황이 형성되기 시작했던 것이다.

셋째는 정부 바깥에서 불특정다수 사이에 형성되는 공론정치다[〈그림 2부-1〉의 III 부분]. 하버마스가 말하는 공론장은 주로 이것을 지칭하는 것으로 보인다.[6] 일본의 경우 막말기에 개인 간의 서신 왕래, 풍설서(風說書)의 증가, 번교, 사숙 등 학교 시설에서 이뤄진 정치토의의 활성화 등으로 이 영역이 형성되기 시작한다. 이것이 가히 폭발적으로 활성화되는 것은 유신 이후 신문의 등장부터다.

6 위르겐 하버마스, 한승완 역, 『공론장의 구조변동: 부르주아 사회의 한 범주에 관한 연구』, 나남, 2001.

제1장
19세기 일본에서 공론정치의 형성 과정과 그 의의

막말기 공론 혹은 공론정치 연구는 근래 20여 년간 진행되어 왔는데 그 초석을 놓았던 연구자는 미야치 마사토(宮地正人)다. 그가 그 후 이러한 연구 경향을 리드한 것도 아니고, 오히려 대부분 연구자들이 그와는 다른 입장에서 연구를 진행하고 있다고 볼 수 있지만, 그가 1990년대 초에 제창한 '막말공론사회론(幕末公論社會論)'은 그 후 많은 연구자의 발판이 되었다. 그는 종래의 '메이지유신 주체형성론'에 의한 유신사 연구를 '정국사적(政局史的) 정치사'라고 비판하고, '사회사적 정치사'를 제창했다.

여기서 그는 막말기 농촌 호농층 간 정치정보의 유통과 그에 기반을 둔 정치여론의 형성이 막말 정치의 활성화를 밑에서부터 지탱하여, '공론사회'라고 불릴 만한 여론사회를 성립시켰다고 주장한다. 그 주요 미디어였던 풍설류(風說留, 風說書)가 놀랄 만큼 대량으로 광범위한 지역에 유포되고 있었고, 그 정치정보의 내용은 상당한 정확도를 갖고 있었다. 또한 이 풍설류(風說留)의 필사, 교환 등을 매개로 호농 간의 서클이 형성되고, 도시 호상(豪商)과의 인맥이 형성되는 현상도 벌어졌다.[1] 막말 정치 활성화는 이런 미디어와 그에 의한 정보 유통이 뒷받침하고 있었던 것이다. 미야치는 정보 유통 인프라의 실태를 좀 더 명확히 하기 위해, 도쿠가와 후기 히캬쿠(飛脚) 제도나 서신 왕래의 소요 기간 등에 대해서도 실증적인 업적을 내놓았다.[2]

공론에 대한 또 한 명의 대표적인 연구자는 미타니 히로시(三谷博)다.[3] 미야치의 사회사적 접근과 달리 미타니는 막말 정치사 전체를 '왕정 · 공의정체' 형성을 향한 과정으로 포착하여, '공의'를 왕정복고, 존왕양이에 버금가는 막말기 주요 흐름으로 확고하게 위치 지었다.[4]

번정(藩政) 차원에서 정치공간과 미디어에 주목한 연구자는 우에다 쥰코(上田純子)다. 일찍이 이노우에 가쓰오(井上勝生)가 죠슈번에 주목하여, 번정 운영에서 실무에 능통한 중하급 역인들이 어전회의를 통해 번정의 실권을 잡는 현상을 지적한 바 있지만,[5] 우에다는 번주 앞에서의 회의[御前會議]라는 정치공간의 형성 양태를 더 구체적으로 밝히고 있다. 그녀는 막말기 죠슈번에서는 어전회의가 빈번하게 개최되었고, 그곳에서 스후 마사노스케(周布政之助) 등 중하급 역인들이 실무지식과 언변을 무기로 발언권을 강화하여 번정을 좌우하게 된 실태를 분석했다.[6] 회의와 토론에 의한 정책 결정의 중시라는 이 같은 현상은 종전의 정치관습 또는 선격고례(先格古例)에 의한 정치운영과는 다른 것

1 宮地正人, 『幕末維新期の社会的政治史研究』, 岩波書店, 1999.

2 宮地正人, 『幕末維新期の文化と情報』, 名著刊行会, 1994.

3 三谷博, 『明治維新とナショナリズム: 幕末の外交と政治変動』, 山川出版社, 1997; 『愛国 · 革命 · 民主: 日本史から世界を考える』, 筑摩書房, 2013; 『維新史再考: 公議 · 王政から集権 · 脱身分化へ』, NHK出版, 2017.

4 그는 나아가 공의 · 공론 문제를 동아시아 비교사의 관점에서 다루려는 시도도 한 바 있다(三谷博 編, 『東アジアの公論形成』, 東京大学出版会, 2004).

5 井上勝生, 『幕末維新政治史の研究』, 塙書房, 1994.

6 上田純子, 「安政五年萩藩における「会議」と政治機構: 幕末維新期政治史再考のための一試論」, 『史学雑誌』 107-61, 1998.

으로, 막말의 정치적 활성화, 공의여론(公議輿論) 중시, 그리고 중하급 역인의 정치적 진출을 지탱했던 제도적 장치였다고 볼 수 있다. 우에다는 아울러 상서가 번정에 영향을 끼치게 되는 모습도 검토했다.[7]

메이지 초기 정치사에도 이런 관점을 도입한 연구가 제출되었다.[8] 이 연구는 자유민권운동의 발전을 지탱했던 미디어로서의 신문과 공간으로서의 연설회에 주목했다. 신문에 의한 정치여론의 형성과 보급, 그리고 연설회라는 정치공간에서 이뤄진 정치여론 형성과 청중의 참여 등이 자유민권운동의 활성화를 뒷받침했다는 것이다. 사상사 분야에서는 히가시지마 마코토(東島誠)의 공론 연구가 주목된다. 그는 공론[공공장]을 만인에 열려 있는 영역[9]으로 규정하는데, 중세 선승들의 활동을 통해 비판적 논의의 영역인 '강호(江湖)'에 주목하고,[10] 기성 승단의 총림(叢林)의 법[혹은 유학적 공론의 세계]과 이 강호[혹은 山林]를 엄격하게 준별했다.[11] 그리고 메이지 초기에 이런 의미에서의 강호가 부활하다가 소멸해 가는 과정을 서술하면서, 결국 강호는 부재의 개념이라고 지적했다.[12] 이는 18세기 유럽에서 이념형적인 공론장(public sphere)을 찾고, 근대에 들어 그것이 왜곡되고 소멸되었다고 주장한 하버마스의 관점을 강하게 의식한 것으로 보인다.

한편 최근[2017년] 일본에서는 '공의연구회'가 발족하여 공론 연구가 제2의 전성기를 맞고 있다.[13] 현재까지 이 연구회에서 발표된 발

7 上田純子, 「幕末の言路洞開と御前会議」.
8 稲田雅洋, 『自由民権の文化史: 新しい政治文化の誕生』, 筑摩書房, 2000.
9 東島誠, 『公共圏の歴史的創造: 江湖の思想へ』, 東京大学出版会, 2000, 226쪽.
10 東島誠, 『公共圏の歴史的創造: 江湖の思想へ』, 281쪽.
11 東島誠, 『公共圏の歴史的創造: 江湖の思想へ』, 307쪽.
12 東島誠, 『公共圏の歴史的創造: 江湖の思想へ』, 311쪽.
13 필자는 2018년 2월, 이 연구회에서 「東アジア史の経験からデモクラシーと公論を問い直す」라는 제목으로 강연한 바 있다(장소는 교토 리쓰메이칸 대

표문들을 일별해 보면 최근 일본학계 내 공론 연구의 동향과 방향성을 가늠해 볼 수 있을 것이다.[14] 앞으로 한국의 공론정치[주로 조선시대] 연구와 일본의 공의 연구[주로 막말유신기]가 상호 대화할 수 있게 된다면, 보다 생산적인 논의가 이뤄질 수 있을 것이다.

제1절 도쿠가와 일본의 담합정치와 공론관습의 취약성

막말유신기의 공론정치를 이해하기 위해 우선 그 전제가 되었던 도쿠가와 시대 정치체제의 성격에 대해서 검토해 보자. 일반적으로 동아시아의 정치체제에서는 위정자, 당국자 간의 활발한 토론을 장려했을 뿐 아니라 비당국자들의 정치적 의견 표명도 장려했다고 일컬어지고 있다. 특히 조선왕조의 경우가 그 대표적인 예로 여겨진다.[15] 조선왕조의 정치체제에서 정무를 주도했던 것은 물론 의정부와 육조다. 그러나 조

학(立命館大學)). 한국어로는 2018년 3월 「네이버 열린 연단」이 마련한 강연 시리즈 「근대문명에 대한 동서 비교문화적 고찰」에서 「근대일본의 공론정치와 민주주의」라는 제목으로 발표했다. 강연 원고를 참조 바람(https://openlectures.naver.com/contents?contentsId=140488&rid=2938).

14 2017에서 2019년에 걸쳐 이 연구회에서 발표된 글들의 제목은 다음과 같다. 山崎有恒, 「'言路洞開'をめぐって」; 東島誠, 「公議 · 公論をめぐる歴史学の課題」; 奈良勝司, 「近世後期の世界観と意思決定: 海保青陵の言説からみる」 등.

15 조선사 연구에서 공론정치와 공론에 관한 연구는 최근까지도 매우 활발하다(김돈, 『조선전기 군신권력관계 연구』, 서울대학교출판부, 1997; 설석규, 『조선시대 유생상소와 공론정치』, 선인, 2002; 박현모, 「정조시대의 공론연구」, 『한국정치연구』 11-2호, 2002; 배항섭, 「19세기후반 민중운동과 공론」, 『한국사연구』 161, 2013; 송양섭, 『18세기 조선의 공공성과 민본이념: 損上益下의 정치학, 그 이상과 현실』, 태학사, 2015; 김인걸, 『조선후기 공론정치의 새로운 전개: 18, 19세기 향회, 민회를 중심으로』, 서울대학교출판문화원, 2017).

정 내에는 정부 정책과 사무에 대한 비판을 업으로 하는 기관, 즉 삼사(三司)가 존재하여 공론의 이름으로 군왕과 의정부의 정승, 그리고 육조의 행정장관들을 견제했다. 이러한 비판 기능은 단지 조정 내의 삼사에만 있었던 것이 아니라, 조정 밖의 유생들, 특히 지방의 유생들에게까지도 열려 있었다.[16] 이들은 자신들의 정치적 의견 표명을 위해 주로 상서라는 미디어를 이용했는데, 자신들의 주장을 '일국의 공론', '천하의 공론' 등으로 표현하며 정당성을 주장했다.

이에 비해 도쿠가와 시대의 정치상황은 크게 달랐다. 제8대 쇼군 도쿠가와 요시무네(德川吉宗)가 유자들에게 상서를 요구해 오규 소라이(荻生徂徠)를 비롯한 20여 명이 상서를 한 적이 있었고, 또 고사쓰(高札)나 메야스바코(目安箱)가 설치된 적도 있었으나, 실제 정치운영에서는 당국자 몇 명의 담합과 사전 조율로 정책이 결정되었고, 정책에 대해 상서를 통해 여러 사람이 의견을 표명하거나 여론에 주의를 기울이는 정치적 관습은 전체적으로 보아 약했다고 해야 할 것이다.

지배층이나 지식인들의 상서뿐 아니라 일반 인민들의 의견 표명도 매우 제한되어 있었다. 18세기 조선왕조의 영조, 정조 때는 왕궁 또는 도성 밖 행차 도중에 민과의 접촉, 대화, 민의 상언, 격쟁이 놀랄 만큼 빈번했다.[17] 정조는 재임 기간 중 상언을 3,217건, 격쟁을 1,298건 수리했다고 할 정도다.[18] 이에 비해 도쿠가와 시대 260여 년 동안 쇼군에 대한 직소는 이에야스 때 2건, 이에미쓰 1건, 이에쓰나 1건, 요시무네 1건으로 전부 5건이 확인되는 데 불과하다.[19] 고위 역인이 가마로 행차할

16 설석규, 『조선시대 유생상소와 공론정치』.
17 原武史, 『直訴と王権: 朝鮮·日本の「一君万民」思想史』, 朝日新聞社, 1996.
18 한상권, 『조선후기 사회와 訴冤제도: 상언 · 격쟁연구』, 일조각, 1996, 40-41쪽.
19 原武史, 『直訴と王権: 朝鮮·日本の「一君万民」思想史』.

때 그 행렬에 뛰어들어 의견을 표명하는 가고웃타에(駕籠訴え)라는 관습이 있었으나 상서의 수리, 심의기관은 삼봉행(三奉行)이었기 때문에 가고웃타에에는 비합법이었다. 따라서 그 행위자는 로쥬의 집에 감금되었다가 형벌을 받은 후에 문밖으로 내쫓겼다. 이것은 정조 때 임금의 행차에 뛰어들어 행하는 격쟁이 임금에 의해 직접 수리된 것에 비하면 대조적이라고 할 수 있다.

이밖에 에도시대에 민의를 상달하기 위한 제도로 들 수 있는 것이 메야스바코다. 이것은 1722년 쇼군 요시무네가 에도의 평정소(評定所) 문 앞에 설치한 것으로, 정치에 유익한 의견과 관리의 부정이나 비리를 고발토록 한 것이었다. 그러나 정작 메야스바코를 직접 열어 투서를 열람한 쇼군은 요시무네와 이에나리(家齊)뿐이었다고 한다.[20] 이와 같이 도쿠가와 시대의 일본 사회는 조선에 비해 언로폐색의 경향이 강했다고 볼 수 있다.

도쿠가와 막부의 정치조직을 '토의정치'의 관점에서 살펴보면 언관이 없다는 점이 가장 눈길을 끈다. 위에서 언급한 대로 조선정부에는 삼사라는 강력한 언관이 존재했고, 명조[科道官], 청조[都察院, 그 역할은 과도관에 비해 미미했지만][21]에도 언관은 존재했다. 그에 비해 도쿠가와 시대의 막부나 번은 끝내 언관을 정부 내에 설치하지 않았다. 메쓰케(目付)는 무가에 대한 감시와 명령의 출납, 상서 수령 등의 역할을 했지만 정부 내 정책 결정을 항상적으로 비판하는 역직은 아니었고, 로쥬 등 정책 결정자를 탄핵하는 역할을 하지도 않았다. 하물며 쇼군을 직접 비판하는 일은 거의 없었다. 거침없이 국왕을 비판했던 조선 언관의 경

20 古事類苑刊行会 編, 『古事類苑』 政治 6 下, 上書, 1927, 215-218쪽.

21 차혜원, 「18세기 청조의 언론통제와 관료사회: 언관 謝濟世사건의 의미」, 『동방학지』 125, 2004, 224-225쪽.

우와는 대조적이다.

정책 결정은 주로 복수의 로쥬들이 오쿠유히쓰(奥右筆: 문서 보관, 작성 등 담당)의 보좌를 받아 관련 역인에 대한 자문을 거쳐 이뤄졌다. 그 과정에서 의견 대립이나 갈등은 표면화되지 않고 담합에 의해 조정, 처리되었다. 이 로쥬 합의체제는 대체로 10명 전후의 관계자가 모여 해당 정책을 결정하는 것이었고, 평정소회의를 거치는 경우에도 15명 내외가 참가했다. 이처럼 막부나 번 정부 내의 정책 결정은 공개적이고 광범한 토의를 거치기보다는 한정된 수의 관계자들이 모여 주로 담합에 의해 이뤄졌다.

정부 바깥에서 정책 결정에 간여하거나 비판하는 경우도 매우 적었다. 막부의 경우 하타모토(旗本), 고케닌(御家人)이 간혹 상서를 하기는 했으나 거의 정치적 의미를 갖지 못했다. 다이묘 가운데서는 고산케(御三家)가 때때로 막정(幕政)에 자문을 했으나 일시적이었다. 고산케의 과도한 정치개입은 오히려 막각(幕閣)의 강한 경계심을 불렀다. 막말에 벌어진 막부와 미토번의 대립은 바로 이 지점에서 비롯된 것이었다.

번정에서도 비슷한 특질을 볼 수 있다. 미토번을 예로 들어 보자. 미토번에는 막부와 마찬가지로 번 정부 내에 언론기관이 없었다. 번정은 주로 5개 전후의 가로 가문이 담합에 의해 운영했다. 특정 문제에 대한 토의는 권장되지 않았고, 오히려 '직외지사(職外之事)'에 대한 간여로 지탄받았다. 또 의견 제출도 일반적으로는 동일 역직의 상급 역인에게 하도록 규제되었고, 이를 건너뛰는 것은 월소(越訴)로 비난받았다.

정부 바깥으로부터의 상서도 창고관 학자의 상서 이외에는 두드러진 것은 없었다. 오히려 18세기 후반부터 민중 층이 경제 정책이나 지역 현안에 관한 헌책을 활발하게 전개하기 시작했다.[22] 메야스바코도 설치되기는 했으나 제 기능을 거의 수행하지 못했다.

이처럼 도쿠가와 시대에 정부 바깥으로부터의 정부비판과 정책에 대한 토의가 적었던 것은 학교나 서원의 부재와도 관련이 있어 보인다. 조선의 경우 서울에는 성균관, 지방에는 향교가 일찍부터 존재하여 정부비판, 정책토의의 장으로 기능해 왔다. 특히 성균관은 학교임에도 불구하고 '소조정(小朝廷)'이라고 불릴 정도로 정치토론이 활발했다. 지방의 향교도 중요한 이슈가 있을 때는 사발통문을 돌려 전국의 '공론'을 표명했다. 또 전국에 산재한 서원이 정부를 비판하고 여론을 형성하는 거점의 역할을 했다. 이는 중국의 명조도 마찬가지였다.

일본의 경우 제대로 된 관립학교라 할 쇼헤이자카 학문소(昌平坂學問所)가 1790년대가 되어서야 에도에 설립되었으나 여기서 정치토의나 막정(幕政) 비판은 거의 이뤄지지 않았다. 번교나 향교도 제대로 규모를 갖춘 것은 주로 18세기 후반 이후에 설립되기 시작했으나 1830, 1840년대 이전까지는 정치와의 관련성은 약했다. 전국적으로 다수 존재했던 사숙도[23] 지식인끼리의 수평적이고 광역적인 네트워크를 만들어 내는 역할은 했으나 이 시기까지는 관(官)에 대한 비판은 거의 없었다. 물론 서원과 같은 것은 존재하지 않았다.

이런 상황에 변화가 발생하기 시작하는 것이 18세기 말, 특히 간세이기(寬政期, 1789~1801) 이후다. 이 시기에 막부와 각 번들은 대내적으로는 재정위기를 극복하고자 전매정책 실시를 비롯한 경제 정책의 전환을 모색하고, 대외적으로는 홋카이도에 러시아인이 출현하는 것 등에 대해 위기를 감지하기 시작한다. 이를 타개하기 위한 방책으로 지금까지는 정책 결정에 의견을 표명하는 것이 제한되어 있었던 계층, 즉

22 平川新, 『世論と紛争: 近世民衆の政治参加』, 東京大学出版会, 1996.

23 사숙은 18-19세기에 급증하기 시작해 덴포기(天保期, 1830-1844)에만 219개교가 신설되었고, 막말기에 그 수는 천 개를 넘어섰다(海原徹, 『近世私塾の研究』, 思文閣出版, 1983, 18쪽).

일반 사무라이와 상층 농민에게까지 위기 타개책을 상서하도록 요구하기 시작했던 것이다. 이는 특정 번에서만 또는 일시적으로만 나타난 현상이 아니라, 전국 각 번에서 지속적으로 나타났다는 점에 주목할 필요가 있다.

이 같은 상서 활성화의 움직임에는 다음과 같은 특징이 있었다. 우선 상서 제출을 요구한 대상은 번사(藩士) 전원, 나아가서는 영민(領民)이었다.[24] 종래 상서 제출의 요구는 중역 또는 담당 역인에 한정되는 경우가 많았던 점을 상기할 때, 이것은 큰 변화라고 할 수 있다. 또 하나 주목하고 싶은 것은 상서 활성화의 계기를 만들었던 것은 다름 아닌 번 권력이었다는 점이다. 즉 번 정부가 자신의 위기에 민감하게 반응하여, 자기혁신의 한 조치로서 상서 요구를 했다. 그것은 단순히 일반 번사나 영민의 위기대응책 또는 '민중지(民衆智)'[재정 · 경제정책에 대한 영민 측의 지식, 정보, 아이디어] 그 자체를 필요로 했기 때문만이 아니라 이미 정치적으로 활성화되고 있었던 일반 번사와 영민을 정치적으로 포섭하고, 번에 대한 그들의 충성을 확보하여 번의 통합성 및 동원력을 고양하려는 시도였다고 필자는 생각한다. 이러한 권력 측의 태도는 시기에 따라 부침은 있었지만, 도쿠가와 후기에서 막말기를 거쳐 메이지 시대에 이르기까지, 적어도 표면상으로는 정당한 것, 취해야만 할 조치로 항상 인식되었다.

그러나 한편으로 번 측[또는 幕府 측]의 상서장려라는 자기혁신적 정책은 번 측[막부 측]에게는 상당한 위험성을 내포한 정책이기도 했다. 일반 번사 및 영민의 정치적 활성화는 자칫하면 번 측의 통제를 벗어나

24 平川新, 『世論と紛争』. 이 저작에서는 주로 경제적 이해관계를 둘러싼 영민의 상서를 취급하고 있으나, 본고에서는 영민보다는 주로 일반 번사를 검토 대상으로 했다.

번 내 질서와 정치적 관례를 흐트러트릴 가능성도 갖고 있었기 때문이다. 막부 로쥬 아베 마사히로(阿部正弘)가 여러 다이묘에게 페리의 개항 요구 문제를 자문한 이후 벌어진 정국의 양태는 이 점을 잘 보여 주고 있다. 그러나 아베의 이 정치행위도 종래 연구자들이 생각하는 것처럼 그렇게 돌발적인 것이 아니었으며, 이 같은 18세기 후반 이래의 흐름을 계승한 행위였던 것이다.[25] 이후 상서라는 정치행위는 메이지 초기에 이르기까지 사회변혁을 수행하는 데 있어 정통성과 안전성을 갖는 유효한 수단으로서 줄곧 이용되어 왔다.

제2절 19세기 전반 일본에서 정치정보의 유통

공론정치 형성의 기반을 이루는 것은 정치정보의 유통범위와 정보 네트워크라 할 수 있다. 정치정보가 제한된 몇몇 사람들에게 장악되어 있거나, 유통된다 하더라도 그들에 의해 일방적인 제공 차원에 머무는 한 공론정치가 형성되기는 어렵기 때문이다. 따라서 공론정치의 형성에 관한 문제를 다루기에 앞서 정치정보의 유통과 정보 네트워크의 실태를 살펴볼 필요가 있다.

최근 일본사 연구에서는 이에 대한 연구가 활발히 진행되고 있다.[26] 그 연구들에 따르면 18세기 말은 정보에 대한 수요와 유통, 공급이라는 측면에서 큰 변화를 보이는 시기다. 한 연구자는 18세기 말부

25 막부가 페리 내항 시의 다이묘 자문 전에 꾸준히 자문대상 범위를 확대해 온 과정 · 양상에 대해서는 三谷博, 『ペリー来航』, 吉川弘文館, 2003.

26 岩田みゆき, 『幕末の情報と社会変革』, 吉川弘文館, 2001의 서장에 그간의 정보 유통에 관한 연구사가 잘 정리되어 있다.

터 다양한 사회적 관계, 문화적 관계가 만들어지는데, 이러한 관계들을 통하여 정보가 유통된다고 지적하고, 이런 의미에서 에도시대 후기부터 메이지 초년까지의 사회사와 정보 문제가 밀접한 관계를 갖는다고 보았다.[27] 아마도 막말에서 메이지유신에 이르는 대변동의 근저에는 정보, 그중에서도 특히 정치정보의 유통에서 발생한 변화가 있었을 것이라고 필자는 생각하고 있다.

18세기 말부터 감지되기 시작한 재정 · 대외 위기의식은 각 정치 · 사회세력이 적극적으로 정보를 수집하기 시작하는 계기가 되었다. 특히 19세기에 들어서 이백 수십 년간 유지되어 왔던 정치의 운영방식이 동요하고 정치변혁의 조짐이 보이기 시작하자, 정치정보에 대한 장악력은 더욱 중요해졌다. 이에 따라 각 정치 · 사회 세력은 정보 수집에 열성을 기울이기 시작하고 막부나 번의 지배자들뿐 아니라 일반 무사나 호농 · 호상들도 여기에 참여했다. 결국 19세기 중엽이 되면 정치정보의 유통은 일본 열도 전역에서 매우 활성화되고, 이에 기반해 특정 정치현안에 대한 정치적 여론이 구성되는 공론정치가 형성될 수 있었던 것이다. 이 시기 각 정치 · 사회 세력의 정치정보 수집 실태에 대해 검토해 본다.

먼저 막부의 정보 수집 루트와 실태를 살펴보자.[28] 막부의 대표적인 정보기관은 메쓰케(目付)다. 메쓰케는 막부기구의 역인들을 감시하고 그 비리를 규찰하는 기관이므로, 자연스레 정보 수집의 기능까지 담당했다. 그 계통은 메쓰케(目付)-가치메쓰케구미가시라(徒目付組頭)-가치메쓰케(徒目付)-고쇼닌메쓰케(御小人目付)로 이뤄졌다. 또한 수도인 에도의 행정, 치안을 담당하는 마치봉행(町奉行)도 그 휘하에 정회, 임

27 宮地正人, 『幕末維新期の文化と情報』.

28 宮地正人, 『幕末維新期の文化と情報』, 5-11쪽.

시회, 은밀회(隱密會)의 3기구를 두고, 각종 정보를 수집했다. 간토 지역에 대해서는 간죠봉행(勘定奉行) 휘하의 간토 도리시마리 슈쓰야쿠(關東取締出役)가 정보기관의 역할을 했고, 마미야 린조(間宮林藏)의 예에서 알 수 있듯이, 간죠봉행(勘定奉行) 밑의 후신야쿠(普請役)도 정보를 수집했다. 이상이 막부의 공식적인 정보 수집 기관이라고 한다면 쇼군이 개인적·비공식적으로 운영하는 루트도 있었는데, 쇼군-소바슈(側衆)-온니와반(御庭番)이 그것이다.

한편 각 번도 막부 못지않게 정보 수집에 열심이었는데,[29] 그 주요 루트는 루스이야쿠(留守居役)였다. 루스이야쿠란 각 번이 에도에 상주시켜 막부와의 교섭, 각 번과의 상호 교류 등을 맡긴 일종의 외교관인데, 이를 통해 막부 동향과 각 번의 상황이 수시로 번주와 번 정부에 전달되었다. 다음으로는 번이 막부에 전할 말이 있을 때 에도성에 파견하는 성사(城使)라는 것이 있었는데, 이들은 에도성에 자주 출입하기 때문에 막부 주변의 정보를 획득하는 경우가 많았다. 이밖에 각 번들은 비공식적으로 정보 요직에 있는 막부 관계자들과 내통하여 주요 정보를 손에 넣었다. 이것을 고요온타노미(御用御頼み)라고 하는데, 막부 정보책임자인 오메쓰케(大目付), 다이묘가 등성했을 때 차 접대 등 각종 시중을 드는 고보즈(御坊主), 재정 관계를 담당하는 간죠봉행소 관계자들이 그 대상이었다.

이처럼 권력기관을 이용한 또는 권력기관을 대상으로 한 정보 수집 이외에, 사회의 동향에 관한 정보 수집을 위해 막부나 번이 곧잘 이용한 것이 유곽과 슈쿠돈야(宿問屋) 등의 숙박업자였다. 유곽은 무사들이 수시로 출입하면서 정치에 관한 얘기를 나누는 장소이므로, 이를 통

29 宮地正人, 『幕末維新期の文化と情報』, 14-21쪽.

해 정보가 새어나갈 가능성은 상존했다. 그런 면에서는 숙박업소도 마찬가지였다. 예를 들어 미토번주로 막부와 격렬한 정쟁을 벌였던 도쿠가와 나리아키의 경우, 숙박업소를 이용한 정보 수집에 열심이었다. 그는 미토도추 도리테슈쿠돈야(水戸道中取手宿問屋)의 이치로베에(一郎兵衛, 惠一郎)라는 자를 평소부터 우대하여 심복으로 삼았다. 나리아키는 자신이 이곳을 통행할 때 이치로베에로 하여금 길 안내를 맡게 하고, 자신의 이름 중 한 글자인 혜(惠)를 주어 이름을 짓게 하거나 자신의 직필 등을 주기도 하여[30] 돈독한 신뢰 관계를 구축해 놓았던 것이다. 또 시모우사노구니 가쓰시카군 하치만쵸(下總國葛飾郡八幡町)에 있는 숙박업소 가와시마야(川島屋)의 쥬헤이(重平)도 "미토가에 깊이 심복하고 있다고 일컬어지는" 인물로, 이곳에는 1858년 이래 많은 미토번사가 출입했다. 특히 유명한 존왕양이론자인 가네코 마고지로(金子孫次郎)는 쥬헤이와 각별한 관계였다.[31]

도쿠가와 시대에 히캬쿠야돈야(飛脚屋問屋)는 제국(諸國)의 사건, 변사(變事)를 막부에 보고할 의무가 있었다[32]는 지적처럼, 이 숙박업자들도 각지의 정보를 잘 알고 있었다. 나리아키는 미토가도(水戸街道) 연변의 슈쿠돈야(宿問屋) 등을 정보전에 이용하려는 생각에, 평소부터 그들을 '동지', '의민(義民)'이라고 칭하며 우대하여 장악하려 노력했던 것이다. 흥미로운 것은 나리아키와 숙박업자의 이러한 관계를 파악하여 기록하고 있는 것이 다름 아닌 막부의 다이로(大老)이자 나리아키의 정적인 이이 나오스케(井伊直弼)의 정보기관이라는 점이다. 이를 볼 때 숙박업소는 정보 유통의 주요 거점이었고, 권력투쟁을 벌이고 있는 당

30 井伊正弘 編, 『幕末風雲探索書: 井伊家史料』 上, 雄山閣出版, 1967, 162쪽.
31 井伊正弘 編, 『幕末風雲探索書』 下, 133-134쪽.
32 宮地正人, 『幕末維新期の文化と情報』, 101-102쪽.

사자들에게는 그만큼 관심의 초점이었던 것을 알 수 있다.

한편 나리아키는 숙박업자뿐만 아니라 “막부를 비롯한 각 번의 풍문 및 변동 사항을 허무승(虛無僧)으로부터 보고받으면, 극비리에 봉서(封書)로 하여 에도와 미토의 지샤봉행(寺社奉行) 및 지샤야쿠(寺社役)가 나리아키에게 보낸다”고 한 것처럼, 떠돌아다니며 구걸하는 허무승도 정보원의 하나로 활용하고 있었다.[33]

이상 권력층의 정보 장악을 위한 제도와 노력에 대해 서술했는데, 이 시기가 되면 권력층뿐 아니라 일반 무사, 그리고 피지배층인 호농·호상 등도 적극적으로 정치정보의 수집에 나선다. 그 대표적인 것이 풍설서(風說書) 혹은 풍설류(風說留)의 등장이다.[34]

풍설서란 막부나 번 관계자뿐 아니라 일반 사무라이, 호농, 호상, 유자(儒者) 혹은 일반 상인이나 농민 등이 친구나 친척에게 편지와 같은 형태로 전달받은 정치정보를 날짜별로 필사 또는 전사(傳寫)한 서류로, 한 사람이 보유하고 있는 것이 적게는 수책에서부터 많은 경우는 100책에 달하는 경우도 있었다. 예를 들면 대도시의 호상과 친분이 있는 지방의 유자는 호상에게 정치정보를 요구하고, 편지 등의 형식으로 정보가 들어오면 이것을 필사하여 보관한다. 그 유자는 다시 친분 관계에 있는 자기 지역의 사람들에게 이를 공개하고, 그들도 이를 필사한다. 역으로 이 유자가 자기 지역이나 번의 정보를 대도시의 호상에게 전해 주면, 호상은 이를 필사하고 회람하는 식으로 풍설서의 축적은 이뤄졌다. 일본의 경우 이를 통해 아편전쟁, 페리 내항 등의 정보가 금방

33 日本史籍協会 編, 『水戸藤田家旧蔵書類』 三(日本史籍協会叢書 184), 東京大学出版会, 1974, 9-10쪽.

34 이하 풍설서에 관한 내용은 宮地正人, 『幕末維新期の社会的政治史研究』의 제3장을 참조할 것.

전국적으로 확산되고, 이에 대한 공론이 형성될 수 있었던 것이다. 특히 페리 내항 이후가 되면 풍설서는 더욱 확산되어 전국적 규모로 확장된다. 미야치 마사토는 이를 가리켜 '공론세계의 단서적 성립'이라고 규정하고, 이것이 메이지 초기 신문의 사회적 정착을 가능하게 했던 제1의 요인이라고 지적했다.[35]

이상에서 살펴본 것처럼 18세기 말부터 19세기 전반에 걸쳐 정보, 특히 정치정보의 유통이 활발해지고, 그것을 장악하려는 네트워크의 형성, 미디어의 발달 등이 이뤄졌다. 그 실태에 대한 연구는 위에서 언급한 것처럼 최근 일본 역사학계의 큰 성과 중 하나다. 그러나 이상의 연구들은 정치정보의 유통 실태, 그에 따른 정보 네트워크의 형성 실태에 대한 연구에 머무르고 있다. 정치정보의 유통이 막말유신기의 공론정치형성의 필요조건임은 틀림없으나, 충분조건은 아니다. 이러한 정치정보의 유통과 수집을 전제로 해서, 그 수요자들, 그중에서도 특히 지금까지는 정치적 의견 표명의 기회가 없었거나 적었던 계층의 사람들이 어떤 과정을 통해 정치적 의견 표명을 하기에 이를 수 있었는가가 해명되지 않으면 안 될 것이다. 필자의 관심은 바로 이 지점에 있다. 필자는 그중에서도 특히 정치적 의견 표명을 가능케 했던 미디어를 중심으로 살펴보고자 한다. 필자가 보건대 막말유신기에 공론정치가 가능할 수 있었던 것은 상서, 건백의 활성화 덕분이었다.

35 宮地正人, 『幕末維新期の社会的政治史研究』, 136-137쪽.

제3절 19세기 전반 '토의정치'의 활성화와 공론정치의 형성

1. '토의정치'의 형성과 폭력적 당쟁의 회피

18세기 말부터 맹아를 보이던 '토의정치'는 19세기에 들어 본격적으로 형성되기 시작하는데, 막부보다는 일부 번에서 두드러지게 나타났다. 이때 '토의정치'를 만들어 낸 것은 상서의 활성화와 회의에 의한 정책 결정이었다.

먼저 상서의 활성화에 대해 살펴보자. 그 대표적인 케이스는 미토번인데 이에 대해서는 장을 달리하여 자세히 살피기로 하고, 그 외 다른 번의 예를 검토해 보기로 하자. 먼저 도사번(土左藩)에서는 일찍이 호레키(寶曆) 개혁기에 이 같은 움직임이 나타난다.[36] 원래 도사번에서 정치 의견을 말할 수 있는 것은 역인뿐이었고, 특히 정책 결정을 좌우했던 것은 요리아이(寄合, 봉행직, 시오키역, 메쓰케 등 번 최고 3역이 매월 6회 南會所에서 여는 회의)였다. 1759년(寶曆9) 이전에 직소 및 의견서를 번주에 직접 제출하는 것이 허락된 적은 없었다. 의견서를 번주에게 제출하고자 하는 자는 우선 가시라(頭)의 승인을 얻은 다음 그 위의 가시라 몇 명을 또 거쳐야 했으므로 정치비판이나 부정한 역인의 고발을 적은 상서가 번주에게 전달되는 일은 드물었다.

그러나 1759년 번주 야마우치 도요노부(山內豊敷)는 모든 역인에게 개혁안에 대해 봉서 제출을 요구했고, 그 제출처는 메쓰케였다. 종래 번주에게 직접 상서할 수 있는 것은 고위 역인뿐이었으나, 이 조치에 따라 사분(士分)과 아시가루(足輕) 등 말단 행정 역인들까지 상서할 수

36 이하 ロバーツ ルーク, 「土佐藩訴状(目安)箱の制度と機能」, 『海南史学』 28, 1990에 의거했다.

있게 되었다. 그 직후 야마우치 도요노부는 소쇼바코(訴狀箱)를 설치하여 상서를 하도록 허락했다. 이에 따라 상서할 수 있는 두 가지 루트, 즉 메쓰케 루트와 소쇼바코 루트가 개설되었던 것이다. 이는 혁신적인 시책이었다. 단 전자는 가신단 만이 이용할 수 있었다.

루크 로버츠는 1759~1771년(寶曆~明和期) 사이에 제출된 상서 중 현존하는 149건을 분석하여 영민(領民)의 상소가 현존 상서의 25%를 차지할 정도로 영민의 참여가 높았고[특히 인구의 10% 미만인 도시민과 항만 지역 상인의 상서가 21%], 지역적으로도 번의 전 영역에 걸쳐 있음을 지적했다. 그는 주로 소쇼바코 루트를 관심의 대상으로 삼고 있으나, 그도 인정한 대로 그 후 소쇼바코에 대한 번주의 흥미는 떨어져 1819년(文政2) 이후에는 번주 앞에서 소쇼바코를 직접 개봉하여 번주가 읽던 관행도 중단되었다.

물론 요리아이가 소쇼바코의 상서를 계속 검토했기 때문에 그 의의는 여전히 적지 않다고 할 수 있으나, 전반적으로는 역시 메쓰케 루트에 의한 상서가 번정에 좀 더 중요한 역할을 한 것으로 생각된다. 소쇼바코에 대한 관심이 줄어든 것과는 반대로, 도사 번주는 호레키 이후 덴메이(天明), 덴포(天保), 안세이(安政) 등 번정 개혁의 시기마다 의견서를 봉인한 채로 메쓰케에게 제출하도록 요구했다. 이에 비해 일반 영민에게 의견을 구한 것은 소쇼바코(訴狀箱) 설치 때 한 번뿐이었다. 이 때문인지 덴메이 이후 현존하는 상서의 대부분은 사무라이(侍), 제 봉공인(諸奉公人)의 것이다.

한편 도사번에서도 상서의 활성화에는 학자의 역할이 컸다. 그들은 언로를 여는 것이 명군이 되는 길임을 강조하여 소쇼바코의 설치를 강력히 주장했고, 위에서 언급한 호레키~메이와기 상서에서도 21통으로 계층별 구분에서 가장 많은 수를 기록했다. 학자들은 전체 인구의 극히 일부에 지나지 않았지만 유학적 소양을 바탕으로 상서를 주도했다. 즉 덴메이, 덴포, 안세이 개혁은 중급 사무라이와 학자가 중심이 된 개혁이었다. 한편 상서는 출세 수단으로 간주되었다. 도사번에서는 히사토쿠 다이하치(久徳台八)가 대표적인 인물로, 그는 하급 역인에 불과했으나 상서가 평판을 얻어 재정을 담당하는 중역으로 수직 상승하여 덴메이 개혁을 제창했다.

한편 죠슈번에서는 자문 등 임시적인 회로를 개설하여 의사 결정 기구 바깥으로부터 건의를 받아들인 적도 없지는 않았으나, 번정의 의사 결정 주체는 극히 한정되어 있었다. 그러나 1832년(天保3)부터 '중지를 모은다'는 취지에서 외부 의견을 수용하려는 움직임이 나타났다. 그리고 1840년(天保11) 번정 개혁 당시 이는 '역인들에게(役人中へ)'라는 자문의 형태로 실현되었다. 당시 번의 재정 문제가 위기 상황으로 인식되면서 각 번사는 의견서를 제출했다. 이후에도 죠슈번은 1848년(嘉永1), 1849년, 1851년, 1853년에 걸쳐 번주가 역인들에게 자문을 구했고, 1854년(安政1)에는 역인뿐 아니라 번교인 명륜관(明倫館) 학생들에게도 상서를 요구했다.[37]

번교의 학생들이 정치적 이슈에 대한 상서에 가담하는 것은 미토번의 홍도관에서도 볼 수 있다.[38] 이른바 '홍도관 제생(諸生)'의 상서와 정치활동은 미토번의 내분을 격화시키는 하나의 요인이었던 것이다. 이 같은 '학교의 정치화'는 이상과 야망에 불타는 젊은 청년들을 대거 정치세계에 끌어들임으로써 정치를 격하게 만드는 데 일조했다고 볼 수 있다.

이러한 번주의 상서 요구와 페리 내항과 같은 정치적 핫이슈의 발생으로 일반 번사의 정치적 의사 표현에 대한 욕구는 커져 갔으나 이를

37 上田純子, 「幕末の言路洞開と御前会議」.

38 이런 사례들은 조선 성균관생들의 정치참여를 상기시킨다.

수렴할 만한 공식 루트는 아직 마련되지 않았다. 미토와 마찬가지로 죠슈번에서도 메야스바코는 거의 정치적 의미를 갖지 못한 상태에서 번사들은 비공식 루트로 지키메쓰케(直目付) 루트와 고요가타쥬(御用方中) 루트를 이용하여 정치 의견을 번주에 상달했다. 상서를 행하는 과정에서 눈에 띄는 상서를 하는 자는 신분의 한계를 뛰어넘어 역인으로 발탁되기도 하여 출세 코스로서의 의미를 갖게 되기도 했다. 또 상서가 쏟아져 나오는 과정에서 이른바 '유지(有志)', '지사(志士)'가 형성되어 갔다. 이처럼 종래에는 볼 수 없었던 상서의 활성화는 이전의 정치와는 구분되는 정치사회를 등장시켰던 것이다.[39]

한편 사가번(佐賀藩)에서는 호레키기(寶曆期)에 번주가 재정개혁을 위해 가로(家老) 이하 역인과 도자마 역인(外様役人)까지 초집(招集)하여 의견을 자문했고,[40] 또 "가신단(家中)의 아랫사람에 이르기까지", "조금도 마음에 남김없이" 상서하도록 명령했다.[41] 요네자와번(米澤藩)에서도 1790년(寬政2) 우에스기 요잔(上杉鷹山)이 무급(無給)이거나 은거(隱居)한 자까지도 포함하여 번사 전원에 의견을 구해, 340통의 상서가 제출되었다.[42] 여기서도 상서 요구의 대상이 역인에만 그치지 않고, 번사 전원에게 요구되었다. 센다이번(仙臺藩)에서는 1753년(寶曆3)에 일반 번사에 대해 "설령 직분 외(職分外)의 일이라고 하더라도 좋은 생각이 있는 자는 기탄없이 언상(言上)하게 할 것"이라고 의견을 구하는 한편, 영민(領民)에게도 헌책을 장려했다. 이외에 도쿠시마(德島), 아키타(秋田), 모리오카(盛岡), 오다와라(小田原), 그리고 규슈의 여러 번에서도

39 上田純子,「幕末の言路洞開と御前会議」.

40 藤野保 編,『続佐賀藩の総合研究』, 吉川弘文館, 1987, 250쪽.

41 藤野保 編,『続佐賀藩の総合研究』, 258쪽.

42 横山昭男,『上杉鷹山』, 吉川弘文館, 1968, 177-178쪽.

상서 장려가 행해졌다.[43]

다음으로 정책 결정의 장으로 새롭게 등장하는 것이 '회의'다. 회의에 의해 정책 결정이 되어 가는 모습에 대해서는 죠슈번을 소재로 한 자세한 연구가 있다.[44] 막말기 죠슈번에서는 번주가 임석하는 어전회의가 자주 열렸는데, 이 회의에는 도야쿠주(當役中)와 하급 실무 역인인 데고주(手子中, 즉 右筆, 用所役, 遠近方, 藏元兩人役, 手元役, 御用方中)가 참석했다. 이 어전회의는 결정된 사항을 어전에서 형식적으로 추인하는 요식 행사가 아니었다. 회의에서는 격한 논쟁이 벌어졌으며, 논쟁의 결과에 따라 정책이 좌우되었다. 경우에 따라서는 논쟁에서 패배한 쪽을 파면시킬 정도로 격한 논쟁의 장이었던 것이다.

따라서 회의에서는 신분이나 지위보다는 지식과 변설이라는 개인의 능력이 중요했다. 어전회의뿐 아니라 양직(兩職) 소집회의, 도야쿠주(當役中) 회의 등 여러 수준의 회의에 데고주(手子中)가 참석하여 영향력을 끼쳤다. 이에 따라 신분, 녹고(祿高), 역직은 낮으나 실무지식과 유학적 교양, 그리고 그를 바탕으로 상대를 제압할 수 있는 변설 능력을 갖춘 자들, 즉 '유사(有司)'들이 번정의 실권을 장악하게 되었다. 죠슈번의 경우 유명한 무라타 세이후(村田淸風), 스후 마사노스케(周布政之助), 기도 다카요시(木戶孝允) 등이 그들이다. 이들 유사의 대부분은 정규 번병(藩兵)인 오구미(大組)에 속하기는 하나 녹고는 100석 전후로 그다지 높은 신분으로 볼 수는 없다. 이들의 승진 코스는 대체로 유히쓰(右筆)-데모토야쿠(手元役)-요단야쿠(用談役, 실무 역인의 최고위, 유사의

43 平川新, 『世論と紛争』, 281-282쪽.

44 井上勝生, 「幕末における御前会議と"有司"」, 『史林』 66-5, 1983(『幕末維新政治史の研究』, 塙書房, 1994에 수록); 上田純子, 「安政五年萩藩における「会議」と政治機構: 幕末維新期政治史再考のための一試論」.

長)인데, 무라타, 기도 등이 요단야쿠(用談役)로 활약했다. 주의할 것은 요단야쿠라는 역직은 1728년(享保13)에 한 번 설치되었다가 익년에 폐지되었는데, 덴포개혁 중에 무라타가 이에 취임한 후 막말까지 번정의 중심이 되었다는 사실이다. 이로 미루어 볼 때 이 시기 정무적 실무 역인이 실권자로 부상했음을 알 수 있을 것이다.

좀 더 광범한 사례를 수집해야 하겠으나, 근세 후기부터, 특히 19세기에 들어 데고주, 오쿠유히쓰 등 본디 가판지열(加判之列)의 심의를 위한 기초 조사를 담당하는 관직에 지나지 않았던 정무적 실무 역인들이 정치적·실무적 능력에 의해 번정의 실권자로 등장하게 되는 추세를 읽을 수 있을 것이다.[45]

이처럼 '토의정치'의 형성은 더 많은 수의 사람을 정책 결정에 관여하게 했으며, 특히 종래에는 정책 결정에 영향력을 거의 행사할 수 없었던 하급 역인이나 정부 바깥의 사람들에까지 제한적이나마 정책에 관여할 수 있는 기회를 제공했다. 그리고 이는 권력 배분의 변화로 이어졌다.[46] 이른바 하급 무사의 정치적 진출은 이 같은 상황과 깊은 관련

45 井上勝生은 막부에서는 2만 5천 석 이상의 후다이다이묘(譜代大名)가 임명되는 로쥬의 지도성이 막말기에도 와카도시요리(若年寄) 이하를 압도할 정도로 강고했다고 지적하며 죠슈번과 대비시키고 있는데, 이는 주목할 만한 지적이며 이에 대한 세밀한 실증 연구가 필요하다고 생각한다(井上勝生, 「国民国家への道」, 朝尾直弘外 編, 『要説日本歴史』, 東京創元社, 2000).

46 笠谷和比古는 도쿠가와 시대에 역직을 담당하는 일반 무사가 각각 발언권의 지분을 갖고 있었다고 하면서 번 권력에 대한 무사들의 자율성을 강조했다(笠谷和比古, 『近世武家社会の政治構造』, 211-212쪽). 그러나 그들이 가진 일정 지분의 발언권이 간섭받지 않은 것은 사실이었지만, 역으로 그 지분을 넘어서는 것은 좀처럼 허용되지 않았다(조선의 선비나 명조의 신사층에게는 발언권에 관련하여 정해진 지분이 있을 리 없다). 일반 무사가 그 지분을 벗어나 발언하려고 할 때 한동안은 처사횡의(處士横議)로 지탄받았지만, 마침내 공의여론으로서 인정되어 가는 과정, 다시 말하면 그 지분이 파괴·확대·재

이 있다고 생각한다.

'토의정치'의 형성과 함께 일본에서도 당파가 등장했다. 그러나 미토번을 제외하고는 폭력 당쟁의 악순환은 용케 회피되었다. 물론 정권 교체에 따른 일시적인 정치보복은 간간이 보이지만 상대 당에 대한 대규모적이고 폭력적인 보복이 반복적으로 일어나는 현상은 일반적이지 않았다. 아마도 메이지유신 이후 신정부의 막부에 대한 태도가 가장 두드러진 예일 것이다. 그렇다면 이 시기 일본에서 폭력 당쟁의 악순환은 어떻게 회피될 수 있었을까. 필자는 이에 대해 면밀하게 실증된 답을 제시할 능력을 갖추고 있지 않으나 가설적인 수준에서 몇 가지 해답을 제시해 보고자 한다.[47]

첫째, 당파의 형성이 주로 정책의 이동(異同)이나 후계 분쟁 또는 신분계층과 관련되었지 종교나 학파를 그 배경으로 하고 있지는 않았다는 점이다. 종교나 학문이 정치와 결합할 경우 그 순수성을 강조한 나머지 정치적 유연성, 즉 현실변화에 대한 민감한 대응이나 정치노선 변경, 상대 당에 대한 타협적인 자세 등을 배척하기 쉽다. 종교국가의 비타협적인 폭력 투쟁, 그리고 조선과 미토번의 예는 이를 잘 보여 준다. 19세기 초 일본의 경우 학교나 학문의 정치에 대한 영향력은 급증했으나, 미토번을 제외하면 당쟁이 학파[48]와 깊은 연관을 맺으며 진행되지는 않았다.

편성되는 과정으로 19세기 정치사를 파악하는 것도 가능할 것이다.

47 朴薫, 「十九世紀前半日本における「議論政治」, の形成とその意味: 東アジア政治史の視点から」, 明治維新史学会 編, 『講座明治維新 1: 世界のなかの明治維新』, 有志社, 2010, 207쪽(같은 논문이 辻本雅史 · 徐興慶, 『思想史から東アジアを考える』, 國立臺灣大學出版中心, 2016. 3에 재수록).

48 학파와 본서에서 말하는 '학적 네트워크', '학당'의 차이에 대해서는 본서 서론 1장 4절 참조.

둘째, 이 시기 많은 논자들은 당쟁이나 붕당의 폐해에 대해 유난히 경계해 마지않았다. 특히 미토번의 당쟁과 혼란은 많은 이들에게 반면교사의 역할을 했다. 사무라이의 정치사회에서 당쟁은 무기를 동원한 전면적인 내전으로 비화할 가능성이 있기 때문에 그에 대한 공포가, 즉 '공포에 의한 균형'이 당쟁을 자제시킨 것은 아니었을까.

2. '언관(言官)'으로서의 메쓰케 역할론

이미 서술한 대로 유교적인 정치체제에서 볼 때 도쿠가와 정치체제의 특징 중 하나는 정부 기구 내에 언관이 존재하지 않는다는 점일 것이다.[49] 언관과 비교할 만한 것으로 메쓰케를 들 수 있겠으나, 메쓰케는 역인에 대한 규찰(糾察), 상명 출납 등은 행했으나 권력자를 규탄하거나 간언하는 역할은 거의 하지 못했고, 여론을 상부에 진언하는 역할도 미약했다. 이는 조선왕조에서 언관의 역할이 활발해 그 권한이 삼공(三公)과 대등할 정도라고 일컬어졌던 것과 대조적이다.

그런데 19세기 전반에 메쓰케의 '언관'으로서의 역할을 촉구하는 주장이 있어 흥미롭다. 그 주창자는 당시 대표적인 개혁가인 요시다 쇼인(吉田松陰)과 후지타 도코(藤田東湖)다. 먼저 쇼인(松陰)의 주장을 살펴보자.

> 메쓰케 개혁에 관한 건은 이 또한 대략 「광부지언(狂夫之言)」에서 말씀드렸지만, 아직 다 말씀드리지 못했기에 다시 말씀 올립니다. 원대한 전략을 세우시려면 우선 문무를 진흥시키고, 검소검약, 의식주 규정 등을 계속해서 분부하시고 또 종래의 허례허식을 모두 내실 있는 것으로

49 朴薰, 「十九世紀前半日本における「議論政治」の形成とその意味」, 208쪽.

바꾸도록 하시기 바랍니다. [이와] 관련해서는 메쓰케직(目付職)이 가장 큰 관련이 있다고 생각합니다.[50]

이처럼 쇼인은 폐정을 일소하고 개혁정치를 행하기 위해서는 메쓰케 개혁이 가장 큰 과제라고 보았다. 따라서 메쓰케는 인원수를 줄이고 그 대신 강직하고, 학문이 있는 사람을 엄선해야 한다고 했다. 아울러 인재 확보를 위해 가치메쓰케(徒士目付), 요코메(横目) 등의 연한근공법(年限勤功法)을 없애고 봉급을 우대할 것, 오메쓰케소(御目付所)가 영선(榮選)의 지(地)가 되도록 할 것을 주장하며 하급 메쓰케가 단련을 거쳐 메쓰케로 승진하는 시스템을 정비할 것을 역설했다. 이어 그는 메쓰케의 역할에 대해 다음과 같이 주목할 만한 발언을 하고 있다.

세 번째로, 메쓰케를 자주 어전에 부르시어 정도(政道)의 득실, 대신 이하 역인의 충녕정사(忠佞正邪)를 언상하도록 하시는 것, 이것이 메쓰케의 업무입니다. 그렇지만 인선에 깊이 신경을 쓰지 않으면 원래 [메쓰케는] 정부[번 정부의 로쥬 등]가 아주 싫어하는 자리이므로, 반드시 강직한 사람을 기피하여 온순한 사람을 뽑을 것입니다. …… 이 점은 매우 중요한 것으로 물론 정부와 서로 갈등만 빚어서는 좋지 않지만 정부에 아부해서는 메쓰케를 설치해도 무익할 것입니다. 정부가 꺼리는 것은 오로지 이 직이며, 또한 번주의 이목을 트이게 하는 것도 이 직입니다. ……

네 번째로, 불법을 규탄하는 일을 게을리하지 말아야 한다는 점을 어전에 부르실 때마다 직접 타이르시기 바랍니다. 의복, 가택, 연회 등은 각각 정해진 법도가 있는데도 그 법을 어기고 사치에 흘러 화려함을 일

50 吉田松陰,「急務四條」, 山口県教育会 編,『吉田松陰全集(定本版) 四』, 岩波書店, 1936, 173쪽.

삼는 자가 적지 않습니다. 근년에 때때로 검소검약의 명을 내리셔도 이런 풍속이 전혀 고쳐지지 않고, 전혀 고쳐지지 않아도 전혀 벌하지 않고, 그냥저냥 넘어가고 있습니다. 그러나 이변(異變)에 대한 각오를 정함에 있어서는 이것은 특히 중요합니다. 부디 급히 비법을 규탄하는 일을 시작하지 않고서는 모든 명령은 모두 공문(空文)이 될 것입니다. 번의 명령이 모두 공문(空文)이 되어서는 국정은 없는 것이나 마찬가지이니 심각한 일이라고 생각합니다.[51]

여기서 쇼인은 메쓰케가 정부를 항상 비판하고 감시해야 하며, 정부 밖의 여론을 번주에게 전달하는 역할을 해야 한다고, 또 막부의 예를 들면서 메쓰케가 번정의 중대사에 참여하여 평의하도록 해야 한다고 주장했다. 또한 번의 명령을 무시하고 자행되는 불법에 대해서도 메쓰케가 규탄하여 바로잡아야만 번 명령의 권위가 설 것이라고 지적했다. 이것은 실로 중국이나 조선에서의 언관의 역할을 방불케 하는 것인데, 실제로 쇼인은 메쓰케 개혁의 근거를 중국 정치제도에서 구하고 있다.

이상 메쓰케 개혁의 건은 정부가 꺼려하는 것이고 또한 지키메쓰케(直目付)의 권한을 꺾는 것처럼 보이므로 반드시 저지하려는 논의가 일어나겠지만, 한토(漢土)에서도 한나라 이래로 간대부(諫大夫), 간의대부(諫議大夫), 어사대부(御史大夫) 등의 직이 있어서 재상에 대해서도 인군(人君)에 대해서도 간쟁하고 규탄했으므로 메쓰케 개혁은 반드시 분부하셔야 한다고 생각합니다.[52]

51 吉田松陰, 「急務四條」, 182-183쪽.

52 吉田松陰, 「急務四條」, 184쪽.

다음으로 후지타 도코의 의견을 살펴보자. 다음의 사료는 1849년(嘉永2)에 미토번의 오카다 신타로(岡田新太郎)가 집정(執政)에 임명되어 에도로 떠나기 전, 도코가 그에게 주어 번주에게 상서토록 한 문장이다. 따라서 이것은 후지타 도코의 의견으로 봐도 무방할 것이다. 그는 이렇게 말한다.

> [번주보다 가로의 위세가 커지지 않도록 가로의 전횡을 비판하는 것이] 메쓰케의 직분이지만 가로의 나쁜 점을 솔직하게 말씀 올리면 가로에게 미움을 받을 것이므로 상급 메쓰케도 솔직하게 말하지 못하고, 가끔 조금 기골이 있는 메쓰케가 있으면 정부에서 장애물로 여겨 전부 인사이동을 시킵니다. …… 제가 생각하기로는 정사(政事)는 빈고노가미(備後守, [미토번의 附家老])를 비롯해서 저희들이 하고 있지만, 이상과 같이 역인의 좋은 점, 나쁜 점을 말하는 것은 메쓰케의 직분으로 매우 중요한 역직이므로 …… 메쓰케들을 때때로 어전에 부르시어 정사의 잘못된 점을 생각한 대로 언상하도록 분부하시기 바랍니다. …… 400, 500석 이상의 자들은 오랫동안 메쓰케에 있게 되면 손해라고 생각하겠지만, 200, 300석의 자들은 오히려 오래 머물게 하여 메쓰케로서 격식도 올려주고 가증(加增)도 내려주시면 매우 감사하게 생각할 것입니다.[53]

여기서 메쓰케에게 요구되고 있는 역할은 쇼인의 견해와 마찬가지로 가로 견제, 역인 비판이다. 또 400, 500석의 중상급 가신보다 200, 300석의 중하급 가신을 메쓰케에 등용시켜 그 자리에 오래 머물면서

53 「岡田新太郎年寄被命候節出府之上言上可仕ヶ條」, 『時事雑纂一』(長久保叢書 34), 東京大史料編纂所藏, 48-2, 49-1(원문은 한쪽이 좌우 두 부분으로 되어 있으므로, 필자가 1-1, 1-2, 2-1, 2-2 ……의 식으로 붙인 것임).

충실하게 역할을 수행하게 할 제도적 장치 마련을 요구하고 있다. 이 같은 주장은 쇼인의 가치메쓰케(徒目付), 요코메(横目)의 메쓰케 승진 주장과 일맥상통하는 것으로 읽힌다. 당시 각 번의 메쓰케 제도에 대한 상세한 내용을 잘 알고 있지 못한 필자로서는 이 같은 주장의 정확한 맥락을 파악하기는 힘드나, 메쓰케 제도의 전문성을 높이고, 또 좀 더 낮은 가격(家格)의 가신이 이 역직에 진출할 수 있는 제도적 개선을 촉구한 것으로 보인다.

이처럼 막말의 대표적인 개혁가라고 할 수 있는 요시다 쇼인과 후지타 도코가 거의 동일하게 메쓰케의 역할 강화를 주장하고 있는 것을 알 수 있다. 흥미롭게도 그들은 메쓰케에 언관의 역할을 부여하려는 시도를 하고 있었던 것이다.

이 같은 움직임은 본래 간언권을 갖고 있던 가로의 권한을 제한하고, 정부비판을 용이하게 함으로써 번주의 권력을 강화하는 결과를 초래할 수 있다. 그런 의미에서 메쓰케 역할 강화론은 제3부에서 서술할 번주친정 요구와 밀접하게 관련되어 있었던 것으로 보인다.

소결

막말기에 여러 정치세력은 전국적 차원에서든 번 차원에서든 정치 방침을 '공의(公議)'·'공론(公論)'에 의해 결정해야 한다고 주장했다. 중요 방침이 '구보사마(公方様)'나 '도노사마(殿様)' 또는 '관습'에 의해 결정되는 시스템은 더 이상 유지할 수 없게 되었다. 그런데 '공의'·'공론'이 형성되고 힘을 갖기 위해서는 활발한 정치 토론이 주요 사회 성원에게 허용되어야 하며, 그를 위한 미디어와 공간의 존재가 필수적이다. 즉 사회의 많은 영역에 정치토론 문화가 정착되어야 비로소 가능해지는 것이다. 도쿠가와 시대에는 정책을 결정할 때 담합이나 관습의 존중이 더 중요했고, 공개적인 논의의 관습은 약했다고 할 수 있다. 즉 이는 막말기에 새로운 정치관습이 생긴 것을 의미하는데, 필자는 그것을 '토의정치의 형성'이라고 불렀다.

본 장에서 몇 개 번의 사례를 소개하면서 그 발단 과정을 살펴보았다면, 다음 제2장에서는 미토번을 소재로 본격적으로 검토해 보고자 한다. 그 전에 도쿠가와 정치관습과는 다른 '토의정치'의 특징을 다시 한번 정리해 둔다.

첫째, 토의는 담합보다 공개적인 정보, 지식과 논리로 상대를 설득하는 정치행위이므로 이에는 높은 수준의 지식[주로 유교적 교양], 논리 전개의 능력이 필요하다. 따라서 가문이 낮은 자도 그런 능력만 있으면 정치에 관여할 수 있는 길이 열린다. 둘째, 공개적인 토의를 하기 위해서는 미디어가 필요하다. 위에서 검토한 바와 같이 상서, 봉서가 정치적으로 활용되는 것이 '토의정치'의 형성에 중요하다. 상서는 군주 개인을 상대로 쓰인 것이기는 하지만, 거기에는 논리와 이론에 의한 자기주장의 전개와 상대의 설득이라는 원리가 작동하고 있다. 셋째, '토의정치'에서는 야쿠가타(役方)나 반가타(番方)라는 기존 조직이 아니라 학교[번교, 향교]나 학습회 같은 곳이 중요한 공간으로 기능한다. 학문적 리더의 리더십 앞에서, 가로를 정점으로 하는 계층 구조는 종종 상대화되었다. 학문의 인맥이 번을 넘어 전국적인 관계를 갖는 일도 드물지 않았다. 마지막으로 '토의정치'는 두 가지 방향으로 전개되었다. 토의는 주로 규범이나 명분에 따라 자기주장을 하기 때문에 상대방의 타당성의 가능성 혹은 자신의 오류 가능성을 인정하지 않는 측면이 있다. 즉 '정론관'이다. 따라서 상대의 주장을 용인할 수 있는 관습이 형성되지 못한 채 군주 혹은 리더들의 통제가 듣지 않게 되면 당쟁, 심지어 폭력의 동원이 발생한다. 반면 '토의정치'가 잘 작동하면 더 많은 사람이

토론에 참여하고 그 여론이 정책 결정에 중요한 영향을 미치게 된다. '공의여론(公議輿論)'이 그것이다. 그에 대한 폭력의 동원은 '안세이 대옥'의 결과가 보여 주듯이 진압은커녕 역풍마저 초래하게 되었다.[54] 이 경우 공의는 자기주장의 절대적인 정당성을 의미하는 정론의 의미뿐 아니라 다수의 주장을 의미하는 중론(衆論)의 의미를 동시에 내포하고 있다. 그것은 공의가 곧잘 여론과 병칭되는 것에서도 엿볼 수 있다.

다음 장에서 검토할 미토번의 '토의정치'는 전자의 길로 빠졌다. 미토의 경우 정론의 측면에 기울어 중론 또는 절차의 정당성에 대해서는 거의 주의를 기울이지 않았다. 후기 미토 학자들이 사용한 말 속에서 '정론'·'정기(正氣)'라는 용어는 매우 자주 등장하지만 '공의'·'공론'이라는 말은 상대적으로 많지 않았다는 것은 그런 면에서 의미심장하다. 미토번에서는 토의에 의한 정책 결정이라는 관습이 싹트고는 있었지만, 자신의 의견을 '정론'이라고 명명하면서 상대방의 의견은 '속론'·'사론(邪論)'·'간론(姦論)' 등으로 매도하고, 그것이 타당성을 갖고 있을지도 모른다는 가능성은 처음부터 인정하지 않았다. 이러한 태도하에서는 토론의 승패를 결정해 주는 중심 권력이 약화되거나 사라질 때 격렬한 논쟁과 투쟁은 폭력을 동원하려는 유혹에 빠지기 쉽다. 저 유명한 미토 내란은 바로 거기서 초래된 비극이었다.

54 三谷博, 「메이지유신의 해부」, 『일본역사연구』 43, 2016.

제2장
막말기 미토번에서 봉서(封書)의 정치적 등장과 그 역할: '토의정치'의 형성

'토의정치'가 형성되기 전에도 물론 특정 업무를 둘러싸고 업무담당자와 집정 또는 번주 간에 회의나 토의가 행해지곤 했다. 그러나 이때 토의의 참가자가 업무담당자로 엄격히 제한되어 있었다는 점, 그리고 토의의 내용이 해당 업무의 범위를 벗어날 수 없었다는 점에서, 막말기의 '토의정치'와는 다르다고 볼 수 있다. 본 장에서 살펴볼 것처럼, 막말기 미토번에서는 자신의 담당업무가 아니라 할지라도 토의에 참가하는 것이 정당화되었으며, 그런 토의가 실제로 실행되었던 것이다.

그런데 이러한 '토의정치'의 형성에는 그것을 뒷받침하는 미디어나 토의 공간의 존재가 불가결하다. 이 시기 '토의정치'의 형성을 뒷받침하는 미디어로서는 봉서(封書), 상서 등을 들 수 있겠고, 토의 공간으로서는 정부 내 회의, 어전회의 같은 회의 공간이나 번교, 사숙, 향교 등의 학교 기관, 그리고 종교 기관 등을 꼽을 수 있다. 이 중에서 필자가 주목한 것이 봉서, 상서 등의 미디어와 사숙, 향교, 사·사(社·祠)라는 토의 실행·여론 형성의 장(場)이다. 토의 공간으로서의 사숙, 향교, 사·사에 대해서는 다음 제3장에서 다루기로 하고, 본 장에서는 '토의정치' 형성의 주요 미디어인 봉서, 상서에 대해 검토해 보기로 한다.

필자가 다른 번에 비해 잔존 사료가 빈약한 미토번을 굳이 선택한 이유는, 종래의 연구가 만들어 낸 '봉건반동의 사상', '막번체제의 호지자(護持者)'라는 이미지와는 달리 미토번의 번정 과정에서 막말기 '토의정치' 형성의 선구적 형태를 발견할 수 있었기 때문이다. 후기 미토학의 주창자[1]들은 근세의 정치사회적 관례나 상위 권력에 과감히 도전, 반항하여 '토의정치'를 만들어 내고, 그를 통해 정치적 파워를 신장시켜 갔다. 필자는 이런 정치현상이 가능했던 배경에는 봉서 · 상서의 정치적 등장이 있었다고 보고, 그에 대한 검토를 시도해 본 것이다.

제1절 미토 번정(藩政)의 특징과 번정 기구

봉서 문제에 들어가기 전에, 먼저 그 배경으로서 미토번의 구성과 번정 기구에 대해 서술하기로 한다. 미토번에서는 간분기(寬文期, 1661~1672)에서 겐로쿠기(元祿期, 1688~1703)에 걸쳐 번 내 신분제가 형성되었다. 지행(知行)이 가록(家祿)으로 고정되고, 역직의 승진도 일정한 범위 내에서만 가능하게 되며, 가격(家格)에 따라 최고로 승진할 수 있는 한계[極階] 역시 규정되었다.[2] 더욱이 겐로쿠기에서 교호기(享保期,

1 이하 후기 미토학자 중에서도 후지타 유코쿠(藤田幽谷)와 그 문인, 붕우들을 '후지타파', 다치하라 스이켄(立原翠軒)과 그 문인, 붕우들을 '다치하라파(立原派)'라고 부르고, 양쪽을 함께 칭할 때는 '개혁파'라고 하기로 한다. 후지타파와 다치하라파는 미토번 개혁파로서 나리아키 번주 계승운동까지는 노선을 같이했으나, 나리아키가 습봉(襲封)한 이후 갈등이 심화되어 다치하라파는 문벌파와 급속히 가까워진다. 한편 1558-1559년(安政 5-6) 무오밀칙회달(戊午密勅回達)을 주장하여, 남상운동(南上運動)을 일으켰던 그룹은 '격파(激派)'라고 부르겠다.

2 水戸市史編纂委員会 編, 『水戸市史』 中巻(一), 1968, 187쪽.

1716~1735)에 걸쳐서는 가록의 다소 및 신분의 고저, 역직의 상하가 상응하는 계층제가 형성되었다.[3] 즉 미토번에서도 다른 번과 마찬가지로 신분계층적 질서를 기준으로 역직 편성이 이뤄져, 각 역직은 한정된, 일정한 신분 · 가격을 가진 자들 사이에서만 점유되게 되었고, 이들 역직은 곧 그들의 가산(家産)과 같이 되어 갔던 것이다.[4] 이 같은 번정 기구 시스템이 18세기 초 무렵에는 형성되어 있었다.

한편 미토번의 가신단 조직은 간분기(寬文期)에서 덴포기(天保期)에 이르기까지 큰 변화가 없었다.[5] 미토번 가신단의 특징이라고 할 수 있는 것은 고산케(御三家) 가운데서도 500석 이상의 가신이 극히 적고, 또 번의 지행고에 비해 가신 수가 많다는 점이다.[6]

미토번 가신단의 필두(筆頭)는 쓰케가로(附家老) 나카야마가(中山家)와 야마노베가(山野邊家)로 둘 다 1만 석의 명문이었다. 나리아키가 "신분이 낮은 자와는 달리, 나카야마, 야마노베 양가는 일국(一國)의 부침에도 관계가 있어 간단한 문제가 아니다"[7]라고 말했던 것처럼 이 양가는 번 내에서 매우 중요한 위치를 차지하고 있었다. 나카야마가는 1607년(慶長12) 나카야마 노부요시(中山信吉)가 후다이다이묘격(譜代大名格)의 쓰케가로로서 처음으로 미토번에 부속되었다.[8] 쓰케가로라는 것은 막부에 의해 고산케에 부속된 집안으로, 막부와의 연락 등을 주로 담당했던 가문들이었다.[9] 전국적으로 모두 5개 가문이 있었는데, 나루

3 『水戸市史』 中巻(三), 1976, 127쪽.
4 笠谷和比古, 『近世武家社会の政治構造』, 吉川弘文館, 1993, 199쪽.
5 『水戸市史』 中巻(三), 122쪽.
6 『水戸市史』 中巻(一), 175쪽.
7 「徳川斉昭親書」, 『水戸藤田家舊藏書類』 三(日本史籍協会叢書 184), 東京大学出版会, 1974, 29쪽.
8 『水戸市史』 中巻(一), 27쪽.
9 小山譽城, 『徳川御三家付家老の研究』, 清文堂出版, 2006.

세(成瀨), 다케노요시(竹腰, 두 가문은 尾張家附家老), 안도(安藤), 미즈노(水野, 두 가문은 紀伊家附家老), 그리고 미토번의 나카야마가가 그것으로, 통상 5가라고 칭했다.

그들은 배후에 있는 막부의 권위에 의지하여, 고산케의 가신이라기보다는 객분(客分)과도 같은 존재로, 자신들이 마치 다이묘인 것처럼 행동하기도 했다. 또 서로 굳게 결속하고 있었다. 예를 들면 나리아키의 정부(定府) 폐지, 교대(交代) 실시정책으로 에도에 있던 나카야마가가 '영영토착(永永土着, 영원히 미토에 거주함)'의 조치에 처해졌을 때, 오와리(尾張)의 나루세가(成瀨家)가 막각(幕閣)에 운동을 벌여, 1년간의 토착(土着)으로 변경시켰던 일이 있었다.[10] 이러한 사정 때문에, 나카야마가는 미토번 내의 개혁파, 특히 후지타파로부터 항상 비판의 대상이 되었다. 예를 들면 후지타 유코쿠는 1819년(文政2) 4월 나카야마의 은퇴를 요구했고, 아이자와 야스시(會澤安)도 상서를 통해 나카야마가를 격하게 비난한 적이 있었다.[11]

한편 야마노베가는 미토번이 야마가타 성주(山形城主)의 적자(嫡子)를 1633년(寬永10)에 등용함으로써 미토번 가신단에 들어오게 되었는데,[12] 나카야마가와는 달리 미토번사의 신망을 얻고 있었다. 특히 막말기의 당주(當主) 야마노베 요시미(山野邊義觀)는 후지타파의 리더인 후지타 도코의 문하생이어서 후지타파와 친밀했다. 도코, 스기야마 후쿠도(杉山復堂) 등은 평소부터 그와 정치적 토론을 하기도 했다. 그는 나리아키 계승분쟁 때는 후지타파의 대표격으로 에도에 올라가 시위 행동을 벌이는 '남상운동(南上運動)'에 참여해, 후지타파에 큰 힘이 되

10 「德川斉昭親書」, 『水戶藤田家旧蔵書類』 三, 222-225쪽.

11 『水戶市史』 中卷(二), 433쪽.

12 『水戶市史』 中卷(一), 170쪽.

었다. 덴포(天保) 개혁 때는 해방총사(海防總司)로서 활약한다.

한편 미토번에서는 18세기 후반부터 신참(新參)의 등용이 많았다. 후지타 유코쿠가 죠닌(町人) 출신으로 발탁된 신참이었던 것을 비롯해, 가와세 교토쿠(川瀨教德)는 햐쿠쇼(百姓) 출신, 도모베 요시마사(友部好正)는 의사 출신, 아이자와 야스시(會澤安)는 간누시(神主) 출신으로 각각 새로이 무사 신분을 얻은 인물들이었다.[13] 미토번에서는 이 같은 신참과 후다이(譜代) 가문 사이에 여러 가지 차별 대우가 존재하고 있었다.

한편 미토번은 정부제(定府制)라는 특징이 있었다. 즉 미토번주는 다른 다이묘와는 달리, 참근교대제(參勤交代制)의 적용을 받지 않고 에도에 정주하도록 되어 있었던 것이다. 따라서 번주는 스스로 결심하지 않는 한, 자기 번에 갈 기회가 별로 없었다. 실제로 미토번 5대 번주 무네모토(宗翰)는 습봉(襲封) 후 28년만인 1758년(寶曆8)에 처음으로 취번(就藩)했고, 36년간의 재임 기간 중 겨우 2회 미토번에 체재했을 뿐이었다.[14] 심지어 8대 번주 나리노부(齊脩)는 생애 단 한 번도 미토의 땅을 밟지 않았다. 번주가 에도에 정주하게 됨에 따라 번사, 특히 역인들도 점점 에도에 장기간 체류하는 경향이 생기게 되었다. 2대 번주 도쿠가와 미쓰쿠니(德川光圀)의 시대까지는 역인의 에도-미토 간 교대제가 지켜졌으나, 3대 쓰나에다(綱條) 때부터 에도 정주가 늘어나기 시작해 6대 도쿠가와 하루모리(德川治保) 때부터는 거의 교대제가 기능하지 못하게 되었다.[15] 후지타파는 이로 인해 에도-미토번사 사이에 격절감, 위화감이 생기고, 에도 거주 번사들이 사치 등의 풍조에 젖게 되었다고

13 乾宏巳, 「水戸藩党争の一考察: 天保検地の分析を通じて」, 『歴史学研究』 232, 1959년, 12쪽.

14 『水戸市史』 中巻(二), 187쪽.

15 『水戸市史』 中巻(一), 48쪽.

우려했다.

이상 미토번의 특징과 가신단의 구성에 대해 개관해 보았다. 다음으로는 미토번의 번정기구에 대해 약술하겠다[〈그림 2-2-1〉 참조]. 먼저 정부는 집정부(執政府)라고도 하는데, 집정[16] 휘하에 간죠봉행(勘定奉行), 마치봉행(町奉行), 지샤봉행(寺社奉行), 그리고 오쿠유히쓰(奧右筆) 등으로 구성되어 있었다. 따라서 사료상에서 '정부(政府)'라고 할 때 번주는 포함되지 않는다. 번정의 주요 사안은 이 정부 내에서 입안, 심의, 결정되어 번주의 재가를 요청하는 형식으로 운영되었다.

여기서 중요한 역할을 수행한 것이 오쿠유히쓰(奧右筆, 한문 투로는 書記役)였다. 오쿠유히쓰는 원래 집정 휘하에서 번정에 관계되는 자료를 정리, 보관하고, 중요 정책 결정 시에 그 자료에 기반해 선격고례(先格古例)를 조사하여, 집정에 참고 자료를 제공하는 역직이었다. 그런데 신분제에 따라 집정은 몇몇 가문의 사람들이 자동적으로 담당하게 되어 있었기 때문에 유능한 집정은 배출되기 힘들게 되었다. 자연히 그들은 번정의 실무를 거의 오쿠유히쓰에게 맡기게 되었던 것이다. 이런 현상은 단지 미토번뿐 아니라 막부나 다른 번에서도 공통적으로 나타나는 현상이었다.[17] 그래서 본래는 한낱 서기역[日帳役이라고도 했다]에 불과했던 오쿠유히쓰는 도쿠가와 후기 이후가 되면, "오쿠유히쓰는 정치의 기관(機關) …… 미토 집정은 유히쓰(右筆)가 마음대로 한다"[18]라든

16 執政, 老中 또는 用達이라고도 불렸다. 執政은 한문 투의 표현. 미토번에서는 유학이 다른 번에 비해 발달했던 만큼 이와 같은 한문 투의 역직명을 즐겨 사용했다.

17 막부의 오쿠유히쓰(奧右筆)에 대해서는 本間修平, 「徳川幕府奥右筆の史的考察」, 『法と権力の史的考察』, 創文社, 1975.

18 高瀬真卿, 『水戸史談: 故老実歴; 附 · 幾のふの夢』, 青史社, 1974, 21쪽.

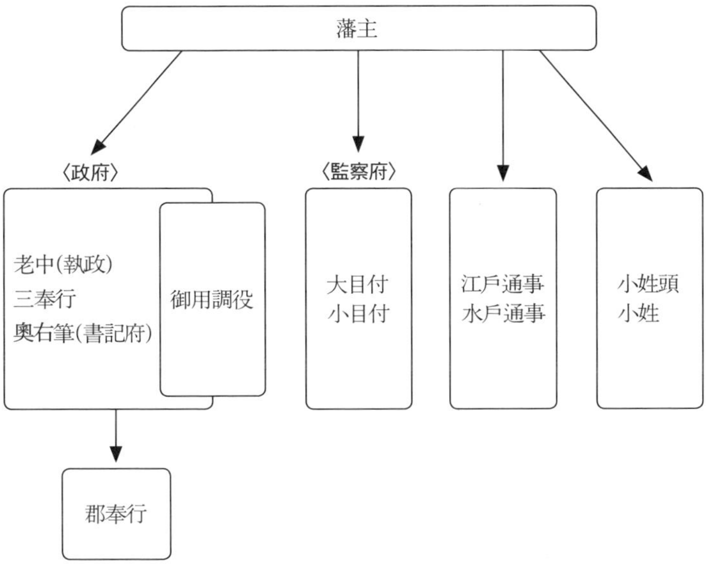

〈그림 2-2-1〉 미토번정기구표(水戶藩政機構表)

가, "서기국(書記局)이 추요(樞要)의 부(府)"[19]가 되었다고 일컬어졌다. 이 정도로 추요(樞要)의 포스트였기 때문에 뒤에서 보는 것처럼, 1831년(天保2)에 행해진 오쿠유히쓰 인사 문제가 커다란 파문을 일으켰던 것이다.

그다음 미토번 번정기구에서 특징적인 존재가 고요시라베야쿠(御用調役)다. 이 역직은 "오직 주군 옆에서 기밀문서를 관장하고, 오쿠유히쓰부(奧右筆府)에 때때로 왕래하여 일을 처리할 뿐이고, 항상 오쿠유히쓰부에 근무하여 만사(萬事)에 종사하지는" 않는 존재였다.[20] 고요시라베야쿠의 격(格)은 상당히 높아서, 오쿠유히쓰부의 책임자인 오쿠유

19 「東湖遺稿」, 菊池謙二郎 編, 『新定東湖全集』, 博文堂, 1940(이하 『東湖全集』으로 표기함), 223쪽.

20 「常陸帶」, 『東湖全集』, 67-68쪽.

히쓰 도도리(奧右筆頭取)의 상위에 열(列)했다. 고요시라베야쿠도 역시 직제상으로는 오쿠유히쓰부에 속해 있었는데, 그 차이를 말하자면, 오쿠유히쓰가 집정에 직속되어, 집정을 보좌했던 역직이었던 데 비해 고요시라베야쿠는 그 역직명에서도 추측할 수 있듯이, 번주와 보다 긴밀한 관계를 갖는 역직이었다고 할 수 있다. 고요시라베야쿠는 1839년(天保10) 10월에 폐지된다.

다음으로 주목해야 할 것이 통사(通事)다. 통사는 번주와 번사의 면담을 중개하는 측근역직(側近役職)으로,[21] 원래는 오고쇼(大小姓)라고 칭했으나 겐로쿠기(元祿期)에 통사로 개칭하여, 1836년(天保7)에 고쇼토도리(小姓頭取)로 변경될 때까지 계속 통사라는 명칭이 사용되었다.[22] 주요한 임무는 면담 중개 이외에 음악[囃子] 담당, 번주 행차 때의 수행, 에도성 등성시의 호종 등이었다.[23] 통사는 번주의 측근이면서도 고쇼(小姓)를 지휘하는 고쇼가시라(小姓頭)의 휘하에 있지는 않았다.[24] 번주 직할의 역직이었으며, 따라서 정부에 속하지 않았다.[25] 즉 통사는 번 기구상에서 집정 등이 통제할 수 없는 번주 직할의 기구였던 것이다. 후술하는 것처럼, 이러한 통사가 봉서상정(封書上呈)의 루트가 되었던 사실은 봉서자와 번주의 직접적인 연결을 의미했다.

마지막으로 군봉행(郡奉行)이라는 역직에 대해 살펴보자. 군봉행은 말할 것도 없이 향촌의 민정(民政)을 총괄하는 직책이다. 미토번에서 군봉행의 역소는 '진야제(陣屋制)'라고 해서 지방의 각 군에 위치해 있었다. 이것을 후지타파는 나리아키 습봉 직후에 성하(城下)의 한 장소

21 「回天必力」, 『東湖全集』, 620쪽.
22 『水戸市史』 中巻(一), 239쪽.
23 「不息齋日録」, 『東湖全集』, 1223-1226쪽.
24 『水戸市史』 中巻(三), 239쪽.
25 「回天詩史」, 『東湖全集』, 15쪽.

에 옮기려고 기도했다[城下制]. 그들 주장의 명분은 군봉행들끼리의 정책협의와 보조를 맞추기 위해서는 '성하제'가 한층 효율적이라는 것이었다. 이에 대해 문벌파와 다치하라파(立原派)는 격렬히 반대했다. 특히 오랜 기간 군봉행을 역임했던 다치하라파의 고미야마 후켄(小宮山楓軒)은 최후까지 반대했다. 그러나 격론 끝에 1831년(天保2) 후지타파의 의향대로 성하제가 채택되었다. 그와 동시에 군봉행은 전원 후지타파로 채워졌다.

필자는 후지타파가 군봉행 역소의 성하제를 주장했던 것은 군무(郡務)의 효율성이라는 측면보다는 중앙에서의 권력투쟁으로부터 멀어지는 것을 두려워했기 때문이라고 생각한다. 실제로 성하제는 1831~1832년(天保 2~3)의 '역체소동(役替騷動, 인사 파동, 후술함)' 때 위력을 발휘했다. 후지타파 군봉행 4명은 성하의 한 역소에서 같이 근무하고 있었기 때문에 권력투쟁의 와중에서, "일동 이마를 맞대고 머리를 싸매며 어떻게 할 것인가를 협의"[26]할 수 있었던 것이다. 이들은 항상 긴밀히 연락하여 의견 교환이나 신속한 방침 결정이 가능했고 행동을 통일할 수 있었다. 만일 진야제(陣屋制)가 지속되어 군봉행들이 각 군에 흩어져 근무하고 있었다면 상황이 시시각각으로 변하고 정보 하나, 일순(一瞬)의 판단 하나가 형세를 좌우하는 권력투쟁에서 유효하게 대응하기는 어려웠을 것이다. 후지타파는 이러한 점들을 내다보고 군봉행 역소의 성하제를 고집했다고 필자는 생각한다.

26 「回天必力」, 『東湖全集』, 585쪽.

제2절 도쿠가와 나리아키 이전 미토번정의 추이와 상서 장려

미토번도 다른 번과 마찬가지로 18세기 후반경 재정위기에 처하자 일반 번사에 타개책을 제시하는 상서를 요구했다. 이러한 움직임은 6대 번주 도쿠가와 하루모리(徳川治保, 文公)의 습봉[1766년, 明和3] 때부터 나타났는데, 하루모리는 습봉 직후 가시라(頭, 각 組의 長)·봉행에게 명하여, 휘하의 자들에게 상서를 올리도록 했다. 1772년(安永1), 재정 곤란과 인구의 감소를 우려한 하루모리는 그 타개책을 마련하기 위해 역인 일동이 상의하고 숙담(熟談)하도록 지시했다.[27] 이에 당시의 집정이었던 사카키바라 신자에몬(榊原新左衛門)이 역인들에게, "번을 위하는 것이라고 생각되는 것은 꼭 의견을 말해야 한다"고 상서를 요구했다.[28] 유명한 후지타 유코쿠의 정사봉사(丁巳封事, 1797년, 寛政9)도 이 같은 상서·봉서장려의 분위기 속에서 제출되었던 것이다. 한편 하루모리는 역인회의도 개최하도록 명해, 1773년(安永2) 평정소에 오이 로쿠로자에몬(大井六郎左衛門, 역직은 미상), 요닌(用人), 오긴미야쿠(大吟味役), 긴미야쿠(吟味役), 히쵸야쿠(日帳役, 후의 奥右筆) 등이 열좌(列座)하여 타개책을 토론한 적도 있었다.[29]

한편 상서는 영민에게도 장려되었다. 간세이기에 농정개혁에 관하여 쇼야(庄屋)·향의(郷醫) 등이 헌책한 적이 있었고, 또 1824년(文政7)년에 죠카마치(城下町) 쇠퇴의 대책을 성하상인(城下商人)들에게 물은 적도 있었다.[30]

27 小宮山楓軒,『憲法記』五(二册), 8쪽, 水戸市史編纂委員会, 1973.

28 小宮山楓軒,『憲法記』五(二册), 7쪽.

29 「水戸紀年」,『茨城県史料』近世政治編 I, 1971, 563쪽.

30 木戸田四郎,『維新黎明期の豪農層』, 塙書房, 1970, 239쪽;『水戸市史』中巻(二), 558쪽. 18세기 후반 이후의 미토번 영민의 헌책 동향에 대해서는 平川新,

그러나 이상과 같은 상서 활성화의 움직임은 특정 문제를 둘러싼 번 측의 하문에 대한 의견 제시라는 성격을 갖는 것이어서, 상서자가 임의로 상서의 주제를 정하는 것은 아니었다. 하물며 상서를 이용하여 인사 문제에 개입한다거나 권력투쟁을 하는 경우는 거의 없었다. 더욱이 번 정부의 장려와 재촉에도 불구하고, 이 시기 상서·봉서를 하는 것은 역시 용이한 일은 아니었다. 아무리 번주가 상서를 요구한다고 해도 신분이 낮은 일반 번사가 번정 등과 관련해 중역들의 비정(秕政)을 언급하는 것은 자신의 신변에 위험스러운 행위였기 때문이었다. 그래서 7대 번주 도쿠가와 하루토시(德川治紀)는 1807년(文化4) 습봉하자마자 가신단 일동에게 다음과 같은 직서(直書)를 내렸다.

> 가로 이하 역인들은 날마다 정무협의도 하고 해서, 나[번주 治紀]에게 부족한 점이 있을 때는 기탄없이 말해 주니, 매우 기쁘게 생각한다. [그런데] 그 외의 여러 가신은 설령 뜻이 있는 자라 할지라도, 불쑥 자기 생각을 말해서 이상한 자라고 보이면 어떻게 하나라고 생각하는 자도 있겠지만, 상하의 정이 격절되어서는 나를 비롯하여 역인들이 만에 하나 잘못하는 것이 있어도 그냥 지나칠 수 있으니 …… 단, 사람들이 의견을 말할 때는, 가시라(頭), 구미가시라(組頭), 동역(同役) 등이 있는 자들도 의견을 제출해야만 한다. 자기 상사에 제출하는 것은 물론이지만, 이번에는 그 [상서를] 수취하는 임무를 통사(通事)에게도 명령해 놓았으므로, 모두 봉인하여 제출해야 한다.[31]

『世論と紛争』에 있는 표 7-1(285쪽)에 정리되어 있다. 미토번에서는 간엔기(寛延期)부터 번의 회소사법(会所仕法)·식산책(殖産策) 등에 관한 호상·호농의 헌책이 급증했다(平川新, 『世論と紛争』, 284-285쪽). 이러한 서민 레벨의 헌책에 대해서는 본서에서는 일단 다루지 않기로 한다.

31 「楓軒先生密策下」, 『茨城県史料』 幕末篇 1, 354-355쪽.

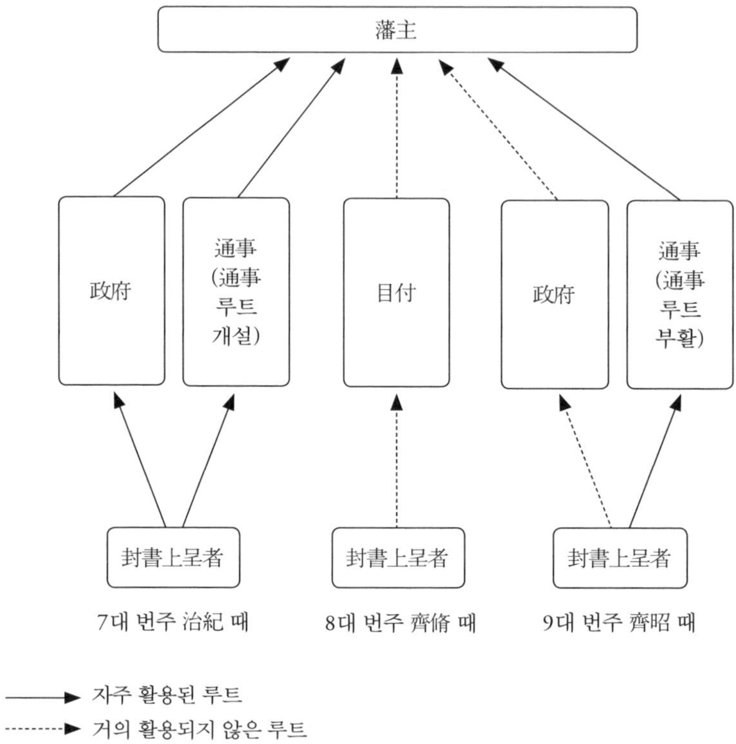

〈그림 2-2-2〉 미토번의 봉서상정 루트

이 직서는 후일 후지타파가 언로통개 방침의 정당성을 주장하는 근거가 되는 문장이다. 여기서 우선 주목되는 것은 역인 이외의 번사들에까지 봉서를 요구하고, 자기 상사에게 의견을 개진하는 것과는 별도로 번주에 직접 봉서를 하도록 장려했다는 점이다. 그러나 가장 중요한 것은 봉서의 수취역(受取役)에 통사를 임명했다는 점이다. 통사는 정부의 계열에 속해 있지 않은 완전한 번주의 측근이었으므로 이 조치에 의해 정부를 정점으로 했던 통상의 하의상달 루트와는 별도로, 번주와 일반 번사를 직접 연결시킬 수 있는 또 다른 루트가 창설되게 되었던 것이다. 분카기(文化期) 이래 유코쿠나 아오야마 셋사이 등에 의해 많은 봉서가 상정되었는데, 아마도 이 통사 루트의 개설에 자극받은 것이었을 것이다. 이 통사 루트야말로 '역체소동(役替騷動)' 때 정부에 속해 있지 않았을 뿐더러 신분도 낮은 후지타파가 자신들의 정치 의견을 번주 나리아키에게 직접적이고 신속하게 전달하여 정치적 발언권을 강화하는 데 크게 기여했던 것이다. 이에 대해서는 뒤에 상술할 것이다.

그러나 8대 번주 도쿠가와 나리노부(德川齊脩)가 취임하자 봉서 장려의 조치도 약화되고 언로는 폐색(閉塞)되어 하루토시가 마련한 상서 활성화의 분위기는 일변하게 되었다. 1820년(文政3) 2월, 8대 번주 나리노부가 취임한 지 4년째 되던 해에 번청은, "당어대(當御代[나리노부의 시대])가 되어 가신단 중에서 봉서를 바치는 자가 드물게 되어, [번주께서] 어쩐지 허전하게 생각하신다. 각자의 상사를 거쳐 바치는 것이 번거롭게 생각되는 사람은 지금 이후로 메쓰케에 곧바로 바치도록 분부하셨다. 단 각자의 상사에 제출하는 것도 지금까지 대로 마음대로 할 것"[32] 이라는 명령을 내렸다. 이는 겉으로는 상서를 장려하는 방침인 것처럼 보였으나, 실은 상서 상정 루트를 통사로부터 메쓰케로 바꾸어 언로를 제한하는 것이었다. 도코(東湖)는 이 조치를 두고, "몇 년 전에 애공(哀公[나리노부])께서 …… 상언(上言)은 메쓰케에 제출하도록 명하시고, 또 정부 외에는 히토리 우카가이(一人伺[獨對])를 하지 못하도록 하는 규정을 세우셨기 때문에, 언로가 막혀 사람들이 탄식했습니다[33]"라며 언로 통개 정책의 후퇴라고 개탄했다.

이처럼 8대 번주 나리노부의 시대에 들어와서, 봉서의 수취역은 메쓰케에 한정되게 되었던 것이다. 이렇게 되자 "설령 뜻이 있는 자라도 불쑥 자기 생각을 말해서 이상한 자로 보이면 어떻게 하나"[34]라는 분위

32 「德川斉昭親書」,『水戸藤田家旧蔵書類』 三, 10쪽.

33 天保 4年 2月 上書,「東湖封事」,『東湖全集』, 875-876쪽.

기 속에서 감히 봉서를 내는 것은 쉽지 않았을 것이다. 더욱이 역인 또는 번정을 비판할 경우는 더욱 그러했을 것이다. 로쥬(老中) 이하 정부 쪽에서 보면 원래 봉서라는 것은 자신들의 권력을 견제하는 것으로, 그것을 매개로 번주와 일반 번사가 직접 연결된다는 것은 자신들의 지위에 커다란 위협이 되는 일이었다. 즉 일반 번사의 상서가 어떠한 확인 절차도 없이 번주의 손에 들어가는 것은 그들로서는 불안한 일이었다. 그래서 번주의 권력이 약화되었던 나리노부의 시대에 위와 같은 조치를 취했던 것이라고 생각된다.

더욱이 위의 사료를 통해 나리노부의 시대에는 봉서와 함께 하의상달의 주요한 수단 중 하나였던 번주와의 독대도 정부 역인[주로 로쥬와 오쿠유히쓰]에 제한되었던 것을 알 수 있다. 미토번의 히토리 우카가이(一人伺) 제도에 대해 상세히 알 수 있는 사료는 발견하지 못했으나, 위의 사료로부터 하루모리 · 하루토시의 시대에는 정부 역인 이외에도 번주와의 독대가 때때로 행해졌다고 추측할 수 있을 것이다.

이상 나리아키 이전 미토번의 상서 · 봉서의 실태를 살펴보았다. 이 시기에는 번주가 번사 전원, 나아가서는 영민에게까지 상서를 요구하는 등 새로운 움직임이 나타났지만, 번정에서 상서 · 봉서가 정치적으로 중요한 역할을 하는 데까지는 이르지 못했다. 게다가 나리노부의 시대에는 집정 · 오쿠유히쓰가 전권을 휘두르는 상황에서 언로폐색이 심해져, 봉서 · 상서는 거의 정치적 의미를 상실했다고 생각된다.

34 「楓軒先生密策下」,『茨城県史料』幕末篇 1, 354-355쪽.

제3절 봉서의 정치적 등장과 '토의정치'의 형성

이와 같은 상황에서 나리아키의 시대가 시작되었다. 이복형인 나리노부의 병사 이후 격렬한 계승분쟁을 거쳐 가까스로 9대 번주에 오른 나리아키는 적극적인 언로통개정책을 취하여 봉서를 장려했다. 특히 나리아키의 시대에는 봉서가 권력투쟁의 와중에서 중하급 무사가 문벌층을 공격하고 자신들의 정치적 의사를 표현하는 중요한 무기로 활용되게 되었다. 또한 정부의 각종 방침이나 주요 인사 문제를 둘러싸고 번주와 중하급 무사가 봉서를 매개로 활발한 정치토의를 벌이고, 그 결과가 상당한 영향력을 갖기에 이르렀다. 즉 '토의정치'의 형성에 봉서가 주요한 미디어로서 기능했던 것이다.

그런데 봉서의 문제를 생각할 때, 두 가지 점에 주의를 기울일 필요가 있다. 첫 번째는 그 상정 루트다. 번주에게 도달하기 전에 정부[로쥬를 비롯한 권력층]에 의해 체크되는가, 그렇지 않은가 하는 점이 중요하다. 정부가 상서를 점검하게 되면, 정부의 정책비판이나 부정고발의 내용을 담은 봉서가 번주에게 도달하길 바라기는 어려울 것이다. 두 번째는 상서의 내용이 자기의 역직에 관계되는 것인가, 아니면 그것을 넘어선 '직외지사(職外之事)'인가 하는 문제다. 역직에 관계되는 봉서나 상서는 크게 장려되었지만, '직외지사'에 대한 간섭은 엄하게 금지되어 있었기 때문이다. 이하 1831~1832년 미토번에서 일어났던 '역체소동(役替騷動)'을 소재로 하여 이 문제에 대해 생각해 보겠다.

1. 봉서상정에서 '통사 루트'의 부활

나리아키는 취임 직후인 1830년(天保1) 정월 역인에 대해 "의견이 있는 자는 어떤 역직에 있는 자라도 서슴지 말고, <u>어떤 경로를 통해서라도</u>

봉서를 제출해야 한다"[35][밑줄은 인용자]라고 하여 봉서를 장려할 방침을 천명했다. 여기서 주목되는 것은 "어떤 경로를 통해서라도 봉서를 제출해야 한다"는 점이다. 이것은 어떤 루트를 통해서라도 번주에 봉서상정이 가능하다는 의미로, 나리노부 시대의 언로 제한을 철폐한 것이다. 도코(東湖)는 이 조치에 대해 아래와 같이 말했다.

> [지금까지는] 언로(言路)를 여는 데에 있어 정부 또는 감찰부(監察府[目付]) 등에만 봉서를 제출하도록 했기 때문에, 사람들이 저절로 겁을 먹고 의견을 내는 자가 거의 없는 것이 보통이었으나, 이번에는 [번주로부터] 어떤 통로를 통해서도 괜찮다는 명령을 받았기 때문에 군신(君臣) 사이가 가까워지고, 천한 자까지도 조금도 상(上)을 의심하지 않게 되었으며, 또한 어떤 사람이 어떤 의견을 개진할지 알 수 없기 때문에, 정사를 돌보는 유사(有司)도 멋대로 행동을 하는 일이 없어졌다.[36]

그런데 이 시기에 집정의 일부는 공석이었고, 나리아키는 습봉 후 몇 가지 조치를 혼자서 결정하여 "집정들은 모르고 있는"[37] 경우들이 있었다. 이 언로통개 조치도 로쥬들과 충분한 협의를 취하지는 않은 것 같다.[38] 이러한 전격적인 언로통개조치에는 당연히 반발하는 세력이 있었다. 그러나 그들에 대해서는 "이것은 새로운 법(新規)이 아니고, 무공(武公[治紀])께서 분부하신 대로만 명령하시면 그것으로 그만입니다"라고 말하고 있는 것처럼, 앞서 인용했던 1807년(文化4)의 하루토시의

35 『水戶藩史料』 別記上, 吉川弘文館, 1917, 318쪽.
36 「常陸帶」, 『東湖全集』, 75쪽.
37 小宮山楓軒, 「楓軒先生密策」, 『茨城県史料』 幕末篇 1, 340쪽.
38 『水戶市史』 中卷(三), 41쪽.

직서(直書)를 명분 삼아 정당화했던 것이다.[39]

나리아키는 1831년(天保2) 초, 하루토시의 이 직서를 가신단 전원에게 회람시켰다. 나리아키는 이 직서 회람을 통해 번사 전원에게 상서를 요청했다. 더욱이 상술한 것처럼, 하루토시의 문장에는 통사(通事)가 봉서의 수신처로 명시되어 있었다. 여기서 나리아키가 노렸던 것은 통사를 통해 번주에 대한 봉서를 상정하기를 가신단에 촉구했던 것이라고 추측할 수 있다. 실제로 하루토시의 직서를 회람한 고미야마 후켄(小宮山楓軒)은 즉시 봉서를 상정했는데, 그것은 고마쓰자키 덴시치로(小松崎傳七郎)라는 에도통사(江戸通事)를 통해 이뤄졌다. 이것이 관견(管見)으로는 나리아키 습봉 후 통사에 봉서가 제출된 최초의 예다. 즉 1807년(文化4) 하루토시가 설치한 통사 루트가 부활했던 것이다. 그 이후 번주에 대한 봉서는 격증하여 "여러 사람이 바친 상서가 산처럼 쌓여 있는"[40] 상황이 되었다.

2. '역체소동'을 통해 본 '토의정치'의 형성

이와 같이 통사를 통한 봉서상정 루트의 부활은 1831~1832년에 벌어진 '역체소동(役替騷動)' 때 큰 힘을 발휘했다. 이때는 봉서가 특히 중하급 무사에게 권력투쟁의 주요한 무기로 활용되었다. 먼저 '역체소동'의 전말에 대해 살펴보기로 하자.

나리아키가 취임한 이후에도, 집정들을 중심으로 한 문벌파는 세력을 온존하고 있었고, 후지타파는 이들의 제거를 계속 요구했다. 나리아키는 번의 분열을 우려해 급진적인 개혁으로 나가지 않고 중도적인

39 小宮山楓軒, 「楓軒先生密策」, 340쪽.

40 「斉昭から史館編修吉田令世へ」 天保 元年 6月, 『水戸藩史料』 別記上, 319쪽.

〈표 2-2-1〉 1831년 미토번 주요 역직표

	江戶	水戶
執政	興津藏人, #山野邊義見(見習)	岡部忠藏, 中村與一左衛門, 朝比奈泰然
通事	#戶田銀次郎, #幡鎌與衛門	
御用調役	友部好正	#會澤安
奧右筆	今井萬吉, 本鄉金衛門	河津安介, 松崎新八郎(以上奧右筆頭取), #原田善衛門, #鈴木庄藏, 荻次郎兵衛, #深澤甚五兵衛, 尾羽兵藏, 田部長太郎
目付	山口賴母, 小山田軍平	#跡部彦九郎(武田耕雲齋), #石川宗三郎, #金子孫次郎, #高久源吾(以上 小目付), #山國喜八郎(大目付)住谷七之允(小十人目付)
勘定奉行	酒井市之允(井坂久次衛門)	#田丸稻之衛門
郡奉行	없음	#東湖, #川瀨教德, #石河德五郎, #吉成又右衛門

= 藤田派(『新定東湖東湖全集』 등에 의해 작성).

입장을 유지하고 있었다. 이와 같은 상황에 후지타파가 불만을 품고 있던 중, 1831년(天保2) 10월 미토의 오쿠유히쓰부(奧右筆府, 御用調役과 奧右筆로 구성됨)에 대한 인사가 행해졌다. 그 내용은 고요시라베야쿠(御用調役)인 아이자와 야스시(會澤安)와 오쿠유히쓰(奧右筆) 4명이 전역된 것이었는데, 그들은 전원 후지타파였다[〈표 2-2-1〉 참조]. 앞에서도 말한 것처럼 오쿠유히쓰[41]와 고요시라베야쿠는 정부의 실권을 장악하

41 오쿠유히쓰(奧右筆)의 전신은 히쵸야쿠(日帳役)다. 이들은 도시요리(年寄), 봉행이 사안을 평의하여 번주에 상신하는 정사의 과정을 기록하는 역직이다. 집정이 모든 일을 이들에게 물어 처리하면서부터 이들의 권한이 강해져, 스스로를 오쿠유히쓰라고 개명했다(「常陸帶」, 『東湖全集』, 284쪽). 덴포개혁의 기간에는 개혁파들이 오쿠유히쓰부(奧右筆府)에 많이 진출했고, 오쿠유히쓰 도도리(奧右筆頭取)는 정치의 중추였다(高瀨真卿, 『水戶史談: 故老実歷; 附 · 幾のふの夢』, 青史社, 1905, 21쪽).

〈표 2-2-2〉 덴포 2년, 3년 '역체소동' 때의 봉서·직서 일람

날짜	보낸 사람 → 받는 사람	내용	비고
덴포 2년			
10월 29일	郡奉行四人		지성으로 우리 주군과 집정에 간언하자고 논의가 결정되어 한 통의 봉서를 써서 江戶通事 戶田銀次郎에게 맡겼다는 취지.
11월 3일	郡奉行	「東湖封事」, 『東湖全集』, 820쪽.	11월 11일 江戶御鷹掛通事로부터 나리아키에 呈覽했다는 연락이 있었음.
	東湖 → 岡部忠藏		
11월 4일	川瀨教德	『水戶藩史料別記』 上, 398~400쪽.	江戶御鷹掛通事로부터 나리아키에 呈覽했다는 연락이 있었음.
	東湖	「回天必力」, 590쪽.	幡鎌與衛門을 통하여 나리아키에 呈覽했음.
	水戶監察府		
11월 9일	郡奉行共		
	石河幹忠		
	水戶監察府		
11월 16일	齊昭 → 中村 齊昭 → 郡奉行共	職務에 힘쓸 것, 就藩할 때 四郡을 巡檢할 것.	
11월 19일	郡奉行三人	이번 사태는 結局 자신들의 職務에도 관계가 있음. "相互存分評議"	奧右筆後任에 住谷七之允(小十人 目付)·飯島彦八郎(徒 目付)
11월 24일	郡奉行三人	"정사의 근본이 잘못되어서는 향중 정사도 제대로 안 될 것"	
11월 26일	齊昭 → 川瀨	川瀨의 전직을 경고	
11월 29일	郡奉行三人	"이번에 붕당이라는 혐의를 걱정하여"	
12월 6일	東湖		
12월 9일	東湖		

12월 14일	東湖 郡奉行三人	岡部는 집정에 적합한 인물이 아님을 강조	
12월 19일	郡奉行四人	집정에 관하여	
12월 22일	齊昭		
12월 24일	郡奉行請け書 東湖請け書		
덴포 3년			
1월 19일	郡奉行共	太田丹州, 藤田主膳의 江戶執政, 興津藏人의 水戶參政 취임설에 불가론. 江戶執政은 공석으로 해도 괜찮다.	
1월 29일		岡部를 해직할 것	
2월 4일	水戶監察府		跡部彦九郎 · 金子孫二郎의 建議
2월 12일	齊昭 → 中村 (미토집정)		
2월 19일	川瀨 水戶監察府	深澤御免의 件	
2월 29일	吉成		
3월 4일	石河		
3월 14일	東湖	人口增減의 件	
3월 24일	監察府請書	東湖 · 川瀨의 출사 거부의 件, 일동 면직한다는 각오 피력	
3월 29일	齊昭 → 川瀨	深澤 면직 항의, 집정 岡部의 外轉을 요구한 후지타파에 대한 답장(『水戶藩史料』 別記上, 404~406쪽): 직외 지사에 간섭하지 말라, 메쓰케를 선동하지 말라.	
4월 11일	齊昭 → 水戶監察府	郡奉行들이 稱病不出仕하는 것을 따라하지 말라.	
4월 14일	東湖		이 봉서가 有名한 『壬辰封事』

출처: 『新定東湖東湖全集』, 『水戶藩史料』 別記上에 의해 작성(받는 사람을 따로 표기하지 않은 것은 전부 나리아키임).

고 있는 주요 포스트였다. 따라서 이를 자파에 대한 문벌파와 다치하라파의 전면공격이라고 판단한 후지타파는 적극적으로 반격을 시작했다. 이것이 1832년(天保3) 11월까지 계속된 미토번 분쟁의 발단이다. 이를 당시에는 인사 파동, 즉 '역체소동'이라고 불렀다.

먼저 저항의 핵심은 도코를 비롯한 군봉행(郡奉行) 4명이었다[〈표 2-2-2〉 참조].[42] 저항의 수단으로는 미토 집정의 사택을 항의방문하거나, 출근거부[ひきこみ] 등의 방법도 있었지만, 주요한 수단은 봉서상정이었다. 그들은 인사가 행해진 다음 날 벌써 나리아키에게 봉서를 상정했다. 이때 상정 루트는 에도통사(江戸通事) 도다 긴지로(戸田銀次郎)를 통해서였다. 이로부터 그들의 봉서 공세가 시작되는데, 그 대부분이 에도통사를 경유하여 나리아키에게 전달되었다. 이것은 집정들이 통제할 수 없는 루트였다. 나리아키는 이에 응하여 자주 직서(直書)를 내 군봉행들과 정치토의를 전개했다. 그리하여 번주 나리아키와 군봉행 등의 사이에서는 직접적으로 커뮤니케이션할 수 있는 루트가 확보되었던 것이다.

군봉행들은 10월 29일 "지성(至誠)으로써 우리 주군과 우리 재상(宰相)에 간언해야 한다고 의견 일치를 보아, 한 통의 서(書)를 써서 에도통사 도다 긴치로에게 맡겼"다.[43] 11월 4일 후지타파의 오쿠유히쓰 인사철회 요구가 무색하게, 다치하라파의 야마구치 다노모(山口頼母)가 아이자와 야스시 후임으로 고요시라베야쿠에 임명되자 후지타파의 봉서 공세는 더욱 격해졌다. 도코[44]와 군봉행 가와세 교토쿠(川瀬教徳)가

42 이들은 모두 하사 출신이거나 그 자제였다(櫻井明, 「幕末水藩, 「下士」登用探索: 党争解明への一視点」, 『茨城県立歴史館報』 38, 2011, 62쪽).

43 「回天必力」, 『東湖全集』, 585-586쪽.

44 「回天必力」, 『東湖全集』, 590쪽. 도코는 이 봉서를 통사인 하타카마 요에몬(幡鎌與衛門)에게 맡겼다.

각각 봉서를 썼다. 그 가운데서도 가와세의 봉서는 주목할 만하다. 그는 아이자와가 결당(結黨)했다는 혐의로 해임된 것을 비난하면서 "결당을 했다면 아이자와뿐만 아니라 제일 먼저 가와세 시치로에몬(川瀨七郎衛門[川瀨敎德, 즉 본인])을 쫓아내셔야 할 것입니다. 시치로에몬은 칩거 중에도 정론을 펴는 자들을 모아서, 국가재흥의 당(黨)을 만들었기 때문입니다"[45]고 말했다. 이것은 결국 정론지자(正論之者)라면 결당도 하지 못할 것은 없다는 주장이고, 근세 일본 사회의 '도당(徒黨)의 금(禁)'을 상대화시키는 태도로서 주목된다.

같은 날 미토 감찰부[目付]로부터도 봉서가 제출되어, 후지타파의 봉서 공세는 확산되었다. 이것은 감찰부 내의 야마쿠니 기하치로(山國喜八郎), 가네코 마고지로(金子孫二郎, 川瀨敎德의 아들) 등 후지타파 메쓰케들이 주도한 것이었는데, 후지타파의 횡적 연계가 역직의 틀을 뛰어넘어 이뤄진 것을 보여 준다. 나리아키는 가와세에게 "메쓰케 등에게 지시하는 일이 있어서는 안 된다"[46]고 이러한 횡적 연대 움직임을 경고했다. 그 후 11월 9일에도 군봉행들,[47] 이시카와 간츄(石河幹忠, 德五郎, 상서 내용은 미상), 또 미토 감찰부가 각각 봉서를 제출했다. 이후에도 군봉행 연명(連名) 또는 도코 일인에 의한 봉서상정은 끊임없이 계속되었다.

이러한 봉서에 대해 나리아키도 거듭 직서를 내려 정치토의를 전개했다[〈표 2-2-2〉 참조]. 11월16일 나리아키는 군봉행과 미토집정에게 직서를 내려, 이번 사태에 대해 처음으로 자신의 의견을 표명했다. 그 가운데서 그는 군봉행의 직무에 전념할 것 등을 강조하며 군봉행들의 요구를 들어 주지 않았다. 이후 나리아키와 봉서상정자 간에는 직서-

45 『水戶藩史料』 別記上, 399쪽.

46 『水戶藩史料』 別記上, 406쪽.

47 이 봉서는 「東湖封事」, 『東湖全集』, 825-826쪽에 실려 있다.

봉서가 빈번히 교환되어[48] '직외지사(職外之事)', '소신집정(小身執政)' 등 다양한 정치쟁점을 둘러싼 토론이 전개되었는데, 그 내용에 대해서는 후술하기로 한다. 이 봉서-직서의 빈번한 교환을 통해 나리아키와 후지타파, 즉 번주와 중하급 무사 사이에는 정치적 커뮤니케이션 루트가 확보되었다고 할 수 있을 것이다.

이제 봉서와 직서는 일상화되고, 종래 집정들의 소관 사항이었던 문제가 번사들의 토의 대상이 되었다. 봉서에 응하여 거듭 직서를 내린 번주도 동시에 일상적으로 번정에 개입하게 되었다. 이를 통해 신분적 제약이나 정치적 관습을 넘어선 정치토의가 이뤄지고, 그것을 무시하고 번주나 집정 마음대로 사안을 결정할 수는 없는 상황이 벌어졌다. 필자가 말하는 '토의정치'가 형성되었던 것이다.

11월 19일 고요시라베야쿠에 이어서, 문제의 오쿠유히쓰 후임에 다치하라파의 스미타니 시치노인(住谷七之允, 元小十人目付), 이지마 히코하치로(飯島彦八郎, 元徒目付)가 임명되었다. 그들은 모두 후지타파가 속물로 규정했던 인물들이었다. 군봉행들은 이에 격분하여 미토집정 오카베 주조(岡部忠藏)의 사임을 요구하기 시작했다. 이러한 일련의 사태는 모두 오카베의 조종에 의한 것이라고 보았기 때문이었다. 당시 미토번에서는 오타 단슈(太田丹州), 후지타 슈젠(藤田主膳)이 에도집정에, 오키쓰 구로도(興津藏人)가 미토참정(參政, 若年寄)에 각각 취임한다는 소문이 있었는데, 군봉행들은 불가론을 주장했다. 그들은 적임자가 없다면 에도집정은 공석으로 놔두어도 좋다고까지 말했다.

마침내 군봉행들은 집정·참정(若年寄) 등 번 수뇌부의 인사에까지 개입하기 시작했던 것이다. 그들은 가능하면 소신집정(小身執政, 신분이

48 나리아키의 직서(直書)는 익년 4월까지 일곱 차례 행해졌는데, 그것을 받은 사람은 가와세(川瀨), 나카무라(中村), 감찰부(監察府) 등이었다.

낮은 소신의 자들 가운데 능력 있는 자들이 많으므로, 그들 중에서 집정을 임명해야 한다는 주장), 그것이 불가능하다면 적어도 선인집정(善人執政)을 요구했다. 선인집정이라는 것은 정론지자(正論之者)는 아니지만, 온화한 성격의 인물로 개혁에 반대하지는 않을 인물을 집정으로 삼는 것이다. 즉 소신집정이 어렵다면 무능한 중간파 집정을 두어, 집정직을 무력화시킬 속셈이었던 것이다. 그러나 이러한 후지타파의 의도를 간파한 나리아키는, "중역(重役)에 무심(無心)한 자를 두어, 아랫사람이 인형 조종하듯 해서는 정치는 되지 않는다"며[49] 그 주장을 물리쳤다.

이러한 군봉행들의 저항을 무시하고, 번청은 1832년(天保3) 2월 16일 '역체소동' 이후 계속 출근을 거부해 왔던, 마지막 남은 후지타파 오쿠유히쓰 후카자와 진고베에(深澤甚五兵衛)를 해임했다. 이 인사로 후지타파는 벼랑 끝으로 내몰렸다. 군봉행 4명은 사임을 결의하고, 도코는 병을 칭하여 출근거부를 단행했다. 더욱이 3월 24일에는 미토 감찰부까지 재차 동요하여, 후카자와의 건에 대해 봉서하고 일동 사퇴를 결의하기에 이르렀다. 이러한 긴박한 상황 속에서 도코는 4월 14일 유명한 임진봉사(壬辰封事)를 에도통사 도다 긴치로에 상정했던 것이다.

이 같은 후지타파의 저항에 놀란 나리아키는 5월, 분쟁 당사자들을 에도로 불러 담판을 시도했다. 어전회의를 포함한 담판에서 후지타파의 가와세(川瀨), 이시카와(石河)와 다치하라파인 에도 고요시라베야쿠(江戶御用調役) 도모베 요시마사(友部好正), 간죠봉행(勘定奉行) 사카이 이치노인(酒井市之允) 등의 사이에서는 '유세(遊說)', '설전(舌戰)', '혈전(血戰)'이 벌어졌다.[50] 그 결과 5월 말 새로운 인사가 이뤄졌다. 그 내용은 아이자와 야스시의 격식(格式)을 통사열(通事列)로 복귀시키고, 본지

49 『水戸藩史料』 別記上, 406쪽.

50 「回天必力」, 『東湖全集』, 623쪽.

(本知)를 150석으로 하며, 오쿠유히쓰에서 해임되었던 스즈키 쇼조(鈴木庄藏)는 군봉행으로, 아오야마 료스케(青山量介)는 미토통사(水戸通事), 그리고 도코(東湖)를 요직인 에도통사에 임명하는 것이었다. 이것은 분쟁 당사자 쌍방의 요구를 수용한 것이었다. 이로써 '역체소동'은 진정되는 것처럼 보였다. 그러나 1832년(天保3) 7월 이번에는 미토 감찰부의 인사를 계기로 소동은 재연된다. 그 구체적인 경과는 여기서는 생략하겠으나, 어쨌든 그 결과 그해 11월 16일 후지타파의 공격의 표적이었던 집정 오카베 주조(岡部忠藏)는 은거 처분을 받게 되고, 후지타파의 가와세(川瀨)는 교토 준히메쓰키요닌(京都順姫附用人)으로 전출되는 것으로 결말이 났다. 봉서를 무기로 한 후지타파의 정치공세가 집정마저 실각시키는 힘을 발휘한 것이다.[51]

3. 봉서(封書), 직서(直書), 번주 면담의 정치적 기능

이상 살펴본 것처럼, 덴포(天保) 초기의 미토번정에서는 봉서와 직서를 통해 활발한 정치토의가 이뤄지고, 정치방침이나 인사 결정이 이에 크게 영향받은 것을 알 수 있다. 후지타파의 봉서는 중역들을 무시하고, 거의 통사를 거쳐 나리아키에게 직접 전해졌다. '역체소동' 때는 위에서 본 것처럼, 에도통사 도다 긴지로가 봉서 수취인이었다. 도다(戸田)는 후지타파의 중심인물이었기 때문에 나리아키와 후지타파의 사이에는 어떤 장애물도 없이, 의사소통이 원활하게 이뤄졌다. 나리아키와 후지

51 櫻井明은 '역체소동'은 군봉행에 등용된 하사층의 상승에너지로 봉건질서를 타파한 제일보라는 조금 과장된 평가를 하고 있는데, 동시에 가와세 교토쿠(川瀨教德), 이시카와 간츄(石河幹忠), 요시나리 노부사다(吉成信貞)를 깃푸급(切符級) 평사라고 하고 있다(「幕末水藩「下士」登用探索: 党争解明への一視点」, 64쪽).

타파의 군봉행들이 주고받았던 봉서, 직서 가운데에는, "극비리에"라든가, "가로에게 새나가지 않도록"등의 표현이 자주 나오는 데, 이처럼 이 루트는 중역(重役)들을 배제하고 있었다.[52] 그 때문에 후에 문벌파의 유키 도라쥬(結城寅壽)는 집정이 되자마자 봉서를 검열하기 시작해[53] "상서의 통로는 심하게 막히게 되"[54]는 상황으로 되고 말았던 것이다. 즉 나리아키 시대에 후지타파가 정치무대에서 활약할 수 있었던 것은 통사 루트를 활용한 활발한 봉서행위에 의한 것이었다.[55]

한편 번주와 번사 일반을 직접 연결시켜 주는 또 하나의 수단이 바로 번주의 직서(直書)다. 상서가 밑에서 위로 향하는 루트라고 한다면, 직서는 그 역의 루트일 것이다. 일반적으로 직서는 번주 습봉 직후와 같이 특별한 경우 이외에는 행해지지 않았다. 그러나 나리아키는 전례가 없을 정도로 빈번히 직서를 내려 자신의 의지와 의사를 직접 번사 일반, 특히 후지타파에 전달하려고 했다. '역체소동' 때에도 나리아

52 「東湖封事」, 『東湖全集』, 940쪽.

53 仲田昭一, 『吉成又右衛門信貞』, 水戸史学会, 1988, 101쪽.

54 『水戸藩党争始末』(史籍雑纂第四), 国書刊行会, 1912, 479쪽.

55 여기서 의견 상신의 루트에 대한 죠슈번의 예를 살펴보자. 우에다 쥰코(上田純子)에 따르면, 하기번(萩藩, 長州藩)에서는 안세이기(安政期)에 비공식 루트로서 지키메쓰케(直目付) 루트가 있었다고 한다. 지키메쓰케란 에도당역(江戸當役)·당직(當職)의 지배를 받지 않고, 중요한 회의나 법령을 발포하는 장에는 반드시 동석하여, 그 내용이 군명(君命)·국제(國制)에 위반하지 않는가를 감시하는 역직이었다. 즉 기밀에도 통하고, 번주 측근역 가운데서도 특히 정치화한 역직이었다. 이 지키메쓰케가 번주나 번·에도번저(江戸藩邸)에 있는 양 번청(兩藩廳)에 의견서를 중계했던 것이다. 유명한 나가이 우타(長井雅樂)의 「항해원략책(航海遠略策)」이 이 루트를 거쳐 번주에 상정되었다. 그 외에 집정(萩藩에서는 當職이라고 함)의 밑에서 실무를 담당하며, 상당한 실권을 갖고 있었던 고요가타쥬(御用方中)를 이용하는 루트가 있었다. 고요가타쥬에게 의견서를 맡기면 그 상역(上役)인 당직(當職)을 거쳐 번주에 전달되었다고 한다(上田純子, 「幕末の言路洞開と御前会議」, 1999, 33-34쪽).

키는 빈번히 직서를 내려 직접 군봉행, 메쓰케 등과 정치논쟁을 했다. 그 외에도 1832년(天保3) 나리아키가 자신의 직서에 대해 번사들이 우케쇼(請書, 수령 확인서)를 제출하는 것을 게을리하고 있다고 불만을 터트리고 있는 것을 보아도, 그가 번사 일반의 상서에 답하여 자주 직서를 내렸던 것을 알 수 있다. 이처럼 번주가 너무 자주 직서를 내리는 것에 대해 중역들이 견제하려고 하자 나리아키는 이번에는 비밀서한을 자주 보냈다. 예를 들면 1833년(天保4) 여름, 야마노베가(山野邊家), 스즈키가(鈴木家) 등 가로 가문(家老家門)의 토착 문제에 대해 당시 사관원(史館員, 彰考館員)이었던 스기야마 후쿠도(杉山復堂)에게 서한으로 자문을 구한 적이 있는데, 그 말미에는 "극비리에 물어보는 것이니 거리낌 없이 말해야 한다. 빨리 불에 태워 버려라",[56] "정말 빨리 불에 태워 버려라"[57]라고 쓰여 있을 정도였다.

이와 같이 나리아키는 공식적인 직서 이외에도 일개 번사, 향사(鄕士)에까지도 비밀서간을 내어 그들과 직접적인 커뮤니케이션을 시도했다. 더욱이 나리아키는 군봉행들에게 "이상 본문에서 말한 것처럼, 세상 풍조는 위의 뜻이 아래에 통하지 않고 아래의 사정이 위에 통하지 않기 때문에, 내가 이렇게 생각하는 것이 아래에 도달하지 않을까 염려해서 …… 군역소(郡役所) 소속 역인에서부터 하민(下民)에까지도 읽어 주어서, 내 뜻이 아래에 전해질 수 있도록 해야만 한다"[58]며, 자신의 의사를 영민에게까지 알리는 데 깊은 관심을 갖고 있었다. 또한 이례적으로 군봉행소(郡奉行所)의 실무자인 데다이(手代)에게 직접 직서

56 「德川斉昭親書」, 『水戸藤田家旧蔵書類』 三, 6-7쪽.

57 「德川斉昭親書」, 『水戸藤田家旧蔵書類』 三, 9쪽.

58 『水戸藩史料』 別記上, 429쪽.

를 내린 적도 있었다.[59] 이와 같이 봉서, 직서, 서한 등의 미디어를 충분히 이용하는 것에 의해 '토의정치'의 형성이 가능했던 것이다.

다음으로는 직서와 함께 상의하달의 또 다른 수단인 번주 면담의 실태를 살펴보겠다. 면담에는 여러 명의 동역(同役)이 함께 번주 앞에 나아가는 것과 독대(獨對, 獨謁, 一人伺)가 있었다. 나리아키는 취임 직후 정부 밖 사람까지도 불러, 좌우의 사람들을 물리치고 면담을 하려고 했다. 이런 행동은 당연히 정부의 반발을 불렀다. 정부가 반발하자 나리아키는, "인군(人君)인 자가 자기 가신을 불러 일에 대해 물어보는 것에 무슨 잘못이 있는가. 물어볼 일이 있으면 아시가루(足輕)라도 불러 의견을 들어야 한다"[60]라고 일축했다. 실제로 군(郡)의 소리(小吏)인 모토지메(元締)와 면담을 행한 적도 있었다.[61] 이런 정도였으니, 역인과의 면담은 말할 것도 없이 활발히 이뤄졌다. "집정, 참정을 비롯해 메쓰케 또는 군봉행, 간죠봉행, 오쿠유히쓰에 이르기까지, 어전에 나란히 앉아 평의를 한 것이 일일이 셀 수 없을 정도다"[62]라고 한 것처럼, 나리아키가 참석한 어전회의가 빈번히 개최되었다.

그러나 '히토리 우카가이(一人伺)', 즉 독대에는 여전히 엄격한 제한이 있었던 것 같다. 번주와의 독대가 관례적으로 허용되었던 것은 가로였다. 그것은 가로에 간언의 권한이 있다고 여겨졌기 때문이다. 도쿠가와 사회는 번주에 대한 간언은 가로의 직분, 임무라는 인식이 있었다. 단 그것은 비밀리에 제삼자가 입회하지 않은 곳에서 일대일로 해야 하는 것이었다.[63] 따라서 가로가 간언을 한다는 행위는 자신의 의견을

59 『水戸藩史料』 別記上, 361쪽.

60 「常陸帯」, 『東湖全集』, 75쪽.

61 「常陸帯」, 『東湖全集』, 308-309쪽.

62 「常陸帯」, 『東湖全集』, 75쪽.

63 吉田真夫, 「近世大名家における諫言の実態」, 『日本歴史』 605, 1998; 石井紫

공적으로 표명한다거나, 그것을 통해 여론을 일으킨다는 것과는 무관한 것이었다.

미토번에서도 가로의 간언권은 보장되어 있었다. 나리아키가 편찬했다는 「명훈일반초(明訓一斑抄)」에는 "주인의 악행을 보고 간언을 하는 가로는 전장에서 제일 먼저 창을 찌르는 것보다도 훨씬 더한 마음가짐이어야 한다"[64]고 가로의 간언 행위를 권장했다. 또 1844년(弘化1)에 나리아키가 실각했을 때, 미토번의 나카야마(中山), 야마노베(山野邊) 양 가로가 막부로부터 처벌을 받았는데, 처벌 이유로 든 것이 "어떻게 해서든지 주나곤도노(中納言殿[齊昭])에 간언하여 조치를 취했어야 했는데, 그대로 지나쳤기 때문에 이번 사태에 이르게 된 점"[65]이었다. 즉 번주의 잘못을 가로가 간언하지 않아서 실정에 이르렀다는 논법이고, 그것이 양 가로 처벌의 이유였던 것이다. 이를 봐도 도쿠가와 사회에서 가로의 간언은 인정되고 있었다고 생각해도 좋을 것이다.

예를 통해 그 모습을 살펴보자. 습봉 직후 집정 등의 인사를 둘러싸고 나리아키와 가로들 간에 갈등이 생겼을 때, 가로 사카키바라 데루마사(榊原照昌)가 나리아키에 간언하는 모습을, 도코는 다음과 같이 리얼하게 전해 주고 있다.

> 집정 아무개가 어전에 나아가 좌우를 멀리하고 시간이 흘렀는데도 물러나지 않음에, 무슨 용무가 있어 이렇게까지 시간을 끄는가 하고, 덴

郎, 「近世の国制における「武家」と「武士」」, 『近世武家思想』(日本思想大系27), 岩波書店, 1974, 520-521쪽; 横山昭男, 『上杉鷹山』, 吉川弘文館, 1968, 65쪽. 그 외에 笠谷和比古, 『近世武家社会の政治構造』, 24쪽 등에도 가로의 극간(極諫), 번주-가로 사이의 철야 논쟁의 예가 나와 있다.

64 「明訓一斑抄」, 『近世武家思想』(日本思想大系27), 122쪽.

65 『水戸藩党争始末』(史籍雑纂第四), 国書刊行会, 1912, 465쪽.

에몬[傳衛門, 당시 나리아키 측근인 고소바유히쓰(御側右筆) 多田傳衛門] 등이 뒤에서 몰래 수근거렸다. 때마침 12월 중순경이라서 사람들의 손발도 얼 정도의 추위에 주군께서는 웃으시며 소매를 펼치시어, "덴에몬아 내 등을 보아라"고 하셔서 외람되게도 소매에 손을 집어넣어 등을 만져 보니, 땀이 속옷을 짜야 할 정도로 젖어 있었다. 주군께서 말씀하시길, "집정 아무개와 시간을 끌며 논쟁한 것은 다름이 아니고, 저 간인(姦人)들을 쫓아내려고 하니, 집정 아무개가 지력(智力)을 다하여 거부하는 것을, 일일이 논파하느라 이렇게까지 땀을 흘렸다"고 하셨다.[66]

나리아키가 습봉 직후 집정 아카바야시 시게오키(赤林重興) 등을 파면하자, 이에 대해 집정 사카키바라는 "좌우를 멀리하고", 일대일로 번주에 그 부당성을 간언했다. 그 간언의 격렬함은 음력 12월 손발이 얼 정도의 추위 속에서도 "속옷을 짜야 할" 정도로 등에 땀을 흘리게 했던 것이다. 가로의 간언하는 모습을 생동감 있게 전해 주는 사료다.

그러나 간언의 권한은 가로에게만 허용된 것이었다. 도시요리(年寄)·가로역이 된 다음이 아니고서는 간언이 금지되었고, 무슨 일이든지 그 위(位)에 이르지 않고서 간언하는 것은 오히려 불충이라는 것이 일찍이 『하가쿠레(葉隱)』가 언명한 사항이었다.[67] 이처럼 가신일반이 직접 주군에 간언하는 것은 관례에 어긋나는 일이었다.

간언이 아닌 정책 협의 등을 위한 단순한 독대의 경우는 어떠했을까. 가로 이외의 사람이 번주와 독대할 수 있는 기회가 어느 정도까지 허용되었는지는 분명치 않다. 단 앞에서 언급한 것처럼 나리노부 이전에는 '히토리 우카가이(一人伺)' 제도가 존재했으나, 나리노부 때 와서

66 「常陸帶」, 『東湖全集』, 71쪽.

67 石井紫郎, 「近世の国制における「武家」と「武士」」, 521-522쪽.

없어졌다. 나리아키 때는 "이치노인(市之允[酒井市之允, 에도 勘定奉行])은 독대도 할 수 있는 직이므로"[68]라든가, "도다(戸田)는 때때로 독대한다"[69]라는 기사로부터 알 수 있는 것처럼 직의 종류나 신분에 따라서는 나리아키와의 독대도 행해졌다고 생각된다. 그러나 거기에는 역시 엄격한 제한이 있었다.

예를 들어 1832년(天保3) 도코가 에도통사로서 고이시카와(小石川) 미토번저에 근무하고 있을 때, 그는 몇 번이나 나리아키에 독대를 청했으나 그런 그조차도 "우신(愚臣) 한 사람만 부르시면 이 또한 지장이 있는 일일 것입니다"[70]고 하여, 번주 독대는 무리한 요구라는 것을 인정하고 있다. 즉 에도통사라는 역직에 있더라도 번주와의 독대는 "지장이 있는 일"이었던 것이 당시의 관례였던 것이다. 결국 도코의 청은 받아들여지지 않았고, 단지 나리아키가 행차에 나간 도중 잠시 휴식을 취했을 때, 그 틈을 이용하여 짧은 독대가 이뤄졌을 뿐이었다.[71] 이와 같이 아무리 번주의 측근이라 하더라도 독대는 엄격히 제한되어 있었기 때문에, 이를 지키지 않은 독대는 주위로부터 의심과 경계의 대상이 되었다. 그럼에도 불구하고 번주 나리아키는 가신과의 독대를 자주 가지려 시도했고, 그 벽은 점점 낮아졌던 것 같다. 실제로 「도코일록(東湖日錄)」을 보면 그 후 나리아키와 독대한 기사가 많이 보인다.[72] 이처럼 번

68 「東湖封事」, 『東湖全集』, 857쪽.

69 「不息斎日録」, 『東湖全集』, 1228-1229쪽.

70 「東湖封事」, 『東湖全集』, 876쪽.

71 나리아키는, "독알(独謁)은 쉽지 않다. 긴지로(銀次郎)를 경유해서 상신할 것"이라고 말했다(「不息斎日録」, 『東湖全集』, 1228쪽).

72 어전회의의 활성화도 이 같은 맥락에서 주목된다. 도코는 10년간 정부에 있는 동안 집정, 참정, 메쓰케, 군봉행, 간죠봉행, 오쿠유히쓰 등이 어전에 모여 평의한 것이 헤아릴 수 없이 많다고 했다(「常陸帯」, 309쪽). 보다 자세한 고찰이 필요한 부분이라고 생각한다.

주와의 면담과 어전회의는 역인 및 일반 번사와 번주 간의 커뮤니케이션 확보와 '토의정치'의 형성에 일익을 담당했다고 볼 수 있다.

4. '직외지사(職外之事)', '직분지사(職分之事)'

도쿠가와 사회에서 자신의 의견을 상부에 개진하려고 할 경우, 두 가지의 룰이 있었다. 하나는 관례로서 정해져 있는 의견 상달의 루트를 지킬 것, 즉 반시(番士)는 반가시라(番頭)에게, 역인은 자신의 상사 역인에게 라는 식으로, 의견 상달의 루트는 정해져 있었다. 그것을 멋대로 깨는 것은 월소(越訴)에 해당했다. 앞서 살펴본 봉서-직서 루트의 개설은 이 기본 시스템을 약화 또는 무력화시켜 새로운 방식의 정치여론 형성을 가능케 했던 것이다. 또 하나의 룰은 의견 상달을 할 경우, 자신의 직분에 관계있는 것에만 한정하여 언상(言上)해야 하는 것이다. 자신의 업무 영역이 아닌 일에까지 의견을 표명하는 것은 월권이었다. 여기서는 이 문제에 대해 검토해 보고자 한다.

위에서 서술한 '역체소동'은 인사 문제를 둘러싸고 벌어졌다. 그런데 인사 문제는 원래 정부의 소관 사항이어서, 군봉행이 관여할 수 있는 성질의 것이 아니라는 것이 당시의 상식이었다. 그럼에도 불구하고 후지타파의 군봉행들은 봉서라는 수단을 사용하여 직외지사에 간여하기 시작했던 것이다. 앞에서 살핀 것처럼, 번주에 직접 의견 표명을 하는 것은 봉서의 제도화에 의하여 공인되어 있었지만, 직분을 넘어선 간섭까지 허용된 것은 아니었다. 이 문제에 대해 나리아키는 민감하게 반응했다. 그는 군봉행들에게 다음과 같이 말했다.

> [인사 문제는 군봉행에게는] 직외지사이므로 군봉행에게 설명할 필요는 없지만 …… 누구라도 자신의 직무에 관한 일은 어떤 의견을 말해도

괜찮지만, 설령 똑똑한 사람일지라도 직외지사까지 이래라 저래라 해서는 안 된다. 각자의 직을 소중하게 대하고, 다른 데서 비방하지 못하도록 잘 처리해야 하고, 직외의 일은 어찌 되었든 자기 맡은 바만 잘하면, 밖의 일은 어떻게 되든 상관 말아야 한다. 직에 있는 사람들은 누구나 이상과 같이 자기 맡은 바를 소중히 하지 않으면 안 된다. …… 아무쪼록 친척이라도 타역(他役)이라면 [자기] 직의 일은 말하지 말고, 직외의 일은 듣지 말며 …….[73]

이를 보면 '직외지사'와 '직분지사'가 명확히 구별되어 있던 것을 알 수 있다. 직분의 일이라면 얼마든지 상사 또는 직접 번주에 의견을 개진할 수 있으나, '직외지사'에 간여해서는 안 되고 타직(他職)과의 횡적인 정보 교류도 터부시되고 있었던 것이다.[74] 이처럼 나리아키는 '직외지사'에 대한 간섭을 엄중히 경고했다.

의사 표명이 직분 내 일에만 한정되게 되면, 각 정치주체들은 행정적 · 실무적 존재로서의 성격을 벗어날 수 없게 되고, 최고 권력자에게 분절적으로 통제당하기 쉽게 된다. 그때그때의 정치쟁점에 대한 전 사회적 정치여론의 형성은 크게 방해받게 된다. 이런 시스템하에서 천

73 『水戸藩史料』 別記上, 404-406쪽.

74 번 정부가 '직외지사'에 대해 상서를 요구했던 것은 두 번 정도 확인된다. 즉 "직분의 것은 물론, 직외의 것에 대해서도 질소검약에 대해 의견이 있는 것은 상신해야만 한다는 포고를 하실 정도이므로 ……"(「東湖封事」, 『東湖全集』, 868쪽), "27일[덴포 7년 정월 27일] 여러 관부(官府)로 하여금 10년 기한으로 용비(冗費)를 감축하도록 명령하셨고, 또한 의견이 있는 자는 직을 넘어 발언하는 것도 허락하셨다"(「東藩天保月表」, 『東湖全集』, 1133쪽) 등이 그것이다. 그러나 이 예들은 전부 질소검약, 용비절감 등 미리 정부로부터 의제가 주어져 있었던 것이고, 그 범위 내에서만 발언이 허용되었던 것이지, 상서자가 마음대로 의제를 정하여 상서할 수 있는 것은 아니었다.

하 · 국가대사를 위해 논의하고 행동하는 '막말지사(幕末志士)'가 나오기란 어려울 것이다. 먼저 이런 정치토의의 분절적 구조를 타파할 필요가 있었다. 그를 위해서는 구실이 필요했다. 그래서 후지타파는 끊임없이, 또 과장되게 '위기의식'을 조장했다. 즉 위기 상황, 비상시이므로 직외지사 불간섭이라는 관례는 지킬 수 없다는 논리인 것이다.

> 인사이동의 일은 실로 범상한 일이 아닙니다. 직외의 일이기는 합니다만 [국가를] 위해 좋은 일이 아니라고 생각하면서도 그냥 놔두어서는 결국 [저희들의] 직분에도 관계가 될 것입니다.[75]

> 정사에 관계되는 역직은 어느 것이나 제 직분에도 관계가 됩니다. 이목수족(耳目手足)이 연결되어 움직여야 비로소 일신의 쓰임을 다할 수가 있습니다. 하물며 정사의 일은 맨 먼저 정부에서 개혁을 목표로 하고, 그에 따라서 여러 역소(役所)도 개혁에 마음을 다하여, 총체일치(總體一致)하여 그 사람에 따라, 그 담당하고 있는 직분에 따라 서로 충분히 평의를 하여 …….[76]

도코 등은 오쿠유히쓰의 인사가 '직외지사'라고는 인정하면서도, 정사와 각자의 직분은 인체와 같이 연속하여 있어서 정부의 일의 변동은 결국 자신들의 직분에도 관계가 있기 때문에, 각 역소는 국가대사에 대해 "서로 충분히 평의"해야만 한다고 주장했던 것이다. "서로 충분히 평의"한다는 것이 구체적으로 어느 선까지를 말하는 것인지 알 수 없으나, 이것은 '역인횡의(役人橫議)'를 금지한 체제에 대한 이의 제기

75 「回天必力」, 『東湖全集』, 587쪽.

76 「東湖封事」, 『東湖全集』, 828-829쪽.

라고 볼 수 있다. 이 문제를 둘러싸고 나리아키와 논쟁이 반복되는 가운데, 결국 도코는 다음과 같이 선언했다. "앞으로도 직분의 일은 물론, 직외의 일이라도 조금도 거리낌 없이 충분히 말씀드릴 것입니다."[77]

즉 후지타파는 담당업무에 대해서만 발언하도록 허용하고 있던 정치 시스템을 거부하고, 중요한 정치문제에 대한 토의를 요구하고 그에 자신들도 참가하고자 했고, 그것을 '역체소동'에서 실현했던 것이다. 이는 중요 정치문제를 소수 정부원(政府員)의 협의와 관례에 따라 결정해 왔던 정치 시스템에 대한 문제 제기이고, 보다 넓은 범위에서의 정치토의를 통해 주요 사안을 결정하고자 하는 시도였다고 볼 수 있다. 이것은 다른 면에서 보면, 일개 역인으로서의 자기규정을 넘어서 번 전체의 문제, 나아가서는 천하의 문제에 관여하려고 하는 지사(志士)로서의 자기인식의 편린을 드러낸 것이라고도 할 수 있을 것이다.

소결

이상에서 살펴본 것처럼, 막말 미토번의 정치 활성화, 특히 중하급 무사들의 정치적 진출에는 봉서 · 상서라는 미디어가 중요한 역할을 수행했다. 이는 단지 미토번만이 아니라, 다른 번에서도 확인되는 정치현상이다. 따라서 무엇이 막말유신기의 정치변혁을 추동했느냐는 문제를 생각할 때, 봉서 · 상서라는 미디어에 대한 연구를 빼놓을 수는 없을 것이다. 본고는 봉서의 정치적 등장이 비교적 이른 시기에 선명한 형태로 이뤄진 덴포기(天保期) 미토번을 소재로 하여, 그 실태와 의미를 살펴본

77 「東湖封事」, 『東湖全集』, 867쪽.

것이다.

막말유신기의 정치변혁이 어느 의미에서는 자유로운 정치토의의 기회와 장이 확산되고, 그 관습이 정착하여 가는 과정이라고 볼 수 있다면, 도쿠가와 사회의 정치관습과 비교해 미토번에서 벌어진 봉서·상서의 정치적 등장의 성격을 주의 깊게 생각해 볼 필요가 있을 것이다. 이를 대화성, 공개성, 비판성, 개방성이라고 하는 몇 가지 측면에서 논해 보고자 한다.

먼저 대화성이다. 즉 봉서를 통하여 쌍방의 의견 교환과 토의가 가능한가라는 문제다. 원래 상정된 봉서에 대해, 그것을 받는 사람[쇼군, 번주, 로쥬 등]이 답서를 하거나 의견을 명확히 표명해야 할 의무나 관습은 없었고, 실제로도 그런 예는 드물었다. 즉 봉서·상서는 원래 일방적인 하의상달의 수단이어서, 쌍방 간의 대화성을 결여하고 있었다고 말할 수 있다. 그러나 위에서 보아 온 것처럼, 미토번주 나리아키는 봉서·상서 상정자에게 거듭 직서를 내려 의사소통의 일방성을 시정하려고 했다. 그리고 그를 통한 토의 방식은 주군의 권위로써 상서자의 의견을 눌러 버리는 것이 아니라, 어디까지나 유학적 교양과 기존의 정치관습에 대한 지식을 동원해, 논리에 의해 설득하려 하는 것이었다. 이와 같이 봉서를 매개로 주군과 상서자 사이에서 정치토의가 행해지고, 그것이 정책이나 인사 방침에 커다란 영향을 끼치게 되었던 것이다.

다음으로는 공개성의 문제다. 필자는 정치토의 관습을 지탱하는 미디어로서의 봉서·상서가 갖는 최대의 결점은 여기에 있다고 생각한다. 도쿠가와 사회에서 주군에 대한 가로의 간언이 그 공개화를 꺼려, 비밀리에 일대일로 행해질 것이 요구되었다는 것은 위에서 이미 서술했다. 이것은 실로 '근세' 권력이 정치토의의 공개화, 횡적인 확장을 저지하기 위해 마련한 장치라고 생각된다. 가로의 간언뿐 아니라 봉서나 상서에 대해서도 마찬가지의 규제 장치들이 있었다. 먼저 동역(同役)

이외에는 연명상서가 허용되지 않았다. 간언과 마찬가지로 봉서나 상서도 주군과의 사이에서 일대일로 행해져야만 하는 것이었다. 어떤 상서를 번주 또는 중역이 본 다음 관계자에게 회람시키는 일은 있었지만, 그것을 공표하여 논의의 화제로 삼거나, 봉서 · 상서 작성자가 자신의 문장을 공개하여 논의를 불러일으키거나, 봉서 · 상서를 필사하여 사회에 전파하거나 그 내용이 공적 장소에 게시되거나 하는 일은 거의 일어나지 않았다.

이것은 상서 · 봉서가 종적 토의의 시스템에 갇혀 있었다는 것을 보여 준다. 미디어의 성격이 이러하다면 한 사회에서 정치여론이나 공론을 형성하는 데에는 커다란 제약이 있었다고 하지 않을 수 없다. 막말기를 통해 연명상서의 금지는 점점 완화되어 갔지만,[78] 봉서 · 상서라는 미디어에 의한 횡적 정치토의에는 커다란 제약이 계속 존재했다. 그 제약이 극적으로 타파되었던 것이 1874년(明治7)에 민선의원설립건백서(民選議院設立建白書)가 건백이 행해진 다음 날 「일신진사지(日新眞事誌)」라는 신문지상에 게재되어, 세상에 공개되었던 사건이라고 필자는 생각한다. 그것은 공론 형성에 오랫동안 기여했던 봉서 · 상서라는 미디어와 당시 이미 공론 형성의 총아로 성장하고 있던 신문이 연결되는 순간이었다. 이것이 공표되자마자 커다란 여론의 반향을 불러일으켜 민선의원 설립을 둘러싸고 활발한 논쟁이 벌어지게 되었다. 종적인 의견 표명이어야 할 건백서[상서]의 내용이 신문에 전재된 것을 두고 당시 격렬한 비난이 일었다. 상서라는 정치의사 표명의 행위가 종적인 틀

78 미토번에서도 안세이(安政) 남상(南上) 시기, 고메(小梅)에 둔집했던 사민(士民)들은 연이어 연명상서를 냈고, 전국정치 차원에서도 1867년(慶応3) 4현후(四賢侯, 松平春嶽, 山内容堂, 伊達宗城, 島津久光)의 연명건백(連名建白) 등이 나타났다. 또 메이지기에는 민선의원설립건백서의 8명 연명상서가 행해지는 등 이미 연명상서는 터부가 아니었다.

을 깨고 횡적인 논의를 불러일으켰다는 것은, 자유롭고 공개적인 정치토의관습의 형성이라는 측면에서 획기적이었다고 말할 수 있을 것이다.

다음은 비판성의 문제로, 이의 제기가 인정되는가 아닌가의 여부다. 도쿠가와 사회에서 상서에 의한 비판, 이의 제기는 정당한 것으로 인정되었다. 그러나 거기에는 중대한 제한이 있었다. 자신의 직분이 아닌 것, 다시 말하면 '직외지사'에 대해 간섭하거나 논의하는 것은 경계되었다. 즉 상서라는 미디어의 비판성에는 상당한 제약이 존재했다. 본장에서 서술한 것처럼 미토번에서도 이것은 커다란 문제를 일으켰다. '직분지사'를 지킬 것을 요구하는 나리아키에 대해 후지타파는 '직외지사'에 대한 논의를 정당화하고 실행했던 것이다. 즉 후지타파에 의해 상서라는 미디어에 기반한 정치토의는 그 비판 대상과 범위가 확대되었다고 할 수 있다. 이것은 권력 측이 부여한 이슈가 아니고, 토의자가 자신의 토의 이슈를 선택했다는 점에서도 매우 중요한 의미를 갖는 변화라고 생각된다. 이것이 전국적으로 확산된 것이 바로 막말기 '처사횡의(處士橫議)'의 상황이었다. 그런 의미에서 후지타파의 직외지사에 대한 의견 표명 시도와 성공은 중시할 필요가 있다.

마지막으로 토의참여의 개방성이다. 도쿠가와 사회에서 상서할 수 있는 자격은 원칙적으로 전 인민에게 인정되었으나 현실적으로는 무사계급, 그 가운데서도 역인에 한정되는 경우가 많았다. 그러나 18세기 후반경부터 재정위기 등에 직면한 번 측은 역인 이외에도 일반 번사, 나아가 영민에게까지 상서를 요구했다. 이에 의해 일반 번사, 영민 등이 자주 상서를 행하게 되었던 것이다. 미토번의 사정도 위에서 본 것처럼 마찬가지였다. 이 점에서 막말기에는 토의참여의 개방성이 상당히 보장되어 있었다고 할 수 있겠다.

제3장
막말기 미토번의 남상(南上) 운동과 공론정치

본 장에서는 1820년대 말부터 1850년대 말까지 세 차례에 걸쳐 일어났던 미토사민(水戶士民)의 남상운동(南上運動)을 가능하게 했던 정치공간에 대해 검토해 보기로 한다. 이때 정치공간이란 정치행위를 할 수 있는 물리적 공간을 말하는데, 지금까지 서술해 왔던 번교, 사숙, 학습회 등 '학적 네트워크'의 공간이 당연히 거기에 포함되며, 이들은 주로 죠카마치(城下町)에 형성된 정치공간이다. 본 장에서는 이에 더하여 향교와 사·사(社·祠) 같은 지방의 정치공간까지 살펴보고자 한다.

한편 일종의 실력 행사인 남상운동의 와중에도 정치적 의사 표현은 주로 상서를 통해 이뤄졌다. 즉 남상운동은 '학적 네트워크', 상서 제출, 정치공간의 이용이라는 각각의 측면을 종합적으로 엿볼 수 있는 좋은 연구 대상이라고 할 수 있다.

미토번 남상운동은 앞서 살펴본 구마모토번과 사쓰마번의 경우와 비교할 때 장기간에 걸쳐 지속되었다는 점, 죠카마치의 번교, 사숙뿐 아니라 지방의 향교가 큰 기반이 되었다는 점, 따라서 번사 이외의 상층 민중이 '학적 네트워크'에 포섭되고 정치화되어 가는 과정을 잘 보여 준다는 점에서 흥미롭다. 단 미토번의 번교 홍도관은 본 장에서 다루는 대부분의 시기에는 아직 개관하지 못한 상태였기 때문에 사숙과 향교가 본 장의 주요 검토 대상이 될 것이다.[1]

남상운동이란 미토번의 번사, 영민이 각종의 정치쟁점에 대해 이의를 제기하기 위하여, 집단적으로 에도에 올라가 자신들의 정치의사를 각종수단을 이용하여 표명하는 정치행위다[에도는 미토의 남쪽에 위치하고 있었으므로 '남상(南上)'이란 남쪽으로 상경한다는 의미다]. 미토번에서 남상운동은 1829년(文政12)의 번주 계승 분쟁 이래 때때로 일어나, 정치행동의 하나의 패턴으로 정착했다는 인상마저 갖게 한다. 미토번에서 남상운동이 자주 일어난 이유로는 미토번이 에도 가까운 곳에 위치하고 있었던 점, 고산케(御三家)인 미토번의 번정에 대해 막부의 정치방침이 깊은 영향을 미치고 있었던 점, 특히 제9대 번주인 도쿠가와 나리아키 시대의 미토번과 막부의 갈등 때문에 막부가 미토사민의 비난의 표적이었던 점 등을 들 수 있다.

남상운동의 주체는 주로 일반번사와 상층 영민(領民)이었다. 필자는 앞에서 막말 미토번에서 일반 번사의 정치적 참가가 봉서의 활성화에 의해 활발해졌다는 점을 지적했지만, 그것을 가능하게 했던 또 하나의 수단으로서 남상운동을 들 수 있다고 생각한다. 게다가 남상운동은 번사뿐 아니라 영민의 정치참가 통로이기도 했다. 그럼에도 불구하고 지금까지의 연구에서 미토번 남상운동은 거의 주목받지 못해 왔다.[2]

1 이나다 마사히로(稲田雅洋)는 메이지 초기의 정치변혁을 뒷받침했던 것으로서 신문과 연설을 들면서 이것들이 서양으로부터 들어온 것이라는 의미에서 '새로운 정치문화의 탄생'('新しい政治文化の誕生', 앞서 소개한 저서의 부제)라는 용어를 사용하고 있으나, 필자가 주목하는 상서[封書], 정치공간[私塾, 郷校] 등은 새롭지는 않으나 그때까지 활성화되지 않았던 정치요소들이 이 시기 급격히 활성화된 것이라고 할 수 있겠다.

2 水戸市史編纂委員会 編, 『水戸市史』 中巻(一)~(四)와 瀬谷義彦, 『水戸藩郷校の史的研究』, 山川出版社, 1976에 그 개략적 경위가 서술되어 있을 뿐이다.

그 이유는 남상운동을 번주의 설원(雪冤)을 요구하는 전근대적인 영민들의 운동에 불과하다는 시각으로부터 그 과정 속에서 발견되는 새로운 정치공간의 형성, 영민의 정치참여, 중하급 무사와 영민 상층부 간의 연대방식의 형성이라는 측면들을 간과했기 때문이라고 생각한다.

남상운동에는 봉서상정이라는 정치행위와는 달리 조직, 네트워크 등 다양한 정치행위가 필요하다. 따라서 미토번 남상운동을 분석하면 막말기 일반 번사와 영민에 의한 정치참여의 실태와 그것을 지탱했던 정치공간의 모습 등이 밝혀질 수 있을 것으로 예상된다. 본고에서는 주로 사숙(私塾), 향교(鄉校), 사(社)·사(祠)를 통해 이 문제를 밝혀 보고자 한다.

이하에서는 먼저 분세이(文政)·고카(弘化)·안세이기(安政期)에 벌어진 남상운동의 전개 과정에 대해 살펴보기로 한다. 선행 연구에서도 이에 대한 서술은 있으나, 본고에서는 지금까지 인용되지 않았던 사료들을 더하여 서술하기로 한다.

제1절 미토번 남상운동의 전개 과정

1. 나리아키 계승 문제를 둘러싼 남상운동의 경위

1829년(文政12) 10월 초, 번주의 계사 문제를 둘러싸고 미토번의 중하급 번사 40여 명이 '무단출부(無斷出府)'[번청에 신고 없이 에도에 올라간 것]하는 집단행동이 발생했다. 8대 번주 나리노부(齊脩)의 후계로, 쇼군 이에나리(家齊)의 아들로 시미즈가(淸水家)의 당주(當主)인 시미즈 쓰네노인(淸水恒之允)을 받아들이려고 하는 문벌파의 기도를 저지하기 위해, 후지타, 다치하라 양파[개혁파]를 중심으로 한 번사들이 번의 금지

규정을 어기고 에도에 올라가 항의했던 것이다.

번주 계승 문제는 주로 일문(一門), 가로, 중역에 의해 결정되어 온 것이 관례였던 것을 생각하면, 이것은 매우 돌출적인 행동이었다. 즉 계사(繼嗣) 문제에 대한 이의 제기를 할 수 있는 행위자의 범위가 일반 번사[중하급 번사]에까지 확대되고, 또 그 행동 형태도 집단적 '무단출부'라는, 도쿠가와 시대의 금기를 범한 것이었다. 그 때문에 이 남상운동은 "에도와 미토에 큰 소동이 일어났다. 미토번 창업 이래 이와 같은 변고가 있었다는 것을 듣지 못했다"[3]고 할 정도로 세간에 충격을 주었다. 도쿠가와 사회에서 다이묘의 계사나 폐절(廢絶) 또는 '오시코미(押込み, 번주감금)'가 주로 일문, 가로에 의해 행해지고, 아무리 낮아도 모노가시라급(物頭級) 이상의 신분에 의해 처리되어 왔다는 사실을 생각하면,[4] 중하급 무사가 번주 후계 문제에 관여했다는 점에서 이 남상운동은 큰 의미를 갖는다고 할 수 있다.

3 「続水戸紀年」, 『茨城県史料』 近世政治編 I, 1971, 648쪽.

4 笠谷和比古는 도쿠가와 정치사회에서 주군의 절대적 권력, 지배를 강조하는 설을 비판하고, 신측(臣側), 즉 가신단의 주체적 · 능동적 · 자립적 정치행위의 측면을 강조했다(『主君 '押込'の構造』, 平凡社, 1988; 『近世武家社会の政治構造』, 吉川弘文館, 1993. 이 문제를 둘러싼 논쟁은 『論集きんせい』 17, 18호를 참고하기 바란다. 이 두 저서에 대해서는 『동아시아역사연구』 7, 1999에 실린 박훈의 서평 참조). 그는 특히 주군 오시코미라는 정치현상을 소재로 분석했다. 그러나 주군 오시코미는 주로 가로층 및 일문중(一門衆)을 포함한 중신층이 항상 그 주체였고, 그들 사이의 합의에 의해 집행되었던 것이어서, 중하급 가신의 관여라는 현상은 거의 보이지 않는다. 실제로 그의 저서 『主君 '押込'の構造』에서 다루고 있는 오시코미 사건의 관련자를 살펴보면 모노가시라급(物頭級) 이하의 신분은 거의 없는 것을 알 수 있다. 즉 笠谷이 말하는 가신단이라는 것은 실은 일문중, 가로들을 중심으로 하는 중신층이지, 그 이하의 중하급 무사를 의미하는 것은 아닌 것이다. 그런데 막말기가 되면 중하급 무사의 참여가 두드러지게 되고, 이것이 이 시기의 특징이라는 것이 필자의 주장이다.

문벌파의 시미즈 쓰네노인 옹립 움직임이 구체화되자 개혁파 번사들의 초조감은 더해만 갔다. 1828년(文政11) 11월, 이와 같은 정보를 에도사관 편수(江戸史館編修) 네모토 나카노리(根本仲德)에게서 들은 아이자와 야스시(會澤安, 당시 학문교수)는 우려와 함께 반대 의사를 명확히 했다. 이 당시 개혁파는 사관 이외에는 거의 세력 기반이 없었기 때문에, 자연히 에도사관을 중심으로 양자를 받아들이는 데 대한 반대운동을 전개할 수밖에 없었다. 7대 번주 도쿠가와 하루토시(德川治紀) 이래 정치화하고 있던 사관은 이에 이르러, 계사분쟁의 거점이 되었던 것이다.

다음 해인 1829년(文政12) 5월, 원래 허약 체질이었던 나리노부가 발병하자 계사 문제는 초미의 일이 되었다. 9월 하순 나리노부의 병이 악화되자, 네모토 나카노리는 미토에 있던 아이자와 야스시, 후지타 도코, 스기야마 후쿠도에게 남상을 촉구하는 서한을 보냈다. 도코는 즉각 집정 야마노베 요시모토(山野邊義質)의 적자이자 자신의 문하생이기도 했던 야마노베 요시미(山野邊義觀)를 찾아가, 네모토의 서한을 보이고 의논했다. 야마노베 요시미는 도코뿐 아니라 스기야마 후쿠도와도 가까웠고, 스기야마를 사제의 예로써 대했다고 할 정도로 개혁파 사람들과는 친밀했다. 스기야마도 야마노베를 "원래부터 충의의 마음을 갖고 있는 사람"이라고 칭찬해 마지않았다.[5] 이와 같이 개혁파는 평소부터 문벌층의 일부 인물들과도 교제하면서, 중요한 문제가 발생했을 때는 의지, 이용하기도 했다. 사숙에서 이뤄진 학문적 지도와 교류가 바로 그러한 교제의 장을 마련했던 것이다[이에 대해서는 후술].

도코 등은 아이자와 야스시의 집에서 회합하여, 남상책(南上策)에

5 会沢安, 「己丑備忘録」, 『長久保叢書』, 東京大学史料編纂所 소장.

대해 의논했다. 그러나 출부원(出府願)도 내지 않고 집단적으로 에도에 올라가는 것은 번법(藩法)으로 엄격하게 금지되어 있었다.[6] 따라서 무단출부에 이의를 제기하는 사람들도 있어서 결정은 쉽사리 나지 않았다. 그러나 연장자이고 개혁파의 리더였던 가와세 교토쿠(川瀨敎德)의 주장으로 에도로의 무단출부는 결정되었다.[7] 10월 3일에 야마노베를 앞세운 개혁파는 출부허가도 얻지 않은 상태에서 에도로 올라갔다. 다음 날인 4일에는 도코 등을 뒤쫓아 올라온 번사가 이미 40여 명에 달했다. 미토번청은 그날 밤 안으로 미토에 돌아가라는 명령을 내렸으나, 그들은 듣지 않았다. 이날 밤 마침내 나리노부가 사망했으나, 남상자(南上者)들은 그 사실을 곧바로는 알지 못했다. 남상자들의 줄기찬 요구로 드디어 막부는 8일 게이사부로(敬三郞, 德川齊昭) 상속의 명령을 내렸다. 미토번의 제9대 번주 도쿠가와 나리아키가 탄생한 것이다. 이리하여 오랜 기간 계속되었던 계사분쟁은 막을 내렸다.

2. 고카기(弘化期) 설원(雪冤) 남상운동의 경위

미토번의 덴포개혁을 정력적으로 추진하고 있던 나리아키는 1844년(弘化1) 5월 막부로부터 근신, 은거의 처벌을 받고, 고마고메(駒込)에 있는 나카야시키(中屋敷, 제2번저)에 유폐되었다[甲辰의 國難]. 막부는 7개조에 걸쳐 나리아키의 덴포개혁의 정책을 힐문했다.

나리아키가 돌연히 실각하자 미토사민(水戶士民)의 남상이 시작되었다. 막부의 처벌은 나리아키와 도코 그룹뿐 아니라 많은 미토사민에게 충격적이었고, 납득할 수 없는 일이었다. 처벌의 돌연성, 의외성에

6 小宮山楓軒, 『憲法記』 五(二册), 2쪽.

7 「回天詩史」, 『東湖全集』, 博文館, 1940, 6쪽.

다가 주군 오시코미(押込, 주군감금)에 대한 소문 등이 미토사민의 불안을 부채질해 나리아키를 경호한다는 명목으로 남상하기에 이르렀던 것이다.

15년 전 남상과 비교해서 고카기(弘化期) 남상의 특징은 무엇보다도 무사뿐 아니라 영민이 대거 참가했다는 점일 것이다. 영민 가운데에는 햐쿠쇼(百姓), 쵸닌(町人)뿐 아니라 신관(神官), 슈겐(修驗) 등도 많이 포함되어 있었다. 이후 미토번의 사(士)와 민(民)은 메이지유신에 이르기까지 오랫동안 곧잘 '미토사민(水戶士民)'이라고 연칭(連稱)되게 된다.

나리아키가 실각한 직후인 1844년(弘化1) 6월에 미토번 군봉행(郡奉行)들이 미토번의 신번주 요시아쓰(慶篤)의 후견인이 된 삼연지(三連枝, 3명의 支藩主)에 낸 진정서에는 당시 영민들의 동요가 나타나 있다.

> 공변(公邊[막부])에게서 하루아침에 엄중한 처벌을 받았기 때문에, 영민들은 모두 놀라 체읍(涕泣)하고 있는 모습입니다. 그 가운데 유지(有志)의 백성들은 공변의 명령이 너무나 정도에서 벗어났으므로 신명을 돌보지 않고, 반드시 누구에게라도 나아가 원죄(冤罪)를 추소(追訴)해야겠다고 몰래 의논하고 있다는 말이 간간이 들립니다.[8]

이처럼 영민은 나리아키의 실각에 즉각적으로 반응하며 동요하고 있었다. 영민들은 설령 막부의 명령이라 하더라도 정도가 아니라면 이의 제기를 할 기세였다. 여기서 주목되는 것은 군봉행들이 지번주들인 삼연지에 보낸 서한 중에, "유지(有志)의 백성"이라는 표현을 사용하고 있다는 점이다. 그것은 영민이 정치적 의견을 갖고, 그것을 표현하는

8 「郡宰呈書案」, 三ノ二(瀨谷義彦, 「水戶藩士民の斉昭雪冤運動の諸形態」, 『茨城史林』 5, 1976, 2쪽에서 재인용).

것을 군봉행들이 인정했음을 의미한다고 생각된다. 군봉행들은 영민의 동요와 "유지의 백성"들 간에 형성된 남상 분위기를 구실로, 암암리에 삼연지에 나리아키의 복권을 촉구했던 것이다. 이 같은 사실은 후기 미토학자들의 민중관을 우민관이라는 한마디로 간단히 정리해 온 종전의 연구들에 대한 재검토의 필요성을 느끼게 한다.[9]

이윽고 1844년(弘化1) 7월 미토성하(水戸城下)의 시타마치 도시요리(下町年寄)인 가토 마타에몬(加藤又衛門)이 탄원서를 낸 것을 시작으로, 8월부터 '민'에 의한 설원운동의 움직임이 활발해진다. 몇 개 촌의 쇼야(庄屋)들이 연명탄원을 군봉행에게 내거나,[10] 각 지역의 신직(神職)이 연대하여 탄원을 올렸다. 신직의 횡적인 연결은 향교를 거점으로 이뤄졌다.[11]

9월에 들어서자 이윽고 에도에까지 올라가는 자가 생겼다. 남상이 시작된 것이었다. 가토 마타에몬이 오와리 번주(尾張藩主), 사누키 번주(讃岐藩主)에 탄원했고, 미토번 4군(四郡)의 백성 대표들이 오와리(尾張) · 기이(紀伊) 번주에게 탄원서를 제출했다. 미토번에서 농민이 에도에 올라간 것은 호에이 잇키(寶永一揆) 이래 130여 년만의 대사건이었다.[12]

그 외 10월에는 에도에 진출한 '의민(義民)'[13] 200명이 재차 오와리 · 기이 양 번주에 탄원했고, 아이즈(會津) 번주에게 탄원하는 자도 있었

9 박훈, 「德川 말기 後期水戸學의 민중관: 會澤安의 『新論』을 중심으로」, 『역사교육 85』, 2003.

10 瀬谷義彦, 「水戸藩士民の斉昭雪冤運動の諸形態」, 14쪽.

11 『水戸市史』 中巻(四), 75쪽.

12 瀬谷義彦, 「水戸藩士民の斉昭雪冤運動の諸形態」, 3쪽.

13 '의민(義民)'이라는 말을 사용하는 것은 미토번의 특징이라고 한다(瀬谷義彦, 「水戸藩士民の斉昭雪冤運動の諸形態」, 7쪽).

다. 10월 20일경에는 쇼야(庄屋), 야마요코메(山横目), 향의(郷醫), 신관(神官) 등 10명이 에도에 올라와 도코의 문인이었던 타번(他藩) 사람의 집에 묵으면서 맹약서를 작성했다. 그들은 모의를 거듭해 결국 로쥬(老中)에 가고웃타에(籠訴, 로쥬의 가마를 가로막고 의견을 호소하는 것)를 하기로 결정하고 각각 자필탄원서를 썼다. 그리고 10월 23일 구스노기 마사시게(楠木正成)의 화상(畵像)을 배알하고 신주(神酒)를 마신 후, 막부 로쥬 마키노 다다마사(牧野忠雅)에게 가고웃타에를 감행했는데, 이 탄원서는 수리되었다.

12월 막부가 나리아키의 근신을 해제해 주었음에도 불구하고, 미토사민은 그의 번정 복귀를 요구하며 남상을 계속했다. 1845년(弘化2) 3월 3일에는 남상운동의 리더였던 홍도관(弘道館) 총교(總教, 教授頭取)인 아이자와 야스시에게 치사와 은거의 번명(藩命)이 떨어졌다. 이 조치는 미토사민을 크게 자극하여 남상은 더욱 격해졌다. 3월 18일에는 신관 사이토 겐모쓰(齋藤監物)를 중심으로 한 '청룡조 회련의 신직들 34인(青龍組會連神職共三十四人)'이라는 신직 조직의 탄원서가 제출되었다. 그러나 남상자들에 대한 처벌은 점점 엄격해져, 1845년(弘化2) 10월 이후가 되면 남상운동은 진정 기미를 보이게 된다.

3. 안세이기(安政期) 봉칙설원(奉勅雪冤) 남상운동의 경위

1858년(安政5) 나리아키, 요시아쓰 부자에 대한 처벌과 무오밀칙(戊午密勅)으로 인해 미토번 사민들은 심한 동요를 보였다. 고카기(弘化期)의 남상소동을 기억하고 있던 번청은 남상의 재연을 두려워하여, 12월 5일에 재빨리 무원출부(無願出府)를 금하는 명령을 내렸다.[14] 그러나 1859년(安政6) 5월 3일에 사이토 겐모쓰 등 신관 80여 명이, 그 이튿날부터는 가신단, 향촌 등이 가담하여 남상이 시작되었다. 5월 14일 에도로 가는 도중의 고메(小梅)에 있는 미토번 시모야시키(下屋敷, 제3번저)에는 무사 신분인 자가 500명가량 모였고, 22일에는 무사 신분 이외의 자까지 합하여 그 수는 800명에 이르렀다. 그들은 10명씩 혹은 50명 내지 100명씩 남상했다.[15]

남상해 온 번사들은 왕성한 상서 활동을 행했다. 먼저 5월 '고메재류지용사(小梅在留之勇士)' 명의의 탄원서가 번주에게 올려졌다. 그들은 거기서 공변보익(公邊輔翼)을 위해서라도 칙정(勅掟, 무오밀칙) 전달의 영단을 내려달라고 요구했다.[16] 그 후에도 고메 두류자(逗留者)로부터는 끊임없이 상서가 올려졌다. 7월에는 고이시카와(小石川)의 도시요리슈(年寄衆, 로쥬) 앞으로 매일 10명씩 상서가 행해졌는데, 그중에는 연명상서도 있었다.[17] 6월 14일에는 신관이 다카마쓰 번주(高松藩主) 마쓰다이라 요리타네(松平頼胤)에게 탄원했다. 8월에도 사관(祠官), 슈겐(修驗) 등이 출부(出府)하여 마쓰다이라 요리타네에게 출소(出訴)했다.[18] 한편 고가네역(小金驛)에는 향촌에서 올라온 2,900명이 둔집해 있었다. 그중에서 농민과 야마부시(山伏), 슈겐 등은 각각 집회를 열기도 했다.

사람 수가 많다 보니 장사도 활발했던 듯하다. "이곳은 실로 도회지와 같이 부산하다. 목욕탕, 이발소에서부터 술, 과자 등 셀 수 없이 많은 상품이 있다." 남상자 중에는 기강이 해이해져 스모를 하는 자도 나타났

14 『水戸藩史料』 上編坤, 23쪽.
15 「南梁年録」 三十三, 『茨城県史料』 幕末編 II, 208쪽.
16 「南梁年録」 三十四, 230쪽.
17 「南梁年録」 三十四, 236쪽.
18 「南梁年録」 三十四, 241쪽. 마쓰다이라 요리타네(松平頼胤, 讃岐侯)는 이이가(井伊家)와 친족지간으로(井伊正弘 編, 『幕末風聞探索書: 井伊家史料』(이하 『幕末風聞書』로 약칭) 上, 雄山閣出版, 1967-1968, 114쪽), 나리아키와는 불화(不和)하는 사이였다(『幕末風聞書』 上, 106쪽, 114쪽, 119쪽, 144쪽). 그 때문에 덴구(天狗)는 그를 상당히 원망하고 있었다 한다(『幕末風聞書』 中, 270쪽).

고, 세탁녀(洗濯女, 遊女)를 부르는 자까지 있었다.[19] 이러한 양상에 대해 "의사(義士), 의민(義民)이라고 하는 자들이 이와 같이 한심한 짓을 하는 것은 무슨 일인가"라는 비판이 있었다.[20]

미토번에게 상황은 점점 어려워져 8월 23일 아유자와 이다유(鮎沢伊太夫)가 투옥되었다. 이어서 막부는 나리아키에게 미토에서의 영구 칩거(永蟄居)를 명했다. 나리아키는 권력투쟁에서 완전히 패배했던 것이다. 이에 따라 9월 1일 나리아키는 에도를 떠나 미토로 향했다. 그때 고메에 남아 있던 남상자도 대부분이 나리아키를 따라 미토로 떠났다. 이 남상운동의 리더들이 후일 사쿠라다문 밖(櫻田門外)의 변을 일으켰던 것이다.[21]

19 「南梁年録」 三十三, 『茨城県史料』 幕末編 II, 223-224쪽.

20 「南梁年録」 三十三, 『茨城県史料』 幕末編 II, 213쪽.

21 이상과 같은 대규모의 미토사민의 남상에는 그것을 가능하게 한 갖가지 수단이 있었다. 우선 감시의 눈을 피해 사람들을 동원할 수 있는 수단으로서 이용된 것 중 하나가 장기(将棋)였다. 다카쿠라 죠하치로(高倉長八郎)라는 향사(郷士)는 장기를 즐겼는데, 데와노구니(出羽國) 출신의 하라 구마고로(原熊五郎)라는 장기고수를 머물게 하여 이것을 핑계로 장기대회(将棋大會)를 개최했다. 장기대회가 하나의 정치공간으로 이용된 것이다. 1858년(安政5)의 나리아키와 요시아쓰(慶篤) 등의 처벌 이래 막부는 미토번의 동정을 예의주시하고 있었는데, 이것으로 막부의 감시를 피해 남상자들을 규합할 수 있었다. 또한 남상 도상(途上)에서 남상자에게 안전한 장소와 정보를 제공한 것은 나리아키를 따르던 슈쿠돈야(宿問屋) 등의 숙박업자였다(본서 제2부 1장 2절 참조).

제2절 미토번 남상운동과 정치공간

1. 남상운동의 참가층

1830년(文政13)의 계사남상(繼嗣南上)에 가담한 자는 총 49명이었다. 이를 고카(弘化)·안세이기(安政期)의 남상과 비교해 볼 때 가장 먼저 눈에 띄는 특징은, 그들의 대부분이 무사 신분이었다는 것이다. 그로부터 15년 후에 일어난 고카설원운동(弘化雪寃運動)에는 다른 신분의 사람들도 다수 참가한 것을 생각하면, 15년 사이에 미토번의 사정이 많이 변한 것을 알 수 있다.

먼저 『미토시사(水戶市史)』 중권(三)에 실린 분세이기(文政期) 남상 참가자 49명을 분석해 보자. 참가자 중에는 유코쿠(幽谷)의 문인, 붕우[川瀨教德·青山拙齋], 다치하라 스이켄의 문인이 많이 포함되어 있다. 유코쿠는 이미 1826년(文政10)에 세상을 떠났으나, 그 문인들은 그가 남긴 사숙인 청람사(青藍社)를 매개로 연계를 유지하고 있었다.

계사남상 때는 후지타파와 다치하라파 사이에 갈등이나 대립이 거의 없었던 듯하다. 유코쿠 사후, 도코는 다치하라 스이켄의 아들인 다치하라 닌타로(立原任太郎)를 일부러 찾아가 화해를 청했고, 이후 두 사람은 좋은 관계를 유지했다. 계사남상 때도 양파는 행동을 같이했다.

다음으로 49명의 남상자 가운데 12명이 번사의 아들이거나 동생으로 높은 비중을 차지했다는 것을 알 수 있다. 즉 아직 당주가 되지 못한 자 혹은 당주가 될 수 없는 자들이 정치문제에 간여하게 된 것이다. 그것은 공적인 직책을 갖지 못했던 그들이 열심히 사숙에 출입하고, 그곳에서 면학과 정치토의를 통해 정치화했음을 의미한다. 이는 고카·안세이기 남상 때도 마찬가지인데, 이에 대해서는 후술하기로 한다. 또한 주목할 만한 것은 특별한 역직을 갖지 못한 고부신구미(小普請組) 소속인 자가 9명이나 있다는 점이다. 나리노부(齊脩)의 시대에는 가와세 교토쿠와 같이 정치적 이유에서 고부신구미로 쫓겨난 자가 많았음을 생각하면, 고부신구미에 소속된 자가 당시의 정치에 불만을 품고서 남상에 투신한 경우가 많았던 것으로 이해된다.

사관 근무자가 많은 것은 유코쿠·스이켄 문인이 많은 것과 관계가 있다고 할 수 있다. 특히 요시다 노리요(吉田令世), 네모토 나카노리(根本仲德) 등과 같이 에도사관에서 근무하는 문인들은 시시각각으로 변하는 에도 번저, 막부의 정보를 미토에 알리는 데에 빼놓을 수 없는 존재였다. 1830년(文政13)의 계사남상이 에도사관원인 네모토 나카노리의 정보[문벌파에 의한 淸水侯의 입양이 구체화되고 있으므로 급히 남상하길 바란다는 내용]에서 시작되었음은 그 좋은 예라 할 수 있다. 에도사관 총재인 아오야마 셋사이(青山拙齋)와 미토사관(水戶史館) 총재대역인 도코도 계사운동의 중심적 역할을 담당했다. 이 시기가 되면 사관, 특히 에도사관은 정쟁에 휩싸이게 되어, 후지타파가 에도에서 정치활동하는 데 근거지가 된다. 그러나 나리아키 습봉 후 후지타파가 번정의 요직에 취임하게 되자 사관은 정치에서 멀어진다.

마지막으로 도신구미(同心組), 군봉행 데다이(郡奉行手代)와 같은 자들도 포함되어 있었다. 이들은 가신단 중에서는 최말단에 속해 있던 자들로, 그들이 어떤 경위로 계사남상에 참가하게 되었는지 상세히 알기는 어렵다. 그러나 고카·안세이기 남상에 참가한 군봉행 데다이, 촌역인(村役人)들 대부분이 도코, 아이자와 야스시 등에게 사사(師事)한 자들이었음을 생각하면, 그들도 도코, 아이자와의 가르침을 받았을 가능성이 있다.

이상에서 계사남상 참가자의 특징을 살펴보았다. 전체적으로 볼 때 그들은 신참으로, 낮은 신분에 있었다. 도코, 아이자와, 가와세 교토쿠, 스기야마 후쿠도, 요시다 노리요, 네모토 나카노리 등은 모두 18세기 중·후반 이후에 등용된 신참 경격(輕格)의 가문 출신이었다.[22] 실제로 미토번에서는 번초(藩初)부터 무사 집안이었던 고참과 중후기 이후에 가신으로 발탁된 신참 사이에 차별이 있어서, 이에 대해 신참이 항의하는 일도 있었다.[23] 따라서 미토번의 내분을 생각할 때, 계층·학파 대립의 측면만이 아니라, 신구 가문의 대립이라는 면도 생각할 필요가 있다고 여겨진다.

다음으로 살펴볼 것은 고카·안세이기 남상운동의 참여층이다. 가장 주의해야 할 점은 영민이 남상에 참가했다는 것이다. 영민들은 단지 무사 옆에서 조역과 같은 역할에 머무른 것이 아니라, 오히려 주역을 맡았다고 볼 수 있을 정도로 활약을 펼쳤다. 촌역인, 쇼야, 야마요코메(山横目), 향사,[24] 향의, 신관 등이 주요 멤버였는데, 그들은 주로 향교를 중심으로 활동했다. 또한 향촌에 있으면서도 성하(城下) 유명학자들의 문인 인맥에 연결된 자들이 있었다는 점 역시 이 시기의 남상운동을 뒷받침한 힘이 되었다. 사숙과 향교의 인적 연결고리도 간과해서는 안 된다. 이에 관해서는 후술하겠다.

고카·안세이기의 남상운동에서 또 하나의 특징으로 들 수 있는 것은 신관, 슈겐(修驗)의 존재다. 미토번의 신직이 이처럼 적극적으로 남상에 참가한 것은 신장제(神葬祭) 허용 등 나리아키가 신직을 우대하는 정책을 폈기 때문이다. 게다가 나리아키는 덴포기의 오이토리가리(追鳥狩り, 새 사냥을 구실로 하는 일종의 군사훈련)에 신직을 참가시키기도 하고, 미토의 역소(役所)에서 신관 및 그 자제의 무술시험을 행하기도 했

22 『水戸市史』 中巻(三), 35쪽.

23 小松徳年, 「青山延于の封事について」, 『茨城県立歴史館報』 21, 1994.

24 미토번 향사에 대해서는 瀬谷義彦, 『水戸藩郷士の研究』, 筑波書林, 2006.

다.[25] 이러한 움직임은 신직을 단순한 종교집단으로 취급하는 것이 아니라, 적극적으로 정치영역에 불러들여 자신의 영향하에 두고자 하는 목적에 따른 것이었다고 생각된다. 나아가 번청은 신직의 조직화를 추진해, 1855년(安政2) 12월 미토번의 신직은 총 7련(連) 168명의 신관에 소사시비키(總指引) 4명을 두는 형태로 조직되었다.

신직의 남상운동은 각 군의 향교를 중심으로 전개되었는데, 1856년(安政3) 2월 지샤봉행(寺社奉行)은 신직의 자제에게까지 향교 출석을 의무화했다.[26] 이로 인해 신관과 향교는 불가분의 관계가 되었고, 그 결과 남상운동 때 향교를 바탕으로 한 신관들의 남상이 대규모로 이뤄진 것이다.

다음으로, 안세이기 남상 때의 특징으로는 농병(農兵)의 참가를 들지 않을 수 없다. 본래 미토번에서는 농민의 무술 연습은 금지되어 있으나[27] 덴포기에 농병을 만들 계획이 세워졌다. 1855년(安政2) 9월에 조직 구성이 완료되었고 1856년(安政3) 9월에 부서가 정해졌는데, 그 수는 1,500명에 이르렀다. 농병은 농사일이 한가할 때 포술, 검술을 연마했는데, 그 연습 장소가 향교였다.[28] 농병은 덴포검지(天保檢地) 때의 협력자 혹은 고카설원운동 때의 참가자 중에서 조직되었다. 그들이 안세이기 남상 때 번주 부자, 특히 나리아키의 경호를 명목으로 경무장하여 남상한 것이다.

한편 고카·안세이 남상에 참가한 번사의 경우, 신분이 높은 자나 중요한 역직에 있는 자들이 남상에 참여했다는 점이 주목된다. 신분이

25 瀨谷義彦, 『水戸藩鄕校の史的硏究』, 山川出版社, 1976, 113-114쪽.

26 宮田篤親, 「実播志樂」(瀨谷義彦, 『水戸藩鄕校の史的硏究』, 110쪽에서 재인용).

27 瀨谷義彦, 『水戸藩鄕校の史的硏究』, 86쪽.

28 瀨谷義彦, 『水戸藩鄕校の史的硏究』, 61쪽.

낮은 자, 사관원 등이 주로 참가한 계사남상과 큰 차이라고 할 수 있다. 고카 남상 때는 오반가시라(大番頭) 다케다 고운사이(武田耕雲齋), 군봉행 요시나리 마타에몬(吉成又右衛門)이 막부 로쥬에 월소했다. 또한 안세이 남상 때는 미토번이 존폐의 위기에 처했다는 상황 인식하에 고위, 중직에 있는 자들의 참가는 한층 더 많아졌다. 반가시라(番頭) 등을 비롯한 대신(大身)[29]이나 지샤봉행(寺社奉行), 와카도시요리(若年寄) 등 중역들도 참가했고,[30] 역소에서도 5~7명씩 남상하는 모습을 보였다.[31]

또한 번사의 차·삼남(次三男)이 많이 남상했다.[32] 남상 반대자인 아이자와가 비난한 바에 따르면, 전발소년(前髮少年)까지 동원해 남상 직전에 전발을 깎아 남상시키는 자도 많았다고 한다.[33] 이는 가독(家督)을 맡고 있지 않는 자들의 정치화를 의미한다. 미토번은 만일의 사태에 대비한 예비군으로서, 그리고 타번으로의 두뇌 유출 방지를 위해, 차·삼남에게 1년에 은 10매라는 용돈 정도의 금액을 지불하는 대신 타번의 가문에 양자로 가는 것을 금지하고 있었다. 따라서 그들에게는 미래가 없었다고 할 수 있다. 그들 중에 불만에 찬 자들은 번정 동요에 편승해 자신의 출세욕을 실현해 보려는 자들도 있었을 것이다. 당시 법을 어기고 에도로 가서 제 마음대로 행동하고 입신출세한 자가 많다고 한 세평이 있었던 것처럼, 그 가운데는 가독을 이을 수 없어 일생을 천덕꾸러기로 취급받는 것을 견디지 못했던 자들도 있었을 것이다. 어쨌든 이들 '천덕꾸러기(厄介者) 그룹'은 남상운동 중에서 중요한 멤버로 활동했다.

29 「南梁年録」 三十三, 206쪽.
30 「南梁年録」 三十四, 226쪽.
31 「南梁年録」 三十三, 209쪽.
32 「南梁年録」 三十三, 206쪽.
33 「南梁年録」 三十三, 209쪽.

다음으로 안세이 남상의 경우, 쇼기마와리(床几廻)의 활약이 눈길을 끈다. 쇼기마와리는 1838년(天保9), 나라아키가 평사(平士) 이상 가신단의 적자 가운데 우수한 자들을 뽑아 약 100명으로 편성한 것이다.[34] "평상시에는 날마다 10명씩 성내에서 근무하고 주군이 출타할 때는 곁에서 모신다"[35]고 한 것처럼, 성내에서 번주의 경호, 번주의 외출 시에는 그 호종 등에 종사한 신설 기구로, 대부분은 번의 장래를 떠맡을 젊은 엘리트 집단이었다. 도코가 죽은 후 후지타파를 지휘한 다카하시 다이치로(高橋多一郎)와 지노네 이요노스케(茅根伊豫之介) 등이 쇼기마와리 출신자다. 그들 사이에서는 일찍이 가격(家格)의 차이를 넘어선 교류가 행해졌고, 그것이 이후의 정치활동으로 이어졌다고 생각된다. 이 쇼기마와리가 안세이기 남상 때는 30명이나 출부하여 활약했던 것이다.[36]

2. 남상운동의 기반: 사숙, 향교, 사(社)·사(祠)

미토번에서 이상과 같은 수많은 인원, 특히 많은 영민까지 포함한 남상운동이 가능했던 것은 무엇 때문일까. 인적인 연계, 조직력, 동원력, 여론형성의 공간 등이 없고서는 이 정도로 집요하고도 지속적인 남상운동은 가능하지 않았을 것이다. 필자는 미토번 남상운동을 지탱했던 사숙, 향교, 사(社)·사(祠)의 정치공간으로서의 기능해 주목했다. 이 중 사숙과 향교는 본서 제1부에서 '학적 네트워크'라는 측면에 집중해 살핀 바 있지만, 여기서는 남상운동을 가능하게 했던 정치공간이라는 면

34 『水戸藩史料』 別記下, 67쪽.

35 「常陸帶」, 『東湖全集』, 123쪽.

36 『幕末風聞書』 中, 154쪽, 173쪽; 『水戸藩史料』 上(坤), 276쪽, 278쪽.

에서 검토해 보고 싶다.

① 사숙(私塾)

먼저 사숙과 남상운동의 관련성에 대해 검토해 보자. 미토번의 사숙은 간세이기(寛政期)에서 분카기(文化期)에 걸쳐 급증했는데, 그 가운데서 가장 유명한 것이 후지타 유코쿠, 도코부자의 청람사(青藍舍)다. 유코쿠가 1826년(文政9) 12월에 죽은 후, 그 아들 도코는 아버지의 사숙 청람사를 이어받았다. 1827년(文政10) 1월 도코는 사관편수(史館編修)가 되었고, 10월에는 가독(家督)을 계승했는데, 그때 청람사도 이전대로 열었던 것이다. 청람사는 1802년(享和2) 유코쿠가 미토성하의 바이코(梅香)라는 곳에 설립했는데, 그 문하에서 아이자와 야스시, 도코를 비롯, 가와세 교토쿠, 도요타 덴코(豊田天功) 등 수많은 인재가 배출되었다.

유코쿠가 죽은 후에도 청람사의 활동은 이어졌다. 도코의 「일력(日暦)」에 따르면, 유코쿠가 죽은 후인 1828년(文政11) 2월 10일에 이미 청람사에서는 『사기(史記)』의 회독이 시작되고 있었다. 그 후 회독은 매달 5와 10이 들어가는 날, 즉 월 6회 개최되었다. 그중에는 밤에 열리는 경우도 있었다.[37]

그런데 이 청람사에 출입하고 있었던 사람들의 명단을 「일력」에서 조사해 보면, 회독 참가자로는 아사리 데이오(淺利定應), 우도노 주아이(鵜殿忠愛), 기쿠치 시게자네(菊池重實), 나카무라 가겐(中村雅言), 이시카와 간추(石河幹忠) 등이 있었고, 자주 찾아와 도코와 담론했던 자로서는 네모토 나카노리, 스기야마 시겐(杉山士元), 요시나리 마타에몬(吉

37 예를 들면 "是夜, 会読史記"(「日暦」, 『東湖全集』, 博文館, 1940, 1170쪽), "是夜会読. 門奈, 浅利, 鵜殿, 石川, 菊池, 楊, 中村諸子来"(「日暦」, 『東湖全集』, 1171쪽).

成又右衛門), 오모리 긴추(大森近中) 등이 있었다.[38] 이 명단을 『미토시사(水戸市史)』 중권(三)에 실려 있는 계사남상자(繼嗣南上者)의 명단[39]과 비교해 보면, 회독 참가자와 청람사 출입자 대부분이 계사남상의 참가자였던 것을 알 수 있다. 특히 계사남상 때에 에도 쪽 주역 중 한 사람이었던 에도 창고관원 네모토 나카노리는 때때로 청람사에서 밤중까지 도코와 숙담(熟談)하고 묵기도 했다. "히시켄(飛子健)의 집에서 만나 밤늦게까지 담론했다", "이날 밤 히시켄, 스즈키, 네모토 나카노리 세 사람이 아이자와씨(會澤氏)와 만났다"고 한 것으로 미루어 보아 회독 멤버는 청람사뿐 아니라 때로는 번사의 집에 모여, '담론'했다는 것도 알 수 있다.[40]

그들은 아마도 1828년(文政11)부터 계승분쟁이 일어났던 1830년(文政13) 사이에 청람사를 중심으로 활발한 교류, 토론을 행했다고 생각된다. 그 과정에서 계사 문제에 관한 정보나 대응 방침 등도 활발히, 그리고 비밀리에 의논되었을 것이다. 이러한 토론에 참가했던 사람들이 계사남상 때 행동을 같이했다. 즉 사숙의 회독이라는 합법적인 공간이 일반 번사의 정치토론의 장으로서 이용되고, 거기서 형성된 인적 네트워크가 정치행동을 일으켰을 때 큰 힘을 발휘했던 것이다.

더욱이 「일력(日曆)」에는 도코가 1827년(文政10) 5월 6일과 11일, 또 9월 11일에 '아이자와(會澤)의 모임(會)'에 갔던 것이 기록되어 있다.[41] 당시 아이자와는 미토 성하의 미나미쵸(南町)에서 남가숙(南街塾)이라는 사숙을 열고 있었는데, 도코는 종종 이 사숙의 회독에 출석했던

38 「日曆」, 『東湖全集』, 1163-1175쪽.
39 『水戸市史』 中巻(三), 28-29쪽.
40 「日歷」, 『東湖全集』, 1182-1183쪽.
41 「日曆」, 『東湖全集』, 1175쪽, 1177쪽, 1184쪽.

것이다. 이러한 사숙 간의 교류는 단지 성하의 사숙 사이에서만 이뤄졌던 것이 아니고, 아이자와와 가쿠라이 사잔(加倉井砂山, 1805~1855)의 일신숙(日新塾, 미토번 太田郡 소재)이 맺은 교류와 같이, 성하사숙(城下私塾)과 지방사숙 간에도 행해졌다.

한편 계사남상 때 남상자들은 가로의 적자 야마노베 요시미를 앞장세우는 데 성공했는데, 그것은 그가 아이자와의 문하생이었고, 또 도코와 스기야마 후쿠도에게도 배운 적이 있었기 때문에 가능했던 것이다. 도코는 "야마베씨를 방문해서 저녁까지 얘기를 나눴다"[42]고 한 것처럼, 평소에 자주 요시미(義觀)의 집을 방문하며[43] 돈독한 관계를 맺고 있었다. 요시미는 "현명한 하사(下士)를 사랑해 주고, 문무에 열심이어서 분명히 번의 희망이 될 것이다", "만일 야마노베씨를 에도번저에 있게 한다면, 유사(有司)들의 간계를 족히 깨트릴 수 있을 것"[44]이라고 칭해질 정도로 하사와 친했고, 남상파의 촉망을 받는 인물이었다. 이처럼 사숙은 신분을 넘어선 교류를 가능케 했다. 제1부에서 살펴본 대로 막말기 정치변혁에서는 가로급 인사 등 일부 상층 사무라이들의 역할이

42 「日曆」, 『東湖全集』, 1193쪽.

43 『東湖全集』, 70쪽, 75쪽, 93쪽, 1206쪽 등에 도코(東湖)가 야마노베(山野邊)를 방문한 기사가 있다.

44 「回天詩史」, 『東湖全集』, 5쪽. 야마노베 요시미는 구니카로(國家老) 요시토모(義質)의 적자이며 아이자와의 문하생이다. 1829년에 집정견습(執政見習)이 되었고, 1830년에 1월에 에도집정이 되었다. 1836년(天保7)에 가로, 고쿠다카(石高)는 1만 석이 되었다. 그의 아버지 요시토모는 5대 번주 무네모토(宗翰, 良公)의 서자 좌선군(左膳君)의 아들로, 야마노베가에 양자로 들어왔다(「回天詩史」, 6쪽). 요시미는 덴포개혁 중에는 해방(海防)의 중핵으로서 활약하는 등 문벌층에서는 드물게 나리아키, 후지타파 측에 속해 있던 인물이었다. 나리아키-후지타파 정권이 성립하고 유지될 수 있었던 데에는 이 야마노베가의 존재가 큰 힘이 되었던 것이다. 미토번 막말 번정사에서 야마노베가가 수행한 역할에 대한 연구가 필요하다고 생각된다.

중요한데, 그것이 가능했던 배경에는 '학적 네트워크'가 있었고, 야마노베 요시미도 그 좋은 예에 해당될 것이다.

고카(弘化) 설원남상 때에도 사숙의 인맥은 중요한 역할을 했다. 덴포기(天保期)에는 도코가 군봉행-에도통사(江戶通事)-고요시라베야쿠(御用調役)-소바요닌(側用人) 등의 역직을 전전했기 때문에 청람사는 휴업 상태였지만, 도코 문인의 네트워크는 남상운동을 지탱하고 있었다. 남상운동의 리더였던 스가 마사토모(菅政友)는 도코를 매우 흠모했고, 평소부터 도코의 문하생들인 도요타 덴코, 다카하시 다이치로, 지노네 이요노스케 등과 친교가 두터웠다. 스가는 1843년(天保14) 9월에 향교 가수관(暇修館)의 2대 관수(館守)가 되어 설원운동에 참가했는데, 그때 이러한 인맥이 크게 활용되었을 것이다. 또 남상운동 때에 도코 문인의 집이 자주 회합의 장소로 등장하는 것을 보아도, 사숙의 인적 네트워크는 남상운동에 크게 기여했다고 할 수 있을 것이다.

고카 남상 때 특히 주목할 만한 것은 가쿠라이 사잔이 오타군(太田郡) 자택에서 열었던 사숙, 일신숙(日新塾)이다. 가쿠라이가(加倉井家)는 대대로 쇼야를 역임했고, 조부 대부터는 향사(鄕士)에도 발탁된, 이 지방의 유력자였다. 숙생은 60명에서 100명 정도였고 죠카마치의 숙이 아님에도 30여 년간 1,000여 명의 숙생을 배출했다.[45] 사잔은 "온 나라에 요기를 일소할 사람이 없으니, 바닷가에 견양(犬羊)의 무리들이 와서 짖어댄다. 미신(微臣)에게 어찌 봉후(封侯)의 상(相)이 있으리오. 향정(鄕丁)을 단련시켜 만분지일이라도 보답하려 한다"[46]라고 하여, 사숙을 해방(海防)을 위한 향병(鄕兵) 양성기관으로 위치 지었다. 그러나

45 鈴木暎一, 『水戶藩学問 · 教育史の研究』, 吉川弘文館, 1987, 476-479쪽.

46 『砂山詩纂』 2之二(沼田早苗, 「加倉井砂山研究: その奥州旅行の時期をめぐって」, 『水戶史学』 23, 1985, 78쪽에서 재인용).

사잔은 남상운동에는 반대했다. “이전부터의 소견대로, 강남(江南[江戸])에 올라가는 것은 곤란한 일입니다. 진실한 충절은 조금도 없고, 국가 안위를 위탁할 만한 인물들을 잃게 된다면 이는 진실로 고통스러운 일입니다”[47]라며 남상이 진실한 충성이 아니라는 것, 또 그에 대한 처벌로 번의 인재를 잃게 될 것을 우려했던 것이다. 따라서 일신숙이 직접 남상자의 토론, 회합의 장으로서 이용되기는 어려웠을 것이다. 그러나 남상운동의 중심인물이었던 교노 도호(興野道甫), 사이토 겐모쓰(齋藤監物), 고이부치 가나메(鯉淵要人), 이마세 나카(今瀬仲), 후지타 고시로(藤田小四郎, 도코의 아들) 등이 이 일신숙 출신자였던 것을 생각하면,[48] 그들과 일신숙생 그리고 그 주위에 있던 지방 유력자와의 인적 연계가 남상운동에 크게 기여했을 것은 쉽게 추측할 수 있을 것이다.

그 밖에 아오야마 셋사이의 사숙이 있었다. 이 숙은 덴포기에 숙생이 70여 명에 달했다. 또 셋사이의 아들인 아오야마 노부미쓰(青山延光)의 사숙도 덴포 말에서 고카 · 가에이(嘉永) · 안세이(安政) · 분큐기(文久期)까지 오랫동안 유지되었다.[49] 그들의 사숙과 남상운동의 직접적인 연관성을 전해 주는 사료는 발견하지 못했지만, 남상운동 과정에 이 숙이 어떠한 형태로든 관계했을 가능성은 적지 않다고 생각된다.

다음으로 안세이기(安政期)의 봉칙설원(奉勅雪冤) 운동의 경우를 살펴보기로 한다. 우선은 청람사다. 앞서 언급한 대로 청람사는 도코가 번의 요직을 전전하는 사이 거의 폐쇄 상태였다. 더욱이 1844년(弘化1) 나리아키의 실각에 따라 도코도 칩거 처분을 받자, 그의 사숙 활동

47 鈴木暎一, 『水戸藩学問 · 教育史の研究』, 482쪽.

48 鈴木暎一, 『水戸藩学問 · 教育史の研究』, 483-484쪽; 沼田早苗, 「加倉井砂山研究: その奥州旅行の時期をめぐって」, 『水戸史学』 23, 1985, 74쪽.

49 鈴木暎一, 『水戸藩学問 · 教育史の研究』, 455쪽.

은 오랫동안 중단되게 되었다. 그것이 번의 허락을 받아 마침내 공식적으로 재개된 것이 1852년(嘉永5)이었다. 그러나 실제로는 1850년(嘉永3) 칩거 신분인 채로 미토로 옮기고 나서부터 도코는 처벌 중임에도 불구하고, "평소의 여가에도 몰래 선생의 슬하에 나아가, 의문 나는 점을 물어 교시를 받았다"[50]고 한 제자가 술회하고 있는 것처럼, 개인적인 방문이나 질문은 받았던 것 같다.[51] 1852년(嘉永5) 윤2월 드디어 도코에게 내려졌던 가택 근신 처분이 풀려 1844년 나리아키 실각 이래 처음으로 완전한 자유의 몸이 되자, 그는 우선 청람사의 회독을 재개했다. 재개된 청람사의 회독에 출석했던 이시카와 메이젠(石河明善)에 따르면, "오후 3시부터 다케쿠마(竹熊)에서 열린 후지타(藤田) 선생의 강석(講釋)에 출석했다. 월 3회씩 열렸는데『효경』을 선생이 강독하고『논어』는 윤강했다. 30여 명이 출석했다"[52]고 한다. 한 달에 도코가『효경』을 3회 강의하고, 또『논어』의 윤강이 3회 행해져, 이로써 분세이기와 마찬가지로 월 6회의 회독이 부활한 것을 알 수 있다. 이 회독의 상황에 대해서는 "관자(冠者)의 회독 때는 성하의 가숙(家塾) 교사도 참집(參集)했기 때문에, 서중(書中)의 인물평, 정치득실 등 보다 고도의 질문이 오고가 갑론을박하여, 열띤 토론이 자주 전개되었다"[53]고 한 것처럼, 특히 20세 이상의 관자 회독에는 성하가숙의 교사까지 참가하여 정치의

50 「青藍舍遺事」(塙実,「藤田東湖と田口秀実」,『水戸史学』16, 1982, 40쪽에서 재인용).

51 이때, "은밀히 선생의 슬하(膝下)"에서 가르침을 받았던 다구치 히데미(田口秀実)라는 인물은 안세이 4년부터 향촌에서 자신의 사숙을 열게 된다(塙実「藤田東湖と田口秀実」, 42쪽).

52 「石河明善日記」一(嘉永五年)八月二十五日(鈴木暎一,『水戸藩学問·教育史の研究』, 464쪽에서 재인용).

53 菊池謙二郎,「藤田東湖の学風と塾風」,『水戸学論藪』, 誠文堂新光社, 1943, 238쪽.

득실에 대한 활기찬 토론이 이뤄졌던 것이다. 사숙이 교육과 면학뿐 아니라, 정치토론의 공간으로서도 기능했다는 사실을 여기서도 확인할 수 있다.

이 시기 청람사에 출입했던 사람들은 봉칙설원 남상운동에서 큰 힘을 발휘했다. 예를 들면 노구치 데쓰타로(野口哲太郎)는 이 시기에 3년간 도코에게 배웠는데, 그 후 마치다 향교(町田鄉校)의 관수(館守)가 되어, 안세이기의 남상에 깊이 관여했다. 또 마찬가지로 도코의 문하생으로 향교괘(鄉校掛)였던 고토 데쓰노스케(後藤哲之介)도 남상에 참가했다. 그 외에도 많은 예를 들 수 있다. 도코 문인이기는 하지만 평백성(平百姓)신분에 불과했던 고토 헤이시(後藤兵司, 町田鄉校의 世話役)는 남상에서 활약했는데, 이는 동문인 마치다 향교 관수 노구치(野口)의 추천에 의한 것으로 보인다.[54] 또 남상에 중요한 역할을 했던 신관들 가운데도 도코 사숙 출신자가 많았다. 고카 남상 때에 '청룡조회련신직(青龍組會連神職) 34명'의 탄원을 주도했던 미야타 아쓰치카(宮田篤親)는 도코의 문하생으로 안세이기 남상 때에도 주도적인 역할을 했다.[55] 신관 남상을 지도하고, 나중에 사쿠라다문 밖의 변의 주모자가 되는 신관 사이토 겐모쓰(齋藤監物)도 도코의 고제(高弟)였다.[56] 이처럼 이 시기 도코의 사숙에는 무사 신분 이외의 자들도 다수 참가했음을 알 수 있다.

한편 지노네 이요노스케의 사숙도 있었다. 지노네는 14세에 구니모토 젠안(國友善庵), 아이자와 야스시에게 배우고 후에 도코에게 사사했다.[57] 19세에는 가신단의 적자 가운데서 인재를 발탁하여 만든 쇼기

54 瀬谷義彦,『水戸藩鄉校の史的研究』, 87쪽.
55 瀬谷義彦,『水戸藩鄉校の史的研究』, 105-106쪽.
56 瀬谷義彦,『水戸藩鄉校の史的研究』, 110쪽.
57 薗部等,「茅根寒緣の半生」,『水戸史学』15쪽, 20쪽.

마와리(床几廻)에 뽑힌 인물이다.[58] 지노네는 고카설원운동 후에 홍도관 사장(舍長)을 그만두고 사숙을 열었지만, 본격적으로 자제 교육에 나선 것은 1850년(嘉永3)부터였다. 그의 숙은 "나는 일개 젊은 사람에 불과했으나, 여러 사람의 권유를 감히 받아들여, 향리 자제들을 가르쳤다. 5, 6년이 지나자 찾아오는 자들이 점점 많아져 원래의 건물이 좁아 수용할 수가 없었다"[59]라고 한 것처럼 숙생의 수가 점점 늘어나 숙사를 확장하지 않으면 안 될 정도였다. 또 1851년, 1852년(嘉永 4, 5)에 있었던 번교 홍도관의 대시험(大試驗)에 그의 숙생이 다수 참가했다.

하라 이치노신(原市之進, 도코의 從弟)의 청아숙(青莪塾)도 성황이었다. 청아숙은 1856년(安政3) 정월, 현재의 미토시 고켄초(五軒町)에서 개숙하여, 하라가 1862년(文久2) 오쿠유히쓰 도도리(奥右筆頭取)로 에도에 갈 때까지 계속되었다. 개숙 4년 후 입숙생은 244명에 이르렀다. 그 가운데에는 다카하시 다이치로, 가네코 마고지로, 노무라 이노스케(野村彝之介), 다무라 이네노에몬(田丸稲之衛門) 등 후지타파 중요 인물의 적자들과, 혼마 겐초(本間玄調, 번 侍醫)의 5남 등이 있었고, 또 스즈키 이네노스케(鈴木稲之介, 那珂湊神官), 후지타 고노스케(藤田考之介, 古德村祠官의 嫡子) 등도 다니고 있었다.[60] 이들 사숙으로부터도 남상 참가자가 많이 나왔다. 이처럼 가에이(嘉永)·안세이기(安政期)에는 후지타파 인물들에 대한 사면 조치에 따라, 그들이 연 사숙이 많은 사람을 끌어들여 남상운동의 발판이 되었던 것이다.

이 시기에도 역시 주목할 만한 것은 성하(城下) 유명 사숙과 지방 사

58 다카하시 다이치로(高橋多一郎)도 쇼기마와리(床几廻) 출신자다.

59 『寒録遺稿』 巻二(薗部等, 「茅根寒緑の半生」, 25쪽에서 재인용).

60 吉沢義一, 「史料紹介: 徳川慶喜公の腹心 · 原市之進関係史料 '青莪塾諸生人名録' '待賓録'」, 『水戸史学』 47, 1997, 82-88쪽.

숙 간의 연계다. 도코(東湖) 등에게 배운 지방 출신의 숙생 가운데는 고향에 돌아가서 자신의 숙을 여는 자가 있었다. 예를 들면 앞서 언급한 노구치 데쓰타로(野口哲太郎, 町田鄕校 館守)는 구지군 마치야무라(久慈郡町屋村)에 동명숙(東溟塾)이라는 지방 사숙을 열었고, 향사(鄕士) 고토 데쓰노스케(後藤哲之介)도 와쿠무라(和久村)에 막대사(莫大舍)를 열었다. 이와 같은 지방 사숙은 성하의 숙생과 지방 유력자를 연결시키는 발판이 되었다고 생각된다. 게다가 성하의 유명 사숙에서 배운 향촌 출신 사람들은 후술할 향교의 건설, 운영, 교육에 중심적 역할을 수행했다. 위에서 든 노구치, 고토 등이 그 대표적인 예다. 즉 향교를 리드하고 있었던 것은 성하사숙 출신의 인물들이었던 것이다.

한편 사숙의 인적 네트워크는 미토번 내에 국한된 것은 아니었다. 각 번으로부터 하라 이치노신(原市之進)의 청아숙(青莪塾)에 찾아오는 사람들의 이름을 기록한 『대빈록(待賓錄)』을 보면, 1851년(嘉永4)에서 1857년(安政4) 사이에 청아숙이 전국적 교류의 장이 되어 있던 것을 알 수 있다.[61] 한편 아이자와 야스시의 남가숙(南街塾)도 전국 각지에서 유학생이 모여들었던 숙이었다. 이런 전국적인 인적 네트워크는 정치활동에서도 유용했다. 1858년(安政5) 11월 무오밀칙회달(戊午密勅回達)을 둘러싸고, 각 번의 지원을 얻기 위해 미토번사 세키 데쓰노스케(關鐵之介), 야노 나가미치(矢野長道) 등이 서부 일본에 파견된 적이 있었는데, 그때 그들이 각 번 수뇌와의 접촉 창구로 삼았던 것이 미토의 사숙[주로 아이자와의 남가숙]에서 동문수학했던 문인들이었다. 돗토리번(鳥取藩)에서는 아다치 세이후(安達淸風), 죠슈번에서는 아카가와 나오지로

61 吉沢義一,「史料紹介: 徳川慶喜公の腹心 · 原市之進関係史料 '青莪塾諸生人名録' '待賓録'」, 92-95쪽.

(赤川直次郎)를 만나 협력을 요청했던 것이다.[62] 또 도사번(土佐藩)에서는 오쿠미야 기소지(奧宮喜宗次), 우와지마번(宇和島藩)에서는 다카마 곤파치(高間權八, 神勢館에서 福地廣延에게 神發流砲術을 배운 적이 있었다)가 교섭 창구였다. 이처럼 미토번 사숙의 네트워크는 전국적이었다.

② 향교(鄕校)

다음으로 남상운동과 향교의 관계에 대해 생각해 보겠다. 여기서는 주로 세야 요시히코(瀨谷義彦)의 저서에 인용되어 있는 사료를 사용하여 분석하기로 한다. 세야는 이 저서에서 주로 미토번의 겐지(元治, 1864) 내란에서 향교가 수행한 역할에 대해 서술하고 있지만, 향교와 남상운동과의 관계에 대해서는 본격적으로 다루고 있지 않다. 세야에 따르면, 겐지(元治) 내란 시에 향교가 덴구당(天狗黨)의 집합, 군사훈련 또는 군사행동의 거점으로서 많이 이용되었다고 한다. 여기서는 그 전시기인 고카·안세이기 남상운동 때도 향교가 정치토의의 공간이자 남상운동의 인적 네트워크의 산실로서 기능했다는 점을 지적하려고 한다.

미토번의 남상운동이 향촌의 영민까지 끌어들일 수 있었던 것은 향교의 존재를 빼고서는 설명할 수 없다. 본래 교육기관이어야 할 향교가 영민 정치운동의 공간이 되었던 것이다. 우선 미토번 향교의 자세한 연혁에 대해서는 세야의 저작에 미루고, 본고에서는 그 개략만을 적어둔다.[63] 미토번에서 최초로 설립된 향교는 1804년(文化1)의 계의관(稽醫館, 南郡 소재)이었다. 향의(鄕醫) 양성이 주목적이었지만 남군(南郡)의 군봉행이었던 고미야마 후켄(小宮山楓軒)이 때때로 경서를 강의하기도 했다. 후에 안세이기에도 당시의 남군 군봉행 가네코 마고지로가 노부

62 『水戸市史』 中巻(四), 991쪽.

63 이하의 서술은 주로 瀨谷義彦, 『水戸藩鄕校の史的研究』 56쪽 이하에 의한다.

가타(延方) 향교에서 『논어』를 강의한 적이 있었다. 역인인 군봉행이 학교 기관에서 강의를 했다는 점이 주목된다. 이는 군봉행에 학자 출신이 많았기 때문에 가능했을 것이다.[64] 군봉행의 향교 강의는 학정일치(學政一致)를 강조한 미토학의 이념에도 부합하는 것이었는데, 이로 인해 개혁파 군봉행과 향교에 출입하던 향촌 유력자 간에 한층 긴밀한 관계가 형성되었을 것임은 충분히 추측할 수 있다.

어쨌든 창립 당시의 계의관(稽醫館)에서는 한 달에 2회 평회(平會)가 개최되었고, 봄, 여름 2회의 연구대회가 열렸다. 1809년(文化6)에는 7대 번주인 무공(武公) 하루노리(治紀)가 계의관에 들러 어전강석(御前講釋)이 행해지기도 했다. 1833년(天保4)에는 번주 나리아키의 친필[神名記二幅]이 하사되고 1834년(天保5)에는 나리아키가 친히 계의관을 방문할 정도로 유서 깊은 향교였다.[65] 계의관은 1858년(安政5) 2월에 가네코 마고지로가 남군 군봉행에 재직하고 있을 때 오가와(小川) 향교로 개칭했다.

계의관에 이어서 노부가타(延方) 향교 역시 남군(南郡)에 설립되었다. 계의관과 함께 남군에 2개의 향교가 세워졌다는 점이 주목된다. 이들 향교의 설립에는 당시 남군봉행(南郡奉行)이자 저명한 학자였던 고미야마 후켄이 깊이 관계하고 있었다. 다만 이 시기의 향교는 의술 등 기술적 교육이 중심이었고, 정치적 동향에는 그다지 영향을 받지 않았다. 덴포기에 들어서자 개혁정책의 일환으로서 동서남북의 각 군에 향교가 세워졌다[그 가운데 西郡의 時雍館은 덴포기에 계획되었으나 개관은 가에

64 하루모리(治保, 文公)의 군제개혁에 의해 학자 출신의 군봉행(郡奉行) 임명이 빈번하게 되었다(仲田昭一, 「水戶藩郡制の変遷と郡奉行」, 『茨城県立歴史館報』 17쪽, 52쪽).

65 井坂教, 「水戶藩鄉校の先駆小川稽医館」, 『水戶史学』 15, 100-101쪽.

이 원년], 경업관(敬業館, 天保 7년 설립, 安政 4년에 湊鄕校로 개칭, 南郡 소재), 익습관(益習館, 天保 8년, 北郡), 가수관(暇修館, 東郡), 시옹관(時雍館, 西郡, 가에이 원년 개관)이 그것이다.

그러나 향교의 설립이 본격화한 것은 안세이기로, 1856년(安政3)에서 1858년(安政5)에 걸쳐 다이고(大子), 마치다(町田, 安政 4년 정월 개관), 오미야(大宮, 이상 北郡), 고스게(小菅, 東郡), 아키하(秋葉), 도리하타(鳥羽田), 다마쓰쿠리(玉造), 이타코(潮來, 이상 南郡), 바토(馬頭, 安政 4년 6월, 西郡) 등 총 9개교가 세워졌다. 안세이기 향교의 특징은 향교를 '문무관(文武館)'이라고 통칭했던 것으로부터 알 수 있는 것처럼 문장(文場)과 무장(武場)이 함께 갖춰져 있었다는 것이다. 또 하나의 특징은 향교가 위치하는 지명으로 향교의 이름을 지었다는 점이다.

〈표 2-3-1〉에서 알 수 있듯이, 안세이기까지 설립된 향교 수는 남군 7개교, 북군 4개교, 동군 2개교, 서군 2개교로 총 15개교였다. 남군에 특히 향교가 많았던 것은 에도에 가까운 남군이 경제·문화적으로 선진 지역이었다는 점과, 역대의 남군봉행이 개혁파 인물이었던 것과 관계가 있을 것이다. 후에 분큐(文久), 겐지(元治)의 정쟁, 내란 때 격파(激派)의 향촌 거점이 되었던 오가와(小川, 稽醫館의 후신), 미나토(湊, 敬業館의 후신), 다마쓰쿠리(玉造), 이타코(潮來) 향교가 모두 남군향교였던 것을 보아도 향교 문제에서 남군이 차지하는 특별한 지위를 엿볼 수 있다.

향교에는 각 교에 따라 다소 차이는 있으나, 매월 열리는 평회(平會)와 연 2회(봄 · 여름)의 대회가 있었다. 평회에서는 향교의 관수(館守) · 세와야쿠(世話役) 등의 지도하에 문무의 연습이 이뤄졌고, 대회에서는 군봉행 또는 집정 등의 임석하에서 시범을 보였다. 촌역인(村役人), 쇼야(庄屋), 신관, 향사(鄕士), 농병(農兵)에는 향교 출석이 강제되었지만, 그 외 백성 등의 출석은 자유였던 것 같다.

그런데 안세이기 향교 설립의 주역은 훗날 사쿠라다문 밖(櫻田門

〈표 2-3-1〉 미토번 향교의 설립 시기와 지역

	文化期	天保期	安政期
南郡	稽醫館 (의술이 중심, 安政五年 二月 小川鄕校로 개명) 延方鄕校	敬業館 (天保七年 創設, 安政四年 湊鄕校로 개명)	秋葉鄕校 鳥羽田鄕校 玉造鄕校 潮來鄕校
北郡		益習館 (天保八年)	大子鄕校 町田鄕校 (安政四年正月開館) 大宮鄕校
東郡		暇修館 (후에 大久保鄕校로 개명)	小菅鄕校
西郡		時雍館 (嘉永元年 개관)	馬頭鄕校 (安政四年 六月)

外)의 사건의 주모자들인 다카하시 다이치로와 가네코 마고지로였다. 다카하시는 1855년(安政2) 5월, 북군봉행(北郡奉行)이 되어 그해 10월 오쿠유히쓰(奧右筆)로 전역할 때까지, 짧은 기간이었지만 관할 마치다(町田) 향교의 설립에 힘을 다했다. 가네코는 1853년(嘉永6)부터 1859년(安政6) 10월까지 약 6년에 걸쳐 남군봉행(南郡奉行)으로 일했는데, "요시타카(敎孝[金子孫次郎])가 직에 있었던 시기 전후로 15년 사이에 향교를 일으켜 풍속을 바르게 하니, 관할지역이 크게 다스려졌다"[66]라고 칭해질 만큼, 남군 유력 향교의 설립에는 그가 깊이 관여하고 있었다.

이와 같이 군봉행소(郡奉行所)와 향교의 관계는 처음부터 견고한 것이었다. 가네코는 1854년(安政1) 노부가타(延方) 향교에서 『논어』를 강의한 적도 있었고, 동군 가수관(暇修館)에서 1855년(安政2) 8월 2일에

66 『水戶藩死事録』(瀨谷義彦, 『水戶藩鄕校の史的研究』, 96쪽에서 재인용).

열린 대회에는 동군봉행(東郡奉行) 무라타 리스케(村田理介, 繩奉行, 설원 운동 참여, 安政 원년부터 東郡奉行)와 북군봉행(北郡奉行) 다카하시 다이치로(高橋多一郎)가 함께 임석했다. 동월 열린 북군 익습관(益習館) 대회에는 북군봉행 다카하시 이외에 남군봉행 가네코, 동군봉행 무라타도 동석했다. 향교대회의 장에서 각 군의 군봉행과 향촌 유력자들이 함께 교류하며, 연대를 다지는 모습이 상상된다. 1858년(安政5) 2월 오가와(小川) 향교의 확대, 재개관 때는 가네코가 '미토도노상품(水戶殿賞品, 번주가 내리신 상품)'으로 아이자와 야스시가 저술한 『적이편(迪彝編)』을 향교 관계자에게 주고, 향교 담당자의 사령서(辭令書)를 수여했다.

한편 군봉행의 하역(下役)들과 향교 관계자들의 관계도 친밀했다. 1856년(安政3) 정월, 신임 북군봉행 노무라 이노스케(野村彝之介)가 마치다(町田) 향교 부지를 시찰했을 때, 당시 군봉행소(郡奉行所) 하역이었으며, 후에 사쿠라다문 밖(櫻田門外)의 사건의 주모자가 되는 세키 데쓰노스케(關鐵之介)가 수행하여 향교 관계자와 교류를 다졌다. 또 마치다(町田) 향교에서는 1858년(安政5) 정월 이래 7월까지 여섯 차례의 회일(會日)이 있었는데, 이 가운데 세 번은 군역소 관계자가 임석했다. 그 가운데에 세키 데쓰노스케도 3월 2일에 출석했다. 그는 특히 마치다 향교 관수인 고토 데쓰노스케(後藤哲之介)와 깊은 친교를 맺고 있었다.

이처럼 군봉행소의 면면과 향촌 유력자 사이를 연결하는 데에 향교는 큰 역할을 했다. 특히 향교의 건설과 그에 대한 포상 과정이 한 계기가 되었다. 향교 건설 시에 향촌으로부터 헌납자, 부역자가 속출했는데, 준공 후 번청은 그들에게 미토가문(水戶家紋)이 새겨져 있는 술잔 등을 하사했다. '미토도노상품'으로서의 『적이편(迪彝編)』 또는 미토가문이 있는 술잔 등을 하사하는 행위에 의해 번과 번주에 대한 향촌 영민들의 소속감을 고양시킴과 동시에, 하사 행위자인 군봉행소와의 친밀감도 강화될 수 있었을 것이다. 향교 개관식 때, 향교의 도코노

마(床の間)에 나리아키의 초상을 걸어두었던 행위에 대해서도 마찬가지로 말할 수 있을 것이다. 막말기 미토번 영민 사이에서는 나리아키에 대한 '개인숭배'적인 분위기가 존재했으나, 그것은 이와 같은 조치들에 의해 만들어진 것이었으며, 번주친정이라는 이 시기의 분위기와도 관련이 있을 것으로 생각된다.

이상 서술한 것처럼 1858~1859년(安政 5~6)의 봉칙설원 남상운동 이전에, 이미 군봉행역소를 중심으로 한 미토번 격파(激派)에 속한 인물들과, 향촌의 '의민(義民)', '유지(有志)'들 사이에서는 인적 교류와 네트워크가 형성되고 있었던 것이다.

그렇다면 이하에서는 남상운동과 향교의 관계에 대해서 살펴보기로 한다. 우선 고카 설원남상과 향교의 관계에 대해서는 동군의 향교인 가수관(暇修館)의 사례를 통해 살펴볼 수 있다. 1844년 '청룡조회련(青龍組會連)' 탄원의 주모자인 신관 미야타 지카아쓰(宮田親篤)는 자주 가수관에 출입하고 있었고, 그 후 1855년(安政2)에는 가수관의 세와야쿠(世話役), 관수 데조에(館守手添, 보좌역)가 되고, 1857년(安政4)에는 가수관의 관수를 역임하게 되는 인물이다.[67] 또 이 탄원에 참가했던 스즈키 이쓰키(鈴木齋, 鈴木家는 미토번 신관 최고의 가문)도 가수관에 자주 드나들었다.[68] 더욱이 뒤의 일이긴 하지만, 1856년(安政3) 2월 12일에 열린 오쿠보(大久保) 향교[가수관의 후신] 대회에는 '청룡조회련' 소속 신관 34명 가운데 25명이 참가했다.[69] 이를 통해서도 나리아키 설원의 탄원을 행했던 '청룡조회련'의 신관들은 동군 가수관을 거점으로 활동하고 있었다는 것을 알 수 있다. 또 가수관은 1843년(天保14) 9월에는 스가 마

67 瀬谷義彦, 『水戸藩鄉校の史的研究』, 106쪽.
68 瀬谷義彦, 『水戸藩鄉校の史的研究』, 108쪽.
69 瀬谷義彦, 『水戸藩鄉校の史的研究』, 110쪽.

사토모(菅政友)가 2대 관수가 되는데, 스가는 고카 설원남상의 중심적 인물이었다. 그 외에 가수관 학구(學區)의 무라(村)들 중 많은 수가 설원남상운동에 투신했는데, 그들의 대부분은 가수관에 출석하고 있던 자들이었다.

한편 북군의 오타(太田) 익습관(益習館)도 구사카베 이산지(日下部伊三治)[70]를 중심으로 설원남상에 깊이 관여했다. 그는 가수관수(暇修館守) 스가 마사토모와 서신을 통하여 설원탄원서에 대해 상담했고, 스가는 그 상담에 기초하여 탄원서를 제출했다. 즉 설원운동에서 향교끼리의 연대가 이뤄졌던 것이다.[71] 결국 구사카베 이산지는 와카야마(和歌山)에, 스가는 호도가야(保土谷)에 가서 각각 기슈번주(紀州藩主)와 중신에 탄원했는데, 그 결과 그들은 아카누마(赤沼)에 투옥되어 고문을 당했다. 그들은 고카 말년에서 가에이 초년에 석방되었다.[72] 그 외에 1844년 10월에는 남군향교 계의관의 서생들이 에도에 올라가려다 도중에 제지당하는 사건도 발생했다.[73] 이와 같이 동군의 가수관, 북군의 익습관을 중심으로 하여 향교가 설원운동의 기반이 되었다. 그 중심은 역시 관수와 세와야쿠 등 향교의 간부들이었다. 그들은 향교의 건설 과정, 평회나 대회 등을 통하여 향촌 영민과 긴밀히 연결됨으로써, 많은 영민을 정치운동에 끌어들이는 데 성공했다고 할 수 있다.

70 그의 아버지 무라지(連)도 익습관수(益習館守)를 역임했다.

71 조선 후기 전국 각지 향교의 연계는 한층 더 활발한 것이었다. 각지의 향교는 중요한 정치적 문제가 발생할 때 '통문(通文)'을 돌려 의견 교환과 행동일치를 꾀했다. 경상도 향교에서 전라도 향교로 '통문'을 발하는 전국적 규모로 행해지는 경우도 적지 않았고, 그러한 여론에 기초하여 중앙에 상서하는 경우도 있었다고 한다(尹熙勉, 『朝鮮後期鄕校研究』, 一潮閣, 1990, 209-217쪽).

72 瀨谷義彦, 「水戸藩士民の斉昭雪冤運動の諸形態」, 11쪽.

73 瀨谷義彦, 『水戸藩鄕校の史的研究』, 87쪽.

덧붙이자면 고카기(弘化期) 남상에 참가했던 이들의 동지의식은 매우 강했던 것 같다. 예를 들면 안세이기(安政期)에 노무라 이노스케(野村彝之介), 다카하시 다이치로(高橋多一郎), 세키 데쓰노스케(關鐵之介) 등이 다이고(大子) 향교를 중심으로 농병 300명을 모아 사냥대회를 열었을 때, "처음에 명하여 말씀하시길, 덴포난(天保難)에 함께하지 않은 자는 따라나설 수 없다"[74]고 했다. 덴포난이란 나리아키의 실각과 그 설원운동으로 고난을 겪은 일을 말한다. 즉 안세이기 향교의 행사에 나리아키 설원운동에 참가하지 않았던 자들은 배제되었던 것이다. 이러한 동지의식은 이후 향촌 차원에서까지 당파를 만들어 다투는 단서가 되었다. 이상 고카 설원남상운동과 향교의 관계에 대해서 살펴보았다.

다음으로 안세이(安政) 봉칙설원 남상 때에 이르러 향교는 한층 중요한 역할을 했다. 그것은 이미 말한 것처럼, 1856년(安政3)부터 1858년(安政5)에 걸쳐 집중적으로 설립된 향교가 그 설립 과정에서부터 미토번 격파와 향촌의 영민을 연결하는 매개가 되었기 때문이다. 여기서 우선 주목하고 싶은 것은 고카 설원남상에서 주도적인 역할을 수행한 '의민'이 안세이기 향교 건설에도 적극적으로 협력했고, 그 과정에서 미토번 격파(激派)와의 또는 '의민' 상호 간의 연대가 한층 강화되었다는 점이다. 북군 마치다 향교의 예를 보자면,[75] 마치다 향교의 후신가카리(普請掛, 공사담당) 다치가와 데이스케(立川貞介, 組頭), 세와야쿠(世話役) 미야모토 간(宮本環, 神官), 향교괘(鄕校掛) 고토 데쓰노스케(後藤哲之介, 庄屋)는 모두 고카 설원남상에 참가했던 인물들이었다. 또 1855년

74 金沢春友, 「水戸浪士と蒟蒻」(瀬谷義彦, 『水戸藩鄉校の史的研究』, 78쪽에서 재인용).

75 瀬谷義彦, 『水戸藩鄉校の史的研究』, 64쪽.

(安政2) 3월에 영민 53명의 가격(家格)이 승진했는데, 그 대부분은 고카 설원 참가자였다. 즉 고카 설원에 참가했던 의민들이 향교 건설과 운영의 핵이 되고, 그 보상으로 가격 승진의 혜택을 받았던 것이다. 이를 보면 고카기 번주설원 남상에서 안세이기 봉칙설원 남상까지 약 10년의 공백이 있음에도 불구하고, '덴포난을 겪은 자(赴天保難者)'들의 파당적 결속은 지속되었다고 여겨진다.

이러한 상황을 배경으로 향교는 안세이 남상운동의 중심이 되어 간다. 1858년(安政5) 9월 고카네(小金) 둔집(屯集)이 시작되었을 때, 동군의 오쿠보(大久保) 향교 관계자를 중심으로 봉칙설원을 호소하는 탄원서가 제출되었다.

> 저희들은 향교관리직에 임명된 자들입니다. 평소 향교에 출입하는 신관, 향사, 향역인(鄉役人) 등이 수백 명이며, 문무충효에 대해 서로 공부하고 있는데 이번의 일[나리아키 · 요시아쓰가 막부로부터 처벌받은 일]은 진정으로 두려운 일이어서, 모두에게도 잘 타이르고는 있습니다만 …….[76]

이것은 1858년(安政5) 무오밀칙(戊午密勅) 사건으로 나리아키 · 요시아쓰(慶篤) 부자가 막부로부터 처벌받은 데 항의하여 미토번 사민이 재차 남상운동을 일으켰을 때, 한 향교가 제출한 탄원서다. 향교에서는 평소부터 '신관, 향사, 향역인 등 수백 명'이 '문무충효'에 대해 공부하고 있었다. 물론 시사적인 관심사도 화제가 되었을 것이다. 이를 보면 평소부터 많은 향촌의 유력자들이 향교에 출입하면서 토의와 교류를 행하고 있었던 것을 엿볼 수 있다. 이 같은 향교라는 공간이 있었기 때

76 宮田自筆本, 瀬谷義彦, 『水戸藩鄉校の史的研究』, 117쪽에서 재인용.

문에 영민들이 정치적 쟁점에 대해 신속하게 반응할 수 있었던 것이다. 그런데 이 탄원서를 낸 탄원인 명단을 보면 다음과 같다.

館懸り　藤咲傳五衛門　大窪仙介岡　部新次衛門　長山佐內
　大窪貞吉　黑澤覺介
醫生世話役　福地玄眞　富永尙然　沼田耕藏　黑澤尙齋　磯野玄春
御指引　島崎祐齋　黑澤俊平　梶山昇
神官世話役　臼井須賀之介　田邊造酒之介　永山志摩之介　宮本環
　黑澤伊豆之介　安島右兵衛　鈴木齋　赤須筑後守
御指引　齋藤監物
東郡鄕校館守兼務　宮田齋

오쿠보 향교의 간부들인 관현(館懸) 6명의 이름이 맨 먼저 나와 있고, 그다음에 의생세와야쿠(醫生世話役) 5명, 오사시비키(御指引, 醫生世話役을 지휘) 3명, 신관 세와야쿠(神官世話役) 8명, 오사시비키(御指引) 1명(齋藤), 그리고 동군향교 관수겸무(宮田齋, 篤親)의 이름이 이어진다. 이것은 향교의 간부인 관현들이 중심이 되어, 동군의 의생, 신관의 대표까지를 끌어들여 탄원을 행했던 정황을 보여 준다.[77]

한편 북군의 마치다 향교도 봉칙설원 남상에 적극적으로 참가했다. 향교 간부 6명 가운데, 세와야쿠(世話役)인 미야모토 간(宮本環, 신관), 사루다 다케히코(猿田雄彦, 鄕醫), 고토 헤이시(後藤兵司, 百姓), 관괘(館掛)인 고토 데쓰노스케(後藤哲之介, 庄屋), 고토 다미스케(後藤民介, 組頭) 등 5명이 봉칙설원 남상에 참가했다. 향교 건설 시에 헌금, 부역 등으

77　瀨谷義彦, 『水戶藩鄕校の史的硏究』, 64쪽.

로 협력하여 표창되었던 자 중에서도 참가자는 많았다.[78]

오타(太田) 익습관의 관수 구사카베 이산지(日下部伊三治)는 이때도 열심히 남상운동을 추진하고 있었는데, 당시 오쿠유히쓰 도도리(奧右筆頭取)였던 지노네 이요노스케가 그에게 500냥을 주었다는 소문이 돌아 물의를 일으킨 적이 있었다. 지노네는 "이산지는 사적인 일이나 학문으로 친하게 지내고 있는" 관계에 불과하다며 자금제공설을 부정했지만,[79] 미토번 격파가 남상운동의 거점이었던 향교를 지원한 사례로 의심해 볼 수 있을 것이다.

③ 사(社) · 사(祠)

미토번 남상운동을 지탱했던 정치공간을 생각할 때 또 하나 주목을 요하는 것은, 번주 설원 등을 기원하는 기도가 사(社) · 사(祠)에서 이뤄졌다는 점, 또한 번사나 영민의 집회가 때때로 사(社) · 사(祠)에서 열렸다는 점이다. 1844년 9월 8일 아와야마무라(阿波山村)의 '유지'가 나리아키의 근신해제를 시즈신사(靜神社)에 기원하고, 동월 25일에는 농민, 쇼닌들이 가미쵸 하치만궁(上町八幡宮)과 요시다(吉田) · 시즈(靜) · 가시마신사(鹿島神社)에 가 나리아키의 유면(宥免)을 기도했다. 10월에는 슈겐(修驗)들이 탄원서를 내고, 사(祠)에 참롱(參籠)한 적이 있었다. 또 동월 16일에는 농민 100명이 요시다(吉田)신사에서 집회를 열었다.[80] 그리고 1846년(弘化3) 나리아키의 번정 복귀를 위해 에도공작을 꾀하고 있던 다카하시 다이치로 등도 시즈신사, 가시마신사 등에 모여 기도를 행했다.[81]

78 瀨谷義彦, 『水戸藩鄕校の史的硏究』, 76-78쪽.

79 「南梁年録」 三十三, 『茨城県史料』 幕末編 II, 212쪽.

80 瀨谷義彦, 『水戸藩鄕校の史的硏究』, 94쪽.

번청은 나리아키 설원을 위한 기도를 장려했다. 1859년(安政6) 7월, "오모테 도시요리슈(表年寄衆), 고반가시라(御番頭), 쇼모노가시라(諸物頭) 등이 협의하여 홍도관, 가시마 묘진(鹿島明神), 요시다 묘진(吉田明神), 가미쵸 하치만궁(上町八幡宮) 등에서 양 상공(兩上公, 나리아키 부자)의 신상이 앞으로는 안전하기를 바라는 기도를 행했다"[82]고 한 데서 알 수 있듯이 번청 스스로가 기도를 주도했다. 이에 대해 「남량연록(南梁年錄)」의 저자는 "이와 같은 일에 기도를 한다는 것은 전례 없는 일이다"[83]라며 놀라움을 표하고 있다. 이상과 같이 신직(神職)이 남상에 직접 참가했을 뿐만 아니라 사(社)·사(祠)가 새로이 정치활동의 장으로 떠오르기 시작했으며, 또 신사에서의 기도, 기원이라는 행위가 상부권력에 대한 이의 제기의 수단으로 사용되었던 것이다.

소결

이상에서 미토번 사민의 정치적 의사 표명을 위한 하나의 수단으로서 남상운동에 대해 살펴보았다. 남상운동은 사민 간 정치토의의 공간, 인적 연계를 형성시키는 공간의 존재를 상정하지 않고서는 이해하기 어려운 정치현상이다. 그래서 필자는 남상운동을 뒷받침했던 정치공간으로서 사숙, 향교, 사(社)·사(祠)에 대해 검토해 보았다.

사숙은 미토번에서는 분카(文化)~분세이기(文政期)에 급격히 증가

81 高橋多一郎, 『遠近橋』(日本史籍協会叢書), 東京大学出版会, 1976, 2-3쪽.
82 「南梁年録」 三十四, 『茨城県史料』 幕末編 II, 235쪽.
83 「南梁年録」 三十四, 『茨城県史料』 幕末編 II, 235쪽.

했는데, 회독(會讀) 등의 활동을 통해 정치토의가 활발히 이뤄졌다. 또 사숙 활동을 통해 인적 연계가 형성되었는데, 이는 같은 사숙 내에 국한되는 현상이 아니었다. 예를 들면 도코(東湖)의 청람사(青藍舍)와 아이자와 야스시(會澤安)의 남가숙(南街塾) 등 죠카마치의 유명 사숙 간에도 공동회독 등을 통한 인적 교류가 행해졌으며, 나아가서는 죠카마치의 유명 사숙과 향촌 사숙 간에도 연계가 이뤄졌다. 사숙이라는 공간에서의 정치토의, 그에 기반을 두고 죠카마치-향촌을 이어주는 인적 연계가 있었기에 남상운동은 가능했던 것이다.

향교도 마찬가지다. 향교에는 촌역인, 야마요코메(山横目), 신관, 향의(鄕醫) 등 지방 유력자가 모여서, 평소에도 학문적 · 정치적 토의를 행했다. 향교 창설에는 개혁파가 결정적인 역할을 했고, 그들이 그 운영에 깊이 관여했기 때문에, 향교를 매개로 이들과 지방 유력자 간에 인적 연계가 형성될 수 있었다. 이와 같은 공간이 남상운동을 밑에서부터 뒷받침하고 있었던 것이다. 한편 사(社) · 사(祠)라고 하는 종교 시설도 이 시기에 정치집회와 정치적 의사 표명을 위한 기도 등을 행하는 정치적 공간으로 등장하게 되었고, 신직(神職)들의 정치화도 두드러졌다.

이상이 본 장에서 다룬 내용이지만, 그 외에도 미토번에 있어서 정치토의의 공간과 인적 연계를 생각할 때 빼놓을 수 없는 것이 사관, 즉 창고관(彰考館)의 존재다. 창고관은 총재를 선거로 선출한 적이 있을 정도로 신분보다는 능력을 중시하는 공간이었다. 또 그 특성상 평소부터 학문적 · 정치적 토의가 빈번히 행해졌다. 실제로 분세이기 나리아키 계사분쟁 때 창고관의 사관원들이 중요한 정치적 역할을 수행했다는 사실은 앞에서 살핀 바 있다.

한편 분카(文化)~분세이기(文政期)에는 사숙과 함께 무술도장(武術道場)이 급증하기도 했다. 이 무술도장도 번사 또는 영민들을 연결시켜 주는 역할을 했으리라고 추측된다. 창고관과 무술도장이라는 공간이

막말기에 정치적으로 어떤 기능을 수행했는가 하는 문제는 앞으로의 연구 과제로 삼고 싶다.[84]

84 鈴木暎一, 『水戸藩学問 · 教育史の研究』, 247쪽. 이에 따르면, 미토번에서는 1810년(文化7) 3월에 무예계고장(武藝稽古場)을 갖는 사범들이 143명에 이를 정도로, 이 시기에는 무술도장도 급증했다고 한다(242-243쪽). 마리우스 잰슨(Marius B. Jansen)은 일찍이 도사번(土佐藩)을 소재로 하여 검술도장이 정치토의의 공간으로서 기능했고, 인적 네트워크를 매개했다는 점을 지적한 바 있다(*Sakamoto Ryoma and the Meiji Restoration*, Princeton University Press, 1961).

제3부

군주친정(君主親政)과 정치변혁

제3부에서는 번주(藩主)들의 친정 움직임에 대해 살펴본다. 일본사에서 19세기는 명군(名君) 혹은 유지다이묘(有志大名)의 시대로 불린다. 번주들은 여전히 무사들로 구성된 가신단의 주군, 즉 군대의 총사령관이었지만 한편으론 점점 정치를 하고 민정을 돌보는 군주로서의 성격이 강해지고 있었다. 이들은 대부분 유학적 인정(仁政)을 명분으로 내걸었고, 실제로 유학에 상당한 소양이 있는 번주들도 속출했다. 여기서는 그 대표적인 번주들로 미토번의 도쿠가와 나리아키와 에치젠번(越前藩)의 마쓰다이라 요시나가(松平慶永)의 사례를 검토해 보겠다. 둘 다 막말 정치를 대표하는 유지다이묘들이었고, 막말정국에 막대한 영향을 미쳤던 사람들이다. 이 둘의 사례를 통해 이 시기 번주친정이 어떤 형태로 이뤄졌으며, 그것이 정치변혁에 어떤 의미를 갖는지 살펴보고자 한다.

'사대부적 정치문화'는 군주친정을 정당화한다. 군주는 신하들과 회의를 거듭해야 하고, 각계에서 올라오는 상서를 직접 읽어 여론을 파악해야 하며, 백성들의 상황에도 깊은 관심을 가져야만 한다. 또 이런 일들을 잘 해내기 위해 학문 연마를 게을리해서는 안 되었다. 군주는 특히 민본주의에 입각해서 민정(民情)을 잘 파악해야 하며, 백성들을 위해 인정을 펼칠 것을 끊임없이 요구받았다. '사대부적 정치문화'에서 군주는 한편으로는 조상이나 산천(山川)에 대한 제사 등 의례를 집전해야 하는 존재이기도 했으나, 다른 한편으로는 이처럼 정사 전반에 적극적으로 개입해야 하는 존재였다. 물론 현실에서는 이런 이상적 군주상이 제대로 실현되지 않았다. 군주가 총애하는 몇몇 신하들 또는 환관들에게 정사를 맡겨 놓고 표면에 나타나지 않는 경우도 허다했다. 그러나 적어도 공식적으로 이를 군주의 모범이라고 할 사람은 없었다.

그렇다면 도쿠가와 정치체제에서 주군의 위치와 성격은 어떠했나. 쇼군이든 다이묘든 각 정치체의 주군은 원래 군대의 최고사령관이었다. 전투를 잘 지휘하여 전쟁을 승리로 이끄는 것, 그를 위해 평상시 군대조직을 잘 유지하고 병사를 잘 훈련시키는 것이 그들이 할 일이었다. 그러나 도쿠가와 시대의 장기 평화는 이런 이들의 역할을 애매하게 만들었다. 100년, 200년이 지나도 전쟁은 일어나지 않았고, 더 중요한 것은 일어날 기미조차 보이지 않았다는 것이다. 사무라이들도 점점 군인이 아닌 행정 관료가 되어 갔고, 이에 따라 쇼군도 다이묘도 전쟁지휘관으로서의 존재의의가 희미해졌다.

도쿠가와 초기 유학의 보급과 함께, 많은 지식인이 쇼군과 다이묘들에게 유학적 덕목을 요구하는 발언들을 하기 시작했고, 유학적 덕목을 잘 수행한 '명군'의 이미지를 유포시키면서 주군들의 분발을 촉구했다. 일부 쇼군이나 다이묘들은 이에 적극적으로 호응하기도 했다. 그러나 전체적으로 볼 때 도쿠가와 시대의 주군들, 즉 쇼군이나 다이묘는 정사에 적극적으로 개입하지 않는 것이 일반적이었다. 더 중요한 것은 그들에게 정사를 직접 돌보는 것이 바람직한 군주의 길이라고 요구하는 신하들이 그리 많지 않았다는 점이다.

그렇다면 정사는 어떻게 운영되었는가. 막부는 5명 내외의 로쥬가 공동으로 정무를 처리했는데, 중요 사항은 쇼군의 친재를 요청했다. 그러나 이것도 요식행위에 불과한 경우가 많았다. 번도 마찬가지여서 가로들이 합의하여 운영하는 가로합의체제가 일반적이었다. 상서도 별로 없었지만, 있다 하더라도 군주가 직접 읽는 일도, 또 직접 읽을 것을 요청하는 일도 드물었다. 그렇다면 쇼군이나 다이묘는 무엇을 했는가?

이들의 주요 업무는 의례와 교제였다. 조상에 대한 각종 의식이 이들의 일정을 메웠으며, 에도성에서 서로를 만나는 각종 의식에 얽매여 있었다. 참근교대제(參勤交代制)로 에도에 와 있는 다이묘들은 노(能) 관람, 다회(茶會) 참석 등을 통해 서로 교제하는 데 열중했고, 선물 주고받기, 서신 왕래 등도 이들의 주요 업무였다.

다이묘의 경우, 참근교대제 때문에 번의 정사에 관여하기 힘든 측면도 있었다. 참근교대제로 다이묘의 정부인과 적자는 항상 에도에 거주해야 했으므로 훗날 다이묘가 될 사람들은 주로 에도에서 나고 자라난 경우가 대부분이었다. 이들이 번주의 자리에 취임할 때까지 자기 번을 찾을 기회는 거의 없었다. 이들은 '에도 사람'이었다. 번주가 되고 나서도 번과 에도 사이를 왔다 갔다 해야 했기 때문에, 번에 장기간 체류하면서 정사를 구석구석 파악하여 처리하는 것은 어려웠다. 번정은 대체로 오랜 기간 해 온 관례대로 번 현지에 뿌리박고 있는 가로와 역인들이 합의하여 운영하는 것이 일반적이었다. 그만큼 여기서 다루려고 하는 번주의 친정은 획기적인 의미를 갖는 것이었다.

제1장
'명군' 도쿠가와 나리아키의 민정 활동과 그 의의: 지방 역인 접촉과 순행

도쿠가와 후기 유학이 확산되면서 군주친정을 요구하는 목소리가 높아졌다. 특히 중하급 무사들의 정치참여가 활발해지자 군주친정에 대한 요구는 더욱 강화되었다. 가로합의체제하에서는 번 내 몇 개의 최고 가문들이 번정을 장악하고 있었기 때문에, 대다수 가신이 이에 끼어들 여지는 적었다. 그러나 이들이 일단 정치에 뛰어들게 되자 가로합의체제는 큰 벽이 되었다. 이 벽을 허물 유일한 방법은 군주의 정치적 권위를 빌려 자신들의 주장을 정당화하는 것이었다. 그를 위해서는 군주의 정치적 활성화, 군주친정이 필요했다. 다시 말하면 군주친정의 요구는 정치적 야망에 불타는 중하급 무사들의 현실적 필요에서 비롯된 측면이 있었다.

새로운 군주상의 내용은 대체로 군주의 친정, 하급 역인을 포함한 전체 역인과의 커뮤니케이션 확보, 대민 접촉을 통한 민중의 충성 유도, 군주의 학문 연마 등이었다. 이는 비단 미토번만이 아니라 당시 여러 번의 개혁가들이 주장하던 것이었으며,[1] 막말을 풍미했던 이른바 '유지다이묘(有志大名)'란 이런 군주상을 실현한 이들이었다. 도쿠가와 시대 권력구조가 초기를 제외하면 대체로 가로(家老)들의 집단합의체제로 운영되었고, 다이묘는 의례나 막부 접촉을 주 업무로 했음을 상기하면 위의 군주상이 기존 체제의 변혁을 촉진할 만한 것임은 예상할 수 있는 일이다.

당시에 군주친정을 가장 뚜렷한 형태로 보여 준 것은 미토번 도쿠가와 나리아키였다. 연구사에서 그에 대한 관심은 주로 1850년대 개항과 쇼군 계사분쟁 시기에 벌였던 중앙 정치활동에 집중되어 왔다. 또 그가 추진한 덴포개혁에 대한 연구도 비교적 축적되어 있다. 그러나 이 연구들은 주로 막각(幕閣)과 그의 정치투쟁, 덴포개혁의 정책 내용과 개혁파의 활동 등에 초점이 맞춰져 있기 때문에, 군주[藩主][2] 나리아키의

1 에치젠번(越前藩)에 초빙되었던 요코이 쇼난(横井小楠)도 1863년(文久3) 4월에 "한 사람의 몸으로 만기를 친람하시는 것은 가능하지 않기 때문에 집정과 각 유사(有司)를 두어 위임하신 것입니다. 이 집정과 각 유사는 인군을 대신해서 사민(士民)에 임하는 것이기 때문에 간단하게 말하면 주군의 대리인인 것입니다. 인군(人君)이 정사당(政事堂)에 나와 집정과 함께 의논하고, 죠카마치와 농촌일도 봉행과 함께해야 하고, 그 밖의 일도 모두 그러해야 하는 것입니다. 친히 앞장서 힘쓰며 만기에 임하시기 때문에 집정과 각 유사는 주군의 동역(同役)으로 일을 위임받았다고 할 수 있는 것입니다. 그렇지 않고 앉아서 제사(諸事)를 듣기만 하신다면 이는 정사를 신하에게 주어 버린 것이지, 위임했다고는 할 수 없는 것입니다(「乍恐言上仕候三條」, 日本史籍協会 編, 『横井小楠関係史料一』(続日本史籍協会叢書), 東京大学出版会, 1977, 87쪽). 죠슈번의 요시다 쇼인도 번주에게 매일 신하들과 함께 조회(朝會)를 열어 그들의 의견을 듣고 직접 정사를 돌봐야 한다고 했다. 대부분의 전근대 사회가 그렇지만 에도시대는 특히나 격식의 시대였다. 번주는 세세한 격식에 구애되어 파격적인 행동을 하기가 매우 어려웠다. 따라서 번주를 만날 수 있는 사람들도 극히 제한되어 있었다. 쇼인은 이를 타파하기 위해 번주가 별저(別邸)에서 수시로 신하를 만날 것을 촉구했다. 후에 죠슈번 존양파는 기존관례에서 벗어나기 위해 번주를 죠카마치인 하기(萩)에서 야마구치(山口)로 옮기는 파격적인 행동에 나서는데, 번주의 공간적 이동을 통해 정치를 혁신한다는 발상은 이미 이때부터 보인다고 할 수 있다(「急務四條」, 山口県教育会 編, 『吉田松陰全集(定本版)』 4, 岩波書店, 1936, 173쪽).

2 에도시대의 번주는 '명군'이라 불리던 자들의 대부분이 그들이었다는 점에서

번 내 정치행위에 대한 분석과 그것이 갖는 역사적 의미에 대한 검토는 제대로 이뤄지지 않았다.[3]

본 장에서는 나리아키의 영민(領民)에 대한 정치행위를 크게 두 가지로 나눠 살펴볼 것이다. 첫째는 그가 대민 행정 체계를 적극적으로, 어떻게 보면 파격적으로 활용하는 모습을 살펴보려고 한다. 나리아키는 하급 지방 역인인 모토지메(元締), 데다이(手代) 등에게 직접 수서(手書)[4]를 내려 민정을 지시하거나, 심지어는 그들을 직접 불러 대면하기도 했다. 또 쇼야(庄屋)들에게도 격려하는 수서를 곧잘 내려보냈다. 이들이 촌락의 유력한 지도자들인 것을 생각해 보면 이들에 대한 번주의 직접적인 접촉이 영민 사이에 번주의 '정치적 존재감'을 심는 데 큰 역할을 했을 것은 짐작할 수 있겠다.

이에 대해서는 그의 '애민(愛民)'의 사례로만 언급되었을 뿐 그것이 갖는 역사적 의의를 논한 연구는 아직 없어 보인다. 그러나 18세기 말 이래 민정[농정]의 중요성이 강조되면서 군봉행 또는 대관(代官)이 갖는 정치적 의미가 커지고 유능한 이료(吏僚) 또는 명망 높은 학자 출신들이 이 역직에 대거 진출한다. 그리고 이들 중에서 이른바 '명대관

도 '군주'라고 불려도 좋은 존재들이다. 더욱이 본고는 번주에 대한 군주상이 쇼군이나 천황에 대한 군주상으로 변전(變轉)되어 가는 가능성을 시야에 넣고 있으므로, 이들에 대해 군주라는 용어를 사용한다. 단, 문맥에 따라 주군(主君), 번주(藩主), 다이묘(大名), 도노사마(殿樣) 등의 용어도 함께 사용한다.

3 瀬谷義彦, 『水戸の斉昭』, 茨城新聞社, 2000을 제외하면 전후에는 나리아키에 대한 본격적인 전기조차 나와 있지 않다. 막말정국과 존양운동에서 그가 갖는 비중을 생각할 때 이는 다소 의외인데, 아마도 전전(戰前)의 국체론과 황국사관에 대한 반발에서 미토번에 대한 연구자의 관심이 전반적으로 퇴조한 것과 관련이 있을 것이다. 근래 이바라키현립역사관에서 그에 관한 전시회를 열었다(茨城県立歴史館 編, 『幕末日本と徳川斉昭』, 茨城県立歴史館, 2008).

4 번주가 역인들에게 시정 방침이나 구체적인 지침을 하달할 때 주는 서한 형식의 문서.

(名代官)'이 탄생한다.[5] 나리아키는 군봉행에 유능한 심복들을 대거 포진시키고 취임 초부터 민정개혁을 과감하게 추진했다. 그리고는 그것을 군봉행에게만 맡겨두지 않고 자신이 군봉행, 나아가서는 농촌 거주 하급 역인까지 직접 만나거나 커뮤니케이션을 하여 민정을 직접 챙겼다. 이것은 후술할 순행과 함께 영민들 사이에서 번주의 정치적 존재감을 확보하는 데 큰 효과를 발휘했다.

둘째는 나리아키가 취번(就藩) 시에 행한 영내순행[巡村]을 상세히 분석할 것이다. 그는 순행 과정에서 직접 영민과 접촉하면서 다양한 방법을 통해 그들에게 자신의 정치적 존재감을 심으려 노력했다. 그 방법에는 농민 집을 방문하거나 영민의 생업노동을 직접 체험해 보는 일, 직접 쓴 수서(手書)나 영가(詠歌) 하사, 자신의 소지품[입고 있던 옷이나 煙管 등] 하사, 자신의 이름 글자의 하사 등이 있었다.

나리아키의 순행에 대한 연구에는 대체로 두 가지 입장이 있어 왔다. 하나는 군주 나리아키의 '애민'을 일방적으로 현창하는 입장이다.[6] 또 하나는 이를 나리아키 개인의 특이한 돌출행동으로 보려는 입장이다.[7] 둘 다 역사적 문맥을 결여한 채 그의 순행을 하나의 에피소드 정도로 취급하는 것이었다. 그러나 본고는 이를 18세기 말부터 메이지 천황에 이르는 시기에 걸친 군주의 정치적 리더십 확립, 그중에서도 민중에

5 辻本雅史, 「学問と教育の発展: 「人情」の直視と「日本的内部」の形成」, 『近代の胎動 日本の時代史17』, 吉川弘文館, 2003, 173쪽; 藤田覚, 『近代の胎動 日本の時代史 17』, 29쪽.

6 『水戸藩史料』 편찬자의 입장이 대표적이다.

7 야마카와는 나리아키가 아무 때나 예고 없이 성을 나서 돌아다녀 가신들이 크게 당황했다든가, 나리아키가 아무 농가나 불쑥 들어가 안주인이 놀라 숨었다는 등의 얘기를 소개하고 있으나(山川菊栄, 『覚書幕末の水戸藩』, 158-159쪽), 이를 재미있는 에피소드로만 이해한다면, 순행이 갖는 중요한 역사적 의의를 놓치게 될 것이다.

대한 정치적 접근과 그에 따른 정치적 존재감의 확보 노력이라는 시각에서 바라보고자 한다.[8]

이 같은 나리아키의 정치적 행위의 전제가 되는 것이 번주친정(藩主親政)이다. 도쿠가와 사회가 18세기 말에 심각한 위기에 봉착했고, 이에 대한 막번(幕藩) 측의 대응이 획기적인 의미를 갖는다는 데에 최근의 연구들은 대체로 동의하는 것으로 보인다. 이런 위기 속에서 중요한 것은 정치적 리더십의 확보일 텐데, 당시 일반적 정치형태였던 '가로합의체제'는 더 이상 리더십을 발휘하지 못하고 있었다.[9] 결국은 군주, 즉 번주의 리더십 구축밖에는 달리 방도가 없었던 것이다.[10] 나리아키의 민정에 대한 관심이나 순행 역시 이런 연장선상에서 등장한 것이다.

본고에서는 이와 같은 문제의식하에서 덴포(天保) 초기 나리아키의 정치행위와 1833년(天保4) 나리아키가 처음 취번(就藩)했을 때의 순

8 『水戸市史』도 영내 순시는 기근을 당한 농촌을 위무하기 위한 것이며, 해안지대에서는 해방대책 시찰의 의미가 있었다고 지적하고, 덧붙여 번주의 순시가 농민의 마음에 나리아키의 영상을 분명히 각인시켰다고 하고 있으나 더 이상의 검토는 하지 않고 있다(水戸市史編纂委員会 編, 『水戸市史』 中巻(3), 1976, 51쪽).

9 笠谷和比古, 『近世武家社会の政治構造』, 吉川弘文館, 1993, 205쪽.

10 가신단에 대한 분석은 본고의 검토 대상은 아니지만 가신단에 대한 번주의 리더십 확보를 '다이묘 종주권(大名宗主權)의 회복'이라는 시각에서 설명한 연구가 있다. 가신단과 번주의 거리를 좁히기 위해 요네자와(米澤) 번주 우에스기 하루노리(上杉治憲, 鷹山)는 검약령을 발령할 때 번주 직달(直達)이라는 형식을 취했고, 1769년(明和6) 처음으로 입부(入部)한 직후에 삼부지(三扶持)·아시가루(足輕) 등 하사층(下士層)까지 알현하여 사(詞)를 제시하는 이례적인 행동을, 의부(義父) 시게사다(重定) 이하 중신층의 반대에도 불구하고, 특례로 해달라며 실현시켜 가신단에 대한 다이묘 종주권의 회복을 꾀했다고 한다(荻慎一郎, 「中期藩政改革と藩国家論の形成: 米沢藩の明和·安永改革をめぐって」, 『歴史』 51, 1978, 26쪽).

행을 주로 다루었다. 집권 초기인 이 시기에 그의 정치행위의 기본 방침이 선명하게 드러나기 때문이며, 또 이 시기의 사료가 비교적 풍부하게 남아 있기 때문이다.

제1절 도쿠가와 나리아키의 친정

나리아키는 번주 취임 다음 날 곧바로 가로들에게 수서를 주었는데, 그 내용은 민정에 관련된 것 일색이었다. 그는 이 수서에서 "민은 나라의 근본이므로 번(遺領)을 상속한 이상은 애민이 제일 중요하다고 생각한다"고 '애민전일(愛民專一)'의 시정 방침을 천명하고, "애민에는 여러 가지 방법이 있겠지만 우선 횡렴(橫斂)의 정치를 중단하는 것이 중요하다"[11]며 그간 개혁파들이 '사정(邪政)'으로 지목해 온 여러 정책을 비판했다.[12] 이 수서를 받은 가로들은 대부분 나리아키의 번주 계승을 반대했고, 또 '사정'으로 지목된 경제 정책을 지지한 사람들이었기 때문에 이 수서는 그들에 대한 정치적 압박의 의미도 갖고 있었다.[13]

어쨌든 나리아키는 취임 직후부터 민정을 최우선 정책과제로 설정했고, 자신이 직접 민정 문제를 해결하려고 했다. 일반적으로 에도시대 중기 이후부터 번주는 일상적인 정책 결정 과정에는 관여하지 않았

11 『水戸藩史料』 別記上, 1897, 312쪽.

12 나리아키가 문제 삼은 '사정(邪政)'은 주로 문벌파의 식산흥업, 금융, 전매정책으로 삼잡석절반(三雜石切返), 미회소(米會所), 총익강(總益講) 등이 이에 해당된다. 각 정책에 대해서는 『水戸市史』 中巻(三) 제15장 참조.

13 실제로 집권 후 나리아키는 미토집정(水戸執政) 아카바야시 시게오키(赤林重興, 八郎左衛門), 에도집정 사카키바라 데루마사(榊原照昌, 淡路守), 오카자키 도모사토(岡崎朝郷, 平兵衛) 등을 처벌했다.

〈표 3-1-1〉 도쿠가와 시대 정책 결정 유형

<table>
<tr><td rowspan="5">상위 결정형</td><td rowspan="3">친재형</td><td>주군독재형(측근전단형)</td><td></td></tr>
<tr><td rowspan="2">군신합의형</td><td>어전회의형</td></tr>
<tr><td>주군최종결재형</td></tr>
<tr><td rowspan="2">위임형</td><td>전임가로책임형</td><td></td></tr>
<tr><td>가로 · 중신합의형(가로월번형)</td><td></td></tr>
<tr><td rowspan="2">하위 결정주도형</td><td rowspan="2"></td><td>자문-답신형(확대회의형)</td><td></td></tr>
<tr><td>품의형</td><td></td></tr>
</table>

출처: 笠谷和比古, 『近世武家社会の政治構造』, 吉川弘文館, 1993, 205쪽에서 전재.

고 주로 '가로합의체제'에 의해 정치가 행해졌기 때문에 나리아키의 이 같은 친정 시도는 난관에 부딪혔다.

한 연구에 따르면 에도시대 권력구조와 정책 결정 방식의 유형은 〈표 3-1-1〉과 같다. 일반적으로 초기에는 주군친재(主君親裁) 체제였다가 중기로 접어들면서 가로합의체제로 변화했다. 초기에는 번주가 군단의 장(長)으로서의 성격을 갖고 있었고, 또 번주의 지배가 주로 자신의 구라이리치(藏入地)를 대상으로 했기 때문에 그 지역에 대해서는 친재 또는 독재체제로 운영되었던 것이다. 그러나 영지 내라고 할지라도 구라이리치 이외의 지역에 대해서는 아직 번주의 확고한 지배는 관철되지 못하고 있었다.

그러나 간에이기(寬永期)를 중심으로 영지 내의 도자마 대신(外樣大身)들이 번주의 지배체제 내에 본격적으로 편입되어 이른바 '가신단[家中]'이 형성되고, 그들이 가로, 로쥬 등 번의 주요 직책을 맡으면서 이들의 합의에 의한 의사 결정 방식이 일반화되어 갔던 것이다. 예를 들면 1642년(寬永19) 이케다 미쓰마사(池田光政)가 도자마 대신인 3명의 가로들을 행정 최고직인 시오키(仕置) 직에 임명한 것을 계기로 이후 이들에 의한 합의체제가 유지되었고, 이러한 합의 결정 방식이 다이묘가(大名家) 의사 결정의 기본이 되었다. 따라서 중기 이후가 되면 다이묘는 일상적인 정무는 이들에게 맡기는 위임형이 일반적이었다.[14] 예를 들어 쇼호기(正保期) 죠슈번에서는 번주의 권한을 참근교대와 다른 다이묘와의 교제, 새로운 가신을 고용할 때의 판단, 그리고 출진 시의 명령 등으로 한정했다.[15]

그리하여 다이묘는 일상 정무보다는 의례적인 활동, 막부와의 교섭 등의 활동을 주로 하게 되었고, 이에 따라 영민은 물론 가신단과도 점점 소원해지는 경우가 많았다. 안에이(安永)·메이와기(明和期) 요네자와번(米澤藩)의 개혁을 주도한 다케마타 마사쓰나(竹俣當綱)는 이 같은 상황에 대해 지금의 다이묘는 가신단에게 평상시에는 타인(よその人)이나 다름없고, 봉록삭감[半知借上げ] 때만 직서를 내리는 사람으로 인식되고 있다고 통렬하게 지적한 바 있다.[16] 이 같은 상황에서 영민은 물론 가신단에게조차 번주의 리더십이 발휘되기를 기대하는 것은 무리일 것이다.

이런 분위기에서 나리아키의 친정은 가로를 중심으로 한 문벌 세력의 저항에 직면하지 않을 수 없었다. 실제로 1839년 미토에서 일어난 반가시라(番頭)들의 강소(强訴) 사건을 진압하고, 1840년 두 번째 취번 직전 행해진 대규모 인사에서 자파 핵심들을 번 요직에 앉히는 데 성공하기까지 나리아키는 이 '가로합의체제'의 저항에 시달려야 했다.[17] 아무리 번주라 하더라도 오랜 관례를 깨고 '만기친재(萬機親裁)'

14 笠谷和比古, 『近世武家社会の政治構造』, 200-211쪽.

15 笠谷和比古, 『近世武家社会の政治構造』, 211쪽. 이런 상황은 쇼군도 비슷했다. 久住真也, 『幕末の将軍』, 講談社, 2009.

16 荻慎一郎, 「中期藩政改革と藩国家論の形成: 米沢藩の明和·安永改革をめぐって」, 26쪽.

17 1844년 나리아키의 실각과 이후 벌어지는 미토번의 분열도 큰 틀에서 보면 가로세력과의 분쟁이라고 볼 수 있다.

하는 것은 어려웠던 것이다. 이 때문에 나리아키는 집권 초 백성의 세금을 감해 주는 것을 가로의 영향력 아래에 있는 '정부(政府)'[18]가 반대하자 군봉행에게 서한을 보내 정부 역인들에게는 흉작이라고 핑계를 대고 몰래 감세해 주자는 제안까지 했고,[19] 그 이후에도 자신의 방침을 실행에 옮기지 않는 '정부'에 대한 불만을 누차 토로하고 있다.[20]

'가로합의체제'의 저항을 피하기 위해 그는 '정부'를 거치지 않고 직접 '외관(外官)'이나 실무 역인과 접촉하여 자신의 정책을 관철하려 했다. 군봉행이나 모토지메(元締), 데다이(手代)와의 빈번한 접촉도 이런 배경에서 나온 것이었다. 이는 정치관례상 정상적인 경로를 거치지 않은 것이었기에 더욱 '정부'의 반발을 불러왔다.

그러나 이런 난관에도 불구하고 그는 강력한 친정 의도를 감추지 않았다. 여기서는 민정에 관련된 몇 가지 예를 들어 보기로 한다. 나리아키가 취임 후 역점을 둔 것 중 하나는 검약령이었다. 에도시대를 통하여 검약령은 빈번하게 발포되었지만,[21] 나리아키는 자신이 직접 검약의 세목에 이르기까지 세세하게 집필하고 그것이 너무 강경하다고 우려하는 관계 역인들과 논쟁했다. 나리아키는 스스로 면복을 착용하고 견복(絹服) 착용자를 처벌하도록 했으며, 에도 비단이 미토로 흘러들어오면 품질은 안 좋고 값만 비싼 미토비단은 누구도 사지 않을 것이라며 에도비단의 미토 수입을 제한하려고 했다.[22] 영민에게 주는 군

18 '정부'는 집정을 중심으로 번의 주요 정책을 결정, 실행하는 기관이며 번주는 이에 포함되지 않는다.

19 『水戶藩史料』 別記上, 344쪽.

20 나리아키가 자신의 뜻을 번 정부가 들어주지 않는 상황을 개탄하는 것은 쉽게 확인할 수 있다(박훈, 「幕末水戶藩에서 德川齊昭와 藤田東湖의 관계에 대한 재검토」, 『漢城史學』 13, 2001, 38-39쪽(본서 제3부 2장)).

21 박진한, 『일본근세의 서민지배와 검약의 정치』, 혜안, 2010.

22 『水戶藩史料』 別記上, 326-328쪽.

제변혁에 관한 포달서(布達書)의 초안을 자신이 직접 작성하여 가로들에게 수정을 요구하기도 했다.[23] 또 그는 정월 초하루의 풍속인 마쓰카자리(松飾)가 너무 사치에 흐르고 있다며, 가도마쓰(門松)의 소나무 가지 수까지 정해 주며 이를 그림으로 제시했다.[24] 상평창(常平倉) 설치를 논의할 때도 나리아키는 산수(算數)까지 해 가면서 구체적인 쌀값 시세 등을 파악하고, 상평창 설치 비용의 분배, 운영 과정 중 예상되는 재정 상태 등에 대해 매우 세밀한 계획안을 제시했다.[25]

이것은 입안된 정책에 대해 가부를 판단하는 '친재'를 넘어서는 것이었다. 이처럼 나리아키는 개혁파 역인들도 놀랄 정도로 강력한 친정 의지를 갖고 있었다. 그리고 그것은 민정에 집중되었다. 자신의 의지를 실현하기 위해서 그는 원래 번주가 직접 접촉하지 않는 것이 관례인 군봉행, 그리고 나아가 지방 하급 실무 역인 등 민정 라인의 관계 역인과 직접 서한을 주고받거나 만났다.

제2절 도쿠가와 나리아키의 지방 역인 접촉

나리아키는 취임하자마자 군봉행과 그 휘하의 지방 하급 역인과 활발하게 접촉하기 시작했다. 군봉행은 지방행정을 담당하는 기관으로 18세기 말 이후 민정의 중요성이 증대되면서 그 존재감이 커져 갔다. 미토번에서는 주로 학자 출신의 중급 가신들이 임명되었다. 취임일성으로 '애민전일(愛民專一)'을 내걸었던 나리아키는 빈번하게 군봉행과 접

23 『水戸藩史料』 別記上, 363쪽.

24 『水戸藩史料』 別記上, 335쪽과 336쪽에 나리아키의 그림이 실려 있다.

25 『水戸藩史料』 別記上, 367-373쪽.

축하며 민정을 꼼꼼하게 살폈다. 훗날 요시다 쇼인은 죠슈번주에게 올린 상서에서 당장 행해야 할 급무로서 군봉행과 대관을 어전에 불러 접견하여 백성의 사정을 말하게 하고 다 못한 것이 있으면 봉서를 올리도록 해야 한다고 촉구하고 있는데,[26] 나리아키는 바로 그것을 20여 년 전에 실천하고 있었던 것이다.

앞에서 서술한 대로, 원래 번주는 일상적인 정무에는 관여하지 않고 필요할 때는 소바요닌(側用人), 고쇼가시라(小姓頭) 등 측근을 통하여 자신의 정치적 의사를 전달하거나 로쥬에게 직접 의사 표명을 하기도 했다. 따라서 군봉행과 번주가 직접 정책을 둘러싸고 대면하거나 서신을 교환하는 일은 드물었다. 그 때문에 번주가 직접 민정을 챙길 수 있는 기회는 적었고, 쇼인도 이런 현상을 개탄하고 번주가 직접 군봉행 등과 접견할 것을 촉구했던 것이다. 자연히 이에 대한 반발도 거셌다.

> 공(公)께서 습봉(襲封)한 이래 제신(諸臣)을 출척(黜陟)했는데 모두 타당했다. 힘써 폐단을 혁파하려고 하여, [공의] 생각에 정교(政教)를 진작시키고 시무에 도움이 되는 자는 내외관(內外官)을 막론하고 자주 불러 일에 대해 물었다. 혹자가 외관에 자문하는 것이 옳지 않다고 하자 공이 말씀하시길, 무릇 내 신하는 내외, 대소 없이 모두 하나다. 만약 물을 일이 있으면 비록 보졸(步卒)이라 할지라도 그를 부르는 것이 어찌 불가하겠는가. 사람들이 모두 수긍하여 다시 말하는 자가 없었다.[27]

이 사료를 보면 번 내에서 '외관'을 접견하는 것에 대한 비판이 있

26 「急務四條」, 山口県教育会 編, 『吉田松陰東湖全集(定本版)』 4, 岩波書店, 1936, 177쪽.

27 「烈公行実」, 『水戸藩史料』 別記上, 333쪽.

었던 것을 알 수 있다. '외관'이라는 것은 정부 바깥의 역직에 있는 자들로 여기서는 주로 군봉행을 지칭하는 것이다. 그런데 이 사료에서 주목되는 것은 나리아키가 이런 의견에 대해 반박하면서 '외관'은 물론이고, 물을 일이 있으면 '보졸'이라도 부를 수 있다고 했다는 점이다. '보졸'이라는 것은 최하급 가신을 지칭하는데, 여기서는 군봉행 휘하의 민정담당 하급 역인들인 모토지메, 데다이 등을 가리키는 것으로 보인다. 실제로 나리아키는 취임 직후부터 그들과의 접견, 수서 등을 통해 빈번하게 접촉했다. 다음에서는 그 상황을 검토해 보자.

먼저 나리아키는 1830년(天保1) 11월 10일에 "군 지역 데다이들에게(郡方手代共へ)"라는 수신인 명의의 서한을 보냈다. 『미토번사료(水戶藩史料)』 편찬자는 이에 대해 "이 데다이(手代)라는 것은 사분(士分[사무라이 계층])에 들어가지 않는다. 그런데도 공께서 사서(賜書)를 내리신 것은 특수한 대우다", "아아 번주가 수서(手書)를 군리(郡吏)에 내린 것은 고래 일찍이 그 예가 없"[28]다며 그 파격성을 지적하고 있다.

또 나리아키는 수서를 내릴 뿐 아니라 사안에 따라 필요한 경우에는 하급 역인을 직접 불러 접견했다. 먼저 1830년(天保1) 8월에 모토지메들을 접견했다. "어제도 모토지메(元締)들이 [번주를] 만나 뵙고, [농촌] 부흥에 대한 번주의 의견, 인정(仁政)에 대한 생각, 검소하신 모습을 배견하고서 매우 감사하게 생각했습니다. [이 일을] 동료들에게도 말하여, 데다이 일동이 감복했기 때문에 저희들[군봉행]이 내는 포달(布達)의 뜻도 매우 잘 전달되고 있습니다"[29]라고 한 것을 보면 미토의 농촌에서 근무하던 모토지메들이 에도에 올라와 번주를 직접 알현하고 민

28 『水戶藩史料』 別記上, 361쪽, 440쪽.

29 「天保元年寅八月七日山口友部田丸三郡宰之對問」, 『時事雑纂一(長久保叢書34)』, 東京大史料編纂所藏, 58-1쪽.

정에 대해 의견 교환을 한 것을 알 수 있다. "만약 물을 일이 있으면 비록 보졸이라 할지라도 그를 부르는 것이 어찌 불가하겠는가"라는 말을 그대로 실천한 것이다.

1836년(天保7)에도 군봉행이 모토지메들을 데리고 나리아키를 알현한 사실을 확인할 수 있다.

> 근무실(詰所) 앞마루를 지나 낭하(廊下)로부터 정원으로 내려가 토호(土戶)를 지나 마루로 올라가 주위 사람을 물리친 후에 모토지메들이 어전에서 입측(入側)하여 …… 평복(平伏)했는데 향촌의 일에 대해 여러 가지로 번주의 말씀이 있으셨다. 마실 것도 주시고 두 종류의 어인배(御引盃)에 직접 술을 하사하시었다.[30]

이를 보면 나리아키가 모토지메들을 만날 때는 군봉행의 안내 하에 주위를 물리치고 접견한 것을 알 수 있다. 군봉행은 간죠봉행에 소속되어 있고 간죠봉행은 또 로쥬에 속해 있는 역직인데, 이 행정계통을 무시하고 번주가 직접 군봉행과 모토지메를 불러 만났으니 그 파격성은 차치하고라도 로쥬나 간죠봉행이 그 자리에서 자신의 직무에 대한 비판이 나올까 전전긍긍했으리라는 것은 짐작할 수 있겠다.

한편 나리아키는 자신이 향촌에 보낸 서한이 영민에게 잘 전달될 수 있도록 비상한 관심을 기울였다. 1833년(天保4) 7월 28일 취번(就藩)시 군봉행에게 무육(撫育)에 힘쓰라는 서한을 보내면서 그 말미에 자신의 뜻이 영민들에게까지 잘 전달되도록 각별히 주의를 당부하고 있다.[31]

30 「烈公待遇郡吏天保七年申郡宰海野泉藏○登之節」, 『時事雜纂一(長久保叢書34)』 東京大史料編纂所藏, 5-1쪽.

31 『水戶藩史料』 別記上, 429쪽.

이런 나리아키의 뜻에 따라 군봉행들도 나리아키의 영민에 대한 관심을 그들에게 전달하는 데 각별한 노력을 기울였다. 취번 시 미토에 들이닥친 태풍으로 막대한 피해가 발생하자 나리아키는 목욕재계하며 평온한 날씨를 기원했는데, 군봉행들은 촌역인들에게 서한을 보내 태풍 피해에 목욕재계하며 하늘에 기원하는 나리아키의 뜻을 "촌 전체, 사사문전(寺社門前)에 이르기까지 빠짐없이 포달해야 한다"[32]며 번주의 존재감을 영민에게 주입시키는 데 노력했다.

다음의 사례도 나리아키의 의도를 영민 개개인에게 침투시키기 위해 군봉행들이 얼마나 세심한 주의를 기울였는가를 보여 주고 있다. 1837년(天保8) 8월, 지난해 발생한 기근에 대한 구황에 힘썼던 역인들을 포상하면서 나리아키는 군역소(郡役所)에 흉년을 잊지 말고 검소함을 지켜야 한다는 내용의 수서와 함께 "오로지 농사에 힘쓰고, 기근을 잊지 말아라(專力稼穡勿忘饑饉)"라는 휘호를 내려주었다.[33] 군봉행들은 이 수서의 핵심을 쉽게 정리하여 휘호와 함께 간행하여 1838년 윤4월에 각 촌의 쇼야에게 배포했는데, 그때 다음과 같은 포달을 내렸다.

> 이번에 깊으신 생각에서 휘호를 탁본하여 각 촌에 내려주셨으니 쇼야 집에 놓아 두고 촌민들이 쇼야 집에 매년 모였을 때 각자 배알하도록 해야 한다. 단 휘호의 의미를 일반 백성들에게도 주지시켰으면 하시므로 의미를 일본어로 번역(和解)한 것 한 부를 줄 테니 한 집에 한 장씩 배포하여 각자 잘 명심하도록 해야 한다.[34]

32 『水戸藩史料』 別記上, 430쪽.
33 『水戸藩史料』 別記上, 565-566쪽.
34 『水戸藩史料』 別記上, 565쪽.

즉 군봉행들은 쇼야들에게 나리아키의 휘호 8자를 각자 집에 보관하고 있다가 촌민들이 쇼야 집에 모였을 때 일일이 그것을 배알하고, 그것의 일본어 번역본을 만들어 각 집에 한 장씩 배포하라고 지시하고 있는 것이다. 이것이 실제로 어느 정도 실행되었는지는 확인할 길이 없으나, 일부만 실행되었다 하더라도 번주의 친필을 농민이 집에 두고 대면하는 상황을 상상해 보면 그들에게 번주의 존재감이 급격히 고조되었으리라는 것은 짐작할 수 있을 것이다.

이 휘호와 함께 배포된 나리아키의 수서는 부모를 잘 섬기라거나 아침 일찍 일어나 농업에 힘쓰라거나 하는 8개 항에 걸친 일반적인 얘기를 담고 있는데 그중 주목되는 것은 제3항이다. "육자(育子)의 건은 때때로 포고한 바를 잘 지키고 그 밖에 포고하는 것은 온 식구들에게도 알려 줘서 꼭 지켜야만 한다".[35] 당시 미토를 비롯한 간토 농촌에서는 마비키(間引, 영아 살해)가 유행하여 인구가 감소하고 있었는데, 육자라는 것은 마비키를 금지하고 인구 증가를 꾀하는 시책을 말한다. 이 항목에서는 육자를 비롯한 제 시책을 가장이 식구들에게 잘 전달할 것을 특히 강조하고 있다. 즉 나리아키는 자신의 시책이 쇼야라는 향촌지배층은 물론 그 휘하의 농민, 그리고 그 가족 개개인에게 전달되는가에까지 깊은 주의를 기울이고 있었다고 볼 수 있다.

이처럼 나리아키는 명령을 반포하는 데 그치지 않고 그것이 정말로 영민에게 제대로 전달되는지를 확인하려고 했다. 도쿠가와 시대에 촌역인을 상대하는 것은 보통 군봉행이나 대관이었다. 그런데 나리아키는 번주의 신분으로 촌역인을 뛰어넘어 촌민 한 명 한 명과 직접 대면하려고 했던 것이다. 이런 그의 시도는 순행(巡行, 巡村)을 통해 더욱 직

35 『水戶藩史料』 別記上, 566쪽.

접적으로 실행되었다.

제3절 다이묘의 순행: 나리아키의 영민 접촉

나리아키와 영민의 관계를 고찰할 때 우선 염두에 둬야 하는 것은 나리아키가 미토번주 중에서 매우 드물게 취번을 자주, 또 오래 했다는 사실이다. 앞에서 언급한 대로 참근교대제와 관계없이 미토번은 예외적으로 정부제(定府制)라 하여, 번주가 에도에 상주하게끔 되어 있었다. 이 때문에 대부분의 미토번주는 오와리(尾張)나 기이(紀伊) 등 다른 고산케는 물론 다른 일반 다이묘에 비해 자기 영지와의 관계가 희박한 편이었다고 할 수 있다.

물론 도쿠가와 초기, 즉 번정 성립기는 예외였다. 초대·2대 번주인 도쿠가와 요리후사(德川賴房)와 미쓰쿠니(光圀)는 각각 11차례나 번을 방문했다. 미토번 영지는 본래 사타케(佐竹) 가문이 지배하던 곳이었으나, 이를 아키타 지역으로 옮기고 도쿠가와 이에야스의 11남인 요리후사에게 분봉했기 때문에 초창기에 신번주의 지배력을 관철시키기 위해 번주들이 자주 취번했던 것이다. 그러나 미쓰쿠니 이후, 즉 18세기에 들어오면 에도 생활의 안락함, 막대한 취번 비용 등의 이유로 취번 횟수와 기간은 현저히 감소하여 미토번주는 평균적으로 일생에 두세 번 번을 찾는 데 그쳤고, 한 번 취번하면 보통 3, 4개월 정도 머물다 에도로 돌아오는 것이 일반적이었다. 심지어 나리아키 직전에 재임했던 8대 번주 나리노부(齊脩)는 일생에 단 한 번도 자기 영지에 발을 들여놓은 적이 없었다.

이에 따라 미토번 현지에서 번주는 대부분 가신들에게 소원한 존재였다. 하물며 영민들에게는 더 말할 나위가 없었을 것이다. 그러나 나리노부에 이어 번주가 된 나리아키는 이런 관례를 깨고 적극적으로 취번을 행했다. 나리아키는 재임 기간 15년 중 3회 취번했고, 총 미토 체재 기간은 5년 3개월로 재임 기간의 약 3분의 1을 미토에서 보낸 셈이다. 이는 2대 번주 미쓰쿠니와 비견되는데, 미쓰쿠니는 재임 기간 중 11차례 미토를 찾았고 체재 기간은 총 7년 2개월이었다. 단순 수치상으로는 미쓰쿠니 쪽이 우위에 있으나 그의 재임 기간은 29년(1661~1690)이었기 때문에 1년당 체재 기간을 계산하면 미쓰쿠니가 2.9개월여인 것에 비해 나리아키는 무려 4.2개월에 달한다.[36] 또 미쓰쿠니는 1회 취번이 1년을 넘기는 경우가 없었으나, 나리아키는 1년 이상 장기간 미토에 체재했다.

나리아키가 집권한 시기는 번의 재정이 여의치 않았던 데다가, 검지 실시, 번교 설립 등 굵직한 사업을 계획하고 있어 번주의 취번 비용은 큰 부담이었다. 게다가 전대 번주인 나리노부는 재임 기간(1816~1829) 중 단 한 번도 미토에 온 적이 없었기 때문에 나리아키의 잦은 취번은 더욱 돌출적인 행동으로 보였다. 실제로 번의 문벌 세력을 비롯해서 오반가시라(大番頭) 이상의 중견 가신들은 그의 취번을 달가워하지 않았고, 1839년(天保10)에는 그의 취번을 반대하는 집단강소(集團强訴)를 벌이기까지 했다.

나리아키는 이처럼 재정 문제, 번 중신들의 반대를 무릅쓰고 취번을 강행했다. 먼저 나리아키는 1833년(天保4) 3월에서 이듬해 4월까지, 1840년 1월부터 1843년 3월까지, 그리고 마지막으로 1843년 6월에서 1844년(天保15) 5월까지 미토에 체재했다. 1843년 3월부터 약 3개월간 미토를 떠난 것은 당시 쇼군 도쿠가와 이에요시(德川家慶)의 닛코(日光)

36 瀨谷義彦, 『水戶の斉昭』, 85-87쪽.

도쇼구(東照宮)를 참배를 수행하기 위해서였다. 따라서 두 번째와 세 번째의 취번은 3개월의 중지 기간을 가운데 끼고 전후 4년 반에 걸친, 이례적으로 긴 영지 체재였다고 할 수 있다. 1844년 5월 나리아키가 에도로 돌아온 것은 막부의 의심을 받아 소환당했기 때문이었고, 이때 그는 은거 처분을 받게 되며[甲辰의 國難] 이에 항의하여 미토사민이 대거 에도로 몰려오는 남상운동을 전개한 것은 전술한 대로다.

취번 기간 나리아키는 정력적으로 번 내를 순시하고 영민들과 접촉했다. 나리아키는 직접 자기 발로 돌아다니며 영민의 집을 갑자기 방문하기를 즐겨 했다. '도노사마(殿樣, 번주)'의 불시방문은 해당자에게는 크게 당황스러운 일인 동시에 한편으로는 대단히 감격적인 일이기도 했을 것이다. 게다가 나리아키는 어필(御筆)을 내리거나 심지어는 입고 있던 옷을 주어 상대방의 감격과 심복을 이끌어 내려고 했다. 이제 첫 취번 시기에 이뤄진 순촌(巡村)을 자세히 살펴보기로 하자.

1833년에 이뤄진 첫 취번은 원래는 3년 체재가 목표였으나 막부의 허가를 받지 못해 나리아키는 1년 1개월 만에 에도로 돌아갔다.[37] 이는 7대 번주 도쿠가와 하루토시(德川治紀)가 1809년(文化6) 취번하여 수개월 체재한 이래 실로 26년 만에 이뤄진 일이었다. 이 기간 나리아키는 총 4회에 걸쳐 농촌을 시찰했다. 1833년(天保4) 8월 21일부터 28일까지 동쪽의 마쓰오카군(松岡郡) 다가(多賀) 방면을 7일간 시찰했고, 9월 17일부터 19일까지 남군(南郡) 이바라키(茨城) 방면을 이틀간, 이듬해인 1834년(天保5) 3월 16일부터 23일까지 남군(南郡)의 가시마(鹿島) 방면을 7일간, 그리고 3월 27일부터 4월 8일까지 10일간 북군(北郡)을 순행했다.[38]

37 瀨谷義彦, 『水戸の斉昭』, 87쪽.

38 瀨谷義彦, 『水戸の斉昭』, 93쪽; 『水戸藩史料』 別記上, 463쪽.

농촌 순행 중 나리아키의 행적을 살펴보자. 먼저 그는 1833년 8월 21일부터 시작된 순행 행렬의 규모를 크게 간소화하려고 했다. "21일 아침부터 납시어 마쓰오카구미(松岡組)를 순촌하시었는데 수행원이 와카도시요리(若年寄, 상하 5명), 메쓰케(目付) 및 통사(通事) 이하 제사(諸士) 이상 겨우 17명이었고, [諸士 이하까지] 모두 해서는 도합 80여 명, 말 8필, 인부 90명 정도였다고 한다. 선대[의 경우]는 상하 370~380명이었기 때문에 향중의 인마가 매일 500여 명"이나 되었던 것에 비하면 규모가 많이 축소된 것이었다. 일주일로 예정된 번주의 순행에 가신이 17명밖에 수행하지 않았다는 점이 인상적이다.

이것은 "이전에는 여관에서 불침번을 서기 위해 메쓰케 등이 다수 수행했지만 이번에는 이것도 그만두시고 백성 중에서 한두 사람" 또는 출장 나온 군의 데다이에게 불침번을 시키는 등 불필요한 인력을 생략했기 때문이었다. 가신 이외의 잡무인력도 간소화했는데, 예를 들어 주방 인원을 수행시키지 않고 "순촌 중 점심은 주먹밥(むすび)을 허리에 차셨기 때문에 수행하는 사람들은 아래위 할 것 없이 모두 허리춤에 식량(腰兵糧)을 갖고 다녔고", "해변 등을 지날 때는 모래사장에서 [점심을] 드신 적도 있"었다. 의복도 매우 간소화했다.[39]

순행 중에 나리아키는 향사나 촌락유력자[老農]의 집을 방문했다. 8월 22일에는 구지(久慈) 방면 오와다무라(大和田村)의 향사 오우치 간에몬(大內勘衛門)의 집을 방문하여 수서[40]와 입고 있던 하오리(羽織)를 하사했다.[41] 이어 27일에는 구지(久慈) 방면 고스게무라(小菅村)의 노농

39 『水戸藩史料』 別記上, 456-460쪽.

40 촌역인을 비롯해 민간의 모범이 될 것, 질소(質素), 효도 등을 강조. 『水戸藩史料』 別記上, 457-458쪽.

41 『水戸藩史料』 別記上, 460쪽.

마고베에(孫兵衛)의 집에 숙박하여 수서[42]를 주었는데, 말미에 사인을 한 뒤 "고스게무라 마고베에에게(小菅村孫兵衛へ)"라고 수취인 이름까지 적어 넣었다. 도노사마(殿様)가 직접 자기 이름을 쓴 것을 받아 본 이 농민의 감격이 어떠했을지는 짐작하고도 남을 것이다.

이어 그는 미토번의 유명한 농촌 출신 학자인 나가쿠보 세키스이(長久保赤水)의 손자 나가쿠보 겐타로(長久保源太郎, 赤濱 거주)의 집에 들렀다. 수행했던 군봉행 스즈키 요시타카(鈴木宜尊)에 따르면 당시의 정경은 아래와 같았다.

> 당시 극히 빈궁하여 안 오셨으면 하고 원하고 있다는 것을 말씀드렸더니 '그런가, 그렇다면 오히려 들러보고 싶군'이라고 하시며 크게 파손된 집에 들어가 이런저런 말씀이 있으셨고 어필(御筆)도 내려주시었다. 송월정(松月亭)이라는 세키스이(赤水)가 학문을 하던 곳이 있었는데 이곳에 들어가시었다. 물론 당시에는 소실되어 그 유적지만 있었지만 소나무 등이 많이 있어서 경치가 매우 좋은 곳으로 때마침 초즙(初茸)이 자라 있는 것을 따시며 이것저것 세키스이에 대해 물으셨고, 해마다 초즙이 나오면 헌상하라는 말씀이 있으셨다고 한다. 그 외 어영가(御詠歌)를 내려주셨다.[43]

나리아키는 이외에도 이곳저곳에서 어필을 하사했고,[44] 효자 · 역전 · 정절 · 고년(孝子力田貞節高年)을 표창했다.[45] 그는 이날 "북쪽 해안

42 쵸닌풍(町人風) · 도박금지, 두발 모양 등 풍속단속 등을 강조(『水戸藩史料』 別記上, 458-459쪽).

43 『水戸藩史料』 別記上, 460-461쪽.

44 『水戸藩史料』 別記上, 461쪽.

45 『水戸藩史料』 別記上, 457쪽.

을 순행하고 다나카나카무라 향사 간에몬(田中中村鄕士勘衛門) 집에 숙박했고, 22일에는 스케가와촌(助川村)에 숙박했다. 순행 중 아이세 후쿠슈사(會瀨福聚寺), 스기무로 대웅원(杉室大雄院), 스와벳토(諏訪別當) 등에도 영가를 하사했다.[46]

이를 보면 나리아키는 순행 중 향사나 촌락 유력자의 집을 방문하여 자신의 시정 방침을 담은 수서를 줌으로써 직접 자신의 정치의사를 농민에게 전달하려고 했음을 알 수 있다. 또 입고 있던 의복이나 자신이 손수 지은 영가를 주고, 때로는 농민과 직접 대화하면서 그들과의 친밀도를 높이고 있는 것을 볼 수 있다.

이어서 나리아키는 9월 17일부터 남군의 이바라키 방면 여러 촌을 순행하고, 목지(牧地)를 살펴본 후 19일에 미토성으로 돌아왔다. 이때도 역시 효자 · 정절 · 역전(孝子貞節力田) 등에 대한 상사(賞賜)가 있었다.[47] 이듬해인 1834년(天保5) 2월 11일 전년 8월의 태풍에 이어 고이시카와(小石川)의 미토번저에 화재가 발생하여 번사의 우사(寓舍) 500호가 소실되는 일이 벌어졌으나 나리아키는 에도에 돌아가지 않고 미토에 계속 머물렀다. 그는 3월 16일부터 남군(南郡)을 순행하여 가시마(鹿島)신사와 가토리(香取) 신사를 참배하고 23일 일시 귀성(歸城)했다. 남군 순행에 관한 상세한 정보는 기존의 간행 사료에는 별로 나와 있지 않으나 필자는 동경대사료편찬소가 소장하고 있는 『나가쿠보총서(長久保叢書)』에서 관련 사료를 발견했다.

『나가쿠보총서(長久保叢書)』 38권인 『시사잡찬(時事雜纂)一』에는 나리아키의 심복 중 한 명인 가와세 시치로에몬(川瀨七郎衛門, 敎德)의 서간 한 편이 실려 있는데, 거기에는 다음과 같은 기사가 있다. 즉 나리아

46 小宮山楓軒, 「天保就藩記」, 『茨城県史料 幕末篇 I』, 1971, 310쪽.

47 『水戶藩史料』 別記上, 462쪽.

키가 취번한 후에 여기저기 다니고 싶어 하여, "21일에는 미나토(湊, [남군의 대표적 포구])에 가셨는데 때마침 종일 고기가 많이 잡혀 어촌 모두가 크게 기뻐했다고 한다. 번주께서도 고기잡이 배(漁舟)에 오르시어 도미를 잡으셨다"[48]는 기사다. 이 서간이 쓰인 날짜는 나와 있지 않으나 "21일에 미나토에 가셨다"는 것으로 보아 남군 순행 때인 1834년 3월 21일의 일로 봐도 지장이 없을 것이다. 어민들의 생업 현장에 가서 그들의 노동을 직접 체험하며 어민의 선망의 대상이 되었을 나리아키의 득의만면한 모습이 짐작된다.[49]

이어서 남군을 순행하고 귀성한 지 나흘만인 27일부터 다시 북군 순행 길에 올라 4월 8일에 귀성했다. 이때에도 쇼야, 촌역인 등 촌락의 지도자들에게 수서를 자주 주었다. 예를 들어 3월 27일 촌역인으로 추정되는 다치하라 덴쥬(立原傳十)에게, 4월 7일에는 쇼야 기치로베에(吉郎兵衛)에게 수서를 주어 훈시했다. 이때 모치타카(持方, 현 久慈郡 水府村 高倉 지구의 산 속)라는 산간의 벽지를 방문했는데,[50] 이곳에서 모토스케(元介)라는 농민에게 규문(葵紋, 도쿠가와가의 紋章)이 들어가 있는 마(麻) 하오리와 토제(土製) 연관(煙管) 등을 하사했다. "좀처럼 사람도 가지 않는 벽지의 일개 농민이 번주의 얼굴을 숭배하듯 바라보며 멋진 하오리를 받는 모습을 상상하면, 이 이름도 없는 일개 농민에게 나리아키는 이키가미(生神)처럼 보이지는 않았을까"라는 지적처럼 이 농민들이 느낀 감격이란 대단했을 것이다. 후일 집을 수리해야 하는 경우에도 번주

48 「時事ノ評四月七日川瀬七郎衛門書柬」, 『時事雑纂一(長久保叢書 38)』, 4-1쪽.

49 이 사료는 마치 1876년 동북순행 당시 황거 출발 이틀 뒤에 도네가와(利根川)에서 잉어잡이를 견학하기 위해 숙박소에서 강변까지 걸어가 나룻배를 타고 강을 건너면서 구경했던 메이지 천황을 연상시킨다(『奧羽巡行明細日誌』에 나오는 기사. 多木浩二, 박삼헌 역, 『천황의 초상』, 소명출판, 2007(1988), 95쪽).

50 瀬谷義彦, 『水戸の斉昭』, 255쪽 연표 참고.

가 들렀던 방은 고치지 않은 채 그대로 보존했고, 번주에게서 수서나 영가 또는 소지품을 받은 농민의 집안에서는 대대로 이것을 특별 취급하여 지금까지도 소중히 간직하고 있는 경우가 많다고 한다.[51]

한편 흥미로운 것은 에도로 돌아간 후[6월 4일] 나리아키가 북군의 군봉행에게 각종 질병에 잘 듣는 약에 대한 상세한 정보를 담은 서한을 보냈는데, 그 말미에 "순촌 때 모토스케에게 알려 주었지만 아무래도 안심이 안 되어 오늘 보내니 속히 알려 줄 것"[52]이라고 하고 있는 점이다. 즉 나리아키가 농민과 만났을 때 그들로부터 민간의료 현황에 대해 상세하게 청취하고, 자신이 알고 있는 의료 지식을 전수했다는 사실을 말해 주며,[53] 그 후에 그것이 제대로 사용되고 있는지에 대해서 상당한 관심을 갖고 있었음을 알 수 있다.[54]

5월 26일 나리아키는 막부에게 허가받은 기한이 다 되어 마침내 1년여의 취번 일정을 마치고 에도로 돌아갔다. 이상과 같이 정력적인 순행 활동을 했음에도 불구하고 그는 태풍, 에도 번저의 화재 등 여러 재해 때문에 애초에 계획했던 일들이 제대로 실행되지 못했음을 아쉬워했다. 그는 에도에 도착하자마자 6월 1일 미토 성대(城代)인 스즈키 시게노리(鈴木重矩, 石見守)에게 서한을 보내 "이번에 내려갔지만 공교롭게도 때가 좋지 않아 생각한 바의 만분의 일도 이뤄지지 않아 유감스럽다. 따라서 머지않아 [다시] 내려갈 생각이다. 그때는 여러 사람도 만

51 瀬谷義彦, 『水戸の斉昭』, 94쪽.

52 『水戸藩史料』 別記上, 469쪽.

53 나리아키는 의료에 대한 상당한 관심과 지식을 가지고 있었다.

54 또 야마카와가 기록한 바에 따르면 나리아키는 다카가리(鷹狩) 길에 응장(鷹匠) 밑에서 일하는 에사사시라는 비천한 자의 집에 들러 그 집의 아들과 유곽여자의 결혼 문제를 해결하기도 했다(山川菊英, 『覚書幕末の水戸藩』, 160-161쪽).

날 것이다. 후에 내려갈 때까지는 가신들도 훌륭하게 무비를 갖춰야 하고 향촌 개발이 진전되고, 도시도 재건되었으면 한다. 정말로 머지않아 내려갈 생각이므로 지금부터 모두 신경 써서 [긴장이] 풀어지지 않도록 해야만 한다"[55]고 했다. 이를 보면 나리아키는 첫 취번에서 정력적인 활동을 펼쳤음에도 많은 아쉬움을 갖고 있었고, 곧 다시 취번하여 여러 시책을 계속하고 싶은 강한 의욕을 갖고 있었음을 확인할 수 있다.

이상 나리아키가 1833년에서 34년에 걸친 첫 취번에서 실시한 영지 순행의 구체적인 모습을 검토했다. 이를 통해 나리아키가 영민과 접촉하는 방법은 매우 다양했음을 알 수 있다. 첫째, 영민의 집을 직접 방문하는 것이다. 위에서 살핀 것처럼 향사나 노농(老農, 주로 촌역인이나 쇼야 등)의 집이나 나가쿠보가(長久保家)와 같은 유서 깊은 농가를 방문했다.[56] 둘째, 유력농민에게 수서를 내려 훈계하고 격려하는 것이다. 수서라는 것은 번주가 역인들에게 시정 방침이나 구체적인 지침을 하달할 때 주는 서한 형식의 문서인데, 이를 일개 농민에게 직접 주어 번주와 농민의 직접적인 커뮤니케이션을 꾀하는 것이다. 농민과의 커뮤니케이션을 나리아키는 특히 중시했던 듯한데, 이와 같은 직접적인 방법

55 『水戸藩史料』 別記上, 465쪽.

56 나리아키는 가신의 집도 곧잘 찾았다. 그는 첫 취번 시기인 1833년 4월 말부터 5월 초순에 걸쳐 미토성 내 노신(老臣)들의 집을 차례로 방문했다(「天保就藩記」, 『茨城県史料 幕末篇 I』, 23쪽). 그 후로도 『水戸見聞錄』이 전하고 있는 것처럼 "군후(君侯)께서는 가독[을 상속한] 이래 상하의 정을 통하게 하기 위해 군신 사이를 특별히 친하게 하시어 신하의 집을 불시에 찾는 일이 가끔 있었다. 경자년[1840년] 봄에 소바요닌(側用人) 고미야마 지로에몬(小宮山次郎衛門)의 병이 위독할 때 군후께서 직접 방문하시어 음식을 내려주셨다"(『水戸藩史料』 別記上, 641쪽)는 일이 있었고, 또 山川菊英도 나리아키가 미토를 방문했을 때 가신인 아오야마가(青山家)에 가끔 들렀다고 기록하고 있다(山川菊英, 『覚書幕末の水戸藩』, 160쪽).

말고도 앞서 제2절에서 살펴본 대로 촌락 하급 역인을 통하는 방법도 자주 이용되었다. 수서 이외에 영가를 지어 준 예도 자주 보인다. 셋째, 소지품을 하사하는 방법이다. 나리아키는 자기가 입고 있던 하오리, 연관(煙管) 등을 농민에게 주었고, 이를 받은 농민의 감격은 미루어 짐작할 수 있을 것이다. 이밖에 앞서 서술한 것처럼 미토 영민에 대한 것은 아니지만 나리아키는 자기의 이름자 중 한 글자를 숙박업자에게 주어 심복하게 만들기도 했다.[57] 넷째, 미나토 포구에서 도미를 직접 잡은 것처럼 영민과 직접 노동을 함께함으로써 영민의 감화를 이끌어 내는 방법도 있었다.

이렇게 볼 때 나리아키는 대규모적이고 화려한 '패전트(pageant)'[58]를 통해 시각적이며 상징적으로 자신의 존재를 현시하기보다는 직접적인 접촉을 통해 영민의 마음에 자신의 존재감을 확보하는 방향으로 활동했다고 볼 수 있다. 이 같은 활동은 번주와 영민의 관계를 친밀하게 하는 결과를 초래했고, 영민들 사이에, 지금까지는 실감이 없는 존재였던 번주의 정치적 존재감을 형성시켰다고 볼 수 있다.

57 본서 제2부에서 서술한 것처럼, 나리아키는 안세이기(安政期)에 에도-미토 간 왕복도로의 숙박업자인 미토도추토리테슈큐돈야(水戸道中取手宿問屋)의 이치로베에(一郎兵衛, 恵一郎)에게 자신의 이름(惠三郎 혹은 敬三郎) 중 '게이(惠)'라는 글자를 하사했다. 또 의복과 직필을 하사했다. 이 숙박업자는 막부와 나리아키의 권력투쟁 과정에서 그를 지원하기 위해 미토에서 에도로 올라가는 남상자(南上者)들에게 은신 장소와 정보를 제공했고, 나중에는 미토번의 잡무까지 봐 주게 되었다(井伊正弘 編, 『幕末風雲探索書: 井伊家史料』 上, 162쪽).

58 다카시 후지타니, 한석정 역, 『화려한 군주: 근대일본의 권력과 국가의례』, 이산, 2003.

제4절 '명군' 나리아키 친정의 역사적 의미

이상 주로 덴포(天保) 초기를 중심으로 나리아키의 정치행위를 친정, 민정 담당 역인과의 접촉, 순행 세 가지로 나누어 살펴보았다. 그렇다면 1830~1840년대에 행해졌던 이런 정치행위들에 어떤 역사적 위치를 부여할 수 있을까.

먼저 친정에 대해서 살펴보자. 위에서 언급한 대로 도쿠가와 시대 중기 이후에는 대부분의 다이묘는 일상적인 정책 결정 과정에 관여하지 않았고, 그것은 주로 '가로합의체제'가 담당했다. 그러나 18세기 말경 체제 위기가 감지되자 개혁가들은 다이묘의 친정을 요구했다. 다케마타 마사쓰나(竹俣當綱)가 번주 우에스기 시게사다(上杉重定)에게 번정 관여를 촉구한 것이 그 예이고,[59] 간세이기(寬政期) 이른바 '명군'의 등장도 이런 흐름 속에 위치시킬 수 있을 것이다.

19세기 들어 번주친정의 요구는 더욱 커져 갔다. 그 대표적인 사례가 요시다 쇼인이다. 쇼인은 번주가 갖춰야 할 군덕(君德)은 근정(勤政)과 강학(講學)이라고 요약했다. 근정은, 즉 친정을 의미했다. 그는 정치 분위기를 일신하기 위해서는 번주가 "화강서루(花江書樓)[60]에 주거하시면서 매일 군신(群臣)의 조(朝)를 보시고 군신의 중의를 들으셔서 정도(政道)를 직재(直裁)"해야 한다며, 이것이 너무 파격적이라 어렵다면 "적어도 어서원(御書院)·오히로마(大廣間) 등에서라도 매일 군신(群

59 小関悠一郎, 「改革主体の学文受容と君主像: 米沢藩家老竹俣當綱の読書と政治・思想実践」, 『歴史評論』 717, 2010, 29쪽.

60 강풍산월서루(江風山月書樓). 화강어전(花江御殿)이라는 죠슈번주 별저의 일실. 모리 다카치카(毛利敬親)는 군신 간의 의사소통을 위해 여기서 주연을 베풀곤 했다. 『병진유실문고(丙辰幽室文庫)』 중에 「강풍산월서루기(江風山月書樓記)」가 있다.

臣)의 조(朝)를 보셔야" 한다고 주장했다.[61] 그리고 이어 고대 천황의 친재 상황을 장황하게 설명하면서 자신 주장이 지닌 정당성을 강조했다.[62] 앞에서 언급한 대로 근세 중기 이후 정책 결정 형태가 가로 위임형으로 변화된 것을 상기하면, 이 요구는 가사야 가즈히코(笠谷和比古)의 용어를 빌리자면, '위임형'으로부터 '친재형'으로의 변화를 촉구한 것이라고 볼 수 있다.

그러나 쇼인이 주군독재[측근전단]를 주장했던 것은 결코 아니다. 반대로 그는 번주가 가능한 한 많은 가신들, 나아가 민중의 의사까지 경청할 것을 주문했고, 그 광범한 여론을 바탕으로 결정을 내릴 것을 주장하고 있다. 즉 '친재형' 중에서도 확대된 '군신 합의형'이다. 보통 번주들은 성의 나카오쿠(中奧)에 기거하면서 오모테(表)에는 잘 나오지 않았으나,[63] 쇼인은 번주가 성 밖으로, 이것이 무리라면 적어도 성의 오모테에 나와 직접 정사를 돌볼 것을 주장하고 있는 것이다.[64]

다음으로 쇼인이 군주에게 요구하고 있는 것은 강학(講學)이다. 쇼인은 인군(人君)에게 특히 중요한 것은 독서이고, 소장유지(小壯有志)의 자들을 서물괘(書物掛)에 임명하여 어전에서 매일 밤 회독(會讀), 회강

61 도쿠가와 시대의 성(城)은 보통 오모테(表), 오쿠(奧), 오오쿠(大奧)로 나뉘어 있었다. 오모테에는 역인들이 근무하는 공간과 공식적인 행사를 여는 공간이 있었다. 오쿠는 나카오쿠(中奧)라고도 하며, 번주가 일상적으로 기거하는 곳이다. 번주는 오모테에는 잘 나오지 않고 오쿠에서 소바요닌(側用人), 고쇼(小姓) 등을 이용하여 보고를 받거나 명령을 오모테에 전달했다. 오오쿠는 번주의 여자들의 공간이다. 어서원(御書院), 오히로마(大廣間)는 성의 오모테에 있는 공간으로 주로 공식적인 행사가 열리던 곳이다.

62 吉田松陰, 「急務四條」, 173쪽.

63 吉田松陰, 「急務四條」, 173쪽.

64 여기서 훗날 야마구치 정사당(政事堂)의 설립에 보이는, 번주의 주거이동을 통해 정치혁신을 꾀하려는 발상이 엿보인다고 할 수 있다.

(會講) 등을 행해야 한다고 했다.[65] 쇼인이 번주에게 요구하고 있는 것은 더 이상 군단(軍團)의 장(長)만이 아니라 학문을 갖춘 군주가 되어야 한다는 것이다. 학문 연마를 통해 달성된 능력을 바탕으로 군주는 친정을 행해야 하는 것이다.

시대는 앞서지만 이 같은 쇼인의 군주상을 거의 그대로 실천하고 있는 것이 바로 도쿠가와 나리아키다. 강력한 친정 시도는 물론이거니와 그는 학문 연마에도 열심이었다. 그는 자신의 학문 연마뿐 아니라 번교 홍도관(弘道館)의 설립, 사관(史館) 창고관(彰考館)의 중시 등을 통해 미토번의 학문을 발전시키는 데 진력했다. 쇼인이 직접 나리아키를 언급하고 있지는 않으나 그가 1852년 미토번에 유학한 적이 있고, 당시 '명군' 나리아키의 전국적 지명도를 생각한다면 쇼인이 나리아키를 염두에 두고 있었을 가능성도 생각해 볼 수 있다.

필자가 보기에는 이 같은 군주친정에 대한 시대적 요구가 유지다이묘(有志大名)의 탄생, 영명한 쇼군을 요구했던 쇼군계사(繼嗣) 분쟁, 나아가 천황친정에 대한 요구로까지 확대되어 나갔던 것 같다. 주지하듯이 막말정국을 리드했던 것은 '유지다이묘'다. 이들은 번 내에서 강력한 리더십, 때로는 카리스마를 갖고 있던 군주들로 여기에 기반을 두어 중앙정국에서 영향력을 발휘했다. 지사들의 횡적 결합에 기반한 '초망굴기(草莽崛起)'가 결국 실패하고 오쿠보 도시미치가 간파한 것처럼, 결국 반막부운동이 번 권력, 즉 번주에 의존하여 진행될 수밖에 없었던 것도 여기에 기인한다고 할 수 있다. 번주친정은 번 권력기구, 일반 번사 대중, 나아가 일부 영민에까지 번주의 정치적 영향력을 확대시켰고, 그에 따라 번주에게 의거하지 않고서는 번의 정치력을 동원하는 것이

65 吉田松陰, 「急務四條」, 179-181쪽.

어려워졌던 것이다.

쇼군의 경우, 8대 쇼군 도쿠가와 요시무네 이후 정책 결정에 일상적으로 개입한 쇼군은 거의 없다. 이에 대해 쇼군의 친정을 통해 막부의 위기를 타개하려고 했던 것이 안세이기(安政期)의 계사(繼嗣) 분쟁이라고 할 수 있다. 친정을 하기 위해서는 영명한 쇼군이 필요했다. 히토쓰바시파(一橋派)가 지지했던 히토쓰바시 요시노부(一橋慶喜)는 이에 적합한 인물이었다. 그러나 주지하듯이 이이 나오스케(井伊直弼)는 능력을 보고 후계를 정하는 것은 이국(異國, 중국)의 풍습이고, 일본의 풍습은 혈통을 중시해 후계를 정한다는 논리로 어린 쇼군 도쿠가와 이에모치(德川家茂)를 옹립했다. 또한 막부에서는 다른 번들과는 달리 다이로(大老) 독재, 로쥬 합의체제가 유지되었다. 흔히 막부가 우세한 군사적 · 경제적 우위에도 불구하고 사쓰마, 죠슈에 패배한 이유의 하나로 리더십의 분열과 약화를 꼽는데, 그 이유 중의 하나는 여기에서 구할 수 있을 것이다.

군주친정에 대한 요구는 결국 천황친정 요구로 변전(變轉)되어 갔다. 마키 이즈미(眞木和泉) 등의 존왕양이파 지사는 물론이고, 오쿠보 도시미치도 왕정복고 직후 천황의 만기친재, 정부수뇌와의 빈번한 접견, 시독(侍讀)의 설치 등을 주장했다. 그리고 1868년 4월 정체서가 반포되고 관제개혁이 단행되면서 천황은 매일 학문소에서 만기의 정무를 집행한다는 포고가 내려졌다.[66] 물론 메이지시대 천황의 친정 문제는 그 후 우여곡절을 겪게 되나, 적어도 막말과 메이지 정부 수립 직후에는 정부의 공식 방침으로 누구도 이의를 제기하기 어려운 정당성을 갖고 있었던 것이다. 이런 면에서 본다면 메이지 천황의 친정을 둘러싼

66 笠原英彦, 『大久保利通』, 吉川弘文館, 2005, 66-67쪽.

갈등은 19세기 이래의 군주친정에 대한 요구와 '천황 불친정의 전통' 사이의 긴장이라는 각도에서 재음미할 필요가 있어 보인다.

다음으로 민정과 민정 역인에 대한 군주의 태도에 관한 문제를 생각해 보자. 군주가 백성의 사정에 관심을 가져야 한다는 것은 고전적인 정통성을 갖는 사안이나, 이것을 군주가 실제로 행동에 옮기는 것은 별개의 문제다. 18세기 말 이래로 많은 개혁가는 민정의 중요성을 강조하면서 아울러 군봉행·대관 등 민정 역인의 중요성도 지적했다. 그리고 군주가 백성의 사정을 알기 위해서는 이들과 직접 접촉해야 한다고 주장했다. 여기서 다시 요시다 쇼인의 주장을 들어 보자. 그는 먼저 "근왕의 대업을 이루기 위해서는 먼저 백성의 환심을 얻지 않고서는 안 된다"[67]고 전제하고 "여염전리(閭閻田里)의 일은 군봉행, 대관에 물어보실 수밖에" 없으므로 "금일 급한 시무라고 생각되는 것은 군봉행, 대관을 어전에 부르시어 덕의(德意)를 분부하시는 것"이라고 말했다. "이들[대관]을 부른 첫날에 무엇보다도 백성 보기를 자식처럼 하라고 모두에게 분부하시고, 둘째 날에는 대관 한 사람 혹은 두세 사람씩 불러 전리(田里)의 휴척(休戚), 여염의 질고(疾苦) 등을 자세히 들으셔야 합니다. 셋째 날에는 재판(宰判)[68]마다의 급무를 하문하시고 사안에 따라서는 곧바로 양직(兩職[최고행정기구])에 대책을 강구하도록 분부하시고 또 각각의 근무 성과의 좋고 나쁨을 포폄하신다면 대관들이 모두 감격, 분발할 것"이라는 것이다. 그리고 분부만 내리는 것이 아니라 이들이 백성의 어려움을 자세히 말하게 하도록 하고 말로 다하지 못한 것은 봉주(封奏)하게 해야 한다고도 했다.[69] 이 주장은 마치 나리아키의 민정 역

67 吉田松陰, 「急務四條」, 178쪽.

68 죠슈번의 지방행정단위.

69 吉田松陰, 「急務四條」, 176-178쪽.

인 접촉을 그대로 재현한 듯이 보일 정도로 일치한다.

마지막으로 나리아키가 보여 준 순행과 그 과정에서의 정치적 행위, 그리고 그에 따른 정치적 결과는 다이묘와 민, 민과 번 국가의 관계 등을 생각하는 데 중요한 시사점을 제공해 준다. 일반적으로 다이묘의 순행에 대한 요구가 어느 정도 있었는지 자세히 검토해 보지는 못했으나, 예를 들어 18세기 말 아키타번의 개혁을 리드하던 노가미 구니스케(野上國佐)는 번 내 잇키가 발생하자 번주에게 순행하여 설유할 것을 주장했다. 결국 번주는 14일간 영지를 순행하면서 50여 통의 설유서를 반포했다. 이에 대해 문벌층은 전례 없는 일이라며 순행을 반대했다.[70] 이 사실은 비록 잇키 발생이라는 특수한 상황이기는 하지만 개혁파가 영민 안정과 정치적 리더십의 확립을 위해 번주의 순행을 이용한 좋은 예일 것이다. 오쿠보 도시미치가 유신 직후 천황의 만기친재와 순행을 제안했던 것이나,[71] 메이지 천황이 빈번하게 순행하며 효자, 열녀 표창, 노인, 빈자 위로 등을 행했던 것도 이런 긴 흐름 위에 위치시킬 수 있는 것은 아닐까.[72]

나리아키도 메이지 천황과 마찬가지로 영지를 구석구석 순행하면서 민중과 접촉했고, 효자, 열녀, 노인들을 표창했다. 그러나 나리아키

70 金森正也,「近世後期における藩政と学問: 寛政~天保期秋田藩の政治改革と教学政策」,『歴史学研究』346, 2008.

71 笠原英彦,『大久保利通』, 66쪽.

72 笠原英彦,『大久保利通』, 68쪽; 安田浩, 하종문 · 이애숙 역,『세천황 이야기: 메이지, 다이쇼, 쇼와의 정치사』, 역사비평사, 2009, 25-28쪽; 多木浩二, 박삼헌 역,『천황의 초상』; 후지타니 타카시, 한석정 역,『화려한 군주: 근대일본의 권력과 국가의례』, 이산, 2003. 한편 久住真也는 쇼군 도쿠가와 이에모치(德川家茂)의 세 차례에 걸친 상락(上洛)을 '자신을 현시(顯示)하는 군주'라는 시각에서 검토하고 있어 본고의 주제와 관련하여 주목된다(『幕末の将軍』, 講談社, 2009).

는 대규모 행렬을 가급적 피하려고 했다. 그의 행렬은 '패전트(pageant)'는 아니었던 것이다.[73] 나리아키의 순행과 근대 국민 창출의 목적에서 비롯된 메이지 천황의 순행을 동렬에 놓고 비교할 수는 없다. 그러나 군주가 '돌아다니며(roaming ruler)' 민중에게 정치적 작용을 가하는 정치행위를 하고 그에 따라 민중 사이에 '정치적 존재감'을 확보하며, 이것이 민중의 정치화를 촉진시킨다는 점에서는 나리아키의 순행도 마찬가지다.

메이지 천황의 순행은 물론 유럽 군주의 순행에 영향을 받은 것이긴 하나 나리아키의 순행과 같은 19세기 전반 'roaming ruler'의 영향도 생각해 볼 수 있다. 다키 고지(多木浩二)는 유럽과의 관련성을 중시하면서도 천황의 순례는 의례적인 장식을 요란하게 꾸미고 이를 통해 권력의 의미를 상징화하는 것이 아니라 천황이 시찰한다는 특성을 갖고 있어서, 실제로 지방관이 수사적 언어만 바치는 것이 아니라 농민의 궁핍한 사정을 생생하게 설명했다고 지적하고 있는데,[74] 이는 유럽 군주의 순행보다는 나리아키의 그것과 흡사한 것이다. 이렇게 본다면 위기 상황을 맞아 군주에게 정치적 리더십을 구하고자 하는 긴 흐름이 18세기 말부터 19세기 사이에 걸쳐 있었다고 본 다음, 그 가운데 나리아키의 영민에 대한 정치행위를 위치시키는 것도 가능하지 않을까 생각한다.

1844년(弘化1) 막부의 견책으로 나리아키가 실각하자 미토번에서는 주목할 만한 현상이 벌어졌다. 이미 서술한 대로 가신들은 물론이고

73 다카시 후지타니, 『화려한 군주: 근대일본의 권력과 국가의례』.

74 多木浩二, 『천황의 초상』, 86-87쪽. 이렇게 볼 때 후지타니 다카시의 연구는 메이지 천황 순행의 패전트(pageant)적 측면만 지나치게 강조한 것이 아닌가 하는 생각이 든다.

영민들까지 대거 에도로 몰려와 나리아키에 대한 처벌에 항의했던 것이다. 영민들이 경제적 문제와 관련해 결당(結黨)하여 에도로 몰려오는 경우는 없지 않았으나,[75] 번주의 정치적 문제와 관련하여 대규모로 남상하는 경우는 전대미문의 일이었다.

이 영민들은 "[나리아키가] 곤궁도 벗어나게 해 주셔서 만민이 즐겁게 일을 하게 되어 백성들이 중흥의 덕"을 칭송하고 있고 "주나곤(中納言[나리아키])께서 망극한 인택(仁澤)을 베풀어 주시어 백성의 부모와 같으신데, 이처럼 액운(厄運)에 걸리셨으니 적자(赤子)로서 진실로 물불을 가릴 수 없는 때이므로 잠시도 편안하게 있을 수가 없습니다"라고 이야기하는 등, 나라아키를 '부모', 자신들을 '적자'라고 표현하며 강한 일체감과 귀속감을 표현하고 있다. 이어 "영내가 모두 천지신명께 기도하고 있고, 나아가 공의(公儀[막부])께도 탄원하자고 하정(下情)이 일치"했다고 말하고 있다.[76] 이것은 탄원자가 "미토어영내 계의관 서생 등 초망외신(水戸御領内稽醫館書生等草莽外臣)"이라고 되어 있어 '향의(鄉醫)' 집단인 것을 알 수 있는데, 이처럼 비교적 조직된 집단 이외에도 위와 같은 탄원은 수없이 행해지고 있어 이것이 영민 일반의 반응이었다고 봐도 큰 무리는 없을 것이다. 그렇다면 영민의 이런 반응을 어떻게 해석할 수 있을까. 일찍이 아이자와 야스시(會澤安)는 "무릇 영웅은 천하를 선동(鼓舞)하는 데 민(民)이 움직이지 않는 것을 두려워할 뿐이다. 용렬한 사람이 일시(一時)를 호도하는 데에는 민이 혹시 움직일까봐 두려워한다"[77]며 민의 정치적 포섭과 동원을 촉구했는데, 그 꿈이

75 대표적인 것이 1704년 발생한 호에이잇키(寶永一揆)다.

76 이상 瀬谷義彦, 「水戸藩士民の斉昭雪冤運動の諸形態: 天保 · 弘化期を中心に」, 『茨城史林』 5, 1976, 7-8쪽.

77 会沢安, 「新論」, 『水戸学』(日本思想大系53), 岩波書店, 1973, 63쪽.

마침내 이뤄진 것일까.

미토 영민의 남상에 대해서는 지금까지 두 가지 방향으로 해석되어 왔다. 하나는 덴포(天保) 개혁으로 대표되는 나리아키의 '선정'이 영민에게 흠모의 대상이 되어 왔기 때문이라는 설명이고, 또 하나는 나리아키를 지지하는 개혁파들이 평소부터 영민을 장악하여 왔고 그 연계를 이용하여 이때 대규모 동원을 획책했다는 것이다.[78] 필자는 두 번째 해석은 그대로 지지한다. 단, 첫 번째 해석에서 대해서는 나리아키 개인 또는 그의 '선정'이 영민에게 저절로 흠모의 대상이 되었다기보다는 그렇게 되기까지 번주의 적극적인 대민정치활동이 있었다는 점을 지적하고 싶다. 다시 말하면 민중[영민]에 대한 군주[번주]의 직접적인 정치적 작용이라는 측면에 주목하고자 하는 것이다. 즉 군주가 민중 사이를 적극적으로 돌아다니고 접촉함으로써 민중 사이에 '정치적 존재감'을 확보하는 정치행위에 주목해 보고자 한다.

'번 국가론' 논의에서는 18세기 말부터 번주의 능동적 정치행위로 번주와 번사 간의 친밀도가 높아지고 이에 따라 번사에 대한 '다이묘의 종주권'이 회복되었으며, 하나의 자율적인 번 국가가 형성되어 갔다고 보고 있다.[79] 미토번의 경우는 나리아키의 대민정책과 순행이라는 정치행위로 인해 번사를 넘어 번주와 영민 사이의 친밀도가 급격히 높아졌으며, 영민을 포함한 '번 국가'가 형성되어 갔다고 볼 수 있다. 이렇게 본다면 덴포기에 나리아키가 보여 준 정치행위는 18세기 말 이래 확산되어 온 '사대부적 정치문화'가 요구했던 새로운 군주상의 한 전형을 보여 준다고 할 수 있다. 많은 개혁가가 그를 '명군'으로 칭송했

78 瀬谷義彦, 「水戸藩士民の斉昭雪冤運動の諸形態: 天保・弘化期を中心に」.

79 荻慎一郎, 「中期藩政改革と藩国家論の形成: 米沢藩の明和・安永改革をめぐって」; 小川和也, 『牧民の思想: 江戸の治者意識』, 平凡社, 2008, 242쪽.

던 것은 어쩌면 이런 시대적 요구를 그가 잘 체현했기 때문일 것이다.

소결

이상에서 1830년대 초반에 미토번주 도쿠가와 나리아키가 행한 대민 정치행위를 검토해 보았다. 나리아키는 취임하자마자 기존의 관례였던 '가로합의체제'에 도전하여 번주의 친정을 실행했다. 그는 가로를 중심으로 한 '정부'의 정책 결정에 빈번하게 개입했고, 스스로 구체적인 정책까지 입안하여 '정부'에 제시하기도 했다. 특히 민정에 대한 관심이 지대하여 관례를 무시하고 관계 역인과 서신을 교환하거나 직접 대면하기도 했다. '정부'를 통하지 않고 민정의 현장 책임자인 군봉행과 수시로 접촉했고, 심지어 지방 하급 역인들과도 서신, 대면을 통한 접촉을 행했다. 이 과정에서 그는 자신의 방침과 시책이 농촌 상층부는 물론 농민 개개인에게 정확히 전달되는가에 각별한 주의를 기울였다. 후카야 가쓰미(深谷克己)는 번주 권력이 촌락 지배를 유지하기 위해 인정, 덕정[お救い]을 실시할 수밖에 없었고, 그를 위해 단지 법령만이 아니라 '교유(教諭)'를 통한 영민 설득에 크게 의존했다는 점을 지적하고 있는데[교유국가론],[80] 나리아키의 미토번이야말로 '교유국가'의 좋은 예라고 할 수 있을 것이다.

또한 18세기 말부터 막부를 비롯한 제번(諸藩)에는 민정의 중요성이 강조되면서 민정 역인의 쇄신과 인재 발탁에 힘을 쓰는 이른바, '명

80 深谷克己, 「近世における教諭支配」, 岡山藩研究会, 『藩世界の意識と関係』, 岩田書院, 2000.

대관(名代官)의 시대', '목민관의 시대'[81]가 도래했는데, 나리아키는 번주 스스로가 '명대관', '목민관'이 되려 했다고 볼 수 있다. 요시다 쇼인은 1850년대에 죠슈번주를 향하여 민정에 관심을 갖고 필요하다면 군봉행·대관과의 접견도 마다하지 말아야 한다고 간언하고 있는데, 나리아키는 이를 이미 실천하고 있었던 것이다. 한편 나리아키는 취번해서 미토에 체재하는 동안 맹렬하게 순행(巡行, 巡村)을 행했다. 이를 통해 농민과 직접 접촉함으로써 번주의 정치적 존재감을 그들에게 각인시켰다. 이는 '교유지배'를 뛰어넘어 번주 개인의 우상화에 의한 정치적 지배를 시도하는 새로운 형태의 정치현상이라고도 볼 수 있을 것이다.

이 같은 나리아키의 정치행위는 단순히 한 '명군'의 감동적인 에피소드로 치부할 것이 아니라 18세기 말 이래 확산되어 가던 '사대부적 정치문화'가 요구하던 새로운 군주상을 거의 그대로 체현하려고 한 것으로 자리매김할 수 있으며, 이후 메이지 초기에 이르기까지 추구되던 군주상과 연결되는 부분이 적지 않다고 생각한다.

81 小川和也, 『牧民の思想: 江戸の治者意識』, 平凡社, 2008, 252쪽.

제2장
막말기 미토번 당쟁에서 도쿠가와 나리아키의 역할

전술한 대로 35만 석을 보유하고 있던 미토번은 고산케(御三家) 중에서도 에도 근방[현재의 이바라키현]에 위치하고 있었기 때문에, 도쿠가와 시대에 '천하의 부장군(副將軍)'으로 불리며, 막부와 쇼군을 호위하는 첨병으로 자임하고 있었다. 미토번주는 참근교대제의 적용 대상이 아니어서, 자기 영지에 돌아가지 않고 에도에 정주하는 것이 허락되었다[定府制]. 이에 따라 후다이 다이묘(譜代大名)가 장악한 막정(幕政)에 미토번주가 영향력을 행사하게 되는 경우가 있었고, 거꾸로 미토번정도 막정의 추이에 크게 영향을 받았다.

미토번은 막말기에 도쿠가와 나리아키가 취임하고부터 전국의 주목을 받는 정국의 중심적인 번으로 변모하게 된다. 나리아키와 후기미토학자들을 중심으로 한 미토번사들은 외침의 위기를 강조하고 그를 막기 위한 대개혁[尊王攘夷論]을 막부에 집요하게 요구했기 때문이다. 그리하여 막부와 미토번은 막말기에 항상적인 갈등 관계에 빠지게 된다. 미토번은 자신들이 막부를 부정하는 것은 아니며, 대개혁만이 막부를 살리는 길이라는 논리를 폈지만 결과적으로 미토번의 막부 비판은 전국적으로 확산되어 막부의 종말로 이어졌다. 즉 막말 정치변혁의 단서를 연 것은 다름 아닌 '천하의 부장군' 미토번이었던 것이다.

이런 상황에서 미토번 내부는 도쿠가와 나리아키를 지지하는 측과 막부의 지원을 받는 세력 간에 끊임없는 당쟁이 벌어져 번의 분열과 내란을 초래하게 되었다. 내란을 거치면서 미토번사들은 같은 가신단끼리 피비린내 나는 살육전을 반복하여 번의 인재들을 잃었고, 결국 번의 붕괴를 자초했다. 그리하여 존왕양이론을 제창하고 막말 정치변혁의 방아쇠를 당겨 막말지사들의 동경과 유학(遊學)의 대상이었던 미토번은 정작 메이지 유신정부가 수립되는 과정에서는 제대로 된 역할을 해낼 수 없었고, 유신정부에 인재를 배출하는 일 또한 거의 불가능했다.

그런 미토번에서 안세이기(安政期)까지 중심적 역할을 수행했던 것이 나리아키와 가신 후지타 도코(藤田東湖)다. 나리아키의 파격적인 막정개혁 요구와 카리스마적인 퍼스낼리티로 인해 미토번에서는 그를 신격화시키려는 움직임조차 있었고, 번 밖에서도 현상 변혁을 바라는 많은 사람이 그에게 기대와 희망을 걸고 있었다. 나리아키에 대한 이러한 이미지 때문에 종래의 연구에서는 나리아키가 번정에서 처음부터 강력한 권력을 갖고 번정을 좌지우지했던 것처럼 묘사되어 왔다.[1]

한편 나리아키를 지지하는 가신 그룹에서는 후기 미토학의 이론가 후지타 도코가 그 중심이었다. 미토번 내에는 이외에도 가로, 중역층을 중심으로 한 문벌파와 『대일본사』 편찬을 주도한 학자 다치하라 스이켄을 영수로 하는 다치하라파(立原派)가 있었다. 다치하라파는 후지타파와 같이 번정 개혁파로 출발했으면서도 나중에는 후지타파와 대립하여 오히려 문벌파에 접근하면서 후지타파와 격렬한 권력투쟁을

1 水戸市史編纂委員会 編, 『水戸市史』 中巻(三)(四), 1976 외 많은 미토번 관계 연구서가 그러하다.

벌이게 된다.

종래의 연구에서는 나리아키+후지타파 vs. 문벌파+다치하라파라는 대립구도를 강조한 나머지 나리아키와 후지타파의 정치적 입장을 완전히 동일시해 버리고, 특히 나리아키와 그의 브레인이라고 일컬어져 왔던 도코 사이의 정치적 입장 차이는 거의 언급되지 않았다.[2] 또한 나리아키가 습봉 직후부터 후지타파에서만 권력 기반을 구한 것처럼 서술해 왔다.

본 장에서는 첫째, 나리아키가 습봉과 동시에 번 권력을 완전히 장악했던 것은 아니고, 오히려 습봉 이후에도 상당 기간 번 내 권력 기반이 취약했으며, 그렇기 때문에 문벌파·다치하라파와도 협조 관계를 유지하기 위해 후지타파의 과격화를 힘써 억제했던 것을 지적하고자 한다. 둘째, 그렇기 때문에 나리아키와 도코를 비롯한 후지타파 사이에서는 갈등과 긴장, 나아가 정치적 대립이 보이며, 주요 정치쟁점들에 대해서도 상당한 견해차를 보이고 있음을 밝히려고 한다. 이러한 대립 속에서 나리아키는 문벌파에 대한 온건노선과 정치 관례·질서의 존중 등을 강조하여 번의 분열을 회피하는 데 상당한 주의를 기울였다고 볼 수 있다. 셋째, 이러한 나리아키의 태도는 1844년(弘化1)에 발생한 그의 실각을 계기로 급변한다. 자신을 실각시켰다고 여겨지는 문벌파에 대한 증오심으로 나리아키는 극단적으로 그들을 적대했다. 반대로 도코는 실각을 교훈 삼아 문벌파에 유화적인 태도를 취하게 되고, 자파 내 과격 세력의 폭주를 필사적으로 억누르려고 했다. 도코는 나리아키에게도 유화 노선을 끊임없이 권하고 문벌파에 대한 적대 행위를 경고했다. 그러나 나리아키는 끝내 도코의 충고를 받아들이지 않고, 문

2 근래의 도코(東湖) 연구를 정리한 한 저서에서도 사정은 마찬가지다(鈴木暎一, 『藤田東湖』, 吉川弘文館, 1998).

벌파와의 대립을 심화시켜 번 내 갈등을 증폭시켰다. 본 장에서는 이처럼 나리아키와 도코의 입장이 역전되는 양상과 그 차이를 그려 보려고 한다.

이상과 같은 시도는 막말 미토번정의 핵심이며, 전국정치에도 커다란 영향을 끼쳤던 나리아키와 후지타파의 번정에서의 실태를 좀 더 명확히 살피고, 그들 간의 관계를 재검토하는 작업이 될 것이다. 또한 막말 미토번의 당쟁과 분열에 번주인 도쿠가와 나리아키가 적지 않은 원인을 제공했음을 지적함으로써, 미토번 당쟁의 원인을 생각하는 데도 하나의 단서가 될 수 있으리라고 여겨진다. 제3부의 전체적인 문제의식과 연관시켜 보면, '학적 네트워크'에 기반을 둔 당파 투쟁과 그 과정에서 군주친정을 꾀하는 번주가 얽혀 나가는 양상을 보여 주는 흥미로운 하나의 사례가 될 것이다.

제1절 미토번의 당쟁과 도쿠가와 나리아키의 등장

본 절에서는 이하의 서술을 위한 배경으로서 미토번에서 학파가 형성되고 그들이 정치세력화되는 과정을 서술하겠다. 지지부진하던『대일본사』편찬사업이 다시 활기를 띠기 시작하는 것은 6대 번주 도쿠가와 하루모리(德川治保, 文公)가 취임하고부터였다. 문공이라는 시호에서도 짐작할 수 있는 것처럼 하루모리는 "문학은 인륜의 대본(大本)"[3]이라며, 학문을 크게 장려하고 창고관 총재 다치하라 스이켄에 명하여『대일본사』편찬사업에 박차를 가하도록 했다. 그는 창고관원을 우대하여 간

3 水戸市史編纂委員会 編,『水戸市史』中巻(二), 400쪽.

세이(寬政) 이래 사관원 중에는 이례적인 승진을 한 자가 많았다.[4] 하루모리는 사관총재인 후지타 유코쿠를 '선생(先生)'이라고 부르며, 때때로 번정에 대해 하문했다.[5] 그 이후 창고관 총재는 정치자문을 받고, 또 자주 정치의 제 문제에 대해 상서할 수 있는 정치적 역직이 되어 간다.

한편 번주와 세자의 시독(侍讀)이라는 역직도 정치적 색채를 띠기 시작한다. 그들은 번주나 세자와의 밀접한 관계를 이용하여 번정에 간여하기 시작했다. 하루모리는 햐쿠쇼(百姓) 출신의 학자인 나가쿠보 세키스이(長久保赤水)를 자신의 시독으로 발탁했는데,[6] 그는 단순히 번주의 학문 교육에만 힘썼던 것은 아니고, 하루모리에게 자주 상서하여 번정에 대해 의견을 제시했다. 그 이후에도 시독들의 정치 관여는 계속된다. 1806년(文化3) 3월 7대 번주 도쿠가와 하루토시(德川治紀)의 시독에 임명된 아오야마 노부유키(青山延于)는 세록중신비판(世祿重臣批判), 인재 등용, 인신(人臣) 중시, 후다이(譜代)·도자마가신(外樣家臣) 차별 시정 등 5개조를 상서하여 번정을 비판했다.[7] 또 습봉 전 야카이모노(厄介者)[8]였던 나리아키[당시 이름은 敬三郞]의 시독을 역임했던 아이자와 야스시(會澤安), 요시다 노리요(吉田永世)는 나리아키를 옹립하기 위한 계승 분쟁과 나리아키 집권 후의 덴포개혁에서 중요한 역할을 하게 된다.

이와 같이 하루모리 집권 이후에는 학자 그룹이 사관총재, 시독 등의 자리를 이용하여 정치에 관여하기 시작했다. 그 후 학자 출신들은 번정 요직에 진출하기까지 했다. 1806년(文化3) 사관총재를 겸임한 채

4 『水戸市史』 中巻(一), 674-675쪽.
5 『水戸市史』 中巻(二), 419쪽.
6 『水戸市史』 中巻(二), 350쪽.
7 『水戸市史』 中巻(二), 420쪽.
8 나리아키는 8대 번주 나리노부(齊脩)의 이복동생으로서 미토번 나카야시키(中屋敷, 제2번저)인 고마고메(駒込)의 가메노마(龜之間)에서 생활하고 있었다.

로 유코쿠가 군봉행에, 다카하시 단시쓰(高橋坦室)가 고요시라베야쿠(御用調役)에 각각 취임한 것을 계기로 학자 그룹은 번의 요직에 진출하기 시작했던 것이다.[9] 특히 민정의 요직인 군봉행직(郡奉行職)은 이후 주로 학자 출신자들의 전유물처럼 되어, 후에 다치하라파 · 후지타파의 중요 거점이 된다.

조선이나 중국과는 달리 도쿠가와 시대에 학자는 정치라든가 행정과는 직접 관련이 없었던 직업인 것을 상기하면, 이 시기 미토번에서 보이는 학자의 정치적 진출은 주목할 필요가 있을 것이다. 과거에 의한 관리 선발 시스템 없이, 신분제에 의해 정치 · 관료 기구를 운영하고 있던 사회에서 학자의 정치적 진출은 능력주의 원리의 확산이라는 중요한 결과를 초래했다. 또한 학자들의 활동이 활발해짐에 따라 후지타파와 다치하라파 등 학파가 생겨나기 시작했다. 다른 번이 보통 학파라기보다 '학적 네트워크'에 머물렀던 데 비해 미토번에는 누대에 걸친 사승 관계가 형성되어 있었고, 학문적 · 이론적 대립이 존재했던 만큼 이를 학파 간의 대립이라고 봐도 무방할 것이다.

후지타 · 다치하라 양파의 지원으로 번주에 취임한 나리아키는 이들을 군봉행에 포진시키는 등 개혁 노선을 취하기는 했으나 문벌파를 배격한 것은 아니었다. 종래의 연구들은 나리아키가 취임 직후부터 전면적으로 반문벌파적인 자세를 취했던 것처럼 이야기해 왔으나, 뒤에서도 서술하듯이, 집권 당초부터 정권 기반이 취약했던 나리아키는 자신의 정권 안정을 위해, 또 번의 분열을 회피하기 위해 문벌파에 관용적인 태도를 취했다.

그러는 사이 후지타 · 다치하라 양파 사이에는 대립의 조짐이 나타

9 『水戸市史』中巻(二), 419쪽.

나기 시작했다. 1830년(天保1) 8월 나리아키가 "밖으로부터의 풍문을 들어 보면, 지금 다치하라파와 후지타파가 양분되어, 겉으로는 좋은 듯이 보이지만 내심으로는 서로 자파 사람만을 등용하려고 한다는 소문이 있다. …… 이번과 같이 학자도 각각 등용하게 되었으므로, 이후에는 [학파를] 지도하는 자도 국가를 위해 생각해야지 자파만을 추천해서는 안 된다"[10]고 경계한 것처럼, 학자들의 정치 진출과 번정 요직에의 진출에 따라 학파의 대립은 이제 정치적 당쟁으로 비화할 조짐을 보이고 있었다.

그 대립이 더욱 악화된 것은 1831~1932년의 '역체소동(役替騷動)'을 겪으면서였다(본서 제2부 2장 3절). 이 인사 소동은 나리아키 습봉 후 처음으로 문벌파와 후지타파 간에 벌어진 본격적인 권력투쟁이었는데, 이때 다치하라파는 문벌파에 적극 가담했다. 나리아키 습봉 직후 군봉행을 지방에 둘 것인가[陣屋制], 성하에 둘 것인가[城下制]를 둘러싸고 격하게 대립하는 등 양파 사이에는 점차 틈이 벌어지고 있었다. 이것이 '역체소동'을 거치면서 악화되었던 것이다. 과거에 같은 개혁파였던 다치하라파는 이제 후지타파의 정적이 되었다. '역체소동'이 일단락된 1832년(天保3)에는 이미 양파의 대립은 수습 불가능한 지경에 이르러 있었다. 후기 미토학자의 한 사람인 도요다 덴코(豊田天功)는, "미토에 다치하라 · 후지타 학파가 있어, 그 여독이 지금에도 끊이질 않는다. …… 지금 미토번의 상황은 모든 것이 이 두 파를 벗어나는 것이 없고, 국정(國政) · 국태(國態)가 모두 이로부터 나오기 때문에 실로 국가 안위에 관계되는 일이다. …… 그 양설의 옳고 그름은 어쨌든 간에 말류의 제자들에 이르러 당을 세우고 서로 싸우게 된 것은, 실로 와우각상(蝸

10 天保 元年 8月 14日字 郡奉行宛斉昭書翰, 「東湖先生書翰類抄」 六, 『長久保叢書』 87(鈴木暎一, 『藤田東湖』, 吉川弘文館, 1998, 63쪽에서 재인용).

牛角上)의 싸움과 같아 매우 부끄러운 일이다"[11]라고 개탄할 정도였다. 즉 학파끼리의 당쟁에 의해 국정이 크게 좌우되는 상황이 되어 버렸던 것이다.

이와 같이 나리아키가 우여곡절 끝에 습봉하여 번정을 맡게 되었을 때, 미토번 내에는 문벌파와 후지타파 그리고 다치하라파와 후지타파 간의 대립이 심각해져 가고 있었다. 나리아키의 번정 운영을 이해하기 위해서는 이와 같은 배경을 염두에 두어야 한다고 생각한다.

제2절 실각 이전 나리아키와 후지타 도코

나리아키 집권 후 미토번정에 대해 종래의 연구에서는, 나리아키와 후지타파가 굳게 결속하여 문벌파를 숙청하고 개혁정책을 과감히 밀고 나갔다는 식으로 서술되어 왔다.[12] 이런 관점에는 나리아키의 권력 기반이 취임 초부터 강력하고 안정적이었다는 점과 나리아키와 후지타파가 처음부터, 또 항상적으로 정치적 입장과 행동을 같이해 왔다는 점이 전제되어 있다. 그러나 필자가 이 시기의 미토번정을 관찰한 바에 따르면 이런 관점은 사실에 반한다.

나리아키는 습봉 후 후지타파의 거듭되는 재촉에도 불구하고 번정개혁 · 인사를 서두르려고 하지 않았다. 군봉행 · 오쿠유히쓰(奧右筆) 등 요직에 개혁파를 등용하기는 했지만 집정은 여전히 나리아키 습봉에 반대했던 문벌파의 인물이 차지하고 있었고, 나리아키는 그들 집정의 의견에도 충분히 귀를 기울였다. 나리아키의 온건한 태도에 대한 후

11 豊田天功, 「中興新書」, 『水戸学』, 202쪽.

12 예를 들면 『水戸市史』 中巻(三)의 제15장.

지타파의 불만은 더해져만 갔다. 도코는, "대업(大業)의 초창기이므로 맨 먼저 앞에서 말씀드린 간물(奸物)의 소인(小人)을 쫓아내셔야만 합니다. 에도, 미토의 제 유사(諸有司) 등 역인이라고 이름 붙여진 자들 중에는 대체로 소인이 많은데, 그자들을 남김없이 축출하셔야 한다고 생각합니다"[13]라며, 우선은 에도의 3, 4명, 그리고 미토의 2, 3명을 간신의 거괴(巨魁)라는 이유로 파직할 것을 상서했다. 그러나 나리아키는 받아들이지 않았다. 나리아키는 한편에서는 오쿠유히쓰 인사가 자신의 본의가 아니라는 것, 또 취임한 지 얼마 안 되는 자신의 힘으로는 집정들의 권력을 제압하기에 역부족인 점 등을 들어 후지타파를 다독거리면서도, 한편으로는 자신의 생각과 다른 후지타파의 주장에 대해서라면 신랄한 비판을 마다하지 않았다.

먼저 후지타파가 집정 등을 무시하고 조종하려는 시도에 대해 나리아키는 비판적이었다. 후지타파는 번정의 핵심인 집정 자리를 가격(家格)이 높은 몇몇 집안에서 세습적으로 독점하는 것에 강한 불만을 표했다. 그들은 세습으로 인해 무능한 자들이 집정에 취임해 번정을 그르친다고 보고, 소신집정론(小身執政論, 능력 있는 인물이라면 가격이 낮더라도 집정으로 삼아야 한다는 주장)을 펼쳤다. 후기 미토학자의 한 사람인 도요다 덴코(豊田天功)는 다음과 같이 말했다.

> 그런데 현재(賢才)는 상위(上位[신분이 높은 자]) 중에서는 있기 어렵습니다. 태평이 오래되어 천운이 바뀌었고 선조의 여택(餘澤)도 다했기 때문에 세신거실육식(世臣巨室肉食)하는 사람에게서는 현재가 날 수 없으니, 지금의 현재는 반드시 하위(下位[신분이 낮은 자])에 있을 것입니다. 그러나 그 현재를 알아보기가 어렵고, 또 명확히 알아보았더라도 평소

13 「東湖封事」, 『東湖全集』, 733쪽.

의 관례에 세신세록(世臣世祿)의 집안에서 집정을 맡는 것이 정해진 통법(通法)이기 때문에, 현재의 인물을 아래로부터 등용하여 정사를 맡기는 것은 어렵다고 말하지만, 이것은 전에 말한 심상용이(尋常容易)의 조치일 뿐이고, 도저히 회천(回天)을 꾀하는 생각이라고는 할 수 없습니다.

[이와 같은 것은] 일체가 구차(苟且)의 정치여서 대명(大命)에 해당되지 않는 것입니다. 이것은 일이 성사되느냐 되지 않느냐의 갈림길이기 때문에, 이번에 영단을 내리시어 군의(群議)를 배척하고서라도 반드시 현재의 인물을 등용하고 위임하여, 정사를 맡기도록 하지 않고서는 결코 중흥의 대업은 이뤄지지 못할 것입니다.[14]

도요다 덴코는 현재는 문벌파가 아니라 반드시 가격이 낮은 계층에 있다고 전제하고, 현재가 아닌 무능한 인물을 세습에 따라 집정으로 삼는 것은 "심상용이(尋常容易)의 조치"이므로, 지금과 같이 대업을 이뤄야만 할 비상시에는 영단을 내리어 가격이 낮은 계층의 현재를 집정에 발탁해야 한다고 주장했다. 이것은 가격에 따라 담당하는 역직이 자동적으로 정해져 있고, 또 그것이 세습되었던 근세사회의 신분제를 위협할 만한 주장으로, 문벌파에게는 도저히 받아들여질 수 없는 성질의 것이었다. 이에 후지타파는 한걸음 물러나 자파와 대립적인 인물은 배제하고, 집정 자리에 인격은 좋으나 정치에 무관심하며, 또 자파와도 사이가 좋은 중간파 인물을 취임시키려고 기도했다. 전술한 바 있는 이른바 선인집정론(善人執政論)이다. 후지타파가 이처럼 집정직에 집착했던 것은 집정직을 자파로 채우거나 아예 무력화시키지 않고서는 자신

14 豊田天功, 「中興新書」, 『水戸学』, 199-200쪽.

들의 정치주장은 실현될 수 없다고 판단했기 때문이었다.

그러나 나리아키는 선인집정론에 대해 후지타파가 무능한 집정을 인형처럼 조종하려는 시도라며 거부했다. 집정뿐 아니라 나리아키는 번사 간의 상하 질서유지도 중시했는데, 이 점에서도 후지타파의 견해와 차이를 보이고 있었다. 이를 잘 보여 주는 것이 그가 1833년(天保4) 처음으로 취번(就藩)했을 때 가신단에 보낸 유서(諭書)「고지편(告志篇)」이다. 나리아키는 우선 근세 무가사회의 근간에 해당하는 가시라(頭)와 시하이(支配) 관계[15]가 흔들리는 것을 경계했다.

> 휘하의 사람들은 주군의 사람들이므로 소중히 생각하여 돌봐야 하고, 잘못된 것이 있으면 내가[나리아키] 벌하기 전에 고치도록 가시라(頭)의 직(職)에 있는 자는 명심해야 한다. 또 가시라직(頭職)에 있는 자는 내가 임명한 사람이므로 시하이(支配)들은 아무쪼록 예경(禮敬)을 다하고, 모든 일에 지시를 받으며, 결단코 소홀한 행위가 없도록 명심해야 한다. 지금과 같은 태평한 시대에야말로 가시라와 시하이 간에 정(情)이 엷어지는 일이 없어야 하고, 만일 일이 있을 때는 가시라는 구미코(組子[支配])의 도움을 얻고, 구미코는 가시라의 명령에 따라 생사존망을 같이하는 사이이므로, 항상 [가시라는] 시하이(支配)의 재능을 알고 있어야 하고, 또 [시하이는] 가시라의 기질을 알고 있어 연속일치(連續一致)의 마음가짐이 없어서는 아니 되는바 …….[16]

15 도쿠가와 시대의 무가사회에서는 가신들을 반(番) 또는 구미(組)로 조직했다. 반 또는 구미의 우두머리를 반가시라(番頭), 구미가시라(組頭)라고 했고, 그에 속한 번사들을 총칭하여 시하이(支配)라고 했다.

16 「告志篇」, 今井宇三郎 · 瀨谷義彦 · 尾藤正英 校注, 『水戸学』(日本思想大系 53), 岩波書店, 1973, 215쪽.

그리고 "반가시라(番頭) 이상은 여러 사람의 본보기이고 자타의 본보기이기도 한 직책이므로, 특별히 언행을 삼가고 어떠한 일이라도 생각하는 바가 있으면 나에게 말하고, 역인들에게도 담판을 하여 ……"[17] 라며 반가시라 이상의 가신들을 배려했다. 이것은 가시라(頭)-시하이(支配) 관계로 이뤄지는 반(番)·구미(組)의 조직이 제대로 기능하지 않고, '역체소동'에서 그랬던 것처럼 학파·파벌에 의한, 반·구미를 넘어선 횡적 연대 움직임에 대한 경고로 볼 수 있다.

그런데 이 「고지편」을 작성할 때 나리아키와 도코는 몇 개월에 걸쳐 그 내용에 대해 토론했다. 나리아키는 유서(諭書)의 원안을 만들어 도코에게 의견을 요청했는데, 그 토론 과정을 살펴보면 두 사람 간의 의견 차이를 선명히 알 수 있다. 나리아키와 도코에 관련된 사료를 모아놓은 『미토 후지타가 구장서류(水戶藤田家舊藏書類)』 3에는 「덴포 3년 나리아키 친유원안(天保三年齊昭親諭原案)」(十二月二十一日作)과 그에 대한 도코의 수정 의견이 남아 있어, 이 시기 두 사람의 생각과 입장 차이를 알 수가 있다. 거기에는 1844년(弘化1)에 일어난 나리아키 실각 이후 두 사람의 입장과는 정반대의 모습이 그려져 있어 흥미롭다.

먼저 가시라-시하이 관계에 대해서 보면, 나리아키는 "어떤 일이든 가시라(頭)의 지시는 나의 지시이므로, 시하이(支配)인 자들은 이러쿵저러쿵 말하지 말고, 가시라의 지시를 지켜야만 한다"[18]라고 원안에 썼다. 나리아키는 가시라의 지시에 거의 절대적인 권위를 부여하고 이에 대한 시하이들의 이의 제기를 부정했던 것이다. 이것은 이 시기 나리아키가 일반 번사의 정치적 활성화를 억누르고, 가시라-시하이라

17 「告志篇」, 『水戸学』, 226쪽.

18 「天保三年斉昭親諭原案」, 日本史籍協会 編, 『水戸藤田家舊藏書類』 三(日本史籍協会叢書 184)』, 東京大学出版会, 1974, 289쪽.

는 전통적 조직에 의해 번 내 질서를 유지하려고 했던 것을 의미한다고 생각된다. 이에 대해 도코는 "이 조항은 황송합니다만 매우 문제가 될 것이라고 우려됩니다"[19]라고 반대했다. 그러나 결국 위에서 본 대로 「고지편(告志篇)」의 문장은 가시라의 권위를 강조하는 나리아키의 의견에 따르게 되었다.

그 외에 나리아키의 원안에서는 "양 도시요리(兩年寄[집정])를 비롯하여 중직(重職)에 있는 자들에게는 불경하지 않도록 명심해야 한다. 불례(不禮)한 것이 있을 때는 그자에 대한 불경이라기보다 역(役)에 대한 불경이 되는 것이어서 그대로 두기 어려우므로, 이 점을 명심해야만 한다"[20]라고, 집정을 비롯한 중직에 대한 불경을 벌할 것을 명언했다. 이것이 신분이 낮은 자들이 집정 등을 무시하는 행위에 대한 나리아키의 자세였다. 즉 이 시기의 나리아키는 집정 · 문벌파도 배려하며, 번주로서 번을 하나로 묶는 데 노력을 기울였다고 할 수 있다.

한편 이 시기 나리아키와 후지타파 간에 존재하는 또 하나 중대한 입장 차이를 확인할 수 있는 것이 직분 이외의 일에 대한 간여 문제다.[21] 나리아키는 후지타파와는 달리 종래의 관례대로 직분에 해당하는 일에만 집중할 것을 강조했다. 여기서 종래의 정치관습에 따라 번 내 질서를 유지하려고 하는 체제 대변자로서의 번주 나리아키의 모습을 엿볼 수 있다. 이것은 동시에 문벌파에 대한 배려이기도 했다.

이상에서 종래의 이미지와는 달리, 이 시기의 나리아키는 문벌파에 대해 적대적이라기보다는 타협적인 태도를 취했던 것을 알 수 있고, 또한 후지타파와도 여러 가지 정치쟁점에서 대립을 보이고 있던 것을

19 「天保三年斉昭親諭原案」, 『水戸藤田家旧蔵書類』 三, 289쪽.
20 「天保三年斉昭親諭原案」, 『水戸藤田家旧蔵書類』 三, 291-292쪽.
21 본서 제2부 2장 3절에 이미 상세히 서술했다.

확인할 수 있다. 즉 나리아키가 집권하자마자 후지타파와 연대하여 문벌파를 적대했다는 시각은 수정되어야만 할 것이다.

그렇다면 나리아키는 왜 위와 같은 정치적 태도를 취했던 것일까. 일반적으로 나리아키는 강력한 권력의 소유자라는 이미지를 갖고 있으나, 필자가 보기에 그의 권력 기반은 시종 불안한 것이었다. 계승분쟁을 겪으면서 문벌파의 반대를 물리치고, 현 번주의 이복동생이라는 위치에서 일거에 번주의 자리에 뛰어오른 나리아키에게 의지할 만한 정치세력은 별로 없었다. 쇼군 이에나리(家齊)의 딸이며 전 번주 나리노부(齊脩)의 정처(正妻)이자 나리아키의 의모(義母)였던 혼쥬인(本壽院)도 번정에 간섭하고 있었고, 막각(幕閣)에 인맥을 갖고 있었던 쓰케가로(附家老) 나카야마 노부마사(中山信正)도 건재했다. 더욱이 계사(繼嗣) 과정에서 대립했던 문벌파는 "포의(布衣) 이상의 가문들을 자세히 살펴보면 십중팔구는 친척 간이어서 서로 기맥(氣脈)이 상통하고 있다"[22] 라고 한 것처럼 서로 친척 관계로 단단히 결속하고 있었다. 그들에게 신번주(新藩主)가 섣불리 도전하는 것은 매우 위험한 일이었다.

나리아키는 번주가 되기는 했지만 그의 권력은 정부의 결정을 좌우할 만큼 강고하지는 않았던 것이다. 그러한 상태는 나리아키의 집권 기간 내내 계속되었다. 다음의 사료에서 집정을 중심으로 한 번 정부가 나리아키의 지시대로 움직이지 않는 상황을 엿볼 수 있다. 나리아키는, "고요시라베야쿠(御用調役), 오쿠유히쓰 도도리(奧右筆頭取) 또는 와카도시요리(若年寄) 등과 내가 상의하여 결정한 것이라도, 그것은 비공식적인 것일 뿐 중역들이 결정해 주지 않으면 [나는 그저] 자꾸 재촉할 뿐이다. 공식적으로는 할 방법도 없어 나도 조바심을 칠 뿐이어서 사임

22 「許々路迺阿登」, 『東湖全集』, 1100쪽.

이라도 하고 싶을 정도다"[23]라거나, "직서(直書)를 양금방(兩金方)에 보냈지만, 미토 정부에서 통과시키지 않고 있는 상태에서는 …… [번주의] 직서로 지시한 일을 정부에서 통과시키지 않는 것은 더욱이 들어 보지 못한 일이다", "무엇 하나 내 지시로는 이뤄지는 일이 없다"[24]라고 무력감을 토로했다.

즉 나리아키와 고요시라베야쿠(御用調役)[25] · 와카도시요리(若年寄) 등이 협의하여 합의해도, 집정들이 결정하지 않으면 아무 소용이 없을 정도로 집정들의 존재감과 결정권은 강력했다. 1835년(天保6)에는 나리아키의 번교 설립 의사가 집정 등에게 거부당한 적도 있었고, 또 문벌세가(門閥世家)의 연소자를 처음엔 비관서리(卑官胥吏)로 임명하여 훈련한 후에 현요(顯要)의 직(職)에 등용하자는 나리아키의 개혁안도 "문벌집안의 자를 여러 역소에서 견습시키려고 하는 것은 정체(政體)에도 좋지 않다"[26]는 문벌파의 반대로 무산되었다. 또 사록(士祿)의 불평등을 해소하려고 1835년(天保6) 10월 미토 정부에 의논케 했으나, 이 건도 그해 연말이 되기까지 정부로부터 아무런 대답이 없을 정도였다.[27]

이상에서 본 것처럼, 적어도 나리아키가 1839년(天保10) 반가시라 강소(番頭强訴) 사건[28]을 제압하여 문벌파에 심대한 타격을 주기 전까지,

23 『水戸藩史料』 別記上, 472쪽.

24 『水戸藩史料』 別記上, 524쪽.

25 전술한 대로 오쿠유히쓰부(奥右筆府)에 속해 있으나, 집정보다는 번주에 가까운 역직으로 번주를 위해 선격고례를 조사하여 보고하는 임무를 담당했다. 때로는 오쿠유히쓰(奥右筆)들을 감시하는 역할을 하기도 했다.

26 『水戸藩史料』 別記上, 472-474쪽.

27 『水戸藩史料』 別記上, 480쪽.

28 1839년(天保10) 익년으로 예정되어 있던 번주 나리아키의 취번을 앞두고 미토번의 반가시라(番頭) 70여 명이 나리아키 취번 연기를 요청하여 연명상서를 했다. 표면적인 이유는 기근과 재정난이었으나, 실제로는 나리아키가 미토

나리아키의 권력은 정부의 정책 결정조차 좌우할 수 없을 정도로 취약한 것이었음을 확인할 수 있다. 이런 상황에서 경솔하게 움직여 후지타파와 전면적인 협력 관계에 들어가는 것은 자신의 정치생명에도 위험한 일이었다. 개혁의 성공을 위해서도 또 번의 분열을 회피하기 위해서도 문벌파와의 협력은 불가결했다. 문벌파의 협력을 얻기 위해 나리아키는 번 내 질서나 관습을 강조함으로써 후지타파를 견제하면서 정치세력 간의 균형을 유지하고, 번 내 갈등을 막으려 노력했다고 생각된다. 자신이 처한 현실을 정확하게 인식한 후에 취한 나리아키의 이 같은 자세가 결과적으로 후지타파의 폭주를 억누르고, 문벌파와도 결별하지 않고 번의 분열을 막는 데 크게 기여했을 것이다.

그런 자세는 반가시라 강소 사건 이후에도 기본적으로 유지되었다. 강소를 진압함으로써 나리아키는 문벌파에 대해 권력상 우위를 점하게 되었지만, 문벌파를 극단적으로 배척했다고는 보기 어렵다. 강소 사건 이후 번 내 중요 역직도 후지타파로 다 채워진 것처럼 설명되어 왔으나, 실은 그렇지만도 않다. 물론 집정에 도다 긴지로(戶田銀次郎), 와카도시요리(若年寄)에 다케다 고운사이(武田耕雲齋), 소바요닌(側用人)에 도코를 임명하는 등 후지타파를 파격적으로 등용했지만, 다른 한편에서는 문벌파의 촉망을 한 몸에 받고 있던 유키 도라쥬(結城寅壽)[29]를

에 와서 머물면서, 개혁적인 정책과 인사를 펼 것에 대해 문벌파가 우려했기 때문이었다. 나리아키는 이런 반대를 무릅쓰고, 1840년(天保11) 취번을 강행했다.

29 유키가(結城家)는 시라카와 유키(白河結城)의 일족으로, 의공(義公, 2대 번주 德川光圀) 이래의 세신(世臣)이고, 대대로 1,000석(石)을 영유했다. 유키 도라쥬는 1818년(文政1)생으로 도코보다는 12세 연하이며, 도다 긴지로, 다케다 고운사이보다는 15세 연하였다. 아오야마 노부유키에게서 배우고, 1833년(天保4) 에도고쇼(江戶小姓), 1838년(天保9) 쓰카이반(使番), 1840년(天保11) 와카도시요리를 역임했다.

1842년(天保13)에 집정으로 임명해 막강한 권력을 주었던 것이다. 실제로 유키 도라쥬는 반가시라 강소 사건 이후의 번정에서 후지타파에 뒤지지 않는 권력을 휘둘렀다. 그는 집정에 취임하자마자 후지타파인 와카도시요리 다케다 고운사이를 오반가시라(大番頭)로 좌천시키고, 심복인 요시노 히데오미(吉野英臣)를 소바요닌에 임명했으며, 또 요코야마 쥬베이(横山忠兵衛), 도모베 쇼스케(友部正介) 등 자신의 측근을 고쇼가시라(小姓頭)로 삼았다. 게다가 1843년(天保14)에는 후지타파 와카도시요리인 이마이 긴에몬(今井金右衛門)을 지샤봉행(寺社奉行)으로 옮기게 하여, 사원파각(寺院破却)의 임무를 맡겼다.[30] 이것은 사원파각이라는 과격한 정책의 책임을 후지타파에게 덮어씌우기 위한 조치였다. 이럴 수 있을 만큼 유키 도라쥬는 실권을 장악하고 있었고, 나리아키는 이것을 용인했던 것이다. 이 때문에 도코는 취번 이래 나리아키가 '간신'을 중용하고 있다고 비판하고, 유키 도라쥬에게 과대한 권력이 주어지는 것을 우려했다.

> 근래의 인사가 열 중에 일곱 여덟은 유키 도라쥬의 흉중(胸中)에서 나온다는 것을 우신(愚臣)이 날마다 듣고 있습니다. 무엇보다 도라쥬는 가문도 좋고 가록도 높고, 게다가 독서도 잘하고, 용모를 일부러 순진하게 보이게 하는 재주도 있고, 또 재지(才智)가 다른 사람보다 꽤 뛰어나기 때문에 대개의 사람들은 혹은 두려워서 혹은 속아서[그를 따르고 있습니다], 또한 나이가 겨우 26세이므로 이후 몇십 년간 집정에 재직할지도 알 수 없으므로, 먼 앞날을 생각하는 자들은 모두 도라쥬의 막하(幕下)에 속하려고 하는 실정입니다. 그런데 재지가 뛰어난 만큼 자기를 이기려 하거나, 자기에게 거슬리는 사람을 미워하는 것이 매우 심하여, 자기 수

30 井野辺茂雄, 「水藩朋党起源論」 4, 『史学雑誌』 20-5, 1909, 66-67쪽.

하의 사람만을 품고 있습니다.[31]

도코는 특히 이마이가 지샤봉행으로 전출된 것을 우려했다. 그는 이 소식을 듣자마자 나리아키를 만나 반대 의견을 전했으나 나리아키는 들어주지 않았다. 이 때문에 도코는 자택에 틀어박혀 출사(出仕)를 거부했다. 나리아키는 세 번이나 사람을 보내 도코의 출사를 재촉했다.[32] 이처럼 강소 사건 이후에도 나리아키는 유키 도라쥬를 비롯한 문벌파를 적대하지 않았고, 유키 도라쥬는 오히려 이 시기에 막강한 권력을 휘둘렀던 것이다.

이제까지 보아 온 것처럼, 덴포기(天保期)의 나리아키는 비교적 온건한 입장을 유지하여 번의 분열을 회피하는 데 진력했다. 때로는 후지타파의 과격한 공격으로부터 집정 등 문벌파를 변호하여 후지타파의 급진적 주장과 대립했다. 이와 같은 나리아키의 온건한 태도는 후지타파의 불만을 샀지만, 나리아키는 자신의 신념을 굽히지 않았다. 권력 기반이 취약했던 나리아키에게는 서로 친인척의 끈으로 묶여 있어 굳건한 결속을 과시하고 있던 문벌파를 적으로 돌려서는 자신의 권력 유지가 어렵고, 번 내 갈등도 심화될지 모른다는 우려가 있었기 때문이었다. 정치가로서 나리아키는 이 점을 냉정하게 인식하고 있었다고 생각된다. 이에 불만을 느낀 도코를 비롯한 후지타파의 압력에 대해 나리아키는 항상 그들을 위무하고 견제하여 과격화를 경계했던 것이다. 이런 상황에 급격한 변화가 벌어진 것이 1844년(弘化1, 甲辰年)에 발생한 나리아키 실각 사건, 즉 '갑진국난(甲辰國難)'이었다.

31 「東湖書簡」(井野辺茂雄, 「水藩朋党起源論」 4, 67-68쪽에서 재인용).

32 「回天詩史」, 『東湖全集』, 22-23쪽.

제3절 실각 이후 나리아키와 후지타 도코

덴포검지(天保檢地), 지샤개혁(寺社改革), 해방(海防)을 위한 군사훈련 등 나리아키가 주도한 미토번 덴포(天保) 개혁이 한창 진행 중이던 1844년 5월, 막부는 돌연 나리아키에게 근신·은거의 처벌을 내리고, 고마고메(駒込) 나카야시키(中屋敷, 미토번 제2번저)에 유폐시켰다. 그리고 덴포개혁의 핵심이었던 도코와 도다 긴지로도 일체의 역직에서 쫓겨나 칩거를 명령받았다. 그밖에 나리아키를 도와서 덴포개혁을 추진했던 많은 후지타파 인사가 처벌을 받았다. 이것을 '갑진국난(甲辰國難)'이라고 한다.

막부는 7개조에 걸쳐서 나리아키의 덴포개혁 정책이 막부 방침과 위배된다며 힐 문했고, 특히 군사훈련에 대해서는 막부에 대한 위협이라고 의심하기까지 했다. 불과 전년에 나리아키의 닛코참배(日光參拜) 수행과 번정의 공로를 인정받아 막부로부터 큰 포상을 받은 직후에 벌어진 일이었기 때문에 이 처벌은 누구도 예상하지 못한 것이었고, 그만큼 미토사민에게 준 충격은 컸다. 당시 사람들은 덴포개혁 정책으로 번내 입지가 많이 축소된 문벌파와 지샤개혁(寺社改革)으로 사원파각까지 당한 일부 승려 세력이 막각의 요로와 에도의 유력 사찰에 공작을 펴서 나리아키를 실각시켰다고 추측하고 있었다.

그런데 실각 사태에 대한 나리아키와 도코의 대응은 매우 대조적이어서 흥미롭다. 나리아키는 문벌파와 일부 승려에 대한 적개심에 불타번 내 제 세력을 통합하려는 의욕을 잃어버린 것으로 보인다. 거꾸로 도코는 실각에 대한 반성을 통해 문벌파와 지번주(支藩主)와의 융화, 급진적 정책의 완화를 주장하며, 번의 분열조차도 불사할 기세였던 나리아키를 필사적으로 진정시키려고 했다. 이는 실각 이전에 나리아키와 도코가 견지했던 정치적 입장과는 반대의 것이었고, 나리아키의 이런 태도는 이후 미토번의 분열·내란으로까지 이어지는 데 하나의 분기점이 되었다는 점에서 막말 미토번정사에 중요한 포인트라고 생각된다. 이제 그 경위를 자세히 살펴보자.

우선 '갑진국난'에 대한 나리아키와 도코의 태도를 검토해 보기로 한다. 나리아키는 막부로 하여금 자신을 실각시키도록 배후에서 움직인 것은 집정인 유키 도라쥬라고 판단하여 그에 대한 분노를 억누르지 못했다. 그는 도라쥬에 대해 "유키는 나를 고마고메에 감금하고, 상사를 내쳤으며, 내가 임명한 역인을 내쫓아 자기 파로 바꾸고, 구가(舊家)의 사람이 아니면 중역이 될 수 없다는 설을 주장하여, 구가에는 자기를 뛰어넘는 재학(才學)의 사람이 없기 때문에 자기 마음대로 하려고 한다는 것을 듣고 있다"[33]며, 실각의 주모자가 유키 도라쥬이고 그가 자신을 감금시켰다고 인식하고 있었다. 실제로 당시 미토번에서는 유키 도라쥬가 막부요로와 연결되어 '주군감금(主君押込)'을 기도했다는 소문이 나돌고 있었다. 앞에서 본 대로 나리아키는 1839년(天保10)의 반가시라 강소 사건 후에 후지타파를 번의 요직에 대거 임명했을 때도 유키 도라쥬를 집정에 발탁할 정도로 그를 총애하고 있었으나, 이때에 이르러 그의 총애는 증오로 변해 버렸던 것이다.[34]

33 「東湖書簡」(井野辺茂雄, 「水藩朋党起源論」 4, 68쪽에서 재인용).

34 이 두 사람의 관계에 대해서는 재미있는 해석이 있다. 즉 나리아키와 오랜 지기(知己)인 에치젠번주(越前藩主) 마쓰다이라 슌가쿠(松平春嶽)는 『일사사보(逸事史補)』에, "이것은 내가 어떤 사람의 실설(実説)을 들은 것이다"라고 전제하고, 다음과 같은 사실을 기록하고 있다(이하 井野辺茂雄, 「水藩朋党起源論」 3, 『史学雑誌』 20-4, 1909, 56쪽에 의한다). 도라쥬(寅寿)가 고쇼(小姓)였을 때에, "[齊昭가] 색욕을 아주 좋아하는 성질이었기 때문에 도라쥬의 미려(美麗)에 침닉(沈溺)하여, 도라쥬를 남색의 대상으로 삼으셨다. 도라쥬도 간악한 자였으므로 때때로 이에 응해 공(公)에 아부하여. 이 남색의 유락(遊樂)이 거듭되었다"는 것이다. 나리아키가 호색이었다는 것은 유명한 이야기

이에 반하여 도코는 상당히 다른 인식을 보여 주고 있다. 이 시기 도코의 심경이나 생각은 「고코로노아토(許々路迺阿登)」라는 사료에 잘 나타나 있다. 처분에 의해 칩거 중이던 도코는 깊은 병을 앓고 있어 생명조차 보장할 수 없는 상황이었기 때문에 "생각나는 대로 써 내려가 유언과 마찬가지의 마음가짐으로 …… 타일(他日) 귀형(貴兄[高橋多一郎])이 [번주에] 건백(建白)하여 주십시오"[35]라며, 유언삼아 써서 후지타파의 유력 번사인 다카하시 다이치로(高橋多一郎)에게 맡겨 놓았던 글이다. 다카하시 다이치로에게 맡겨 놓았지만 후일 때가 되면 번주 나리아키에게 전달될 것을 예상하고 썼기 때문에 그 내용을 나리아키에게 올린 상서로 보아도 무리는 없을 것이다.

먼저 '갑진국난'의 원인에 대해 도코는 자신을 비롯한 '유지(有志)'들에게도 잘못이 있음을 인정했다. 즉 "[弘化 원년부터 지금까지] 4년 동안의 화(禍)는 천보간난(天步艱難)이기는 하지만, [그렇게 된 원인의] 하나로는 '유지'의 사(士)들이 경솔소루(輕率疏漏)하여 일을 그르친 것이 적지 않다"[36]거나, "갑진의 일은 막부에게도 무리가 있었던 것은 말할 것도 없지만, 지금 새삼 생각해 보면 선년(先年)의 정사에도 여러 가지 수순이 틀리거나, 본말·전후·완급(本末前後緩急)을 잃었던 점도 있었다. …… 이처럼 스스로 생각해도 조리가 없었으니, 다른 사람의 입에서는 얼마든지 비방이 있었을 것이다"[37]라고 '유지'들의 행위에 경솔했던 점과 수순이 잘못된 점, 그리고 과격한 점이 있었다는 반성을 하고 있다. 자신이 생각해도 자신들의 행동은 "조리가 없는" 것이었으니, 다

이고, 그와 절친했던 슌가쿠(春嶽)의 기록이기 때문에 단순한 웃음거리로 치부할 수는 없을 것이다. 井野辺茂雄도 슌가쿠의 기록에 신뢰를 보이고 있다.

35 「許々路廼阿登」, 『東湖全集』, 1095쪽.

36 「許々路迺阿登」, 『東湖全集』, 1094쪽.

37 「許々路迺阿登」, 『東湖全集』, 1107쪽.

른 정치세력이 여기에 저항감을 느꼈던 것도 당연하다는, 꽤 엄격한 자기반성인 것이다.

유키 도라쥬에 대해서도 냉정함을 잃지 않았다. 당시 미토에서는 '갑진국난'이 모두 유키 도라쥬의 계획과 모략에 의한 것이라는 인식이 팽배했다. 위에서 본 것처럼 나리아키 자신도 사태의 책임을 유키에게 돌리고, 그에 대한 증오감을 감추지 않았다. 그러나 도코의 생각은 달랐다. 유키가 나리아키를 타도하려 했다고 말하고 다니는 자들이 있으나, 유키가 노린 것은 집정 도다 긴지로와 소바요닌 도코를 타도하고, 권력을 독점하려는 것에 지나지 않았다는 것이다. 그는 "노공(老公[나리아키])까지 타도하려는 생각은 없었고, 다만 약발이 지나치게 들어서 노공까지 이와 같이 되신 것 대해서는 도라쥬도 놀랐을 것이라고 생각한다"고 했다.[38]

즉 유키는 나리아키 정권에서 유력한 정적이었던 집정 도다 긴지로와 소바요닌 후지타 도코를 권력의 자리에서 끌어내리려고 했던 것에 불과하지, 자신의 권력 기반이었던 나리아키까지 실각시키려고 의도했던 것은 아니라는 해석이다. 그 진상에 대해서는 지금까지도 정설은 없으나, 유키가 나리아키의 신뢰를 받아 출세가도를 달려왔고, '갑진국난' 직전에도 번정에서 커다란 권력을 갖고 있었던 점, 또 '갑진국난'으로 유키의 권력이 강화되기는커녕 그 자신도 권좌에서 밀려난 점 등을 생각해 보면 도코의 해석에도 상당한 설득력이 있다고 생각된다.

한편 도코는 유키 도라쥬에 대해서뿐 아니라 지금까지 격하게 싸워 왔던 문벌파에 대해서도 융화적인 태도를 취하도록 나리아키에 호소했다. 문벌파에 대한 적개심과 복수심에 불타던 나리아키에게 도코

38 「許々路迺阿登」, 『東湖全集』, 1100쪽.

는, "결국 [중역으로] 쓰셔야만 하는 [사람들인] 이상에는 역시 지금부터 마음을 쓰셔서, 비젠노가미(備前守[附家老 中山])를 비롯하여 거실세가(巨室世家)의 사람들을 한 사람 한 사람 만나셔서, 설령 마음속으로부터 열복(悅服)할 정도까지는 되지 않는다 하더라도, 적어도 적대하지는 않도록 해야 할 것입니다", "서토(西土[중국]) 군현의 세상과 달리 봉건세록의 제도에서는 구가(舊家)를 다루는 것은 실로 중요한 것이라고 생각합니다"[39]라고 하여, 문벌파를 배제하거나 적으로 돌려서는 안 된다고 간언했던 것이다. 이것은 실로 덴포기(天保期)에 나리아키가 후지타파를 향하여 충고했던 바로 그것이었다.

도코는 또 번 내의 과격한 무리들이 번청의 유사(有司)를 무분별하게 공격하는 것을 경계했다.

> 유지(有志)의 젊은이들이 분격한 나머지 유사(有司)들을 한 묶음으로 간(姦)이라고 이름 붙이지만, 같은 가신단에게 그런 딱지를 붙이는 것은 진실로 좋지 않은 일이라고 생각합니다. 우안(愚眼)으로 감정해 보건대, 간인(姦人)이라고 할 정도의 자는 아무리 봐도 안 보이고, 공자가 말하는 비부(鄙夫)만 많다고 생각합니다. …… 그러한 것을 이것도 간, 저것도 간이라고 지목한다면, 점점 비부의 당류(黨類)는 많아지고, 그 당사자들뿐 아니라 자자손손까지 파를 나누고 당을 세우게 되어 국가영세(國家永世)의 대해가 될 것이라고 생각합니다.[40]

이것을 나리아키 습봉 직후에 도코가 썼던 상서들과 비교해 보면, 도코의 생각이 많이 변한 것을 알 수 있다. 도코는 정적이라 할지라도

39 「許々路迺阿登」, 『東湖全集』, 1101쪽.
40 「許々路迺阿登」, 『東湖全集』, 1102쪽.

간인과 비부를 구분하여, 함부로 간인이라고 단정하여 오히려 간인을 늘리는 것을 피해야 한다고 했다. 그리하지 않고서는 단지 일시적인 정쟁으로 끝나지 않고, 장기적이며 고질적인 당쟁을 초래할 수도 있었기 때문이다. 즉 '간인'이라는, 후지타파가 오랫동안 즐겨 사용하여 왔던 말의 남용을 스스로 억제하려고 하여, '지극(至極)의 간물(奸物)'이 아니면 관용적으로 받아들일 것을 호소했다.[41] 그러나 주지하는 대로 현실은 도코가 우려했던 쪽으로 치닫고 말았다.

도코는 또한 신번주(新藩主) 요시아쓰(慶篤)의 후견직(後見職)을 맡고 있던 미토지번(水戶支藩)인 삼연지(三連枝)에 대해서도 융화적인 태도를 취하도록 나리아키에 간언했다. 나리아키는 그들이 매우 불손하다며 삼연지, 그중에서도 특히 다카마쓰 번주(高松藩主) 마쓰다이라 요리타네(松平賴胤)를 경멸하고 미워했다. 그러나 도코는 "그분들은 외람되오나 논하기에도 부족한 인물이므로 상대하지 마시고, 오히려 흉중에 받아들이시고 때때로 일이 있을 때마다 고마고메(駒込)에 부르시어 마음을 보이시는 것이 어떨까 하고 생각합니다"[42]라며, 삼연지와 가까이 지내도록 충고했다. 번 내 '유지'들에게도 "지금의 유지들은 노공[나리아키]의 복귀를 바란 나머지 삼연지의 주군을 모두 미워하는데, 어느 정도 나쁘기도 하지만 원래 사려가 깊지 못한 데서부터 일어난 것으로 ……"라며 자제를 촉구했다. 또 나리아키가 복귀해도 삼연지에게는 어떠한 보복도 없을 것을 알려 주어, 삼연지를 안도시키는 것이 중요하다고 간언했다.[43]

한편 당시 정국의 초점 중 하나로는 나리아키 · 요시아쓰 부자간

41 「許々路迺阿登」, 『東湖全集』, 1102쪽.

42 「許々路迺阿登」, 『東湖全集』, 1098쪽.

43 「許々路迺阿登」, 『東湖全集』, 1099쪽.

의 불화 문제가 있었다. 나리아키 실각 후, 적자 요시아쓰(慶篤)가 번주의 자리에 올랐으나 그때 그의 나이 불과 13세였다. 유키 도라쥬를 중심으로 한 문벌파는 요시아쓰의 시독(侍讀)에 유키파의 요코야마 쥬베에(横山忠兵衛), 도모베 쇼스케(友部正介)를 임명하여,[44] 나리아키로부터 요시아쓰를 격리시키려고 했다. 그 결과 나리아키 부자의 접촉은 거의 불가능해지고, 서로 간에 오해와 불신이 생기게 되었다. 도코는 이 문제에 대해 "풍문에 듣자옵건대, 근래 노공께서는 고이시카와(小石川 [가미야시키, 즉 제1번저. 번주인 요시아쓰의 거처])에 그다지 가시지 않는다고 합니다. 어떤 존려(尊慮)이신지는 모르겠사오나 만에 하나 [아들 요시아쓰를] 멀리하는 일이 있으셔서는 국가의 우환이 이에 더한 것은 없으니, 몰래 걱정하고 마음 아파하고 있습니다"라고 매우 우려했고, 나리아키에게는 유화적 태도로 요시아쓰를 대할 것을 진언했다.[45]

도코의 변화는 다음과 같은 사실에서도 엿볼 수 있다. 원래 후지타파는 문벌파와의 권력투쟁이 치열해지자 보안 유지를 위해 은어(隱語)를 사용하고 있었다. 그리고 나중에는 비밀 서신 등을 문벌파에게 빼앗길 것에 대비해 자기들끼리만 통하는 새로운 가나(假名)를 만들었다. 나리아키가 만들었다고 하는 이 새로운 문자는 신발가나(神發假名)라고 하는데, 당시 권력투쟁이 얼마나 살벌했으며, 또한 음모적으로 진행되었는가를 알 수 있다. 그런데 실각 이후 도코는 신발가나(神發假名)의 사용에 회의를 표하고 나리아키에게 그 사용의 자제를 요구했다.

> 근래 자주 신발류(神發流)의 가나(假名)를 사용하게 되었는데, 비밀서한 등이 다른 사람에게 넘어간 다음에는 어떤 문자라도 견뎌낼 수 없

44 井野辺茂雄, 「水藩朋党起源論」 4, 72쪽.
45 「許々路迺阿登」, 『東湖全集』, 1096쪽.

으니, 그러하다면 신발(神發) 문자라고 하더라도 어떻게든 해서 그 문자를 아는 사람을 끌어들여 해독할 것이고, 그래도 읽지 못하는 것이 있으면 [나리아키가] 몰래 은어(隱語) 문자를 만들어서 무슨 일을 꾸미고 있다고 참언을 할 것입니다. 그렇게 된다면 차라리 해독하여 일이 드러나는 것보다 훨씬 그 해가 깊을 것입니다. 언젠가 몰래 문자를 만드시어 밀사가 오고 갔다고 하게 되면 예(例)의 막부법에 저촉운운의 전철을 밟는 것이어서 [그렇게 되면] 큰일이기 때문에 유의(流儀)나 약법(藥法) 이외에는 그다지 사용하지 않는 것이 좋다고 생각합니다. …… 그 외에 은명(隱名[사람의 이름을 보안상 은어로 표기하는 것]) 등도 대체로 정도가 있는 것인데 너무나 음기(陰氣)가 있는 일만 해서는, 다른 사람을 간사하다, 간사하다고 하는 사이에 이쪽도 간(姦)에 휩쓸리게 될 것입니다. 일을 신중하고 치밀하게 해야 하는 것은 물론이지만, 신중하고 치밀하게 하는 중에도 광명정대(光明正大)의 기상이 있어야 하고, 만에 하나 막부의 조사가 있게 되더라도 충분히 말할 수 있도록 마음가짐을 가져야 할 것입니다.[46]

즉 보안상의 이유를 명분으로 은어나 신발가나를 사용했던 것이 지나쳐, 오히려 후지타파 내부에 음기를 조장하고 광명정대의 기상을 손상시킨 것을 반성하고 그 사용의 자제를 촉구한 것이다. 이와 같이 도코는 '갑진국난'에서의 쓰라린 경험을 바탕으로, 유키 도라쥬 · 문벌파 · 삼연지와 극단적으로 대립해서는 자신들의 개혁정책의 실현이 불가능한 것은 물론 번의 분열을 초래하게 되어, 번 자체의 붕괴로 연결될 것을 우려하여 타협적이고 화해적인 태도로 전환했던 것이다.

이러한 나리아키와 도코의 정국에 대한 자세의 차이가 극명하게

46 「許々路迺阿登」, 『東湖全集』, 1095-1096쪽.

나타난 것이 유키 도라쥬의 처분 문제였다. 실각 사건 이후 오랜 기간에 걸친 미토사민들의 노력 끝에 나리아키의 세력이 점점 회복되자 1847년(弘化4) 10월에 유키 도라쥬는 은거·근신 처분을 받고 1,000석의 가록은 반감되었다. 그로부터 정정(政情)은 나리아키에게 더욱 유리한 방향으로 전개되었다. 1849년(嘉永2) 3월, 요시아쓰에 대한 삼연지의 후견직 해제가 이뤄지고, 나리아키의 번정 복귀가 실현되었으며, 1851~1852년(嘉永 4~5)에는 막부 로쥬 아베 마사히로(阿部正弘)의 개입으로 덴구파(天狗派)[47]에 유리한 번 내 인사가 이뤄졌다. 더욱이 1853년(嘉永6) 페리 내항에 의해 나리아키가 막부의 해방참여(海防參與)에 임명되고, 도다 긴지로, 도코가 해방어용괘(海防御用掛)로서 실권을 쥐게 되자 유키파의 입지는 결정적으로 위축되었다.

이에 초조감을 느낀 유키 도라쥬는 은거의 몸임에도 불구하고, 1853년(嘉永6) 9월 자파의 야타베 운파치(谷田部雲八) 등과 손잡고 야타베(谷田部)·시로이시 다카키요(白石隆清) 양인의 이름으로 봉서(封書)를 고이시카와(小石川) 번저의 노녀(老女)를 통하여 번주 요시아쓰(慶篤)에게 제출해 '덴구(天狗)들'의 재등장을 규탄했다.[48] 당시 유키를 둘러싸고는 다카마쓰 번주(高松藩主) 마쓰다이라 요리타네와 이이 나오스케(井伊直弼)를 움직여 자신이 미토 본가의 당주(當主)가 되려고 한다는 소문까지 퍼져 있었다. 그래서 번 내에서는 유키 처형론이 비등했다. 나리아키는 유키를 종신금고에 처하려고 했고, 이미 덴구파가 장악한 번청 역인 중에서는 사형에 처해야만 한다는 의견도 강했다. 그러나 도코는 이에 반대하여 관대한 조치를 주장했다.

47 이 시기에 번 내에서는 후지타파를 덴구파라고 부르고 있었다.

48 『水戸市史』 中巻(四), 537-539쪽.

유키 도라쥬의 건에 대해 자세히 [나리아키의 의견을] 들었던바, 일대(一代[종신금고])의 처분으로 된다면 본인은 물론 그 당(黨)이 필사적이 되어, 어떠한 밀계를 꾸밀지도 알 수 없다는 노슈도노(能州殿)의 생각도 일리 있다고 생각합니다. 게다가 평생 오아즈케(お預[연금])라는 처분은 막부 등에서도 들어 보지 못했고, 신법(新法)인 것처럼 여겨질 것이므로, 역시 오아즈케라고만 분부하시고 …… 유키당(結城黨)에 히라오(平尾) 외에 7명이 있지만 그 가운데에 후지사키(藤咲)·도모베(友部)에 대해 사람들이 말하기를 필경 [이 두 사람은] 학문이 있기 때문에 [처벌받았다]라고 할 것이며, 이 자들만 엄중하게 처벌하셔서는 학파[다툼]에 빠질 것이니, 양인 모두 역직만을 파면하여 고부신(小普請)에 보내는 것이 타당할 것으로 생각합니다. 우신(愚臣)도 기억이 있는바, 녹(祿)에 손을 대는 경우에는 특히 필사적으로 될 것이라고 생각합니다. 정론이라는 것은 어쨌든 소인의 논(論)보다 관대한 것이니, 소인의 짓을 하여 잔인하게 처벌하는 것은 주군을 위한 일이 아니라고 생각합니다.[49]

즉 도코는 유키의 처분을 '일대(一代)'로 한다면 필사의 저항을 초래할 것이고 막부로부터도 이의가 제기될 우려가 있으므로, 평생이 아닌 일시적인 연금 처분 정도로 조치할 것을 주장했던 것이다. 도코는 또한 학자 출신의 유키파 인물에 대한 처분은 자칫하면 학파 분쟁으로 번질 가능성이 있으므로, 가능한 한 처벌을 가볍게 할 것을 강력히 주장했다.

그러나 도코의 반대에도 불구하고, 그해 10월에 행해진 처분에서 유키는 분가(分家)인 나가쿠라(長倉)의 마쓰다이라가(松平家)에 '일대

49 「東湖封事」, 『東湖全集』, 1034쪽.

오아즈케'를 명령받았다. 그리고 유키파의 중심인물인 하타봉행(旗奉行) 히라오 기요유키(平尾清行), 오반가시라(大番頭) 후지사키 마사우케(藤咲正受), 홍도관 훈도 도모베 요세이(友部養正) 등에게도 가록 몰수를 포함한 혹독한 처분이 내려졌다.[50] 후지사키 마사우케, 도모베 요세이 등 학자는 심하게 처벌하지 말 것과 가록에는 손대지 말 것 등 도코가 주장했던 것은 거의 반영되지 않았고, 나리아키와 번청은 유키파에 혹독한 정치적 보복을 감행했던 것이다. 이로 인해 미토번 내 갈등의 골은 더욱 깊어지고 말았다.

더욱이 1855년(安政2) 10월에 발생한 대지진으로 도코가 사망하자 미토번은 중심인물을 잃고 당파 대립은 가속화했다.[51] 유키파의 야타베 운파치는 도코가 죽은 직후인 1855년(安政2) 12월에 번주 요시아쓰에게 재차 봉서를 올려, 덴구당(天狗黨)의 추방을 주장하는 등 반격을 시도해 양파의 대립은 일촉즉발의 상황으로 치달았다. 나리아키는 야타베를 '대간인(大姦人)'이라고 부르고, 그가 다카마쓰 번주 마쓰다이라 요리타네(松平賴胤)와 연결되어, 갖가지 간계를 꾸미고 있다고 생각했다.[52] 나리아키는 유키파가 다카마쓰 번주와 손잡고 다카마쓰 번주를 미토번주로 옹립하려고 한다고 의심하여, 에치젠(越前) 전 번주 마쓰다이라 요시나가(松平慶永)에게 야타베 체포에 협력을 요구하는 등, 번 내 분쟁을 수습하기는커녕 오히려 악화시킨 측면이 있음을 부정할

50 『水戸市史』 中巻(四), 541쪽.

51 도코가 죽은 후 번청은 집정에 오오바 가게요시(大場景淑), 참정에 다케다 고운사이(武田耕雲斎, 武田正生), 고요시라베야쿠(御用調役)에 하라다 헤이스케(原田兵介) · 구와하라 노부타케(桑原信毅), 고쇼토도리(小姓頭取)에 야노 쓰네유키(矢野常之), 오쿠유히쓰 도도리(奥右筆頭取)에 다카하시 다이치로(高橋多一郎) · 지노네 이요노스케(茅根伊予之介) 등이 포진하고 있어, 후지타파 일색이었다.

52 『水戸市史』 中巻(四), 550쪽.

수 없다.

더욱이 1856년(安政3) 2월부터는 유키파에 대한 좌천인사, 처벌 등이 연이어 내려졌다.[53] 이러한 분위기 속에서 번주 요시아쓰 스스로도 번 내를 정론과 간물로 구분하여 자신은 정론, 즉 덴구당 쪽임을 명언하기에 이르렀다.[54] 급기야 번을 단결시켜야 할 번주가 당쟁의 한쪽 당사자에 속함을 천명하기에 이른 것이다. 그때 나리아키는 유키파에 의한 요시아쓰 독살설, 다카마쓰번의 미토번 탈취설, 야타베 운파치의 번외(藩外) 탈출 등의 사태에 초조감을 억누르지 못하고, 유키 도라쥬의 처형을 결심했다. 그 후 미토번청은 1856년(安政3) 4월에 이례적으로 적절한 절차 없이 명문가 출신 전집정(前執政)인 유키 도라쥬를 처형하고, 도주한 야타베 운파치를 검거해 살해했다. 유키 도라쥬의 처형은 미토번에서도 200년 이래의 대형(大刑)이라고 칭해질 정도로 중대한 사태로 받아들여졌다. 이로 인해 번 내 각파의 원한과 당쟁은 이미 돌이킬 수 없는 지경에 빠지고 말았던 것이다.[55]

이상에서 본 것처럼 1844년의 실각 이후 나리아키는 문벌파, 특히 그가 총애했던 유키 도라쥬의 배신에 적개심을 불태워, 그 이전에 보여 주었던 균형 잡힌 번 내 세력 안배 조치와는 달리, 문벌파와 삼연지에 대한 극단적인 적대 노선을 취했다. 나리아키의 이러한 태도는 문벌파로 하여금 어린 신번주 요시아쓰 주위에 집결케 해, 미토번은 전 번주와 현 번주의 부자간 권력투쟁이라는 양상을 띠게 되었던 것이다. 이는 일시적인 정쟁에 그치지 않고, 자칫하면 장기적인 당쟁으로 비화할 소지를 안고 있는 것이었다. 이를 가장 경계했던 것이 도코였다. 그는

53 『水戸市史』 中巻(四), 550-552쪽.

54 『水戸市史』 中巻(四), 554쪽.

55 『水戸市史』 中巻(四), 557-564쪽.

‘갑진국난’을 교훈으로 삼아 나리아키에게 문벌파·삼연지·신번주 요시아쓰와 융화할 것을 촉구하고, 번 내 과격파에 대해서도 삼연지와 번정부 유사(有司)에 대한 맹목적 비판을 자제하도록 호소했다. 그러나 나리아키는 도코의 간언과 경고를 받아들이지 않았고, 결국 미토번은 막말 정치사상 가장 처절한 내란으로 빠져들어 갔던 것이다.[56]

소결

막말 정치에서 도쿠가와 나리아키의 권위와 카리스마는 대단한 것이었다. 미토번의 덴포개혁과 후기 미토학은 당시 청년들과 개혁을 열망하는 사람들에게는 기대와 동경의 대상이었고,[57] 그 기대를 한 몸에 받고 있던 정치가가 바로 나리아키였다. 한편 아이자와 야스시(會澤安)와 함께 후기 미토학의 대표적 이론가였던 후지타 도코 역시 ‘막말지사’들의 경외와 추앙의 대상이었다. 유신삼걸(維新三傑)의 한 사람인 사이고 다카모리(西鄉隆盛)는 그의 열렬한 추종자였고, 요시다 쇼인(吉田松陰)을 비롯한 많은 지사가 후기 미토학을 배우기 위해 미토에 유학을 왔다. 그리고 그들에게 나리아키와 도코는 명군(名君)과 충성스러운 일급 브레인으로 비쳐졌다.

이러한 이미지 때문에 종래에는 나리아키의 권력이 취임 초부터 강고하여 개혁을 적극적으로 추진할 수 있었던 것으로 여겨져 왔으며,

56 일반적인 예상과는 달리 나리아키의 잔존 서한 중 도코를 칭찬하는 말이 거의 없다는 지적은 이 두 사람의 관계를 생각할 때 흥미로운 지적이다(櫻井明, 「幕末水藩「下士」登用探索: 党争解明への一視点」, 75쪽).

57 尾藤正英, 「水戸学の特質」, 『水戸学』(日本思想大系 53), 岩波書店, 1973.

후지타파와의 항상적이며 긴밀한 연대가 이를 뒷받침하고 있었다는 인식이 지배적이었다. 그러나 이상에서 살펴본 것처럼, 나리아키의 권력은 정부의 정책 결정을 좌우하지 못할 정도로 취약한 것이었으며, 후지타파와 나리아키와의 관계 역시 여러 가지 정치쟁점을 둘러싸고 갈등하거나 대립하기도 했던 것이다.

나리아키는 문벌파의 반대를 무릅쓰고 번을 뒤흔든 계사(繼嗣) 분쟁을 통하여 집권했다. 그런 만큼 그에게는 이렇다 할 권력 기반이 없었고, 그동안 번정을 좌우했던 문벌파는 아직 건재했다. 이 때문에 나리아키는 후지타파의 급진적인 개혁 요구에도 불구하고 문벌파에 대한 타협적 태도를 유지했다. 그런데 나리아키와 도코의 입장은 1844년에 발생한 나리아키 실각 사건을 계기로 역전된다. 나리아키는 자신을 배신했다고 여겨진 유키 도라쥬를 비롯한 문벌파에 대한 적개심에, 문벌파와 신번주의 후견직인 삼연지(三連枝)에 대한 적대적 태도를 강화해 나갔다. 그뿐 아니라 자신의 아들이자 신번주인 요시아쓰(慶篤)에 대해서도 의심을 품고 불화했다.

반대로 도코는 나리아키 실각 이후의 사태를 교훈삼아 나리아키에게 문벌파 · 삼연지 · 요시아쓰와의 융화를 간언했고, 자파의 과격분자들에 대해서도 반성과 자제를 촉구했다. 그는 또한 문벌파와의 살벌한 권력투쟁 과정에서 쓰였던 은어(隱語)나 신발가나(神發假名)의 사용 자제를 역설하여 번 내 융합을 호소했고, 작금의 사태가 일시적인 정쟁에 그치지 않고, '영세(永世)의 대해'가 될 것을 경고했다.

이 같은 도코의 호소와 경고에도 불구하고 나리아키와 덴구파는 번 내 세력이 회복되자 유키 도라쥬를 처형하고 그 일파를 숙청했다. 이 같은 행위는 번 내 대립의 골을 결정적으로 만들어, 이후 피비린내 나는 미토번 내란의 계기가 되었다. 이렇게 본다면 미토번 분열과 내란에서 나리아키의 책임은 적지 않다고 볼 수 있다. 이러한 과정을 검토해 봄으로써 번주친정이 권력투쟁 혹은 당쟁에 얽히게 될 때 어떤 양상이 벌어지는지 살펴보았다. 이를 다음 장에서 살펴볼 에치젠번의 마쓰다이라 요시나가가 번 내 권력투쟁에서 보여 주는 입장과 함께 고찰해 본다면, 군주권력과 당쟁에 대한 흥미로운 시사를 얻을 수 있을 것이다.

제3장
에치젠번(越前藩) 마쓰다이라 요시나가(松平慶永)와 군주권력

에치젠번은 막말 당시 32만 석의 신판다이묘(親藩大名)[1]로서 막말 정국에서 개국론과 공무합체노선을 견지했다. 에치젠번은 1843년 마쓰다이라 요시나가(松平慶永)가 제16대 번주[2]로 취임하면서 번정개혁에 착수했고, 막말의 대외 위기 상황하에서 미토·사쓰마·우와지마(宇和島)

1 에치젠번의 번조(藩祖) 유키 히데야스(結城秀康)는 도쿠가와 이에야스의 차남으로 에치젠국주(越前國主) 68만 석으로 봉해졌지만 그 후 2대 다다나오(忠直), 6대 쓰나마사(綱昌) 때 일시 감봉되어 25만 석으로 전락했다. 그러나 분세이기(文政期, 1818-1829)에 가증(加增)되어 32만 석으로 막말에 이르렀다(大久保利謙, 「解題」本多修理, 『越前藩幕末維新公用日記』, 福井県郷土誌懇談会, 1974, 676쪽). 유키 히데야스 모친의 낮은 신분 등의 이유로 고산케에 들어가지 못했으나 신판 중에서도 특별한 대우를 받았고, 이런 가문의 배경과 번의 규모를 바탕으로 항상 그 정치적 동향이 주목을 받는, 굴지의 번이었다.

2 1838년(天保9) 에치젠번 15대 번주 마쓰다이라 나리사와(松平齊善)가 19세의 나이로 죽자 다야스가(田安家)에서 양자를 들여와 뒤를 잇게 하니 이 사람이 마쓰다이라 요시나가다. 요시나가의 부친 나리마사(齊匡)는 11대 쇼군 이에나리(家齊)의 동생이었으므로 요시나가와 12대 쇼군 이에요시(家慶)와는 종제간(從弟間)이 된다(大久保利謙, 「解題」, 677쪽).

등 유력한 번들과 활발히 교류하기 시작했다. 그는 히토쓰바시 요시노부(一橋慶喜)를 쇼군에 옹립하려는 쇼군계사운동(將軍繼嗣運動)에 적극 가담하면서 중앙정국에 참여하기 시작했고, '히토쓰바시파 다이묘(一橋派大名)'의 리더였다. 도쿠가와 가문인 신판이면서 사쓰마 · 우와지마 등 도자마다이묘(外様大名)와 연대해 막부와 대립했던 것은 도쿠가와 시대에 막부가 쇼군-후다이다이묘(譜代大名)에 의해 전권이 장악되어 있었고, 신판과 도자마다이묘는 정책 결정 과정에서 소외되고 있었던 데에 대한 불만이 막말 위기 상황을 계기로 표출된 것이라고 볼 수 있다.[3]

히토쓰바시파에 대한 탄압인 안세이(安政) 대옥(大獄)으로 요시나가는 번주 자리에서 물러나 칩거에 들어갔다. 그사이에 에치젠번 내부에서는 신번주를 중심으로 한 일파와 요시나가 간에 정치적 갈등이 생겨 '동북행위사건(東北行違事件)'이라는 정치적 사건이 일어나기에 이르렀다.[4] 그러나 1862년(文久2) 요시나가는 막부의 정사총재직(政事總裁職)에 임명되어 화려하게 정계에 복귀했고, 숙원이었던 막정개혁을 주도하게 된다. 고산케도 아닌 에치젠번주가 쇼군의 후계 문제에 노골적으로 개입하고 막부의 최고직을 맡는 것 자체가 매우 이례적인 일이었다. 이런 그의 모습이야말로 유지다이묘의 정치적 영향력의 증대를 보여 주는 증거다.

3 사실 에치젠번이 중앙 정국에 개입하기 시작한 안세이기(安政期)에 에치젠번은 막부 자체에 대항했다기보다는 막각(幕閣)을 구성하고 있는 후다이다이묘(譜代大名)와 대립했다고 봐야 할 것이다. 요시나가는 "요즘은 신판(親藩)도 멀리하는 폐해가 일어나 신판이라 하더라도 원성이 없지 않다"고 불만을 토로하고 있다(「虎彪変革備考」, 『松平春嶽全集』 一, 原書房, 1973, 97쪽).

4 이에 대해서는 박훈, 「幕末越前藩의 幕政개혁운동에 대한 일고찰」, 『동아문화』 39, 2001 참조.

중앙정계에서 권력을 회복하자 번정도 자연스레 요시나가가 지배하게 되었다. 그 아래서 에치젠번의 준재들이 주요 역직에 임명되어 번 중심의 교역, 경제기구의 집중간소화 등 '제산방(制産方) 체제'라고 불리는 개혁정권을 성립시켰다.[5] 여기에 집결한 정치세력이 뒤에 '거번상락(擧藩上洛)'을 둘러싸고 다시금 큰 정쟁을 벌이게 되는 것이다.

지금까지 에치젠번에 대한 정치사적 연구는 인물 연구들이 중심이 되어 왔으며,[6] 에치젠번의 번정개혁에 대한 연구 성과가 나오고 있다. 그러나 이들의 연구도 주로 쇼군계사운동, 요시나가가 정사총재직으로서 벌인 1862년의 막정개혁운동, 그리고 왕정복고 이후 삿쵸(薩長)와 도쿠가와 요시노부(德川慶喜) 사이에서 중재 활동을 벌였던 시기들에 주로 초점을 맞추고 있다.[7]

5 高木不二, 「松平春嶽受譴期の越前藩」, 『日本史研究』 413, 1997.

6 山崎正董, 『横井小楠』 上(伝記篇) · 下(遺稿篇), 明治書院, 1938; 松浦玲, 『横井小楠』, 朝日新聞社, 1976; 圭室諦成, 『横井小楠』, 吉川弘文館, 1967; 山口宗之, 『橋本左內』, 吉川弘文館, 1962; 川端太平, 『松平春嶽』, 吉川弘文館, 1967; 山口宗之, 『松平慶永』, 人物往來社, 1967; 由利正通, 『子爵由利公正傳』, 岩波書店, 1940; 三岡丈夫, 『由利公正伝』, 光融館, 1916; 中根雪江先生百年祭事業会, 『中根雪江先生』, 1977; 高木不二, 『横井小楠と松平春嶽』, 吉川弘文館, 2005.

7 三上一夫, 『幕末の越前藩』 福井県郷土新書 1, 福井県郷土誌懇談会, 1974; 『公武合体論の研究: 越前藩幕末維新史分析』, 御茶の水書房, 1979; 『日本近代化の研究: 福井県下の動向を中心に』, 文献出版, 1987; 高木不二, 「嘉永安政期の幕藩観係と越前藩」, 『幕藩権力と明治維新』, 吉川弘文館, 1992; 「幕末期越前藩藩政改革路線に関する一考察: 横井小楠 '国是三論' を中心に」, 『三田学会雑誌』 75-3, 1982; 「越前藩安政改革について」, 『史学』 51-3, 1981; 「越前藩天保弘化改革試論」, 『史学』, 57-4, 1988; 「慶応期の越前藩政と中央政局」, 『近代日本研究』 16, 1999, 慶応義塾福沢研究センター; 「松平春嶽受譴期の越前藩」, 『日本史研究』 413, 1997; 「越前藩天保 · 弘化改革試論」, 『史学』 57(4), 1988.
그 밖에 본서의 주제와 관련 있는 연구로는 河北展生, 「文久三年の越前藩の藩内紛争について」, 『史学』 36(2/3), 1963; 前原圭介, 「幕末期における「公議」

요시나가는 정사총재직으로서 시도한 막정개혁이 난관에 부딪히고 정국의 중심이 교토로 이동하자, 교토로 상경하여 공무합체운동(公武合體運動)에 진력한다. 그러나 존양파의 극성 속에서 이마저 여의치 않자 1863년 5월 무단귀번(無斷歸藩)해 버렸다. 이로 인해 중앙정국에서 사라진 듯했던 에치젠번은, 얼마 지나지 않아 거번상락 시도로 전국을 놀라게 한다. 거번상락은 번의 병력을 이끌고 교토로 올라가 웅번연합정권을 수립하려는, 당시로서는 파격적인 시도였다.

거번상락 추진에 대해서는 연구가 부족한 실정인데 대부분의 에치젠번 관련 논문이나 에치젠번 인물에 대한 전기들에서도 거번상락의 추진과 좌절의 경과와 그 의미에 대해서 서술하고 있을 뿐 추진 당시의 내부 동향, 좌절 원인에 대한 분석은 찾아보기 힘들다. 거번상락에 대해 전론(專論)한 글들을 발표해 온 한 연구자는[8] 요시나가와 에치젠번 개혁파[9]가 추진한 거번상락 계획이 존양파까지 포함한 대회의를

と越前藩」,『龍谷大学大学院文学研究科紀要』22, 2000;「幕末期における越前藩の「御親藩」意識」,『国史学研究』25, 2002; 榎本浩章,「幕末期の政治過程と政治構想について: 越前藩論の変化を例に」,『中央大学大学院研究年報』39, 2009; 轟和也,「大政奉還前後における越前藩の政治動向: 春嶽帰国 · 上京問題」,『法政論叢』46(1), 2009.

8 三上一夫,「越前藩の擧藩上洛計画について: 横井小楠の論策を中心として」,『若越鄕土研究』17-1, 1972;「福井藩 '擧藩上洛計画'にみる横井小楠の'公議論'基調」,『季刊日本思想史』37, 1991;『公武合体論の研究: 越前藩幕末維新史分析』, 御茶の水書房, 1979(第二篇 第三章 越前藩の擧藩上洛の計画). 이밖에 山崎正董도 『横井小楠』(伝記篇)(719-796쪽)에서 이에 대해 비교적 상세히 언급하고 있는데, 三上一夫도 이 연구에 많이 의존하고 있는 것으로 보인다. 또 松浦玲의 『横井小楠』(219-227쪽)도 언급하고 있는데 내용은 간단하지만 시각 면에서 시사하는 점이 많다고 생각된다.

9 거번상락을 추진했던 그룹에 대해서는 '개혁파', '혁신파', '급진파' 등 여러 가지 용어가 사용되고 있고 이를 반대했던 나카네 유키에 등은 '보수파', '온건파' 등으로 불리고 있으나, 나카네 등의 그룹도 안세이 개혁에서는 개혁파

열어 쇄국·개항 문제를 해결하고 이를 통해 웅번 연합 구상을 실현하려고 한 '회의론'이었다는 점에서, 같은 해 8월 사쓰마번이 죠슈번(長州藩)과 존양파를 축출하고 교토를 장악한 '8·18정변'과는 그 성격이 다르다고 강조하면서, 거번상락 계획과 1867년 전개된 대정봉환(大政奉還) 운동의 관련성을 지적하고 있다.

본고도 에치젠번의 정치노선에 대해서는 이와 입장을 같이한다. 그러나 필자는 거번상락 추진 과정을 자세히 살펴보면서 약간의 의문을 갖게 되었다. 에치젠번 거번상락의 번론(藩論)은 1863년 5월 말에 확정되어 실행단계까지 이르렀다가 교토에 체류하고 있던 쇼군의 에도 귀환과 에치젠번주에 대한 막부의 참근(參勤) 요구를 이유로 7월 하순에 갑자기 중단된다. 게다가 요시나가는 그동안 함께 거번상락을 추진해 왔던 거번상락파 번사들을 모두 역직에서 쫓아내거나 칩거 처분을 내리는 등 숙청을 단행했다. 특히 가장 강경한 거번상락파였던 유리 기미마사와 하세베 진페이의 경우는 이후 메이지 정부가 수립될 때까지 등용되지 못했다. 에치젠번은 왜 갑자기 거번상락 추진을 중단했는가? 지금까지 거번상락파 번사들에 동조하는 것처럼 보였던 요시나가는 왜 참근을 결정하고 그들을 숙청했는가?

지금까지의 연구에서는 쇼군이 에도로 돌아갔기 때문에 쇼군의 교토 체류를 중요한 조건으로 한 거번상락 계획에 차질이 빚어졌고, 때마침 막부의 참부 요구가 겹쳤으며, 다른 번들이 비협조적인 태도를 보이는 등 외부적인 상황 변화가 상락 계획을 중단하게 한 원인이라고 지적해 왔다. 물론 이 같은 외부적인 요인이 거번상락에 큰 장애가 된 것은 사실이다. 그러나 쇼군의 에도 귀환과 막부의 참부 요구가 있은 이

라고 불리는 등 혼동할 우려가 있으므로 본고에서는 '거번상락파(또는 상락파)', '상락 반대파'라고 부르기로 한다.

후에도 에치젠번은 번주의 병을 구실로 막부에 참부 연기를 요청하는 서한을 거듭 보내 사실상 참부 요구를 받아들이지 않았고, 거번상락에 협조를 구하기 위해 핵심 번사들을 사쓰마와 구마모토번에 파견하는 등 변함없이 이 계획을 추진했다. 따라서 외부적인 정세 변화가 거번상락을 결정적으로 좌절시켰다고는 볼 수 없다. 또 거번상락파 숙청에 대해서는 요시나가의 '막부와 보수파에 대한 배려'[10]로 파악하고 있으나 그렇게 보기에는 그 처벌이 지나치게 가혹했고, 여러 사료도 이 같은 해석에 의문을 갖게 한다.

필자는 거번상락 추진 과정 중 에치젠번의 내부 상황, 특히 '전 군주' 요시나가의 동향에 주목하게 되었다. 이제까지의 연구들은 에치젠번의 번정 지도층에 대해 분석하면서 거번상락 추진 시기에 '요코이파[横井小楠派]'와 '나카네파[中根雪江派]'의 갈등을 언급하는 데 그치고 있고,[11] 요시나가의 입장에 대해서는 거의 주목한 바가 없다.[12] 이것은 일반적으로 막말 정치 과정에서 에치젠번이 사쓰마·죠슈번 등에 비해서 번주와 번사 간에 두드러진 대립이 없었던 것으로 평가되고 있기 때문에, 거번상락 과정에서도 요시나가와 상락파 번사 간의 입장차에 충분한 주의를 기울이지 않은 결과라고 생각된다.

필자는 거번상락 추진 과정에서 에치젠번의 내부 상황에 주목하고

10 三上一夫, 「福井藩 '擧藩上洛計画' にみる横井小楠の '公議論' 基調」, 52쪽.

11 舟沢茂樹, 「明治維新期における福井藩の政治指導層について」, 『福井県地域史研究』 3, 1972.

12 필자가 본 장의 내용을 집필한 직후, 高木不二는 이 정쟁에 요시나가의 힘이 작용했다고 언급한 논문을 발표했다(「幕末文久期の中央政局と越前藩」, 『近代日本研究』 14, 1997). 그의 저서 『横井小楠と松平春嶽』(吉川弘文館, 2005)에서도 번론이 뒤바뀐 중심에 요시나가가 있었고, 분큐(文久) 기간 제휴해 온 요시나가 및 측근 그룹과 요코이파 간의 대립이 나타난 것이라며 본고와 유사한 입장을 취하고 있으나, 간단한 언급에 그치고 있다(121-122쪽).

특히 요시나가와 거번상락파의 관계에 초점을 맞추어 거번상락 계획의 진행 과정과 그 좌절 원인을 새롭게 고찰해 보고자 한다. 이 같은 작업은 유지다이묘 요시나가의 '(전)군주친정'이 가신 그룹과 격하게 충돌한 한 예를 보여 주면서, 친정에 나선 (전)군주의 정치적 파워가 권력 향배에 얼마나 결정적인 영향을 미치는지를 아울러 상기시켜 준다고 할 수 있을 것이다.

제1절 1863년 '거번상락' 추진 배경과 과정

1. '거번상락'의 추진 경위

먼저 거번상락의 추진 경위부터 살펴보자. 에도에서 에치젠번과 막각-요시노부(慶喜)가 분열하고 있는 사이 교토에서는 존양파가 전성기를 맞이하고 있었다. 1862년 12월 존양파는 조정에 국사괘(國事掛)라는 기구를 설치하여 본격적으로 정국에 개입하기 시작했다. 존양파가 천황을 배경으로 세력을 신장하고 급진화되는 것은 에치젠번이 추구하는 공무합체 · 웅번연합에 큰 장애가 되었다. 쇼군의 상경[13]을 앞두고 요시노부가 상경한 데 이어 요시나가도 1863년 2월 상경[14]했으나 교토의

13 쇼군 도쿠가와 이에모치(德川家茂, 18세)는 1863년(文久3) 2월 13일 막신(幕臣) 3천 명을 이끌고 에도성을 출발, 상경의 길에 올랐는데 이는 1626년(寬永3) 3대 쇼군 도쿠가와 이에미쓰(德川家光)가 상경한 이래 237년 만의 일이었다.

14 이때 요코이 쇼난은 1862년 12월 19일 발생한 '사도망각사건(士道忘却事件)'으로 상경하지 못하고 후쿠이(福井)에 체류하고 있었다. 이것은 에도에서 요코이 쇼난이 구마모토 번사들과 회담하고 있던 중 3명의 자객이 습격한 사건인데, 쇼난이 칼을 두고 현장을 빠져나간 것이 무사도에 어긋난 행위라고 하

정세는 에치젠번에 크게 불리했다.

1862년(文久2) 8월 발생한 나마무기 사건(生麦事件)에 대한 영국의 보복 위협이 심해지자 양이론은 더욱 명분을 얻어 갔다. 한편 요시노부는 앞에서 서술한 것처럼 조정을 개국론으로 전환시키려는 에치젠번의 입장과는 정반대로, 조정의 쇄국양이 방침에 영합하여 정권 반환의 여론을 억누르고 막부에의 정권 위임을 재확인받으려고 했다. 이에 요시나가는 정사총재직 사임과 귀번의 뜻을 밝혔다. 그러나 수차례에 걸친 사임 의사 표명에도 불구하고 막부는 이를 허락하지 않았다. 이에 요시나가는 3월 21일 조정과 막부의 허락을 받지 않은 채 교토를 떠나 버렸다. 번주의 무단귀번(無斷歸藩)에 번사들은 크게 동요했다.

이런 위기적 상황에서 에치젠번은 번 전체가 병력을 이끌고 상경하여 존양파까지 포함하는 전국의 각 정파로 구성된 '대회의'를 열었고, 대외 방침과 신정체(新政體)를 확정한다는 거번상락 계획을 구상, 추진하게 된다. 여기에는 요시나가의 무단귀번으로 실추된 에치젠번의 정치적 입장을 만회하려는 목적도 있었다.[15] 즉 "이 번론의 실행은 박두해 오는 황국의 위기를 구하려고 하는 방책이었지만 일면 후쿠이번[越前藩]에 있어서는 사중활로(死中活路)를 구하는 대수단"[16]이었다는 점에 주의해야 할 것이다. 이러한 대담한 구상의 배경으로는 이외에도 교토에서의 존양파의 득세, 열강의 오사카만 침입 기도로 인한 대외 위

여 구마모토번 당국은 그를 엄벌에 처하려고 했다. 요시나가의 선처 호소로 쇼난은 할복의 위기만은 넘겼으나 후쿠이에 가서 근신하게 되었다. 주범은 구마모토 근왕당의 양이주의자인 쓰쓰미 마쓰자에몬(堤松左衛門)으로 쇼난의 개국론을 응징하고자 했던 것이다. 이 사건으로 조정과 쇼군, 제후들이 모인 교토에서 공무합체 · 웅번연합을 통한 국시의 확립에 진력하고자 했던 쇼난의 꿈은 무산되었다.

15 三上一夫, 『公武合体論の研究』, 192쪽.

16 山崎正董, 『横井小楠』(伝記篇), 725쪽.

기의식 등이 지적되고 있다.[17]

그렇다면 이 같은 거번상락 추진의 주도자는 누구였을까. 기존 연구에서는 이에 대한 면밀한 검토 없이 요시나가와 에치젠번 '개혁파'에 의해 추진되었다고 기술하고 있다. 그러나 자세히 검토해 보면 쇼난을 중심으로 한 혼다 히다·마쓰다이라 슈메·유리 기미마사·하세베 진페이 등과 요시나가 사이에는 추진 초기부터 이에 대해 약간의 입장차가 있었음을 알 수 있는데, 이는 이후 거번상락의 좌절을 이해하는 데 있어 매우 중요한 지점이라고 생각된다.

거번상락을 계획한 에치젠번은 1863년(文久3) 4월 15일 인근 번인 가나자와번(金澤藩)과 오바마번(小濱藩)에 사신을 파견했다. 그것은 외국 열강의 오사카만 침입 기도로 조성된 위기 상황 속에서 두세 곳의 대번과 함께 상경하여 조정·막부에 간하여 국시를 확정하기에 앞서, 인번(隣藩)에 그 계획을 먼저 알리기 위한 것이었다.[18] 사신단의 멤버를 살펴보면 가나자와번에 혼다 히다·마키노 도노모노스케(牧野主殿介)·유리 기미마사, 오바마번에는 마쓰다이라 슈메·사카이 주노조(酒井十之丞)·하세베 진페이 등이 각각 파견되었는데, 여기에는 요시나가의 측근인 나카네 유키에 등은 포함되어 있지 않다.[19] 이는 거번상락의 주도그룹을 잘 나타내 주는 것으로 보인다. 또 게이슈(芸州)·아리마번(有馬藩)의 정보원들의 7월 11일 자 보고에서도 "실은 요코이 쇼난이 이번 역모의 대원수(大元帥)라는 것을 알았다. 그 외 혼다 히다·마쓰다이라

17 三上一夫, 『公武合体論の研究』, 192-193쪽.

18 中根雪江, 日本史籍協会 編, 『続再夢紀事』 二, 1921, 2쪽.

19 나카네 유키에는 1863년(文久3) 5월 7일 상경했으므로 이 시점에는 에치젠번에 남아 있었을 텐데도 그가 사신파견에 포함되지 않았다는 사실은 거번상락 계획에 대한 그의 입장이 부정적이거나 적어도 소극적이었던 것을 나타내는 것은 아닐까 생각된다.

슈메 · 하세베 진페이 · 가쓰키 주조(勝木十藏) 등이 전권을 갖고 있는 것 같다"[20]고 하며, 당시 거번상락의 주도세력을 알려 주고 있다.

그런데 사신 파견 하루 전날 요시나가가 번주 마쓰다이라 모치아키에게 보낸 다음의 서한은 거번상락 계획에 대한 요시나가의 입장을 잘 보여 준다.

> 그저께 오후 혼다 히다 · 마쓰다이라 슈메가 와서 이번에 가가(加賀[가나자와번])와 와카사(若狹[오바마번])에 사신 보내는 일에 대해 얘기했는데 나는 특별한 생각이 없어, 후에 생각해 보고 오늘 의견을 말할 것이라고 했습니다. 재삼 숙고한바, 취지에는 이의가 없지만 분명히 이번 사명은 가볍고 쉬운 것은 아니고 중대한 사건이기 때문에, 그쪽에 전할 내용은 이전의 주장을 간략하고 성실히 관철해야 하고 쓸데없이 많은 말을 허비해서는 오히려 안 됩니다. 게다가 제 재직 중의 일[政事總裁職, 재직 중 막부관리들과 충돌한 일] 때문에 유감은 있겠지만, 막부 역인을 비난하는 것 같은 말투 등이 있어서는 안 된다고 생각하며, 근신에 근신을 하여 위로는 천황의 심기를 안도시키고 아래로는 창생을 안정시키는 것이 긴요하다고 생각합니다. 이상의 취지로 말하도록 했으면 하고 귀한 문벌의 가문[에치젠번이 신판인 것을 가리킴]이면서 막부의 일을 그쪽에 비방하지 않도록 해야 한다고 봅니다.[21]

이를 볼 때 요시나가는 거번상락의 결정 과정에서도 주도적인 입장에 있었던 것 같지는 않으며, 이 계획이 막부의 권위를 위협하는 것

20 「大津矢嶋より相廻り候書面の內」, 『文久三亥雜記』(三上一夫, 『公武合体論の研究』, 315쪽에서 재인용).

21 「文久3年4月14日」, 『松平春嶽公未公刊書簡集』 一, 1983, 25쪽.

이 되어서는 안 된다는 점을 여러 번 강조하고 있다. 이는 이미 미나모토노 요리토모(源賴朝) 이전의 군신 관계로 돌아가야 함을 주장한 쇼난이나, 막부의 실정을 비난하며 막부는 이미 정권을 포기한 것이라는 입장을 보인[22] 거번상락파 번사들과는 차이를 보이고 있는 것이다. 요시나가는 이들이 막부를 비난 또는 배척하는 것을 경계하고 있는데, 이는 거꾸로 거번상락 계획의 주도자들이 이미 막부에 대해 상당히 비판적었음을 보여 준다고 할 수 있을 것이다.

1863년 5월 들어서 거번상락을 추진하려는 에치젠번의 움직임은 활발해진다. 나카네 유키에 · 아오야마 고사부로(青山小三郎) 등의 번사들이 교토로 가서 정정을 탐색함과 동시에 다른 번의 협력을 구하기 위한 활동에 들어갔고, 요시나가는 그들을 통해 막부의 로쥬인 이타쿠라 가쓰키요(板倉勝靜)에게 무모한 양이에 나서지 말고 외국 문제는 '지구상의 전론(全論)'에 기초해서 처리하지 않으면 안 되며 그를 위해서 "조정이 [국사를] 의뢰한 제후는 물론 천하의 후백(侯伯), 제번(諸藩)의 유지(有志), 서민의 무리까지 [모여] 오로지 그들[외국 공사]이 주장하는 국시를 상의하고 그들도 역시 우리 국시를 각국에 상의한 후에 각각 조리를 세워 쌍방 내외 조금의 유감도 없게 했으면 합니다"[23]라는 입장을 밝혔다.[24] 요시나가의 동의로 5월 말에 접어들면서 거번상락파

22 『續再夢紀事』 二, 56쪽.

23 『續再夢紀事』 二, 15-16쪽.

24 그러나 5월 13일 교토에 파견된 나카네 유키에는 막부 로쥬인 이타쿠라 가쓰키요에게 요시나가의 시국 의견서를 전하는 자리에서 이타쿠라 가쓰키요가 오사카만에 사태가 발생하면 에치젠번은 병력을 파견할 것인가 하고 묻자 천조(天朝)와 막부가 위급하다고 인정되면 남에게 뒤지지 않고 속히 상경하겠다는 뜻을 밝혔는데(『續再夢紀事』 二, 18-19쪽), 이는 교토에 일이 생기기 전에 상경하여 대회의를 개최하고 국시를 확정해야 한다는 상락파의 견해와는 입장을 달리하고 있다. 또 "교토 지역의 사정이 심히 절박하여 오사카만에 이

의 거번상락 추진은 급속히 진전되었다. 4월 15일에 이어 가나자와번에는 무라타 우지히사·아오야마 고사부로 등 상락파 번사가 재차 파견되었고 사쓰마번과 구마모토번에는 상경에 대한 협조, 나아가서는 동반 상경을 요청하기 위해 번사 4, 5명을 파견하려고 계획했다.[25] 쇼난이,

> 조만간 대회의를 열어, 이인(夷人)이 섭해(攝海[오사카만])에 밀려오는 것을 기다리지 않고 요시나가공이 상경하면 일번(一藩)을 들어 이를 따라가서 조정과 막부에 필사적으로 건의하고 싶습니다. 그 건의의 내용은, 양이와 통상 거절은 이미 [朝廷이] 천하에 포고한 것이므로 이제 와서 시비하지 말아야 한다, 그다음에는 외국 공사들을 교토에 불러모아 쇼군·간파쿠(關白) 전하를 비롯해서 유력한 인사들이 참석한 상태에서 담판을 하여, 그들의 주장을 잘 헤아려 들은 후에, 어느 쪽에 도리가 있는가 그 도리에 따라서 쇄(鎖)로도 개(開)로도 화(和)로도 전(戰)으로도 결정한다면 피차 모두 안심하게 될 것이라는 것입니다. …… 이상의 내용을 반드시 받아들이도록 요구하여 일번(一藩)의 군신 다시 번에 돌아오지 않을 각오를 해야 한다는 논의가 일어나 이미 집정 2, 3명이 상의하고 있어 조만간 대평의(大評議)에 부칠 것입니다.[26]

선(夷船)이 도래한다는 등의 풍문이 있으므로 …… 기타 비상의 때는 요시나가공(慶永公)이 상경하실 생각임을 분부하셨다"(中根雪江, 『奉答紀事』, 251쪽)고 한 것처럼 나카네 유키에는 상경의 목적을 주로 외압에 대한 대처로 파악하고 있어 국내의 공의정체의 확립을 가장 중요한 것으로 인식하는 쇼난 등과는 다른 인식을 보여 주고 있다.

25 실제로는 7월 5일 미쓰오카 하치로(三岡八郎, 由利公正)·하세베 진페이·오카베 분고(岡部豊後) 등이 파견되었다.

26 「在熊社中へ」(文久 5月 24日), 『横井小楠関係史料』 一, 417쪽.

라고 한 것처럼 거번상락파는 최종적으로 거반상락을 번론으로 확정하기 위해 노력했다. 그러나 쇼난의 말대로 '일번(一藩)의 군신 다시 번에 돌아오지 않을 각오'를 해야 하고, '대강 대강의 각오로는 할 수 없는 일이고 신(身)을 버리고 가(家)를 버리고 번을 버리겠다는 결정'인만큼 요시나가와 모치아키, 집정 등 번 수뇌부가 쉽사리 결단하기는 힘든 '대난사(大難事)'였다. 연일에 걸친 격론 끝에 거번상락이 번론으로 확정된 것은 5월 26일이었다. 이처럼 번의 중요 방침을 결정하는 데 군신이 대회의를 연일 열어 논의하는 것을 알 수 있다.

> 에치젠번에서도 그저께부터 군신이 대회의를 열어 지금 상황에 따라 양공(兩公[요시나가와 모치아키])이 상경하시고 집정 이하 대소 가신들도 남김없이 동행하여 필사의 각오로 황국을 위해 진력하겠다고 오늘 결정했습니다. …… 이미 결정한 이상에는 지체해서는 안 된다고 하여 오늘 오반가시라(大番頭) 마키노 도노모노스케(牧野主殿介)의 부대에 출경(出京) 명령이 내려져 4, 5일 안에 출발할 것이고 또 각각 담당자를 앞에 말한 면면대로 임명했습니다. 양공께서는 또 상황을 살피고 있습니다. 내일부터는 고치슈(高知衆) · 요리아이(寄合) 그 외 반구미(番組) 등 무사급 이상의 사람들이 양공 어전에 불려 나가 양공의 결의를 듣게 되어 있습니다. 어떠한 대변동이 일어날지 알 수 없으므로 가신단의 젊은이를 선발하는 것 외에도 농병정예를 선발, 삼대(三隊)를 편성하여 정병(精兵) 대략 4,000여가 될 것으로 예상됩니다.[27]

위 사료에서 번 병력의 태반인 4,000여 명의 병력과 농병까지 포함

27 「在熊社中へ」(文久 3年 5月 26日), 『横井小楠関係史料』 一, 421-422쪽.

한 총동원 태세를 확인할 수 있다. 거번상락은 번 병력 4,000명 이상을 이끌고 교토로 가서 정치적 압력을 가한다는 발상으로 당시 정국 상황에서 매우 위험하고 실패할 가능성이 큰 계획이었다. 이미 1년 전에 사쓰마번의 시마즈 히사미쓰가 실행한 바 있으나, 그때는 교토에 존양파가 집결하고 있지 않은 상황이어서 이때와는 상황이 달랐다.

곧이어 열린 6월 1일의 어전회의에서도 거번상락의 번론은 다시 한 번 확인된다. 이날 요시나가와 번사 일동은 성중(城中)에 모여 상락 후 조정 · 막부의 요인과 외국 공사가 회담하여 개쇄(開鎖) 문제를 결정할 것과 정권의 조정 주재, 제후의 기무(機務) 참여, 막사(幕士)에만 한하지 않은 인재 등용 등을 조정과 막부에 건의할 것을 결정했다.[28]

그렇다면 당시 교토의 상황은 어떠했을까. 당시 교토의 존양파는 죠슈번과 조정의 일부 하급 공경을 배경으로 교토를 거의 장악하고 있었다. 이들은 체경 중이던 쇼군을 압박해 5월 10일을 양이 기한으로 선포하게 했고, 실제로 이날이 되자 죠슈번은 외국 선박에 포격을 가했다. 이후 존양파는 더욱 과격해져 천황의 친병 창설, 천황의 양이친정(攘夷親征), 심지어 토막(討幕)의 움직임까지 보이고 있었다.

존양파의 이런 움직임에 대해 거번상락의 주도자인 요코이 쇼난은 어떤 입장을 취했는가. 그는 죠슈번이 외국 선박에 포격을 가한다면 서양 열강이 좌시하지 않을 것이고 열강과의 전쟁에서 죠슈번은 금방 패배할 것으로 보았다.[29] 아울러 존양파의 유력한 지지세력 중 하나인 조정 하급 공경에 대해서도 "산조 사네토미공(三條實美公) 등도 근래에는 폭론(暴論[양이론])의 정체를 알게 되어 하급 공가(下級公家) 8명 정도만이 여전히 폭론주장을 하고 있다고 합니다. 이 같은 상황으로 폭론도

28 『続再夢紀事』二, 41-42쪽.

29 「宿許へ」(文久6月17日), 『横井小楠関係史料』一, 431쪽.

또한 점점 쇠퇴하는 분위기입니다"[30]라는 인식을 보여 주고 있었다. 따라서 요코이 쇼난은 쇠퇴해 가는 존양파를 에치젠번의 무력으로 일단 장악한 후 이들까지도 대회의에 포함시켜 거국일치하는, 대외 노선의 전환을 꾀했던 것이다.

그러나 신판(親藩)이자 개국론의 주창자인 에치젠번이 거번상경한다는 소식이 전해지자 교토의 존양파는 격동했다. 교토에 파견되어 있던 구마모토번의 존양파 번사 모리이 소시로(森井惣四郎)는 6월 7일의 보고서에서 "에치젠번주 부자가 이번 달 11일 출발하여 상경한다는 것을 은밀히 파악하고 있습니다. 이것은 어떤 까닭인가 잘 알 수 없으나 이전의 개국설을 오가사와라 나가미치(小笠原長行)와 함께 제창이라도 한다면 가당치 않은 것입니다"[31]라며 강한 적대감을 나타내고 있다. 또한 구사카 겐즈이(久坂玄瑞) 등 조슈번의 유력한 존양파 지사들은 조슈번저에 모여 이 일에 대해 의논하고 산조 사네토미에게 에치젠번을 저지하는 방책을 건의했다.[32]

한편 에치젠번에 대한 존양파의 테러도 계속되었다. 1863년(文久 3) 7월 27일 새벽 요시나가가 상경할 때 숙박 예정지로 삼았던 교토의 고다이지(高臺寺)가 불태워졌는데, 그 취의서(趣意書)에는 "고다이지의 간악한 승려들이 조적(朝敵)에게 숙소를 내준 것은 매우 경솔한 짓이므로 신화(神火)를 질러 불태워 버렸다. 향후 이 같은 자가 있다면 같은 죄

30 「在熊社中へ」(文久 5月 24日), 『橫井小楠関係史料』 一, 416쪽.

31 細川家家記編纂所, 『改訂肥後藩国事史料』 巻3, 1932, 907쪽. 막부의 로쥬격(老中格) 오가사와라 나가미치는 쇼군의 조속한 에도 귀환을 요구하며 1863년 5월 30일 영국으로부터 차입한 기선 2척을 포함한 5척의 함선과 1,600명의 병력을 이끌고 교토로 진군했으나 오사카에 상륙한 후 교토에 있는 로쥬에 의해 저지된 바 있다.

32 『改訂肥後藩国事史料』 巻3, 963쪽.

이므로 천주(天誅)를 내릴 것이다"[33]라고 쓰여 있을 정도로 에치젠번에 대한 적대감은 극에 달했다. 그 후로도 8월 18일의 정변으로 존양파가 교토에서 일소될 때까지 에치젠번에 대한 존양파의 테러는 계속되었다. 8월 11일 오쓰역(大津驛) 도이야바(問屋場)에는 "조적 마쓰다이라 슌가쿠(松平春嶽[요시나가])가 상경한다고 들었는데 매우 경솔한 짓이다. 에치젠 도중(途中)에서 슌가쿠 일행을 묵게 하는 것은 물론 인마(人馬)를 운반한다면 순식간에 천주(天誅)를 가할 것임을 반드시 명심하도록 할 것"[34]이라는 내용의 글이 나돌았다. 더구나 존양파는 8월 13일 니시혼간지(西本願寺) 요닌(用人) 마쓰사다 나카쓰카사(松定中務)를 살해하여 그 수급(首級)을 산조대교(三條大橋)에 효수하고 "간적 마쓰다이라 슌가쿠의 간계에 가담하여 인민의 고혈을 짜내고 제멋대로 설쳤으므로 천주를 가한 것이다"[35]라며 에치젠번에 대한 강한 적대감을 드러냈다. 이 같은 상황에서 에치젠번이 4천여의 병력을 이끌고 상경한다면 존양파와의 무력충돌은 충분히 예견되는 일이었다.

2. '거번상락'을 둘러싼 번 내 갈등

실행 단계에 들어섰던 거번상락은 6월 초 교토에 있던 나카네의 귀번과 함께 큰 장애에 부딪혔다. 당시 쇼난은 에치젠번의 상황에 대해, 요시나가가 상경하기로 결정되어 번의 인심이 매우 격동해 기세가 올라 있고[36] 분분했던 인심은 진정되었으며, 집정과 제유사(諸有司)는 일치

33 『続再夢紀事』 二, 93쪽.
34 『続再夢紀事』 二, 96쪽.
35 『続再夢紀事』 二, 100쪽.
36 「在熊社中へ」(文久 3年 6月 6日), 『横井小楠関係史料』 一, 425쪽.

되어 있다고 하고 있으나,[37] 사실은 '번중(藩中)의 인심을 보아도 아직 이의를 품은 무리들이 없지 않은 상황'이었다.[38] 거번상락이 번론(藩論)으로 결정된 직후인 5월 30일 이에 소극적이었던 혼다 슈리(本多修理)가 면직된 것은 이를 잘 보여 준다.

그런 가운데 5월 10일 이래 교토에서 정세를 탐색하고 공경 · 제번(諸藩)과 접촉해 온 요시나가의 측근 나카네가 번에 돌아와 요시나가에게 교토의 정세를 보고하고 거번상락의 시기상조론을 펼친 것이다. 이를 계기로 동북행위사건(東北行違事件)의 수습 이후 진정되었던 에치젠번 내의 대립 관계[39]는 재차 표면화되었다. 기존의 연구에서는 대부분 쇼군이 에도로 귀환한다는 정보가 6월 6일경 에치젠에 도달한 것으로 되어 있으나,[40] 사료를 검토해 보면 6월 1일 번에 도착한 나카네는 이때 이미 쇼군의 에도 귀환에 대한 확실한 정보를 갖고 있었던 것을 알 수 있다.

그는 체경(滯京) 중에 줄곧 쇼군의 에도 귀환의 가부에 대해 나카가와노미야(中川宮)와 로쥬 미즈노 다다키요(水野忠精) 등 조막(朝幕) 요인들과 의견을 나누고 있었다. 그가 5월 26일 나카가와노미야(中川宮) 측 이타미 구로도(伊丹藏人)를 방문했을 때, 이타미는 아마도 곧 쇼군의 동귀(東歸)를 허락하는 천황의 명령이 내려질 것이라고 말했고,[41] 미즈노 다다키요도 아직 쇼군 진퇴를 결정하지는 못했으나 아마도 동하(東下)할 것이라고 했다.[42] 더욱이 나카네는 교토를 떠나던 날 나카가와노

37 「在熊社中へ」(文久 6月 6日), 『横井小楠関係史料』 一, 426쪽.
38 『続再夢紀事』 二, 47쪽.
39 쇼난은 이를 '붕당(朋黨)'이라고 표현하고 있다.
40 기존 연구에서는 쇼군이 천황에게서 에도 귀환의 허락[御暇沙汰書]을 받은 것이 6월 3일이고 에치젠번이 이 정보를 입수한 것은 6월 6일경이며, 쇼군이 교토를 출발, 오사카로 향한 것이 9일이었다고 하고 있다.
41 『続再夢紀事』 二, 34쪽.
42 『続再夢紀事』 二, 35쪽.

미야를 방문했는데 이 자리에서 나카가와노미야 역시 아마 쇼군 동하(東下)의 분부가 내릴 것이라고 말했고, 후쿠이(福井)에 도착한 후 나카네는 이 같은 교토의 상황을 요시나가에게 보고했던 것이다.[43] 에치젠의 거번상락 계획은 쇼군의 교토 체류를 중요한 조건으로 삼고 있었으므로 나카네의 보고는 은연 중 거번상락파의 구상에 불만을 품고 있던 세력을 자극했을 것이며, 나카네를 가장 신임하던 요시나가도 이에 큰 영향을 받았을 것이다.

6월 4일에 열린 회의에서 아직 거번상락의 시기가 아니라는 나카네의 의견에 대해 쇼난은 상경은 이미 결정된 일이지만 출발 일자는 다시 사람을 보내 교토의 정세를 탐지한 연후에 결정할 것을 제의했고, 양공(兩公)과 집정들도 모두 여기에 동의함으로써[44] 일단 6월 초순으로 예정되었던 상경은 연기되었다. 그리고 다시 무라타 우지히사(村田氏壽)와 아오야마 고사부로(青山小三郎)를 교토에 파견하여 이들의 보고를 듣고 상경 시기를 결정하기로 했다. 아울러 제번을 규합하기 위해 오와리(尾張)에는 마쓰다이라 마사나오(松平正直)·하세베 진페이(長谷部甚平), 가나자와(金澤)와 오바마(小濱)에는 혼다 히다(本多飛驒)·유리 기미마사(由利公正), 구마모토(熊本)와 가고시마(鹿兒島)에는 오카베 분고(岡部豊後)·사카이 주노조(酒井十之丞)·하세베 진페이·유리 기미마사를 각각 파견하기로 하고, 아이즈번(會津藩)과의 절충은 교토루스이(京都留守居)가 맡았다.

그러나 이날 나카네를 지지하여 거번상락의 시기상조를 주장하던 오이 야주로(大井彌十郎)가 면직 처분을 받은 데서 거번상락을 둘러싸고 갈등이 계속되고 있음을 알 수 있다. 나카네의 보고대로 쇼군이 마

43 『続再夢紀事』 二, 39쪽.

44 『続再夢紀事』 二, 47쪽.

침내 교토를 떠났다는 정보가 6월 6일 후쿠이에 날아들자 나카네 등의 공세는 격해지기 시작했다. 이에 대해서는 요코이 쇼난도 "오늘 대수공(大樹公[쇼군])께서 교토를 떠날 상황이라고 하니 매우 유감스러운 일입니다. 그렇다면 우리 쪽의 행동도 조금 변해야 하는 건지, 아무튼 조석으로 상황이 변하니 확정하기 어렵습니다"[45]라며 당혹감을 표시하고 있다.

나카네 등 상락 반대파는 교토에서의 군사행동은 사쓰마와 죠슈번을 자극할 것이라 우려하고 있었다. 나카네 지지파의 정보 보고서라고 여겨지는 한 문건은 조정의 공경이 삿쵸(薩長)의 장악하에 있음을 전제하고 에치젠번의 무력으로 낭사(浪士)나 공경을 처치하는 것은 바위로 계란을 부수는 것보다 쉽지만 문제는 삿쵸의 군사력이라고 지적하고 있다. 즉 삿쵸가 "의기(義旗)를 세워 기세등등하게 와서 우리에게 죄를 물을 것이다. 그러면 일전(一戰)을 벌이지 않을 수 없다. …… 설령 [에치젠번의] 충간(忠諫)의 뜻을 천자가 따르셔서, 폭론간당(暴論奸黨)을 벌하여 쫓아내고 교토를 장악한 후 천자를 보필하여 천하에 호령한다 해도 저 삿쵸(薩長) 두 번(二藩)은 간토(關東[막부])의 명령조차 위배하고 있는데 어찌 아국(我國)의 호령을 받겠는가. 그런즉 이번에는 분명히 대군을 이끌고 와서 자웅을 가리려 들 것이다"고 하여 섣부른 군사행동은 삿쵸와의 군사 충돌로 이어져 에치젠번의 존망을 가를 수도 있다고 경고했다.[46]

이 같은 판단은 군사 상황을 고려한 현실적인 판단이기는 하지만, 에치젠번의 존망을 최우선의 고려 대상으로 두고 있다는 점에서 일번

45 「在熊社中へ」(文久 3年 6月 6日), 『横井小楠関係史料』 一, 426쪽.

46 「演說の覚」, 『文久三亥雑記』(三上一夫, 『公武合体論の研究』, 304-305쪽에서 재인용).

(一藩)을 버린다는 각오 위에 성립한 쇼난의 구상과는 차이를 보이고 있다. 아울러 전승(全勝)의 책(策)을 강구하려면 위로 신금(宸襟)을 안도시키고 다음으로는 "쇼군가(將軍家)의 위세를 진흥시키는 조치가 반드시 있어야 한다"[47]고 하여, 거번상락을 웅번 연합정권의 수립을 위한 것이라기보다는 삿쵸에 대한 쇼군가의 반격이라는 시각을 보이고 있다.[48]

이 양파의 대결을 더욱 첨예하게 만든 것은 에치젠번 참부(參府)의 문제였다. 이때는 때마침 전년 에치젠번이 막정개혁의 일환으로 완화시킨 새로운 참근교대제에 의해 에치젠번주가 참부할 시기였다. 참근은 도쿠가와 시대 막번체제의 골간을 이루고 있는 것으로 이에 대한 거부는 곧 막부에 대한 도전을 의미하는 것이었다. 더욱이 신판인 에치젠은 어느 번보다도 참근제를 성실히 수행해야 할 입장이었다. 6월 7일 번 회의에서 양파의 격돌이 있었는데 나카네 유키에 일파는 번주의 참부를 주장하여 사실상 거번상락을 중지시키려고 했다. 이들은 "종가를 존숭하고 조정을 받드는 것이야말로 우리 번의 본무이므로 설령 막부에 잘못된 점이 있더라도 갑자기 종가를 도외시하여 참부의 의무를 이행하지 않는 것은 마땅한 처사가 아니다"[49]라고 참부 실행을 주장했다.

47 「演說の覚」, 『文久三亥雑記』(三上一夫, 『公武合体論の研究』, 305쪽에서 재인용).

48 이 보고서는 또 때가 한여름이라 천시(天時)가 적당치 못하고 또 지리(地利)를 얻어 교토를 장악하고자 한다면 "첫째로 히에이잔(比叡山)을 본진(本陣)으로 삼고 일군(一軍)을 후시미(伏見)에 주둔시키고 일군을 후시미와 히에이잔의 중간에 배치하여 일을 도모해야 한다. 이것은 일군이 합쳐 1,000명이 되지 않을 때는 일을 도모하기가 어렵다. 삼군(三軍) 합쳐 3,000명의 용감한 병사[가 필요한데] 본국 일번(本國一藩)으로는 마련하기 어렵다고 생각한다. 마침내 결심함에 있어서는 반드시 급히 서둘 일은 아니라고 생각한다"고 주장하고 있다(「演說の覚」, 『文久三亥雑記』(三上一夫, 『公武合体論の研究』, 305쪽에서 재인용).

49 『続再夢紀事』 二, 56쪽.

이에 대해 거번상락파는 무모한 요코하마 쇄항(横浜鎖港) 담판의 시도, 영국에 대한 독단적인 배상금 지불,[50] 쇼군의 조기 에도 귀환 등의 실정을 거론하며 막부를 격렬히 비판하고 참부를 반대했다. 상락파는 막부의 이러한 정책은 "막부 스스로 대권을 포기한 것이니 지난번 결정한 번론대로 금후로는 마침내 조정이 정권을 장악하는 길 이외에는 없다. …… 참부와 같은 일은 평상시에는 가벼이 할 수 없는 일이나 지금은 반드시 구애받아야 하는 것은 아니다"[51]라며 쇼군의 에도 귀환이나 참부 요구와 관계없이 거번상락의 번론을 계속 밀고 나갈 것을 주장했다. 이는 거번상락파가 막부의 정권 반환과 조정이 정권을 장악할 것을 명확히 한 것으로, 1862년 10월 쇼난이 미나모토노 요리토모(源頼朝) 이전의 군신 관계로 돌아가야 한다고 주장한 것과 맥을 같이하고 있다. 이것은 물론 고대의 왕정을 재현하자는 것은 아니며, 그 내용은 웅번 연합정권의 수립이었다.

이에 비해 나카네를 비롯한 그의 지지세력들은 어디까지나 막부를 정부로 인정하고 막정개혁을 통한 변화를 추구하는 쪽이었다. 이 같은 입장 때문에 거번상락파는 나카네 등을 좌막주의자(佐幕主義者)라고 비난했다. 거번상락파는 참부 반대의 입장을 명백히 함으로써 지금까지 에치젠번이 막부에 대해서 가졌던 태도에 큰 변화를 보였다. 참부 거부는 공무합체운동보다 일보 전진한 것으로 양자 모두 요코이 쇼난 등의 안(案)이었다고 해도 성질을 달리하는 것이었던 것이다.[52] 이는 막부를 단념하고 조정중심주의로 나아가려는 것이므로 이제까지 요시

50 막부의 로쥬격(老中格) 오가사와라 나가미치(小笠原長行)는 교토의 쇼군 · 로쥬와 협의 없이 독단적으로 5월 9일 영국에 나마무기 사건(生麥事件)의 배상금을 지불했다.

51 『続再夢紀事』 二, 56쪽.

52 山崎正董, 『横井小楠』(伝記篇), 783쪽.

나가 등이 획책했던 공무합체와는 자못 취지를 달리하는 것이어서, 신판인 에치젠번으로서는 일층 주저하게 할 만한 것이었다.[53]

양파 간의 다툼은 격화되어 마침내 6월 14일 거번상락 반대파의 중심이었던 나카네가 소바요닌(側用人)의 자리에서 쫓겨났다.[54] 이로써 거번상락이 번시(藩是)로서 결정된 직후인 5월 30일 가로 혼다 슈리가 파직되고, 6월 4일 시기상조론을 주장하던 오이 야주로가 역시 파직된 것과 함께, 거번상락을 반대하던 번 내 여론은 거번상락파에 압도되었다. 이날 요코이 쇼난은 같은 거번상락파 번사인 무라타 우지히사와 아오야마 고사부로에게 보낸 편지에서 "군측(君側[요시나가 측근])이 대부분 와해되었습니다. 가소롭기 짝이 없습니다. 그러나 결국 이 난(亂[나카네 등의 거번상락 반대])은 분쇄되게 되어 있었던 것으로 새삼스레 놀랄 일은 아니고 비온 뒤에 땅이 굳어지는 법입니다. …… 이 일란(一亂)으로 상경은 더욱 굳어졌다고 생각하니 크게 기쁩니다"[55]라며 나카네 유키에 등 거번상락 반대파를 제거했음을 전하고 있다.

이어 에치젠번은 거듭되는 막부의 참부 재촉[56]에도 불구하고 번주 모치아키의 명의로 서한을 보내 "간사이(關西) · 간토(關東)는 이미 격

53 山崎正董,『橫井小楠』(伝記篇), 753쪽.

54 그는 그 후 유폐 기간에 『재몽기사(再夢紀事)』를 기록했는데 훗날 "6월에 이르러 죄 있어 금고(禁錮)되었다. 유폐의 여업(餘業)에 재몽(再夢)을 기록하여 노공(老公[요시나가])의 근왕좌막(勤王佐幕)의 공적을 전할 것을 생각했다"(中根雪江,『戊辰日記』, 日本史籍協会, 1925, 583쪽)고 하여 자신의 심경을 전하고 있다.

55 「村田已三郎 · 青山小三郎へ」(文久 3年 6月14日),『橫井小楠関係史料』一, 428쪽.

56 막부는 6월 16일과 24일 두 차례에 걸쳐 쇼군도 에도로 귀환했고 국사에 상담할 일도 있으니 속히 참부할 것을 재촉했다. 막부의 서한 내용과 그에 대한 에치젠번의 답서는『続再夢紀事』二, 58-59쪽.

절되어 천하의 세는 은연중 사분오열의 형세를 이루고 …… 죠슈의 전쟁 때문에 해안에 외구(外寇)가 언제 쳐들어올지도 알 수 없고 제도(帝都[교토])의 위급은 차마 말할 수 없는 변이 될지도 모르므로 ……"라며 당분간 출부를 유예해 줄 것을 요청하여[57] 막부의 명령을 사실상 거부했고, "우리 쪽에서도 조만간 교토에 관리를 파견하여 그쪽[교토]의 상황에 따라 양공(兩公)이 출경하여 진력하기로 결정하고 이제나저제나 기다리고 있습니다. …… 저도 물론 출경하여 힘껏 진력할 각오입니다"[58]라며 쇼군의 에도 귀환에도 불구하고 거번상락을 강력히 추진할 것임을 말하고 있다. 즉 상락(上洛) 반대파의 저항과 쇼군의 조기 귀환으로 계획이 수포로 돌아갈 위기에 처했지만 거번상락파는 열번회의(列藩會議) 개최와 개국의 희망을 버리지 않고, 오히려 실로 천재일우의 기회라며 더욱더 계획 실현에 매진했던 것을 알 수 있다.[59]

이로 볼 때 쇼군의 갑작스러운 에도 귀환으로 에치젠번의 거번상락 계획이 좌절되었다고 보는 견해[60]는 재고할 필요가 있다고 판단된다. 쇼군의 에도 귀환이 6월 초순의 상락 계획을 무산시키고 에치젠번의 번론을 분열시킨 중요한 요인이 되었던 것은 사실이지만, 위에서 본 것처럼 상락파는 쇼군의 에도 귀환에도 불구하고 거번상락을 계속 추진했고, 이에 반대하는 세력을 제거함으로써 6월 중에 거번상락을 실현한다는 계획을 견지하고 있었던 것이다.

에치젠번은 6월 말에 이르러 교토에서 공경과 제번에 대한 공작을

57 「文久3年松平茂昭幕府歎願書」, 『福井市史』 資料篇五 近世三, 877쪽.

58 「嘉悅市之進へ」(文久 3年 6月 15日), 『横井小楠関係史料』 一, 429쪽.

59 由利正通, 『子爵由利公正伝』, 岩波書店, 1940, 124쪽.

60 三上一夫, 『公武合体論の研究』; 松浦玲, 『横井小楠』, 朝日新聞社, 1976 등이 이런 견해를 보이고 있다.

강화함과 동시에 사쓰마번과 구마모토번에 사신 파견을 계획했다.[61] 교토에 파견된 무라타 우지히사가 6월 12일 사쓰마번의 번사 다카사키 사타로(高崎佐太郎)를 만나 에치젠번이 쇄항담판과 정체일신(政體一新)을 번론으로 정하여 조정과 막부에 건의할 것을 결정했다며 협조를 요청하자, 다카사키 사타로는 그 취지에는 공감하나 현재 조정과 제번으로부터 의심을 받고 있는 사쓰마번으로서는 아직 시기상조라는 입장을 보였고, 구마모토번의 나가오카 모리요시(長岡護美)도 상경에는 유보적인 태도를 보였다.[62]

이 때문에 기존의 연구에서는 제번, 특히 사쓰마와 구마모토번의 비협조를 거번상락 좌절의 또 하나의 중요한 원인으로 지적해 왔다. 물론 이 같은 냉담한 반응은 분명히 거번상락에 장애로 작용했음이 틀림없다. 그러나 에치젠번의 거번상락파는 이에 구애되지 않고 제번의 협조를 확보하기 위해 7월 5일 오카베 분고(岡部豊後) · 사카이 주노조(酒井十之丞) · 유리 기미마사(由利公正) 등 거번상락파의 핵심적인 인물들을 직접 사쓰마와 구마모토번에 파견했다. 그러나 이 사신들이 돌아오기도 전에 요시나가에 의해 거번상락 중단이 결정되었고 거번상락파는 숙청되었다. 즉 제번과의 연대가 한창 추진되고 있는 와중에 거번상락은 중단되어 버렸던 것이다.

또한 주목할 것은 사쓰마에서 시마즈 히사미쓰(島津久光)가 이 사신들에게 "마쓰다이라 요시나가(松平慶永)께서는 이쪽의 회답에 관계없이 상경할 생각이신가" 하고 묻자 이들은 "그러합니다. …… 원래부터 결심한 것이므로 조금 이론이 있더라도 출경하실 생각이나, 이왕이

61 실제로 7월 5일에 오카베 분고(岡部豊後), 사카이 주노조(酒井十之丞), 미쓰오카 하치로(三岡八郎) 등 개혁파 번사들이 사신으로 파견되었다.

62 『続再夢紀事』 二, 53-54쪽.

면 일국(一國)보다는 이국(二國)과 합력하여 진력하기를 바라는 바입니다"[63]라고 대답하고 있다는 점이다. 이는 곧 거번상락파가 가능한 한 여러 번과의 연대를 희망하지만 그것이 실패하더라도 에치젠번 독자적으로 거번상락을 강행할 생각임을 나타내는 것으로 보아도 좋을 것이다. 따라서 제번의 비협조가 곧 거번상락을 좌절시켰다는 견해에 대해서도 의문을 표하고자 한다. 여기서 필자는 거번상락의 좌절에서 마쓰다이라 요시나가의 역할에 주목하고 싶은 것이다.

거번상락의 번론이 재차 동요하게 된 계기는 7월 6일 무라타 우지히사의 귀번(歸藩)이었다. 무라타는 6월에 교토에 파견된 이래 조정 공경 및 각 번의 번사들과 만나 거번상락에 대한 의견과 협조를 구하는 활동을 벌여 왔다. 무라타가 후쿠이에 돌아와 신중론을 개진하자 번론은 다시 동요했다. 요시나가는 7월 19일 참부(參府) 유보를 요청하는 번주의 서신을 갖고 에도로 떠났던 사신을 도중에서 귀번시킴으로써 마침내 거번상락 노선에서 이탈할 조짐을 보였다. 그리고 곧이어 23일 거번상락파 인사들을 해임하고 번주의 참부를 결정함으로써 거번상락 노선은 좌절하게 된다.

제2절 '거번상락'의 좌절과 요시나가의 역할

1. '거번상락' 구상의 정치노선

거번상락을 추진했던 세력은 교토를 무력으로 장악한 후 어떤 정권을

63 酒井十之丞, 「心志録日記」, 781쪽.

구상했던 것일까. 거번상락파의 주도 아래 거번상락을 번론으로 결정한 에치젠번은 6월 1일 다음과 같은 방침을 공식적으로 정했다.

> 첫째, 양이(攘夷)와 통상 거절은 도저히 행해질 수 없는 것이지만 이미 천하에 포고된 이상 이제 그 가부를 논할 수는 없으므로 잠시 제쳐두고 쇄항(鎖港)의 담판은 만약 도리에 닿지 않는다면 아국만세(我國萬世)의 오욕이 될 것이므로 각국 공사를 교토에 불러모아 대수공(大樹公[쇼군]) · 관백님(關白殿)을 비롯하여 조정 · 막부의 요인들이 열석하여 피차간의 견해를 논의하여 정당한 도리로 결정해야만 한다. 둘째, 막부의 시정은 득실 모두 쇼군이 책임을 져야 하는 것은 물론이지만 사실 만기(萬機)의 결정은 모두 쇼군이 한 것이 아니다. 특히 근래 실정이 많았던 것은 전적으로 막리(幕吏)에 인재가 없었기 때문이므로, 앞으로는 조정에서 재단(裁斷)의 권한을 주재하시고 현명제후(賢明諸侯)로 하여금 기무(機務)에 참여하도록 하고, 또 제 유사(諸有司)의 선발도 막하(幕下)의 사(士)만에 한하지 말고 열번(列藩) 중에서도 널리 마땅한 인재를 선발해야만 한다.[64]

이와 같이 에치젠번의 거번상락 구상은 두 가지 요점에 집중되어 있었다. 첫째, 강대한 군사력을 가지고 일단 교토의 치안을 확보한 후 각국 공사를 불러들여 쇼군 · 관백을 비롯 조막 · 제 웅번(諸雄藩)의 열석하에 대회의를 개최하여 당면한 내외의 분규하는 제 문제를 일거에 해결하려고 했다.[65] 요코이 쇼난의 구상에는 존양파를 배척하는 것은 포함되어 있지 않았고, 그들까지 포함하는 대회의에 의해 결정된 결론

64 『続再夢紀事』 二, 41-42쪽.

이라면 개국이든 쇄국이든, 전쟁이든 화친이든 그 어느 쪽이라도 수용할 수 있다는 입장이었다. 물론 에치젠번은 이 과정을 거쳐 완고한 조정을 개국론으로 전환시키고 존양파의 폭론을 진정시키려고 의도했지만, 만일의 경우 뜻대로 되지 않아 쇄항으로 결정이 나더라도 서양 열강에 회의를 통해 이러한 일본의 국시를 이해시킨다면 무모한 양이에 따른 열강과의 전면전은 피할 수 있다고 생각했던 것이다.

둘째, 이 과정을 통해 현재의 막부독재를 대체할 수 있는 새로운 정체의 수립을 목표로 하고 있었는데, 거번상락의 주된 목적은 바로 여기에 있었다. 당시 에치젠번이 구상했던 신정권의 성격은 먼저 정권을 천황에 반환하고 도쿠가와가(德川家)를 포함한 제 웅번이 연합하여 정권을 구성하며, 이를 조정이 '총재(總裁)'하는 것이었다. 이때 조정과 웅번 연합 세력의 관계라든가, 이전에 오쿠보 다다히로(大久保忠寬)나 요시나가가 주장했던 의사원(議事院)의 설치 문제 등은 구체적으로 언급되지는 않고 있다. 그러나 조정의 권위하에 각 제후와 유명지사(有名志士)에 의한 정부 구성이라는 입장은 분명하다.

거번상락파 번사 중 한 사람인 사카이 주노조(酒井十之丞)도 이것은 이제까지 추진해 온 조막을 중심으로 한 공무합체와는 달리 제후, 유지(有志)의 인재를 포괄하는 공무합체운동으로 일본국 전체와 함께 상의하여 정치를 해 나가려는 구상임을 밝히고 있다. 특히 존양파를 배제하지 않는다는 점에서 에치젠번의 거번상락 구상은 같은 해 8월 18일 사쓰마번과 아이즈번(會津藩)이 꾀한 '8 · 18정변'과의 차이점이 자주 지적되어 왔다.

이는 1862년 말 이래의 쇼난 구상의 구체화였고 조정을 중심으

65 三上一夫,『日本近代化の研究: 福井県下の動向を中心に』, 文献出版, 1987, 19쪽.

로 하는 정치체제, 즉 공의정체론(公議政體論)의 구상이었다.[66] 또 거번상락파는 1863년의 단계에서는 명확히 정권 반환을 전제로 하고 있었고,[67] 이 구상은 1867년 도사번(土佐藩)이 추진한 대정봉환론(大政奉還論)의 내용과 유사하다. 실제 대정봉환의 주도자인 사카모토 료마(坂本龍馬)가 에치젠번의 거번상락 구상에 적극적인 지지를 보내고 있는 것은 흥미로운 일이다. 료마(龍馬)의 선중팔책(船中八策)이 기본적으로는 일본 전국의 공화일치(共和一致)의 정사를 말한 쇼난 주도의 에치젠번 회의정치론(會議政治論)과도 부합하는 것이었다는 지적처럼,[68] 에치젠번의 거번상락 구상은 대정봉환운동의 선구로 평가될 만한 것이었다.[69] 이 같은 거번상락파의 공화일치의 정사라는 발상과 반막적(反幕的)인 태도는 상락 반대파를 더욱 자극했고, 요시나가에게도 큰 부담이 되었을 것이다.

2. '거번상락' 좌절의 배경과 요시나가

이런 전개 속에서 마침내 거번상락 계획은 좌절하게 되는데, 거기에는

66 高木不二,「越前藩士村田氏壽論」,『明治維新の人物と思想』, 吉川弘文館, 1995, 84쪽.

67 林竹二,「幕政改革と'共和'政治運動: 横井小楠の'共和'政治思想とその展開」, 166쪽. 이 글은 "쇼난의 존왕주의가 미토학이나 신도(神道)의 그것과는 완전히 달라 근대적 내셔널리즘의 주자학적인 표현"이며, 그가 말하는 "공화(共和)의 주체는 열번(列藩)이기는 하지만 열번공화는 막부전제로부터 인민공화로 향하는 제1조다라는 기대가 쇼난에게 없었다고는 말할 수 없다"(164쪽)라고까지 말하고 있다.

68 三上一夫,『公武合体論の研究』, 229쪽.

69 에치젠번과 가쓰 가이슈(勝海舟), 사카모토 료마 노선과의 관련에 대해서는 三上一夫,「越前藩と勝海舟」,『若越郷土研究』 19-4, 1974;「福井藩論と海舟·龍馬路線」,『仁愛短大紀要』 14, 1983.

요시나가의 의향이 결정적이었다는 것이 필자의 판단이다. 앞서 언급한 대로 7월 18일 번주의 참부 유예를 요청하는 서한을 갖고 에도로 떠났던 멘주 시카노스케(毛受鹿之介)는 다음 날인 19일 요시나가의 명령에 의해 도중에서 후쿠이로 돌아왔다. 마침내 요시나가는 참부를 결정했던 것이다. 그는 집정 이하 요직에 있는 자들에게 그 뜻을 말했으나 혼다 히다 · 마쓰다이라 슈메 · 하세베 진페이 · 센모토 도자에몬들은 이전의 주장을 고수하며, 참부 연기를 주장해 여론이 비등해졌다.[70] 이러한 거번상락파의 반발에 요시나가는 대대적인 숙청을 감행했다.

요코이 쇼난은 동료 거번상락파 인사들이 모두 제거되는 것을 보고 8월 11일 5년여 간 몸담았던 에치젠번을 떠나 고향인 구마모토로 돌아갔다. 거번상락파가 숙청되고 거번상락이 좌절된 후에는 상락 반대파가 재차 번정의 실권을 장악했다. 즉 1863년(文久3) 7월 말의 거번상락파 숙청과 참부 결정, 그리고 거번상락의 중단은 곧 나카네 유키에 등 상락 반대파의 실권 탈환을 의미했던 것이다.

그렇다면 줄기차게 추진되어 오던 이 거번상락운동이 좌절하게 된 이유는 무엇인가. 또 거번상락의 좌절에만 그치지 않고 거번상락파 세력을 제거한 배경은 무엇일까. 전술한 대로 거번상락 계획을 중단하게 된 원인에 대해서는 쇼군의 조기 에도 귀환, 사쓰마와 구마모토번의 소극적인 자세 등이 지적되어 왔다.[71] 이는 앞에서 서술한 대로 거번상락운동에 부정적인 영향을 끼친 것은 사실이지만, 이 같은 외부적 · 환경적 요인만으로 번론의 급전환[72]과 그에 따른 거번상락파 대숙청을

70 『續再夢紀事』 二, 92쪽.

71 이밖에 실패한 원인으로 에치젠번이 신판이라는 조건과, 당시 세력을 키워 가던 존양파를 회유하지 못했다는 점도 거론된다(圭室諦成, 『横井小楠』, 249-250쪽).

72 『子爵由利公正伝』의 저자 由利正通은 "그러나 그 후 막부가 모치아키후(茂

설명하기에는 미흡하다.

여기서 필자는 에치젠번의 내부 대립과 그 속에서 (전)군주 요시나가가 정했던 위치와 역할에 주목하고 싶은 것이다. 사쓰마·조슈 등 다른 번과는 달리 에치젠 내부의 대립 관계 및 번사와 번주 간 갈등이라는 측면은, 그간 연구사의 관심으로부터 소외되어 왔다. 이는 당시 에치젠번의 군신 관계가 수어(水魚)와 같아 타번(他藩)의 선망의 대상[73]이었다는 말처럼, 에치젠번은 '개명'적인 전 번주 요시나가를 지도자[사실상의 번주 역할]로 갖고 있었고, 그가 번사들의 개혁적 요구를 앞장서 실천하려고 함으로써 실제 에치젠번에서는 삿쵸(薩長)와 같이 번론이 양분되어 항쟁하는 일은 나타나지 않았던 것에 원인이 있었던 것 같다.[74] 따라서 종전의 연구들은 거번상락의 추진 과정에서 거번상락파와 요시나가의 정치적 입장을 동일하게 취급하여 왔고, 거번상락 좌절과 거번상락파 숙청 과정에서 그가 맡은 역할에 대해 그다지 주목하지 않았던 것이다.[75]

상락파와 상락 반대파의 갈등을 더욱 증폭시킨 것은 붕당적 대립 관계였다.[76] 이 두 세력은 거번상락 추진이 가속화되면서 대립을 격화

昭侯)의 참부(參府)를 재촉하고 재차 파견되었던 무라타(村田)도 경정(京情) 시찰의 결과 거번상락의 시기로는 아직 이르다고 보고했기 때문에, 점차 보수지중파가 대두하게 되어 여기서 형세는 역전하여 거의 하룻밤 사이[7월 23일]에 번의(藩議)는 뒤집어지게 되었다"고 하여 에치젠번론의 일변이 매우 갑작스러웠음을 시사하고 있다(由利正通, 『子爵由利公正伝』, 139쪽).

73 由利正通, 『子爵由利公正伝』, 494쪽.

74 舟沢茂樹, 「明治維新期における福井藩の政治指導層について」, 『福井県地域史研究』 3, 1972, 25쪽.

75 三上一夫, 「福井藩 '擧藩上洛計画'にみる横井小楠の '公議論'基調」, 52쪽.

76 舟澤茂樹는 거번상락파가 중사층(中士層)의 신진기예(新進氣銳)의 이료층(吏僚層)으로 구성되어 있고, 상락 반대파는 문벌 상사층(上士層)을 중심으로 구성되어 있다고 말하고 있다. 그러나 거번상락파의 핵심인 유리 기미마사

시켜 가는데 5월 26일 거번상락 계획이 공식적으로 결정된 직후인 5월 30일 상락 반대파의 가로 혼다 슈리가 해직되고 나카네가 돌아와 거번상락 신중론을 펴 참부 문제가 대두되자 양파의 불화는 한층 격해졌다. 6월 4일에 열린 중신회의에서는 참부 가부를 둘러싼 격론이 벌어졌고 나카네는 상락파의 경거를 강하게 비난했다. 이날 오이 야주로가 온소바무키 도도리(御側向取頭)에서 해직되었고 나카네는 정무를 거부했다. 14일 나카네 역시 소바요닌(側用人)에서 해직되고 칩거의 중벌에 처해졌다.

그러나 번론이 일변하자 이번에는 거번상락파 인사들이 대부분 해직되거나 중벌에 처해졌다. 『속재몽기사(續再夢紀事)』가 거번상락파의 숙청은 "지난 6월 14일 나카네 유키에에게 견책을 명했던 때의 논의에 원인이 있다"[77]고 지적한 것처럼 이 대립이 거번상락을 좌절시킨 중요한 원인이 되었던 것이다. 유리 마사미치(由利正通)도 거번상락파 숙청이 상락 반대파의 보복적 처벌이었음을 지적하고 있다.[78] 거번상

(由利公正, 祿100석), 하세베 진페이(長谷部甚平, 200석)를 비롯, 대부분의 번사가 중사층이었던 것은 사실이나 주요 멤버 중에서도 마쓰다이라 슈메(松平主馬, 3,000석), 혼다 히다(本多飛驒, 2,800석), 오카베 분고(岡部豊後, 1,500석)처럼 번사 중 제일의 서열인 '고치세키(高知席) 17가(家)' 출신의 가로인 자들도 있었으므로(福井市役所, 『稿本福井市史』 上巻, 1941, 89쪽), 당시 상황을 신분상의 대립으로만 단순화시키기에는 무리가 따른다. 또 舟澤茂樹는 막말 에치젠번의 인맥을 '요코이파(横井派)'와 '나카네파(中根派)'로 나누고 마쓰다이라 슈메, 마키노 도노모노스케, 마쓰다이라 마사나오(松平正直), 하세베 진페이, 유리 기미마사, 무라타 우지히사, 센모토 야사부로, 아오야마 고사부로, 쓰쓰미 마사요시 등을 요코이파로, 사카이 게키(酒井外記), 혼다 슈리(本多修理), 오이 야주로(大井彌十郎) 등을 나카네파로 분류하고 있다(舟沢茂樹, 「明治維新期における福井藩の政治指導層について」, 24-25쪽).

77 『続再夢紀事』 二, 95-96쪽.

78 由利正通, 『子爵由利公正伝』, 143쪽.

락파의 일원이긴 하지만 교토의 상황을 검토한 끝에 번에 돌아와 거번상락 신중론을 전개해 번론일변에 큰 영향을 끼쳤던 무리타 우지히사 역시 상락 반대파와 거번상락파의 갈등이 번론 일변과 상락파 숙청을 초래했음을 증언하고 있다.[79]

한편 요코이 쇼난도 후쿠이를 떠난 후 사쓰마번의 고마쓰 다테와키(小松帶刀)에게 서한을 보내 거번상락 계획이 무산된 데 대해 해명하는 가운데 "나카네 유키에가 혼다 히다 · 마쓰다이라 슈메 등과 오랫동안 의견이 합하지 않고 근래에 이르러 양립하기 어려운 상황이 되어 마침내 나카네를 면직함에 이르고, 결국 혼다 히다 등도 요시나가공의 생각과 맞지 않아 면직되었습니다. 물론 기본적인 국론은 쌍방 모두 조금도 변함이 없지만, 다만 오랫동안 상용할 수 없는 것이 있기 때문에 마침내 해직에 이르니 진실로 유감스러운 일입니다"[80]라고 말하고 있다. 이처럼 1861년 거번체제의 수립으로 미봉되었던 에치젠번의 붕당적 대립 관계가 거번상락과 참부 문제를 둘러싼 갈등을 계기로 다시 표면화되었던 것이다.

그렇다면 이상과 같은 양파의 갈등 속에서 요시나가는 어떠한 입장을 취하고 있었을까. 아무리 거번상락파 숙청이 상락 반대파가 가한 반격의 결과라고 하더라도 그것은 결국 요시나가의 결단에 의하지 않고서는 이뤄질 수 없었을 것이다.[81] 필자는 앞에서 거번상락의 주도적인 추진체는 거번상락파 번사들이었고, 요시나가는 소극적 · 수동적 입장을 취하고 있었다고 지적한 바 있다. 그러나 '막사(幕私)'의 제거와

79 「氏壽履歷書」, 由利正通, 『子爵由利公正伝』, 143쪽에서 재인용.

80 「横井平四郎より小松帶刀へ」(文久3年8月25日), 『鹿兒島県史料: 玉里島津家史料』 二, 鹿兒島県, 1992, 464쪽.

81 松浦玲, 『横井小楠』, 225쪽.

공무합체노선을 견지해 온 요시나가는 결국 이에 동의했고, 이로써 거번상락은 급속히 추진되어 갔다. 요시나가 역시 이미 1863년 3월 교토에서 공무합체운동이 파탄에 직면했을 때, 비록 무모한 양이를 막부가 떠맡는 것을 피하기 위한 것이긴 했으나, 쇼군직의 사임을 주장했을 정도로 현상타파에는 적극적인 '개명' 군주였던 것이다.

그러나 상락파가 참부를 거부하고 막부 또는 도쿠가와가의 정국 주도권을 부정하는 태도를 보이자 그는 신중해지기 시작했다. 다음의 기록은 요시나가가 그 이듬해인 1864년(元治1) 초 이미 해직시켰던 가로들에 재차 칩거 등을 명하기 위해 번주인 모치아키(茂昭)에게 보낸 비밀서한이다. 거번상락파가 막부에 대해 취했던 태도를 비난하고 있는데, 여기에 그의 입장이 잘 나타난다고 할 수 있다.

> 쇼난의 이론은 매우 지당한 점이 많습니다. 그러나 또한 잘못된 것을 주장하여 국정을 문란하게 한 것도 많습니다. 이를 자세하게 논하면 첫째로 군(君)이 군답지 못하다 해도 신(臣)은 신다운 도(道)를 다해야 한다고 해야만 하는데, [쇼난은 주장하길] 군주가 재주가 없고 용렬하다면 그를 폐칩(閉蟄)시키고 다른 곳으로부터 양자를 들여 군주를 새롭게 하여 국가를 다스려야만 한다, 군주가 직무를 잘 할 수 없다면 군주라고 해도 군주가 될 수 없다. …… 그러므로 사직 · 국가는 바꿀 수 없으므로 임금을 폐칩하더라도 국가를 보존하는 것은 긴요하다고 주장하는 것이 매번 귀에 들리니 곧 군신의 기강문란의 발단을 열게 된 것입니다. …… 마침내는 이 설을 조정 · 막부에도 적용하여 조정을 경멸하고 막부를 모욕하는 주장이 빈번히 일어났습니다. 막부가 참부(參府)를 명했는데도 에치젠노가미(越前守[松平茂昭])의 동행(東行[에도행])을 거절한 무리는 모두 이 명분론을 왜곡한 것에서 기원한 것입니다.[82]

즉 요시나가는 거번상락파의 참부 저지를 군신 기강을 어지럽힌 행위로 비난하고 있다. 이는 결국 그가 유력한 신판으로서의 제약을 탈피하지 못하고 있음을 보여 주고 있는 것이다.[83]

거번상락파의 주장 중 또 하나 요시나가가 용납할 수 없었던 것은 바로 그들의 계획이 번의 존망을 위협할 수도 있다는 점이었다. 쇼난은 거번상락을 하기 위해서는 신(身)을 버리고 가(家)를 버리고 번(藩)을 버릴 각오를 해야 한다고 했다. 물론 이들이 이런 입장을 노골적으로 드러낸 것은 아니었으나 요시나가는 상락파 번사들의 이 같은 급진적인 움직임에 불안을 느꼈을 것이다. 앞서 인용한 모치아키에 보낸 비밀서한에서 그는 또 다음과 같이 말하고 있다.

> 천하의 일이 제일이라고는 하지만 번을 세우지 못하면 제사주선(諸事周旋)도 무엇도 할 수 없습니다. 번이 무너지면 [국사에] 진력도 할 수 없습니다. 때문에 우리 번의 국력을 꾀해야 만사를 할 수 있는 것입니다. 이 또한 쇼난이 잘못된 주장을 했습니다. …… 우리 번신(藩臣)들이 망령되이 쇼난의 주장을 따랐다면 국력이 다 소진되고 나서 마침내는 사람들의 비웃음을 샀을지도 모릅니다.[84]

82 『續再夢紀事』 二, 425쪽.

83 비슷한 시기에 행한 다음과 같은 그의 주장은 신판으로서의 요시나가의 의식을 잘 표현해 준다고 생각한다. "[천하가 안정되기 위해서는 막부가 여러 차례 각 번에] 순사사(巡査使)를 파견하여 순검(巡檢)하고, 사기가 홍한 곳에는 상을 내려 봉록을 더하고 …… 사기가 위축된 곳에는 엄벌하여 삭질(削秩) 또는 번주의 은거를 명하여 폐칩(閉蟄)시키든가 또 심할 때는 인근 번에 호령을 내려 정벌하거나 막부 스스로 친정(親征)해야 한다"(松平慶永, 「虎彪変革備考」, 『松平春嶽全集』 二, 98-99쪽).

84 『續再夢紀事』 二, 428쪽.

막말에 '개명' 군주로 이름이 높았던 요시나가로서도 봉건영주의 기득권에 위협이 될 가능성이 있는 움직임에 대해서는 단호한 반대 입장을 견지하고 있었던 것이다.[85]

이상에서 살펴본 것처럼 요시나가는 거번상락의 구상에 동의했으면서도, 계획이 구체화되는 과정에서 상락파의 태도에 불만을 품고 신판(親藩)으로서, 또 다이묘로서의 한계를 노출했고, 결국은 거번상락에 제동을 걸었다고 볼 수 있다.

그러나 이상에서 말한 바와 같이 신판으로서, 다이묘로서의 요시나가의 한계를 지적하는 것만으로 거번상락의 좌절 과정을 설명하기에는 부족한 감이 있다. 요시나가는 거번상락을 중단시켰을 뿐만 아니라 자신의 동의하에 이를 추진해 왔던 거번상락파 번사들을 대부분 처벌했던 것이다. 여기서 필자는 앞서 살펴본 번 내의 붕당적 대립 관계에서 요시나가의 위치와 역할에 대해 살펴보고자 한다. 거번상락이 좌절된 후 얼마 지나지 않아 8 · 18 정변이 일어나 요시나가가 다시 상경하게 되었을 때, 번 내에서는 상락파의 복권을 요구하는 여론이 강하게 일어났는데, 이에 대해 요시나가는 번주 모치아키에게 보낸 편지에서 다음과 같이 말하고 있다.

오카베 분고(岡部豊後)는 생각했던 대로 폭론가(暴論家) 같은 주장이

85 이에 대해 三上一夫가 요시나가의 「虎彪変革備考」를 분석하면서 "전술한 요시나가의 구체적인 구상에 의해 이원제(二院制)의 의원(議院)을 실현하게 된다면 당연히 전국제번의 개별 영유권을 유상폐기(有償廢棄)하지 않을 수 없게 되는 것이어서, 공의론(公議論)을 억압하고 번벌전제화하는 토막파 노선에 비한다면 훨씬 공의여론 · 회의론 존중의 개명적인 정치노선이다"라고 한 것은 요시나가의 정치노선을 지나치게 확대 해석한 것이라고 생각된다(三上一夫, 『日本近代化の研究』, 22쪽).

있어 [말하기를] 이번 상경에는[86] 나카네 유키에의 칩거를 사면하여 교토에 데리고 가도록 하고, 혼다 히다 · 마쓰다이라 슈메도 교토에 동행해야 하며, 마쓰다이라 슈메는 가로를 대신하여 수행원으로 명하면 되고, 하세베 진페이 · 유리 기미마사도 사면하여 상경을 분부하셔야 한다고 말했습니다. …… [요시나가 자신은] 나카네 유키에는 반드시 사면하여 교토에 데리고 가고 싶으나 나카네 한 사람 때문에 끝내는 간인(姦人)의 길을 재차 열어서는 정말 큰일이므로 할 수 없이 이번에는 나카네도 그대로 있게 두었습니다.

게다가 오카베 분고는 쇼난이 후쿠이를 출발하기 전에 양군(兩君)의 상경 때는 나카네 유키에 · 혼다 히다 · 마쓰다이라 슈메 · 하세베 진페이 · 유리 기미마사 · 혼다 슈리 등을 동행할 것을 말했다며 쇼난에 대한 의리 따위를 말했으나 나는 쇼난은 쇼난이고 국정의 일은 우리 두 사람[요시나가와 모치아키]이 생각하는 것이 있다고 말해 두었습니다. …… 이번 상경에 가로 수행이 없는 것에 대해서는 분고(豊後)가 자꾸 주장하길 자기가 상경을 수행한다면 사쓰마 등과 협의하는 등 힘을 다하고 싶다고 합니다. 그렇게 된다면 혼다 히다 · 마쓰다이라 슈메 등이 복귀하고, 하세베 진페이 · 유리 기미마사의 재등장의 단서가 될까 몹시 우려됩니다. …… 그저께 분고를 비롯, 역인들이 나와서 이번의 상경은 지극히 중요하므로 각자의 생각도 말씀드리고 싶고 또 [요시나가의] 생각도 듣고 싶다고 했습니다. 이것은 역인들의 생각은 아니고 전적으로 분고 한 사람의 생각에서 나온 것입니다.[87]

86 거번상락 좌절 직후인 8월 18일 사쓰마 · 아이즈번이 주축이 된 8 · 18 정변이 발생하여 교토의 존양파가 일소되었다. 이에 요시나가도 상경하게 되어 있었다.

87 「10月13日付書簡」, 『松平春嶽公未公刊書簡集』 一, 31-32쪽.

이를 보면 요시나가의 상락파에 대한 '적대감'이 선명하게 드러나 있다. 거번상락파의 중신 중 한 사람으로 숙청 당시 처벌을 면했던[88] 오카베 분고는, 비록 사쓰마번의 힘에 의한 것이긴 하지만 8 · 18 정변의 성공 이후 거번상락파가 주장하던 대로 요시나가가 상경하게 된 시점에서 혼다 히다 · 마쓰다이라 슈메 · 유리 기미마사 · 하세베 진페이 등 거번상락파의 복권을 강하게 주장하고 있다. 그러나 이에 대해 요시나가는 오카베 분고를 폭론가로 매도하고 상락파를 복권시켜 교토에 동행할 경우 그들 '간인(姦人)'들이 다시 번정을 장악할 것을 매우 우려하고 있다. 이와는 대조적으로 이 글에는 자신의 스승이자 측근으로 덴포개혁 · 안세이개혁을 함께 추진했던 나카네 유키에에 대한 큰 신임이 드러나 있다. 그러나 나카네 유키에의 사면조차도 이들 간인들의 복권에 단서가 될까봐 삼가고 있다는 것을 알 수 있다.

여기서 필자는 거번상락 추진 과정에서 나타난 에치젠번 내부의 대립 관계가 1860년 10월의 동북행위사건(東北行違事件)의 세력 분포와 거의 비슷하다는 데에 주목하고자 한다. 특히 당시 나카네 유키에의 서한에서도 알 수 있듯이 번정의 주도권을 둘러싸고 마찰을 빚었던 혼다 히다 · 마쓰다이라 슈메에 대한 요시나가의 불신은 매우 심한 것이어서, 오히려 나카네가 요시나가에게 이들을 관대하게 처분할 것을 건의할 정도였다.[89] 이 같은 대립 관계가 거번상락 추진을 계기로 재현된 것으

88 그러나 오카베 분고(岡部豊後)도 역시 1864년(元治1) 2월 14일 해직된다.

89 나카네 유키에는 이전에 요시나가가 마쓰다이라 슈메 등에 대해 서화(書畵)를 비롯해서 '완물상지(玩物喪志)의 벽(癖)'이 있다고 꾸짖었던 것에 대해서도 그것은 마쓰다이라 슈메 등의 신분으로서는 그리 허물이 될 만한 것은 아니고, 특히 서화 · 도검(刀劍) · 시계 등을 가졌다고 해서 사치가 일국(一國)의 풍(風)을 이뤘다고 할 정도의 것도 아니므로 지금은 이 점에 대해서는 언급하지 말라고 하고, 이번에 가로들이 참회의 뜻을 밝힌 이상에는 요시나가도 이제까지 생각에 틀린 점이 있었음을 인정하지 않고서는 안 된다고 했다(「慶

로 생각된다.

그 후에도 번 내에서는 요시나가의 상경에 마쓰다이라 슈메와 혼다 히다를 수행원으로 데리고 갈 것과 나카네 유키에 · 하세베 진페이 · 유리 기미마사의 사면을 주장하는 움직임이 있었으나[90] 받아들여지지 않았다. 오히려 혼다 슈리 등 상락 반대파의 중신들이 이들의 사면과 상경 동행을 건의하고 있음에도 요시나가는 끝까지 이에 반대했다. 그 이유는 그들이 상경하고 다시 활동을 시작하면 '국란(國亂)'이 생긴다는 것이다. 특히 그는 거번상락의 급선봉이었던 하세베 진페이 · 유리 기미마사와 무라타 우지히사 등이 권력을 차지하는 것을 가장 경계했다.[91] 결국 이들은 메이지유신이 발발할 때까지 다시 등용되지 못했으며, 메이지 정부 수립 후 요시나가의 의향과 관계없이 번정이 아닌 중앙정부에 곧장 기용된다. 반면 요시나가는 상락 반대파의 주역인 나카네 유키에의 복권을 극비리에 추진하여 실현시켰다.

이상에서 살핀 것처럼 거번상락이 좌절하게 된 것은 그 계획의 급진성에 대한 요시나가의 경계심 때문이기도 했지만, 번 내의 붕당적 대립 관계가 그 배경을 이루고 있었고, 군주인 요시나가가 그중 한쪽을 강하게 편드는 과정에서 발생했다는 점에 주목해야 할 것이다. 필자가 이 당파 대립을 굳이 붕당적 대립이라고 칭하는 것은, 이 당파 간의 대립을 낳은 주요 배경 가운데 학문적 요소가 있었던 것으로 생각하기 때문이다. 나카네 유키에는 히라타 아쓰타네(平田篤胤)의 문하로 에치젠번 내 히라타학(平田學)의 일인자였고, 그의 가르침을 받았던 요시나

永公唐桑秘匡文書二」, 山崎正董, 『横井小楠』(伝記篇), 525쪽에서 재인용).

90 「文久3年10月9日付書簡」, 『松平春嶽公未公刊書簡集』 一, 29쪽.

91 「慶応4年11月4日付書簡」, 『松平春嶽公未公刊書簡集』 一, 59쪽.

가도 분큐기(文久期)에는 히라타학에 심취하고 있었다.[92] 한편 요코이 쇼난은 주자학자였고, 혼다 히다·마쓰다이라 슈메 등은 모두 요시다 도코(吉田東篁)의 문하로 야마자키파(山崎派)이며 주자학을 신봉하고 있었다. 이런 학문적 배경의 차이가 붕당적 대립 관계를 더욱 심화시켰던 요인 중의 하나였던 것은 아닐까.

소결

이상에서 살펴본 것처럼 에치젠번은 막정개혁을 통한 공무합체와 그에 이은 웅번 연합정권의 수립이라는 노선을 일관되게 추진해 왔다. 이 같은 웅번 연합노선이 가장 선명하게 나타나는 것이 바로 1863년의 거번상락 추진이었다.

이 거번상락 계획에 대한 종전의 연구는 대체로 이것이 갖는 공의정체론적 의의와 그 경과를 서술하는 데 그치고 있다. 따라서 그 추진 주체에 대해서도 구체적인 분석을 결한 채 요시나가를 주도자로 보았고, 좌절의 원인에 대해서도 쇼군의 조기 에도 귀환과 사쓰마·구마모토번의 비협조 등 주로 외부적인 요인을 언급하는 데 그쳤다. 이는 에치젠번 내부의 갈등 관계, 특히 요시나가와 거번상락파의 관계를 주목하지 않은 데서 비롯한 것으로 보인다.

본 장에서 이뤄진 검토에 의하면 이 계획의 주도적인 추진자는 거번상락파 번사들이었고 요시나가는 거번상락파의 계획이 막부의 권위를 해치고 에치젠번의 안전에도 위협이 될 것을 우려했다. 그는 이런 우

92 伴五十嗣郎, 「福井藩における平田学の興隆: 松平春嶽·中根雪江を中心として」, 『国学院雑誌』 74-11, 1973, 246쪽.

려에도 불구하고 열강이 오사카만 침입을 기도하는 위기 상황에서 교토를 방어하고 공무합체노선을 관철시킨다는 거번상락 계획에 동의하지 않을 수 없었다.

거번상락파의 구상은 번 병력의 대부분을 이끌고 상경하여 교토를 장악한 후 조정의 권위하에 막부·존양파(尊攘派)·제번(諸藩)을 모두 포함시킨 웅번 연합정권을 수립하고, 이것이 주체가 되어 외국 공사와의 담판을 통해 개쇄 문제(開鎖問題)를 결정한다는 것이었다. 그들은 막부의 참근 요구까지 거부하면서 거번상락을 강력하게 추진했다. 이들의 이런 태도에 번 내부에서부터 반발이 일어났다. 나카네 유키에 일파는 참근을 주장했고, 상락 중단에 결정적으로 영향을 미친 것은 요시나가였다. 요시나가는 거번상락파가 참근을 거부하여 군신의 기강을 어지럽혔다고 비난했고, 거번상락이 에치젠번의 존립 자체를 위협할 가능성을 우려했다. 즉 신판다이묘(親藩大名)로서 요시나가는 막부정치의 수정을 바라면서도 막부의 주도권과 번에 대한 기득권을 위협하는 거번상락 구상에는 강한 경계심을 갖고 있었던 것이다.

그런데 에치젠번 내부의 갈등은 단지 거번상락에 대한 입장 차이만이 아니라 번정의 주도권을 둘러싼 붕당적 대립이 그 배경을 이루고 있었음에 주의할 필요가 있다. 이미 1860년 동북행위사건 당시 요시나가와 그 측근인 나카네 유키에는 상락파 번사인 혼다 히다·마쓰다이라 슈메 등과 번정의 주도권을 둘러싸고 마찰을 빚은 바 있는데, 이 대립은 거번상락 추진 과정에서 재현되었다. 거번상락이 무산된 후 8·18 정변으로 인한 요시나가의 상경을 앞두고 상락파 번사들이 자신들의 복권을 요구했을 때, 요시나가는 이들을 '폭론가'요 '간인'이며 '국란(國亂)을 일으키는 무리들'이라고 격렬히 비난하고 이들이 번정에 다시 등장하는 것을 극히 경계했다.[93] 반대로 상락 반대파의 중심인물인 나카네 유키에에 대해서는 나카가와노미야(中川宮)를 동원하여 번 내 여론의 반발을 억누르면서까지 재등용했다. 이는 요시나가 역시 번 내의 붕당적 대립의 틀에서 벗어나지 못했음을 보여 주는 것이다. 여기서 우리는 앞서 본 미토번의 도쿠가와 나리아키의 경우처럼 군주친정 시대의 군주가 당파 투쟁에 휩쓸려 가는 양상을 볼 수 있다.

93 거번상락파의 숙청에 대해 당시 에치젠번 내에서는 혼다 히다 · 마쓰다이라 슈메 등이 번정을 농단하여 막부로부터 온 기밀문서를 숨기고 요시나가와 모치아키에게 보고하지 않았던 것이 폭로된 결과라는 소문이 나돌았는데, 이런 사실은 상락파와 요시나가의 대립을 시사한다고 생각된다(山崎正董, 『横井小楠』(伝記篇), 755쪽).

보론 2
막말유신기 정치변혁과 봉건·군현론

본고는 '국민국가' 메이지 일본의 성립을 봉건제에서 군현제로의 이행이라는 각도에서 파악해 보고자 한 것이다. 근대주의적 혹은 유럽중심주의 사관을 극복하기 위해서는 연구 대상이 되는 당시 사람들의 행적을 내재적으로 이해해야 하는데, 그 방법 중의 하나는 근대적 학술 용어와 개념의 무차별적 적용을 자제하고, 일차 사료에 밀착하여 당시 사람들이 썼던 용어와 개념을 따라가 역사상을 그려 내는 것이다. 이런 방법을 취하게 되면 우리는 이른바 '근대로의 이행'의 시대에도 전통적인 용어와 개념[1]이 의외로 큰 역할을 하고 있음을 곧잘 확인하게 되며, 연속성을 중시하지 않을 수 없게 된다.

이런 태도로 메이지유신의 정치 과정을 살펴보면 어떻게 될까. 흔히 우리는 '근대국가의 건설' 또는 '국민국가로의 길' 같은 표현·개념을 사용하여 이를 이해하고자 한다. 그러나 이런 표현·개념을 사용하는 순간, 이 시기를 대하는 우리의 태도는 목적론적인 것이 되어 버린다. 마

1 물론 정치제도, 사회관습, 사회조직 등도 마찬가지다. 본고는 주로 사상사적 접근을 취했기에 용어와 개념을 주로 든 것일 뿐이다.

치 당시 대다수 사람이 '근대국가' 혹은 '국민국가'의 건설을 당연한 목표로 삼고 행동했던 것처럼 생각하는 것이다.

결론부터 말하자면 당시 많은 일본인에게 메이지유신의 정치 과정은 군현제 국가의 성립으로 받아들여졌다. 이 시기 사료에서 국가 구상과 관련하여 봉건과 군현이라는 용어는 빈출(頻出)했다. 물론 서양 정체(政體)에 관한 지식이 확산되면서 '상하분권의 정체(政體)' 등등의 용어 · 개념도 일반적으로 유통되기 시작하지만,[2] 막말기-왕정복고-판적봉환-폐번치현으로 이어지는 급박한 정세 변화 속에서 대다수 정치 행위자, 지식인 등 당시 정치체제에 대해 생각하는 사람에게 봉건 · 군현론은 피할 수 없는 근본적인 문제였다.[3] 그들은 눈앞에서 벌어지는 정치격변을, 그리고 밀려드는 '근대화'의 파도를 우선은 전통적인 정치개념을 통해 이해하려고 했던 것이다. 따라서 우리도 섣불리 '근대어(近代語)'를 동원하기보다는 먼저 봉건과 군현론에 천착하여 이 시기 그들의 국가 구상을 이해해 볼 필요가 있을 것이다.[4]

중국에서의 봉건 · 군현 논쟁이 장구한 역사를 갖고 있는 것과는

2 小関三英의 『新撰地誌』와 渡邊華山의 『外國事情書』(1839)가 서양정치체제에 대해 소개한 이래로 그에 대한 지식과 정보도 확산되고 있었다.

3 河野有理, 『明六雑誌の政治思想: 阪谷素と「道理」の挑戦』, 東京大学出版会, 2011, 162쪽.

4 이미 오래전에 閔斗基가 청말 개혁론이 전통적인, 특히 명말청초 이래의 봉건론의 전개와 관련이 있음을 밝힌 바가 있는데, 이는 방법론적으로 필자의 문제의식과 비슷하며, 본고도 그의 논의에 많은 것을 빚졌다(민두기, 「청대 봉건론의 근대적 변모」, 『아세아연구』 Vol. X, No. 1, 1967. 이후 『중국근대사연구: 신사층의 사상과 행동』, 일조각, 1977 수록). 물론 현실정치체제가 군현제였던 중국과, 봉건제였던 일본에서의 봉건 · 군현론의 전개는 매우 상이하며, 그 자체가 비교연구 대상으로 흥미로운 문제다.

달리[5] 일본에서는, 중세에는 아예 논의 대상이 아니었고,[6] 도쿠가와 시대가 되어서야 이와 관련된 논의가 나타나기 시작한다.[7] 이 문제에 대한 많지 않은 기존 연구들도 주로 이 시기에 집중되어 있다.[8] 이 연구들이 밝힌 바와 같이 봉건·군현의 득실을 놓고 치열한 논전을 전개해 온 중국과 달리 일본에서의 논의는 봉건지지론이 대다수였고, 군현제를 공공연히 주장한 경우는 거의 없다. 말할 것도 없이 청초 황종희, 고염무나 청말 개혁가들의 봉건론이 강력한 개혁론이었던 데 반해, 현실정치체제가 봉건제였던 에도시대의 봉건지지론은 도쿠가와 일본의 태평을 구가하는 체제긍정론이었다.

본고의 주제인 메이지유신기의 봉건·군현론에 대해서는 일찍이

5 민두기, 「중국의 전통적 정치상: 봉건군현논쟁을 중심으로」, 『진단학보』 29·30 합병호, 1966(『중국근대사연구: 신사층의 사상과 행동』, 일조각, 1977 수록); 增淵龍夫, 「歴史認識における尚古主義と現実批判: 日中両国の「封建」·「郡県」論を中心に」 岩波講座, 『哲学』 4, 1969; 馮天瑜, 『「封建」考論』(第2版), 武漢大學出版社, 2007.

6 小沢栄一, 「幕藩制下における封建·郡県論」, 『近世史学思想史研究』 第4章 第3節, 吉川弘文館, 1974, 450쪽.

7 봉건지지론의 전형인 曺元首의 「六代論」과 陸士衡의 「五等諸侯論」은 『文選』에 실려 있어 에도시대 지식인에 널리 읽혔고, 반대로 군현지지론인 柳宗元의 「封建論」은 『唐宋八家文』 巻七에 수록되어 영향을 미쳤다(小沢栄一, 「幕藩制下における封建·郡県論」, 456-464쪽).

8 小沢栄一, 「幕藩体制における封建·郡県論序説」, 『近世史学思想史研究』, 吉川弘文舘, 1974; 石井紫郎, 『日本人の国家生活』(제6장 1절 「「郡県」と「封建」」, 東京大学出版会, 1986); 高橋章則, 「『上古封建』論と国学: 近世史学思想史の一断面」, 『日本思想史研究』 16, 1984; 植手通有, 「江戸時代の歴史認識」, 『日本近代思想の形成』, 岩波書店, 1974; 前田勉, 「近世日本の封建·郡県論のふたつの論点: 日本歴史と世界地理の認識」, 田尻祐一郎, 「「民の父母」小考」, 中山富広, 「近世日本の公儀領主制と封建·郡県制論」(3편 모두 張翔·園田英弘 編, 『「封建」·「郡県」再考: 東アジア社会体制論の深層』, 思文閣出版, 2006 所收).

아사이 기요시(淺井淸)가 『明治維新と郡縣思想』[9]을 간행한 바 있다. 20세기 전반기에 본고와 같은 시각에서 이 시기를 파악하려고 한 시도가 있었다는 점은 매우 흥미롭지만, 연구서의 형식을 띤 이 책은 사실 사료집에 가깝다. 즉 이 문제에 대한 저자의 분석보다는 저자가 섭렵한 광범한 사료들, 특히 지금은 일실(逸失)되어 버린 사료까지 싣고 있다. 필자도 본고를 구상하고 작성하는 데 이 책에 실린 사료들에 크게 의존했다.

이런 기초서가 있음에도 불구하고 반세기가 넘도록 이 문제에 대한 본격적인 연구가 거의 없었다는 점 자체가 그간의 연구 상황을 웅변하는 것이지만, 그나마 주목할 것은 이시이 시로(石井紫郎)의 연구다.[10] 그는 막부가 붕괴하고 왕정복고가 이뤄질 당시 다수가 번(藩) 체제의 폐지를 생각하고 있지 않았음에도 불구하고, 일본이 봉건제에서 군현제로 거의 저항 없이 이행한 것은 세계사상 특필할 만한 것이라는 문제의식하에서 에도시대의 봉건론을 개관한 후,[11] 막말기 봉건제와 천황제의 결합, 판적봉환과 폐번치현 과정에서 봉건과 군현이 역전되어 가는 모습을 흥미롭게 분석했다.[12] 본고도 이에 계발된 바가 많다. 그러나 이시이의 글은 도쿠가와 시기부터 대상으로 삼고 있어 막말유신기의 서술은 다소 소략한 감이 있다.

본고는 첫째, 막말유신기의 정치 과정에서 봉건·군현이라는 동아

9 淺井淸, 『明治維新と郡県思想』, 巖南堂書店, 1939,

10 石井紫郎, 『日本人の国家生活』(제6장 2절 「「封建」制と天皇制」). 이밖에 張翔·園田英弘 編, 『「封建」·「郡県」 再考: 東アジア社会体制論の深層』에서 3편의 논문이 막말유신기와 메이지시대를 봉건·군현의 시각에서 논하고 있고, 河原宏, 「『郡県』の観念と近代『中央』観の形成」, 日本政治学会 編, 『日本政治における中央と地方』, 岩波書店, 1985도 있다.

11 石井紫郎, 『日本人の国家生活』, 259쪽.

12 石井紫郎, 『日本人の国家生活』(제6장 2절 「封建」制と天皇制」).

시아의 전통적인 정치개념이 일상적일 정도로 빈번히 사용되었다는 점을 지적하고자 한다. 이는 본 장에서 인용하는 사료를 읽는 것만으로도 쉽게 수긍할 수 있을 것이다. 그 논의의 깊이는 차치하고라도, 동아시아 역사상 한 국가의 구성원이 이 정도로 광범하게 참여하여 봉건군현 논쟁을 전개한 것은 전무후무할 것이다. 이 검토를 통해 당시인들은 '근대국민국가'를 두고 고민했던 것이 아니라 봉건과 군현의 사이에서 우왕좌왕했다는 것이 분명해질 것이다. 둘째, 거의 모든 사상가가 찬양해 마지않았던 봉건제가 어떻게 왕정복고 후 불과 4년 만에 무너지고, 경계와 우려의 대상이었던 군현제가 결정적인 저항 없이 수용되었는가 하는 문제를 봉건과 군현의 줄타기라는 시각에서 해명해 보고자 한다. 셋째, 당시인들에게 군현제란 어떤 것으로 이해되고 있었는가 하는 점이다. 이것은 위에 서술한 두 번째 문제의식과도 관련이 있는 문제다. 본 장에서는 특히 두 가지 점을 주목했는데, 하나는 당시 일본인들이 서양 각국이 군현제를 실시하고 있는 것으로 이해했다는 점이다. 서양에 대한 태도에 따라 군현제에 대해서는 경계와 선망의 각기 다른 반응이 표출되었는데, 서양을 따라가는 것이 점점 대세가 되어 가고 서양과 병립하기 위한 부국강병에는 군현제가 효과적이라는 인식이 일반화되면서 군현제 수용 세력이 많아졌다. 또 하나는 군현제는 신분제 타파와 인재 등용을 극적으로 실현시킬 제도로 이해되었다는 점이다. 이웃 중국, 조선과는 달리 오랫동안 강고한 신분제가 유지되어 왔고, 능력보다 신분이나 혈통을 중시하는 것이 일본의 미덕으로까지 칭송되는 담론도 유포되어 있던 일본에서 군현제의 이런 측면은 커다란 변혁적 의미를 갖는다.[13]

13 이에 비해 이미 수천 년간 군현제를 유지해 온 중앙집권 국가였고, 신분제가 미약했던 중국은 애초부터 군현제라는 이름으로 서양을 모델로 삼거나 개혁

그런데 우리가 막말유신기의 정치 과정을 군현·봉건론의 틀로 이해하려고 할 때 그 개념을 좀 더 세분화할 필요가 있다. 이때 참조가 되는 것이 고염무의 '군현제 안에 봉건의 뜻을 담는다(寓封建之意於郡縣之中)'라는 개념이다. 고염무는 현행 군현제의 폐해를 절감하면서도 이를 봉건제로 바꾸는 것은 중국의 현실에서 불가능한 일이었기 때문에, 군현제를 유지하면서도 이에 봉건적 요소를 가미하여 군현제의 폐단을 시정하고자 했다. 그는 친민관(親民官)인 지현(知縣)은 치적에 따라 세습을 허용하여 봉건제후에 준하는 지위를 줘야 한다고 했고, 그 밑의 지방관에는 전통적인 회피제에 구애받지 않고 현민(縣民)이 천거한 현지인을 임명해야 한다고 했다.[14]

이 고염무의 발상을 좀 더 확장시켜 보면 순군현제(純郡縣制)와 순봉건제(純封建制) 사이에는 몇 단계의 층위가 상정될 수 있으며, 역사상 존재했던 정치체는 순군현제이거나 순봉건제라기보다는 그 사이 어딘가에 위치되어 있었다고 봐야 할 것이다[〈표 보론 2-1〉 참조].

〈표 보론 2-1〉에서는 a로 갈수록 봉건제적 요소가, h로 갈수록 군현제적 요소가 강해진다. 일단 8개 층위로 구분해 놓았지만, 더 세분해도 좋을 것이다. 여기서 도쿠가와 막번체제는 병농분리, 참근교대 등으

을 추진할 수 없었다. 그렇기 때문에 오히려 봉건론이 개혁의 담론으로 등장했던 것이다. 그러나 현재 존재하는 군현제 대신 봉건제를 전면적으로 실시하는 것은, 현실적으로 국내외적 동인이 없었기 때문에 그 봉건적 개혁론은 일본의 군현적 개혁론보다 전면적인 것이 될 수 없었다. 물론 청말의 봉건적 개혁론이 지방행정에 신사를 참여시키는 등 지방통치를 일신하고 중앙-지방 관계를 재정립할 것을 요구했으며, 이어 지방분권과 신사층의 정치참여가 의회론으로까지 연결되어 그 영향력이 적지 않았으나(민두기, 「청대 봉건론의 근대적 변모」), 현존하는 봉건체제를 아예 군현제로 바꿔야 했던 일본과는 상황이 달랐다고 할 수 있을 것이다.

14 민두기, 「중국의 전통적 정치상: 봉건군현논쟁을 중심으로」, 231쪽.

로 봉건제에 군현제적 요소를 가미한 체제였으므로 b 정도에 해당할 것이고, 후술하는 것처럼 1869년(明治2) 메이지유신 후에도 봉건제를 유지하려고 했던 공의소(公議所)의 공의인(公議人)들이 주장한 것은, 형식은 봉건제이나 극단적으로 군현지의(郡縣之意)를 가미한 d에 해당한다고 볼 수 있다. 고염무가 지탄했던 청조의 체제는 g와 h 사이의 어딘가에 위치해 있다고 볼 수 있고, 고염무가 지향했던 것은 e 혹은 f 정도였다고 볼 수 있겠다.[15]

〈표 보론 2-1〉 봉건·군현론의 스펙트럼

封建制				郡縣制			
a	b	c	d	e	f	g	h
純封建制	寓郡縣於封建	寓郡縣於封建	寓郡縣於封建	寓封建於郡縣	寓封建於郡縣	寓封建於郡縣	純郡縣制
	도쿠가와 막번체제 (병농분리, 참근교대)	山鹿素行 荻生徂徠	公議所의 봉건 지지파 (大名의 石高 제한, 家臣團의 家祿 제한, 제후 감시 節度府 설치) 大政奉還派 版籍奉還上表文(?)	公議所의 군현지지파 (知藩事 세습 인정, 家祿 제한제) 版籍奉還上表文(?)	메이지 정부의 版籍奉還 조치(華族制, 知藩事 세습 부정, 知藩事家祿 인정, 家臣團의 서열 폐지)	廢藩置縣 幕權强化派 有司層	

15 물론 이 도식은 매우 불완전한 것으로 관점에 따라 각 시대의 정치체를 어디에 배치할 것인가는 차이가 있을 수 있다. 단지 막말유신기의 정치변혁 과정을 이해하기 위해 가설적으로 만들어 본 틀에 지나지 않는다. 한편 봉건 · 군현을 좀 더 유용한 분석 개념으로 이용하기 위해서는 이 도식에서 준거로 삼은 중앙집권-지방분권, 세습-중앙임면뿐 아니라 혈통주의-능력주의, 군사-문치, 종교적-세속적, 인적 유동성의 정도 등 다양한 측면을 포괄하여 이 개념의 내포를 확장시킬 필요가 있을 것이다(石約翰(John E. Schrecker), 「封建,

막말유신기의 봉건·군현론은 c와 g 사이의, 더 엄밀히 말하면 d와 f 사이의 논쟁이었다. 물론 그 사이에도 엄연한 단절과 큰 차이가 있었지만 적어도 담론상에서는 결정적 대립을 회피하고 타협할 수 있는 여지는 있었던 것이다. 왕정복고에서 폐번치현에 이르는 정치 과정은 d를 주장하던 많은 논자가 e, f, 나아가서는 g를 받아들인 과정이었다. 그것은 결코 순봉건제에서 순군현제로의 비약은 아니었다. 본고에서는 이 과정을 상세히 검토해 보고자 한다.

한편 본고에서 봉건제라고 할 때는 전근대 동아시아에서 군현제와 나란히 사용되어 온 봉건제를 가리키며, 현재 feudalism의 번역어로서 쓰이고 있는 봉건제의 의미로 사용하지는 않는다. 후자의 봉건제라는 개념이 일본사에 적용되기 시작한 것은 1900년경 이후이며, 주로 경제사학자(福田德三), 법제사학자(中田薰, 三浦周行)가 사용하다 이어 역사학 분야(原勝郎, 『日本中世史』; 內田銀藏, 『日本近世史』)에 채용되기 시작했

郡県與中国歷史傳統」, 『安徽史學』 2002年 第3期). 中田喜萬은 한어(漢語)로 서양 근대를 설명해 보자고 제창하면서 현재의 봉건·군현 개념은 국제(國制) 전체를 시야에 넣은 것이 아니라 영역 통치의 형태만 다루고 있는 데 불과하므로, 여기에 정전제(井田制), 학교, 군대의 존재 형태 등 하위 범주를 충실하게 만들어 사용할 것을 주장했다. 그는 이 개념을 서양에 적용했는데, 미국에서 군대편성권과 과세권 등을 중앙정부에 주려고 하는 연방파를 군현지의(郡縣之意)를 봉건지중(封建之中)에 우(寓)하게 하려는 것으로 해석했다. 프랑스에 대해서는, 절대왕정기는 귀족이 토지와의 관련성이 약했다는 점에서 feudality를 가진 군현으로 보고, 자코뱅파의 중앙집권정책을 군현제 확립으로 설명했다(「政治学からみた「封建」と「郡県」: 概念の限定のために」, 張翔·園田英弘 編, 『「封建」·「郡県」再考: 東アジア社会体制論の深層』, 53-74쪽). 渡邊浩도 봉건, 군현이라는 개념이 토크빌의 데모크라시, 아리스토크라시와 마찬가지로 사회 유형을 나타내는 데까지 확장될 수 있다고 했다(「トクヴィル氏, 「アジア」へ」, 『UP』, 東京大学出版会, 2008). 이처럼 봉건·군현 개념을 확장시켜 가면 각국의 역사 전개와 이른바 근대사회의 전개 과정을 다른 각도에서 설명해 줄 가능성이 있다는 것이 필자의 현재 생각이다.

다. 그 이전까지는 다구치 우키치(田口卯吉)의 『일본개화소사(日本開化小史)』, 다케코시 요사부로(竹越與三郎)의 『이천오백년사(二千五百年史)』 등 메이지를 대표하는 역사서들이 모두 군현 · 봉건제의 틀로 일본 역사를 설명했다.[16] 막말유신기의 정치가, 논자들의 봉건제가 feudalism을 의미하지 않는 것은 당연한 것이며, 그들이 유럽의 봉건제를 언급할 때도 그것은 군현 · 봉건제의 그것이었다.

제1절 도쿠가와 시대의 봉건 · 군현론

일본에서 봉건 · 군현론은 도쿠가와 시대에 들어와서야 비로소 논의되기 시작했다. 중국에서 봉건 · 군현론이 고대 이래 논의되어 온 것을 생각하면 이는 매우 늦은 것이라 할 수 있다. 그러나 비록 정치변혁적인 의미는 없었지만, 도쿠가와 시대 내내 봉건 · 군현론은 꾸준히 논의되었고, 이것이 막말유신기에 봉건 · 군현론이 광범위하게 확산되는 배경이 되었으리라는 것은 짐작할 수 있다. 여기서는 선행 연구들에 기반하여, 도쿠가와 시대 봉건 · 군현론의 특성을 검토하고 그것이 막말유신기의 논의에 어떤 영향을 미쳤는가를 살펴보기로 한다.

도쿠가와 막번체제는 기본적으로 봉건제였다. 이것은 이웃의 청, 조선의 군현제와도, 절대왕정 이후의 유럽과도 다른 것이었다. 당시 일본 지식인 중에 이 봉건제에 대해 비판적인 입장을 보인 사람은 거의 없었다.[17] 이것은 봉건제에 대한 동아시아 지식인들의 전통적인 호의 때

16 미야지마 히로시, 『일본의 역사관을 비판한다』(1장, 2장), 창비, 2013.

17 진무(神武) 천황 때부터를 군현으로 볼 것인가, 덴치(天智) · 덴무(天武) 천황 때부터로 볼 것인가 하는 차이는 있었지만, 대체로 무사세력의 등장 이후를

문이기도 했을 것이고, 또 당시 도쿠가와 체제가 큰 무리 없이 유지되고 있었기 때문이기도 할 것이다. 도쿠가와 봉건제에 대한 그들의 호의적 평가는 명(明) 유신(遺臣)으로 일본으로 건너온 주순수(朱舜水)의 말을 인용해 곧잘 표현되었다. 쓰시마의 주자학자 아메노모리 호슈(雨森芳洲)는 "중국에는 봉건제가 행해지던 옛날이 낫다는 사람도 있고 군현제가 이뤄지는 요즘이 낫다는 사람도 있어 설이 분분했는데, 이 나라에 와서 처음으로 봉건시대의 풍속을 보게 되니 하·은·주 삼대 성인들이 만든 법이야말로 진정 고마우시다"라는 주순수의 말을 소개했고, 또 타인의 입을 빌려 "일본에서도 군현제가 행해지던 시기가 있었지만, 어느덧 성인의 법에 맞는 봉건시대가 되어 위아래가 서로 분수에 만족하며 편안하게 사는 것은 진실로 기쁜 일입니다. 대대의 쇼군들께서 매사에 성인의 가르침을 따르시고 사람의 마음이 다치지 않는 정치를 행하신다면 중국 주나라의 800년 치세를 이루실 수 있으리라 생각합니다"라는 견해를 피력했다. 이어 그는 조선의 군현제를 견문해 보니 역시 봉건제가 더 낫다며, "군현으로 이뤄진 세상에서는 천하의 인심이 서로 경쟁하는 것에 힘쓴다"고 군현제를 비판했다.[18] 저명한 주자학자 아라이 하쿠세키(新井白石)도 기노시타 쥰안(木下順庵)에게서 들은 이야기라며 "주순수(朱舜水)가 말하길 본방(本邦)에 중화보다 나은 것이 세 가지 있으니 첫째는 백왕일성(百王一姓), 둘째는 천하사면(天下四面)이 모두 공전(公田)인 것, 셋째는 사(士)를 세록(世祿)으로 봉중(俸重)"[19]하는 것으로 봉건의 미풍이 남아 있다고 하였다고 했다. 이것은

봉건으로 보는 데는 일치했고 당대, 즉 도쿠가와 시대를 봉건으로 여기는 데도 이견은 없었다.

18 이상, 아메노모리 호슈, 김시덕 역, 『한 경계인의 고독과 중얼거림』, 태학사, 2012, 64-65쪽.

19 新井白石, 『退私録』 巻之下, 市島謙吉 編, 『新井白石全集』 5, 1906, 603-

동아시아 지식인들이 이상으로 여기면서도 중국에서는 이미 오래전에 사라진 봉건제를 일본이 시행하고 있다는 현실긍정적인 견해라고 할 수 있다.

그러나 그렇다고 해서 당시 지식인들이 군현제를 봉건제와 대치시키면서 비판한 흔적은 별로 보이지 않는다. 오히려 '봉건·군현 병행론'이라고 불릴 만한 주장들이 큰 흐름으로 존재했다. 사실 도쿠가와 막번체제는 봉건제만으로 보기에는 어려운 요소를 갖고 있었다. 고염무 식으로 표현하자면 봉건에 군현지의(郡縣之意)가 상당히 깃들어 있는 체제였다[이 때문에 연구자들은 이 시대를 '중앙집권적 봉건체제'라는 형용모순적 용어로 부르기도 한다].

막부는 에도를 중심으로 '왕기(王畿)'를 갖고 있을 뿐 아니라 전국의 요지에 영지[天領]를 갖고 있었다. 이 영지는 막부가 임명한 역인[代官, 奉行]이 비세습적으로 통치했고, 영지 통치 외에도 인근 다이묘를 감시·통제하거나 대외무역[나가사키]을 관장하는 것이 임무였다. 그 중에서도 도쿠가와 막번체제의 가장 두드러진 군현제적 요소는 지배층인 다이묘·사무라이들이 영지를 떠나 도시에 집단거주했다는 사실이다[兵農分離]. 물론 다이묘는 각자의 영지에 거주하는 것이 허용되었으나, 인생의 반 이상은 에도에 머물러야만 했다[參勤交代]. 막부의 하타모토(旗本)·고케닌(御家人)이나 각 번의 사무라이들은 소영주로서의 성격을 대부분 상실하고 에도라는 거대 죠카마치(城下町)에 거주하며 주군(主君)의 관료가 되어 갔다.

막번체제의 이런 절충적 성격을 일찍이 간파한 것이 야마가 소코(山鹿素行)와 오규 소라이(荻生徂徠)다. 소코는 다이묘의 영지와 봉행(奉

604쪽.

行)·대관(代官)이 지배하는 천령(天領)이 뒤섞여 있는 현 체제를 순수한 봉건제로 보기는 어렵다며, 봉건제를 군현적 요소로 보완하는 체제로 이해했다.[20]

표면적으로 봉건제를 찬미하는 오규 소라이는 사무라이들이 영지에 있지 않고 죠카마치(城下町)에 거주하는 것이 군현제와 무엇이 다르냐고 하며 사무라이의 지방 토착을 주장했다.[21] 그가 보기에도 현실의 막번체제는 본연의 봉건제와는 다른 점이 많았던 것이다. 그러나 그는 다른 한편에서는 강력한 지방 제어 장치를 갖춘 막부 중심의 중앙집권 국가를 구상했다. 표면적으로는 봉건제를 찬미했지만, 현실의 군현제적 요소를 인정하고, 나아가 조장하려 했던 것이다. 그가 무사가 농촌과 유리되어 있는 것은 비판하면서도, 다이묘가 참근교대제로 생애의 반 이상을 영지를 떠나 에도에 거주해야 하는 것에 대해서는 입을 다물고 있는 것은 그 때문일 것이다. 결국 소라이의 무사 토착론은 봉건제의 이상적 실현을 목적으로 했다기보다는 상무정신의 부활과 토착에 의해 무사와 농민 간의 농밀한 정의적(情宜的) 질서를 재건하고, 그에 기반하여 막부 중심의 강력한 중앙집권을 꾀하기 위한 것이었다고 볼 수 있다. 그들이 진정으로 노렸던 것은 봉건제에 대한 막부의 통제를 강화하는 것, 즉 도쿠가와 봉건제에 군현지의(郡縣之意)를 상당한 정도로 가미하는 것이었다고 할 수 있다.[22]

20 小沢栄一,「幕藩体制における封建·郡県論序説」, 452쪽.

21 田尻祐一郎,「「民の父母」小考」, 298쪽; 中山富広,「近世日本の公儀領主制と封建·郡県制論」, 313쪽.

22 한편 군현제적 요소를 극단적으로 강조한 논자도 드물기는 하지만 있었다. 사토 노부히로(佐藤信淵)는 수통법(垂統法)이라는 개혁책을 제시했는데, 그는 거기서 전국의 무역과 유통을 막부가 장악하는 방안을 주장했다. 또 혼다 도시아키(本多利明)는 서양이 각 지역에 식민지를 건설하는 것을 '군현을 설치한다'고 했는데, 이처럼 난학지리서의 영향으로 군현에 대해 호의를 보이는

이처럼 도쿠가와 시기의 봉건·군현론은 표면적으로는 봉건제의 일본 사회를 찬미하면서도 실상은 봉건과 군현제를 상당 부분 절충시킨 것이었으며, 봉건과 군현이 대립물로 인식된 흔적은 잘 보이지 않는다. 뒤에서 살피겠지만 막말유신기의 군현제 실시론이 결국 봉건제에 군현지의(郡縣之意)를 깃들게 하는 것(寓郡縣之意於封建之中)으로부터 군현제에 봉건지의(封建之意)를 깃들게 하는 것(寓封建之意於郡縣之中)으로의 전환이었다면, 도쿠가와 시기의 봉건·군현론은 이것과 근본적인 단절을 의미하는 것은 아니었다고 볼 수 있을 것이다.

제2절 왕정복고는 군현제?: 막부의 봉건에서 천황의 봉건으로

우리는 흔히 1868년(慶應3) 12월 9일의 「왕정복고 대호령」으로 일본에서 천황 중심의 집권체제가 성립되고 근대국가가 출발했다고 인식한다. 그러나 당시 대부분의 사람들은 봉건제 폐지를 원하지도, 예상하지도 않았다. 도막파(倒幕派)에 속한 적지 않은 사람들도 마찬가지였다. 당시인들에게 군현제의 도입은 비현실적인 것으로 여겨졌고, 이뤄지더라도 먼 미래의 일이라는 것이 상식이었다. 그들에게 왕정복고는 쇼군하의 봉건에서 천황하의 봉건으로 이행한 것을 의미했으며, 심지어는 이를 쇼군의 대(代)가 바뀐 정도로 이해한 번들도 있었다.[23]

막말 정치사는 흔히 도막파(倒幕派)와 좌막파(佐幕派)의 대립으로

논자들의 흐름이 한편에서 존재했다. 그러나 후술하는 것처럼, 후자의 경우는 해외 점령지에 대한 군현 설치를 의미하므로 반드시 당시의 봉건제와 충돌하는 것은 아니었다.

23 石井紫郎, 『日本人の国家生活』, 316쪽.

설명되어 왔다. 그런데 당시 정치세력의 주장을 봉건·군현론의 틀로 나눠 살펴보면 흥미로운 양상이 발견된다. 첫째, 봉건제 유지론자가 압도적으로 많았고, 군현론자는 극소수였다는 점, 둘째, 급진적인 도막파, 즉 왕정복고론자 중에 봉건론자가 의외로 많았으며, 오히려 막신(幕臣) 중에 도쿠가와씨 중심의 군현론을 주장한 이들이 있었다는 사실이다.

먼저 막말기 존양운동과 도막운동을 대표하는 인물들의 국가 구상을 살펴보자. 오쿠니 다카마사(大國隆正)는 봉건제를 존속시키고, 조정이 이 제도 위에 초연하여 존재할 것을 구상했고, 마키 이즈미(眞木和泉)는 왕정복고란 봉건제를 타도하는 것이 아니라 봉건제의 명분을 바로 잡는 것이라며, 오히려 군현제에 부정적인 태도를 보였다. 그들은 막부의 봉건 대신 조정의 봉건을 주장했던 것이다. 구사카 겐즈이(久坂玄瑞)는 그를 위한 구체적 방법으로 쇼군이 아니라 천황의 주인장(朱印狀)으로 다이묘들의 영주권을 보장하자는 주장을 했다.[24] 이 주장은 뒤에서 보듯 판적봉환의 상표문에서도 발견되는 주장이기도 하다. 이들이 가장 급진적인 도막론자들이었던 것을 생각해 보면, 막말기의 도막운동은 막부타도와 왕정복고를 통해 천황하의 봉건제를 실시하기 위한 것이었다고도 할 수 있으며, 반드시 봉건제 폐지와 군현론 실현을 목적으로 했던 것은 아니었음을 알 수 있다. 즉 그들에게 왕정복고와 봉건제는 전혀 모순되는 것이 아니었다.

물론 도막론자 중에도 군현론자는 있었다. 1867년(慶應3) 후쿠이(福井) 번사 세키 요시오미(關義臣)가 사카모토 료마(坂本龍馬)에게 "[지금 일본은] 66국에 263명의 제후가 있어 각각 자기 번을 세워 정치를 따로 한

24 淺井清, 『明治維新と郡県思想』, 58-63쪽.

다. 이와 같이 통일되지 않고서 국력을 무엇으로 채울 것인가. 국위는 무엇으로 떨칠 것인가. 속히 봉건을 폐하여 군현을 두고, 왕정이 황국을 지배해야만 한다. 또 의사원(議事院)을 설치하여 널리 천하유지를 초치하여 모든 혁신의 대정(大政)을 공정하게 의논케 해야만 한다"[25]는 의견서를 보냈다.

그러나 이 같은 의견은 막부로는 더 이상 정권 유지가 어렵다는 것이 분명해지고, 이에 따라 새로운 정권·국가 구상이 급부상하게 된 1867년 이후, 특히 마지막 쇼군 도쿠가와 요시노부의 대정봉환(大政奉還) 단계에 와서야 나타나기 시작하는 것이며, 그나마도 공공연히 군현제를 주장하는 것은 아직 많지 않았다.

흥미롭게도 군현제는 오히려 막부 내의 강경파들이 시도했던 듯하다. 물론 이때 군현제는 도쿠가와씨 중심의 군현제다. 1865년(慶應1) 10월 다카나베번(高鍋藩) 세자 아키쓰키 다네키(秋月種樹)가 마쓰다이라 슌가쿠(松平春嶽)에게 "마쓰마에(松前[막부 로쥬 松前崇廣]) 등의 설은 이인(夷人)에 의지하여 천자와 제후를 없애고 천하를 군현의 세상으로 만들어, 대수공(大樹公[쇼군])을 천하의 대통령으로 삼아 재지(才智) 있는 자가 정치를 해야 한다는 것입니다. 이 때문에 일을 그르친 것이라고 생각합니다. 그러나 이것은 마쓰마에뿐 아니라 막부의 여러 관리(지금 당국자들은 모두 같은 주장이다. 그중에서도 두 閣老(松前, 阿部正外), 酒井飛守(若年寄 酒井忠毗), 勘定奉行 小栗上總介(小栗忠順), 御用取次 竹本隼人正(竹本正明)이 그 수괴라고 한다)가 모두 이 같이 주장하며 이인(夷人)과 친밀하게 일을 꾀하고 있다고 합니다"[26]라는 놀라운 정보를 제공하고 있다.

25 「第一号履歴撮要」, 淺井淸, 『明治維新と郡県思想』, 37쪽.

26 『続再夢紀事』 四, 357쪽.

여기서 군현론자로 지목된 막리(幕吏)들은 당시 막부 내에서 가장 서양 정보에 밝고 서양과의 조약을 준수하려고 했던 서양통들이었다. 여기서의 '대통령'이 대통령제의 그것이 아니라 하더라도 어쨌든 막리가 군현제를 추진한다는 정치정보가 유포되고 있었고, 반막부 세력들은 이를 비난했음을 알 수 있다.[27]

이 같은 주장은 다음의 사료와도 일맥상통한다. 당시 막부의 상황을 탐색하던 구마모토번의 한 번사는 "[막부 로쥬인] 아베와 마쓰마에 양인의 모주(謀主)는 간토(關東)의 하타모토(旗本)들로 서양벽(西洋癖)이 있는 군간(群姦) 중에서 나오고 있다. 이 군간들의 생각은 일본의 열번(列藩)을 타도하여 군현으로 바꾸어, 위로는 천자를 업신여기고 서양의 정체(政體)와 같게 하려는 계획이다. 이번에 죠슈(長州)에 진공한 것도 역시 죠슈를 쓰러뜨리고 열번을 점차로 멸망시키려는 의도이며, 장차 그 기세로 경사(京師)도 압도해 버릴 심산에서 나온 것이다"라며 그 리더들로 앞서 제시한 사료와 동일한 인물들을 들고 있다.[28] 여기서 아베와 마쓰마에는 당시 막부의 로쥬이고 이들의 브레인들은 서양에 정통한 관동[막부]의 하타모토, 즉 막권강화파(幕權强化派) 유사층(有司層)이라는 지적이 위의 사료와 일치한다.

한편 막부의 핵심 역인이자 막권강화 노선의 대표 인물인 오구리 다다마사(小栗忠順)가 가쓰 가이슈(勝海舟)에게 "아시는 것처럼 지금은 위급한 때입니다. 막부는 프랑스에 부탁하여 약간의 자금과 군함 몇 척을 요청할 것이며, 도착하는 대로 일시에 죠슈를 토벌하고, 사쓰마도 때

27 이에 대해 마쓰다이라 슌가쿠(松平春嶽)가 자기가 막부의 정사총재직에 있던 때(文久2년, 1862)에도 사카이(酒井), 오구리(小栗) 두 사람이 그런 주장을 했다고 하고 있는 점이 주목된다(淺井清, 『明治維新と郡県思想』, 67쪽).

28 『改訂肥後藩国事史料』 巻6, 1932, 352쪽.

를 봐서 토벌할 것입니다. 그러고 나면 국내에 간섭하는 대제후는 없을 것입니다. 나아가 기세에 편승하여 제후를 모두 삭소(削小)하여 군현제로 바꿀 것입니다. 이것은 극비 사항인데 이미 대체로 결정되었습니다."[29]라고 말했다고 가쓰는 훗날 회상하고 있다. 이것은 막부가 이인(夷人)과 손잡고 군현제를 실시하려 한다는 위 사료의 기록과 일치한다.

이상의 사료들을 살펴보면 연구자들이 흔히 말하는 1865년을 전후로 한 '도쿠가와 절대주의', '막권강화 노선'을 당시인들은 막부의 군현제 시도로 이해하고 있었음을 알 수 있다. 또 서양이 군현제 실시를 지원하고 있고, 군현제 실시의 추진자들은 서양벽이 있으며, 군현제는 서양의 정체(政體)와 같게 하려는 것이라는 말에서 군현제를 곧 서양화로 여기고 있음을 알 수 있다. 이는 메이지 초기 다니 다테키(谷干城)가 후쿠자와 유키치의 군현제 실시론을 서양류라고 비난한 것과 연결되는 지점이다. 군현제=서양화라는 주장은 서양에 대한 위험한 이미지를 군현제와 연결시켜 막부를 비난하는 데에는 효과적이었으나, 훗날 서양화가 더 이상 거부할 수 없는 시대의 대세로 인식되었을 때는 군현제에 대한 거부감을 완충시키는, 나아가 군현제를 정당화하는 길을 열어 줄 가능성을 갖고 있는 것이었다.

이상의 사료들이 막부 역인들이 직접 남긴 사료들이 아니라 주로 그들과 대립했던 자들이 남긴 것들이어서 그들이 정말 군현제를 실시할 계획을 갖고 있었는지는 확인하기 힘들지만, 적어도 반대파들에게 막부절대주의 노선이 군현제 실시로 이해되고 있었던 것만은 확인할 수 있겠다. 그 군현제가 천황을 폐위 혹은 무력화시키고 제후를 없애 버린다는 점, 그리고 서양 추종적인 것이라는 점에서 부정적으로 언급

29 勝海舟, 『氷川清話幕府始末』(幕末維新史料叢書 2), 人物往來社, 1968, 19쪽.

되고 있는 점도 주목할 만하다. 이 구상은 앞서 제시한 〈표 보론 2-1〉에서 가장 순군현제에 가까운 노선 g로 볼 수 있을 것이며, 그런 만큼 위험시되었던 것이다. 그러나 결과적으로 메이지 정부가 단행한 폐번치현과 유사한 노선이기도 했다.

이처럼 도쿠가와씨 중심의 군현제는 부정적으로 인식되었고, 반대파에는 막사(幕私)[30]를 증명하는 정치적 공격의 소재이기도 했다. 반대파들에게 인식된 막부의 군현론은 천황과 제후를 없애고 인재 발탁에서 세습적 지위를 중시하지 않는다는 점에서 g에 가까운 노선이었으며, 실재했다 하더라도 공개적으로 주장하기 어려운 매우 급진적인 노선이었다. 이 때문에 막부의 군현론은 결국 표면에 등장하지 않았고, '막권강화파'가 약화된 후인 1867년(慶應3) 10월 대정봉환(大政奉還) 구상이 나타났다. 급진적인 막권강화책에 비판적이었던 막부 내 정치세력이 쇼군 도쿠가와 요시노부를 앞세워 표면적으로는 천황 중심의 봉건제, 그러나 실권은 쇼군이 갖는 노선을 추진했던 것이다.

요시노부는 정권[大政]을 천황에게 돌려주고 막부 해체, 쇼군직 사임을 선언했다. 이 파천황적인 정치선언은 반막부파의 의표를 찌른 것이었고, 이에 당황한 사쓰마, 죠슈가 궁정 쿠데타를 감행[王政復古]한 것은 잘 알려진 사실이다. 도쿠가와 요시노부의 브레인이었던 니시 아마네(西周)는 대정봉환 이후 천황 정부하에서 요시노부가 실권을 잡고 전국의 다이묘를 상원에, 각 번에서 선발한 번사 한 명씩을 하원에 배치하는 정권 구상을 피력했다.[31] 여기에는 기존의 번체제를 그대로 유지한다는 것이 전제되어 있다. 막부 메쓰케(目付) 쓰다 마미치(津田眞道)

30 막부의 사사로운 정치행위를 지칭하는 말로 당시 반막파들이 주로 사용하던 용어였다(『続再夢紀事』 一, 6-12쪽).

31 西周, 『議題草案』, 『別紙議題草案』(일본국회도서관 디지털 컬렉션).

도 『일본국총제도(日本國總制度)』(慶應 3년 9월)에서 역시 니시와 비슷한 구상을 밝혔다.[32] 브레인들뿐만 아니라 로쥬 이나바 마사쿠니(稻葉正邦)도 1867년(慶應3) 10월 14일의 의견서에서 요시노부를 조정의 섭정(攝政)이나 간파쿠(關白)로 삼고 현존의 봉토를 그대로 유지하면서 모두를 왕신으로 삼는 방안을 주장했다.[33]

앞에서 본 대로 상대적으로 막신 중에 군현제에 호의를 보인 사람들이 많았던 점은 주목할 만한 하나, 수백 년 간 이어져 와 다이묘와 사무라이들의 이해관계가 걸려 있는 봉건제에 섣불리 손을 대는 것은 너무도 위험한 모험이었다. 이 때문에 대정봉환 추진자들의 정권 구상은 봉건제를 유지하기는 하지만, 군현제적 요소를 대거 가미한 길[〈표 보론-2-1〉 노선 d]을 선택했다고 할 수 있겠다.

이렇게 본다면 막말기의 도막파와 좌막파의 대립에서, 정권의 소재[막부를 유지할 것인가, 왕정복고할 것인가]를 둘러싸고 치열하게 다퉜으나 정체에 관해서는 봉건제 유지가 압도적 우위를 보이고 있었다고 할 수 있다. 그 이유는 두 가지로 생각해 볼 수 있다. 첫째는, 봉건제는 700여 년간 장구하게 이어져 왔고, 또 에도시대 내내 봉건제에 대한 호의적 담론이 압도적이었기 때문에 그 지속에 대해 새삼 문제의식을 갖지 않았다는 점, 둘째는 일부가 장래 군현제 도입을 생각했더라도, 그것이 중국에서처럼 단순히 중앙집권-지방분권 차원의 문제가 아니라 다이묘가와 사무라이 신분 자체의 해체와 관련 있는 문제이므로 도막파, 좌막파를 막론하고 치열한 정쟁 속에서 대다수 사무라이의 호응을 얻기 힘든 이 노선을 취기는 어려웠으리라는 가능성이다.

그러나 막상 막부가 무너진 후 외형적으로는 일단 천황하의 봉건

32 津田真道, 「日本国総制度」, 『憲法構想: 日本近代思想大系 9』, 岩波書店, 1989.
33 日本史籍協会 編, 『淀稲葉家文書』, 日本史籍協会, 1926, 329-330쪽.

제가 유력해졌지만, 정치적 유동성이 증대하는 가운데 군현제를 포함한 모든 정치적 가능성이 열리게 되었다. 세상 사람들은 삿쵸막부(薩長幕府)가 세워지는 것이 아닌가 의심했지만, 정작 삿쵸의 핵심부는 삿쵸 중심의 군현제도 하나의 가능성으로 상정하고 있었던 것이다. 이에 따라 봉건 · 군현론은 왕정복고 이후 본격적으로 터져 나왔다.

제3절 판적봉환: 봉건과 군현 사이의 줄타기

왕정복고는 되었으나 군현제는 아니고, 그렇다고 정말 천황하의 봉건제가 시행될까 등등, 모든 면에서 불안정과 애매함이 존재하는 상황에 큰 변화를 몰고 온 것이 1869년(明治2) 1월의 판적봉환이었다. 기존 연구에서는 판적봉환을 폐번치현으로 가는 첫 번째 단계로 보고 근대국가의 성립과 관련해서 폐번치현의 획기성을 높이 평가해 왔으나,[34] 적어도 봉건 · 군현론이라는 틀로 이 과정을 살펴봤을 때는 판적봉환과 그 후에 벌어진 군현론의 확산을 좀 더 중시해야 할 필요가 있지 않을까 싶다.

1867년(慶應3) 겨울의 왕정복고가 천황 봉건제로의 이행을 의미하는 것이라면, 각 다이묘는 천황에 의해 새로이 봉해지지 않으면 안 된다. 도쿠가와 시대의 막번체제라는 봉건제는 공의(公儀[막부])가 각 다이묘를 봉하는 체제였다. 다이묘들은 대가 바뀔 때마다 공의로부터 소령안도(所領安堵)를 확인하는 주인장을 받아야만 했다. 사쓰마, 죠슈 같은 거대 도자마다이묘도 예외는 아니었다. 도쿠가와 초기에는 공의가

34 升味準之輔는 그 과정의 전격성 때문에 이를 '폐번 쿠데타'라고 했다(『日本政党史論』 1, 東京大学出版会, 1965, 73-92쪽.

주인장 발급을 거부하고 개역(改易, 廢藩)시켜 버리는 경우도 많았다. 이 과정에서 천황의 역할은 거의 없었다.

그런데 소령을 안도해 주던 막부가 소멸된 상황에서 1869년(明治2) 1월 20일 사쓰마, 죠슈, 도사, 사가 등 4개 번은 판적봉환을 단행했다. 자신들의 영지와 인민을 천황에게 바친다는 것이다. 이 행위를 어떻게 볼 것인가. 봉건제의 새로운 확인인가, 군현제의 시작인가. 먼저 4개 번의 판적봉환에 관한 상표문부터 살펴보자.

> [전략] 천조(天祖)께서 처음으로 나라를 여시고 기틀을 세우신 이래 황통일계(皇統一系), 만세무궁하여 보천솔토(普天率土) 그 소유가 아닌 곳이 없고 그 신하가 아닌 자가 없었습니다. …… 예전에 도쿠가와씨가 일어나자 고가구족(高家九族)이 천하에 반(半)했는데, 이에 따라 집안을 일으키는 자가 많았습니다. 그리하여 토지인민을 조정에서 받았는지 아닌지를 따지지 않은 채 인습이 오래되어 오늘에 이르렀습니다. …… 원래 신들이 있는 곳은 바로 천자의 땅, 신들이 기르는 것은 바로 천자의 백성입니다. 어찌 사유할 수 있겠습니까. 지금 삼가 그 판적(版籍)을 거두어 바치니 원하옵건대 조정의 사정에 맞추어 줄 만한 것은 주고 빼앗을 만한 것은 빼앗아, 부디 열번의 봉토에 조명(詔命)을 내리어 이것을 새로 정해 주시길 바랍니다.[35] [밑줄은 인용자]

밑줄 친 문장을 보면 적어도 이들 4개 번은 폐번이 아니라 천황에 의한 주인장 발급[所領安堵]을 청원했던 것으로 보인다. 막부하의 봉건제에서 천황하의 봉건제로 이행하고자 한 것이다. 그러나 반대로 이 상

35 「版籍奉還に関する薩長土肥四藩上表」, 歴史学研究会 編, 『日本史史料』 4 近代, 岩波書店, 1997, 85쪽.

표문에서 주목되는 것은 왕토왕민 사상이 다이묘들의 입을 통해 강조되고 있으며, 천황의 허가 없는 다이묘의 영지 지배는 '사유'라는 것을 자인하고 있다는 점이다. 수백 년간 영지를 통치해 온 다이묘가의 권리 주장은 조금도 보이지 않으며, 천황 정부에 전결권(專決權)을 맡긴 것이다. 이 상표문은 봉건과 군현 사이, 더 정확히는 앞의 〈표 보론 2-1〉에서 본 노선 d와 e 사이에서 줄타기를 하고 있는 것이고, 어느 쪽으로 결정될 것인가는 쉽게 예측할 수 없었다.[36]

당시 대다수의 다이묘와 사무라이들이 부분적 개혁을 통한 봉건제의 유지를 희망하고 있었고, 심지어 이와쿠라 도모미나 오쿠보 도시미치 같은 신정부의 핵심 인사들도 군현제의 급격한 실시는 주저하고 있었다. 그러나 메이지 정부의 인사 중에는 이것을 군현제로 가는 첫걸음으로 인식한 자들도 있었다. 기도 다카요시는 이미 판적봉환을 군현제로 가는 음모의 성공으로 여기고 있었고,[37] 군현론자 이토 히로부미도 "가만히 생각하니 제번(諸藩) 중에 [판적]봉환 문제를 자세히 연구하지 않고 세간의 분위기에 따라 건백을 한 자도 없지 않다. 또 설령 건백을 해도 반드시 조정으로부터 새로 본령안도(本領安堵)의 지령을 받을 것이라고 꿈꾸던 자들도 있었을 것이다"[38]라고 하여 "줄 만한 것은 주고 빼앗을 만한 것은 빼앗"을 것을 기대하던 자들의 의도를 일소에 부

36 물론 판적봉환을 주도했던 기도 다카요시 등의 본심은 군현제에 가까웠다. 그러나 그럼에도 불구하고 상표문의 문장을 이런 식으로 쓰지 않으면 안 될 정도로 당시 군현제에 대한 반발은 큰 것이었다.

37 "내가 하나의 모략을 꾸몄는데, 현재 제후의 봉토는 모두 조적(朝敵)인 도쿠가와로부터 받은 것이어서 천자의 새장(璽章)이 안 보인다. 이래서는 점점 바르지 않게 될 것이니 어떻게 명분을 천하에 세울 것인가. 이에 따라 판적봉환의 설을 주장하여 그 설이 사쓰마로부터 도사, 히젠에 미쳐 마침내 조정에 주청했다"(妻木忠太 編, 『木戸孝允日記』 2巻, 日本史籍協会, 1933, 71쪽).

38 伊藤博文, 『伊藤公全集』 3巻, 伊藤公全集刊行会, 1927, 151쪽.

치고 있다. 그는 판적봉환과 비슷한 시기에 낸 건백서에서 이미 군현제 실시를 강하게 주장하고 있다.[39]

주목할 것은 위 4개 번의 건백서와 달리 아예 군현제 실시를 건백한 번들도 있었다는 점이다. 도쿠가와씨의 일문이자 32만 석의 대번인 에치젠번(越前藩)은 4개 번 상표 직후인 1869년(明治2) 1월 28일 "지금까지의 판적을 모두 조정이 거두시고 그 토지인민이 모두 조정 관할로 되어 천하가 군현제였던 옛날로 돌아간다면 보천지하 솔토지빈(普天之下率土之濱)이 널리 왕화(王化)를 입을 수 있게 되고, 따라서 하민(下民)의 실정도 구천(九天)에 관철되어 이에 이르러 비로소 사해일가의 실효가 나타날 것"[40]이라고 하며 군현제 실시를 주장하고 있고, 쓰야마번(津山藩) 번주[10만 석, 家門]도 1869년(明治2) 2월 24일 "신 어리석으나 삼가 생각해 보니 당 유종원(柳宗元)의 봉건 · 군현, 공사에 관한 논의에 원래부터 실로 감복하고 있었습니다. 하물며 지금 융성하는 시기에 백성인 자가 왕토왕민을 사유할 이치는 없습니다"[41]라고 하여 군현론 주장으로 유명한 당나라 유종원의 「봉건론」을 들어가며 군현제를 편들었다. 이 밖에도 몇몇 번들이 이 시기 군현론을 주장했다. 게이오기(慶應期)에 막부독재로 강력히 비난받던 군현제가 판적봉환을 계기로 왕토왕민을 명분으로 점점 공공연히 주장되기 시작한 것이다.

39 「国是綱目(兵庫論)」, 馬場恒吾, 『伊藤博文』, 潮文閣, 1942, 105쪽. 또 이토는 훗날 "나는 어려서부터 라이 산요(賴山陽)의 『日本政記』를 애독하여 그의 근왕론에 감격함과 동시에 우리 왕조의 성시(盛時)에는 금일 말하는 군현제가 행해졌으니 이 제도는 즉 왕조의 생명이라는 것을 깊이 마음에 느꼈다. 그 후 유학을 위해 영국에 가서 유럽 제국도 역시 군현제도를 실시하여 국가의 융성을 가져온 것을 목격하고 점점 더 봉건을 폐지하지 않으면 안 될 필요를 확신"했다고 회고하고 있다(『伊藤公全集』 3巻, 148쪽).

40 『太政官日誌』 明治 2年 第11号, 1876, 2-3쪽.

41 『太政官日誌』 明治 2年 第25号, 1876, 1쪽.

봉건과 군현의 미묘한 줄타기는 그해 5월 공의소에서 벌어진 공의인들 간의 봉건·군현 논쟁에서도 벌어진다.[42] 사쓰마번의 공의인 모리 아리노리(森有禮)가 장차 국체[政體]를 봉건으로 할 것인가, 군현으로 할 것인가에 대한 문제를 제기하자 각 번에서 파견된 공의인들은 진지한 논의를 벌였다. 지금까지 이에 대해서는 왕정복고 이후에도 제번의 여론은 봉건제 유지 쪽이 우위였다는 점에서 주목되어 왔으나, 그런 사실을 인정한다 하더라도 군현제 실시에 대한 태도가 미묘하게 변화하고 있다는 점 역시 주목해야 한다고 생각한다.

공의인 가운데는 거의 종전 그대로의 봉건제 유지를 주장하는 자들도 20여 명 정도 있었다. 그러나 봉건 지지파의 경우도 대부분은 봉건제에 군현제적 요소를 크게 가미한 주장을 했다. 그들은 군현제가 "염치의 미속을 파괴하고 조진(躁進)의 악폐를 일으킨다"[43]고 비난하면서도 다이묘의 봉토를 30만 석으로 한정한다든가, 절도부(節度府)를 설치하여 제후를 감시하게 한다든지 하여 현행 봉건제에 군현제적 요소를 대폭 가미한다는 데는 동의하는 자들이 많았다. 그들은 막부의 석고를 조정이 차지하여 부(府)와 현을 설치한 상황을 천하의 3분의 2가 봉건이고, 3분의 1이 왕기이므로 주대(周代)의 제도와 유사하다고 주장했다.[44] 즉 중앙집권이 강화된 상태에서 부번현(府藩縣)이 병치되는 군현제가 강하게 가미된 봉건제를 지지했다고 할 수 있다. 이것은 안사고(顏

42 前田勉는 서양 정체론의 출현으로 봉건 · 군현론은 이미 낡은 것이 되어 버려 공의소의 이 논의는 봉건 · 군현론의 최후의 광망(光芒)이라고 하고 있으나 (「近世日本の封建 · 郡県論のふたつの論点: 日本歴史と世界地理の認識」, 276쪽), 본문에서 보듯이 '최후의 光芒'이기는커녕 봉건 · 군현 논의는 이 시기에 본격적으로 벌어졌던 것이다.

43 「公議所日誌」, 『明治文化全集』 4巻(憲政篇), 日本評論社, 1992(復刻板), 65쪽.

44 『明治建白書集成』 第1巻, 筑摩書房, 2000, 255쪽.

師古) 이래 중국의 봉건군현 절충론과 야마가 소코, 오규 소라이의 절충론을 계승한 것이지만, 그들보다 훨씬 군현적 요소를 강하게 인정한 것이었다[노선 d].

각 번의 판적봉환 상표를 받은 메이지 정부는 5월 각 번들에 의견을 구하는 절차를 거친 후 6월 중순 판적봉환을 수락했다. 이에 따라 공경과 제후의 호칭은 화족(華族)이 되었다. 제후들은 자기 번의 번지사(藩知事)가 되었고 세습은 허용되지 않았으나, 번 세입의 10분의 1을 가록으로 보장해 주었다. 또 사무라이 간의 서열을 폐지하여 다이묘의 일문(一門), 가로부터 평사(平士)에 이르기까지 사족(士族)으로 칭하기로 했다. 공의소에서 군현제를 찬성한 공의인들도 군현제하에서도 사족의 존속과 봉록을 인정하든가, 심지어는 구다이묘를 지사로 임명하고 세습시킬 것을 주장했던 것을 상기하면, 메이지 정부의 이 조치는 노선 e를 벗어나 거의 f에 근접한 것이었다고 볼 수 있을 것이다. 이는 4개 번 판적봉환 상표문[노선 d 혹은 e]의 내용을 크게 넘어선 것이었다.

이어서 정부는 7월 직원령(職員令)을 단행하여 중앙집권을 한층 강화했고, 9월에 반포된 번치직제(藩治職制)로 중앙정부는 번 내정에 대한 구속력을 훨씬 강하게 갖게 되었다. 이와쿠라 도모미는 판적봉환을 짐짓 '봉건의 모습에 군현의 의(意)를 우(寓)하게 했다'고 표현했으나,[45] 이것도 봉건제라고 할 수 있다면 이는 한없이 군현제에 가까운 봉건제일 것이다. 이미 아슬아슬한 줄타기는 한쪽으로 기울기 시작한 것이다.

1870년(明治3)부터 자발적으로 번을 폐지하겠다는 사례들이 나타났다는 점이 이를 여실히 보여 준다.[46] 이 가운데에는 물론 작은 규모의

45 「具視建国策ヲ朝議ニ附スル事」, 多田好問 編, 『岩倉公実記』 中巻(明治百年史叢書 678), 1968, 825-836쪽.

46 淺井清, 『明治維新と郡県思想』, 248-252쪽.

지번(支藩)이 인접해 있는 종번(宗藩)에 흡수·합병되는 경우도 있었지만, 모리오카번[20만 석], 나가오카번 등 큰 번들이 스스로 폐번을 요청한 경우도 있었다. 이들 중 번 재정 상태가 어렵거나 친막부 활동으로 곤경에 처한 번들도 있었으나, 쓰와노번(津和野藩)처럼 재정 상태가 건전한데도 스스로 폐번을 신청한 번도 있었다.

1870년(明治3) 5월 정부는 집의원(集議院)에 번제(藩制)에 대해 자문을 했는데, 다테야마번(館山藩)의 마쓰가미 나오에(松上直衛) 등은 "지금 천하의 형세를 살펴보니 결국에는 진정한 군현이 아니고서는 천하가 안정에 이르기 어려울 것이다. 이번에 하문하신 취지로 보면 각 번 사족의 상급과 하급이 똑같이 봉록을 감하지 않으면 번정이 유지되기 어려울 것이다"[47]라고 건의했고, 봉건제에 애착을 갖고 있었던 이와쿠라도 1870년(明治3) 8월의 의견서에서는 군현제에 찬성하면서 판적봉환 후 이미 군현지체(郡縣之體)가 되었다고 입장을 바꾸었다.[48] 시대의 대세는 이미 군현제 이행 쪽이었지만, 여기서 주목해야 하는 것은 여전히 사족의 봉록은 삭감될지언정 폐지되는 것은 아닌 것으로 이해되고 있다는 점이다. 이 점이 군현제로의 이행에 대한 저항을 완화시킨 요인 중 하나였을 것이다.

1871년(明治4)에 들어서서도 하치스가번(蜂須賀藩), 구마모토번, 나고야번 등 대번들이 연이어 군현제 실시나 번지사직 사임을 건백했고, 폐번치현 직전에도 몇몇 번들이 자발적으로 폐번의 상표를 올리고 있었다. 이렇게 본다면 1871년(明治4) 7월의 폐번치현, 즉 군현제 선포는 충격적인 '폐번 쿠데타'라기보다는 봉건·군현론이라는 오래되고 익

47 「探索書控」, 『改訂肥後藩国事史料』 巻10, 533-534쪽.

48 「国体昭明政体確立意見書」, 大塚武松 編, 『岩倉具視関係文書』, 日本史籍協会, 1927, 347-349쪽.

숙한 전통적인 정치개념을 완충 장치로 삼아 '암묵적 예상'하에 이뤄졌다고 볼 수 있다.[49] 즉 왕정복고 직후에는 '봉건의 제에 군현의 의를 우하게' 하는 국가 구상이 지배적이었다면 판적봉환을 거치면서 '군현의 제에 봉건의 의를 우하게 하는' 것으로 서서히(なし崩し的に) 변화해 갔다. 그렇기 때문에 폐번치현의 조치는 한편으로는 놀라운 것이기도 했지만, 다른 한편으로는 시기는 좀 빨랐으나 전혀 예상할 수 없는 일은 아니었던 것이다.

제4절 폐번치현과 군현제의 설득: "서양 각국은 모두 군현"

그렇다면 천년 가까운 세월 동안 봉건제를 유지해 왔던 당시 일본인들에게 군현제는 어떻게 정당화되었던 것일까. 여기서 주목해야 할 것은 서양 각국의 정체는 군현제라는 인식이 중요한 역할을 했다는 점이다. 막말의 경우처럼 서양이 위험시될 때는 군현제도 경계의 대상이었지만, 서양이 일본의 모델이 되어 감에 따라 군현제에 대한 태도도 바뀌어 갔다고 할 수 있다. 양이운동이 점점 힘을 잃어 가고 문명개화의 시대가 오면서 서양 각국은 모두 군현을 실시하고 있고 군현이 부국강병의 요인이라는 견해, 나아가 서양처럼 군현제를 실시하는 나라가 문명국이라는 논리가 널리 받아들여지기 시작한 것이다.[50]

49 石井紫郎, 『日本人の国家生活』과 松尾正人, 『廃藩置県の研究』, 吉川弘文館, 2001도 대체로 이런 견해를 보이고 있다.

50 물론 서양관과의 관계 이외에도 왕토왕민 사상과 존왕 사상의 광범한 유포가 군현제에 대한 태도에 미친 영향은 심대하다. 18세기 말부터 시작된 유학의 급속한 확산으로 막말기에 존왕은 어느 정치세력도 거부하기 힘든 명분이 되어 있었다. 막말기 정치사는 어느 면에서는 '존왕의 경쟁'이었다. 이에 따

서양관과 군현제의 관계에 대해서는 이미 18세기 난학서에 서양의 군현에 대한 기술이 있었고, 이것이 군현제의 이미지를 긍정적으로 바꾸는 데 기여했다는 지적이 있다.[51] 그러나 앞서 언급한 대로, 이때의 군현은 국내 체제를 말하는 것이 아니라 주로 서양의 해외 식민지 개척을 가리키는 말로 사용되고 있다. 일본의 난학자들은 서양이 해외에 영토를 확장하는 것을 군현을 설치한다고 표현했다. 19세기 초 세계지리서인 『정정증역채람이언(訂正增譯采覽異言)』은 덴마크를 소개하면서 덴마크의 점령지들을 군현이라고 표현하고 있고,[52] 에스파냐의 네덜란드 점령 과정을 다루면서도 그 각 지역의 수장과 정치체를 없애고 에스파냐의 군현으로 만들고자 했다고 표현했다.[53] 여기서 군현은 서양의 국내 체제를 가리키는 것이 아니라 점령지 혹은 식민지를 다스리는 방식을 의미하는 것이다.[54]

라 왕토왕민론은 상식화되었고, 위의 판적봉환 상표문에서 보듯이 개별 영주의 영주권이 이것과 맞닥뜨릴 때는 크게 위축될 수밖에 없었다. 개별 영주들이 천황이 새로운 주인장을 주어 영유권을 확인해 줄 것을 희망한다 하더라도, 천황이 군현제를 실시한다고 한다면 이에 대항할 명분과 논리가 매우 빈약했던 것이다. 왕토왕민론은 군현제에 대한 거부감을 완화시키는 데 커다란 역할을 했고, 군현제라야 진정한 왕정을 실현시킬 수 있다는 인식이 확산되었다(前田勉, 「近世日本の封建・郡県論のふたつの論点: 日本歴史と世界地理の認識」, 278쪽).

51 前田勉, 「近世日本の封建・郡県論のふたつの論点: 日本歴史と世界地理の認識」, 274쪽.

52 山村才助, 『訂正增譯采覽異言』 卷2 중 덴마크 부분, 1800(일본국회도서관 디지털 컬렉션).

53 渋川六藏, 『和蘭紀略』(1843年), 住田正一 編, 『日本海防史料叢書』 第3巻, 1932-1933, 41-65쪽.

54 '滅國設縣'이라는 말에서 알 수 있듯이 원래 중국 고대에서 치현은 종묘사직을 비롯한 기존 질서의 파괴와 국(國)의 멸망을 의미하는 것이었다고 한다(이성구, 「춘추전국시대의 국가와 사회」, 서울대학교동양사학연구실 편, 『강좌 중국사』 1, 지식산업사, 1997, 113-120쪽).

이런 군현의 용법은 일본의 해외 팽창에 대해서도 똑같이 적용된다. 혼다 도시아키는 "대일본국을 동에조의 캄차카 땅에 옮겨, 고일본국(古日本國)이라고 칭한다. 가관(假館)을 두고 군현을 설치하여 제 유사로 하여금 원주민을 돌보게 한다. …… 군현 제 유사의 선발은 상급, 하급 무사, 배신(陪臣), 서민, 필부를 가리지 말고, 포부가 있는 자를 써야만 한다. 포부가 없는 자는 재능이 있다 하더라도 써서는 안 된다. …… 캄차카를 대양국(大良國)으로 만들기 위해서도 네덜란드의 개조(開祖)가 나라를 흥하게 한 방법을 써도 좋을 것이다[밑줄은 인용자]"[55]라 하고 있다. 즉 그는 네덜란드를 비롯한 서양 국가처럼 일본도 영토를 확장하여 거기에 군현을 설치할 것을 주장한 것이다. 일본의 전 세계 지배라는 망상을 피력한 사토 노부히로도 "황대어국(皇大御國)은 대지 중에 최초로 생긴 나라이고 세계 만국의 근본이다. 그러므로 그 근본을 잘 운영[經緯]하면 전 세계를 모두 군현으로 삼고 만국의 군장(君長)을 모두 신복으로 삼을 수 있을 것이다"[56]라고 하며 역시 같은 용법을 취하고 있다.

다시 말하면 이 시기 난학 지식에서 서양 국가들의 군현이란 우리가 지금까지 논의해 온 국내 정치체제로서의 그것이 아니라 해외 점령지 지배를 의미하는 것이었다.[57] 따라서 이를 근거로 이 시기 난학서가 군현제의 이미지를 긍정적으로 변화시키는 데 도움을 주었다는 지적은

55 「西域物語」 下(1798年), 『本多利明 海保青陵: 日本思想大系 44』, 岩波書店, 1970, 161쪽.

56 「混同秘策」(1823年), 『安藤昌益 佐藤信淵: 日本思想大系 45』, 岩波書店, 1977, 426쪽.

57 그밖에 青地林宗, 『輿地圖誌略』에서는 잉글랜드의 스코틀랜드 병합을 역시 군현제 설치로 파악했다(前田勉, 「近世日本の封建・郡県論のふたつの論点: 日本歴史と世界地理の認識」, 272쪽).

설득력이 없다. 이런 용법의 군현제라면 봉건제후의 입장에서 그것은 자기 영지에 대한 침공과 국(國)의 멸망을 의미하는 것이므로 오히려 위협적인 이미지로 각인되었을 것이다. 앞에서 살펴본 막부 역인들이 군현제를 기도하고 있다고 위험시할 때, 오히려 이런 이미지가 중첩되었을 가능성이 있다.

식민 지배가 아니라 서양의 국가체제 자체를 군현제로 본격적으로 소개한 것으로는 막부 역인 구리모토 소운(栗本鋤雲)의 『연필기문(鉛筆紀聞)』이 비교적 이른 시기의 것이다. 구리모토는 프랑스인에게 "귀국의 현재 군현의 제도는 어떠한가"라고 물은 뒤 그가 소개한 프랑스의 통치제제를 자세히 서술하고 있다.[58] 역시 막부 역인인 다케우치 야스노리(竹內保德)도 프랑스 방문 중 마르세유에서 리용으로 가는 도상에서 옛 성곽들을 보면서, 옛 봉건은 흔적만 남고 최근의 통일로 모두 군현이 되었다고 서술하고 있다.[59]

이처럼 막말기가 되면 서양의 국가체제를 군현제로 보는 인식이 점점 퍼져 가고 있었다. 그러나 애초에 그것은 긍정적인 맥락에서 이뤄진 것은 아니었다. 앞에서 서술한 대로 막부의 군현제 시도를 서양벽(西洋癖)을 가진 군간(群姦)의 뜻이라고 한 것도 서양 추종이 부정적으로 인식되고 있음을 보여 주고 있고, 메이지 초기에 군현제를 반대했던 다니 다테기(谷干城)도 "이 군현론이 진실로 우리 상고로 돌아가는 것이라면 만부득이한 것이지만 상고를 빙자하여 그 실상은 후쿠자와 유키치인가 뭔가 하는 양학자 따위가 번역한 서양류로 할 심산이 아닌

58 『鉛筆紀聞』은 1869년에 출판되었지만, 구리모토가 프랑스인과 대화를 나눈 것은 1858년이라고 한다(淺井清, 『明治維新と郡県思想』, 93쪽).

59 淵辺德藏, 『歐行日記』 文久 2年 4月 26日條(『遣外使節日記使纂輯』, 第3, 日本史籍協会, 1930).

가"[60]라며 군현제 시도를 비난했다. 즉 막말기와 메이지 초기까지만 해도 서양을 좇는다는 것을 부정적으로 보는 견해가 많았기 때문에, 서양 각국이 군현제를 실시하고 있다는 사실이 유포되었다고 해서 이것이 곧바로 군현제에 대한 우호적 견해로 연결되리라는 보장은 없었던 것이다.

그렇다면 군현론자들은 무엇으로 군현제의 정당성을 주장했는가. 도쿠가와 시대 내내 봉건제의 역사적 정당성은 도전받지 않았고, 막말기의 군현론은 심각한 비판의 대상이 되기도 했다. 이런 상황에서 군현제 실시를 설득한다는 것은 용이한 일이 아니었다. 이것이 앞에서 서술한 것처럼 봉건론에서 군현론으로의 이행이 마치 줄타기처럼 진행되었던 이유이기도 하다.

먼저 군현제는 무엇보다도 만국[서양]과 대치하고 있는 상황에서 그들과 병립하기 위해 부국강병을 달성하는 데 유효한 수단으로서 주장되었다. 앞에서 이미 인용한 사료이지만 "[지금 일본은] 66국에 263명의 제후가 있어 각각 자기 번을 세워서 정치를 따로 한다. 이와 같이 통일되지 않고서 국력을 무엇으로 채울 것인가. 국위는 무엇으로 떨칠 것인가. 속히 봉건을 폐하여 군현을 두고, 왕정이 황국을 지배해야만 한다. 또 의사원을 설치하여 널리 천하유지를 초치하여 모든 혁신의 대정(大政)을 공정하게 의논케 해야만 한다[61]"라고 한 데서 알 수 있듯이, 군현이 국력과 국위의 유효한 수단이었던 것이다.

당시 쇼군 도쿠가와 요시노부도 군현제를 생각하고 있었다는 기록이 있는데 "오늘 아침 나가이도노(永井殿[若年寄 永井尙志])의 얘기로는 우에사마(上樣[德川慶喜])께서 일본이 결국에는 군현이 되어야만 한

60 谷干城, 「郡県論二付意見」, 島內登志衛 編, 『谷干城遺稿』 下, 靖献社, 1912, 39쪽.
61 「第一号履歴撮要」(淺井淸, 『明治維新と郡県思想』, 37쪽).

다는 생각을 갖고 있다고 한다. 이것은 영국이 과거에는 봉건이었으나 널리 의논한 후에 군현이 아니고서는 강국이 되기 어렵다고 결심하여 군현으로 된 것이므로 일본도 그에 따라야만 한다는 주장이라고 한다 [밑줄은 인용자]"[62]라는 것이 그것이다. 이를 보면 이미 1867년경에는 서양을 본받아 강국이 되기 위해서는 군현제 실시가 불가피하다는 견해가 등장하고 있었음을 알 수 있다. 메이지 정부 수립 이후에는 이런 주장이 더 확산된다.[63]

중국에서 봉건 · 군현 논쟁이 왕조 조명(祚命)의 장단, 인정 가능 여부, 국방 효율성 등 어느 쪽이 좋은 정치를 실현할 수 있는가에 대한 다양한 쟁점을 둘러싸고 진행되었던 데 비해,[64] 이 시기 심각한 대외 위기의식을 갖고 있던 일본은 어느 쪽이 일본을 '강국'으로 만들 수 있는가에 중점을 두었다고 볼 수 있다. 이런 논법은 군현제의 우월성 혹은 정통성을 정면에서 주장하기보다는 일본의 현 사정상 '어쩔 수 없이' 군현제를 실시해야 한다는 조금 수동적인 면을 갖고 있다고 할 수 있다. 물론 그 배경에는 현실적인 이유도 있었겠지만, 담론상에서는 일본 사회가 갖고 있던 봉건제에 대한 강한 친화성과 군현제의 '낯섦'에서 오는 반발을 우회적으로 회피하려는 이유도 있었다고 보인다.

그러나 문명개화의 이름으로 서양화에 대한 거부감이 현저히 줄어들면서 보다 적극적인 '군현제=개명 · 개화'라는 주장도 등장하기 시

62 『丁卯日記』 慶応3年 11月 27日(『史籍雑纂』 4, 国書刊行会, 238-239쪽).

63 몇 가지 예를 들면 "최근 우내(宇內)의 형세가 변하여 서양제국(西洋諸國)은 대개 군현제를 실시하여, 만리 밖으로 항해하고 무역을 하여 큰 이익을 얻는 부국강병책을 시행하고 있다"(『明治建白書集成』 第1巻, 筑摩書房, 2000, 342쪽), "그러므로 천하에 자립하여 만국병립하려고 하는 자는 반드시 군현제를 취하지 않고서는 안 된다"(『明治建白書集成』 第1巻, 468쪽).

64 민두기, 「중국의 전통적 정치상: 봉건군현논쟁을 중심으로」 참조.

작했다.

> 이 봉건정치라는 것은 옛날은 우선 차치하고라도 일본에도 지나에도 구미 각국에도 무릇 세상이 개화되고 나서는 어느 곳에도 없다. 따라서 봉건무단의 정치를 폐하고 구미 각국과 병립할 수 있는 군현제도를 만들어 그 정치만 부드럽게 한다면 그 방식은 아무 관계없다. …… 저 구미 각국과 병립할 수 있는 군현제도의 추형(雛形)을 만들어 아공(我公[德川茂承])으로 하여금 일본제국 개명실행(日本帝國 開明實行)의 선도자가 되게 하려고 …….[65]

이것은 이 시기 무사의 봉록폐지 등 가장 급진적으로 번정개혁을 진행하던 기이번(紀伊藩)의 한 개혁가의 발언이다. 여기서 군현제는 세상의 개화, 일본제국의 개명과 연결되고 있고, 봉건제는 '무단의 정치'로 규정되었다. 계속해서 1871년(明治4) 6월 3일 시나노(信濃) 다쓰오카번(龍岡藩) 지사 마쓰다이라 다이큐(松平大給)의 상표를 보자.

> 저 봉건이라는 것은 몽매[의 시대]에 생겨서 난세에 이뤄진 것으로 개화에 즈음해서는 당연히 있을 수 없는 것입니다. …… 유럽 근래의 정체를 봉건이라고 할 수 없습니다. 그런데도 병위(兵威)를 떨치고 있지 않습니까? 봉건은 성인이 시세에 따라 할 수 없이 한 정체라고 할 수 있습니다. …… 국력을 합치고 인심이 향해야 할 바를 알게 하며 통솔의 대권을 한 곳으로 돌아가게 하는 것은 군현제입니다. …… 처음에 와타루(恒[松平大給])는 판적을 봉환하는 국가 중흥의 홍업에 감격했고, 지금은 고루한 구습을 일소하고 대권을 오로지 한 곳으로 돌아가게 하기를 원합니다.

65 津田出, 『壺碑』 上, 1917, 33쪽.

또한 분열해서 오랑캐에게 더럽혀지는 일이 없도록 하고, 오대주 중의 강국과 병립할 기초를 세울 것을 바라옵나이다.[66] [밑줄은 인용자]

여기서 봉건은 몽매와 난세의 것으로 치부되고 있으며, 옛 성인이 봉건제를 실시한 것은 그것이 좋은 제도여서가 아니라, 시대적 한계 때문에 어쩔 수 없었던 것으로 단정되고 있다. 이처럼 군현론자는 만국대치의 절박한 상황에서 일본을 지키기 위한 방책으로 군현제 실시를 설득하는 데에서 더 나아가, 봉건제를 몽매한 제도로 매도하면서 군현제야말로 유럽이 증명하고 있듯, 개화와 개명의 세상에 걸맞은 것으로 적극 그 정당성을 주장했다. '서양 각국은 모두 군현'이라는 말은 이제 서양의 '국민국가'를 긍정적으로 포착하는 용법으로 정착하기 시작한 것이다.

한편 군현제는 신분 타파, 인재 등용, 능력주의를 실현할 수 있는 것으로도 이해되었다. 이것은 거꾸로 군현제가 단지 제후의 번 통치권 소멸을 의미하는 데 그치지 않고, 무사계급의 역직 세습, 나아가 가록까지도 위협할 수 있다는 것을 의미한다. 위에서 살펴본 대로 각 번 무사계급의 대표자들인 공의소의 공의인들이 군현제에 소극적이었던 가장 큰 중요한 이유는 이 문제였다. 일본에서는 봉건제가 장기간 지속되어 왔기 때문에 세습에 의한 직위 승계에 대해 호의적이었고, 국학자 등은 아예 군현제는 능력주의를 채택하는 것이라며 공공연하게 비판하기도 했다.[67] 주자학자인 아메노모리 호슈도 한 조선인이 "우리나라[조선]는 군현제여서 아랫사람이 윗자리로 올라가기 쉽기 때문에 자연

66 『太政官日誌』 明治 4年 第35号, 1876, 17쪽.

67 前田勉, 「近世日本の封建・郡県論のふたつの論点: 日本歴史と世界地理の認識」, 265쪽.

히 사람들이 머리를 굴리는 일이 많고 뇌물도 행해져 아침에는 성하고 저녁에는 쇠하니 조용할 날이 없습니다. 그대 나라[일본]의 사람들은 제각기 그 분수가 정해져 있으니 부럽습니다"라고 했다는 말에 큰 자부심을 표하고 있다.[68] 이처럼 군현제는 상대적으로 능력을 중시하는 체제로 인식되는 측면이 있었다. 이런 상황이었기 때문에 군현제는 그 실현이 매우 어려운 것으로 여겨졌던 것이다.[69]

> 정권을 반환하고 옛날의 왕제로 복귀하려면 제 자신을 비롯하여 각자 모두 영지를 돌려드리고 서인 신분으로 내려가야 하는 것은 당연한 것입니다. 해내(海內)는 군현으로 개혁하고 직접 지배하셔야 합니다. 양도(兩刀)를 차고 무사로 칭하는 것은 엄히 금지하고 군대와 관련해서는 천황 주변은 친군(親軍)을, 먼 지역은 진수부(鎭守府)를 세워야만 고대에 준하게 되는 것입니다. 그러나 680년 동안의 성법(成法)을 이유 없이 변경한다면 해내 토붕와해는 목전에 다다를 것이고 …….[70]

> 군현제도가 되어 병권도 조정에 귀속되고, 공경이나 문벌이라고 해서 높은 관위를 차지하지 않으며, 덕망재간이 뛰어나 천하 사람들이 의지할 만한 자라면 초망(草莽)에서라도 선발하시어 보익(輔翼)의 중임을 맡길 정도로 대변혁을 한다면 이러한 폐단도 없겠지만, 황공하오나 이 두 가지 일은 도저히 가능하지 않을 것으로 생각하여 …….[71]

68 아메노모리 호슈, 『한 경계인의 고독과 중얼거림』, 68쪽.

69 오규 소라이도 봉건제의 장점 중 하나로 군현제처럼 입신출세를 생각하지 않는다는 점을 들고 있다(中田喜万, 「政治学からみた「封建」と「郡県」: 概念の限定のために」, 55쪽).

70 日本史籍協会 編, 『淀稲葉家文書』, 日本史籍協会, 1926, 484쪽.

71 河津祐邦(若年寄, 長崎奉行 역임)의 발언, 『淀稲葉家文書』, 387쪽.

왕정복고 직전, 막부의 최고위 역인들이 한 이 발언들은 군현제 실시가 신분제의 폐지를 의미한다는 것, 따라서 그 실현이 곤란하다는 것을 하나같이 지적하고 있다. 군현제가 되면 로쥬인 자신조차 영지 반환은 물론이고 서인 신분이 될 것이며,[72] 두 자루의 칼을 차던 무사들은 사라질 것이라는 것이다. 또 군현제는 신분이 아니라 덕망재간, 즉 능력이 있다면 초망이라도 최고위직["輔翼의 중임"]을 맡기는 대변혁이라는 것이다. 그렇기 때문에 군현제는 "도저히 가능하지 않을 것"이며, 실시하려고 하면 사회질서는 대붕괴["海內土崩瓦解"]를 맞이하리라는 것이다.

그러나 왕정복고, 판적봉환, 폐번치현의 정치변혁을 거치면서 중앙정부 내에서도, 번 정부 내에서도 중하급 무사 출신들이 실권을 잡게 되자 능력주의는 점점 정당성을 획득하게 되었다. "지금 각 번의 지사는 문벌에 따라 직무를 세습하여 대부분 그 임무에 적합하지 않습니다. 대참사(大參事) 이하도 단지 관내에서만 인선하여 인재가 부족하며, 헛되이 관원만 많고 책임을 다하지 않고 있습니다. …… 황기(皇基)를 경장(更張)하고 정체를 간엄(簡嚴)하게 개혁하시어 열번(列藩)을 폐하여 현치(縣治)를 두고 널리 인재를 뽑아 국내 정치가 일치되도록"[73] 해야 한다는 것이다. 각 번의 번지사가 전 다이묘들이기 때문에 무능하고, 대참사(大參事)도 번 내에서만 선발하기 때문에 인재를 구하지 못한다는 주장이다. 이미 이 시기가 되면 구마모토 번지사도 번지사에 인재

72 실제로는 판적봉환, 폐번치현으로 군현제가 현실화되었지만, 공경과 제후들은 화족이 되었으므로 '서인 신분'으로 내려가는 일은 없었다. 다만 당시 막부 로쥬였던 이나바 마사쿠니는 유신 이후 신도계(神道界)에서 활약하는 '서인'이 되었다.

73 津和野藩(4만 3천 석) 상표문(明治 4年 6月 25日)(『太政官日誌』 明治 4年 第41号).

가 없다며 스스로 사의를 표했고,[74] 나고야 번지사도 관직세습의 폐단을 혁파해야 한다고 주장했다.[75]

또 앞서 인용한 대로 "지금 천하의 형세를 살펴보니 결국에는 진정한 군현이 아니고서는 천하가 안정되기 어려울 것이다. 이번에 하문하신 취지에서는 각 번 사족의 상급, 하급이 똑같이 봉록을 감하지 않으면 번정이 유지되기 어려울 것이다"[76]라며 사족의 봉록대책에 대한 건의도 이뤄졌다.

이처럼 군현제 실시는 애초에는 신분제 폐지와 능력 위주의 인재등용으로 경계되었지만, 세상은 '조진(躁進)의 악폐'에 대한 우려를 뒤로 하고 소라이가 경계했던 '입신출세'의 사회로 진입하고 있었고, 군현제는 '입신출세'의 제도로 수용되어 갔다.

소결

이상에서 본 것처럼 막말유신기의 정치변동은 많은 사람에게 봉건이냐, 군현이냐는 틀로 인식되었다. 그 과정은 봉건에서 군현으로의 갑작스러운 비약이 아니라 '우군현지의어봉건지중(寓郡縣之意於封建之中)'과 '우봉건지의어군현지중(寓封建之意於郡縣之中)' 사이의 줄타기였다. 앞에서 제시한 〈표 보론 2-1〉로 말하면 d와 e, f 노선 사이에서 각축을 벌이다 g 노선으로 귀결되었다고 할 수 있다. 본래 도쿠가와 막번체제는 기본적으로는 봉건제이긴 하지만 상당 부분 군현제적 요소를 갖고 있

74 淺井淸, 『明治維新と郡県思想』, 256쪽.

75 淺井淸, 『明治維新と郡県思想』, 257쪽.

76 探素書控, 『改訂肥後藩史料』, 巻10, 533-534쪽.

었고, 당시의 봉건·군현론도 기본적으로는 봉건지지론이었지만, 양자 절충적인 논의가 많았다. 그러던 것이 막말유신기에 양자 사이의 거리가 더 좁혀진 상태에서 논의와 정치 과정이 진행되었던 것이다. 따라서 이 시기 봉건에서 군현으로의 이행은 급진적이며 대립적이라기보다는 매우 점진적이고 상호 침투적이었으며, 이것이 그 과정에서 결정적인 분쟁이 발생하지 않은 원인 중 하나일 것이다.

폐번치현 이후 일본은 급진적인 '서양화' 개혁정책을 추진해 나갔다. 그러나 도쿠가와 사회의 최상층은 화족으로 재편되어 여전히 유지되었고, 그들은 1890년 제국의회의 귀족원을 구성했다. 사회의 기층인 촌락과 이에(家)는 도쿠가와 시대와 강한 연속성을 유지했다.[77] 군현화의 흐름 속에서도 '봉건의 역습'은 강하게 잔존했다.[78] 폐번치현으로 탄생한 군현 일본은 여러 가지 면에서 청조에 비한다면 여전히 군현제적 요소가 약한 사회였다고 할 수 있다.

첨언할 것은 폐번치현 이후에도 이런 현상을 설명하는 데 건·군현론이 오랫동안 쓰였다는 사실이다. 1880년대에도 막부시대는 봉건, 지금은 군현이라는 언설이 횡행했고,[79] 메이지시대를 대표하는 민간사학자인 야마지 아이잔(山路愛山)은 1907년에 발표된 『일한문명이동론(日漢文明異同論)』[80]에서 일본이 청과 달리 근대화에 성공한 원인을 규율, 단결 등 일본 사회에 남아 있는 '봉건적 요소'에서 찾고 있다. 반대로 청의 '근대화'가 지지부진한 이유는 군현제 탓으로 돌리고 있다. 또

77 與那覇潤, 『中国化する日本: 日中「文明の衝突」一千年史』, 文藝春秋, 2011.

78 河野有理, 『明六雑誌の政治思想; 阪谷素と, 「道理」の挑戦』, 189-198쪽.

79 中田喜万, 「政治学からみた「封建」と「郡県」: 概念の限定のために」, 51쪽.

80 山路愛山, 「日漢文明異同論」, 『支那思想史 · 日漢文明異同論』, 金尾文淵堂, 1907.

근대 일본에서 자치를 둘러싼 논의 중에 봉건은 메이지기부터 쇼와 초기까지 중요한 개념 장치로 이용되었다.[81] 동시대 중국의 지식인 장빙린(章炳麟)이나 양계초(梁啓超)도 중국 사회를 분석하는 데 봉건·군현 개념을 여전히 중요하게 사용하고 있다.[82] 이처럼 봉건·군현론은 20세기 초까지도 동아시아 지식인들에게 여전히 유용한 정치분석 도구로 남아 있었던 것이다.

81 松田宏一郎,「近代日本における「封建」·「自治」·「公共心」, のイデオロギー的結合: 覚書」, 張翔 · 園田英弘 編,『「封建」·「郡県」再考: 東アジア社会体制論の深層』, 342쪽.

82 예를 들어 章炳麟은 "헌정은 봉건(封建), 세경(世卿)의 변상(變相)에 불과"하다며, 장구한 군현제의 역사를 갖고 있는 중국에서 헌정 실시는 가능하지도 바람직하지도 않다면서 헌정과 의회 설치 문제를 봉건 · 군현 개념으로 검토했다(章太炎,「政闻社员大会破坏状」(1907)과「代議然否論」(1908). 모두 汤志钧编,『章太炎政论选集』, 中华书局, 1977 所收). 梁啓超도 봉건 · 군현 개념을 구사하여 중국과 일본, 서양의 정치체제를 비교했다(梁啓超,「中國專制政治進化史論」(1902) 중「附論中國封建之制與歐洲日本比較」(『梁啓超全集』 第3卷, 北京出版社, 1999).

결론

본서는 지금까지 '사대부적 정치문화의 확산'과 사무라이의 '사화(士化)'라는 관점에 서서[서론 제1장 참조] 미토번(水戶藩), 에치젠번(越前藩), 구마모토번(熊本藩), 사쓰마번(薩摩藩)의 사례에 의거하여, 막말(幕末) 정치사를 재검토해 보았다. 각 장의 내용을 요약하면 다음과 같다.

제1부에서는 당시 사무라이들 사이에 광범하게 형성되어 있던 '학적(學的) 네트워크'의 다양한 실상[번교(藩校), 사숙(私塾), 학습회 등]을 살펴보고, 이것이 정치화되어 '학당(學黨)'으로 변모되어 가는 과정을 검토했다.

제1장에서는 미토번 번교 홍도관(弘道館)에서 전개되었던 '학적 네트워크'에 주목했다. 주로 홍도관의 교원과 번의 실력자, 또 홍도관과 그 바깥에 광범하게 존재했던 사숙 간에 전개된 '학적 네트워크'를 검토했다. 사숙과 사숙 간에 형성된, 혹은 향교까지 참여한 '학적 네트워크'에 대해서는 여기서 따로 검토하지 않았으나, 미토번의 '역체소동(役替騷動)'과 '남상운동(南上運動)'의 서술 과정에서 이 부분을 충분히 언급했다[제2부 제2, 3장].

제2장에서는 구마모토번의 번교 시습관(時習館)의 훈도(訓導) 나카무라 죠사이(中村恕齋)가 담당한 회독과 번교 바깥에서 '실학당'을 비롯한 사숙과 학습회 등이 사무라이들을 인적으로 연결하는 데 큰 역할을 했다는 점, 그리고 이것이 그들의 정치적 행동에 중요한 거점, 즉 '학당'으로 기능했다는 점 등을 살펴보았다. 그동안 무심코 사용해 왔던 '학교당' 혹은 '실학당'이라는 용어도 이 같은 큰 틀에서 보면 그 역

사적 성격과 위치 부여가 좀 더 명확해질 것이다.

제3장에서는 사쓰마번의 이른바 '근사록당(近思錄黨)'을 소재로 번교, 학습회, 그리고 '학당'의 형성을 생각해 보았다. 사무라이가 대표적인 주자학 텍스트의 이름이 붙은 당을 결성한 것 자체가 [물론 남이 붙여 준 것이긴 하지만] 이 시기 사무라이의 행동이 '학적 네트워크'와 '학당'을 빼놓고는 이해할 수 없는 것임을 웅변하고 있다고 생각한다.

필자는 19세기 초엽부터 막말기까지 사무라이 사회의 '학적 네트워크'가 급증하여[물론 무예장을 기반으로 한 네트워크도 여전히 강하게 존재했음을 부정하는 것은 아니다], 일반 사무라이들이 가신단 조직과는 사뭇 성격이 다른 환경에서 인적 연계를 맺고, 나아가 이를 기반으로 정치화가 진행되는 과정을 메이지유신 정치사에서 가장 주목해야 할 지점이라고 생각한다. 본래 무인이어야 할 사무라이들이 무인으로서의 성격은 여전히 보유하면서도, 학문적 독서와 토론의 세계, 그리고 그에 기초한 정치활동에 강하게 연결됨으로써 자신들의 존재 양태를 변화시켜 가는 사태[본서에서는 이를 사무라이의 '사화(士化)'라고 표현했다]야말로 막번체제(幕藩體制)를 동요시키고 메이지유신을 촉발시킨 가장 큰 이유 중 하나일 것이다. 그런 면에서 제1부는 본서의 핵심적 주장을 담고 있다고 할 수 있다.

제2부는 일반 사무라이들이 주로 토의와 회의, 그리고 상서 · 봉서(封書)라는 방식을 통해 정치활동에 뛰어드는 양상을 서술했다. 무력행사가 억제되는 가운데 정치적 명분과 논리, 그리고 정교한 정치감각과 정치투쟁이 사무라이 사회에 일반화되어 갔다. 그 모습은 본서에서 말하는 '사대부적 정치문화'의 등장을 잘 보여 주는 것이었다. 그것은 몇몇 소수 그룹의 권모술수나 '궁중암투'적인 것이 아니라 광범한 '공중(公衆)'이 지켜보는 가운데 명분과 정당성을 다투는 공론정치적 성격을 띠는 것이었다. 그리고 그것은 막말유신기의 '처사횡의(處士橫議)'와

'공의여론(公議輿論)'으로 직결되는 것이었다.

제1장에서는 먼저 언관·언로가 미약했던 도쿠가와 체제의 특징을 그와 좋은 대조를 이루는 조선왕조와 비교하고, 그 속에서 어떻게 '토의정치', '공론정치'적 현상이 나타나게 되는가를 살펴보았다.

제2장에서는 이 문제에 대한 구체적인 사례연구로서 도쿠가와 나리아키(德川齊昭) 취임 직후 미토번에서 벌어진 인사 분쟁인 '역체소동'을 검토했다. 미토번의 '학당'이라 할 수 있는 후지타파(藤田派)가 거듭되는 토의와 회의, 그리고 상서·봉서 공세를 통해 자신의 직분을 넘어서는 문제에까지 정치적 주장을 감행하고 관철시키는 모습을 밝혔다. 본래는 무사이고, 전쟁의 가능성이 사라진 시대에는 주어진 행정실무에 전념해야 할 [역인(役人)] 일반 사무라이들이 직분을 넘어서 '국가지사', '천하지사'를 걸머질 주체로서 자신을 규정해 가는 과정을 생생하게 볼 수 있을 것이다.

제3장은 번주(藩主)의 계승과 실각, 정치적 복권 등을 둘러싸고 전개된 미토사민(水戶士民)들의 정치적 시위 행동인 남상운동을 검토했다. 이런 문제에는 본래 번의 최고위층이나 번주의 인척 등이 주로 관여해 왔으나, 이 시기에는 학당의 주도하에 민중까지 대규모로 참가했다. 이 시위 행동을 가능하게 했던 것은 일반 사무라이 사이에 형성된 '학적 네트워크' 그리고 그들과 지방의 민중을 연결시킨 향교, 사숙과 같은 교육기관, 또 사(社)·사(祠)와 같은 종교 시설이 정치공간으로 이용되었기 때문이다. 또한 이들은 정치적 시위 행동 중에 막부나 번 당국에 빈번하게 상서를 제출하여 자신들의 주장을 표명했다. 본 장은 본서에서 유일하게 민중의 정치화에 대해 일부 다뤘으나, 본서의 주요 분석 대상이 일반 사무라이층인 만큼 깊게 들어가지는 않았다.

제3부는 '사대부적 정치문화'의 또 하나의 요소인 '군주친정'의 시각에서 막말 정치사를 분석해 보았다. 그동안 이 시기는 주로 '하급

무사의 정치적 대두'라는 시각에서 서술되어 왔지만, 그것은 실은 군주친정과 한 쌍을 이루는 것이었다. 주요 정책에 대한 결정권이나 발언권이 제한되어 있었던 일반 사무라이들은 군주친정의 실현을 통해, 신분제에 강하게 규정되어 있던 기존 번 권력의 배치 구도를 상대화시킬 수 있었다. 이른바 '유지다이묘(有志大名)' 문제도 이런 시각에서 새롭게 조명해 볼 수 있을 것이다.

제1장에서는 미토번 도쿠가와 나리아키의 친정에 대해 살펴보았다. 그는 가로급(家老級)이 장악하고 있던 번 정부와의 혈투를 통해 번주친정을 관철시키려 했고, 지방민정 차원에서도 지속적인 순행을 전개하여 영내(領內) 민중과 접촉을 꾀함으로써 그 속에 지지기반을 구축하려 했다. 이 과정은 곧 일반 사무라이들의 정치세력인 '후지타파'나 '다치하라파(立原派)'가 정치적으로 대두하는 과정이기도 했다.

제2장과 제3장에서는 군주권력과 당쟁의 관계를 다뤘다. 먼저 제2장에서는 미토번 당쟁에서 번주 나리아키를 어떻게 위치시킬 것인가 하는 문제를 검토해 보았다. 그 결과 1844년 실각을 계기로 나리아키의 입장이 크게 변화하여 군주가 적극적으로 당쟁에 뛰어드는 모습을 보이게 되고, 오히려 한쪽 당파의 영수였던 후지타 도코(藤田東湖)가 그런 나리아키를 자제시키려고 노력하는 모습을 발견할 수 있었다. 제3장에서는 막말기 또 한 명의 저명한 '유지다이묘'인 마쓰다이라 요시나가(松平慶永)에 대해 살펴보았다. 1863년 추진되었던 '거번상락(擧藩上洛)'이 좌절된 것은 요시나가의 의도가 강하게 반영된 것이라는 것을 밝힌 건조한 글에 불과하지만, 여기서 우리는 이 시기 군주친정의 실태와 그것이 번 내 당쟁과 어떻게 관계 맺고 있는가를 살펴볼 수 있을 것이다.

보론 2[보론 1은 서론에 포함되어 있어 여기서는 언급하지 않는다]는 막말유신기의 정체(政體) 변혁을 당시인들이 봉건제에서 군현제로의 이행으로 파악하고 있었다는 점을 검토했다. 비슷한 시기 청조(淸朝) 지식인들은 의회제 도입을 봉건제의 부분적 도입으로 이해하려고 했는데, 막말기 일본에서는 서구의 국민국가를 군현제로 이해하고 수용하려 했던 것이다. 그것은 마치 줄타기와도 같은 미묘하고 점진적인 과정을 통해 진행되었는데, 필자는 이를 고염무의 '군현제 안에 봉건의 뜻을 담는다(寓封建之意於郡縣之中)', '봉건제에 군현의 뜻을 깃들게 한다(寓郡縣之意於封建之中)'라는 발상을 원용하여 검토해 보았다.

끝으로 본서에서는 다루지 못한, 메이지유신 이후 19세기 말까지의 시기에 대한 전망을 약술하는 것으로 글을 맺고자 한다. 왕정복고로 도쿠가와 막부는 폐지되고 신정부가 수립되었다. 그러나 신정부는 다양한 세력의 연합체였다. 거기에서 국학적 · 유학적 · 병학적(兵學的), 서구적 노선을 추종하는 세력들이 경쟁하고 있었다. 태정관과 동등한 지위에 신기관(神祇官)을 설치한 것이나, 문화대혁명을 연상시키는 폐불훼석(廢佛毁釋)의 광풍은 그 증거다. 치열한 각축 끝에 '서구파'가 승리한 것이 폐번치현이다. 그 후 서구화 그룹이 주도권을 확고히 하고 급진적인 개혁정책을 감행했다. 그것은 정권의 운명을 건 대모험이었지만, 결과는 대성공이었다. 그 후 때때로 등장하는 '일본주의'의 도전에도 불구하고, 1930년 후반 이후의 군국주의 시기를 제외하면, 어쩌면 오늘에 이르기까지 서구화 노선은 유지되고 있다고 해야 할 것이다.

그러나 서구화 혹은 근대화라고 불리는 그 사태 전개는 매우 복잡다단한 배경과 실체를 함축하고 있다. 국학자는 왕정복고와 신기관 설치 등으로 오랜 꿈이 이뤄졌다고 생각했을 테지만, 히라타파(平田派)의 처절한 패퇴가 보여 주듯 그것은 큰 착각이었다. 그러나 히라타파가 아니라 쓰와노파(津和野派) 국학자들의 활동에 주목할 경우 일본의 서구화는 국학과 긴밀히 연결되어 있었다.[1] 또 도쿠가와 시대의 지배 이데올로기는 병학(兵學)이었다는 주장을 상기해 보면,[2] 문민적 서구화[문명개화]를 눈부시게 달성한 한편에서 그칠 줄 모르는 대외 전쟁을 통해 결국 군국주의하에서 병영국가로 치달은 과정은 병학자들의 '승리'라고 볼 수 있을지도 모른다. 이처럼 국학, 병학 등 전통적인 사상이나 노선은 서구화·근대화 노선과 얽혀 들어가면서 지속적으로 영향을 미쳤다. 물론 그 영향의 강약이나 결합 양태는 매우 다양할 것이다.

이 같은 상황은 본서에서 중심 테마로 삼고 있는 유학의 경우에도 마찬가지다. '사대부적 정치문화', 사무라이의 '사화(士化)'는 메이지 정부 수립 후 어떻게 되었는가, 그들의 행방은 어떠했는가. 이 거대한 문제에 대해 필자가 수행한 실증적 연구는 거의 없기 때문에 확고한 해답을 제시할 수는 없다. 다만 이 문제를 해결하기 위해 우리는 회고적 사고를 피하는 데 주의를 기울일 필요가 있다는 것은 분명해 보인다.

정치적 언설로 내달리고 만 유교자본주의론이나 현대 신유가 학설에서부터 조밀한 실증 연구들에 이르기까지, 이 문제의식에서 출발한 연구들은 많은 연구자의 흥미를 자극하여, 이미 진부한 감이 있는 근대주의적 담론보다 학계의 환영을 받고 있다고까지 할 수 있다. 그러나 필자는 아직 이 문제를 멋지게 해결한 연구 성과를 만나 보지 못했다.

이 문제에 관심을 갖고 수행된 대개의 연구가, 서양 근대의 일방적 수용, 이식이 아니라 '서양의 충격' 이후의 전개를 서양 근대와 동아시아 전통사회 사이에 일어난 수용, 길항, 변용으로 보는 데는 이견이 없다. 그러나 그 수용, 길항, 변용이 구체적으로 무엇을 의미하는지, 그것이 종래의 '서양 근대의 동아시아적[혹은 일본적] 왜곡'이라는 시각과 무엇이 다른 것인지에 대한 납득할 만한 설명이 이뤄졌다고는 보기 힘

1 배관문, 「국학의 메이지유신: 복고의 착종으로부터 신도를 창출하기까지」, 『일본비평』 19호 특집(메이지유신에 '동아시아 근대(성)'를 묻는다), 2018.

2 前田勉, 『近世日本の儒学と兵学』, ぺりかん社, 1996.

들 것이다. 심하게 말하면 대개의 연구가 '근대와 전통의 융합과 변용으로 동아시아 근대가 진행되어 왔다'는 상투구를 반복하고 있는 듯이 보인다.

이런 면에서 최근에 발표된 도쿄대학 경제학과 다니모토 교수의 글은 주목할 만하다.[3] 그는 도쿠가와 시대 후반 이래의 재래적 경제발전과 근대적 경제발전의 이질성을 인정하면서도, 후자의 토대에는 전자가 있었으며, 그것이 단순한 잔재가 아니라 나름의 경쟁력과 [근대경제에 대한] 규정력을 발휘하면서 20세기 후반까지 근대적 경제에 영향을 미치고 있었다는 점을 세세하고 설득력 넘치게 제시하고 있다. 여기까지라면 근대와 전통의 융합과 변용이라는 상투구에 머문 것이겠으나, 그는 여기서 한발 더 나아간다. 즉 근대경제 이후 비농업 부문에 대한 노동공급은 전통적인 소농경영의 노동배분 전략에 종속되고 있었다는 점, 따라서 근대적 공업이나 경제발전은 소농경영을 재편하지 못했다는 점을 지적하면서, 소농경영은 근대경제의 대립물이 아니라 그것을 지탱하고 변형시키며 방향과 발전 정도를 규정하는 근대경제의 주요 플레이어였다는 것이다.

경제사의 문외한인 필자가 여기서 다니모토 교수가 펼친 주장의 세부 내용을 평가할 수는 없다. 다만 주목하는 것은 그가 정밀한 실증을 바탕으로 전통과 근대의 융합 혹은 결합이라는 상투적 주장을 뛰어넘어, 그 양 요소가 융합하고 결합하면서 만들어 낸 '새로운 근대경제'의 모습을 그리려고 시도하고 있다는 점이다. 여기서는 그것이 좋다든가 아니라든가, 그래서 일본이 후진적이라든가 그렇지 않다든가 하는

3 谷本雅之, 「메이지일본 경제발전의 '복층성(複層性)': '근대' 대(對) '재래'의 이원론을 넘어서」, 『일본비평』 19호 특집(메이지유신에 '동아시아 근대(성)'를 묻는다), 2018.

가치평가는 중요하지 않다. 다만 이 연구 성과가 근대주의적 개념이나 방법 혹은 사회과학적인 분석 도구만으로는 드러낼 수 없었던 일본의 '또 다른 근대'의 편린을 인상적으로 드러내는 데 성공했다는 것, 그리고 이것이 100년여 전의 일본, 그리고 현재의 일본을 제대로 이해하는 데 격화소양(隔靴搔癢)의 감을 지울 수 없었던 우리에게 하나의 돌파구를 제시해 주었다는 점만은 평가하고 싶다.[4] 앞으로 이런 작업이 각 분야에서 전개된다면 '동아시아의 근대'라는 이 어렵고도 흥미진진한 수수께끼가 풀릴 날도 한결 가까워질 것이다.

4 박훈, 「메이지유신에 '동아시아 근대(성)'를 묻는다: 메이지유신 150주년 특집에 부쳐」, 『일본비평』 19호, 2018.

〈각 장의 초출일람(初出一覽)〉

서론

제1장, 보론 1: 「明治維新과 '士大夫的 정치문화'의 도전: '近世' 동아시아 정치사의 모색」, 『역사학보』 218, 2013. (일본어 역, 「東アジア政治史における幕末維新政治史と'士大夫的政治文化'の挑戦: サムライの'士化'」, 清水光明 編, 『「近世化」論と日本: 「東アジア」の捉え方をめぐって』, 勉誠出版, 2015); 「幕末政治変革と'儒教的政治文化'」, 『明治維新史研究』 8, 2012.

제2장: 「'연속하면서 혁신': 幕末정치사와 明治維新을 보는 시각」, 『일본역사연구』 40, 2014.

제1부

제1장, 제3장: 「19세기 전 · 중반 사무라이의 정치화와 '學的 네트워크': 미토번과 사쓰마번을 중심으로」, 『동양사학연구』 132, 2015.

제2장: 「19세기전반 熊本藩에서의 '學的 네트워크'와 '學黨'의 형성」, 『동양사학연구』 126, 2014(이상 1, 2, 3장의 내용은 많이 수정하여 「武士の政治化と「学党」: 十九世紀前半の日本における「士大夫的政治文化」の台頭」, 塩出浩之 編, 『公論と交際の東アジア近代』, 東京大学出版会, 2016에 게재).

제2부

제1장: 「十九世紀前半における「議論政治」の形成とその意味」, 『講座明治維新 1』, 2010, 有志舎(같은 논문이 辻本雅史 · 徐興慶, 『思想史から東アジアを考える』, 國立臺灣大學出版中心, 2016에 재수록됨); 「근대초기 일본의 공공권 형성과 공론정치」, 『국제 · 지역연구』 12-4, 2003의 제2장.

제2장: 「幕末水戸藩에서 封書의 정치적 등장과 그 역할: '討議정치'의 형성과 관련하여」, 『동양사학연구』 77, 2002; 「十九世紀前半における「議論政治」の形成とその意味」, 『講座明治維新 1』, 有志舍, 2010의 제1장.

제3장: 「德川末期 水戶藩의 南上운동과 정치공간」, 『역사학보』 173, 2002.

제3부

제1장: 「'名君'德川齊昭의 대민활동과 그 의의: 地方役人접촉과 巡村」, 『일본역사연구』 32, 2010.

제2장: 「幕末水戶藩에서 德川齊昭와 藤田東湖의 관계에 대한 재검토」, 『漢城史學』 13, 2001.

제3장: 「德川末期 越前藩의 '擧藩上洛'과 松平慶永」, 『진단학보』 92, 2001.

보론 2: 「幕末維新期 정치변혁과 봉건 · 군현론」, 『일본역사연구』 42, 2015.

〈日文要約〉

現在の概念や価値観を物差しにして過去を説明しようとする態度、つまり回顧的思考は、過去を正確に捉えようとする際に最も大きな障害の一つとなる。少なくとも'西洋の衝撃'に直面する以前に日本人あるいは東アジア人が志向していたものが、近代化であったと見る根拠はない。それは近代を生きる我々の回顧的思考がもたらした誤謬といわざるを得ない。これは近代に対する政治的賛否とは無関係である。近代主義者であっても、少なくとも学問的主張をする以上、この見解は同意されるべきであろう。この点から見ると、非西洋地域の歴史で、西洋と同様の物差しを用いて'近代性の萌芽'を探し出そうとする方法的態度は、少なくとも学術的に生産的であるとはいえない。本書は、前近代の歴史現象を近代の物差しではかろうとする回顧的思考、つまり近代主義的な研究態度からは距離をおく立場を取る。

もっとも、近代主義的な方法によって行われた研究により、これまで多くの歴史的事実と知見が得られてきたことはいうまでもない。しかし、このような一方的なアプローチによって、明らかにされるべき多くの歴史現象が排除され、その結果歴史像が相当歪んでしまったことも否定できないだろう。本書では、近代に至る日本史の経験を、西洋近代モデルを前提とすることなく、一次史料を丹念に読み解くことによって、可能な限りいわゆる'近世から近代への移行'を内在的に説明しようと試みた。いわゆる'近代性の萌芽'さえも自らの体制に包摂しながら、依然として健在を誇っていた近世社会の実態と歴史的コンテクストを復元あるいは再現することが、近代をめぐる議論においてすらはるかに有用で生産的であると考えるからである。本書は、このような問題意識に立ち、'士大夫的 政治文化'とサムライの'士化'という視点から、水戸藩・越前藩・熊本藩・薩摩藩などの事例を通して、幕末政治史を描き直したものである。各章の内容を要約すれば以下の通りである。

第一部では、当時サムライの間で広がりつつあった'学的ネットワーク'の多様な実態 — 藩校・私塾・学習会など — を検討し、これらが政治化し'学党'へと変貌していく様相を見た。まず第一章では、水戸藩校弘道館において展開された'学的ネットワーク'を取り上げた。主に弘道館の教員と藩の実力者、あるいは弘道館と城下町に多く存在した私塾の間で形成された'学的ネットワーク'について検討した。私塾間、あるいは郷校まで含めた'学的ネットワーク'についてはここでは触れず、水戸藩の'役替騒動'と'南上運動'を取り上げた際に詳述した（第二部 第二章、三章）。

第二章では、熊本藩の事例を検討した。藩校時習館の訓導中村恕斉の率いる会読と、'実学党'をはじめとした私塾や藩校外でおこなわれた学習会などが、一般のサムライを人的につなげる上で大きな役割を果たしたこと、それらに基づいて政治行動の重要な拠点となる'学党'が生まれたことなどを明らかにした。これまで無意識的に使われてきた'実学党'、あるいは'学校党'という用語そのものについても、このような大きな視点から眺めることで、その歴史的性格や位置づけがより明らかになると考える。

第三章では、薩摩藩のいわゆる'近思録党'を素材にした。本来武人であるはずのサムライが、朱子学の代表的な書物の名のついた党を結成したということその自体が（もちろん他称ではあるが）、この時期のサムライの政治行動において'学的ネットワーク'と'学党'が不可欠の存在になっていたという状況を雄弁に語っていると思われる。

十九世紀はじめごろから幕末期に至る時期のサムライ社会において'学的ネットワーク'が急増し（ただしこれは武芸場に基づくネットワークも依然として広く存在したことを否定するものではない）、一般のサムライが既存の家臣団組織とは性格の異なる空間において人的なつながりをもったこと、さらにそれを足がかりにして彼らの政治化が進んでいく過程こそ、幕末政治史においてもっとも注目されなければならない点だと考える。つまり幕末期に、サムライが武人としての性格を依然として保ちながらも、学問的な読書や討論、そしてそれに基づく政治活動に取り組むことによって自身の存在のありかたを変えていく状況が生まれたこと（本書ではこれをサムライの'士化'と表現した）こそが、幕藩体制を揺るがし、ついには明治維新を促したもっとも大きな原因であるということである。このような本書の核心的な主張を第一部で展開した。

第二部は、一般のサムライが主に議論・会議、さらに上書・封書という方法を通じて政治活動を展開する様子を追究した。武力行使が極力抑えられるなかで、政治の名分や論理、そして巧みな政治感覚と政治闘争がサムライ社会に広まっていった。その様相は本書でいう'士大夫的政治文化'の拡散をよく示すものである。それは少数の政治家の権謀術数や'宮中暗闘'といったものではなく、大勢の公衆の見つめる中で、名分と正当性を争って展開される公論政治的なものであった。やがてそれは、幕末維新期の'処士横議'、'公議輿論'につながってゆくのである。

第二部第一章では、言官・言路が力を持たなかった徳川体制の特性を、それと好対照をなす朝鮮王朝の場合と比較しながら、幕末期にどのような過程を経て‘議論政治’や‘公論政治’的な現象が現れてきたのかを検討した。そして第二章では、この問題に対する具体的な事例として水戸藩を取り上げ、徳川斉昭就任直後に起きた人事紛争である‘役替騒動’について検討した。水戸藩の‘学党’というべき藤田派が、度重なる議論と会議、そして上書・封書攻めをすることで、自分の職分の範囲を越える問題にまで政治主張を敢行するようになり、ついには主張を受け入れさせる様子を明らかにした。本来は武士で、また戦争の可能性のなくなった時代になってからは所定の行政実務に専念すべき一般サムライが、職分を越え‘国家之事’、‘天下之事’を肩に背負う主体として自分を規定していく過程を生々しく見ることができるだろう。

第三章では、藩主の襲封や失脚、また政治的復権をめぐって繰り広げられた水戸士民の政治示威運動の南上運動について検討した。もともと藩主の継嗣問題は藩の最上層部や一門によって決定されるべきものであったが、この時期には‘学党’の主導下で民衆までもが大規模に参加した。この示威運動を可能にしたのは、一般サムライ間の‘学的ネットワーク’と、郷校・私塾などの教育機関、そして社・祠といった宗教施設が政治空間として利用されたからである。また‘南上運動’の参加者は、幕府や藩庁に対してしきりに上書をあげ、自分の政治的主張を繰り返した。本書の分析対象は一般サムライであるので部分的な検討にとどめたが、この章では民衆の政治化についても一部取り上げた。

次に第三部では、‘士大夫的 政治文化’のもう一つの要素である‘君主親政’の視点から幕末政治史を見直した。従来この時期についての研究は主に‘下級武士の政治的台頭’という観点から論じられてきたが、実はそれは、‘君主親政’と対になって行われたことに留意したい。主要政策に対する決定権や発言権が制約されていた一般サムライは、‘君主親政’を実現させることで、身分制に強く縛られていた藩の権力配置を相対化することができた。いわゆる‘有志大名’の問題もこのような視点から見直す必要があろう。

まず第三部第一章では、水戸藩主徳川斉昭の親政を取り上げた。彼は、家老層が権力を掌握していた藩政府と熾烈な権力闘争を繰り広げ藩主親政を手にしようとする一方、地方民政においては自ら巡行をおこないつづけることで幅広く領民に接し、そのなかに支持基盤を扶植しようとした。その過程はすなわち一般サムライの政治勢力である藤田派や立原派が政治的に台頭してくる過程でもあった。

第三部の第二章・第三章では君主権力と党争との関係を取り扱った。まず第二章では水戸藩の党争における徳川斉昭の位置づけについて検討した。その結果、一八四四年の失脚をきっかけに斉昭は態度を一転させ、自らが党争に陥っていく反面、党争のもう一方のリーダーであったはずの藤田東湖がかえって斉昭を止めようとする様相が明らかになった。第三章では、幕末期の著名な'有志大名'である松平慶永に注目した。一八六三年、越前藩によって推進された'挙藩上洛'が挫折した背景に、ほかならぬ慶永の意図が強く働いていたことを実証した。ここから、この時期の'君主親政'の実態と、それと藩内党争とがどのように結びついていたのかを見ることができる。

最後に補論二（序論中の補論一はここでは省く）では、幕末維新期の政体変革について、当時の人々が封建制から郡県制への移行として捉えていた点を検討した。同じ時期の清朝の知識人は、議会制の導入を伝統的封建制の部分的援用と見なしたが、幕末期の日本においては逆に、西欧の国民国家を郡県制と理解し受容しようとしたのである。幕末から廃藩置県に至るまで展開された封建と郡県をめぐる多くの論争と移行過程は、あたかも綱渡りのように微妙で、またなし崩し的なプロセスであったが、ここではその経緯を、顧炎武のいう、'寓封建之意於郡県之中'と'寓郡県之意於封建之中'という発想を援用して検討を試みた。以上が本書の概略である。

〈本書の目次〉

第三部　君主親政と政治変革

第一章　‘名君’徳川斉昭の民政活動とその意義: 地方役人接触と巡行

第一節 徳川斉昭の親政

第二節 徳川斉昭の地方役人接触

第三節 大名の巡行: 斉昭の領民接触

第四節 ‘名君’斉昭親政の歴史的意味

小結

第二章　幕末期水戸藩の党争における徳川斉昭の役割

第一節 水戸藩の党争と斉昭の登場

第二節 失脚以前の斉昭と藤田東湖

第三節 失脚以後の斉昭と藤田東湖

小結

第三章　越前藩松平慶永と君主権力

第一節 一八六三年 ‘挙藩上洛’の推進背景と過程

第二節 ‘挙藩上洛’の挫折と慶永の役割

小結

補論二　幕末維新期における政治変革と封建・郡県論

決論

〈各章の初出一覧〉

序論

第一章、補論一:「明治維新と'士大夫的政治文化'の挑戦: '近世'東アジア政治史の摸索」、『歴史学報』218、2013(ハングル)(日本語訳、「東アジア政治史における幕末維新政治史と'士大夫的政治文化'の挑戦: サムライの'士化'」、清水光明 編、『「近世化」論と日本 :「東アジア」の捉え方をめぐって』、勉誠出版、2015);「幕末政治変革と'儒教的政治文化'」、『明治維新史研究』8、2012。

第二章:「'連続しながら革新': 幕末政治史と明治維新を見る視点」、『日本歴史研究』40、2014(ハングル)。

第一部

第一章、第三章:「19世紀前・中般におけるサムライの政治化と'学的ネットワーク': 水戸藩と薩摩藩を中心に」、『東洋史学研究』132、2015(ハングル)。

第二章:「19世紀前半熊本藩における'学的ネットワーク'と'学党'の形成」、『東洋史学研究』126、2014(ハングル)(以上の一、二、三章の内容を大幅に書き換え「武士の政治化と「学党」: 十九世紀前半の日本における「士大夫的政治文化」の台頭」、塩出浩之編、『公論と交際の東アジア近代』、東京大学出版会、2016に収録)。

第二部

第一章:「十九世紀前半における「議論政治」の形成とその意味」、『講座明治維新１』2010、有志舎(同じ論文が 辻本雅史・徐興慶、『思想史から東アジアを考える』、国立臺灣大學出版中心、2016に 再収録);「近代初期日本における公共圏形成と公論政治」,『国際・地域研究(12-4)』、2003(ハングル)。

第二章:「幕末水戸藩における封書の政治的登場とその役割: ‘議論政治’の形成と関連して」、『東洋史学研究』77、2002(ハングル);「十九世紀前半における「議論政治」の形成とその意味」、『講座明治維新1』、有志舎、2010、第一章。

第三章:「徳川末期水戸藩における南上運動と政治空間」、『歴史学報』173、2002(ハングル)。

第三部

第一章:「‘名君’徳川斉昭の対民活動とその意義: 地方役人接触と巡村」、『日本歴史研究』32、2010(ハングル)。

第二章:「幕末水戸藩における徳川斉昭と藤田東湖との関係に対する再検討」、『漢城史学』13、2001(ハングル)。

第三章:「徳川末期越前藩の擧藩上洛と松平慶永」、『震旦学報』92、2001(ハングル)。

補論二:「幕末維新期の政治變革と封建・郡県論」、『日本歴史研究』42、2015(ハングル)。

참고문헌

1. 사료

高橋多一郎,『遠近橋』(続日本史籍協会叢書), 東京大学出版会, 1976.

高瀬真卿,『水戸史談: 故老実歴; 附・幾のふの夢』, 青史社, 1974.

国書刊行会 編,『水戸藩党争始末(史籍雑纂第四)』, 国書刊行会, 1911-1912.

『近世武家思想: 日本思想大系 27』, 岩波書店, 1974.

吉田松陰, 山口県教育会 編,『吉田松陰全集(定本版)』4, 岩波書店, 1936.

鹿児島県歴史資料センター黎明館 編,『鹿児島県史料: 斉宣・斉興公史料』, 鹿児島県, 1985.

______,『鹿児島県史料: 玉里島津家史料』二, 鹿児島県, 1992.

島内登志衛 編,『谷干城遺稿』下, 靖献社, 1912.

藤田東湖, 菊池謙二郎 編,『新定東湖全集』, 博文堂, 1940.

『明治建白書集成』第1巻, 筑摩書房, 2000.

『明治文化全集』第4巻(憲政篇), 日本評論社, 1992(復刻板).

福井市史編纂委員会,『福井市史 資料篇 5』近世 3, 福井市, 1990.

福井市役所 編,『稿本福井市史』上巻, 福井市, 1941.

『本多利明 海保青陵: 日本思想大系 44』, 岩波書店, 1970.

本多修理, 谷口初意校訂,『越前藩幕末維新公用日記』, 福井県郷土誌懇談会, 1974.

山路愛山,『支那思想史・日漢文明異同論』, 金尾文淵堂, 1907.

山村才助,『訂正増譯采覽異言』巻2, 1800(日本国立国会図書館デジタルコレクション).

恕斎日録刊行会 編,『肥後中村恕斎日録』第1巻, 熊本出版文化会館, 2002.

______,『肥後中村恕斎日録』第2巻, 熊本出版文化会館, 2009.

西周,『議題草案』,『別紙議題草案』(日本国立国会図書館デジタルコレクション).
細川家家記編纂所,『改訂肥後藩国事史料』巻 3, 6, 10, 1932.
小宮山楓軒,『憲法記』五(二册), 水戸市史編纂委員会, 1973.
松平慶永,『松平春嶽全集』1-2, 原書房, 1973.
『水戸藩史料』別記上, 吉川弘文館, 1917.
『水戸藩史料』上編坤, 吉川弘文館, 1917.
『水戸学:日本思想大系 53』, 岩波書店, 1973.
勝海舟,『氷川清話幕府始末』(幕末維新史料叢書 2), 人物往來社, 1968.
『安藤昌益 佐藤信淵: 日本思想大系 45』, 岩波書店, 1977.
梁啓超,『梁啓超全集』第3卷, 北京出版社, 1999.
歴史学研究会 編,『日本史史料』4 近代, 岩波書店, 1997.
元田永孚,「還暦之記」, 元田竹彦・海後宗臣 編,『元田永孚文書』1, 1969.
伊藤博文,『伊藤公全集』3巻, 伊藤公全集刊行会, 1927.
日本史籍協会 編,『水戸藤田家舊藏書類』三, 東京大学出版会, 1974.
______,『淀稻葉家文書』, 日本史籍協会, 1926.
______,『横井小楠関係史料一』(続日本史籍協会叢書), 東京大学出版会, 1977.
茨城県立歴史館史料部 編,『茨城県立歴史館史料叢書 3 弘道館史料 I』, 茨城県立歴史館, 2000.
______,『茨城県立歴史館史料叢書 6 弘道館史料 II』, 茨城県立歴史館, 2013.
茨城県史編さん近世史第1部会 編,『茨城県史料近世政治編 I』, 茨城県, 1970.
茨城県史編さん幕末維新史部会 編,『茨城県史料 幕末篇 I-III』, 茨城県, 1971-1993.
『長久保叢書』, 東京大学史料編纂所 所藏.
井伊正弘 編,『幕末風雲探索書: 井伊家史料』上-下, 雄山閣出版, 1967-1968.
中根雪江, 国書刊行会 編,「丁卯日記」,『史籍雑纂』4, 国書刊行会, 1911.
______,『奉答紀事』, 東京大学出版会, 1980.
______,『戊辰日記』, 日本史籍協会, 1925.
______,『続再夢紀事』2・4, 日本史籍協会, 1921.
津田真道,「日本国総制度」,『憲法構想: 日本近代思想大系 9』, 岩波書店, 1989.
汤志钧 編,『章太炎政论选集』, 中华书局, 1977.
『太政官日誌』, 太政官, 1876.
海江田信義, 西河稱 編,『維新前後 實歴史傳』1, 東京大学出版会, 1980.

2. 연구서

김돈, 『조선전기 군신권력관계 연구』, 서울대학교출판부, 1997.

김상준, 『맹자의 땀, 성왕의 피: 중층근대와 동아시아 유교문명』, 아카넷, 2011.

김용덕, 『일본근대사를 보는 눈』, 지식산업사, 1991.

김인걸, 『조선후기 공론정치의 새로운 전개: 18, 19세기 향회, 민회를 중심으로』, 서울대학교출판문화원, 2017.

나가이 미치오 편, 서병국 역, 『세계사의 흐름으로 본 명치유신』, 교문사, 1994(永井道雄, M.ウルティア 編, 『明治維新』, 国際連合大学, 1986).

다카시 후지타니, 한석정 역, 『화려한 군주: 근대일본의 권력과 국가의례』, 이산, 2003(Takashi Fujitani, *Splendid Monarchy: Power and Pageantry in Modern Japan*, University of California Press, 1998).

마르티나 도이힐러, 이훈상 역, 『한국의 유교화 과정: 신유학은 한국 사회를 어떻게 바꾸었나』, 너머북스, 2013(Martina Deuchler, *The Confucian Transformation of Korea: A Study of Society and Ideology* (Harvard-Yenching Institute Monograph Series), Harvard University Asia Center, 1995).

미야지마 히로시, 『일본의 역사관을 비판한다』, 창비, 2013.

미야지마 히로시 · 배항섭 편, 『동아시아는 몇 시인가』, 너머북스, 2015.

______, 『동아시아에서 세계를 보면?: 역사의 길목에 선 동아시아 지식인들』, 너머북스, 2017.

미야지마 히로시 · 배항섭 · 이경구 편, 『19세기 동아시아를 읽는 눈: 지속과 변화, 관계와 비교』, 너머북스, 2017.

민두기, 『중국근대사연구: 신사층의 사상과 행동』, 일조각, 1977.

박삼헌, 『근대 일본 형성기의 국가체제: 지방관회의· 태정관· 천황』, 소명, 2012.

박진우, 『근대 일본 형성기의 국가와 민중: 근대 천황상의 형성과 민중』, J&C, 2004.

박진한, 『일본근세의 서민지배와 검약의 정치』, 혜안, 2010.

박훈, 『메이지 유신은 어떻게 가능했는가』, 민음사, 2014.

방광석, 『근대일본의 국가체제 확립과정: 이토 히로부미와 '제국헌법체제'』, 혜안, 2008.

설석규, 『조선시대 유생상소와 공론정치』, 선인, 2002.

송양섭, 『18세기 조선의 공공성과 민본이념: 損上益下의 정치학, 그 이상과 현실』, 태학사, 2015.
아메노모리 호슈, 김시덕 역, 『한 경계인의 고독과 중얼거림』, 태학사, 2012.
야스다 히로시, 하종문 · 이애숙 역, 『세 천황 이야기: 메이지, 다이쇼, 쇼와의 정치사』, 역사비평사, 2009(安田浩, 『天皇の政治史: 睦仁 · 嘉仁 · 裕仁の時代』, 青木書店, 1998).
요코야마 히로아키, 박종현 역, 『중화민국사』, 신서원, 2000(横山宏章, 『中華民国史: 専制と民主の相剋』, 三一書房, 1996).
위르겐 하버마스, 한승완 역, 『공론장의 구조변동: 부르주아 사회의 한 범주에 관한 연구』, 나남, 2001; Jürgen Habermas, *Strukturwandel der Öffentlichkeit: Untersuchungen zu einer Kategorie der bürgerlichen Gesellschaft*, Suhrkamp Verlag, 1990).
윤희면, 『朝鮮後期 鄕校硏究』, 一潮閣, 1990.
이영훈, 『한국경제사 1: 한국인의 역사적 전개』, 일조각, 2016.
조경달, 박맹수 역, 『이단의 민중반란』, 역사비평사, 2008(趙景達, 『異端の民衆反乱: 東学と甲午農民戦争』, 岩波書店, 1998).
조경달, 허영란 역, 『민중과 유토피아』, 역사비평사, 2009(趙景達, 『朝鮮民衆運動の展開: 士の論理と救済思想』, 岩波書店, 2002).
조혜인, 『공민사회의 동과 서: 개념의 뿌리』, 나남, 2009.
______, 『동에서 서로 퍼진 근대 공민사회』, 집문당, 2012.
타키 고지, 박삼헌 역, 『천황의 초상』, 소명출판, 2007(多木浩二, 『天皇の肖像』, 岩波書店, 1988).
피터 볼, 김영민 역, 『역사 속의 성리학』, 예문서원, 2010(Peter K. Bol, *Neo-Confucianism in History* (Harvard East Asian Monographs), Harvard University Asia Center, 2008).
한상권, 『조선후기 사회와 訴寃제도: 상언 · 격쟁연구』, 일조각, 1996.

角田政治, 『肥後人名辞書』(復刻板), 青潮社, 1973.
鎌田浩, 『熊本藩の法と政治: 近代的統治への胎動』, 創文社, 1998.
高橋秀直, 『幕末維新の政治と天皇』, 吉川弘文館, 2007.
高木不二, 『横井小楠と松平春嶽』, 吉川弘文館, 2005.
高木昭作, 『日本近世国家史の研究』, 岩波書店, 1990.

久留島浩 編,『支配をささえる人々(シリーズ近世の身分的周縁 5)』, 吉川弘文館, 2000.
久住真也,『長州戰爭と徳川將軍: 幕末期畿内の政治空間』, 岩田書院, 2005.
______,『幕末の將軍』, 講談社, 2009.
宮地正人,『幕末維新期の文化と情報』, 名著刊行会, 1994.
______,『幕末維新期の社会的政治史研究』, 岩派書店, 1999.
圭室諦成,『西鄉隆盛』, 岩波書店, 1960.
______,『横井小楠』, 吉川弘文館, 1967.
磯田道史,『近世大名家臣団の社会構造』, 文藝春秋社, 2013.
吉田俊純,『水戸光圀の時代』, 校倉書房, 1999.
吉村豊雄,『幕末武家の時代相: 熊本藩郡代中村恕斎日録抄』上下, 清文堂, 2007.
奈良勝司,『明治維新と世界認識体系: 幕末の德川政権 信義と征夷のあいだ』, 有志舍, 2010.
______,『明治維新をとらえ直す: 非「国民」アプローチから再考する変革の姿』, 有志舍, 2018.
鹿兒島県 編,『鹿兒島県史』2-3, 仁川堂川橋印刷所, 1940-1941.
渡辺浩,『近世日本社会と宋学』, 東京大学出版会, 1985.
______,『東アジアの王権と思想』, 東京大学出版会, 1997.
稲田雅洋,『自由民権の文化史: 新しい政治文化の誕生』, 筑摩書房, 2000.
島田英明,『歴史と永遠: 江戸後期の思想水脈』, 岩波書店, 2018.
東島誠,『公共圏の歴史的創造: 江湖の思想へ』, 東京大学出版会, 2000.
藤野保 編,『続佐賀藩の総合研究』, 吉川弘文館, 1987.
藤田覚 編,『近代の胎動 日本の時代史 17』, 吉川弘文館, 2003.
瀬谷義彦,『水戸藩鄉校の史的研究』, 山川出版社, 1976.
______,『水戸の斉昭』, 茨城新聞社, 2000.
______,『水戸藩鄉士の研究』, 筑波書林, 2006.
笠谷和比古,『主君‘押込’の構造』, 平凡社, 1988.
______,『近世武家社会の政治構造』, 吉川弘文館, 1993.
笠原英彦,『大久保利通』, 吉川弘文館, 2005.
笠井助治,『近世藩校の総合的研究』, 吉川弘文館, 1960.
名越漠然,『水戸弘道館大観』, 茨城出版社, 1944.

名越時正 監修,『水戸史学先賢伝』, 錦正社, 1984.
明治維新史学会 編,『明治維新史研究の今を問う: 新たな歴史像を求めて』, 有志舍, 2011.
牧原憲夫,『客分と国民のあいだ: 近代民衆の政治意識』, 吉川弘文館, 1998.
木戸田四郎,『維新黎明期の豪農層』, 塙書房, 1970.
尾藤正英,『日本封建思想史研究: 幕藩体制の原理と朱子学的思惟』, 青木書店, 1961.
福田耕二郎,『水戸の彰考館』, 錦正社, 1991.
山口宗之,『橋本左内』, 吉川弘文館, 1962.
______,『松平慶永』, 人物往來社, 1967.
山崎益吉,『横井小楠の社会経済思想』, 多賀出版, 1981.
山崎正董,『横井小楠 上(伝記篇)-下(遺稿篇)』, 明治書院, 1938.
山川菊英,『覚書幕末の水戸藩』, 岩波書店, 1974.
三岡丈夫 編,『由利公正伝』, 光融館, 1916.
三谷博,『明治維新とナショナリズム: 幕末の外交と政治変動』, 山川出版社, 1997.
______,『ペリー來航』, 吉川弘文館, 2003.
三谷博 編,『東アジアの公論形成』, 東京大学出版会, 2004.
三谷博,『明治維新を考える』, 有志舍, 2006.
______,『愛国・革命・民主: 日本史から世界を考える』, 筑摩書房, 2013.
______,『維新史の再考: 公議・王政から集権・脱身分化へ』, NHKブックス 1248, 2017.
三上一夫,『幕末の越前藩(福井県郷土新書 1)』, 福井県郷土誌懇談会, 1974.
______,『公武合体論の研究: 越前藩幕末維新史分析』, 御茶の水書房, 1979.
______,『日本近代化の研究: 福井県下の動向を中心に』, 文献出版, 1987.
森下徹,『武士という身分: 城下町萩の大名家臣団』, 吉川弘文館, 2012.
西川長夫 編,『幕末・明治期の国民国家形成と文化変容』, 新曜社, 1995.
石井紫郎,『日本人の国家生活』, 東京大学出版会, 1986.
小山譽城,『徳川御三家付家老の研究』, 清文堂出版, 2006.
小川和也,『牧民の思想: 江戸の治者意識』, 平凡社, 2008.
松尾正人,『廃藩置県の研究』, 吉川弘文館, 2001.
松浦玲,『横井小楠』, 朝日新聞社, 1976.
水戸市史編纂委員会 編,『水戸市史』中巻(一), 1968.
______,『水戸市史』中巻(三), 1976.

______, 『水戸市史』 中巻(四), 1982.
升味準之輔, 『日本政党史論』 1, 東京大学出版会, 1965.
新見吉治, 『改訂増補下級士族の研究』, 日本学術振興会, 1965.
深谷克己, 『東アジアの法文明圏の中の日本史』, 岩波書店, 2012.
辻本雅史, 『思想と教育のメディア史: 近世日本の知の伝達』, ぺりかん社, 2011.
辻本雅史 · 沖田行司 編, 『教育社会史: 新体系日本史 16』, 山川出版社, 2002.
岩田みゆき, 『幕末の情報と社会変革』, 吉川弘文館, 2001.
與那覇潤, 『中国化する日本: 日中「文明の衝突」一千年史』, 文藝春秋, 2011(최종길 역, 『중국화하는 일본: 동아시아 '문명의 충돌' 1천년사』, 페이퍼로드, 2013).
歴史学研究会 編, 『国民国家を問う』, 青木書店, 1994.
鈴木暎一, 『水戸藩学問 · 教育史の研究』, 吉川弘文館, 1987.
______, 『藤田東湖』, 吉川弘文館, 1998.
苅部直, 『「維新革命」への道: 「文明」を求めた十九世紀日本』, 新潮社, 2017.
______, 『日本思想史への道案内』, NTT出版, 2017.
宇野東風, 『我観熊本教育の変遷』, 大館書店, 1931.
熊本県教育会 編, 『熊本県教育史』 上, 臨川書店, 1975.
原武史, 『直訴と王権: 朝鮮 · 日本の「一君万民」思想史』, 朝日新聞社, 1996.
遠山茂樹, 『明治維新』, 岩波書店, 1951.
由利正通, 『子爵由利公正伝』, 岩波書店, 1940.
維新史料編纂会 編, 『概観維新史』, 明治書院, 1940.
______, 『維新史』, 全6巻, 明治書院, 1939-1941.
揖斐高, 『江戸の文人サロン: 知識人と芸術家たち』, 吉川弘文館, 2009.
李元雨, 『幕末の公家社会』, 吉川弘文館, 2005.
茨城県立歴史館 編, 『幕末日本と徳川斉昭』, 茨城県立歴史館, 2008.
張翔 · 園田英弘 編, 『「封建」 · 「郡県」再考: 東アジア社会体制論の深層』, 思文閣出版, 2006.
前田勉, 『近世日本の儒学と兵学』, ぺりかん社, 1996.
______, 『江戸の読書会: 会読の思想史』, 平凡社, 2012.
井上勝生, 『幕末維新政治史の研究』, 塙書房, 1994.
井上勲, 『王政復古: 慶応3年12月9日の政変』, 中央公論社, 1991.
堤克彦, 『肥後藩における「實学」の形成と展開: とくに藩主細川斎護 · 長岡監物 · 横井平四郎を通して』, 熊本大学博士学位論文, 2006.
中根雪江先生百年祭事業会, 『中根雪江先生』, 1977.
仲田昭一, 『吉成又右衛門信貞』, 水戸史学会, 1988.
池田勇太, 『維新変革と儒教的理想主義』, 山川出版社, 2013.
真壁仁, 『徳川後期の学問と政治』, 名古屋大学出版会, 2007.
川端太平, 『松平春嶽』, 吉川弘文館, 1967.
淺井清, 『明治維新と郡縣思想』, 巖南堂書店, 1939.
平川新, 『世論と紛争: 近世民衆の政治参加』, 東京大学出版会, 1996.
馮天瑜, 『「封建」考論』(第2版), 武漢大学出版社, 2007.
河野有理, 『明六雑誌の政治思想; 阪谷素と「道理」の挑戦』, 東京大学出版会, 2011.
海原徹, 『明治維新と教育: 長州藩倒幕派の形成過程』, ミネルヴァ書房, 1972.
______, 『近世私塾の研究』, 思文閣出版, 1983.
______, 『近世の学校と教育』, 思文閣出版, 1988.
丸山真男, 『日本政治思想史研究』, 東京大学出版会, 1983.
荒野泰典, 『近世日本と東アジア』, 東京大学出版会, 1988.
横山昭男, 『上杉鷹山』, 吉川弘文館, 1968.
黒住真, 『近世日本社会と儒教』, ぺりかん社, 2003.

Craig, Albert M., *Choshu in the Meiji Restoration*, Harvard University Press, 1961.
Jansen, Marius B., *Sakamoto Ryoma and the Meiji Restoration*, Princeton University Press, 1961.
Jansen, Marius B., ed., *Changing Japanese Attitudes Toward Modernization*, Princeton University Press, 1965.
Metzger, Thomas A., *Escape from Predicament: Neo-Confucianism and China's Evolving Political Culture*, Columbia University Press, 1977.
Rubinger, Richard, *Private Academies of Tokugawa Japan*, Princeton University Press, 1982.

3. 연구 논문

谷本雅之, 「메이지일본 경제발전의 '복층성(複層性)': '근대' 대(對) '재래'의 이원론을 넘어서」, 『일본비평』 19호, 2018.

宮嶋博史, 「동아시아 소농사회론과 사상사연구」, 『한국실학연구』 5, 2003.

______, 「조선시대의 신분, 신분제도에 대하여」, 『대동문화연구』 42, 2003.

______, 「토지대장의 비교사: 量案 · 檢地帳 · 魚鱗圖冊」, 한국고문서학회 편, 『동아시아 근세사회의 비교: 신분 · 촌락 · 토지제도』, 혜안, 2006.

______, 「유교적 근대에 대하여」, 『일본학보』 84, 2010.

김영민, 「근대성과 한국학: 한국 사상사를 중심으로」, 『오늘의 동양사상』 13, 2005.

______, 「조선시대 시민사회론의 재검토」, 『한국정치연구』 제21집 3, 2012.

김형진, 「寶曆事件과 학문이 촉발한 정치적 '자각': '近世性'과 '幕末性'이 교차하는 朝廷」, 『서울大東洋史學科論集』 36, 2012.

______, 「幕末 조정의 學習院과 公家사회의 '정치화'」, 『일본비평』 9, 2013.

남기학, 「鎌倉幕府論의 전개와 현상」, 『동양사학연구』 126, 2014.

남지대, 「중앙 정치세력의 구조」, 한국사연구회19세기연구반 편, 『조선시대 정치사의 재조명』, 태학사, 1985.

민병희, 「주희의 "대학"과 사대부의 사회 · 정치적 권력: 제도에서 심의 "학"으로」, 『중국사연구』 55, 2008.

______, 「주희의 사회 · 정치적 구상으로서의 "學": "功利之學", "空虛之學"과의 대조를 중심으로」, 『동양사학연구』 104, 2008.

______, 「성리학과 동아시아 사회: 그 새로운 설명 틀을 찾아서」, 『사림』 32, 2009.

박수철, 「일본 중세 국가론의 현황과 과제」, 『일본비평』 11, 2014.

박현모, 「정조시대의 공론연구」, 『한국정치연구』 11-2호, 2002.

박훈, 「幕末水戶藩에서 德川齊昭와 藤田東湖의 관계에 대한 재검토」, 『漢城史學』 13, 2001.

______, 「德川末期 越前藩의 '擧藩上洛'과 松平慶永」, 『진단학보』 92, 2001.

______, 「德川末期 水戶藩의 南上운동과 정치공간」, 『역사학보』 173, 2002.

______, 「幕末水戶藩에서 封書의 정치적 등장과 그 역할: '討議정치'의 형성과 관련하여」, 『동양사학연구』 77, 2002.

______, 「근대초기 일본의 공공권 형성과 공론정치」, 『국제 · 지역연구』 12-4, 2003.

______, 「일본사연구의 새로운 동향과 논점」, 대한민국학술원 편, 『한국의 학술연구(역사학)』, 대한민국학술원, 2006.
______, 「근대초기 한중일에서의 헌정의 수용양태 비교시론」, 『일본연구논총』 25, 2007.
______, 「'名君'德川齊昭의 대민활동과 그 의의: 地方役人접촉과 巡村」, 『일본역사연구』 32, 2010.
______, 「일본근현대사 연구동향(2010~2011)」, 『역사학보』 215, 2012.
______, 「明治維新과 '士大夫的 정치문화'의 도전: '近世' 동아시아 정치사의 모색」, 『역사학보』 218, 2013.
______, 「19세기전반 熊本藩에서의 '學的 네트워크'와 '學黨'의 형성」, 『동양사학연구』 126, 2014.
______, 「'연속하면서 혁신': 幕末정치사와 明治維新을 보는 시각」, 『일본역사연구』 40, 2014.
______, 「19세기 전 · 중반 사무라이의 정치화와 '學的 네트워크': 미토번과 사쓰마번을 중심으로」, 『동양사학연구』 132, 2015.
______, 「幕末維新期 정치변혁과 봉건 · 군현론」, 『일본역사연구』 42, 2015.
______, 「메이지유신에 '동아시아 근대(성)'를 묻는다: 메이지유신 150주년 특집에 부쳐」, 『일본비평』 19호, 2018.
배관문, 「국학의 메이지 유신: 복고의 착종으로부터 신도를 창출하기까지」, 『일본비평』 19호, 2018.
배항섭, 「19세기 지배질서의 변화와 정치문화의 변용: 仁政願望의 향방을 중심으로」, 『한국사학보』 39, 2010.
______, 「19세기후반 민중운동과 공론」, 『한국사연구』 161, 2013.
三谷博, 「메이지유신의 해부」, 『일본역사연구』 43, 2016.
오수창, 「仁祖代政治勢力의 動向」, 이태진 편, 『조선시대 정치사의 재조명』, 태학사, 1985.
이새봄, 「포스트-소라이학(徂徠学)의 맥락으로 읽는 도쿠가와 후기 사상사의 논점」, 『일본비평』 19, 2018.
이성구, 「춘추전국시대의 국가와 사회」, 서울대학교동양사학연구실 편, 『강좌 중국사』 1, 지식산업사, 1997.
이형식, 「일본근현대사 연구동향(2012~2013)」, 『역사학보』 223, 2014.
차혜원, 「18세기 청조의 언론통제와 관료사회: 언관 謝濟世사건의 의미」, 『동방학지』 125, 2004.

황수경, 「幕末의 정치적 변동과 幕府目付의 동향: 幕末 幕府目付의 정치적 성격과 관련하여」, 서울대학교 동양사학과 석사학위 논문, 2014.

榎本浩章, 「幕末期の政治過程と政治構想について: 越前藩論の変化を例に」, 『中央大学大学院研究年報』 39, 2009.
塙実, 「藤田東湖と田口秀実」, 『水戸史学』 16, 1982.
乾宏巳, 「水戸藩党争の一考察: 天保検地の分析を通じて」, 『歴史学研究』 232, 1959.
高木不二, 「越前藩安政改革について」, 『史学』 51-3, 1981.
_____, 「幕末期越前藩藩政改革路線に関する一考察: 横井小楠 '国是三論'を中心に」, 『三田学会雑誌』 75-3, 1982.
_____, 「越前藩天保 · 弘化改革試論」, 『史学』 57-4, 1988.
_____, 「嘉永安政期の幕藩関係と越前藩」, 明治維新史学会 編, 『幕藩権力と明治維新』, 吉川弘文館, 1992.
_____, 「越前藩士村田氏壽論: 『関西巡廻記』『西遊日誌』を中心に」, 明治維新史学会 編, 『明治維新の人物と思想』, 吉川弘文館, 1995.
_____, 「松平春岳受譴期の越前藩 」, 『日本史研究』 413, 1997.
_____, 「幕末文久期の中央政局と越前藩」, 『近代日本研究』 14, 1997.
_____, 「慶応期の越前藩政と中央政局」, 『近代日本研究』 16, 1999.
_____, 「幕末政治史の研究史から」, 明治維新史学会 編, 『明治維新史研究の今を問う: 新たな歴史像を求めて』, 有志舍, 2011.
轟和也, 「大政奉還前後における越前藩の政治動向: 春嶽歸国 · 上京問題」, 『法政論叢』 46-1, 2009.
高橋章則, 「『上古封建』論と国学: 近世史学思想史の一断面」, 『日本思想史研究』 16, 1984.
菊池謙二郎, 「藤田東湖の学風と塾風」, 『水戸学論藪』, 誠文堂新光社, 1943.
宮嶋博史, 「東アジア小農社会の形成」, 溝口雄三 外編, 『アジアから考える6, 長期社会変動』, 東京大学出版会, 1994.
_____, 「東アジア史における近代化, 植民地化をどう考えるか」, 宮嶋博史 · 李成市 · 尹海東 · 林志弦 編, 『植民地近代の視座 朝鮮と日本』, 岩波書店, 2004.
_____, 「東アジア世界における日本の「近世化」」, 『歴史学研究』 821, 2006(趙景達 · 須田努 編, 『比較史的にみた近世日本: 「東アジア化」をめぐって』, 東京堂出版, 2011에

수록).
_____, 「儒教的近代について: 21世紀東アジア研究のパラダイム」, 『日本学報』 84, 2010.
_____, 「日本史認識のパラダイム伝換のために」, 『思想』 1029, 2010.
_____, 「儒教的近代としての東アジア「近世」」, 和田春樹 外編, 『東アジア近現代通史I 東アジア世界の近代』, 岩波書店, 2011.
_____, 「朝鮮史からみた「近世」日本: 社会的結合をめぐる比較」, 趙景達 · 須田努 編, 『比較史的にみた近世日本: 「東アジア化」をめぐって』, 東京堂出版, 2011.
宮城公子, 「幕末儒学史の視点」, 『日本史研究』 232, 1981.
磯田道史, 「藩政改革の伝播: 熊本藩宝暦改革と水戸藩寛政改革」, 『日本研究』 40, 2009.
_____, 「近世中後期藩政改革と「プロト近代行政」: 熊本藩宝暦改革の伝播をめぐって」, 『史学』 80(1), 2011.
吉田真夫, 「近世大名家における諫言の実態」, 『日本歴史』 605, 1998.
吉村豊雄, 「近代への行政的基点としての宝暦: 安永期: 熊本藩を中心に」, 『文学部論叢』 101, 2010.
_____, 「藩政改革像の再構築: 熊本藩宝暦改革を中心に(特集 幕政改革の思想)」, 『歴史評論』 717, 2010.
吉沢義一, 「史料紹介: 徳川慶喜公の腹心 · 原市之進関係史料: '青莪塾諸生人名録' '待賓録'」, 『水戸史学』 47, 1997.
金森正也, 「近世後期における藩政と学問: 寛政~天保期秋田藩の政治改革と教学政策」, 『歴史学研究』 346, 2008.
奈良勝司, 「近代日本形成期における意思決定の位相と「公議」: 衆論 · 至當性 · 對外膨脹」, 『日本史研究』 618, 2014.
渡辺浩, 「トクヴィル氏、「アジア」へ」, 『UP』, 東京大学出版会, 2008.
ロバーツ ルーク, 「土佐藩訴狀(目安)箱の制度と機能」, 『海南史学』 28, 1990.
瀨谷義彦, 「水戸藩士民の斉昭雪冤運動の諸形態」, 『茨城史林』 5, 1976.
尾藤正英, 「水戸学の特質」, 『水戸学: 日本思想大系 53』, 岩波書店, 1973.
朴智泳, 「伊達宗城: 「大名同志会」から「賢候クラブ」」, 東京大学博士学位論文, 2011.
朴薫, 「十九世紀前半日本における「議論政治」の形成とその意味: 東アジア政治史の視点から」, 明治維新史学会 編, 『講座明治維新 1(世界のなかの明治維新)』, 有志舍, 2010(辻本雅史 · 徐興慶, 『思想史から東アジアを考える』, 國立臺灣大学出版中心, 2016에 재수록).

______,「幕末政治変革と‘儒教的政治文化’」,『明治維新史研究』8, 2012.
______,「東アジア政治史における幕末維新政治史と‘士大夫的政治文化’の挑戦: サムライの‘士化’」, 清水光明 編,『‘近世化’論と日本: ‘東アジア’の捉え方をめぐって』, 勉誠出版, 2015.
______,「武士の政治化と‘学党’: 十九世紀前半の日本における‘士大夫的政治文化’の台頭」, 塩出浩之 編,『公論と交際の東アジア近代』, 東京大学出版会, 2016.
件五十嗣郎,「福井藩における平田学の興隆: 松平春嶽·中根雪江を中心として」,『国学院雑誌』74-11, 1973.
本間修平,「徳川幕府奥右筆の史的考察」, 服藤弘司・小山貞夫 編,『法と権力の史的考察』, 創文社, 1977.
蓑田勝彦,「熊本藩主=細川斉護の「実学連」排除: 「学校党」は存在したのか」,『熊本史学』92, 2010.
山崎有恒,「公議所・集議院の設立と「公議」思想」,『講座明治維新3(維新政権の創設)』, 有志舎, 2011.
山崎正董,「長岡監物伝」(1),『日本談義』146号, 1963.
______,「長岡監物伝」(2),『日本談義』148号, 1963.
______,「長岡監物伝」(10),『日本談義』157号, 1963.
杉山清彦,「大清帝国と江戸幕府: 東アジアの二つの新興軍事政権」, 懐徳堂記念会 編,『世界史を書き直す・日本史を書き直す: 阪大史学の挑戦(懐徳堂ライブラリー8)』, 和泉書院, 2008.
三上一夫,「越前藩の擧藩上洛計画について: 横井小楠の論策を中心として」,『若越郷土研究』17-1, 1972.
______,「越前藩と勝海舟」,『若越郷土研究』19-4, 1974.
______,「福井藩論と海舟・龍馬路線」,『仁愛短大紀要』14, 1983.
______,「福井藩‘擧藩上洛計画’にみる横井小楠の‘公議論’基調」,『季刊日本思想史』37, 1991.
上田純子,「安政五年萩藩における「会議」と政治機構」,『史学雑誌』107-6, 1998.
______,「幕末の言路洞開と御前会議: 萩藩における新たな政治回路創出の試み」,『論集きんせい』21, 1999.
______,「幕末期萩藩の政治構造」,『維新史回廊だより』9, 2008.
______,「文久職制改革とその意義」,『維新史回廊だより』13, 2010.

石井紫郎,「近世の国制における「武家」と「武士」」,『近世武家思想: 日本思想大系 27』, 岩波書店, 1974.

小関悠一郎,「改革主体の学文受容と君主像: 米沢藩家老竹俣當綱の読書と政治・思想実践」,『歴史評論』717, 2010.

小松徳年,「青山延于の封事について」,『茨城県立歴史館報』21, 1994.

沼田早苗,「加倉井砂山研究: その奥州旅行の時期をめぐって」,『水戸史学』23, 1985.

小沢栄一,「幕藩体制における封建・郡県論序説」,『近世史学思想史研究』, 吉川弘文舘, 1974.

植手通有,「江戸時代の歴史認識」,『日本近代思想の形成』, 岩波書店, 1974.

深谷克己,「名君とはなにか: 特集 世界史のなかの近世武士」,『歴史評論』581, 1998.

______,「近世における教諭支配: 東アジア史像への可能性を探る」, 岡山藩研究会 編,『藩世界の意識と関係』, 岩田書院, 2000.

______,「近世日本における政治習俗と信仰習俗」,『アジア地域文化エンハンシング研究センター報告集 III』, 2004.

______,「東アジア法文明と教諭支配: 近世日本を中心に」,『アジア地域文化学の發展』, 雄山閣, 2006.

______,「東アジアにおける近代移行期の君主・神観念: 救済と平等への待望シンボル」, 深谷克己 編,『東アジアの政治文化と近代』, 有志舎, 2009(趙景達・須田努 編,『比較史的にみた近世日本:「東アジア化」をめぐって』, 東京堂出版, 2011에 재수록).

______,「政治文化論の視座: 東アジア史像への可能性を探る」, 深谷克己 編,『東アジアの政治文化と近代』, 有志舎, 2009.

______,「近世日本と東アジア:「東アジア法文明圏」の視界」,『思想』1029, 2010.

______,「東アジア法文明圏と政治文化:「百姓成立」論の視界」, 久留島浩・趙景達 編,『国民国家の比較史』, 有志舎, 2010.

______,「東アジアの政治文化: 身分論をひろげるために」, 大橋幸泰・深谷克己 編,『江戸の人と身分6 身分論をひろげる』, 吉川弘文館, 2011.

______,「東アジア世界の再序列化と近世日本」, 趙景達・須田努 編,『比較史的にみた近世日本:「東アジア化」をめぐって』, 東京堂出版, 2011.

______,「イベリア・インパクトと壬辰戰争」, 国立歴史民俗博物館 編,『「韓国併合」100年を問う』, 岩波書店, 2011.

_____,「脱アジアという日本異質論の克復」,『歴史評論』729, 2011.
辻本雅史,「学問と教育の發展:「人情」の直視と「日本的內部」の形成」, 藤田覚 編,『近代の胎動 日本の時代史 17』, 吉川弘文館, 2003.
岸本美緒,「中国史における「近世」の概念(特集「近世化」を考える(1))」,『歴史学研究』821, 2006.
_____,「東アジア史の『パラダイム伝換』をめぐって」, 国立歴史民俗博物館 編,『「韓国併合」100年を問う』, 岩波書店, 2011.
櫻井明,「幕末水藩「下士」登用探索: 党争解明への一視点」,『茨城県立歴史館報』38, 2011.
宇野田尙哉,「18世紀中後期における儒家的知の位相」,『ヒストリア』153, 1996.
友田昌宏,「幕末政治史研究の現狀と課題」,『歴史評論』691, 2007.
薗部等,「茅根寒録の半生」,『水戸史学』15, 1981.
林竹二,「幕政改革と'共和'政治運動: 横井小楠の'共和'政治思想とその展開」, 思想の科学研究会 編,『共同研究明治維新』, 德間書店, 1968.
荻慎一郎,「中期藩政改革と藩国家論の形成: 米沢藩の明和・安永改革をめぐって」,『歴史』51, 1978.
前原圭介,「幕末期における「公議」と越前藩」,『龍谷大学大学院文学研究科紀要』22, 2000.
_____,「幕末期における越前藩の「御親藩」意識」,『国史学研究』25, 2002.
前田勉,「近世日本の公共空間の成立:「会読」の場に著目して」,『愛知教育大学研究報告』55, 2006.
_____,「金沢藩明倫堂の学制改革: 会読に著目して」,『愛知教育大学研究報告』58, 2009.
_____,「江戸後期の読書と政治」,『日本文化論叢』19, 2011.
_____,「吉田松陰における読書と政治」,『愛知教育大学研究報告』60, 2011.
_____,「明治前期の'学制'と会読」,『愛知教育大学研究報告』61, 2012.
井上勝生,「幕末における御前会議と「有司」」,『史林』66-5, 1983(『幕末維新政治史の研究』, 塙書房, 1994에 수록).
_____,「国民国家への道」, 朝尾直弘外 編,『要説日本歴史』, 東京創元社, 2000.
井野辺茂雄,「水藩朋党起源論」3,『史学雑誌』20-4, 1909.
_____,「水藩朋党起源論」4,『史学雑誌』20-5, 1909.
井坂教,「水戸藩郷校の先驅 小川稽医館」,『水戸史学』15, 1981.

鵜飼政志,「明治維新史研究と国際関係の視点」, 明治維新史学会 編,『明治維新史研究の今を問う: 新たな歴史像を求めて』, 有志舎, 2011.

佐竹朋子,「学習院学問所設立の歴史的意義」,『京都女子大学大学院文学研究科研究紀要: 史学 編』(2), 2003.

_____,「三條実万の思想形成について」,『京都女子大学大学院文学研究科研究紀要: 史学編』(4), 2005.

_____,「幕末公家社会における三條実万の役割」,『新しい歴史のために 2006年度(3)』266, 2007.

_____,「学習院学問所の果たした役割」,『近世の天皇・朝廷研究: 大会成果報告集』2, 2009.

舟沢茂樹,「明治維新期における福井藩の政治指導層について」,『福井県地域史研究』3, 1972.

仲田昭一,「水戸藩郡制の変遷と郡奉行」,『茨城県立歴史館報』17, 1990.

增淵龍夫,「歴史認識における尚古主義と現実批判: 日中両国の「封建」·「郡県」論を中心に」, 岩波講座,『哲学』4, 1969.

池上裕子,「日本における近世社会の形成(特集「近世化」を考える(1))」,『歴史学研究』821, 2006.

青山忠正,「明治維新の史学史:「絶對主義」と「変革主体」」,『明治維新と国家形成』, 吉川弘文館, 2000.

河北展生,「文久三年の越前藩の藩内紛争について」,『史学』36(2/3), 1963.

丸山真男,「開国」,『講座現代倫理第11巻(転換期の倫理思想(日本))』, 1959.

黒田安雄,「薩摩藩朋党事件とその歴史的背景」,『九州文化史研究所紀要』19, 1974.

_____,「文化朋党事件後の薩摩藩」,『史淵』112, 1975.

찾아보기

ㄱ

발간사

다가오는 미래가 아시아의 시대가 될 것이라는 인식은 이제 우리에게 그리 새롭지는 않습니다. 그렇다면 우리에게 주어진 과제는 한국인과 한국 사회는 어떤 존재로서 아시아의 시대를 살아가고자 하는가 하는 질문을 통해 우리와 남의 모습을 상상하고, 우리와 남의 관계에 대한 그림을 그리고, 그것들을 실천하는 일일 것입니다.

그러나 아시아의 시대가 온다고 해서 아시아 사람들이 저절로 잘 살게 되는 것도, 아시아가 저절로 평화롭고 정이 넘치는 공동체가 되는 것도 아닐 것입니다. 그러므로 우리는 아시아 지역을 살아가는 사람들이 어떤 공동체를 만들어가고 싶은가, 아시아 공동체가 잘 되면 인류에게 무슨 도움이 되는 것인가 하는 질문을 해야 하지 않을까 싶습니다. 오히려 아시아의 시대가 왔다고 생각하기 시작한 지난 20여 년간 아시아 내부의 갈등과 적대, 민족주의와 인종차별 등은 더 심해지고 있다는 착각이 듭니다. 그것을 착각이라고 생각하는 까닭은 외양으로 보면 그렇게 보이지만, 실제 내부에서 일어나는 현상을 찬찬히 살펴보면, 아시아 내부의 상호 이해와 교류가 느리지만 거대한 규모로 일어나고 있다고 믿기 때문입니다. 지표면에서 보면 날씨 변화도 심하고 지진도 자주 일어나지만, 땅속 깊은 곳에서 아시아의 시대를 만들어가는 지하수의 물줄기가 형성되고 있는 것 아닌가 싶습니다.

20세기 유럽과 미국이 축적한 자연과학과 인문·사회과학 등 근대의 학문적 지식은 인류 문명의 새로운 길을 열었고, 인류의 행복과 안정에 커다란 기여를 했습니다. 물론 제국주의 지배와 전쟁, 차별과 빈곤을 동시에 가져다주기도 했습니다. 아시아의 세기는 서양의 근대를 넘어서서 새로운 '근대 이후'를 만들어나가는 일이어야 합니다.

지식의 생산과 공유, 인재 양성을 책임지고 있는 대학이라는 공간에서 아시아에 대한 어떤 지식을 생산하고, 아시아에 대해 무엇을 어떻게 가르칠 것인가 하는 문제의식이야말로 서울대학교 아시아연구소에 주어진 책무일 것입니다. 서울대학교 아시아연구소는 2009년 9월 출범한 이래 지역과 주제의 결합에 기초한 아시아 연구의 세계적 허브 구축을 목표로 아시아 연구 기반 구축과 우수 연구 활동 지원 등의 다양한 학술 활동을 진행해 왔습니다. 특별히 아시아에 대한 지식 생산의 기반을 다지는 작업으로서, 우수한 기초 연구 활성화를 위해 노력해 왔습니다.

서울대학교 아시아연구소총서는 바로 이러한 학문적 노력의 결실입니다. 앞으로도 서울대학교 아시아연구소는 국내외 연구자들의 우수한 연구를 지원하여 그 결과물을 지속적으로 발간해나갈 것입니다. 이러한 아시아연구소총서가 아시아의 시대를 열어가는 데 필요한 기반을 만드는 중요한 지적 자산이 되기를 기대합니다. 이를 바탕으로 아시아 시대를 만들어가는 지하수를 실증적으로 드러내고, 아시아 내부의 상호 이해와 교류를 넓혀갈 수 있길 바랍니다.

서울대학교 아시아연구소

박훈(朴薰)

서울대학교 동양사학과에서 학사학위와 석사학위를, 도쿄대학에서 박사학위를 취득하였다. 국민대학교 일본학과를 거쳐 현재 서울대학교 동양사학과 교수로 재직 중이다. 메이지유신의 기원, 정치 변혁과 공론(公論), 일본인의 대외 인식 등과 관련해 논문을 써 왔다. 논문으로 「明治維新과 '士大夫的 정치문화'의 도전」, 저서로 『메이지 유신은 어떻게 가능했는가』, 『근대화와 동서양』(공저), 역서로 『일본의 설계자, 시부사와 에이이치』 등이 있다.